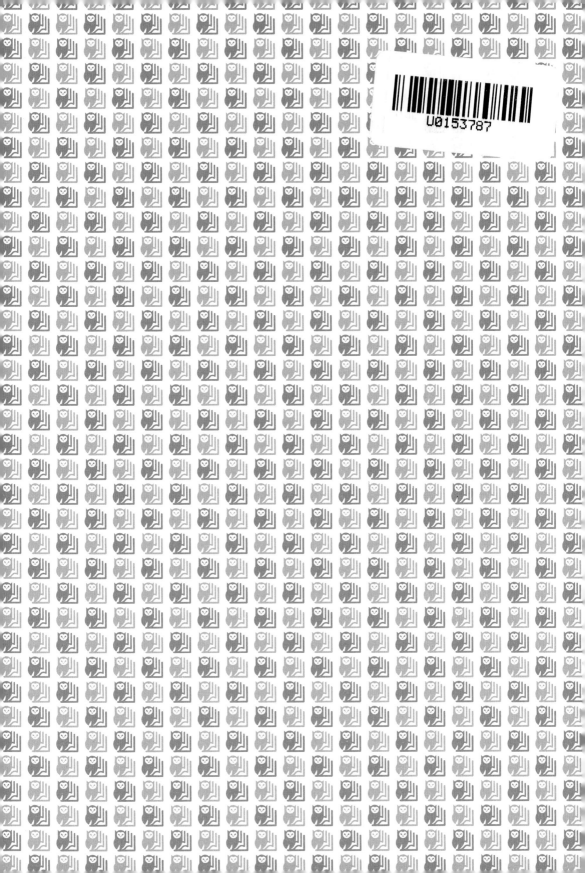

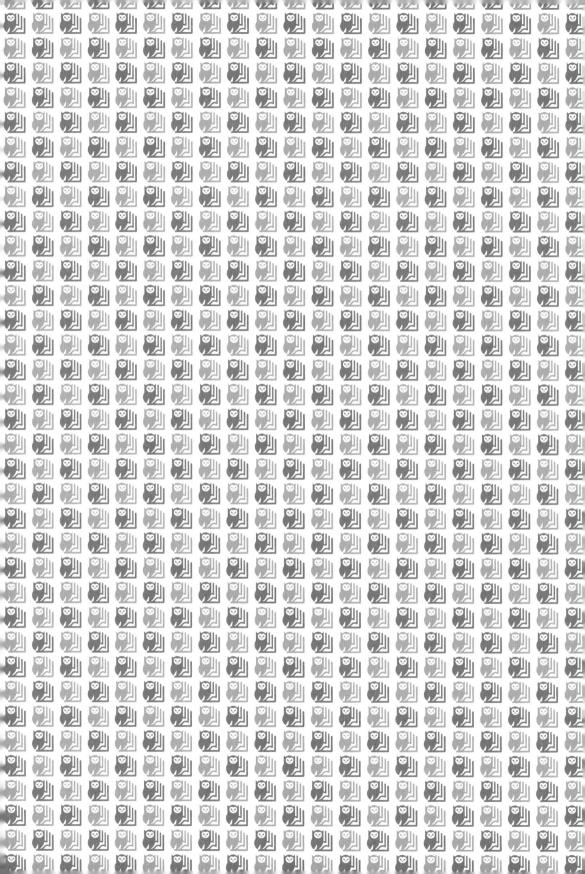

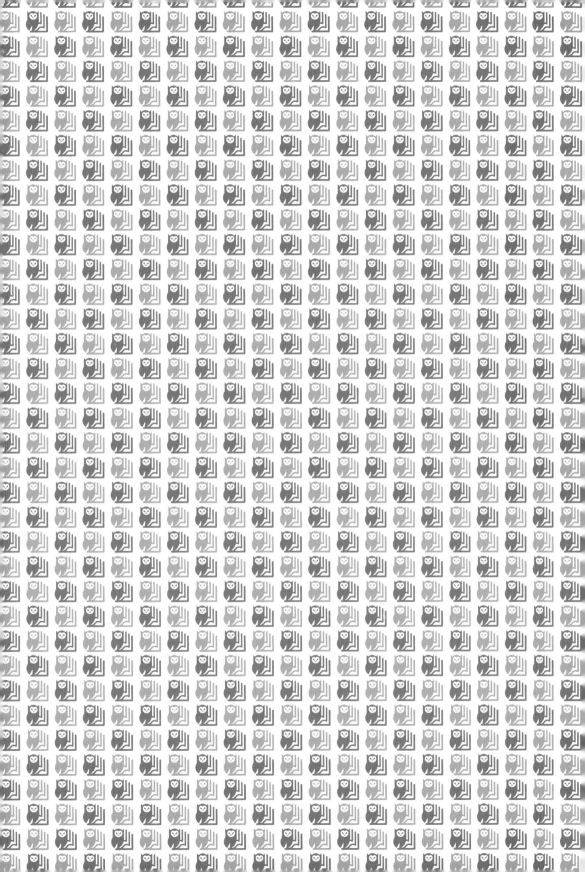

清華哲學書系

韋伯基督新教研究文集：1904-1911

Max Weber ◎著

張旺山◎譯

國科會經典譯注計畫

國立清華大學出版社

獻給　慧琳、靜珊、合羽

目次

譯者序

2001 年，在為「左岸文化」出版的《新教倫理與資本主義精神》寫〈導論〉時，我就提到了韋伯這部著作的「版本問題」。我當時就想過：中文世界應該要有一個譯本，將韋伯所有與「基督新教與資本主義」這個主題相關的文獻都收集起來，並依照寫作與出版的時間順序安排，讓讀者得以一窺韋伯探討此一議題的思路與發展。後來由於教學與指導的必要，我陸續翻譯了一些東西，並在上課時使用自己的翻譯，趁機修改譯文。但翻譯畢竟是費時、費心力的工作：這一點我在 2013 年出版的《韋伯方法論文集》的譯注過程中，有過「刻骨銘心」的體驗。再加上本書所收錄的這些文章的內容涉及甚廣，即使作了必要的延伸閱讀，但要進行具有學術價值的譯注，畢竟學力有所不逮，因而對於是否投入此一譯注工作，始終舉棋不定。

幸運的是，2014 年《韋伯全集》第一個部分第九冊的《禁欲的基督新教與資本主義》（*Asketischer Protestantismus und Kapitalismus: Schriften und Reden 1904-1911*）以及 2016 年第一個部分第十八冊的《基督新教的倫理與資本主義的精神／基督新教的教派與資本主義的精神》（*Die protestantische Ethik und der Geist des Kapitalismus / Die protestantischen Sekten und der Geist des Kapitalismus: Schriften 1904-1920*）的出版，完全實現了我關於韋伯的「基督新教研究」文章所想像的理想出版情況。尤其重要的是，這二冊的主要編輯者 Wolfgang Schluchter 教授，在這二冊中都寫了非常詳細的〈導論〉與〈編輯報告〉，不但消除了我很多的疑惑，更讓我對本書的寫作過程、韋伯自身的思想發展脈絡以及爭論的兩造，有更清楚的認識；而具有神學背景的助理編輯 Ursula Bube，則對韋伯文本的正文與註腳，都作了非常詳盡的考訂與註解，讓我獲益匪淺。這讓我再無理由拖延，因而申請科技部經典譯注計畫（計畫編號：MOST 106-2410-H-007-061-MY3），為期三年，在既有的基礎上進行翻譯與註解的工作。

在進行此一譯注計畫的那三年裡，除了過年以及暑假期間和家人短暫出遊之外，一有空閒，便進行此一譯注計畫。譯注計畫，不持之以恆，是難以完成的。在此得特別感謝我太太呂慧琳的諒解，以及對家務的一肩承擔。翻譯是硬功夫，看不懂固然就過不去；但就算看懂了，要怎麼翻譯才妥切，卻也往往煞費心思。尤其是本書涉及許多教會史與神學史內容，而在中文世界裡，在這方面的翻譯往往顯得非常的任意，有些德文或英文語詞（如：Methodismus, methodism）在中文世界卻有數種翻譯（或者更正確地說：重新命名），讓人不知所從。無論如何，本書從事的是「翻譯」，希望盡可能根據德文文本，將韋伯寫作時所想要表達的意思用中文翻譯出來。對《聖經》引文的翻譯也是如此。我希望達到的效果是：一個精通中文與德文，而又對韋伯有深入的瞭解的人，在看了韋伯的德文文本後，讀我的翻譯時，會感到親切而熟悉，不會有「違和感」。但要做到這一點，卻談何容易。韋伯的文本，是出了名的難讀，加上中文與德文這二種語言在語法結構上的差異，更使得翻譯工作難上加難。

在此，順便談一下我的翻譯原則。為了盡可能精確且完整地呈現韋伯文本的內容並保留其寫作風格，我在翻譯過程中，盡可能保留德文語句的完整性：一個德文句子，就翻譯成一個中文句子。而為了避免誤讀、方便讀者掌握正確的語意，我大量使用德文原文所無的中文引號（「」），將語句中的意義單位標示出來；加上全書保留韋伯的粗體強調與德文引號（" "），不可避免地會導致中文語句閱讀上的困難。但我深信，翻譯、尤其是思想經典的翻譯，「正確」與「精確」是比「可讀」重要的。我深信，只要翻譯是正確的、精確的，表達上也是合乎語法的，則用心讀、必要時多讀個一、二遍，一定可以讀到某種接近「原汁原味」的意思。語言是在使用中發展的。中文作為一種翻譯西方思想經典的語言，正可以透過中文與西方語言間的差異，不斷探索更多的表達方式。而在製作「概念與主題索引」時，我更明確地感受到：翻譯同時也是固定化「語詞—概念—意義」的必要過程：唯有精確的翻譯，能夠讓一個西方思想家的思想，在中文世界裡入籍、扎根。

說來慚愧，儘管先前已經寫過幾篇談《基督新教的倫理與資本主義的精神》的文章（見本書「參考書目」），但對韋伯的這本經典著作的理解，卻也是在這幾年的教學與不斷從事的譯注工作中，才有了較紮實的進展。在翻譯與講課的過程中，我逐漸確定：〈基督新教的倫理與資本主義的 "精神"〉的確是韋伯的「主要著作」，其中不但蘊含著甚為豐富、深刻、具有哲學內涵的思考，甚至可以說是我這幾年來一直努力想要弄清楚的韋伯的「人的科學」的構想之具體實踐的最重要著作。

翻譯是最精確的閱讀；而好的註解則可以幫助讀者理解得更恰當、更深入些。我自己就是這個過程的受益者，尤其受益於《韋伯全集》編輯者的努力。如今，自 1984 年起陸續出版的《韋伯全集》已於 2020 年出全，包括：第一個部分收錄「著作與講談」，共 25 冊（其中第 3, 4, 5, 21 冊為二分冊，22 冊為五分冊，故總計為 33 冊），第二個部分收錄「書信」，共 11 冊（其中第 7, 10 有二分冊，故總計為 13 冊），第三個部分收錄「講演與講演筆記」，共 7 冊，皇皇 53 鉅冊，詳盡地呈現了韋伯留給世人的遺產。在韋伯辭世 100 週年的今天，在許多人的努力下，我們有了研究韋伯的最佳原始材料。本書的譯注，希望為中文世界的韋伯研究提供具有學術價值的譯本，也期待能拋磚引玉，讓韋伯透過學者們的譯注「說中文」。

張旺山

風城 2022 年 1 月 27 日

中譯本導讀

　　韋伯（Max Webr, 1864-1920）的《基督新教的倫理與資本主義的精神》（*Die Protestantische Ethik und der Geist des Kapitalismus*），是一部眾所周知的重要經典，並且，在中文世界裡，目前已有相當多個譯本。這些譯本（以康樂／簡惠美的譯本為例）有時候會附上韋伯的另一篇相關文章（〈基督新教教派與資本主義精神〉），或者（像左岸出版的譯本那樣）還附上了一篇〈對「資本主義的精神」之反批判的結束語〉（只譯了一部分）。但這些譯本所翻譯的前二篇文章，卻都是經韋伯修改後收錄於 1920 年 10 月出版的《宗教社會學文集》（*Gesammelte Aufsätze zur Religionssoziologie*）第一冊中的版本，並且大多數都是由英譯本翻譯成中文的。本書所收錄的，則都是**原始版本**：韋伯於 1904-05 發表的〈基督新教的倫理與資本主義的 " 精神 "〉、1906 年發表的〈北美的 " 教會 " 與 " 教派 "〉，以及 1907-1910 年間韋伯為了回應二位學者（H. Karl Fischer 與 Felix Rachfahl）對他的〈基督新教的倫理與資本主義的 " 精神 "〉一文的批判而寫的四篇「**反批判**」文章，並且是參考新編的《韋伯全集》（Max Weber-Gesamtausgabe）2014 年出版的第一個部分第九冊（簡稱：MWGI/9）《禁欲的基督新教與資本主義：著作與講談 1904-1911》的考訂與註解加以譯注而成的。[1] 茲先將本書收錄文章與

1　譯林出版社 2020 年出版的《新教倫理與資本主義精神》（林南譯）一書，雖然也收錄了 1906 年的〈北美的 " 教會 " 與 " 教派 "〉及其 1920 年出版的修改版本〈新教教派與資本主義精神〉和四篇「反批判」文章，但〈新教倫理與資本主義精神〉一文，用的還是 1920 年的版本。（關於這一點，感謝審查人的費心比較，本人事先並不知道有此譯本，本書的翻譯也沒有參考該譯本。）

出處，依發表的時間順序排列如下，供讀者參考：

1. 1904-05：Die Protestantische Ethik und der "Geist" des Kapitalismu（基督新教的倫理與資本主義的"精神"），in: *Archiv für Sozialwissenschaft und Sozialpolitik*, 20. Bd., 1. Heft, S. 1-54; 21. Bd., 1. Heft, S. 1-110.（MWGI/9: 123-215, 242-425）

2. 1906："Kirche" und "Sekten" in Nordamerika（北美的"教會"與"教派"），in: *Christliche Welt,* 20. Jg., Nr. 24, Sp. 558-562; Nr. 25, Sp. 577-583.（MWGI/9: 435-463）

3. 1907：Kritische Bemerkungen zu den vorstehenden "Kritischen Beiträgen"（對前面的那些"評論"所做的一些批判性的評論），in: *Archiv für Sozialwissenschaft und Sozialpolitik*, 25. Bd., 1. Heft, S. 243-249.（MWGI/9: 478-490）[2]

4. 1908：Bemerkungen zu der vorstehenden "Replik"（對前面的"答辯"所做的一些評論），in: *Archiv für Sozialwissenschaft und Sozialpolitik*, 26. Bd., 1. Heft, S. 275-283.（MWGI/9: 498-514）

5. 1910：Antikritisches zum "Geist" des Kapitalismus（對資本主義的"精神"之反批判），in: *Archiv für Sozialwissenschaft und Sozialpolitik,* 30. Bd., 1. Heft, S. 176-202.（MWGI/9: 573-619）

6. 1910：Antikritisches Schlußwort zum "Geist des Kapitalismus"（對"資本主義的精神"之反批判的結束語），in: *Archiv für Sozialwissenschaft und Sozialpolitik,* 31. Bd., 2. Heft, S. 554-599.（MWGI/9: 665-740）

　　MWGI/9 除了也收錄了上述二位學者的批評文章之外，還收錄了一篇韋伯 1905 年 2 月 5 日在自己家中舉辦伊蘭諾斯（Eranos）圈子聚會時所發表的演講的簡短紀錄〈基督新教式的禁慾與現代的營利生活〉，以及 1910 年 10 月 21 日韋伯在「第一屆德國社會學家會議」上，參與特洛爾區的演講時的討論發言稿（為了簡便起見，我稱之為〈在特洛爾區

2　關於這篇文章的標題的翻譯，請見該文篇名譯注。

「自然法演講」上的討論發言稿〉）。³前者篇幅甚短，將於這篇導論最後附上，以饗讀者；後者則因為篇幅較長，且並非直接關於「基督新教與資本主義」這個主題的論述，因而作為「附錄」收入本書之中。至於Fischer 與 Rachfahl 的評論文章，則由於時間與精力的限制，我就不翻譯了。

這篇〈導讀〉想要處理三個問題：1. 既然《基督新教的倫理與資本主義的精神》在中文世界已有不少譯本，為什麼還要翻譯本書？——《基督新教的倫理與資本主義的精神》的「版本」問題；2. 應該如何看待本書在韋伯思想發展中的位置？——本書收錄文章的著作史與思想發展史的考察，尤其將聚焦於：〈基督新教的倫理與資本主義的 "精神"〉與韋伯的方法論研究的關係；3. 如何閱讀本書？——一些建議。

壹、本書與《基督新教的倫理與資本主義的精神》

我之所以要翻譯這本書，主要原因是「版本問題」：這部著作的原始版本，是韋伯於 1904-05 年間，以〈基督新教的倫理與資本主義的 "精神"〉（*Die Protestantische Ethik und der "Geist" des Kapitalismus*，以下簡稱 PE。注意：「精神」一詞加上了德文引號 " "）為題，分二個部分發表於韋伯與宋巴特（Werner Sombart, 1863-1941）和雅飛（Edgar Jaffé, 1866-1921）共同主編的期刊《社會科學與社會政策文庫》（*Archiv für Sozialwissenschaft und Sozialpolitik*，以下簡稱《文庫》）中的。⁴但目前中文世界所翻譯的，卻都是韋伯辭世前不久，為了收入《宗教社會

3　由於這篇「發言稿」經過韋伯修改，且修改日期與出版日期都在 1911 年（詳見該文「譯者說明」），因此定為 1911 年著作。

4　這篇文章的第一個部分於 1904 年 10 月發表於《文庫》第 20 卷第一分冊頁 1-54；第二個部分於 1905 年 6 月發表於《文庫》第 21 卷第一分冊頁 1-110，因此，較嚴謹的出版時間標示為 1904-05。

學文集》（*Gesammelte Aufsätze zur Religionssoziologie*）而加以修訂的版本。[5] 也許讀者會認為，這樣的做法有其道理：要翻譯，自然要翻譯作者的最終修訂版。的確，無論是帕深思（Talcott Parsons, 1902-1979）於 1930 年出版的第一個英譯本，還是 Stephen Kalberg 於 2002 年出版的新譯本，還是 Dirk Kaesler 於 2004 年編輯出版的德文 PE 的「完備版」（Vollständige Ausgabe），採用的都是 1920 年版本。

但是，PE 的「版本問題」，卻是一個有點複雜的問題。[6] 首先，PE 乃是一部「未完成」的著作，並且終韋伯一生都處於未完成狀態。並且，這部著作出版後，還引發了二輪的爭論。粗略言之：韋伯在 1904-05 年在自己參與主編的《文庫》上發表了 PE 之後，1906 年又在報章雜誌上發表了一篇有點類似「旅美見聞」[7] 的非學術性文章〈北美的 "教會" 與 "教派"〉。[8] PE 發表後，引起學界熱議：先是費雪（H. Karl

---

5　韋伯何時開始為了出版《宗教社會學文集》而修改 PE，並不清楚。但由韋伯書信看來，韋伯最遲是在 1919 年 6 月底就開始修改 PE 以及收入《宗教社會學文集》第一冊的其他文章了，至少持續到 1919 年 9 月。PE 收入《宗教社會學文集》第一冊，於 1920 年 10 月問世，而韋伯已於 1920 年 6 月 14 日辭世。《宗教社會學文集》原先預訂出版四冊，而在第四冊將會有一卷，藉由類似「世界之在宗教上的除魅」、「勞動禁欲」、「證明思想」等提示字，將 PE 嵌入猶太教—基督宗教的傳統脈絡中（關於這方面，請參閱 MWGI/18: 57 f. 的編者導論），去進一步顯示出「禁欲式的基督新教本身，在其生成與其獨特性上，是如何受到種種社會上的文化條件、尤其是也受到種種經濟上的條件的全體所影響的」的方式，（MWGI/18: 489）可惜天不假年。

6　以下的說明所根據的，基本上都是新編的《韋伯全集》中收錄 PE1904-05 版本的 MWGI/9 與收錄 PE1920 版本的 MWGI/18 這二冊的編者 Schluchter 教授所寫的〈導論〉以及 Kaesler 在 Weber, 2004 的〈編者文前說明〉與書末所附的韋伯「1889-1920 年間編年原始出版目錄」所提供的資訊，不一一註明出處，但文責當然自負，特此說明。

7　韋伯是 1904 年 8 月 20 日與太太瑪莉安娜、特洛爾區等人一起搭輪船到美國的，1904 年 11 月 19 日才由紐約返回歐洲，前後將近三個月。關於韋伯在美國的種種活動與見聞，請參閱 MWGII/4 所收錄的書信（其中頁 625 有韋伯行程路線圖）。另外也可參考 A. Scaff, 2011。

8　韋伯先是於 1904 年 4 月 13 與 15 日，分別以〈"教會"〉和〈"教派"〉為題，在《法蘭克福日報》（*Frankfurter Zeitung*）上發表二篇短文，後來略加修改合成一文，於 1906 年 6 月 14 日與 21 日，以〈北美的 "教會" 與 "教派"：一個教會政策與社會政策的速寫〉為題，發表於《基督教世界》

Fischer）⁹ 投了一篇批判性的評論文章到《文庫》，¹⁰ 韋伯在（應該是口頭上）徵得編輯同仁同意後刊登於 1907 年 7 月底出版的《文庫》第 25 冊第一分冊頁 232-242，並在文章後面附上自己的答覆（頁 243-249），因此這篇答覆文的標題就叫作：〈對前面的這些 " 評論 " 的一些批判性的評論〉。為了回應韋伯的「反批判」，費雪又寫了一篇文章加以 " 答辯 "，¹¹ 而韋伯也同樣針對這篇文章寫了一篇評論，放在該文之後，篇名就叫作〈對前面這篇 " 答辯 " 的一些評論〉。這二篇文章後來刊登於 1908 年 1 月出版的《文庫》第 26 冊第一分冊頁 270-274 以及頁 275-283。

第二位對韋伯的 PE 發起批評的，則是基爾大學歷史學教授拉賀發爾（Felix Rachfahl, 1867-1925）。¹² 拉賀發爾於 1906-1908 年間，出版了

（*Christliche Welt*）。

9　指的是 Karl Feinrich Otto Fischer（1879-1975），原為教師，1902 起在柏林與波茲坦教書時開始到柏林大學旁聽哲學與歷史，1904 年開始正式在柏林大學修讀哲學，1906-08 在蘇黎世繼續讀哲學並選修心理學與教育學、國民經濟學與歷史學，1908 年完成哲學博士學位，博士論文是《馮德與斯賓塞的道德哲學之客觀的方法》（*Die objective Methode der Moralphilosophie bei Wundt und Spencer,* Leipzig 1909）。費雪的指導教授是蘇黎世大學「哲學與心理病理學」教授 Gustav Wilhelm Störring（1860-1946），他是馮德（Wilhelm Wundt, 1832-1920）的一個學生。費雪當時還是一個博士候選人，在德國學術界藉藉無名。韋伯的 PE 出版後，他曾寫信給出版商希貝克（Paul Siebeck, 1855-1960），希望取得抽印本，顯然是想要寫評論文章。

10　費雪的評論文章，最遲應該在 1907 年二月就已經寄到《文庫》的編輯部了。費雪的文章標題是：Kritische Beiträge zu Prof. M. Webers Abhandlung: *"Die Protestantische Ethik und der Geist des Kapitalismus"*（對韋伯教授的論文 " 基督新教的倫理與資本主義的‧精神 '" 的一些評論）。這篇文章原擬納入「文獻」類，後來由雅飛決定納入「論文」類。

11　文章標題是：〈基督新教的倫理與 " 資本主義的精神 "：對韋伯教授先生的反向批判的答辯〉（*Protestantische Ethik und "Geist des Kapitalismus"*. Replik auf Herrn Prof. Max Webers Gegenkritik）。雅飛將這篇 " 答辯 "，安排在「文獻」類中，並且未付酬金，理由是：《文庫》原則上對「答辯」（Replik）與「第二次答辯」（Duplik）都不支付酬金。

12　拉賀發爾自 1886 年起在布累斯勞（Breslau）與柏林讀歷史學、國民經濟學與法學，並成為德國大學生社團「兄弟會」（Burschenschaft）的成員。1893 年在基爾取得任教資格，先後在哈勒（1898）、哥尼斯堡（1903）、基森

三大冊的《威廉‧馮‧奧蘭治與尼德蘭的起義》（*Wilhelm von Oranien und der niederländische Aufstand*），是「荷蘭獨立戰爭時代的歷史」的專家。1909 年剛好是喀爾文（John Calvin, 1509. 07. 10 – 1564. 05. 27.）誕生四百年的年份，因此拉賀發爾從七月起就開始寫作一篇長文〈喀爾文主義與資本主義〉（Kalvinismus und Kapitalismus），想要展示喀爾文與喀爾文主義對於不同的文化區域的影響史。這篇長文於 1909 年 9 月 25 日到 1909 年 10 月 23 日之間，分五次連載，刊登在《科學、藝術與技術國際週刊》（*Internationale Wochenschrift für Wissenschaft, Kunst und Technik*，以下簡稱《國際週刊》）上。[13] 拉賀發爾在這篇長文的第五個部分，固然也「對喀爾文與他的著作之歷史上的意義，作了某種一般性的特徵刻劃」，但在前四次的連載中，卻主要是在與韋伯的 PE 的論辯中，大談「資本主義的精神的產生」，並且將特洛爾區視為韋伯的附和者而拉了進來，一起加以批判。[14]

也許正如韋伯在他後來寫的「反批判」答覆文中所說的，在他看來，拉賀發爾的批判，乃是純然的「論戰」（Polemik）、根本就「不想要理解」，因而不想發文「答辯」。但當韋伯（應該是從特洛爾區那

（1907）與基爾（1909）任教。與韋伯的論戰，就發生在拉賀發爾於基爾任教期間。

13　這份週刊，是 Friedrich Althof（1839-1908）於 1907 年創立的，主編是 Paul Hinneberg（1862-1934）。拉賀發爾的〈喀爾文主義與資本主義〉一文的詳細刊登日期與欄位（頁數），請參閱所附書目 Rachdahl, 1909。

14　特洛爾區（Ernst Troeltsch, 1865-1923）是德國福音派神學家、政治家、哲學家與歷史學家。特洛爾區自 1894 年起就是海德堡大學正教授，1906 年為海德堡大學副校長，跟韋伯一樣都是伊蘭諾斯（Eranos）圈子的成員，1910-1915 年間還住在韋伯家中。特洛爾區之所以會被拉下水，主要是因為他在 1906 年發表的二篇文章：〈基督新教與近代的教會〉（=Troeltsch, 1906）與〈基督新教對於近代世界的產生的意義〉（=Troeltsch, 1906a）。他在文中同意韋伯的論點，因而被拉賀發爾視為與韋伯同伙，因而常使用諸如："Troeltsch-Webersche These"（特洛爾區─韋伯的論點），"Troeltsch-Webersches Schema"（特洛爾區─韋伯的模式）等等語詞，就連在第二篇與韋伯的論辯文章中，拉賀發爾還是使用了 "Weber-Troeltsche Hypothese"（韋伯─特洛爾區的假設）一詞。

裡）獲悉：《國際週刊》邀請特洛爾區隨己意決定是否答覆，而自覺是
主要當事人的自己卻未受到邀請時，韋伯一方面感到自己有點受到侮
辱、一方面覺得自己受到挑戰，加上特洛爾區在一旁的堅持與鼓動，因
而決定在自己的園地上發動「反向論戰」（Gegenpolemik）。[15] 韋伯在
1910 年 1 月出版的《文庫》第 30 冊第 1 分冊頁 176-202 中，就發表了
他針對拉賀發爾而發的「反向論戰」文章：〈對資本主義的 " 精神 " 之
反批判〉（Antikritisches zum "Geist" des Kapitalismus）。[16]

　　拉賀發爾感到自己受到了韋伯與特洛爾區的「反批判」文章的挑
戰，因此又寫了一篇更長的文章加以回應。這篇題為〈再論喀爾文主
義與資本主義〉（Nochmals Kalvinismus und Kapitalismus）的文章，於
1910 年 5 月 28 日到 1910 年 6 月 18 日之間，分四次連載於《國際週刊》
（詳細請見書末所附「參考書目」：Rachfahl, 1910）。全文分五個段
落，共有三個重點：1. 說明為何他會認為在韋伯與特洛爾區那裡的種種
論述，乃是某種的 " 集體勞動 "（Kollektivarbeit）（I）；2. 批判特洛爾
區關於「喀爾文主義的文化意義」的見解（II）；3. 與韋伯進行論辯，
並勸導韋伯應該如何研究他的議題（這部分篇幅最長，包括了三個段
落：III, IV, V）。

15　韋伯之所以會發動「反向論戰」的過程，德國社會科學家 Paul Honigsheim
　　（1885-1963）在一篇紀念韋伯的回憶文章中，有相當詳細的記載。根據他的
　　報導，韋伯本來根本就不想要回應拉賀發爾的批判，但他覺得，《國際週刊》
　　編輯部只邀請「被順帶波及的」特洛爾區而沒有邀請他，是很失禮的做法。
　　特洛爾區堅持認為，韋伯應該回應。但韋伯卻有點猶豫地回答說：「我頂多
　　只能援引那個時代的幾個別具特色的英國的作者，一個 Hermann Levy 讓我注
　　意到的作者，…然後讓讀者自己選：他是寧願相信這個英國的禁欲式的基督
　　新教徒，還是相信拉賀發爾。」但特洛爾區再次強調：「您想要怎麼做都可
　　以，但無論如何，您都必須回應。」關於這一點，亦請參閱 MWGI/9: 517 f.。
　　這裡提到的 Hermann Levy（1881-1949）是德國國民經濟學家，1902 年在慕
　　尼黑大學師從 Lujo Brentano（1844-1931）取得博士學位。Levy 曾於 1907 年
　　在海德堡大學取得任教資格，並於 1910 年在海德堡大學擔任「副教授」。
16　特洛爾區的「答覆」，則以〈喀爾文主義的文化意義〉（Die Kulturbedeutung
　　des Calvinismus）為標題，於 1910 年 4 月 9 日與 16 日，分二次刊登於《國際
　　週刊》（Nr. 15, Sp. 449-468; Nr. 15, Sp. 501-508）。

　　韋伯應該是在拉賀發爾的長文連載結束後不久，就著手寫最後的一篇反批判文章（〈對"資本主義的精神"之反批判的結束語〉）的。這篇文章是在相當無奈的情況下寫成的，本來只想寫篇短文結束這場無謂的爭論，但後來卻擴充成一篇長達 46 頁的文章，發表於 1910 年 9 月底上市的《文庫》第 31 冊第 2 分冊頁 554-599。韋伯將這篇文章分成二個部分：第一個部分處理與拉賀發爾的爭論（為節省篇幅，特地用了 8 點活字（Petit）排版，甚至建議讀者可以略過不看）；第二個部分則藉此機會再度陳述他自己的正面立場。

　　以上是針對 PE 而發的第一輪爭論。[17] 儘管韋伯希望藉著〈反批判的結束語〉結束關於 PE 的爭論，儘管韋伯無論是在 PE 中、還是在回應對 PE 的批判的四篇「反批判」的文章中，還是與出版商希貝克的書信往返中，都一再地強調將會修改、寫續篇、完成作為一本書的 PE 並加以出版的意圖與計畫。[18] 但「計畫」終究趕不上「變化」：自從 1909 年

17　這些「批判與反批判」的文章，首先由 Johannes Winckelmann 收入《新教倫理 II：批判與反批判》（*Die protestantische Ethik II: Kritiken und Antikritiken*, Hamburg: Siebenstern 1968）一書中。

18　PE 發表後，由於反應熱烈，出版商希貝克於 1906 年 7 月 17 日就已經致函韋伯，希望他能夠續完成書，出單行本。但韋伯在 1906 年 7 月 24 日的信中提到此事時，並未立刻答覆。（MWGII/5: 119）1907 年 3 月 21 日，希貝克舊事重提時，韋伯還是舉棋不定。（MWGII/5: 273）儘管韋伯後來（1907 年 4 月 2 日）想要在現有的 PE 之前加上一篇簡短的〈文前說明〉（四頁左右，交代一下這篇文章將會繼續下去），並在結尾處附上某種「續篇」的開端，並說：這開端當時就包含在〈北美的"教會"與"教派"〉一文中了。而一旦續完成書後，再將該〈文前說明〉給拿掉。「對現在給定的文本進行的一些改變與補充，是無法避免的。我應該會在回到家之後馬上就著手進行這些改變與補充…。」（MWGII/5: 276）根據 Ghosh, 2014: 156 的說法，希貝克當時回信時說要提供的酬金是 900 馬克，相當韋伯當時年收入的四分之一，而韋伯當時是需要這筆收入的。但要將一篇未完成的學術論文與一篇性質完全不同的文章修改成一本讀起來不致有「違和感」的書，談何容易。因此，儘管韋伯直到 1907 年 4 月 29 日還在致希貝克的信中說：「我將會試著去完成"基督新教的倫理"的單行本」（他在同一個時間裡，也在寫第一篇「反批判」文章），而在 5 月 9 日致希貝克的信中也還附上一句「我現在正著手通讀"基督新教的倫理"」，甚至直到 1907 年 7 月發表的第一篇「反批判」文章中還提到：「單行本版本」是 PE 這幾篇文章「基於種種出版技術上的理由畢竟無

初接下主編新版的查閱書《政治經濟學手冊》（*Handbuch der politischen Ökonomie*）之後，韋伯就開始展開一項直到死前都在從事著的計畫。他得與出版商希貝克一起規劃「題材」、找到撰稿人、訂出他們要寫的文章主題、並盯著他們完成。1910 年五月，韋伯首度提出「題材分配計畫」，自己攬下了許多不同的條目，尤其是「經濟與社會」這一章（第一冊第三章）。[19] 這套辭書編撰計畫，原先預定 1911 年秋天完成，後來延到 1912 年七月；而由於大多數作者都未能如期完稿，因此再度將付梓期限延到 1914 年夏天，而這時候，這套《手冊》也冠上了新名稱：《社會經濟學綱要》（*Grundriß der Sozialökonomik*）。[20] 總之，接下這套辭書的編撰工作，使得韋伯的研究重心有了大幅的轉移，加上出版的時間壓力，使得韋伯無法完成 PE 的修改、寫續篇、完成作為單行本的出書計畫（當然還有其他理由）。

但針對 PE 的爭論卻並未結束。第二輪的爭論，來自二個韋伯高度推崇、在專業上也與他非常接近的同仁：先是《文庫》的編輯同

法再迴避的」（見本書 [485]）。然而，1907 年 7 月 21 日，瑪莉安娜的外祖父、韋伯的大伯的過世留下給他們的遺產，為韋伯家解除了財務上的困難，直到一戰後期（1917-18）通貨膨脹才不得不尋求教職。而在經濟寬裕的情況下，PE 的「續成」也暫時就「不了了之」了。但值得注意的是：韋伯 1920 年版的 PE 中所包含的「改變與補充」，應該大多數是在這段時間裡完成的。

19　這一章預計將討論「經濟的框架條件」：自然、技術與社會。韋伯在其中挑了三個「對象領域」，包括：(a) 經濟與法律（1. 原則上的關係，2. 今日的狀態之諸發展時期）；(b) 經濟與諸社會性群體（家庭─與教區團體，等級與階級、國家）；(c) 經濟與文化（對「歷史的唯物論」的批判）。「法律與經濟」這個章節的重點，是要克服史坦勒（Rudolf Stammler, 1856-1938）的理論端點；「經濟與社會群體」這個章節的重點，似乎是想要進一步發展藤尼斯（Ferdinand Tönnies, 1855-1936）關於「共同體」與「社會」的區分；而「經濟與文化」這個章節，則想要附帶地克服馬克思與恩格斯的學說，對「歷史唯物論」進行批判。但隨著研究的進展，韋伯的「計畫」也不斷改變。對《經濟與社會》的「產生史」有興趣的讀者，可以參閱 Wolfgang Schluchter 教授在其主編的 MWGI/24（*Wirtschaft und Gesellschaft. Entstehungsgeschichte und Dokumente*）頁 1-131 中極為詳盡的說明（相關的一些重要的文獻，也都收錄於本冊中）。

20　相關細節，請參閱 MWGI/23: 7 ff. 編輯者 Wolfgang Schluchter 的一般說明。

仁宋巴特於 1911 年出版《猶太人與經濟生活》（*Die Juden und das Wirtschaftsleben*），對韋伯的 PE 發動攻擊；接著則是慕尼黑大學國民經濟學教授布倫塔諾（Lujo Brentano, 1844-1931）於 1916 年將他在 1913 年 3 月 15 日的一場公開演講連同三篇附錄，以《現代資本主義的種種開端》（*Die Anfänge des modernen Kapitalismus*）為題加以出版，對韋伯提出更加尖銳的批判。[21] 令人驚訝的是：韋伯並未公開針對這二位同仁的批判提出「反批判」。而有趣的則是：儘管當宋巴特將《猶太人與經濟生活》一書寄給韋伯時，韋伯因身體狀況不佳，沒有太多評論，[22] 但當 1913 年宋巴特將他的著作《布爾喬亞：論現代的經濟人之精神史》（*Der Bourgeois. Zur Geistesgeschichte des modernen Wirtschaftsmenschen*）寄給韋伯時，韋伯在 1913 年 12 月 2 日致宋巴特的信中，明白地說：他認為宋巴特的 “猶太人書”（Judenbuch）“幾乎每一個字都是錯誤的”，並且這一次，由於宋巴特的 “專業的”、“實質的” “駁斥”，明確地是針對著韋伯的觀點而發的，因此他覺得自己必須公開加以回應。但在說這句話時，韋伯卻加了一個註腳：「某個時候，——只要在 “經濟與社會” 出版之後，如果還有必要的話，間或就在接著就要出版的那些關於文化宗教的文章中。」（MWGII/8: 414 f.）這意味著，韋伯預計在他的《經濟與社會》的相關章節以及「世界宗教的經濟倫理」系列宗教社會學研究中，答覆宋巴特的批判。

總之，韋伯終其一生，並未公開專就宋巴特與布倫塔諾對他的 PE 的批判，進行「反批判」。我們在 1920 年版的《基督新教的倫理與資本主義的精神》的第一個註腳中，可以明確地看到：韋伯提都沒提他與費雪的爭論，而只提到與拉賀發爾的那場「無可避免地相當沒有收穫的論戰」，並且說：他並未由那場論戰中接受任何東西到這個版本裡，而

21　關於宋巴特與布倫塔諾對 PE 的批判，請參閱 MWGI/18: 23-34。布倫塔諾對韋伯的批判，主要見於第二篇附錄：〈第四次十字軍東征〉（Der vierte Kreutzug）。

22　參見 1911 年 3 月 27 日韋伯致宋巴特的信（MWGII/7-1: 154 f.）。

只是由自己的「反批判」中加上極少數的幾個補充性的引文，並透過一些插入的語句與註解，去為未來避免「所有可以設想的誤解」。至於宋巴特與布倫塔諾的批判，則他都將在必要的情況下，在一些特別的註解中談談。[23] 除此之外，韋伯強調：他在這個版本中，「並未刪除、重新解釋或者減弱他的文章的任何一個包含著實質上具有本質性的主張的句子，也沒有添加上種種實質上有所偏離的主張。」（MWGI/18: 213 f.）。

換言之，直到 1920 年，韋伯始終堅持 PE 的實質主張的正確性、甚至精確性。但韋伯卻始終都承認 PE 是不完整的、未完成的著作。此外，1906 年發表的〈北美的 " 教會 " 與 " 教派 "〉一文的主題與屬性，也不太能與 PE 搭配。因此，在出版商一直不放棄出版 PE 單行本的構想，而韋伯卻遲遲無法寫「續篇」的情況下，使得韋伯產生一個想法：將 PE 納入後來發展出來的「世界宗教的經濟倫理」的脈絡裡加以處理。韋伯最遲在 1915 年 6 月中就有了這種想法，甚至——按照 Schluchter 的說法 [24]——有可能就是因為要避開出版 PE 單行本的困擾，韋伯才會在 1915 年 6 月決定將 1911-1913 年間寫就的〈導論〉、〈儒教與道教〉以及〈中間考察〉這些尚處於「速寫」狀態的文章加以整理發表。[25] 儘管在〈儒教與道教〉的結論部分，韋伯以「儒教與清教」（Konfuzianismus und Puritanismus）為題進行了「綜述」，[26] 使得這些速寫與 PE 產生關

23　情況的確如此。有興趣的讀者，請參閱 Klaus Lichtblau 與 Johannes Weiß 編輯的 PE 版本（Weber, 2000）的附錄：這個版本的 PE，本文用的是 1904-05 年版，「附錄」則登錄了 1920 年版的一些最重要的附加與改變（共 448 處），非常方便確認韋伯的說法。

24　請參閱 MWGI/18: 6。

25　〈導論〉與〈儒教與道教〉的前二個部分於 1915 年 9 月出版（《文庫》第 41 卷第 1 分冊頁 1-87）；〈儒教與道教〉的後二個部分與〈中間考察〉則於 1915 年 11 月出版（《文庫》第 41 卷第 2 分冊頁 335-421）。（請注意：這裡的〈儒教與道教〉指的是 1915 年出版的原始版本，只有四個章節；一般收錄的 1920 年的版本是韋伯大幅修改過的版本，共分八個章節）

26　在 1915 年版的〈儒教與道教〉一文中，第四個章節的標題是：〈綜述：儒教與清教〉，只有 16 頁（372-387）；韋伯在 1920 年版作了大幅的修改，這部分變成了全文的第八個章節，標題則改為：〈結論：儒教與清教〉，共 29 頁（見 MWGI/19: 450-478）。

聯，但韋伯在此所做的，卻是儒教的「適應世界」的理性主義與清教
（禁欲式的基督新教）的「支配世界」的理性主義的比較，與 PE 的「續
篇」並無直接的關聯。儘管如此，韋伯還是在沒能完成「續篇」的情況
下，將 PE 與〈北美的 " 教會 " 與 " 教派 "〉納入了計畫要出版四冊的
《宗教社會學文集》之中。儘管韋伯對〈北美的 " 教會 " 與 " 教派 "〉作
了大幅的改寫，並將標題改成〈基督新教的教派與資本主義的精神〉，
但基本上也只是對教會與教派的體制（亦即：教會—與教派紀律的制度
面）進行「補充」而已。

　　總之，將 PE 與無論是原來的〈北美的 " 教會 " 與 " 教派 "〉、還是
修改與補充後改變標題的〈基督新教的教派與資本主義的精神〉納入了
《宗教社會學文集》，實在有點格格不入。儘管韋伯將一篇 1919 年 9 月
11-24 日間寫成的〈文前說明〉（Vorbemerkung）置於所有收錄文章之
前，並在行文上、尤其在問題意識上，營造某種「一體感」，讓人覺得
將 PE 與修改後的〈基督新教的教派與資本主義的精神〉納入《宗教社
會學文集》中（也就是下面將會引用的引文中所說的「將它們放進文化
發展的全體之中」）是合適的。[27] 但細心的讀者，應該還是感覺得到這
種安排的某種「違和感」。

　　尤其重要的是：由於要適應《宗教社會學文集》主要文章所探討的
「世界宗教的經濟倫理」的思路，並消除讀者對 PE 的「未完成」的印
象，以及 PE 在《宗教社會學文集》中讓人感到格格不入的「孤立」感，
韋伯將 PE 中原有的 35 處提及計畫中的「續篇」的地方，都作了必要的

27　這種做法，使得帕深思的譯本，直接將〈文前說明〉譯成「作者的導論」
　　（author's introduction），甚至使得許多學者直接就以「世界宗教的經濟倫
　　理」的脈絡理解韋伯的 PE。事實上，我們從韋伯的《宗教社會學文集》第一
　　冊的「目錄一覽」就可以很清楚地看出來：韋伯明確地將 PE 與修改後的〈基
　　督新教的教派與資本主義的精神〉這二篇文章，和「諸世界宗教的經濟倫理」
　　區分了開來，且後者自成一局，不但有自己的〈導論〉（Einleitung），還在
　　〈儒教與道教〉之後，附上了一篇〈中間考察〉（Zwischenbetrachtung），談
　　「宗教上的世界拒斥（Weltablehnung）之種種階段與方向」的理論，作為接
　　下來預計收錄的其他探討「世界宗教的經濟倫理」的文章的引論。

刪除或者修改。韋伯固然讓 1904-05 年版的 PE 的最後一個註腳一字不改地保留著，[28] 但在 PE 的 1920 年版新增的最後一個註腳中，韋伯卻說：

> 我覺得，為了要將對這篇論文所想要完成的東西的每一個誤解給排除掉，這句話[29] 與直接就在前面的那些評論與註解，確乎應該也就足夠了，而我也覺得**沒有任何再去添加什麼東西的必要了**。與其依照原先的意圖，直接在較前面所說的那個計畫（Programm）的意義下，直接繼續寫續篇，我當時——一方面是基於種種偶然的理由，尤其是由於特洛爾區的 "基督教會的社會學說"（他以一種不是神學家的我不太可能做得到的方式，完成了一些我所探討著的東西）的出版，但另一方面卻也是為了要脫掉這些論述的孤立性（Isoliertheit）並將它們放進「文化發展的全體」之中——就決定了，先將那些關於「宗教與社會之種種**普世**史上的關聯」的比較性的研究的種種結論給寫下來。這些研究將在此接著本文放在後面。[30] 放在它們前面的，就只有一篇簡短的「機緣文章」，想要說明一下前面所使用的 "教派"—概念，並同時說明一下「清教式的教會—構想」對於「近代的資本主義的精神」的意義。

28　在這個註腳中，韋伯提到了「還應該說的，就只有一點，那就是：那存在於我們所考察的發展**之前**的資本主義式的發展的時期，**到處**都受到種種基督宗教的影響所共同制約著：無論是抑制性的、**還是促進性的**。至於這些影響是哪一種種類的，則屬於稍後的一章。此外，在上面所略述的那些進一步的問題中，這個或者另一個問題還將可以在**這份**期刊的框架中被加以探討…」云云。韋伯只在註腳的最後提到了一本 1914 年出版的相關書籍。

29　這個註腳的脈絡是，韋伯正文中申明：他當然沒有想要「以某種同樣片面地精神主義式的（spiritualistisch）因果上的文化—與歷史詮釋，去取代某種片面地 "唯物論式的" 文化—與歷史詮釋」的意圖，因為：「二者都是**同樣可能的**，但如果二者不是主張自己是研究的準備工作，而是結論，則二者同樣都將無法服務於歷史性的真理。」引文中的「這句話」，指的就是前面的這句話。

30　「這些研究」，指的當然是「世界宗教的經濟倫理」的系列研究。

　　將 PE 放進「文化發展的全體」之中，自然有其合理之處，而由〈文前說明〉、1920 年版的 PE、1920 年版的〈基督新教的教派與資本主義的精神〉以及同樣是 1920 年版修訂的〈導論〉、〈儒教與道教〉、〈中間考察〉一路往下讀，也的確可以讀出 1904-05 年版所讀不到、讀不出來的東西。也因此，新編《韋伯全集》第一個部分第 18 冊（MWGI/18），將〈文前說明〉、1920 年版的 PE 與 1920 年版的〈基督新教的教派與資本主義的精神〉這三篇文章輯為一冊出版。因此，本書的翻譯並不是要「取代」1920 年版的 PE；但本書的翻譯，卻也並非只是要對 1920 年版的 PE 提供必要的「補充」而已。

　　關鍵就在於：韋伯為了讓 PE 能適應新的論述架構與脈絡，處心積慮想要去除的「PE 的種種論述的**孤立性**」──這種「孤立性」，正面地加以理解，就是 PE 的**獨立性**：PE 有自己的論述架構，也有自成一格的論述脈絡。儘管韋伯讓許多可以看出 PE 的獨立性的地方保留原貌（未加修改或予以刪除），但韋伯為了「脫掉」（entkleiden）PE 的種種論述的「孤立性」所做的，卻絕非只是在 PE 之前加上一篇〈文前說明〉，或者如新編《韋伯全集》第一個部分第 18 冊的編輯者所說的（MWGI/18: 35）：「當然，韋伯對第一個版本所做的改變的方式乃是：一如以往地，他並未修正，而是加以補充與擴展。補充主要涉及加入更多的文獻與更多的原始材料；擴充則主要涉及原本的文本與那些探討世界宗教的經濟倫理的文章之間的連結。除此之外，則是與他的批判者們、尤其是與宋巴特和布倫塔諾的論辯，而發生於 1907 到 1910 年間的與費雪和拉賀發爾的論辯，在修改過的版本中，則幾乎沒有留下任何痕跡」。[31] 而是：韋伯在透過某些「修改」而想要使 PE「脫掉種種論述的孤立性」的同時，也使得 PE 的**原始構想**在一定程度上「隱而不顯」了。

31　這些說法，基本上都沒問題：正如前面已經引用過的那個引文所說的，韋伯的確並未以任何形式**修改**過「任何一個包含著實質上具有本質性的主張的句子」。這裡強調的，是韋伯為了「脫掉」PE 的孤立性所做的修改。

我們就以收錄到《韋伯全集》中的 PE 的二個版本的相關段落的對照，舉幾個例子具體地說明這一點吧。

1904-05 年版的 PE 語句（MWGI/9 頁碼）：劃底線為修改處	1920 年版 PE 的修改（MWGI/18 頁碼）
頁 267 f.：至於「拒斥 "受造物的神化"」以及「首先在教會裡、但最終則一般而言地在生活中，都唯有神應該 "支配"」這原則，在政治上意謂著什麼，則<u>我們稍後將會談及</u>。	頁 291： … 不屬於我們的脈絡。
頁 356：至於「只對他人做那你們也會想要他人對你們做的事情」這個被許多貴格派信徒視為**整個**基督教式的倫理之縮影的命題之**社會**—倫理上的意義，則<u>我們稍後將會加以探討</u>。	頁 401： … 我們在此並不需要加以探討。
頁 364：就連對這一點，我們也將會在考察禁欲式的基督新教之社會政策的時候，再加以談談，並且，到時候我們將必須考察一下一項重大的區別：這項區別存在於「諸國家**教會**之威權式的習俗警察」與「諸**教派**建基於自願的臣服上的習俗警察」的影響之間的區別。	頁 408 f.：（改寫為：）對這一點的每一個探討，都必須顧及到那存在於「諸國家**教會**之威權式的習俗警察」與「諸**教派**建基於自願的臣服上的習俗警察」的影響之間的區別。
頁 382：效益主義乃是那對 "鄰人愛" 所做的非個人性的形塑以及由於「清教式的 "為了神的更大的榮耀"（in majorem Dei gloriam）的排他性」而造成的「拒斥所有的世界頌揚（Weltverherrlichung）」的結果。…這件事情的**政治上的**側面，則<u>屬於某一稍後的脈絡</u>。	頁 430： … 不屬於此一脈絡

頁 403：直到今天，在種種荷蘭式的教堂裡的教會位子之階級分等，都還顯示著這種教堂之貴族制的性格。——<u>關於這方面，我們稍後再談。</u>	頁 430： … （直接刪除）
頁 405：我們稍後將會談談那對於技術與種種經驗性的科學的發展所具有的意義。	頁 460：我們<u>在此</u>將<u>不會再去談</u>

上面列舉的，只是 PE 提到要在寫「續篇」時處理的一些問題的 35 個地方的一部分。儘管韋伯在 1920 年版的 PE 中，並未將所有有待繼續處理的問題給「修改」掉——或許其中有一部分，在修改後的〈儒教與道教〉一文的「結論」中已有所處理，或者也有可能韋伯是想要在計畫中的《宗教社會學文集》第四冊中再行處理。但無論如何，在一個新的論述架構與新的論述脈絡中，PE 的獨立性勢必會受到重大的影響。因此，一個讀者如果只讀 1920 年版的 PE，並且放在〈文前說明〉與「世界宗教的經濟倫理」的脈絡去理解 PE，除了很容易忽略 PE 的獨立性之外，還將會產生諸多問題。

首先，上述的四篇「反批判」的文章將無所依附。由於費雪與拉賀發爾所批判的以及韋伯在進行「反批判」時所根據的都是 PE1904-1905 年版，因此，像 David J. Chalcraft 與 Austin Harrington 所編輯出版的 Weber, 2001 這本只收錄上述四篇「反批判」文章的譯本，若無 PE 原始版本對照，將會造成閱讀與理解上的困難。此外，像是 Dirk Kaesler 所編輯出版的 Weber, 2004 雖號稱「完備版」，除了四篇「反批判」文章之外，不但收錄了〈北美的 " 教會 " 與 " 教派 "〉也收錄了〈基督新教的教派與資本主義的精神〉，但 PE 用的卻是 1920 版本，也會產生同樣的困擾。因此，要不就像 Stephen Kahlberg 編譯出版的 Weber, 2009 那樣，捨棄四篇反批判；要不就只能像 Baehr & Wells 編譯的 Weber, 2002 或者本書這樣，按照文章發表的時間順序，將 PE、〈北美的 " 教會 " 與 " 教派 "〉以及四篇「反批判」文章輯為一冊出版。至於 1920 年版的

PE、〈基督新教的教派與資本主義的精神〉以及〈文前說明〉，則依照《宗教社會學文集》的原樣另為一冊。這也是《韋伯全集》（MWGI/9, MWGI/18）的做法，而我也認為，這是我們面對韋伯的 PE 這部著作而想要窺其全貌的最佳做法。[32]

其次，上述的四篇「反批判」的文章，是韋伯唯一正式發表的針對種種「誤解」或者「不解」，而試圖對自己的 PE 的研究意圖、研究材料與研究方法等等加以澄清、說明、強調的著作，彌足珍貴。儘管韋伯在 1920 年版的 PE 中，希望「透過一些插入的語句與註解，去為未來避免所有可以設想的誤解」，但 PE 的繼受史證明了：韋伯的希望落空了。無論如何，這四篇「反批判」的文章──儘管韋伯自己只強調過其預防類似的種種「誤解」的功能，而許多韋伯研究者也不太重視這些文章，但我還是認為：這四篇「反批判」的文章不但可以讓我們更好地理解 PE，也可以讓我們得以更好地面對種種的誤解與不解。前一個功能尤其重要：德國重要的韋伯學者 Wilhelm Hennis（1923-2012）[33] 就高度重視這些反批判文章，認為韋伯的「提問」（Fragestellung）之最精準的表述，就存在於這些文章中，而透過這些文章對於當時批評者的種種「不解」與「誤解」的澄清──這些「不解」與「誤解」即便在今日仍然隨處可見──，我們也才能更加準確地掌握住韋伯的思想。而要瞭解這四

---

32 值得一提的是：Johannes Winckelmann 編輯出版的 Weber, 1968，不但收錄了費雪與拉賀發爾批判 PE 的文章，還收錄了 Ephraim Fischoff 於 1944 年發表於 *Social Research,* Vol. XI 1944, 53-77 的一篇文章（Die protestantische Ethik und der Geist des Kapitalismus. Die Geschichte einer Kontroverse）以及 Reinhard Bendix 於 1966-67 年發表於 *Comparative Studies in Society and History,* Vol. IX 1944, p. 266-273 的一篇文章（Die " protestantische Ethik" im Rückblick）。

33 Hennis 於 1987 年出版的重要著作《韋伯的提問》（*Max Webers Fragestellung. Studien zur Biographie des Werks*），將他 1982-1986 年間陸續發表的文章輯為一冊出版。其中尤其重要的是 1982 年發表的〈韋伯的提問〉與 1984 年發表的〈韋伯的主題：" 人格與種種生活秩序 "〉（Max Webers Thema: - "Die Persönlichkeit und die Lebensordnungen"）。影響重大的翻案性文章〈韋伯的提問〉的主要根據，就是來自 1904-05 年版的 PE、尤其是四篇「反批判」文章。

篇「反批判」文章，自然得先閱讀「批判」所針對的 1904-05 年發表的
〈基督新教的倫理與資本主義的 "精神"〉。

最後、也最重要的一點是：只讀 1920 年版的 PE，將無法一窺 PE
的原貌、全貌、原始構想。韋伯多次抱怨，他 1904-05 年版的 PE 之所
以遭受到許多誤解，除了讀者必須自負的責任外，最重要的一個因素，
就是他文章還沒寫完。韋伯不但在 1904-05 年版的 PE 中，有 35 處提及
將在續篇中處理許多問題——尤其是禁欲式的基督新教在社會倫理、社
會組織、對政治（國家與權威）的態度、生活風格以及教會的制度方面
的影響乃至「宗教的階級制約性」等等——，在 1907-1910 年間發表的
四篇「反批判」文章中，也有 15 處提到將會有許多問題在續篇中加以處
理。也因此，如果我們從 1904-05 年版的 PE 開始，順著韋伯四篇「反批
判」文章發表的順序讀下去，最後再去讀 1920 年版的 PE 以及〈基督新
教的教派與資本主義的精神〉，我們才能夠一窺 PE 的原貌與全貌，並
恰當地理解韋伯當初寫作 PE 的「原始構想」與後續的種種「發展」的
關係。

貳、本書與韋伯的方法論研究

前面的論述，主要是要論證：本書所收錄的這些韋伯的基督新教研
究文章值得翻譯、也值得閱讀。但是，要如何閱讀本書，才能真正一窺
韋伯 PE 的「原貌」、乃至直到 1910 年為止的「全貌」，並恰當地掌握
住韋伯在這些文章中所提出的「原始構想」，卻並不容易。以下，我們
就先從韋伯的「著作史」與「思想發展史」的角度，對本書收錄的文章
加以考察，看看這些文章是在什麼樣的脈絡中寫出來的，以便更好地掌
握住閱讀與理解這些文章的方式。

首先，PE 這部著作，可以說是韋伯自從 1891 年完成「任教資格

論文」[34] 之後，最重要的著作。Peter Ghosh 在 2014 出版的 *Max Weber and The Protestant Ethic: Twin Histories* 一書中，甚至將〈基督新教的倫理與資本主義的 "精神"〉這篇文章當作是韋伯的「主要著作」（Hauptwerk），[35] 甚至以 1905 年為界，將韋伯一生的思想發展，以分成二段「孿生歷史」（c. 1884-1905 與 1905-1920）加以論述。我基本上同意 Ghosh 的判斷：這部著作對於理解韋伯的思想發展、乃至理解韋伯的學術工作的整體構想，具有極高的重要性；[36] 也因此我認為，忠實地呈現這部著作的原始面貌，乃是一項重要的學術課題。並且，正如韋伯的太太瑪莉安娜所說的，1902 年韋伯從長期的神經性疾病中逐漸恢復之後，展開了他的「生產的新階段」。瑪莉安娜是這麼說的：

　　在第一個創作階段裡，韋伯的「知識—與形塑驅力」所針對

34　韋伯是 1891 在柏林大學「統計學與國民經濟學」教授 August Meitzen（1822-1910）的指導下完成任教資格論文的，論文題目是：《羅馬的農業史對國家法與私法的意義》（*Die römische Agrargeschichte in ihrer Bedeutung für das Staats- und Privatrecht,* Stuttgart 1891）。

35　Ghosh 在書中二次提及，韋伯自己曾將這部著作當作是其「主要著作」：一次在 Preface（viii），說是 1905 年的事，一次是在 p. 50，並在註腳中說明根據的是韋伯 1904 年 6 月 14 日致李克特（Heinrich Rickert, 1863-1936）的信。二種說法並不一致。並且，在 2015 出版的 MWGII/4（收錄韋伯 1903-05 書信）中，韋伯 1904 年 6 月 14 日致李克特的信中說的是：他當時一方面想著必須進一步說明 "理想典型"（Idealtypus）的概念，一方面想著要在當年冬季對「"客觀的可能性" 這個範疇對於歷史判斷與發展概念的意義」進行分析，而迫在眼前的又有 8 月到 11 月前往美國的空隙，因而經常心神不定，以致於「只能偶爾從事我的主要工作（Hauptarbeit）："基督新教的倫理與資本主義的精神"」。Ghosh 顯然將 "Hauptarbeit"（主要工作）誤讀成 "Hauptwerk"（主要著作）了——韋伯怎麼可能在 1904 年還在寫〈基督新教的倫理與資本主義的 "精神"〉的第一個部分時，就將自己尚未完成的作品當作是他的「主要著作」呢？但儘管如此，從今日觀點看來，《基督新教的倫理與資本主義的精神》（也許更恰當地說：《宗教社會學文集》）的確是韋伯的二大「主要著作」之一——另一「主要著作」則是《經濟與社會》，並且都是「未完成」的作品。

36　韋伯曾在 1904 年 4 月 12 日致出版商希貝克的一封信中提到 PE 的研究工作時，以罕見的口吻說：他「對此一研究工作有很大的期許」。

的，主要是「實在」本身的某些特定的方面，如：法律—與經
濟史方面的以及在社會經濟上與政治上富有意義的過程。…現
在，在 1902 年，…韋伯的創造驅力轉入了一些完全不同的精
神性的領域。他由身為學院教師與政治家的活動生活（aktives
Leben）中被逐到了安靜的研究室之沉思冥想裡了。[37]
（Marianne Weber, 1984: 318 f.）

　　無論是由韋伯的「學經歷」、還是由韋伯在 1902 年前的種種活動與
著作看來，情況都是如此。在此之前，無論是大學期間的職業學門（法
學）、還是之後的博士論文[38]與任教資格論文（領域：商法與羅馬法），
韋伯的主要學術專長領域，都是法學、並且主要是商法、票據法等等，
甚至還在柏林大學擔任五個學期的法學私講師。但 1894 年 5 月，韋伯決
定轉換人生跑道，接受弗萊堡大學的招聘（請參閱 MWGII/2: 537），並
自 1894/95 冬季學期起擔任「國民經濟學與財政學」教授。接著，韋伯
於 1897 夏季班轉往海德堡大學擔任國民經濟學教授，直到 1898 年 7 月
發病無法授課為止。總之，在 1902 年逐漸恢復工作能力之前，韋伯的知
名度——正如 Schluchter 所說的（MWGI/9: 4）——基本上都是建立在
他對中世紀與古代的法律與經濟史的研究、尤其是對「農業資本主義」

37　瑪莉安娜在這這裡提到的，是源自亞里斯多德的一組傳統概念：「活動生活」
　　（*vita activa*）與「沉思生活」（*vita contemplativa*）。
38　韋伯是在柏林大學商法教授 Levin Goldschmidt（1829-1897）與公法教授
　　Rudolf von Gneist（1816-1895）的指導下，完成博士論文的，論文題目是：
　　《無限公司的「連帶責任原則」與「特有財產」之由義大利各城市的種種
　　家計—與行業共同體而來的發展》（*Entwickelung des Solidarhaftprinzips und
　　des Sondervermögens der offenen Handelsgesellschaft aus den Haushalts- und
　　Gewerbegemeinschaften in den italienischen Städten*, Stuttgart 1889）。這篇論
　　文也以「家庭—與勞動共同體」（Die Familien- und Arbeitsgemeinschaften）
　　為標題，作為第三章而納入同一年出版的《論中世紀的公司的歷史》（*Zur
　　Geschichte der Handelsgesellschaften im Mittelalter*）一書中。「無限公司」
　　（offene Handelsgesellschaft，英文：General partnership，日語：合名会社）的
　　最大特點在於，公司股東對公司債務負無限責任。

與「近代的股市」的研究上，亦即：他的「專長領域」乃是「經濟與政治（法律）」，而非「經濟與宗教」。

這樣的一個學者，為什麼會「突然」投入「經濟與宗教」這個領域呢？這個問題相當複雜，也不好回答。以下，我僅就閱讀所及，提供一些線索供讀者參考。

韋伯投入「經濟與宗教」這個領域的研究，並於 1904-05 年寫出 PE 的原始版本，其實「其來有自」，絕非「突然」。在 1910 年發表的第一篇回應拉賀發爾的「反批判」文章〈對資本主義的 " 精神 " 之反批判〉中，韋伯就說：「這些事物，我部分在 12 年前就已經在課堂上講過了。」[39] 且不說 PE 第一個部分的一開始（「宗教信仰與社會的階層化」）所引用的「所有事實與數字」，都是來自他的一個學生 Martin Offenbacher（1876-1924）[40] 於 1900 年出版的博士論文——這本博士論文的題目，就叫作《宗教信仰與社會的階層化》——，而 Offenbacher 則是在 1898-1899 年間聽了韋伯的「實踐的國民經濟學」課程與「國民經濟學研討課」，而決定跟韋伯寫博士論文的。同一個時期，韋伯還有另一個博士生（Maxmilian Kamm, 1874-1948），[41] 博士論文題目是：「喀爾文作為經濟政策家」（Johannes Calvin als Wirtschaftspolitiker），曾到日內瓦的喀爾文檔案館進行研究，韋伯甚至在 1898 年 12 月 7 日致出版商希貝克的一封信中提到：他希望將這本論文編入《巴登高校經濟學論文叢書》中（第 12 本），還說他將會為該論文寫一篇導論。（MWGI/9: 6）

39　請參閱 MWGI/9: 576，或本書 [576] 譯者註。較詳細的說明，請參閱 MWGI/9: 5 ff.。

40　Offenbacher 是工程師，於 1898 年在慕尼黑通過電機工程師考試，同時聽 Lujo Brentno, Walther Lotz 與 Georg v. Mayr 的國民經濟學講演課，1898-99 年間在海德堡聽韋伯與 Ernst Leser 的國民經濟學講演課，並於 1901 年取得博士學位。1902 年起，Offenbacher 開始在紐倫堡的 MAN 公司擔任高階工程師，1905-08 年間還當過「巴伐利亞金屬工業協會常務董事」。1938 年底，因身為猶太人之故被解雇，1942 年 3 月 23 日，當他面臨「押解」（送往集中營）的命運時自殺了（列名 Holocaust 的紐倫堡犧牲者名單第 1530 名）。

41　Kamm 於 1896 年到海德堡讀書，1897 夏季學期與 1897/98 冬季學期密集地跟韋伯學習，同樣於 1898 被韋伯接受為博士生。

　　儘管這本博士論文並未完成，但我們可以很明確地確定：韋伯跨進「經濟與宗教」這個領域並醞釀 PE 的研究計畫，最遲應該是在 1898 年就已經慎重其事地開始了。儘管後來由於身體狀況的關係，韋伯必須療養、並到處旅行休養，身體情況時好時壞，壞的時候完全無法工作、甚至無法閱讀。但在 1898-1903 年的這段歲月裡，韋伯似乎持續地關注著 PE 的研究主題：懷著 PE 的問題意識，無論是參觀林布蘭美術館、參加阿姆斯特丹的教會禮拜、還是造訪羅馬的圖書館，[42] 韋伯都看到他心頭浮現的東西。[43] 事實上，韋伯固然說他自己「在宗教上沒有音感」，但卻從小就在母親（Helene）與大姨（Ida，韋伯的「第二個母親」）[44] 的影響下，對「宗教對人的生活經營的影響」有相當深刻的認識。他不但在 12 歲就讀了路德的著作，也接觸到錢尼（William Ellery Channing, 1780-1842）、派克（Theodore Parker, 1810-1860）、羅伯森（Frederick William Robertson, 1816-1853）與金斯萊（Charles Kingsley, 1819-1875）乃至富蘭克林等人的作品，在海德堡讀書時，更與當時在附近當見習牧師的表兄 Otto Baumgarten（1858-1934，後來成為神學教授）過從甚密，

42　根據 Radkau, 2005: 317f. 的說法：1901-1903 年間，韋伯到處旅行，其中最常停留的地方就是羅馬。瑪莉安娜在 1902 年 2 月 28 日的一封信中曾報導說：Max 在一處圖書館，他讀了許多關於修道院與修會的組織的書。韋伯似乎對耶穌會特別感到興趣。

43　韋伯很喜歡歌德的《浮士德》的〈舞台上的序幕〉裡，丑角所說的一句話（詩行 179）：「每一個人都看見，那浮現在心頭的東西」（Ein jeder sieht, was er im Herzen trägt）。想必他自己在四處旅行、廣泛閱讀各種書籍時，所見所聞，所思所想，亦是如此。在這方面，由於目前韋伯書信已經全部出版，可以有較細膩的研究，在此不細談。

44　Ida Fallenstein（1837-1899）是韋伯的母親（Hellene Fallenstein, 1844-1919）的大姐，嫁給斯特拉斯堡歷史學家 Hermann Baumgarten（1825-1893），韋伯不但跟大姨與大姨丈關係密切，與他們的二個兒子 Fritz（1856-1913）與 Otto（1858-1934）也是關係非比尋常。韋伯與 Otto 的關係，較為人所知，而韋伯與 Fritz 的關係，則 Wilhelm Hennis 在收入 2003 年出版的《韋伯與修昔底德》（*Max Weber und Thukydides*）一書中的文章〈"希臘的精神文化" 與韋伯的政治式的思維方式的根源〉（Die "hellenische Geisteskultur" und die Ursprünge von Max Webers potitische Denkart）有極為精彩的論述。（Hennis, 2003: 3-52）至於表妹 Emmy（1865-1946），與韋伯的關係，就更不用說了。

常一起讀書。可以說，韋伯在 20 歲的時候，對於基督宗教乃至基督新教對於整個西方文化的深刻影響，已經有了相當令人驚訝的認識。[45] 為了讓讀者更具體地感受到 20 歲的韋伯對基督宗教的認識，我將韋伯 1884 年 3 月 25 日在斯特拉斯堡服役期間，因小他四歲的弟弟 Alfred（1868-1958）將於 3 月 27 日舉行「堅信禮」而寫的一封信，全部譯出，以饗讀者（MWGII/1: 405-407）：

親愛的兄弟！

我的意圖是，今天：終於為你的那兩封信向你致謝，但接著主要的則是：關於你的生命現在所處的這個重要的轉戾點，至少作為兄弟與基督徒跟你說幾句話，以便向你表明：我是如何理解這重要的一步的，以及根據我的觀點，它對那做了這一步的人而言具有什麼樣的一種意義，——以便最後也將我對這件事情的衷心祝福，向你說出來。

---

[45]　韋伯在 1882 年 5 月 16 日致母親的信中，曾經寫道：「除此之外，我相當深地陷入了神學中，我的閱讀範圍包括了史特勞斯（Strauß）、史萊瑪赫（Schleiermacher）與普弗萊德勒（Pfleiderer）（"Paulinismus"）以及柏拉圖。史特勞斯的《舊的與新的信仰》（*Der alte und neue Glaube*）沒有很多新的東西，沒有任何人們不會自己就大約意識到了的東西…。史萊瑪赫的《關於宗教的講演》（*Reden über die Religion*），我當然只讀了一點點，但暫時沒有任何印象，或者毋寧說有一種相當不舒服的印象，或者毋寧說我始終…都無法理解，但我卻非常渴望著那關鍵的話（die Pointe）並且完全不會誤認這個男人頻頻爆發的那些偉大的心靈溫暖（Herzenswärme）。普弗萊德勒的《保羅主義》則至少非常有趣，並且在導論就允諾某種重要的東西。」（MWGII/1: 270 f.）這裡 Strauß 指的是德國哲學家、基督新教神學家與作家 David Friedrich Strauß（1808-1874）；Schleiermacher 是指德國福音派神學家、哲學家、聖經學者 Friedrich Schleiermacher（1768-1834）。Otto Pfleiderer（1839-1908）則是德國基督新教神學家，《保羅主義》一書的全名是：*Der Paulinismus. Ein Beitrag zur Geschichte der urchristlichen Theologie*（Leipzig：Fues, 1873）。

你已經——一如這些學說從很久以來就在我們的教會中被主張著與相信著的那樣——熟諳於基督宗教的種種學說了，而在這種情況下，你想必一定知道：對這些學說之真正的意義（Sinn）與內在的意義（Bedeutung）的掌握，在不同的人那裡乃是非常不一樣的，並且：每一個人都根據他的方式，試圖去解決此一宗教向我們的精神所提出的那些偉大的謎。因此，你現在，就像每一個其他基督徒一樣，面對了一項要求：你必須作為基督徒的共同體成員，對這些謎形成某種自己的觀點；這是一個每一個人都必須解決、並且每一個人都以他的方式加以解決的課題，但並非一蹴而就，而是基於在其人生的進程中之種種長年的經驗。

你將會如何解決這個現在首度向你提出來的課題，在這方面，你將只向你自己、向你的良心（Gewissen）、你的知性（Verstand）、你的心（Herz）負責。因為，一如我所相信的，基督教式的宗教之偉大正是在於：它對每一個人而言，無論是老年的還是青年的、無論是幸運的還是不幸的，都以同樣的程度存在在那裡，並且將為所有的人——儘管以不同的方式——所理解，並且從幾乎二千年以來就被所有人所理解著。它乃是在這段時間裡所創造出來的所有偉大的東西建基於其上的種種主要基礎之一；各個產生了出來的國家、這些國家所做出來的所有偉大的作為、它們所記載下來的所有偉大的法律與規章、甚至就連科學以及人類之所有偉大的思想，都主要地是在基督宗教的影響下發展出來的。自從這個世界可以思考以來，人的種種思想與心靈從來就沒有被某種像是「基督教式的信仰之種種觀念與那基督教式的對人的愛（Menschenliebe）」這樣的東西所如此地充滿著與推動著——這一點，你越是看進了人類的種種歷史表（Geschichtstafeln）中，你將會更加了然於胸。

這就造成了：今日我們用"我們的文化"這個名稱加以統稱的一切，基本上都建基於基督宗教上，並且：今日在整個人類社會之種種設施與秩序中，在其種種思考—與行動方式中，一切都與基督宗教關聯在一起並依賴於它，甚至是如此地依賴於它，以致於我們自己根本就不會總是注意到、甚至完全不再意識到說：我們在我們所為與所思的一切那裡，都受到基督教式的宗教所影響著。基督宗教乃是那條將我們與所有那些跟我們處於同樣高的發展階段的民族與人連結起來的共同繫帶，因為，就連在我們之中的那些不想要稱自己或主張自己本身是基督徒、不想要與基督宗教有任何關係的人，也的確都吸取了基督宗教的種種基本思想，並不自覺地根據其種種學說而行動著。——

——現在，你作為基督教的教團成員（Gemeindemitglied）加入了「人類」這個巨大的共同體，並且，你將會（至少直到某種的程度）意識到、並且跟我一樣變得越來越清楚：當你透過你的堅信禮、透過說那「信仰表白」說出想要被接納進這個巨大的、遍佈全世界的兄弟聯盟（Bruderbund）的時候，你已經讓自己擔負著某些權利與義務了。作為基督宗教的教團成員，你將會就你的部分承擔起促進偉大的基督教式的文化發展、從而促進整個人類之繼續發展的工作之權利與義務；——並且，我們之中的每一個人遲早都會明白：對他自己的幸福而言，一個必要條件乃是：他為自己提出了此一義務與任務（Aufgabe），並全力以赴加以履行。我們這些較年輕的人在我們這方面，首先可以透過下述方式試著去履行此一義務，那就是：我們追求著使自己適合於為了人的社會性的利益服務，並努力取得為此所需的那些精神力量（Geisteskräfte），以便成為在這個世界的

事功與繼續發展上的一個幹練的同事（Mitarbeiter）。我們越
早認識到：我們的自己的滿足與我們的內在的和平，都是跟對
「履行此一義務」的追求不可分地聯繫在一起的，我們越早擁
有那種「在這個美麗的地球上做為同事而被放置到某種偉大的
事功上」之令人感到高興的感受，對我們而言越好。

而也就這樣，我想在信尾寄予期望：但願你越來越有這種意
識，達成「真正的基督徒」這個果實，使父母感到高興，使你
自己獲得和平。

你的兄弟 馬克斯

　　問題是：有此認識，就寫得出 PE 嗎？恐怕未必。信中所說的，用
韋伯自己後來的話說，都只是一些「模糊的感覺（感受）」，還不是清
晰的概念表述或者科學研究的成果。如果韋伯後來沒有轉換人生跑道，
由法學轉入國民經濟學，或許就不會有 PE 的出現。
　　儘管韋伯取得的是法學博士學位、也在柏林大學開授過法學課程，
但無論是他的博士論文還是他的任教資格論文，都不是典型的法學論
文。這一點多少顯示著：純粹的法學研究，韋伯是興趣缺缺的。從韋伯
小時候的一些習作與通信中，我們多少可以感覺到：韋伯對歷史、對政
治、對現實的社會經濟問題，始終都有很大的興趣，而他的思維方式，
基本上也是歷史家式的與政治家式的：在狀況中思考（In-Umständen-
Denken）。[46] 因此，韋伯在一封於 1887 年 9 月 30 日寫給他的姨丈包姆
加登，答覆他對韋伯的「科學上的人生道路」的垂詢的信中，就曾坦承
說：由於「種種實際上的利益──對這些利益的規制，乃是法律發展的
基本課題──呈現了種種的結合，而這些結合，在我看來，用我們的

46　關於這方面，請參閱 Hennis, 2003: 171 ff.。此外，亦請參閱：張旺山，2014:
　　64。

科學（按：指「法學」）的那些手段，是無法加以掌握的」，使得他想要「為了科學本身的緣故而從事於科學」的驅力顯著地減弱了。總之，韋伯坦承：這些對於法學的印象，使得「純法學式的東西」（das reine Juristische）被排擠出了他的興趣的中心點之外了，也使得他更難以在這個方向上產生某種成功的研究工作，以致於韋伯到目前為止，只向**「在科學上獨立地進行研究工作」**的可能性推進了一點點。（MWGII/2: 122）

因此，韋伯會在有機會在柏林大學擔任法學教授的情況下，於 1894 年決定轉換跑道，到弗萊堡接任「國民經濟學與財政學」教授職務，絕非偶然。儘管韋伯在柏林大學就讀期間，讀了不少經濟學的著作，使得他在 1891 年 1 月 3 日寫給包姆加登的一封信中，語帶自負地說：「我在這段期間，大約變成三分之一個國民經濟學家了」。（MWGII/2: 229）再加上韋伯於 1892 年發表的《易北河以東的德國農業勞工的狀況》（*Die Verhältnisse der Landarbeiter im ostelbischen Deutschland*），[47] 受到國民經濟學界的重視，因而有機會改變人生跑道。但要從帝國首都柏林遷居弗萊堡、由法學轉入國民經濟學，無論如何都是一項重大的人生決定。韋伯究竟是基於哪些理由，決定轉換人生跑道的？我們固然可以從他的書信中略知一二，[48] 但 1893 年 10 月才跟韋伯結婚的瑪莉安娜的證言，應該也是可信的。瑪莉安娜明確地說（Marianne Weber, 1984: 212）：轉換學科是相應於韋伯的期望的。理由有三點：

（1）相對於法學而言，作為科學的「國民經濟學」還有彈性、也"年輕"；除此之外，

47　這部著作，是韋伯接受「社會政策協會」委託，而對協會針對「德國易北河以東的農業勞工的狀況」所做的問卷調查進行研究的成果，收錄於 MWGI/3（共二分冊），標題略有改變。

48　就我閱讀韋伯書信所及，韋伯第一次提到弗萊堡大學哲學學院問他是否願意前往擔任國民經濟學的正教授，是在 1893 年 6 月 20 日致瑪莉安娜的信中。他作了全面的考量，而由於母親非常期望，所以他也就答應了。(MWGII/2: 406) 瑪莉安娜也隨即回覆同意。(MWGII/2: 408) 但直到 1894 年 4 月 28 日致 Friedrich Althoff（1839-1908）的信中，(MWGII/2: 537) 才敲定這個聘任案。

（2）它位於許多差異極大的學術領域的交界處：由它出發，可以直接進入「文化─與觀念史」（Kultur- und Ideengeschichte）乃至進入種種哲學性的問題（die philosophischen Probleme）；以及最後：

（3）對於「政治上與社會政策上的取向」而言，它比「法學式的思維」的那種比較形式性的難題（die mehr formale Problematik），更有促進作用。

我認為，瑪莉安娜的這幾點說法，都是值得高度重視的，尤其是第二點，更是與本文高度相關──因為，PE 就是一部研究「職業文化」的「文化史」的著作，也可以說是研究「職業」（Beruf）這個觀念是「如何在歷史中變成是富有影響的」的方式的觀念史著作。但這樣的一種研究，要怎麼進行呢？這就涉及到某種的「科學」概念以及進行這種科學的「知識論─方法論─邏輯學」的問題了。

韋伯在轉往弗萊堡大學擔任「國民經濟學與財政學」教授後的第二個學期，於 1895 年 5 月 13 日發表「就職演說」〈民族經濟中的國族性〉（Nationalität in der Volkswirtschaft）。[49] 在這場演說中，韋伯公開說出了自己作為國民經濟學家的終極關懷（價值關連）：

> 當我們在思考自己這個世代的「身後事」時，會讓我們動心的問題，不是「將來的人們會覺得如何」（wie die Menschen der Zukunft sich befinden），而是「他們會變成怎麼」（wie sie sein werden），而這問題事實上也是所有經濟政策研究的基礎。我們想要在他們身上培養出來的（emporzüchten），並不是人們的幸福感 (das Wohlbefinden der Menschen)，而是那些讓我們覺得構成了人的偉大（menschliche Größe）與我們的本性的高貴（Adel unsrer Natur）的特質。（MWGI/4-2:559）

49　這篇就職演說乃是韋伯公開說明他在轉換人生跑道後，如何看待自己作為「國民經濟學家」這新的人生道路的綱領性文獻，相當重要。演講稿稍作修改後，以「國族國家與民族經濟政策」（Der Nationalstaat und die Volkswirtschaftspolitik）為題發行單行本。目前收入 MWGI/4: 543-578。

在此一「價值觀點」下，韋伯將「國民經濟學」說成是某種「人的科學」（eine Wissenschaft vom *Menschen*），這種科學尤其要探問的，乃是「人的品質」（*Qualität der Menschen*）：透過那些經濟上的與社會上的生存條件（Daseinsbedingungen）而被培育出來的人的品質。（MWGI/4-2:559）

身為國民經濟學家的韋伯，顯然想要根據自己的「人的科學」的構想，在這門「還有彈性、也年輕」的學科中，走出自己的一條路。也因此，在他的「一般的（"理論的"）國民經濟學」這門課[50]的授課內容中，一開頭就是「導論：§1. 理論的國民經濟學之種種課題與方法」，並羅列了當時重要的德文與英文相關著作與查閱書共 45 種。選擇了當國民經濟學家，想要走自己的道路，韋伯就必須認真地面對那場發生於 1883 年的德語國民經濟學界的「方法論爭」（Methodenstreit）。[51] 事實上，韋伯還在海德堡讀書時，就對「方法論爭」感到興趣，更將對「知識論—方法論—邏輯學」的問題的關注擴充到歷史學、心理學、法學等等領域上，並隨時追蹤著邏輯學、知識論、方法論、現象學乃至哲學各方面相關的最新發展。我相信，韋伯之所以會這麼做，固然有知識興趣的成分，但更主要的因素，應該是自己在學術發展上的迫切需要。[52] 也

50　韋伯在 1894/95 冬季學期到 1898 夏季學期之間，共上過六次「一般的（"理論的"）國民經濟學」課程，而在上最後一次的時候，韋伯用打字機寫下了一份《綱要》，打算要以之為基礎寫一本國民經濟學教科書。此外，人們還在韋伯的遺稿裡，發現一份上課講義：〈第一卷：民族經濟學說之概念上的基礎〉。這二份遺稿，曾於 1990 年合成一冊出版，後收錄於 2009 年出版的 MWGIII/1 之中。

51　相關的討論請參閱張旺山，1997 與張旺山，2013。

52　韋伯在「導論」的筆記中有如下一些提示：「前置問題：何謂一門科學的"領域"？根據什麼劃界線？種種科學的劃界≠大學的專業領域的劃分」、「種種新的科學是如何產生出來的？」、「一門獨立的科學之存在與產生的前提：(a) 對某些新的問題產生出種種獨立的真理。經濟總是存在著，但是，關於經濟的種種問題卻不是。某種獨特的思想關聯之提出。(b) 探究之獨特的方法：邏輯學——心理學」。（MWGIII/1: 191 f.）這些摘錄，固然太過簡略，無法說明太多東西。但讀者如果閱讀韋伯的方法論著作與 PE 時，將這些想法放在心裡，或許會在心頭浮現許多很有啟發性的想法。

因此，當海德堡大學想要在 1903 年慶祝 "第二次建校" 百年校慶，[53] 哲學學院想要出一本紀念文集，希望韋伯寫一篇跟他的專業的歷史有關的「紀念文章」時，[54] 自認為「本性上就無法對那些不斷大幅增加的邏輯學文獻有專業上的掌握」（韋伯，2013: 3 f.）的韋伯，才會大陣仗地投入方法論的研究中：[55] 從 1903 年發表的〈羅謝的 "歷史的方法"〉、1904

53　海德堡大學是 1386 年建立的，第一個創辦人是選帝侯 Ruprecht I. von der Pfalz（1303-1390，在位期間為 1356-1390）；1803. 05. 13. 由 Karl Friedrich von Baden（1728-1811；1771-1803 為巴登侯爵）加以更新，為第二次創建，因此校名冠有 Ruperto-Carola。海德堡大學的全名，德文是：*Ruprecht-Karls-Universität Heidelberg*，拉丁文則是：*Universitas Ruperto Carola Heidelbergensis*。

54　韋伯在 1903 年 2 月 20 日致施莫樂（Gustav Schmoller）的信中提到（MWGII/4: 43 f.），為了此一「紀念文集」，他接到任務要寫一篇文章去展示肯尼士（Karl Knies, 1821-1898）——韋伯大學時就聽過肯尼士的課，轉往海德堡任教，也是接肯尼士留下來的教席——在科學上的意義。值得注意的是，韋伯之所以會寫這封信給施莫樂，主要是因為：「紀念文集」的截稿日期是 1903 年的復活節（也就是 4 月 12 日），眼看就要截稿了，勢必會來不及，而就已經寫完的部分而言，也不適合「紀念文集」的場合，因此希望尋求發表的園地。而在這封信中，韋伯將他的這些「方法論研究」的題目說成是："肯尼士與歷史的國民經濟學之種種邏輯學上的問題"（Knies und die logischen Proleme der historischen Nationalökonomie）。由此看來，韋伯本來想寫的是一篇由「問題史」（Problemgeschichte）的角度談肯尼士的文章，後來很可能因為要談肯尼士就非先談羅謝（Wilhelm Roscher, 1817-1894）不可，於是擴大了文章的規模，後來於 1903 年 10 月、1905 年 10 月與 1906 年 1 月分三個部分發表的長文，因而也稱為「羅謝與肯尼士和歷史的國民經濟學之種種邏輯學上的問題」。

55　韋伯應該是在 1902 年 12 月 19 日旅行前往熱納亞之前，就已經完成了關於羅謝的部分（第一篇文章）、至少其中的大部分，並開始構思關於肯尼士的部分。（請參閱 MWGII/4: 31 註腳 1）在前一個註腳提到的那封致施莫樂的信中，韋伯還說他想要做的是，試著去闡明「羅謝與肯尼士有意識地或者無意識地由之出發的那些邏輯上的預設」，並說，如果他的文章合適的話，他將於（1903 年）5 月寄出前半部（約 60 頁），其餘則將會在夏天寄出。1903 年發表的第一個部分，在施莫樂的《年鑑》中，篇幅不過 40 頁；但分二次於 1905 與 1906 年發表的第二個部分，卻篇幅達到 61+39=100 頁，並在文章最後面註明：將有另一篇文章（換言之就是：還沒寫完）。並且，這第二個部分標題改成「肯尼士與非理性問題」，一方面表明了所要探討的問題是「行動的非理性」，另一方面則大大地擴大了探討的範圍：不再侷限於「歷史的國民經濟學」，而涉及了範圍甚廣的各種「文化科學」（或者：「社會科學」）。韋伯在寫作〈羅謝與肯尼士〉一文的第一篇文章時，固然多少有

年的〈弁言〉與〈"客觀性"〉、1905 年的〈肯尼士與「非理性」問
題〉、1906 年的〈肯尼士與「非理性」問題（續）〉與〈在「文化科學
的邏輯」這個領域上的一些研究〉、1907 年的〈史坦勒之"克服"唯物
論的歷史觀〉、1908 的〈邊際效用學說和"心理物理學的基本原則"〉
直到 1909 年的〈"能量學的"文化理論〉。

綜合前面所說的，我們可以相當確定地說：在 1903-1906 年間，也
就是在韋伯寫作並出版 PE 的同一個時段裡，韋伯的確是如他所說的「埋
首於邏輯學的研究工作」（tief in logischen Arbeiten stecke）；[56] 並且：
韋伯的這些方法論─邏輯學的研究，是與 PE 的寫作密切相關的。細心
的讀者，不僅可以在 PE 中發現許多指點讀者參閱韋伯方法論著作的地
方，更可以在四篇「反批判」的文章中，看到種種由於未能掌握到韋伯

點迫於義務，為了校慶紀念文集無奈地接下了寫專文表彰肯尼士在經濟學上
的貢獻的任務，因而在寫作時相當嚴謹，引證了羅謝的幾乎所有重要著作，
以致於他在 1903 年 1 月 2 日寫給瑪莉安娜的信中抱怨說：「這個可憐的小胖
子，畢竟幾乎只用別人的種種想法在工作著」，加上身體的狀況，使得韋伯
痛苦不堪、經常抱怨，而〈羅謝與肯尼士〉這篇文章也因而有了「嘆息文」
的封號。（請參閱張旺山，2013: (36) ff.）但細心的讀者很容易就可以看出：
韋伯在寫作〈羅謝與肯尼士〉一文的第二、三篇文章時，就「自由」多了：
對肯尼士的探討只在第二篇文章的一開頭和第三篇文章的結尾出現，篇幅上
占總篇幅（100 頁）的大約只有十分之一！細心的讀者可以好好檢視一下此
一轉變與 PE 的寫作的關係。

56 「埋首於邏輯學的研究工作」是韋伯於 1905 年 12 月 18 日致 Edwin R. A.
Seligman 的信中，對自己當時埋首校對〈在「文化科學的邏輯」這個領域上
的一些研究〉一文時的心理狀態的描述。1906 年 1 月出版的〈肯尼士與「非
理性」問題（續）〉，應該就在這之前完成校對的；這二篇文章，加起來超
過 100 頁（39+64=103）！就連 1907 年發表的〈史坦勒之"克服"唯物論的
歷史觀〉及其「補遺」，應該也都是 1906 年的研究工作的產物。韋伯在國民
經濟學家 Gustav Cohn（1840-1919）1905 年發表於《文庫》的一篇文章（〈論
國民經濟學之科學上的性格〉）之後所附的短文（〈對前面這篇文章之編輯
上的評論〉）的註腳中，就曾提到：他「也許會在緊接著的冬季，在與史坦
勒及其學派之某種論辯那裡，回過頭來談談關於國民經濟學之科學上的性格
的論爭。」（《文庫》第 20 卷頁 479）而由文章內容（批判的主要是史坦勒
的《經濟與法律》（Wirtschaft und Recht）一書之 1906 年出版的第二個、「改
善了的」版本）看來，至少應該主要都是在 1906 年寫下來的。（請參閱：張
旺山，2013: (63) f.）。

的方法論思想而產生的「誤解」與「不解」；同樣地，如果讀者熟讀 PE
之後再去細讀韋伯的方法論著作，則他將會看到：許許多多韋伯在探討
方法論—邏輯學的段落，或隱或顯地都是以 PE 中的相關內容為例子進
行論述的。PE 的寫作與方法論文章的寫作的這種「相互滲透」、「互相
支持」的情況，使得我們幾乎可以說：韋伯寫作方法論文章的一個主要
目的，就是要為 PE 的研究工作服務的。這種情況，非常鮮活地表現在
前面曾提及過的那封韋伯於 1904 年 6 月 14 日致好友李克特（Heinrich
Rickert, 1863-1936）的信上：

> 您對 "理想典型" 這個想法的贊同，讓我感到非常高興。事實
> 上，我認為，為了要將 "評價性的"（wertendes）與 "價值關
> 連性的"（wertbeziehendes）判斷給分離開來，某種類似的範
> 疇乃是必要的。至於人們要怎麼稱呼這個範疇，則是次要的事
> 情。我之所以如此稱呼它，乃是因為：「語言使用」就說著
> 一個典型的過程之 "理想的界限情況"（idealer Grenzfall）、
> "理想的純度"（ideale Reinheit）、"理想的建構"（ideale
> Construktion）等等，而並未藉此而意謂著某種應然的東西
> （ein Sein-Sollendes），⋯。除此之外，這個概念還必須被進
> 一步加以說明，它在我的展示中包含著各式各樣未加區分的問
> 題。我不久之後（在冬季）將會嘗試著去對 "客觀的可能性"
> （objektive Möglichkeit）這個範疇對於歷史性的判斷與那「發
> 展概念」的意義加以分析。目前畢竟由於聖路易而插進了一個
> 很大的空檔。就連我的心情也搖擺不定，以致於我只能偶爾從
> 事於我的主要工作："基督新教的倫理與資本主義的精神"。
> （MWGI/4: 230 f.）

　　韋伯的「理想典型」概念，是在 1904 年發表的〈社會科學的與社
會政策的知識之 "客觀性"〉（以下簡稱〈"客觀性"〉）首度提出來

的，而在同一年發表的 PE 的第一個部分就用上了（時間上應該大約就在寫這封信前後！）。而他之所以想要進一步探討「客觀的可能性」這個範疇，自然也跟 PE 的寫作、尤其是第二個部分的寫作中所要探討的「因果上的歸因」的問題密切相關。可以說，韋伯是在批判「歷史的國民經濟學」乃至當時受到「自然主義的一元論」、「演化論」、「泛邏輯主義」、尤其是「實證主義」與「歷史唯物論」等等影響下的文化科學或者社會科學的研究之種種錯誤與混淆的情況下，運用當時可及的種種知識論—方法論—邏輯學的研究成果，試圖釐清自己的 PE 的研究工作的實踐的。正如韋伯自己在 1906 年發表的〈在「文化科學的邏輯」這個領域上的一些研究〉一文中所說的：「方法論畢竟只能是對那些在實踐中通過了考驗的手段之自省（Selbstbesinnung）。」（韋伯，2013：206）也因此，一方面為了對自己的 PE 的已完成的部分進行方法論上的「自省」，一方面也必須對尚待完成的 PE「續篇」服務，並對縈繞心頭的種種方法論—邏輯學上的問題進一步加以探討，或者對當時學界種種錯誤的論點進行批判，韋伯在 1905 年之後還是陸續發表了一些方法論文章。而「韋伯在 1910 年之後，除了〈社會學與經濟學的諸科學之"價值中立"的意義〉之外，就不再發表方法論的文章了」這件事實，多少意味著韋伯認為，他在 1903-1909 年間所發表的方法論文章中，該講的也已經大致上都講到了。

參、如何閱讀本書：一些建議

以上的論述，基本上只做了二件事情：一是使 1904-05 年版的 PE 與 1920 年版的 PE 乃至《宗教社會學文集》「脫鉤」，另一則是使原始版本的 PE 和四篇「反批判」文章與韋伯的方法論研究「掛鉤」。如果此一論述是正確的，則應該如何閱讀 PE 也就很清楚了。當然，對於「如何讀一本書」這樣的一個問題所提出的，只能是一些建議。一個人要怎樣讀一本書，畢竟是他的自由。只不過，當我們想要較為全面而深入地理解一個思想家或者一個思想家的某一本著作時，總會涉及「發展」與「系統」這二個側面。就「發展」而言，最好的讀法自然是依照寫作（或者出版）的先後順序，「從頭到尾」地閱讀下去；至於就「系統」（或者「整體」、「統一性」）而言，則自然是以晚期的、成熟的、具有系統性或者統一性的著作為主。就本書而言，由於最重要的目標是要掌握住 PE 的「原始構想」，自然不宜由 1920 年版的 PE 入手，而是應該回到 1904-05 年版 PE 的原貌，並在韋伯當時的寫作與思想發展脈絡中，掌握 1904-05 年版 PE 的全貌。

換言之，最理想的讀法，是從 1903 年發表的〈羅謝的 "歷史的方法"〉與 1904 年的〈弁言〉[57] 與〈" 客觀性 "〉讀起。〈羅謝的 "歷史的方法"〉這篇文章，儘管由於前面所說過的「寫作動機」之故，讀起來頗為費力，但畢竟是韋伯的第一篇方法論文章，我們可以從這篇文章中探問一些很根本的問題，如：對韋伯而言，「科學」是什麼？有哪些類別？「概念」與概念所要掌握的「實在」之間的關係是怎樣的關係？

57　關於〈弁言〉（Geleitwort）一文的「作者」問題，一直有爭論。瑪莉安娜（Marianne Weber, 1984: 290）說是韋伯起草的，宋巴特則說是他寫就的，「韋伯只是就一些不太重要的點加以補充而已」（引自：MWGI/7: 123）。Peter Ghosh 甚至還寫了一篇專文（Ghosch, 2009）加以探討。根據收錄〈弁言〉一文的《韋伯全集》第一個部分第七冊編輯者的考證，主要作者應該是宋巴特沒錯。由於韋伯曾建議將〈弁言〉原先談及的「傾向」問題轉移到他的〈" 客觀性 "〉一文中談（而韋伯也的確這麼做了，請參閱韋伯，2013: 171-186），而該文又明確分成二個部分，且明說第一個部分的一些地方涉及了「編輯同仁們明確贊成的一些相關想法」，（韋伯，2013: 171）使得雅飛為了避免引起「作者問題」的困擾，將原先安排在〈弁言〉後的〈" 客觀性 "〉一文往後挪，而將宋巴特的文章放在〈弁言〉之後。但無論如何，〈弁言〉這篇文章都是韋伯、宋巴特與雅飛三個人簽名認可的文件，因此《韋伯全集》也收錄了這篇文章（MWGI/7: 125-134）。在我看來，宋巴特所說的韋伯就「一些不太重要的點」所做的「補充」，很可能是〈弁言〉最後面從「隨著哲學興趣一般的再度蓬勃發展…」直到最後的那個強調「清楚的概念的建構」、與「知識批判的—方法論的討論」的重要性的段落（韋伯，2013: 169）。

何謂「實在科學」（Wirklichkeitswissenschaft）？何謂「文化實在」（Kulturwirklichkeit），有哪些特徵？對它所做的科學研究會碰到哪些知識論—方法論—邏輯學上的困難與問題等等。事實上，在這篇文章裡，我們不但可以在許多段落中看到 PE 的影子，韋伯在文中所談及的「歷史性的概念建構」（historische Begriffsbildung）的說法，一方面固然是李克特與他的學生拉斯克（Emil Lask, 1875-1915）的學說的應用，但另一方面「理想典型」的想法卻也呼之欲出。

1904 年發表的〈弁言〉與〈"客觀性"〉這二篇文章，更都是理解韋伯的綱領性文獻：前者是他參與主編並在其中發表幾乎所有主要著作的《文庫》的綱領，後者則是韋伯身為主編之一，一方面為期刊定調、一方面為自己的研究進行「自省」的綱領性文獻。例如，〈弁言〉在談及期刊的工作領域時，就明確地說：「今日，我們這份期刊將必須把對於資本主義式的發展之一般的文化意義的歷史性與理論性知識，看作就是它所要為之服務的那個科學上的問題。」（韋伯，2003: 167）此外，〈弁言〉不但強調「清楚的概念」之建構，認為「唯有清晰明確的概念，才能為一種想要建立種種社會性文化現象之特有意義的研究鋪平道路」，更宣稱期刊將「透過種種知識批判的—方法論的討論，去對理論性的概念構作與實在之間的關係，也取得某種基本上的清晰性」，以便「以一種合乎嚴格的科學性的種種要求的方式，去照顧社會理論」。（韋伯，2013: 169）

至於〈"客觀性"〉一文對於理解 PE 的重要性，就更不用說了，並且就脈絡而言，也應該緊接著〈弁言〉閱讀。這篇文章是韋伯自由寫作的成果，滿心而發，處處洞見，非常精彩，對於理解 PE 而言，更是絕對不可或缺的。韋伯不但在 PE 中多次指點讀者參閱這篇文章（尤其是關於「理想典型」的概念建構問題），如果先熟讀 PE 再閱讀這篇文章，更可以對 PE 有更加深入的理解。例如：韋伯在這篇文章中就明確地說：

　　*我們所想要經營的社會科學，乃是一種**實在科學**。我們想要對*

我們被置入其中的、圍繞著我們的「生活的實在」（Wirklichkeit
des Lebens），就其獨特性加以理解──一方面就此「生活的
實在」今日的形態而理解其個別的現象之間的關聯和文化意
義，另一方面則理解其歷史上何以「變成現在這個樣子而不是
另一個樣子」的種種理由。（韋伯，2013: 196）

　　PE 所從事的，當然是這裡所說的「實在科學」的研究，並且：此
一研究也是想要「理解」我們生活於其中的「文化實在」之「獨特性」
的！而這篇文章花了將近三分之一的篇幅探討的「理想典型式的概念建
構」，更可以說是為 PE「量身寫作」的。總之，要正確掌握住韋伯在
PE 中所從事的是怎樣的一種研究、他是如何建構出他的「研究對象」
的概念的，而韋伯又是如何在整個研究的進展中鋪下一整套的理想典型
式的「概念系統」，並透過對歷史上的原始材料所做的細膩的安排與闡
明，進行因果上的歸因的，乃至這篇文章留下了哪些有待在之後陸續寫
成的方法論文章進一步探討的問題，都必須細讀這篇文章才行。
　　有了方法論的「預備知識」之後，便可以開始閱讀 PE 的第一個部
分。當然，為了閱讀的連續性，可以在閱讀完 PE 的第一個部分之後，
接著閱讀 1905 年發表的第二個部分以及 1906 年發表的〈北美的 “ 教
會 ” 與 “ 教派 ”〉，並在閱讀時，將碰到的方法論問題收集起來，再接
著閱讀 1905 年的〈肯尼士與「非理性」問題〉、1906 年的〈肯尼士與
「非理性」問題（續）〉與〈在「文化科學的邏輯」這個領域上的一些
研究〉、1907 年的〈史坦勒之 “ 克服 ” 唯物論的歷史觀〉、1908 的〈邊
際效用學說和 “ 心理物理學的基本原則 ”〉直到 1909 年的〈“ 能量學的 ”
文化理論〉。最後面這二篇文章，與 PE 的關係較小，如果只是想要瞭
解 PE，可以略過不讀。讀完這些方法論文章之後，應該會對 PE 有更深
入的理解。這時候再閱讀四篇「反批判」文章，便可以收「了然於胸」
的效果，也才能夠更深刻地瞭解韋伯面對種種「誤解」與「不解」所強
調的那些「重點」。而對這些「重點」的掌握，則可以回過頭來，讓我

們得以更清楚地掌握住韋伯的論述架構與論述脈絡。當然,讀者也可以直接依照順序閱讀本書收錄的文章(尤其是 PE),讀個一兩遍之後,心中懷著種種方法論上的疑惑,再依照韋伯文章發表的順序,去逐一閱讀韋伯的方法論文章。

PE 是一部困難的經典,尤其是第二個部分,涉及相當複雜的教會史與神學史內容,要有恰當的掌握,適度的延伸閱讀是必要的。此外,韋伯是一個很有歷史意識的學者,在進行論述時往往透過「今昔對照」展現歷史發展的「弔詭」,並且往往有出人意表的論述,閱讀時必須相當細心。毋寧說,韋伯對閱讀他的著作的讀者,是有相當高的要求的。韋伯的文字固然是清楚的,但他所想要闡明的關聯,卻是相當不容易掌握的。儘管如此,韋伯還是值得一讀,並且值得仔細研讀、多讀幾遍。尤其想要理解韋伯在 PE 中所呈現出來的「原始構想」的讀者,更必須主動地將他在文中所主張的「觀點」,以及在許多註腳裡所簡略提及的種種論點,乃至文中明確指出續篇將會談及以及文末論及的未來的研究計畫等等整合起來,才能夠有較佳的掌握。瑪莉安娜在韋伯死後編輯出版的《宗教社會學文集》第三冊的〈文前說明〉中說,在韋伯的本質裡,有一種對自己個人的命運之絕對的、毫無奢望的鎮定(Gelassenheit),當他面對未能完成《宗教社會學文集》而辭世時,或許會說他常說的一句話:我沒有做的,其他人會做。反過來說,他所做的,往往也是「總得有人做」的事情,而這樣的一位學者所寫的重要著作,自然不是很容易就可以理解的。

最後,韋伯從美國之旅回到德國之後,曾於 1905 年 2 月 5 日,在他與瑪莉安娜位於「主街」(Hauptstrasße)73 號的住宅舉辦 Eranos 聚會,[58]並發表演講,講題為「基督新教式的禁欲與現代的營利生活」(Die

---

58 Eranos 這個名稱來自希臘文 ἔρανος,指的是具有經常性成員的晚宴。1904 年初,海德堡大學基督新教神學家 Gustav Adolf Deissmann(1866-1937)與古典語文學家 Albrecht Dieterich(1866-1908)發起一個由海德堡大學的一些不同學科的教授組成的、旨在研究宗教、尤其是基督宗教的協會,並命名為 Eranos。會員按照姓氏字母輪流作東,學期間每個月在某個星期天在輪到者

protestantische Askese und das moderne Erwerbsleben）。韋伯發表這場演講時，PE 的第二個部分尚未出版。韋伯在演講後，依慣例將簡要內容及討論狀況，寫在記錄簿上。[59] 此一文獻收入 MWGI/9: 220-221。以下，我將這篇簡短的演講紀錄翻譯出來，以饗讀者，並以此作結。

報告人：馬克斯・韋伯：基督新教式的禁欲與現代的營利生活

接續他在《社會科學與社會政策文庫》（XX, 第 1 分冊）中的文章，[60] 報告人想要對「禁欲的基督新教──：喀爾文派、再洗禮運動（連同其附屬群體）、虔敬派、循道會──的倫理對 “資本主義式的精神” 的發展、尤其是對 “營利驅力” 之合法化（Legalisierung）與在倫理上的合格化（ethische Qualifizierung）的影響」加以分析。我們由禁欲的──基督新教式的宗教性之種種教義上的基礎出發：這些基礎──循著種種不同的道路──匯合成下述想法：「恩典狀態」（Gnaden*standes*）──這種狀態乃是作為某種被神所賦予的品質（Qualität）而被設想著的──之證明（*Bewährung*），唯有透過某種特有的種類的生活經營，才能擔保那 “拯救的確定性”（certitudo salutis）。這種生活經營──正因為它應該顯示著那在倫理上行動著的人之某種固有的品質──所必定獨具

家中聚會一次，從晚上 6 點到 11 點。東道主（Hospes）須作一場談某一宗教學議題的演講。演講完後，約八點半用餐，接著進行非正式的學術交談，直到十一點散場。演講者需將演講內容記載在「伊蘭諾斯學圈」的記錄簿裡。此一聚會形式，從 1904 年 1 月開始，一直嚴格執行到 1906 年初。

59　記錄簿上，依慣例先寫晚宴的時間與地點，接著寫出席人員（這次是「除了特落爾區之外，所有成員都出席」），然後是報告人與報告題目，以及報告的簡要內容，最後則簡要紀錄了討論情況（這次是：「幾乎所有出席者都參與了討論，尤其是 Deißmann, Gothein, Rathgen, Jellinek。整體而言，報告人的種種見解都獲得了贊同」）。

60　指 PE 的第一個部分。

的「講究方法的──具有系統性的性格」，制約著這種生活經營的禁欲的、亦即：**理性的**基調（Grundton），而當天主教式的「福音的勸告」（consilia evangelica）、從而那作為「確保禁欲之倫理上的尊嚴」之手段的「逃離世界」（Weltflucht）被阻斷了之後，這種生活經營也就變成了 "內在於世界的" 禁欲，被迫不得不在世界性的職業生活中、並且只在這種生活中發生作用。如今，嚴格的「天意信仰」（Vorsehungsglaube）以及 "自然法"（lex naturae）的那種基督新教式的繼續發展的影響所及，卻使得這種「職業禁欲」（Berufsaskese）採取了某種效益主義式的性格，如此這般地，以致於經濟上的勞動，部分作為禁欲上的手段、部分作為神所想要的自我目的、作為 "禮拜"（Gottesdienst）而顯現出來，而「營利」本身則顯現為神所想要的某種「禁欲式的畢生使命（Lebensaufgabe）」之履行。同時，「禁欲式的倫理」的那形式主義式的──合法的性格，也向「生意的行事作風」（Geschäftsgebarung）擔保著某些品質：這些品質則對於「資本主義式的經濟之擴張」而言，變成了具有構成性的。隨著那宗教上的根之漸漸枯萎，緊接著就出現了那邁向 18 世紀之純粹的效益主義的過渡。「資本主義的精神」──一如我們將尤其嘗試著在巴克斯特（Baxter）的倫理上加以闡明的那樣──乃是由那「（基督新教式的）禁欲的精神」中孕育出來的。

凡例

1. 本譯本的正文與韋伯註腳，都是以 2014 年出版的《韋伯全集》第一個部分第九冊的《禁欲的基督新教與資本主義》（*Asketischer Protestantismus und Kapitalismus: Schriften und Reden 1904-1911*）的文本為依據，邊碼以及在註腳與譯者註中用 [ ] 表示的頁碼，指的都是德文原書的頁碼。

2. 德文本中以「疏排」強調的文字，中文一律以粗黑體表示，西文則為斜體（西文人名為粗體）；德文本中以 »« 標示者，除引文外，中文一律以 " " 標示。除引文外，中文的「」，為譯者所加，主要目的是要明確標示語詞概念的意義單位，避免誤解。另外，中文的許多代名詞含意不明確者，譯文中將插入（＝ XX）加以說明。在本書中，短槓的「—」用於連接中文複合詞，長槓的「——」則為破折號。

3. 韋伯的原註腳不加任何標示，譯者所加之註釋則以【譯注】標示。【譯注】若超過一個，以 *[ ] 標示順序。

4. 書中所用到的縮寫代號、引用的中文與外文（包括韋伯原著所引用的）參考書目，除少數直接在註腳中加註釋說明者外，請參考書後所附的「參考書目」。韋伯註腳常以「簡稱」方式標明出處，全名請參閱書末所附的「參考書目」。韋伯引用過的文獻，未及備載者，請參見德文原書。

5. 為方便核對原文，本書之〈人名索引〉與〈概念與主題索引〉，均參考德文原書（MWGI/9）頁碼製作。

基督新教的倫理與資本主義的 " 精神 "

I. 問題

內容：1. 宗教信仰與社會的階層化。[123-140]——2. 資本主義的 " 精神 "。[140-177]——3. 路德的「職業」概念。研究的課題。[178-215]

1. 宗教信仰與社會的階層化

　　一瞥某個在宗教信仰上混雜的邦（Land）[1] 的職業統計，[2] 往往——　　*123*
帶有相對微小的種種偏離與例外 [3]——就會顯示出一種現象，這種現象　　*124*

1　【譯注】Land 這個德文語詞，在這裡基本上是指德國的一個邦（如：巴登）或者美國的一個州（如：麻薩諸塞），但同一個語詞，有時候也可以指像是英國與法國等「國家」。

2　【譯注】根據 MWGI/9: 123 註腳 1 與 2 的說法，德國曾於 1882 年 6 月 5 日、1895 年 6 月 14 日以及 1907 年 6 月 12 日，對就業人員的職業地位進行廣泛的調查，同時清算農業與工商業企業的數量。至於宗教信仰，則自 19 世紀以來，則無論是 1890、1895 或者 1900 年在進行「人口普查」時都會問到。

3　之所以會有這些偏離與例外，乃是——不是都是、但主要是——因為：一個產業的勞工之宗教信仰，自然首先依賴於其所在地乃至其勞工之招募地區的宗教信仰。此一情況有時候會在第一眼的時候，讓我們搞混某些宗教信仰統計——如：萊茵省——所提供的圖像。當然，除此之外，唯有在對種種個別的職業進行大規模的專門研究與清點的情況下，這些數字才會具有說服力。否則的話，有時候難免會將那些很大的企業主與獨自進行勞動的 " 師傅 " 們，全都丟進 " 企業領導人 "（Betriebsleiter）這個範疇裡。

近幾年來多次在天主教的報章與文獻 [4] 中以及在德國天主教徒代表大會
上，受到熱烈的討論，那就是：資本佔有與企業主、乃至勞工的那些較
上層的有學識的階層以及尤其是各現代企業之較高層級的在技術上或者
商業上受過預備教育的人員之非常明顯的**基督新教**的性格。[5] 不僅在「宗
教信仰的差異」與某種「民族」、從而也就是與「文化發展的程度」
的區別剛好相合的地方——就像在德國東部在德國人與波蘭人 [6] 之間那

4　請比較例如：Schell, *Der Katholizismus als Prinzip des Fortschrittes.* Würzburg
　　1897, S. 31. – v. Hertling, *Das Prinzip des Katholizismus und die Wissenschaft.*
　　Freiburg 1899, S. 58.【譯注】Schell 指的是德國天主教神學家與哲學家 Jakob
　　Herman Schell（1850-1906），書名是：《天主教作為「進步」原則》。v.
　　Hertling 指的是德國哲學家與政治家 Georg von Herting（1843-1919），書名
　　是：《天主教的原則與科學》。Schell 自 1892 年起擔任伍茲堡大學的「大
　　學佈道者」（Universitätsprediger），並於 1896/97 冬季學期起擔任校長；
　　v. Hertling 則在 1896-1912 年間擔任帝國議會議員。這二本書都是在當時討
　　論「天主教在教育上的低等性」這個脈絡下出現的著作。值得一提的是：
　　"Katholizismus" 這個德文語詞在中文世界一般都譯成「天主教」，事實上
　　這個語詞的形容詞形式 "katholisch" 是來自希臘文的，意思是「包括一切
　　的、總體的、普世的」，並且自西元 110 年以來，就有 "katholische Kirche"
　　（中文或可譯為「普世教會」）的詞組，藉以將自己與一些小團體劃分開來。
　　長期以來，中文世界都將 "Katholizismus" 譯為（或者更精確地說：命名
　　為、稱為）「天主教」，並與「基督教」相對而言，這種情況很容易造成概
　　念上的混亂。但經過長期的使用習慣，這種語詞使用實已「積重難返」，因
　　此本書亦不得不將 "Katholizismus" 譯為「天主教」，而將包括「天主教」
　　與「基督教」的整體稱為「基督宗教」。
5　我的一個學生幾年前曾對我們在這些事物方面所擁有的最詳細的統計材
　　料：——巴登的宗教信仰統計——，做了仔細的加工整理。請參考：
　　Martin Offenbacher, *Konfession und soziale Schichtung. Eine Studie über die
　　wirtschaftliche Lage der Katholiken und Protestanten in Baden.* Tübingen und
　　Leipzig 1901 (IV. Bd., 5. Heft der *volkswirtschaftlichen Abhandlungen der
　　badischen Hochschulen*).* 以下用來說明所援引的所有事實與數字，全都來自
　　此一著作。【譯注】關於 Martin Offenbacher，請參閱本書〈中譯本導讀〉。
　　書名是《宗教信仰與社會的階層化：關於巴登天主教徒與基督新教徒之經濟
　　上的境況的研究》。但根據 MWGI/9:125 註解 7 的說法：本書 1900 年已出
　　版於韋伯參與編輯出版的《巴登高校民族經濟論叢》第四卷第 5 分冊（頁
　　1-102），韋伯引用的就是這個版本，而非 1901 年出版的篇幅較短的博士論
　　文。韋伯本章標題「宗教信仰與社會的階層化」，顯然就是直接援用該書標
　　題的。
6　【譯注】根據 Konno, 2004: 27 ff. 的說法，這裡所說的「德國東部」，指的是

樣——，而是幾乎在所有資本主義式的發展得以大顯身手、根據其種種
需要而在社會上對人口進行階層重組（umschichten）並在職業上加以劃　*125*
分的地方，——並且情況越是如此，就越明顯，——我們都發現該現象
在「宗教信仰統計」的種種數字中顯示了出來。當然，基督新教徒在資
本佔有、[7] 在種種大型現代工商業與貿易企業 [8] 中的勞動之領導與各上層
等級所佔的那種相對遠較為強大的、亦即超過他們在總人口上的百分比　*126*

　　普魯士的四個省分：東普魯士（Ostpreußen）、西普魯士（Westpreußen）、
波森（Posen）與西利西亞（Schlesien）。其中西普魯士與波森這二個省是瓜
分波蘭所得，住有 300 萬波蘭人。這些波蘭人大多是天主教徒，在 19 世紀
逐漸產生「波蘭民族主義」。1866-1871 帝國建立期間，德國人與波蘭人在
德東的衝突日益尖銳：普魯士的波蘭人可以接受普魯士王朝的統治，但不願
意被併入「德意志帝國」。俾斯麥的「文化鬥爭」，主要就是針對「普魯士
的波蘭主義」而發的。事實上，韋伯在 1880 年（16 歲）時，就曾到過德東
（主要是西利西亞與 Böhmen）旅行（在布累斯勞拜訪過狄爾泰一家人），
並於 1888、1891、1894 三度在波森參加軍事訓練（演習）。尤其是 1888 年
的那一次在波森的停留，讓他印象深刻（波森的省長夫人是韋伯母親的閨
密，曾陪同韋伯參觀當時的一個移民點的移民活動），想要一探德東的「文
明水平」的究竟。尤其是 1892 年 1 月，韋伯接受「社會政策協會」委託，
分析易北河以東部分的「農業勞工調查」問卷，更使得韋伯對德國東部的波
蘭問題，有更加深入的瞭解。韋伯在短短幾個月的時間裡，完成了將近 900
頁的「鉅著」：《德國易北河以東地區農業勞工的狀況》（*Die Verhältnisse
der Landarbeiter im ostelbischen Deutschland*，分二分冊收入 MWGI/3）。根據
MWGI/9: 124 註解 5 的說法，1900 年大約有 300 萬波蘭人住在東普魯士的幾
個省分：波森（佔人口 61%）、西普魯士（35%）、西利西亞（將近 24%）
與東普魯士（14%）。

7　　例如，1985 年在巴登，
　　每 1000 個基督教徒分攤到的一份「**資本利得稅資本**」* 為 594 060 馬克。
　　每 1000 個天主教徒分攤到的一份「**資本利得稅資本**」為 589 000 馬克。
　　猶太人則每 1000 人超過 400 萬，當然遙遙領先。（這些數字都是根據
　　Offenbacher a. a. O. S. 21）
　　【譯注】資本利得稅資本（*Kapitalrentensteuerkapital*）：當時巴登是一個大
　　公國，稅務上採用「稅資本制」。所謂的「稅資本」，指的是在種種不同的
　　直接稅那裡的「總量」，這個總量是稅務機關純粹以加總的方式算出來的，
　　方便對種種不同的稅（土地稅、房屋稅、營業稅、所得稅、資本利得稅等等）
　　加以比較。

8　　在這方面可以比較 Offenbacher 的著作之整個論述。

的比例，部分可以回溯到某些**歷史性的**理由上，[9] 這些理由存在於遙遠
的過去裡，並且就這些理由看來，宗教信仰上的歸屬顯得並非種種經濟
現象的**原因**，而是在某個程度內乃是經濟現象的**結果**。在那些經濟功能
上的參與，預設了部分資本佔有、部分昂貴的教育、部分（並且是大多
數）：二者，因而也就取決於是否佔有繼承而來的財富或至少某種程度
的富裕。恰恰是帝國的大多數最富裕的、受惠於自然與交通位置並在經
濟上最發達的區域、尤其是大多數富裕的**城市**，都在 16 世紀轉向了基督
新教，而這件事情的種種後續影響，**直到今日都還**在爭生存的經濟鬥爭
上，使基督新教徒受益。但這麼一來卻產生了一個**歷史性的**問題：這些
在經濟上最發達的地區的這種對一場「教會上的革命」之特別強烈的素
質敏感性（Prädisposition），有著什麼**理由**？並且在這個問題上，答案
絕非像人們首先有可能會以為的那麼簡單。的確，「擺脫掉經濟上的傳
統主義」這件事情，似乎是一個勢必會大大地支持那種「甚至就連對宗
教的傳統也加以懷疑、並對種種傳統的權威加以反抗」的傾向的因素。
但在這裡，我們卻必須注意今日往往被遺忘了的一點，那就是：宗教改
革所意謂的，與其說是「對生活之教會上的支配的**排除**」，毋寧說是
「以**另一種**形式的教會上的支配取代了迄今為止的那種形式的教會上的
支配」，並且是一種在可以設想得到的最大程度上滲透進居家與公共生
活之所有的領域、負擔大得不得了並且認真以對的「對整個生活經營的
管制」（Reglementierung der ganzen Lebensführung）。在現在，就連那
些具有完全現代的經濟面貌的民族，也都還忍受著天主教會的支配——
"嚴懲異端，寬待罪人"：[10] 這種支配的情況，以往更甚於今日——，

9　在這方面對巴登的種種進一步的說明，同樣也請參考 Offenbacher 的著作的前
　　面二章。

10　【譯注】認為天主教 "嚴懲異端，寬待罪人"（die Ketzer strafend, doch den
　　Sündern mild）的說法，源自瑞士詩人邁亞（Conrad Ferdinand Meyer, 1825-
　　1898）的詩組 *"Huttens letzte Tage"*（《胡藤的最後日子》）的第 40 首。在這
　　首詩中，人文主義者胡藤（Ulrich von Hutten, 1488-1523）細心傾聽著耶穌會
　　創始人西班牙人羅耀拉（Ignatius von Loyola, 1491-1556）向聖母的禱告。但
　　這段祈禱文的定稿則是："die Ketzer tötend, doch den Sündern mild, Bekehren

而那種 16 世紀在日內瓦與蘇格蘭、16 與 17 世紀之交在荷蘭的大部分地區、17 世紀在新英格蘭以及在一段時間裡在英國本身生效的喀爾文宗的支配，對我們而言則根本就可以說是世界上最令人無法忍受的「教會控制個人」的形式。事實上，**恰恰那些在經濟上最發達的國家**中出現的宗教改革者覺得應該加以譴責的，並非「對生活之教會－宗教上的支配」之某種太多，而是某種太少。為什麼會恰恰是這些經濟上最發達的國家以及——一如我們還將會看到的那樣 [11]——在這些國家之內：恰恰是那些在經濟上上昇著的"市民式的"階級，不僅忍受著該清教式的專制統治（puritanische Tyrannei），甚至還在對這種專制統治的捍衛中，發展出了某種英雄氣慨（Heldentum），一如這種英雄氣慨恰恰是這些**市民式的階級本身**以前極為罕見、而之後再也沒有了的那樣——就像卡萊爾（Carlyle）不無道理地所說的："我們的種種英雄氣慨（heroisms）中的最後一個"？ [12]

但此外、並且尤其是：儘管——就像我們所說過的——基督新教徒在資本佔有與在現代經濟內部之種種領導性的位置上所佔的較強的比例，在今日固然一部分可以單純地當作是他們的那些在歷史上流傳下來的平均上較佳的資產配備（Vermögensausstattung）的結果，但另一方面卻有種種現象顯示著：在這些現象那裡，毫無疑問地並不存在著這樣的因果關係。這些現象（為了只舉幾個例子）包括：首先是信仰天主教的父母（相對於信仰基督新教的父母）往往會給予他們子女那種極為一般

128

---

wir die Welt zu Deinem Bild"（殺死異端，寬待罪人，我們使世界皈依祢的形像）。

11　【譯注】請參見本書頁 [414-420]。

12　【譯注】卡萊爾（Thomas Carlyle, 1795-1881）是英國歷史家、諷刺作家、散文家、翻譯家與哲學家，他在 1841 年出版的《論英雄們、英雄崇拜與歷史中的英雄題材》（*On Heroes, Hero-Worship, and The Heroic in History*）一書中主張：世界史就是偉大人物們的傳記（一般稱為「英雄史觀」）。根據 MWGI/9: 127 註解 14 的說法，正文中引用的那句話出自卡萊爾編輯出版的《克倫威爾的書信與演講集》（*Oliver Cromwell's Letters and Speeches, with Elucidations*, 1845）一書的〈導論〉。請參見 Carlyle, 1897 I: 1。

的、不但可以在巴登、同樣也可以在巴伐利亞以及（例如）在匈牙利得到確認的「在較高的教育的種類上的區別」。「在種種 " 較高的 " 教育機構（"höhere" Lehranstalten）[13] 的那些學生與畢業班學生之間，天主教徒的百分比，整體而言顯著落後於他們在總人口中所佔的比率」這項事實，[14] 人們固然將可以大部分都歸因於前面提到過的那些流傳下來的「資產區別」。但在這些天主教的畢業班學生之中，那些產生於種種現代的、特別為從事種種技術性的學習與工－商業的職業預作準備、總之為某種市民式的營利生活而設的合適的機構——實科中學、實用中學、高級公民學校等等——的畢業班學生所佔的百分比，又再度顯著較強地落後於基督新教徒所佔的百分比，[15] 而人文主義式的文科中學所提供的那

129

13　【譯注】根據 MWGI/9: 128 註解 15 的說法，這裡所說的「 " 較高的 " 教育機構」，指的是「中等學校」。Offenbacher 將巴登的中等學校區分為五種：（新人文主義式的）文科中學，（注重數學與自然科學的）實科中學，（不學拉丁文、有畢業考的）理科中學，實用中學與高級公民學校（有 7 年級制也有 6 年級制，有的要學拉丁文有的不必，有的有畢業考有的沒有）。

14　在 1895 年的巴登人口中：37.0% 基督新教徒，61.3% 天主教徒，1.5% 猶太人。但在 1885-91 年間，在那些超出國民學校（Volksschule）且並非義務教育的學校中，學生的宗教信仰卻呈現為（根據 Offenbacher a. a. O. S. 16）：

	基督新教徒	天主教徒	猶太人
文科中學（Gymnasien）	43%	46%	9.5%
實科中學（Realgymnasien）	69%	31%	9%
理科中學（Oberrealschulen）	52%	41%	7%
實用中學（Realschulen）	49%	40%	11%
高級公民學校（Bürgerschulen）	51%	37%	12%
平均	48%	42%	10%

在普魯士、巴伐利亞、符騰堡（Wüttenberg）、帝國領地（Reichslanden）*、匈牙利也都有完全相同的現象（這些數字請參閱 Offenbacher a. a. O. S. 18 f.）。【譯注】「帝國領地」指的是 1871-1918 年併入德意志帝國、由之前的亞爾薩斯（Elsass）與洛林的一些部分所構成的行政區域，直屬帝國皇帝管轄。

15　請參考前一個註腳的那些數字。根據這些數字，各中等教育機構之落後於天主教的人口比率約三分之一的天主教徒總人數，將只有在文科中學（主要是為了將來的神學學習而接受的預備教育）中，被超過了幾個百分點。而考慮

種預備教育，則受到他們的偏愛，──這是一種現象：這種現象是上述說法無法說明的，毋寧剛好相反：要說明「天主教徒為什麼在資本主義式的行業上所佔的比例會這麼小」時，我們反倒必須考慮到這種現象。但更加顯著的則是一項觀察，而這項觀察將會幫助我們理解：為什麼天主教徒在現代的大工業的「有學識的勞工」中所佔的比例比較小。有一種眾所周知的現象是：工廠在很大程度上是由手工業的接班人那裡取得其有學識的勞動力的，換言之，就是委由手工業為其勞動力進行預備教育，然後在預備教育完成後再將這些勞動力由手工業中抽掉；並且相對於天主教的手工業徒工，此一現象在基督新教的手工業徒工身上，以遠較為強烈的程度顯示了出來。換句話說：在手工業徒工中，天主教徒顯示了較強的「**留在手工業中**」的傾向，亦即相對較常成為手工業**師傅**；而基督新教徒則以相對較強的程度流入工廠裡，以填補較高職級的有學識的勞工和工商業的職員階層（das gewerbliche Beamtentum）空缺。[16]在這些情況中，因果關係無疑是這樣的：**由教育養成的精神上的獨特性**（die *anerzogene geistige Eigenart*）、並且在此：那受到家鄉與父母親家裡的宗教上的氛圍所制約的「教育的方向」，決定了職業選擇以及種種進一步的職業上的命運。

然而，「在德國，天主教徒在現代的營利生活上所佔的比例較小」這件事情，卻由於它違反了目前一般而言極為常見的一種經驗而更形顯著，這種經驗就是：恰恰那些作為"被支配者"而與作為"支配性的"群體的另一個群體相對之民族上或宗教上的少數族群，由於他們自願地或者非自願地被排除於種種政治上富有影響力的位子之外，往往會以特別強烈的程度被驅趕上「營利」這條軌道；他們的那些天分最好的成員，將在這裡尋求那在公職的基地上無處施展的野心之滿足。很明顯

130

到稍後的一些論述，還有一件別具特色的事情也值得一提，那就是：在匈牙利，「**改革宗信徒**」（die *Reformierten*）以更大的程度顯示出基督新教的中等學校人數的這種種典型的現象（請參閱 Offenbacher a. a. O. S. 19 註腳結尾處）。

16　請參閱 Offenbacher a. a. O. S. 54 的證明以及該著作結尾處的那些表格。

地，今日在俄國與普魯士的那些無疑在經濟上正處於進步狀態中的波蘭
人——相對於被他們所支配的加利西亞（Galizien）[17]——的情況就是如
131 此，以前則路易十四統治下的法國的胡格諾信徒（Hugenotten）、英國
的非國教派信徒（Nonkonformisten）與貴格派信徒（Quäkern）以及——
最後但並非最不重要——二千年來的猶太人的情況，也都是如此。但在
德國，我們在天主教徒那裡，卻看不到這樣的一種影響的任何跡象或至
少是引人注目的跡象，並且就連在過去，無論是在荷蘭還是在英國，天
主教徒在那些不是被迫害就是僅僅被容忍著的時期裡，都並未顯示出有
任何特別突出的**經濟上的發展**。因此，不同的表現（Verhalten）的理由，
勢必主要得在各宗教信仰之內在的獨特性、而**不是**在外在的歷史上－政
治上的境況中尋找。[18]

因此，要緊的或許是要去探究一下：構成這二種宗教信仰之獨特性
（Eigenart）的那些在前面所描述的方向中一直發生著影響、並且部分還
會再發生影響的元素，是、或者曾經是哪些元素？這時候，人們有可能
在做了表面的考察的情況下，並由某些現代的印象出發，而嘗試著將該
對立描述為：天主教之較大的“世界疏離”（Weltfremdheit）、其種種最
高的理想所顯示出來的種種禁慾式的特點，必定會教育其信仰者形成某
種對這個世界的種種財物（die Gütern）之較大的漠不關心（Indifferenz）。

17　【譯注】Galizien 是歷史上的一個地區名，現在分屬烏克蘭與波蘭，1772 年
第一次瓜分波蘭後，成為哈布斯堡的王室世襲領地。根據 MWGI/9: 130 註解
23 的說法，加利西亞 1900 年的人口，波蘭人佔 55%（大多是羅馬天主教徒，
主要在西加利西亞），魯提尼人（Ruthenen）佔 42%（大多是希臘天主教徒，
主要在東加利西亞）。加利西亞有自己的議會與行政，波蘭人在此有較高的
民族意識。1890 年時，該地區工業尚不發達，教育程度也相當低。

18　這一點自然並未排除一種可能，即：後者也有著種種極為重要的結果，並且
尤其與下述這一點並不矛盾，那就是：對於某些基督新教的教派（Sekten）
之整個的生活氛圍的發展而言，有一點——我們稍後將會加以說明＊——是
具有決定性的、甚至回過頭來影響著它們對經濟生活的參與的意義，那就是：
它們都代表著一些小的、也因而同質的**少數族群**，——這一點在（例如）那
些居住在日內瓦與新英格蘭之外的**嚴格的**喀爾文宗信徒身上，基本上到處都
是如此，甚至在他們在政治上被支配著的地方亦然。【譯注】請參見本書頁
[242-425]。

這種說法事實上也符合那種今日常見的、通常的「評斷這二種宗教信仰的模式」。在基督新教這方面，人們利用這種觀點去批判天主教式的生活經營的那些（真正的或據稱的）禁欲式的理想，而在天主教這一邊，則人們以 "唯物論" 這譴責去加以答覆，認為 "唯物論" 正是由於基督新教而產生的「所有生活內容之世俗化」的結果。就連一位現代作家也都認為，應該將那在這二種宗教信仰面對營利生活時的態度中所顯露出來的對立表述為：「天主教徒…是比較平靜的；由於具有較小的營利驅力，相較於某種危險、刺激、但有可能會帶來榮耀與財富的生活，他比較注重某種盡可能安穩的生活進程，就算收入少一點也沒關係。俗話戲稱：要不就吃得好，要不就睡得安穩。在目前的這種情況中，基督新教徒喜歡吃得好，而天主教徒則想要睡得安穩。」[19] 事實上，在德國並且就現在而言，用 "想要吃得好" 這樣的說法去刻劃基督新教徒中的那個不關心教會的部分的人的動機，固然有可能並不完備，但至少的確是部分正確的。然而，不僅在過去情況大不相同：眾所周知，對於英國、荷蘭與美國的清教徒而言，恰恰是那 "世界樂趣"（Weltfreude）的對立面才是其別具一格的特徵，並且正如我們還將會看到的那樣，甚至是他們的那些對我們而言最重要的性格特點（Charakterzüge）之一，——而是：例如法國的基督新教就在很高的程度上，直到今天都還保留著那種在「信仰鬥爭」的時代被烙印到各喀爾文宗式的教會上、尤其是到處都被烙印到那些 "在十字架下"（unter dem Kreuz）的教會[20] 上的性格。法國的基督新教儘管如此——或者，我們將必須進一步問道：也許正是因為如此？——眾所周知地還是法國的工商業與資本主義的發展之最重要的承載者之一，並且，在迫害所容許的那種很小的規模內，始終都是如此。如果人們想要將這種「認真」（Ernst）以及種種宗教性的利益

132

133

19　請參閱 Dr. Offenbacher a. a. O. S. 68。【譯注】根據 MWGI/9: 132 註解 30 的說法，本引文前所說的那位「現代作家」，很可能指的就是 Offenbacher 本人。

20　【譯注】：「十字架下的教會」指的是在荷蘭與下萊茵（Niederrhein）地區的那些受到迫害、只能暗地裡活動的改革宗教會。

（Interessen）在生活經營中之強大的支配稱為 “ 世界疏離 ” 的話，則法國的喀爾文宗信徒們過去是、並且現在也是和（一般而言的）德國的、或者至少德國北部的天主教徒們——對這些天主教徒而言，他們的天主教在某種地球上沒有任何其他民族可以與之相比的程度上乃是「心靈之事」（Herzenssache）——同樣 “ 世界疏離的 ”，——並且二者又都根據相同的方向將自己與那具有支配性的宗教黨派（Religionspartei）給區別了開來：前者有別於法國的那些在其較低階層上極為 “ 熱愛生活的 ”（lebensfroh）、但在較高的階層卻直接地敵視宗教的天主教徒，而後者則有別於德國的那些今日在世界的營利生活中上昇著並在其較高階層中大多在宗教上漠不關心的基督新教徒。[21] 幾乎不會有任何東西會像這種「平行」那樣，這麼清楚地顯示出：像「天主教的（據稱的！）“ 世界疏離 ”」、「基督新教的（據稱的！）唯物論式的 “ 世界樂趣 ”」這些這麼模糊的說法以及許多類似的說法，光是因為它們在這種一般性上，部分就連今日也還是、部分至少對於過去而言乃是完全不切合實際的，對我們而言一點用也沒有。然而，如果人們**想要**使用這些說法的話，**那麼**，除了已經做了的那些說明之外，勢必還會引起許多其他馬上就可以想到的觀察，甚至會引起一種想法，這種想法認為：「“ 世界疏離 ”、“ 禁欲 ” 與教會上的虔誠」的這一邊與「投入資本主義式的營利生活」的這另一邊之間的這整個對立，是否恰恰可以被翻轉成某種內在的**親和**（*Verwandtschaft*）。

事實上，——為了要從一些非常表面的因素開始——已經很引人注目的一件事實乃是：恰恰是「基督徒的虔誠」的那些最富有內心世界的形式的代表者，出身於各種商人圈子的數量是非常之大的。尤其是虔敬派，其最真誠的信仰者中的一個很顯眼的很大的數量，就歸功

21　關於德國與法國的種種宗教信仰之別具特色的獨特性以及這些對立在亞爾薩斯的民族鬥爭中與種種其他文化元素的雜交之種種極為細膩的說明，請參考 **W. Wittich** 那篇非常出色的文章：Deutsche und französische Kultur im Elsaß（*Illustrierte Elsä[ssische] Rundschau*, 1900，也作為別冊出版）。

於此一出身。在此，人們有可能會想到 " 拜金主義 "（Mammonismus）對那些富有內心世界、不適應商人職業的天性之某種種類的「對比效應」（Kontrastwirkung），而 " 皈依 " 的過程——一如在阿西西（Franz von Assisi）[22] 的情況，在那些虔敬派信徒的許多人那裡，情況也是如此——，對皈依者本身而言，主觀上當然也極常就是如此呈現出來的。而類似地，人們接著也有可能會想要將那同樣——直到賽西爾·羅德斯（Cecil Rhodes）[23] 為止——如此引人注目的常見現象，亦即：那些具有最偉大風格的資本主義式的企業家都來自牧師家庭，當作是對「禁欲式的青年教育」的某種反動加以說明。然而，這種說明方式卻無法說明以下的情況，即：當某種技藝精湛的資本主義式的營利欲（Erwerbssinn）與某種貫穿並調節著整個生活的虔誠之種種最強烈的形式，在同一些人與人類群體中同時發生的時候，並且這些情況都不是什麼「個別情況」，而是：它們簡直就是用來表明那些在歷史上最重要的基督新教的教會與教派之整個各群體之特性的標誌（Merkmal）。特別是喀爾文宗——無論它在哪裡出現——顯示著這種結合。儘管它在宗教改革的擴散時期，在任何一個國家中（一如任何一個基督新教的宗教信仰一樣），都未曾限定於某一特定的個別的階級，但確實別具特色、並且在某種意義下非常 " 典型 " 的，卻是例如：在法國的各胡格諾教會裡，改變宗教信仰者之中，僧侶與實業家（商人、手工業者）一下子就數量特別多，並且，尤其是在那些「迫害時期」裡，也始終都是如此。[24] 而西班牙人老早就

135

22　【譯注】Franz von Assisi（1181/2-1226），或譯亞西西，即聖方濟，原為富商之子，據說 Assisi 年輕時是地方上愛享受的青年們的頭頭。他在一場深刻的體驗後，皈依天主，並成為一位甘於貧窮並到處勸人告解的佈道者、修會（小兄弟會）建立者。

23　【譯注】Cecil Rhodes（1853-1902）是英裔南非礦業大亨與政治家，透過黃金與鑽石生意而成為當時世界上最富有的人之一。他在 1890 年至 1896 年間擔任英國開普殖民地（Cape Colony）的總理，是英國帝國主義的一個要人。賽西爾的父親是一位牧師。

24　這方面現在請參考：*Dupin de St. André, L'ancienne église réformée de Tours. Les membres de l'église (Bull[etin] de la soc[iété] de l'hist[orie] du Protest.* 4. s[érie] t. 10)。人們有可能就連在這裡也再度——並且，尤其是天主教式的評斷者們很

136 意識到了："異端"（亦即：尼德蘭的喀爾文宗）"促進了商業精神"，
而哥特漢（Gothein）[25] 也正確地將喀爾文宗信徒的聚居區（Diaspora）
稱為 "資本經濟的溫床"（Pflanzschule der Kapitalwirtschaft）。[26] 當然，
人們在這裡也有可能會將這些聚居區主要所從出的那種法國與荷蘭的經
濟上的文化之優越性，或甚至將流亡與「擺脫種種傳統的生活關係」之

137 鉅大的影響，看做是決定性因素。[27] 然而，在法國本身，正如因「柯爾

容易就會產生這種想法：——將那種一心想要從修道院的或者甚至任何教會
的控制中解放出來的欲望（Sucht），看作就是那推動著的動機。然而，不僅
反對派的同時代人（包括 Rabelais）的判斷也與這種想法相對立 *[1]，而是：
這種想法也顯示了例如胡格諾信徒（例如：1. Synode, C[as] Partic[uliers],
article 11，在 Aymon, *Synod[es] Nat[ionaux]*, p. 10 那裡）的那些首度的全國
代表會議的種種「良心疑慮」（Gewissensbedenken）*[2]：——一個銀行家
是否可以成為一個教會的長老，並且，那由於心懷疑慮的教團成員的質問
而——儘管有喀爾文的明確的採取立場 *[3]——在多次全國代表會議上不斷
重複的對「允許收取利息」的說明，固然顯示了那些對此感到興趣的圈子
之熱烈的參與，但同時卻確乎也顯示了，那種希望可以沒有「告解檢查」
（Beichtkontrolle）地去實行「高利貸」（usuraria pravitas）*[4] 的期望，在
當時不可能是具有權威性的（maßgebend）。【譯注】*[1] 這裡想到的是法國
的諷刺作家與幽默家拉伯雷（François Rabelais, ca. 1494-1553）對修道院生活
狀態的描述：僧侶們耽於吃喝。*[2] 法國胡格諾信徒第一屆全國代表大會於
1559 年 5 月 25 日在巴黎舉辦。*[3] 當時羅馬教會是禁止放貸取息的，但喀爾
文則贊成收取利息，只不過有限制：不可以放高利貸，也不可以從窮人與需
要者那裡收取任何利息。至於利息上限，則由國家規定。*[4]usuraria pravitas
這個拉丁語詞的意思是：不被允許的、可以懲罰的「利息收取」，指的就是
「高利貸」。

25 *W.G. des Schwarzwalds*, I, 67.【譯注】這裡的 Gothein 指的是 Eberhard Gothein
（1853-1923），德國國民經濟學家、經濟——與文化史家，1904 年起接任
韋伯在海德堡大學的講座教席，直至 1923 年辭世。這裡引用的 Gothein 的
著 作 全 名 是：*Wirtschaftsgeschichte des Schwarzwaldes und der angrenzenden
Landschaften*. Trübner, Strassburg 1892.

26 **宋巴特**的那些簡短的說明（*Der moderne Kapitalismus*, I. Bd., S. 380）就是緊接
著這一點而發的。

27 因為，我們可以完全確定的一點是：就勞動而言，「家鄉改變」
（Heimatwechsel）這單純的事實，也是強化勞動的種種強而有力的手段之
一。——同一個波蘭少女，在家鄉，再怎麼好的收入機會都無法將她由其傳
統主義式的惰性中拉出來，如果作為「撒克森行人」（Sachsengängerin）而
在國外工作時，卻像是改變了她的整個本性似的而可以過度地被榨取。在那
些義大利的移動勞工身上，我們也看到了完全相同的現象。[137] 而「在此

貝的鬥爭」（Colberts Kämpfen）[28] 而為人所知的那樣：在 17 世紀，情況依舊如此。甚至就連奧地利——至於其他國家，就更不用說了——也偶爾會直接就引進基督新教徒的工廠主（Fabrikanten）。[29] 更加引人注目、而我們同樣也只需要對此加以提醒一下就可以的，乃是——恰恰在為數不少的那些其 "生活疏離"（Lebensfremdheit）一如其財富同樣變成了盡人皆知的教派那裡，尤其是在貴格派信徒與門諾派信徒那裡——宗教上的「生活管制」（Lebensreglementierung）與「生意上的感知（geschäftlicher Sinn）之最強烈的發展」的關聯。前者在英國與北美所扮演的角色，後者在尼德蘭與德國獲得了。在東普魯士，就連菲特烈‧威廉一世（Friedrich Wilhelm I.）都得——儘管門諾派信徒之絕對地拒

138

並非只有『進入一個較高的 "文化環境"』這件事之教育上的影響是決定性因素」這一點——儘管這種影響當然也扮演著極為重要的角色——則顯示於下述事實中：就連在那種——如：在農業中——「工作」的種類（die *Art der Beschäftigung*）和在家鄉完全相同，而「被安置在移動勞工營房過夜」等等則使得他的生活狀況暫時地下降到一個他在家鄉將絕不會忍受的水平的情況下，也會出現相同的現象。——「在與習慣的環境完全不同的環境中從事勞動」這純然的事實，在此打破了傳統主義，並且是 "教育性因素"（*das Erziehliche*）。不用分說可知：美國的經濟發展有多少是建立在這樣的種種影響上的。就古代而言，「巴比倫的流放」[138] 對於猶太人而言之極為類似的意義，人們可以說是「一目了然」的。——但對於喀爾文宗信徒而言，正如清教的新英格蘭殖民地相對於天主教的馬里蘭、主教制式的 * 南方以及涉及多種不同的宗教信仰之間的關係的羅德島之在「經濟上的獨特性」上的那種基本上顯而易見的差別所顯示的，他們的宗教上的獨特性，非常明顯地乃是作為一個獨立的因素而扮演著一個角色的。【譯注】「主教制式的」指的就是中文所說的「聖公會的」：安立甘宗堅持主教制。

28　【譯注】Jean-Baptiste Colberts（1619-1683）是法國的政治家，也是重商主義（＝柯爾貝主義）的奠立者，從 1661 年起擔任太陽王路易十四的財政大臣長達 22 年。柯爾貝除了追求法國在經濟上的統一之外，也跟隨國王的意志而追求宗教上的統一。因此，他敦促屬下，竭盡所能地促使猶太人與胡格諾信徒改宗，否則便驅逐出去—儘管他很清楚：他們擁有龐大的資本與最幹練的商人。這裡所說的「柯爾貝的鬥爭」，應該就是在說這件事情。

29　【譯注】根據 MWGI/9: 137 註解 46 的說法，哈布斯堡王朝唯一女王特雷莎（Maria Theresia, 1717-1780）曾下令由義大利、法國、荷蘭、尤其英國招募專業工人，尤其是鋼鐵業工廠主與機械師等，以建設奧地利當時尚未有的工廠分支。她不僅擔保這些受到招募者在經濟上享有種種優惠，也保證他們在宗教上可以有自由的施為。

絕服兵役——將他們當作是工業之不可或缺的承載者而任其自便：[30] 這
只不過是例示這一點的眾多盡人皆知的事實之一，儘管就這位國王的獨
特性而言，確乎是最強而有力的事實之一。最後，有一點也是眾所周知

139 的，那就是：對於虔敬派信徒而言，「強烈的虔誠與同樣強烈地發展了
出來的生意上的感知與成功的結合」這一點也是同樣有效的：[31]——人
們只需要想想卡爾夫（Calw）就行了[32]——；因此，在這些只不過很暫
時性的論述裡，我們實在不需要再堆砌更多的事例了。因為，光是這些
少數的幾個事例，就已經全都顯示了同一件事情：" 勞動的精神 "、" 進
步的精神 " ——或者不管人們此外還如何稱呼這人們傾向於認為是由基
督新教所喚起的精神——不可以像今日往往會發生的那樣，在 " 啟蒙的 "
意義下被加以理解。路德、喀爾文、諾克斯（Knox）、[33] 沃特（Voët）[34]

30　【譯注】門諾派信徒拒絕服兵役與宣誓。根據 MWGI/9: 138 註解 48 的
說法，門諾派信徒從 1711 年起即移居東普魯士的梅梅爾區（Memelland,
Memellgebiet），並在普魯士國王菲特烈·威廉一世（Friedrich Wilhelm I,
1688-1740）的號召下，於 1721 來到哥尼斯堡（Königsberg）。他們可以不服
兵役，也可以舉辦禮拜儀式，只要付錢即可。在哥尼斯堡，他們透過他們的
工商業活動與帶來的資本，使他們變成幾乎是不可取代的。這一點非常清楚
地顯示於一件事情上：1732 年，由於一些衝突事件，使得他們儘管在兵役問
題上有優惠的保證卻仍然有被驅逐出境之虞時，國王基於他們對哥尼斯堡的
經濟上的貢獻而放棄了將他們驅逐出境的決定，並再度保證他們可以免服兵
役，條件是：他們必須設立羊毛——與布料工廠。

31　這一點當然並不排除說：虔敬派乃至其他種種宗教上的流派，出於種種家父
長制式的心情（Stimmungen），後來抵制了資本主義的經濟體制的某些 " 進
步 " ——例如：「邁向工廠制的過渡」。正如我們將會一再地看到的那樣＊，
我們應該明確地區分開「一個宗教上的流派作為理想而追求著的東西」與「它
（＝該宗教上的流派）對其信徒的生活經營的影響所造成的東西」。【譯注】
請參見本書 [420 ff.]。

32　【譯注】Calw 是德國南部北黑森林地區的一個城市。根據 MWGI/9: 139 註解
51 的說法，這個城市經濟上的繁榮，靠的是該城布商公司的生意手腕。這家
布商公司是由卡爾夫的印染工與毛料商人所組成的家族式生意團體，擁有自
己的工廠，全盛期為 18 世紀上半葉。這家公司的許多親戚，在宗教信仰上都
是虔敬派的。

33　【譯注】諾克斯（John Knox, ca.1513/14-1572）是蘇格蘭宗教改革的領導人
物。

34　【譯注】沃特（Gisbert Voët, 1589-1676）是荷蘭改革宗神學家，荷蘭虔敬派
的首腦。

這些人之舊式的基督新教，[35] 與人們今日稱之為 " 進步 " 的那個東西，
並沒有什麼關係。對今日最極端的教派份子而言都不再會想要沒有的那
整個現代生活的諸多側面，早期的基督新教是直接採取敵對態度的。因
此，如果「舊基督新教的精神」與「現代的資本主義的文化」之間存在
有某種內在的親和（eine innere Verwandtschaft）的話，那麼，我們好歹
也得嘗試一下：不要在其（據稱的）或多或少唯物論式的或者甚至反禁
欲的 " 世界樂趣 " 中、而毋寧在其種種純宗教性的特點中，去尋找該「內
在的親和」。──對於英國人，孟德斯鳩（《法的精神》第 20 卷第 7
章）說他們「在三件重要的事情上，比世界上的所有民族都有更大的成
就：在虔誠上、在商業上、在自由上」。[36] 難道說，他們在「營利」這
個領域上的優越性──以及我們稍後在另一個脈絡中還會再觸及到的：
他們之適合種種自由的政治制度的能力──竟然跟孟德斯鳩判給他們的
那種「虔誠記錄」相關聯著？

140

　　當我們以這種方式將問題給提出來的時候，一大堆可能的關係──
儘管只是隱約地感受到──，立刻就浮現在我們的眼前。而我們現在
的任務勢必是：去將那我們在此不太清楚地浮現眼前的東西，像在隱
藏於每一個歷史性的現象中的「無法窮盡的雜多」（unausschöpfbare
Mannigfaltigkeit）的情況下所可能的那樣，盡可能清楚地加以**表述出來**。
然而，為了要能夠做到這一點，我們迫不得已必須離開那個我們到目前
為止一直拿來操作的「模糊的一般想法」的領域，並試著深入探究那些

35　【譯注】這裡所說的「舊式的基督新教」，應該和特洛爾區（Ernst Troeltsch,
　　1865-1923）對基督新教所做的「新舊之分」有關。特洛爾區是韋伯的海德堡
　　大學同事（二人都是 Eranos 成員），在 1906-13 年間，專注於探討「基督新
　　教對於現代世界的產生之意義」這個問題，並在此一脈絡中發展了「舊基督
　　新教」與「新基督新教」之分的一家之言。「舊基督新教」指的是第一代的、
　　宗教改革式的型態的基督新教」（抗議者），在精神上與中世紀還有很大程
　　度的連結；而大約在 17 世紀末由這第一代的基督新教中產生出來的第二代
　　的、新的基督新教，則擺脫了中世紀的殘餘而具有新時代的、現代的型態與
　　精神。

36　【譯注】這裡的「虔誠」（Frömmigkeit）的法文原文是 religion，一般譯為
　　「宗教」。

偉大的宗教上的思想世界──這些思想世界（Gedankenwelten）以對基督宗教進行種種不同的鑄造的方式而在歷史上給與了我們──之別具特色的獨特性與種種區別。

　　但在此之前，我們有必要再做幾點補充說明，首先是關於：我們所要對之進行「歷史性的說明」的那個客體（Objekt）的獨特性，接著則是關於：在這些探究的框架中，這樣的一種說明（Erklärung）究竟是在哪一種意義下可能的。

2. 資本主義的 "精神"

　　在這篇研究的標題裡，我運用了一個聽起來有點高調的概念："資本主義的**精神**"。我們應該如何理解此一概念呢？

141　　如果我們基本上找得到一個客體，對這個客體而言，該名稱的運用是具有某種意義的，那麼，該客體將只能是某種 "**歷史性的個體**"（ein "*historisches Individuum*"），亦即某種由在「歷史性的實在」中的某些關聯組成的複合體（ein Komplex von Zusammenhängen in der historischen Wirklichkeit）：這些關聯，我們是在「它們的**文化意義**」這個觀點下，以概念的方式將之連結起來（zusammenschließen）而成為一個整體的。[37]

37　【譯注】「歷史性的個體」這個概念，韋伯是取自他的朋友、新康德主義西南學派哲學家李克特（Heinrich Rickert, 1863-1936）的。李克特在其 1902 年出版的著作《自然科學式的概念建構之限制：種種歷史性的科學之邏輯學上的導論》（*Die Grenzen der naturwissenschaftlichen Begriffsbildung. Eine logische Einleitung in die historischen Wissenschaften*, Tübingen und Leipzig: Mohr 1902）一書中，在談及他的「價值關連」學說與「個體化式的概念建構」的學說時，用這個語詞表示對某一「在邏輯上無法分割的客體」之選取與建構（「個體」的德文是 "Individuum"，字面上的意思就是「不可分的東西」）。李克特在第 4 章（歷史性的概念建構）第 2 節探討「歷史性的個體」，他的典型表述是（Rickert, 1902: 351 f.）：「我們只探問，獨特性如何能夠構成統一體的基礎，而我們的回答勢必是：種種不一可分體（Individuen）都是與某一價值相關連著的個體（Individuen）」。韋伯尤其在 1904 年稍早於〈基督新教的倫理與資本主義的 "精神"〉的第一個部分（也

　　然而，一個這樣的歷史性的概念，由於它在內容上關係到某種就其
個體性的獨特性而言有意義的現象，是不能夠根據 "最接近的類與種差"
（genus proximum, differentia specifica）的模式加以定義（用德文說：
"劃定界線"）的，而是：它必須由其種種個別的、可以由歷史性的實在
取得的組成部分組成。最後的概念上的掌握，不可能會出現在開端上，
而只能出現在探究的結尾處：換句話說，我們將必須在探討的過程中、
並且是作為探討的主要結果，才能顯示出：那我們在此理解為「資本主
義的 "精神"」的東西，應該如何才能最佳地——亦即：對那些我們在
這裡所感到興趣的觀點而言最適當地——被加以表述。而這些 "觀點"
（對這些觀點，我們還將會再談談），[38] 卻也並非我們所考察的那些歷
史性的現象可以在其下被加以分析之唯一可能的一些觀點。**其他的**「考
察的觀點」將會在此——一如在**每一個**歷史性的現象那裡那樣——以**其
他的**一些特點作為 "主要的" 特點：——由此我們馬上就可以得知：對
該「資本主義的 "精神"」，人們完全並非必然地只可以、或者必須理
解為那**我們**將會覺得是在其上對我們的觀點而言 "具有本質性的東西"。
之所以如此，乃是 "歷史性的概念建構"（historische Begriffsbildung）之
本質使然：這種概念建構為了其種種方法上的目的，不會想要將那歷史
性的實在裝進（einzuschachteln）種種抽象的類概念（Gattungsbegriffe）
裡，而是想要將它編入（einzugliedern）那些總是、並且無法避免地具有
個體性的色彩的具體關聯中。

　　如果說，我們還是得先確定一下我們所要對之進行分析與歷史性的
的說明的那個客體的話，——一如這件事情迫不得已一定會發生的那
樣——，那麼，我們所能夠做的，就不會是某種概念上的 "定義"，而
只會是對那這裡認為是「資本主義的 "精神"」的東西所做的某種暫時

142

就是目前這篇文章）發表的〈社會科學的與社會政策的知識之 "客觀性"〉一
　　文中，接受了此一語詞的使用。
38　【譯注】關於「在諸文化科學中的知識，乃是依賴於觀點的」這一點，請參
　　考韋伯，2013: 196ff。

性的**具體說明**（*Veranschaulichung*）。而這樣的一種具體說明，事實上也是為了要對本探究的對象取得某種一致所不可或缺的，並且，為了此一目的，我們將求助於該 "精神" 的一份文獻：這份文獻以近乎經典的純度（in nahezu klassischer Reinheit）包含著那這裡首先取決於它的東西：

要記住：**時間**就是**金錢**；誰要是本來可以透過他的勞動每天賺 10 先令，卻有半天出去散步或者在他的房間裡無所事事，就算他為了他的消遣只花了 6 便士，他也不可以光只是計算這一點：他除此之外還花掉了、或者毋寧說浪費了 5 先令。

要記住：**信用**就是**金錢**。如果有人讓他的錢在可以支付之後還放在我這裡，那麼他就是將那些利息、或者我在這段時間裡利用這筆錢所能賺到的，都送給我了。如果一個人擁有又好又大的信用並好好使用這筆錢的話，這合計起來將會是一筆可觀的數目。

要記住：金錢具有某種**生殖能力的**與**繁殖力強的**本性。錢可以生錢，並且後代們還可以生得更多些等等。5 先令一週轉就是 6 先令，再週轉一圈就是 7 先令 3 便士，如此下去直到變成 100 英鎊。錢越多，錢在周轉時所產生出來的也就越多，以致於收益也就增長得越來越快。誰殺死了一頭母豬，就是毀滅了其直到第一千代的整個後代。誰殺死了一個 5 先令硬幣，就是謀殺了有可能藉此而生產出來的一切：整個縱隊的英鎊。

要記住：──根據俗話──一個**好的**付款者乃是每個人的錢袋的主人。一個大家都知道會準時在答應的時間付款的人，就能夠在任何時候借到他的朋友們恰好用不著的所有的錢。

這一點有時候是有重大用處的。除了勤勞與節儉之外，再沒有任何東西比一個年輕人「在所有他的事務中準時與正義」，更有助於將他在世界上**向前推進**。因此，決不要將借來的錢比你所答應的多留一個小時，以免對此的懊火，使你的朋友的錢包對你永遠地鎖起來。 *144*

會影響到一個人的信用之最微不足道的行動，他都必須加以重視。你的債權人在上午 5 點或者晚上 8 點所聽到的你的錘子的錘擊聲，會讓他滿意 6 個月；但是，如果在你應該工作的時候，他卻在撞球桌旁看到你或者聽到你在酒館裡的聲音，那麼他隔天就會叫人催促你付款，並在你尚未籌足之前就要索回他全部的錢。

除此之外，這一點還顯示著：你還記得你的債務，這使得你**看起來像是一個既謹慎又誠實的人**，而這一點將會增加你的信用。

當心，不要把你佔有的一切都當作是你的財產並依此過活。很多有貸款的人都陷入此一錯覺中。要避免這一點，就必須對你的支出和收入有精確的計算。如果你費心地注意到種種細節，那麼這一點就會有下述的好效果：你會發現，那些多麼小的支出竟增長成為一些巨大的數目，並且你將會注意到：什麼是過去本來可以省下來的，什麼又是在將來可以省下來的。⋯

就一年 6 英鎊而言，你是可以有 100 英鎊的使用的，前提是：你是眾所周知的既明智又誠實的人。誰要是每天無謂地花掉一 *145*

個格魯先（Groschen），[39] 就是每年無謂地花掉了 6 英鎊，而
這乃是「使用 100 英鎊」的代價。誰要是每天浪費值一個格魯
先的部分時間（而這很可能就只是幾分鐘而已），日復一日下
來，就喪失了每年使用 100 英鎊的優先權。誰要是無謂地浪費
值 5 先令的時間，就是喪失了 5 先令，這不啻是將 5 先令丟進
海裡。誰喪失了 5 先令，喪失的不僅僅是該數額，而是喪失了
用該數額在行業運用的情況下有可能會賺到的一切，——而當
一個年輕人到了年歲較高的老年時，這將會累積成一筆相當巨
大的數額。

　　在這些命題 —— 斐狄南・肯恩伯格（Ferdinand Kürnberger）在他
那本妙趣橫生卻又滿嘴灑毒的《美國的文化圖像》（amerikanisches
Kulturbild）[40] 中，當作美國佬（Yankeetum）的信仰表白加以譏諷的，也
是這些命題 [41] ——中向我們佈道的，乃是班傑明・富蘭克林（Benjamin
Franklin）。[42] 沒有人會懷疑：由富蘭克林裡面以別具特色的方式說話

146

39　【譯注】英文為 groat，是英國以前的 4 便士銀幣。

40　*"Der Amerikamüde"* (Frankfurt 1855)*[1]，眾所周知，乃是對雷瑙（**Lenau**）
　　*[2] 的那些「美國印象」之某種富有詩意的改寫。這本書作為藝術品，
　　在今日固然有點讓人吃不消，但是，作為紀錄德國人的與美國人的感覺
　　（Empfinden）——人們甚至可以說：紀錄那自從中世紀的德意志神秘主義
　　（Mystik）以來就儘管一切卻始終都為德意志的天主教徒（Kürnberger 就是
　　自由派的天主教徒）與新教徒們所共有的「內在生活」（Innenleben）的那
　　些（今日早已淡忘了的）對比於清教的—資本主義式的幹勁（puritanisch-
　　kapitalistische Tatkraft）的對立的文獻，卻是完全未被超越的。【譯注】
　　*[1] 本書的副標題就是文中所說的 *amerikanische Kulturbilde*。*[2]Nikolaus
　　Lenau（1802-1850）是奧地利詩人，1832 年時曾懷抱浪漫憧憬想要作為農
　　場主在北美安家落戶，但是，美國的生活以及在美國具有支配地位的唯物論
　　使他感到失望。因此，他一年後就失望地回到歐洲了，甚至將美國（美利堅
　　合眾國，德文寫作：Vereinigte Staaten von Amerika）稱為「美利堅豬眾國」
　　（verschweinte Staaten von Amerika）。斐狄南・肯恩伯格在他的小說《美國
　　厭煩者》中，也將雷瑙對美國的失望當作了話題。

41　翻譯得有點隨興，在此根據原文改正。

42　結尾這一段出自：*Necessary hints to those that would be rich*（寫於 1736），

的，乃是"資本主義的精神"，但我們卻也無法主張說：如今，人們對於此一"精神"所能理解的一**切**，全都包含於其中了。如果我們在這個段落上再停留一下子——這個段落的生活智慧，肯恩伯格的《美國厭煩者》（*Amerikamüder*）綜述如下：「人們由牛身上製造牛油，由人身上製造金錢」——，那麼，那種認為「個別的人對於那種被當作自我目的而預設著的對『增加他的資產』的興趣**負有義務**」的思想，將會作為在這種"貪婪的哲學"（Philosophie des Geizes）中特有的東西而引人注目。

如果說雅各·福格（Jakob Fugger）的一個已經退休了的生意伙伴勸他也退休，因為他已經"賺得夠久了"，也該讓其他人賺一賺了，這時候福格斥責這一點為"怯懦"並回答說：「他（福格）有著某種大不相同的性格：只要還能夠，就想要賺」，[43] 那麼，此一說法的"精神"顯然不同於富蘭克林：在前者作為商人的冒險精神與某種個人的、在倫理生活上無關緊要的愛好（sittlich indifferente Neigung）之結果而說出來的東西，在後者這裡卻具有「生活經營之某種具有**倫理**色彩的準則」的性格（Charakter einer *ethisch* gefärbten Maxime der Lebensführung）。**在此，"資本主義的精神"這個概念，將在此一特有的意義下被使用著**。[44]

147

其餘段落出自：*Advice to a young tradesman* (1748), *Works*, ed. Sparks, Vol. II, p. 87.【譯注】請參考 Franklin, 1840。這裡的 *Works* 是 *Jared Sparks* 編輯出版的 *The Works of Benjamin Franklin* 的簡稱。

43　宋巴特（Sombart）曾經由福格的一份備忘錄（*Promemoria*）摘取這段引文，作為格言而放在論"資本主義的生成"那個章節（*Der moderne Kapitalismus*, I. Bd., S. 193，此外亦請參閱同書頁 390）的前面。【譯注】對宋巴特而言，福格乃是具有「資本主義的精神」的新企業家。

44　此處那相對於宋巴特而言有點不同的提問，就是建基於此的。此一區別之極為顯著的實踐上的意義，稍後將會顯現出來。在此我想順便先說明一下：宋巴特絕未忽視資本主義式的企業的此一倫理上的側面。只不過，在他的思想關聯（Gedankenzusammenhang）裡，此一側面自然而然地就顯得像是由資本主義所造成的東西，而我們在這裡，卻必須為了我們的目的，而以相反的假設作為啟發學上的手段納入考察之中。最後，唯有在本探究的結尾處，我們才有可能採取立場。關於宋巴特的觀點，請參見同前揭書第一卷頁 357、380 等等。在此，他的種種思路都是以西美爾（Simmel）的《貨幣的哲學》（*Philosophie des Geldes*）（最後一章）＊的那些出色的描述為出發點的。在這個地方，我們必須先將任何深入的論辯撇開不談。【譯注】西美爾的《貨

　　誠然，富蘭克林的所有倫理上的告誡，的確都轉向了效益主義：誠實是**有用處的**，因為它帶來信用，準時、勤勞、節檢也都是如此，並且也僅僅**因此之故**它們才是德性：——由此便可推論出譬如說：當誠實的**假象**同樣有用的時候，則此一假象勢必也就足夠了，而在此一德性上的某種不必要的剩餘（Surplus），在富蘭克林的眼中，勢必顯得是

148　沒有生產力的浪費而應予摒棄。而事實上：誰要是在他的自傳中讀到關於他"皈依"那些德性的那段敘述，[45] 或者此外還讀到那些關於「嚴格地維持謙虛、故意保留自己的功勞之**假象**，對於獲得一般的承認 [46] 所具有的用處」的種種論述，勢必必然地會得到一個結論，那就是：根據富蘭克林，那些、乃至所有的德性也都**僅僅當**它們在具體上對個別的人而

149　言"有用"**的時候**，才是德性，並且：「純然的假象」這個代用品，當它到處都同樣有用的時候，也就足夠了——一個對於嚴格的效益主義而

　　　幣的哲學》一書的最後一章是第六章，標題是「生活的風格」。西美爾在這一章中，描述了現代的貨幣經濟對於現代的「生活風格」所產生的種種影響。

45　翻譯如下：「最後，我確信：**對於我們的人生幸福而言，在人與人之間的交往中的真理、誠實與正直，是具有最高的重要性的，並決定：——並且也將這決定寫進我的日記裡**——，從那個瞬間開始，我將一輩子實行它們。但對我而言，這啟示本身事實上的確是沒有任何份量的，而是我認為：儘管某些行動並不會純然因為那被啟示的學說禁止它們而就是壞的，但畢竟——考慮到所有的狀況——對我們而言，那些行動很可能只是**因為它們根據其本性乃是有害的** * 而被禁止，或者只是**因為它們是有利的**，就被指示給我們，要我們照做。」【譯注】「有害的」（schädlich）一詞，原作「壞的」（schlecht）。

46　「我盡可能低調，並假裝它」——亦即：由他所發起的一座圖書館之創設 *——「是"一群朋友們"的一項計畫，他們拜託我到處走走，並向那些他們認為是『閱讀之友』的人提出該計畫的建議。以這種方式，我的事情進行得很順利，並且從此以後，碰到這一類的事情，我總是使用此一程序，而在我屢次這樣做都獲得成功之後，我可以真誠地推薦此一程序。人們在這麼做的時候所付出的『自愛（Selbstliebe）之短暫的小小的犧牲』，後來將會獲得豐厚的報答。如果在一段時間裡，人們始終都不知道應該將真正的功勞歸給誰，就會有某個比當事人更愛虛榮的人被鼓舞起來去主張自己應得該功勞，而如此一來，嫉妒本身將適合於公正地對待他：它將會拔掉那些他自以為擁有的羽毛，並將它們拿回給它們的正當的擁有者。」【譯注】富蘭克林跟他的朋友們於 1731 年建立美國的第一間公共的圖書館。

言事實上無法擺脫的結論。那德國人習慣於在美國風的那些德性上作為
“偽善”去加以感受的東西，在此似乎「當場逮獲」。——只不過，事
實上情況絕非如此單純。不僅班傑明·富蘭克林自己的性格（一如他恰
恰在其自傳的那種畢竟極為罕見的誠實中表露出來的那樣）以及一個狀
況——亦即：他將「他的心中油然而生『德性的“用處”』的想法」這
項事實本身歸因於神的某種啟示，認為神想要**藉此**促使他邁向德性——
顯示著：這裡畢竟還有某種不同於某種「對純粹自我中心的種種準則之
掩飾」的東西。而是尤其重要的是：這種“倫理”之“至善”（summum
bonum）：——**賺錢**、並且是在最嚴格地避免一切不受拘束的享受的情
況下賺越來越多的錢——是如此完全地脫去了所有幸福主義式的或甚至
快樂主義式的觀點的外衣、如此**純粹地**作為**自我**目的而被設想著，以致
於它（＝該「至善」）顯得像是某種相對於個別的**個體**之“幸福”或者
“用處”而言，無論如何都是完全超越的、並且完全非理性的東西。人
關連到了作為其生活之目的的營利上，不再是營利作為「滿足人的種種
物質上的生活需要」這個目的的手段而關連到人身上。這種對於「公正
的感覺」而言完全沒有意義的對（我們或許會說是）「“自然的”事態」
的顛倒，如今非常明顯地絕對是資本主義的一個主導動機，正如它對那
種不為資本主義的氣息所觸及的人而言乃是陌生的一樣。但它卻同時也
包含著某種感覺系列，而這種感覺系列則與某些**宗教性的**想法非常相
似。因為，如果人們問道：究竟**為什麼**要“由人身上製造金錢”，則班
傑明·富蘭克林儘管自己在宗教信仰上是一個沒有色彩的自然神論者，
但在他的自傳裡還是用了一句聖經箴言——這句箴言，一如他所說的，
乃是他那嚴格喀爾文宗的父親在他年輕的時候一再灌輸給他的——加以
答覆：「如果你看見一個人**在他的職業上**（*in seinem Beruf*）精力充沛，
則他將會站在諸君王之前」。[47]「賺錢」——只要是以合法的方式進行

150

---

47 〈所羅門箴言〉22 章 29 節路德翻譯為：“in seinen Geschäft”（在他的生意
　　上），較舊的一些英文聖經翻譯則都譯成“business”。在這方面，請參考本
　　文後面的說明。【譯注】這段聖經引文，一般中譯為「你看見辦事殷勤的人

的——在現代的經濟秩序內部，乃是在**職業**上的幹練之結果與表現，並且**這種幹練**正是——一如現在不難加以認識的那樣——富蘭克林的教誨之實際上的全部內容：這教誨，我們不僅在前面引用的那個地方，也可以毫無例外地在所有他的著作中碰到。

事實上：那個獨特的、在我們今日如此流行、但事實上卻又如此不理所當然的「**職業義務**的思想」（Gedanke der *Berufspflicht*）、某種「個別的人在面對其 "職業上的" 活動之內容時，應該感覺到並且也感覺到對之負有義務（Verpflichtung）」的思想：——無論這活動存在於哪裡、尤其是無論這活動對那公正的感覺而言必定會顯得是個別的人對其勞動力或甚至僅僅是對其實物商品佔有（Sachgüterbesitz）（作為 "資本"）之某種純粹的利用而已，——此一思想正是「資本主義式的文化」之 "社會倫理"（Sozialethik）別具特色的特徵，甚至可以說，在某種意義下，對它而言乃是具有「構成性的意義」的。並非好像說這種思想**只有**在「資本主義」這個基地上才會生長出來；我們毋寧將會在稍後試著回到過去去追蹤它。而我們當然也**更沒有**主張說：對於**今日的**資本主義而言，這些倫理性的準則之受到其個別的承載者（如：現代的資本主義式的企業之企業主或者工人）的「**主觀上的**佔有」，乃是「繼續存在」的條件。**今日的**資本主義式的經濟秩序，乃是一個龐大的宇宙，個別的人是被生進其中的，並且這宇宙對他——至少作為個別的人——而言，乃是作為他必須在其中生活的那個事實上無法改變的殼（faktisch unabänderliches Gehäuse）而給定的。個別的人一旦被編織進了 "市場" 這個關聯裡，該「宇宙」就會將它的經濟性的行動之種種規範（die Normen seines wirtschaftlichen Handelns），強加到個別的人身上。持續地違反這些規範的工廠主，在經濟上將毫無例外地一定會被消除掉，正如那無法或者不想要適應這些規範的工人，將會作為失業者而被解雇一

151

麼？他必站在君王面前」。富蘭克林（Franklin, 1876: 225）曾說：「他曾在喀爾文的學說之種種原則中，獲得某種虔誠的教育」，並在另一個地方（頁279f.）說：他乃是「認真負責且虔誠地作為長老會信徒而被教育的」。

樣。[48]

　　因此，今日在經濟生活中取得了支配權的資本主義，乃是藉由 " 經濟上的**篩選** "（ökonomische *Auslese*）的途徑，為自己教育並創造它所需要的那些經濟主體（亦即：企業家與工人）的。然而恰恰就在這裡，人們可以很清楚地看出 " 篩選 " —概念作為說明種種歷史性的現象之手段的種種限制。為了要使那種 " 適應 " 於資本主義之獨特性的「生活經營」與「" 職業 " —觀」種類得以被 " 篩選出來 "、得以戰勝其他種種類的生活經營與職業觀，它顯然首先就必須是**產生出來了****的**，並且並非在一些個別的孤立的個體中，而是作為某種由一些人類**群體**（Menschen*gruppen*）所承載著的觀點（Anschauungsweise）。[49] 因此，我們真正要加以說明的，就是此一「產生」（Entstehung）。我們將在稍後才較為深入地談談天真的歷史唯物論的一種想法，這種想法認為：這種種類的種種 " 觀念 "（Ideen），都是作為種種經濟上的情境（Situationen）之 " 反映 " 或者 " 上層建築 " 而問世的。[50] 在這個地方，對我們的目的而言，或許只要指出一點就夠了，那就是：無論如何，毫無疑問地，在班傑明·富蘭克林的出生地（麻薩諸塞），在我

152

48　如果人們將那個出現在社會民主黨的黨代表大會上的命題：" 誰不聽話，就趕出去 " ＊標示為 " 官腔 "（Kasernenton），則這乃一種嚴重的誤解：抵抗者絕不會由兵營（Kaserne）中飛 " 出去 "，而是反倒會飛 " 進來 " —— 亦即：關進禁閉室。而是：現代的工人之經濟上的生活命運（Lebensschicksal）——一如他到處都會體驗到的那樣——，正是那他在政黨中再度發現並忍受著的東西：政黨裡的紀律，乃是工廠中的紀律之反映。【譯注】原文為 "wer nicht pariert, fliegt hinaus"。韋伯在這裡玩了一個文字遊戲：fliegt hinaus（趕出去）直譯是：飛出去。這是社會民主黨政治家 August Bebel（1840-1913）於 1903 年在德國社會民主黨的黨代表大會上所使用的口號。

49　【譯注】Anschauungsweise 這個德文語詞，字面的意思是「看（或者：直觀）的方式」。但這裡的「直觀」指的乃是某種對人生與世界之整體性的直觀（人生觀、世界觀），因此譯為「觀點」。馬克思在《共產黨宣言》一開始的地方談到：「是時候了，共產黨人應該公開向整個世界說明自己的觀點、種種目的與傾向」時，中譯的「觀點」一詞，用的就是 "Anschauungsweise"。

50　【譯注】韋伯這裡影射的，是（例如）《共產黨宣言》中的「歷史唯物論」之「基礎—上層建築」的架構。請參看本書 [174]。

們這裡所採取的意義下的 "資本主義式的精神"，乃是**先於** "資本主義式的發展" 而存在的，並且：這「資本主義式的精神」在那些鄰近的殖民地——後來統一後的南部各州——，始終都處於無可比較地較不發達的狀態，並且，儘管事實上後面這些殖民地都是為了種種**生意**目的（Geschäftszwecken）而由大資本家們建立起來的，但那些新英格蘭一殖民地卻是由傳教士與 "大學畢業生" 結合著小市民、手工業者與自耕農，出於種種**宗教性的**理由而建立起來的。因此，在**這種**情況中，因果關係無論如何是和那種從 "唯物論的" 觀點出發有可能會加以假定的相反的。但這樣的種種 "觀念" 的青年期，卻基本上比那些 "上層建築" 理論家所假定的，要艱辛得多，而它們的 "發展" 也不是像一朵花的「發展」那樣子進行的。[51] 資本主義的精神——就我們到目前為止為這個概念所已經獲得了的意義而言——必定是在一場對抗一個由種種具有敵意的力量構成的世界之艱苦的鬥爭中，將自己給實現出來的。像在我們所引述的班傑明‧富蘭克林的那些論述中表現了出來、並獲得一整個民族的贊同的那樣一種心志（Gesinnung），無論是在古代還是在中世紀，都很可能會作為「最骯髒的精神」與「某種完全沒有尊嚴的心志」之表現而遭到放逐，就連在今日，在所有那些最不被糾纏進現代特有的資本主義式的經濟、或者最不能夠適應這種經濟的社會性的群體裡，這種事情還經常地發生著。之所以如此，並不是因為 "營利驅力" 在那些 "前資本主義的" 時期裡還是某種——一如人們很常說的那樣——尚未為人所知或尚未發展出來的東西，**也不是因為**——一如那些現代的浪漫主義者的幻想所想當然爾的那樣—— "求金欲"（auri sacra fames）、貪財欲（Geldgier）當時——或者就連現在也是——在「市民式的資本主義」之外，比在那資本主義特有的範圍內部要**小些**。資本主義式的與前資本主義式的 "精神" 的區別，並不在**這**一點上：中國的官員、古羅馬的貴族、最落後的現代的地主之貪得欲（Habgier），是沒得比的。而拿

51　【譯注】韋伯這裡影射的，是恩格斯的「自然的辯證法」。

波里的馬車夫或船夫、尤其是類似行業的亞洲代表、乃至甚至南歐或者
亞洲各國的手工業者之 " 求金欲 " ── 正如每一個人在自己身上就可以
經驗到的那樣 ──，在相同的情況裡都比英國人的那種求金欲表現得甚
至無與倫比地**更加露骨**（*penetranter*），並且尤其是更加沒有顧忌得多
（skrupelloser）。「對自己的利益提出要求」之**絕對的**「沒有顧忌性」，
恰恰是那些其市民的─資本主義式的發展始終還處於 "**落後**" 狀態的國
家所完全特有的一項別具特色的特徵。正如每一個工廠主都知道的那
樣，這樣的國家（如：義大利之相對於德國）的工人們之缺乏 " 認真負
責 "（conscienziosità），[52] 在過去乃是它們的資本主義上的發揚的種種**主
要障礙**之一，並且在某種程度上直到今天都還是如此。資本主義無法將
那沒有紀律的 " 自由意志 "（liberum arbitrium）之實踐上的代表者當作
工人加以使用，同樣的，──正如我們已經可以從富蘭克林那裡學到的
那樣──它也無法使用那種在外在的行事作風上完全沒有顧忌的商人。
因此，「區別」並不存在於某種追求金錢的 " 驅力 " 之不同的發展。「求

52　請參考宋巴特的那些在每個方面都很中肯的說明：*Die deutsche Volkswirtschaft
　　im neunzehnten Jahrhundert* 頁 123 上面。基本上我──儘管以下的這些研究，
　　在它們的種種觀點上都溯源到一些早得多的著作上──確乎根本就不必再特
　　別強調說：它們有多感謝「宋巴特的那些偉大的著作都是帶著它們的種種清
　　晰的表述（scharfe Formulierungen）而出版的」這件純然的事實，就連──
　　並且恰恰是──在那它們走上其他道路的地方也是如此。就算有人總是覺得
　　自己一再地透過宋巴特的種種表述而被激發出某種最堅決的反對之感，並直
　　接拒斥許多論點，他還是有義務去意識到這一點。德國的國民經濟學式的批
　　判面對這些著作的態度，**簡直必須被說成是「丟臉」**。第一個、並且是長久
　　以來唯一的一個對宋巴特的某些**歷史方面**的論點進行了深入的**實質的**論辯的
　　人，乃是一個歷史學家（v. Below，在：*Histor. Zeitschr.* 1903）。*──但是，
　　在面對宋巴特的種種著作的那些真正國民經濟學部分的時候，在「批判」上
　　所 " 成就了 " 的東西，則用 " 了無新意 "（platt）這個語詞來標示，確乎都還
　　有點太客氣了。【譯注】Georg von Below（1858-1927）是德國憲法史與經
　　濟史家，這裡提到的他所發表的文章，標題就叫作 "Entstehung des modernen
　　Kapitalismus"（現代的資本主義的產生），發表於 *Historische Zeitschrift* (91),
　　1903, S. 432-485。從韋伯的書信中可以看出，韋伯在與宋巴特一起擔任《社
　　會科學與社會政策文庫》編輯後，也花費了不少心力，希望找到適當的學者、
　　尤其是國民經濟學家，為宋巴特 1902 年出版的鉅著《現代資本主義》寫評論
　　文章。

金欲」跟我們所知的人類歷史同樣古老，但我們將會看到：[53] 那些毫無
保留地將自己獻身於作為**驅力**的求金欲的人——就像那個荷蘭船長，他
" 為了獲利，想要航行穿過地獄，就算他會，讓諸帆燒焦 "[54]——，**絕對**
155　不是那作為**大眾現象**——而關鍵就在這一點上——的資本主義式的 " 精
神 " 由之產生出來的那個心志（Gesinnung）的代表者。

　　毋寧說，資本主義的 " 精神 " 首先必須與之搏鬥的那個對手，乃是
人們往往稱之為 " **傳統主義** " 的那種種類的感覺（Empfinden）與行事作
風（Gebarung）。就連在這裡，我們也必須暫時不要做任何想要給出總
結性的 " 定義 " 的嘗試，而毋寧為我們——當然，在這裡也僅僅是暫時
性地——在一些特例上弄清楚：這麼說意味著什麼。現在，就讓我們從
" 下面 "（也就是在工人們那裡）開始吧。

　　現代的企業主，為了要從 " 他的 " 工人們那裡獲得盡可能最大的工
作效率、提高勞動的 " 強度 "，常常加以應用的技術性手段之一，乃是
156　" **計件工資** "。例如說，在農業裡，一個迫切需要盡可能提高勞動強度
的事例，往往是**收穫的庄稼**之入倉，因為，尤其當天氣不穩定的時候，
往往極為不尋常之高的種種獲利—與損失機會，就取決於「入倉」之可
以設想的最大的加速。據此，人們在此往往完全運用「計件工資制」。
而由於隨著收益與經營強度的提升，企業主在「加速**收成庄稼**」上的利
益，一般而言也往往會越來越大，因此人們一再地嘗試著透過種種「計
件工資率」的**提高**，去使那些工人——在這種情況下，這些工人有了機
會，可以在一段短暫的時間間隔裡掙得一筆對他們而言非比尋常地高的
收入——對「提升他們的勞動效率」感到興趣。然而，在這裡卻有一
些特有的困難顯示了出來：「計件工資率」的調高所造成的結果，出人
意表地常常並不是要在相同的時間間隔裡達到**更多的**、而是**更少的**勞動

53　【譯注】請參看本文第二章〈禁欲式的基督新教的職業觀念〉，尤其是 [366-
　　425]。
54　【譯注】根據 MWGI/9: 154 註解 61 的說法，此一引文語出荷蘭歷史學家
　　Robert J. Fruin（1823-1899）的 *Tien jaren uit den tachtigjarigen oorlog 1588-98*,
　　Amsterdam 1861, S. 232.

效率，因為工人們並不是以一天的工作量的「調高」、而是「調低」，去回應該「計件工資提高」。例如說：一個在每個摩爾干（Morgen）[55] 的穀物收割 1 馬克的情況下，向來每天收割 2.5 個摩爾干並因而每天賺得 2.5 馬克的人，在每個摩爾干的計件工資率提高 25 分尼之後，**並不會**一如人們所希望的那樣，鑑於這較高的賺錢機會而收割（譬如說）3 個摩爾干，以便如此地去賺得 3 馬克 75 分尼——一如這一點本來確乎極為可能的那樣——**而是每天還是只收割 2 個摩爾干**，因為他這樣同樣會跟向來一樣地賺得 2.5 馬克，並從而（根據聖經的話）讓他 "感到足夠"。[56]「多賺些錢」不如「少做點工」那麼吸引他；他不會問：如果我在工作上做到可能的最大量，我每天可以賺到多少？而是會問：我必須工作多少，才能賺得那我向來收入的、並且滿足我的種種**傳統上的**需要的金額——2.5 馬克？而這就是我們——依照通常的語言使用——可以稱之為 "傳統主義" 的那種態度：人 "天生" 並不想要賺錢、並且賺多一點的錢，而是想要就像他已經習慣了的那個樣子單純地活下去，並且賺得為此所需要的那麼多的錢。到處都一樣，只要資本主義開始著手透過提升人類的勞動的強度去提升人類勞動的 "生產率"（Produktivität），它就會碰到「前資本主義的經濟上的勞動」的這種主導動機之極為頑強的抵抗，並且直到今日都還到處都是如此：它所必須依賴的勞工（從資本主義的觀點看）越 "落後"，它所碰到的抵抗也就越頑強。而——為了再度回到我們的例子上——我們也很容易就可以想到：由於透過**較高的**工資率去呼籲 "營利欲"（Erwerbssinn）的做法宣告失敗，於是轉而嘗試那恰好相反的手段：透過**調降**工資率去強迫工人，讓他為了維持其**向來的**收入而做出比向來還多的工作。反正，對一個公正的觀察者而

157

55　【譯注】舊時歐洲各國的土地面積單位，大約等於 0.25-0.34 公頃。

56　【譯注】《聖經》多處有此思想，如〈西拉書〉（Sirach）40, 18：「誰要是以勞動養活自己並讓自己感到滿足，他就擁有了某種很平靜的生活。這就是說，找到了比一切珍寶更有價值的珍寶」；又如〈提摩太前書〉（1. Timotheus）6. 8：「但如果我們有了食物與衣服，那麼，就讓我們感到滿足吧」。〈西拉書〉的全名是 Jesus Sirach。

言，不但在過去，甚至直到今天，較低的工資與較高的利潤似乎都是有相互關係的：凡是在工資上支付得**多些**的一切，勢必也意味著在利潤上的某種相應的減少。而資本主義也從一開始就一而再、再而三地走上該道路，並且幾百年來始終當作信條而信之不渝地認為：種種較低的工資都是"有生產力的"，亦即：它們提高了勞動效率，並且就像考特（Pieter de la Court）[57]——在這一點上，正如我們將會看到的，[58] 完全以老年的喀爾文的精神思考著——所曾經說過的那樣：群眾只因為貧窮、也唯有在貧窮的時候才工作。

158　　　只不過，這種看起來似乎如此有效的手段的效果，卻有著種種限制。[59] 的確，資本主義為了要達到自己的發揚，是要求著種種它可以用

57　【譯注】Pieter de la Court（1618-1685）是荷蘭的經濟學家、商人與政治哲學家。

58　【譯注】請參考本文 [417-419]。

59　對於「這些限制存在於哪裡」這個問題，我們在這裡自然無法加以探討，同樣的，我們也無法探討對那眾所周知首先由布瑞塞（Brassey）所提出 *[1]、由布倫塔諾（Brentano）在理論上 *[2]、由舒爾茲—蓋凡尼茲（Schulze-Gävernitz）同時在歷史上並且以構成性的方式 *[3] 所表述出來並加以代表的關於「高工資與高勞動效率」之間的關聯的理論所採取的某種立場。由於哈斯巴哈（Hasbach）的那些深入的研究（*Schmollers Jahrbuch,* 1903, S. 385-391 und 417 f.）*[4]，討論再度展開了。對我們而言，下述這件沒有人懷疑也不可能被懷疑的事實也就足夠了：較低的工資與較高的利潤、較低的工資與工業發展之較有利的機會，無論如何都並**不是單純地恰好相合的**，——基本上並非純然機械式的種種「金錢操作」（Geldoperationen）造成了那邁向資本主義式的文化的"教育"、從而造成了資本主義式的經濟的可能性。我們所選擇的所有例子，都是純粹**例示說明性的**（rein *illustrativ*）。【譯注】*[1] 這裡的布瑞塞指的是 Thomas Brassey（1st Earl Brassey, 1836-1918），英國自由黨政治家，曾擔任下院議員，著有 *Work and Wages. Practically illustrated,* 2. Ed., London: Bell and Deldy 1872. *[2] 這裡的布倫塔諾指的是德國國民經濟學家與社會改革者 Lujo Brentano（1844-1931），相關著作是：*Über das Verhältniß von Arbeitslohn und Arbeitszeit zur Arbeitsleistung,* 2. Aufl., Berlin: Duncker & Humblodt, 1893. *[3] 這裡的舒爾茲—蓋凡尼茲應該是指德國國民經濟學家與政治家 Gerhart von Schulze-Gävernitz（1864-1943），相關著作是 1892 出版的：*Der Großbetrieb - ein wirtschaftlicher und sozialer Fortschritt. Eine Studie auf dem Gebiete der Baumwollindustrie.* *[4] 這裡的哈斯巴哈指的是德國國民經濟學家 Wilhelm Hasbach（1849-1920）。根據 MWGI/9: 159 註解 77 的說法，這裡所說的哈斯巴哈的研究，指的是他在 1902-1903 發表於《施莫樂年鑑》的

便宜的價格在 " 勞動市場 " 上雇用的「人口剩餘」的存在的。只不過，過多的 " 後備軍 "（Reservearmee），[60] 在某些情況下固然有利於其量上的擴充，但卻會**抑制**其**質上的發展**、尤其是抑制那種邁向密集地利用勞動的種種企業形式（Betriebsformen）的過渡。「較低的工資」與「較便宜的勞動」，絕非同一。光是純粹就量上加以考察：在所有的情況中，勞動效率隨著**生理上不足夠**的工資而**下降**，而這樣的一種工資，長期而言往往簡直就是意味著某種 " 最不適合者的篩選 "。今日平均的西利西亞人（Schlesier），即使在使盡全力的情況下，在相同的時間裡，也只收割比工資與營養都較好的波姆人（Pommer）或者梅克倫堡人（Mecklenburger）三分之二多一點的土地；而相較於德國人，波蘭人在物理上做出來的效率，則隨著他來自越遙遠的東方而越少。並且，就連純就生意而言，較低的工資作為「資本主義式的發展之支撐」，也在凡是關係到某些產品的製造——只要這些產品要求某種具有一定**資格的**（經過正規學習的）勞動或者昂貴且容易損壞的機器之操作或甚至只是某種很大程度的敏銳的注意力與主動性——的時候，便到處都失靈。在此，較低的工資是不值得的，並且在其結果上將事與願違。因為，在這裡，不僅某種發達了的責任感是完全不可或缺的，而是基本上就需要有一種心志，這種心志至少**在勞動期間擺脫掉**那不斷湧上心頭的問題：怎樣才能在最舒服且做最少工的情況下而仍然獲得慣常的工資，並且如此地從事著勞動，彷彿該勞動是絕對的**自我目的**—— " 職業 " ——似的。但這樣的一種心志，卻並非任何天生就有的東西。它也既不能透過高的、也不能透過低的工資就直接被產生了出來，而只能是某種持續長久的 " 教育歷程 " 的產物。今日，在所有的工業國家裡，並且在各個國家

159

160

文章 "Zur Charakteristik der englischen Industrie" 一文，尤其是在 1903 年第二分冊（頁 385-391 與頁 417-421）中，哈斯巴哈指出了許多干擾「效率與工資之正面關聯」的因素。

60　【譯注】影射馬克思的 "industrielle Reservearmee"（工業後備軍，或譯：產業預備軍）：勞動市場上的（失業的、過剩的、在需要時可以任意使用的） " 補助 " 勞工人口。

的內部在所有的工業領域裡，已然地位穩固的資本主義要招募到它的工
人，相對而言是很容易的。但在過去，工人的招募卻在每一個個別的情
況中，都是一個極端困難的問題。[61] 並且，甚至在今日，資本主義也並
非總是在沒有一位強有力的助手的支持下達到目標的：這位助手——一
如我們後續將會看到的那樣[62]——在資本主義的「生成」的那個時代裡，
從旁協助了它。這麼說的意思，人們可以再度在一個例子上弄清楚。在
今日，女工們、尤其是未婚的女工們，特別常提供一幅「落後的、傳統
主義式的形式的勞動」的圖像。尤其是她們之絕對缺乏能力與意願，去
為了另一種更實際的勞動方式而放棄傳統的且已經學會了的種種勞動方
式、去適應種種新的勞動形式、去學習並且去集中或者甚至僅僅去使用
理智，乃是那些雇用少女、尤其是德國少女的雇主們之某種幾乎異口同
聲的抱怨。關於「如何使工作變得更容易、更有利可圖」的可能性的種
種論辯，她們往往完全無法理解，計件工資率的提高對她們的那道「習
慣之牆」也毫無作用地反彈回來。通常經常唯有特別**在宗教**上受到教育
的、尤其是**虔敬派**出身的少女情況有所**不同**：——而這乃是一個對我們
的考察而言並非不重要的點。人們常常可以聽到、並且我最近還透過一

161

61　也因此就連資本主義式的行業之引進，也往往不能沒有來自較古老的文化地
　　區之種種廣泛的移入運動。儘管**宋巴特**關於「手工業者之繫於人的種種"技
　　巧"與行業秘密」之相對於那「在科學上客觀化了的技術」的對立的種種說
　　明都是非常正確的：對於「資本主義的興起」的那個時代而言，該區別幾乎
　　是不存在的，——甚至可以說，資本主義式的工人（以及在某種範圍內也包
　　括：企業主）的那些（所謂的）**倫理上的品質**，在"稀有值"（Seltenheitswert）
　　上，往往還高於手工業者的那些在長達百年之久的傳統主義中僵化了的技
　　巧。並且，甚至今日的工業在選擇其所在地時，也並非完完全全不依賴
　　於人口的這樣的一些透過長遠的培養集約勞動的傳統與教育而獲得的特性
　　（Eigenschaften）。在我看來，這一點與今日在科學上的一整個想法圈子——
　　亦即認為：只要人們觀察到有這種依賴性的地方，就將它推到遺傳的種族性
　　質（Rassenqualität）上，而不是推到傳統與教育上——，很難說是相符合的。
　　關於這一點，我們也許稍後有機會還會再談到。*【譯注】韋伯在本文中，並
　　未再談及這一點。

62　【譯注】請參見本文 [242-425]。

個親戚而在亞麻布工業方面獲得證實的一點乃是：[63] 經濟上的教育之種種最最有利的機會，都在**這個範疇**上展現了出來。「將種種思想集中起來」的能力以及那種「**面對工作時去感受到自己負有義務**」之絕對核心的能力，在此特別常與某種嚴格的經濟性（Wirtschaftlichkeit）結合起來，這種「經濟性」基本上會考慮到收入及其數額，也會**考慮到**某種會大幅提高工作效率（Leistungsfähigkeit）的冷靜的自我支配與節制。[64] 培養資本主義所要求的那種將勞動當作是自我目的、當作是 "**職業**" 的觀點的土壤，在這裡是最有利的，而克服那種傳統主義式的因循舊習的機會——**由於**宗教上的教育——，在這裡也最大。光是此一由資本主義的「現在」[65] 所做的考察，就已經再度向我們顯示著：我們無論如何值得去**探問**一下：在資本主義上的適應能力與種種宗教性的環節（Momenten）的這些關聯，在資本主義的青年期那個時代，究竟有可能會是如何形塑出來的。因為，「這些關聯當時也以類似的方式存在著」這一點，我們是可以由許多個別現象中推斷出來的。例如，循道會的工人們在 18 世紀

162

---

63 【譯注】這裡所說的「親戚」，指的應該是韋伯的大伯父、韋伯的太太瑪莉安娜的外祖父 Carl David Weber（1824-1907），他於 1850 年在 Oerlinghausen 創立並經營一家亞麻布紡織廠（Carl Weber & Co.），堅持「包銷制」（Verlagsystem）。韋伯寫這篇文章時，主導工廠經營的是他的兒子 Carl Weber（1858-1923）與三女婿 Bruno Müller（1848-1913）。

64 【譯注】韋伯 1908/09 年間在 Oerlinghausen 的這家紡織廠所做的問卷調查研究的成果，亦即於 1908-1909 分四個部分發表於《社會科學與社會政策文庫》的長文〈工業勞動的心理物理學〉（Zur Psychophysik der industriellen Arbeit，收入 MWG I/11: 150-380），也得到類似的結果（見該文頁 278 f.）。

65 前面的這些說明有可能會被誤解。某種再熟悉不過了的最現代的商人的類型之傾向：以其方式利用 "必須為人民保留宗教"（Dem Volk muß die Religion erhalten bleiben）*[1] 這句話，並且特別是路德宗的教士的廣泛圈子的那種基於某種對 "權威當局"（das "Autoritäre"）一般的好感而自願為他們擔任 "黑警察"（schwarze Polizei）供其差遣的熱情，而只要可以，就將罷工烙印為罪惡、將工會烙印為 "貪欲" 的助長者等等，——這些事物都跟我們在這裡所談論的那些現象，毫不相干。文本中所觸及的那些因素所關涉到的，都不是個別的、而是極為常見的、並且一如我們將會看到的那樣 *[2]：以典型的方式一再重複出現的事實。【譯注】[1] 這句常被引用的名言，出自德皇威廉一世（Kaiser Wilhelm I, 1797-1888，在位期間 1871-1888）。[2] 參見本文第二章，尤其是 [242-425]。

所碰到的來自於他們的工作伙伴們的厭惡與迫害，一如那在種種報導中
如此經常地一再出現的對他們的手工具之破壞所已經表明了的那樣，絕
非僅僅或者主要關係到他們的一些宗教上的乖僻——在這方面，英國多
163 的是更加引人注目的東西——，而是關係到（人們今日或許會說：）他
們所特有的 "勞動意願"。

讓我們首先還是再度轉向「現在」，並且從現在開始專注於企業
主，以便讓我們也在此弄清楚 "傳統主義" 的意義吧。

宋巴特在其關於「資本主義的產生」（die Genesis des Kapitalismus）
的討論中，[66] 將 "需求的滿足" 與 "營利" 當作二個重大的 "主導動機"
——經濟的歷史就是在這二者之間運動著的——區分了開來：端看是
「個人性的**需求**的大小」還是「獨立於個人需求之種種限制的對**盈利**的
追求以及達到盈利的**可能性**」，對於經濟性的活動的種類與方向而言，
變成了具有決定性的（maßgebend）而定。那他稱之為 "需求滿足經濟的
體制"（System der Bedarfsdeckungswirtschaft）的東西，乍看之下，似乎
與我們在這裡作為 "傳統主義" 而加以簡要說明了的東西，沒有什麼不
同。而如果人們將 "需求" 這個概念等同於 "傳統上的需求" 的話，**那
麼**，事實上情況也正是如此。但如果人們並未將二者等同起來，則一大
堆的「經濟」——這些經濟，根據它們的組織的形式，就連在宋巴特在
164 其著作的另一個地方[67] 所給出的 "資本" 的定義的意義下，也可以被視為
"資本主義式的" ——都將會由 "營利" —經濟的領域裡掉出來而屬於
"需求滿足的經濟" 這個領域。因為，就連那些由私人的企業主以某種
資本（ = 金錢或者種種值錢的貨物）運轉的形式，透過購買種種生產手
段與販賣各種產品去達到種種盈利目的，亦即無可懷疑地作為種種 "資
本主義式的企業" 加以領導的經濟，都有可能還是具有**傳統主義式的**性
格，並且這一點在較近的經濟史的進程中，並非僅僅是例外地、而是——

---

66 *Der moderne Kapitalismus,* I. Bd., S. 62. 【譯注】宋巴特在此區分開了「二大群
組的經濟體制」："需求滿足經濟" 與 "營利經濟"。

67 A.a.O., S. 195

帶有不斷重複的、受到 " 資本主義的精神 " 之不斷重新且越來越強烈的
突破所造成的中斷——簡直經常地就是這種情況。某種經濟之 " 資本主
義式的 " 形式和那它在其中被加以經營的精神，彼此之間固然一般而言
處於「適當的關係」這種關係中（im Verhältnis *adäquater* Beziehung），
但卻不處於某種「 " 法則性的 " 依賴」的關係中；而如果我們儘管如此，
還是為了那種心志：——這種心志以那種我們在班傑明·富蘭克林這
個例子上闡明了的方式，[68] **具有職業性質地**且系統性地（*berufmäßig* und
systematisch）為了盈利之故而追求盈利——在此暫時地使用 " 資本主義
的精神 " 這個語詞的話，則我們之所以會這麼做，乃是出於**歷史性的**理
由，因為，該心志在資本主義式的企業中找到了其最適當的形式，而另
一方面，資本主義式的企業也在該心志中找到了最適當的**精神上的驅動
力**。

　　但就其本身而言，二者極有可能是分崩離析的。班傑明·富蘭克
林固然渾身都是 " 資本主義的精神 "，但在他那個時代，他的印刷廠經
營，[69] 就**形式**而言，跟任何一個手工業者的經營是沒有絲毫的不同的。
但我們將會看到：[70] 基本上，在跨入近代之際，絕非唯有或者主要是商
業新貴的那些 " 資本主義式的 " 企業主、而是也包括、甚至尤其是中間
身分等級的那些上昇著的階層，才是我們在這裡稱之為 " 資本主義的精
神 " 的那個心志的承載者。[71] 就連在 19 世紀，它的古典的代表者，也並

165

68　【譯注】參見本文 [142-145]。

69　【譯注】富蘭克林從 1728 到 1748 年間，在費城經營一家自己的印刷廠。

70　【譯注】參見本文尤其是 [414-417]。

71　我們實在——這裡所想要強調的，就只有這一點——完全沒有必要先天地
　　（a priori）就假定說：資本主義式的經營的**技術**和那往往將其擴張性的能量
　　賦予資本主義之「 " 職業勞動 " 的精神」，會在相同的一些社會階層中，找
　　到它們的**根源性的**溫床。種種宗教性的意識內容之各種社會性的關係，情況
　　也是如此。喀爾文宗在歷史上乃是培養出 " 資本主義的精神 " 的教育之無可
　　懷疑的承載者。但那些（例如說，在尼德蘭那裡）大金主，基於我們稍後會
　　加以討論的一些理由，＊卻**並非**嚴格遵守戒律的喀爾文宗的信徒，而是阿明
　　尼烏派信徒（*Klein*bürgertum），無
　　論是在這裡還是在其他地方，都是資本主義式的倫理與喀爾文宗式的教會作

非利物浦和漢堡的那些身懷繼承而來的商人資產的高貴的紳士，而是曼徹斯特或者萊茵蘭—西伐利亞（Rheinland-Westfalen）的那些往往出身相當寒微而上昇著的暴發戶。

　　諸如一家銀行或者出口批發貿易、或者甚至是一家較大的零售生意、又或者最後：一家大型的家庭工業所製造的商品的「包銷商」（Verleger）[72] 的經營，固然都一定只有以「資本主義式的企業」的形式進行才有可能。儘管如此，所有它們還是都可以以嚴格傳統主義式的精神被加以經營：那些大型的發行銀行（Notenbank）的各種業務，根本就不可以用別的方式加以經營；整個各時期的海外貿易，在種種壟斷與規章的基礎上，始終都有著嚴格傳統性的性格；而在零售商方面——這裡所談到的，不只是那些小的、沒有資本的懶漢：這些人今日叫嚷著要求國家資助（Staatshilfe）——，則一場將會終結古老的傳統主義的革命化，還在如火如荼地進行著：這同一場變革打破了「包銷制」（Verlagssystem）之種種舊有的形式；現代的家庭手工勞動跟這種體制，基本上只有在形式上具有親和性（Verwandtschaft）。這場變革是如何進行的，而它又意味著什麼，我們或許可以——儘管這些事物都是如此地眾所周知的——再度就一個特例（Spezialfall）加以闡明。

　　直到上個世紀的中葉前不久，一個分發加工的包銷商的生活，至少在大陸的紡織工業的許多部門裡，[73] 乃是一種對我們今日的種種概念而言相當悠閒的生活。[74] 人們大致上可以如此想像其進程：農人帶著

___

風（Kirchentum）之"典型的"承載者。【譯注】請參見本文 [402 f.] 註腳333。

72　【譯注】下文提到的「包銷制」（Verlagssystem）是一種由企業主負責提供原料分發加工並經銷產品的經濟體制，採取這種體制經營生意的商人，就叫做 Verleger，在此譯為「包銷商」。

73　以下所述的這幅圖像，乃是由在許多不同的地方的許多不同的個別部門之種種情況，"以理想典型的方式"（idealtypisch）彙編而成的；對於這裡所要為之服務的那個例示性說明的目的而言，我們當然不會在乎說，該過程從未在我們所設想的那些例子中的任何一個例子裡，恰恰完全以我們所描繪的那種方式進行過。

74　【譯注】韋伯在下文所要發展的那種具有傳統主義心志的紡織業的「包銷商」

他們的織品——（在亞麻布的情況下）往往還是主要或者完全由自己生產的生材料製造成的——來到包銷商們居住的城市裡，並在經過仔細的——往往是官方的——品質檢驗後，獲得為此所支付的一些通常的價格。包銷商的顧客是為了銷售而散居各地的批發商，他們同樣旅行來到這裡，根據各種樣本或者種種傳統的品質向倉庫購買或者（而在這種情況下，則在很久以前）訂貨——而接著則有可能就跟著在農人們那裡訂好了貨。親自造訪客戶的情況，即使有，也很久很久才會發生一次，平常則通信與寄送樣本也就夠了。適度範圍的櫃臺時間（Comptoirstunden）——也許一天 5-6 小時，有時候少得多，如果有「宣傳期」（Campagnezeit）的話，多一些，——過得去的、足以應付體面的生活經營並在生意好的時期裡儲蓄一筆小財富的收入，由於對種種 "生意的原則"（Geschäftsgrundsätze）取得了重大的一致，而使得競爭者彼此之間具有一種整體而言相對上很大的容易相處程度，天天泡 "同樂會"（Ressource），[75] 有時候還喝幾杯黃昏酒（Dämmerschoppen）、辦點小聚會（Kränzchen）以及基本上悠閒的生活步調。

　　這是一個在每一個方面都是 "資本主義式的" 的「組織的形式」（*Form* der Organisation）：——如果人們注意看企業主的那種純商人—生意性的性格，同樣的，如果人們注意看「那些在生意中拿來周轉的資本儲備（Kapitalvorräte）的調用乃是不可避免的」這個事實，同樣的，最後：如果人們注意看該經濟上的過程的客觀面的話。但如果人們注意看賦予企業主們靈魂的那個**精神**的話，這卻是**傳統主義式的**經濟：傳統的生活態度（Lebenshaltung）、傳統的利潤額度、傳統的勞動量、傳統的種類的生意經營以及與工人們和與那本質上傳統性的顧客圈的種種關係（獲得顧客以及銷售的方式），支配著生意的經營，也是——人們簡

167

（參見 [170 f.]）的種種特點，很可能是取自韋伯的祖父 Carl August Weber（1796-1872）：他是 Bielefeld 的一個亞麻布商人。

75　【譯注】韋伯在此想到的，應該是 1795 年在 Bielefeld 成立的一個主要由亞麻布商人組成的同樂性社團，這個社團就叫做 "Geschlossene Gesellschaft Ressource"（內部聚會同樂會）。

直就可以這樣說：──這個圈子的企業主們的"倫理"（Ethik）的基礎。

　　但有一天，這種舒適的狀態卻突然受到了擾亂，並且往往是在「組織形式」沒有任何一點原則上的改變的情況下──如：朝向「封閉性的企業」（geschlossener Betrieb）、朝向紡織機（Maschinenstuhl）等等的過渡──就這樣發生了。實際上發生的，往往毋寧只是這件事情：[76]出身於參與其中的包銷商家庭之一的某一個年輕人，由城市遷居到鄉下，細心地為其需求挑選織工，強化他們的依賴性與控制，並以這種方式將他們由農人教育成工人，但另一方面則透過盡可能直接地走向那些終端的買主：各零售商，將銷售整個掌握在自己的手裡，顧客親自招攬，每年經常性地造訪他們，但最重要的則是要懂得讓產品的品質完全適應於他們的種種需要與期望、合乎他們的"口味"，並同時開始實行"薄利多銷"這個原則。而這麼一來，那無論在什麼地方、什麼時候，只要有這樣的一種"理性化"─歷程就一定會產生的結果，也就重現了：誰不上昇，就得下降。在這場開始展開著的激烈的競爭鬥爭（Konkurrenzkampf）下，田園生活瓦解了，可觀的財富被賺得了，並且不是放著生利息，而是一再地投資到生意裡，舊有的那種舒服又舒適的生活態度，向艱苦的冷靜讓步了：──在那些跟著做並向上走的人身上，因為他們不想要消費而是**想要**營利；──在那些停留在舊有的方式上的人身上，因為他們**必須**限制自己。並且，在這裡尤其要緊的一點是：在這樣的種種情況中，通常並**不是**諸如某種「新的**資金**的注入」造成了這種變革──在許多我所知道的情況裡，這整個"革命化─歷程"，都是以幾千塊向親戚們借來的資本開始進行的──，而是某種遷了進來的新的**精神**："資本主義的精神"。探問「資本主義的發展之種種推動的力量」的問題，首先並非某種探問「可以以資本主義的方式加以利用的那些**金錢**儲備之來源」的問題，[77]而是某種探問「資本主義的**精神**之發

──────────

76　【譯注】韋伯以下所說的，很可能就是以 Carl August Weber 的兒子、他的伯父 Carl David Weber（1824-1907）為主要人物而設想的情況。

77　【譯注】根據 MWGI/9: 168 註解 4 的說法，這一點顯然是針對宋巴特而發

展」的問題。凡是它甦醒了過來並且可以發生作用的地方，都是它為自己**創造**了作為其發生作用之手段的金錢儲備，而非相反。但它的遷入，卻往往並非某種和平的遷入。某種有如潮水般的不信任、偶爾的憎恨、尤其是倫理上的憤怒，定期地向著第一個革新者迎面湧來，往往——我就知道好幾個這類的事例——對於他的過去歷史中的種種神秘的陰影，會開始有某種制式的「傳奇建構」（Legendenbildung）。[78] 沒有任何人可以這麼容易就足夠公正地去注意到說：恰恰唯有某種非比尋常地堅定的性格，才能使得一個這樣的 "新風格的" 企業主免於「冷靜的自我支配」之喪失以及免於在倫理上與經濟上遭到失敗，並且：除了眼光的清楚與幹勁之外，尤其重要的是也包括某些非常特定的並且非常突出的 "**倫理上的**" 品質（Qualitäten）：正是這些品質，使得他在這樣的種種革新的時候，獲得了那絕對不可或缺的「顧客與工人的信任」，並使他維持著去克服無數抵抗的幹勁，但尤其重要的則是使得他有可能達到如此無與倫比地密集得多的勞動效率——如今，這種勞動效率乃是企業主所需並且與舒適的生活享受並不相容：——也唯有這些跟種種對過去的傳統主義而言「適當的」品質大不相同的**種類**的倫理上的品質。

169

當然，人們很容易就可以注意到：這些**個人的**、倫理上的品質本身，與無論哪些倫理上的準則或甚至種種宗教上的思想，都沒有絲毫的關係；就這個方向而言，主要地是某種消極性的東西：使自己**擺脫**流傳下來的傳統的能力，換言之最可能的就是：自由主義式的**啟蒙**（liberale *Aufklärung*），才會是該生活經營之適當的基礎。而事實上，一般而言，今日的情況也完全就是這樣。不僅「生活經營」經常缺乏某種與種種宗

的：宋巴特主張「地租假設」，認為在中世紀形成了某種 "原始資產 "，而此一原始資產後來落入了城市新貴的手中。請參見 Sombart, *Der moderne Kapitalismus*, I. Bd., S. 282-324。

78 【譯注】根據 MWGI/9: 168 註解 5 的說法，在 Carl David Weber 的家族與認識的人的圈子裡，就流傳著一種謠言，說他藉由生意上到西班牙居留去逃避普魯士的兵役義務，也因此才將新工廠設在親王國（Fürstentum）Lippe 管轄的小鄉鎮 Oerlinghausen。

教上的出發點的關係，而是：在存在著某種關係的地方，這種關係（至少在德國）往往也是負面的那種。這樣的一些為 "資本主義的精神" 所充滿著的天性們，在今日往往如果不是恰恰敵視教會的，那麼也一定是漠不關心的。那種對於「樂園之 "虔誠的無聊"」[79] 的思想，對他們的那種喜歡做事的本性（tatenfrohe Natur）而言，沒有什麼吸引力；在他們看來，宗教乃是一種將人從立基於這個地球的基地上的勞動轉移開來的手段。如果人們向他們本人追問他們的那種無休止的追逐的**意義**——這種追逐將絕不會對自己的佔有感到高興，也因而恰恰對於純**此岸性的**「生命的取向」而言，勢必顯得極為沒有意義——的話，則他們有時候或許會（如果他們有答案的話）回答說：「照顧子孫」，但更常見也——因為，該動機顯然並非他們所特有的，而是在 "傳統主義式的人" 那裡也完全同樣發生作用的——更正確地乾脆就說：對他們而言，「生意」連同其經常的勞動，已經變成 "生活中不可或缺一部分的了"。這事實上是唯一中肯的動機說明，並且這種動機說明同時也表現出了這種生活經營中的「**非理性的東西**」（das *Irrationale* dieser Lebensführung）：在這種「生活經營」中，人是為了他的生意而存在的，而非相反。當然，對於權力以及那種光是「佔有」就能給人的「威望」的感覺，在這裡也扮演著一定的角色：無論在哪裡，只要一整個民族的想像力被引導向 "**量上的大小**"（das quantitativ "Große"）這個方向上了（一如在合眾國裡），在那裡，這種「數字的浪漫主義」（Zahlenromantik）就會以無法抗拒的魔力作用於商人中的那些 "詩人"，——但除此之外，整體而言，受到吸引的，都不是那些真正領導性的、並且尤其不是那些持續地成功的企業主。至於那種駛進了「信託佔有」（Fideikommißbesitz）與「冊

79　【譯注】根據 MWGI/9: 169 註解 7 的說法，韋伯在這裡很可能是想到歌德的一個說法：歌德在談及他 1819 年出版的《西東詩集》（*West-östlicher Divan*）時說過：印度的那 "高貴的、純粹的自然宗教"，由於佐羅亞斯特（Zoroaster）而轉變了某種 "繁瑣的儀式"，以致於人們現在看到的，是 "一個變成陰沉了的民族"：這個民族致力於用虔誠的無聊去殺死庸俗的無聊。（參閱：Goethe, 1888: 19-24）

170

封貴族」（Briefadel）的避風港裡，有幾個兒子：這些兒子在大學裡或在軍官團裡的行事作風，想要讓人忘掉他們的出身，這樣的做法（德國的資本主義式的暴發戶家庭之常見的履歷就是這樣），呈現的更是某種帶模仿氣的墮落產物（ein epigonenhaftes Décadenceprodukt）。[80] 資本主義式的企業主的 " 理想典型 "（Idealtypus）[81]（一如它在我們這裡也以一些個別的傑出的例子所代表著那樣），跟這樣的或者較粗糙或者較細膩的「炫富者」（Protzentum）沒有任何關係。它不但害怕誇耀與不必要的浪費，也害怕有意識地享受自己的權力以及那種毋寧讓他感到不舒服的對它所享受的社會性的尊敬之外在的標記的接受。換句話說，它的生活經營往往帶有——而我們將會深入探討此一對我們而言並非不重要的現象之歷史上的意義——某種禁欲的特點於自身身上，一如這種特點在稍早引用的富蘭克林的 " 佈道 " 中清楚地表露了出來的那樣。[82] 尤其絕非罕見、而是相當常見的一點乃是：它具有某種程度的冷靜的謙虛（kühle Bescheidenheit），這種程度的「冷靜的謙虛」基本上比班傑明·富蘭克林懂得如此聰明地加以推薦的那種「自制」（Reserve）要正直得多。它並未為企業主的人身而由他的財富 " 獲得任何東西 "，——除了 " 職業履行 "（Berufserfüllung）這種非理性的感覺之外。[83]

171

80　【譯注】根據 MWGI/9: 169 註解 8 的說法，韋伯這麼說是在影射當時市民暴發戶圈子廣為流傳的一種傾向：購進貴族地產，並透過某種「信託基金會」（Fideikommißstiftung）將該貴族地產與家庭連結起來。人們希望，接著可以藉由某種「敘爵文書」（Adelsbrief）去取得某種貴族頭銜。韋伯強烈反對這種傾向。在這方面，可以參看韋伯論「信託問題」的文章（MWG I/8: 81-188）。

81　這只想要表示：**我們**在這裡拿來當作我們的考察之對象的那個企業家典型（Unternehmertypus），並非某種經驗上的平均（關於 " 理想典型 " 這個概念，請參看我在這份期刊第 XIX 冊第一分冊中的文章）*。【譯注】指的是韋伯 1904 年發表於《文庫》的〈社會科學的與社會政策的知識之 " 客觀性 "〉一文（收入：MWGI/7: 142-234；中譯請參考：韋伯，2013:171-242）。

82　【譯注】參見本文 [142-145]。

83　唯有進一步的陳述才能表明：此一 " 禁欲的 " 特點對於資本主義的發展而言，並非任何邊緣性的東西，而是具有突出的意義。唯有它才有可能證明說：這裡所涉及的，並不是一些任意地選出的特點。

　　但這正是那對於前資本主義式的人而言顯得如此難以想像與大惑不解、如此骯髒與可鄙的東西。對他而言，「有人為了其畢生事業的目的（zum Zweck seiner Lebensarbeit）而可以完全只想到：有朝一日將背負著在金錢與財物上的很高的物質性的重量踏進墳墓」這一點，似乎唯有作為反常的驅力：**求金欲**的產物，才可以說明。

　　在現在，在我們的種種政治的、司法的以及交往的制度下，就種種企業形式（Betriebsformen）以及那適合於我們的經濟的結構而言，資本主義的此一 "精神" 有可能就像我們已經說過的那樣，[84] 乃是作為某種純粹的「**適應的產物**」（*Anpassungs*produkt）而可以理解的。資本主義式的經濟秩序**需要**這種毫無顧忌的「對賺錢這個 "**職業**" 的獻身」：這種獻身乃是對待外在的財物（äußere Güter）之某種種類的「採取態度」（eine Art des Sichverhaltens）：這種種類的「採取態度」對於該結構而言是如此地適當、如此緊密地與在經濟上的生存鬥爭中的「勝利」之種種條件相連結著的，以致於我們今日再也不能說：該 "賺錢術式的" 的**生活經營**（"chrematistische "*Lebensführung*）與某種統一的**世界觀**有某種

172 **必然的關聯**了。這種生活經營尤其不再需要讓自己由某些宗教性的潛能（Potenzen）[85] 之贊同所承擔起來，並且感覺到「經濟生活之受到種種教會性的規範的影響」（只要這種影響還可以感受到的話），如同對經濟生活之國家上的管制（die staatliche Reglementierung）那樣，都同樣是阻礙。如此一來，商業政策與社會政策上的利益境況（Interessenlage）往往會決定 "世界觀"。但這些都是已經獲勝了的資本主義在其中將自己由種種舊有的支撐中解放出來了的時代的現象：正如它從前唯有與那生

84　【譯注】參見本文 [160-162]。
85　【譯注】Potenz 這個德文語詞，Baehr & Wells 編譯的 Weber, 2002 譯成 power，但在本書中則譯成「潛能」。此一翻譯，涉及譯者對韋伯的理解，特在此說明如下：Potenz 這個德文，來自拉丁文的 "potentia"，古希臘文則是 δύναμις（*dynamis*）。譯者認為，韋伯是在傳統的實踐哲學脈絡下使用此一語詞的，意謂著某種已有實現的能力或者傾向（*Disposition*）、但卻尚未實現的可能性。

成中的現代的國家暴力（Staatsgewalt）結盟，才打破了中世紀的經濟調節（Wirtschaftregulierung）之種種舊有的形式一樣，那麼，有可能——我們想要暫時地說：——對於它跟種種宗教上的勢力（Mächte）的種種關係而言，情況也是相同的。至於是否、以及在哪個意義下情況就是這樣子的，則一點正是我們在這裡所要加以探討的。因為，「那種將賺錢當作人對之負有義務的自我目的、當作"職業"的賺錢觀，違反了整個各時期的倫理上的感覺」這一點，幾乎是不需要證明的。在"商人無法為神所喜"（Deo placere non potest）這句被用在關於商人的活動的命題中，已經存在著——相對於最廣的種種圈子的那些徹底反賺錢術式的觀點——天主教的教理（Doktrin）在面對義大利各城市的那些在政治上與教會關係如此密切的金錢勢力（Geldmächte）的種種利益時的某種很高程度的讓步了。而就連在該教理做了更大幅度的調整的地方，例如在佛羅倫斯的安東尼（Antonin von Florenz）[86] 身上，那種覺得「以工作為自我目的而專心為之的活動所涉及的，基本上乃是某種令人感到羞恥的東西（pudendum），只不過既已存在的種種『生活的秩序』有必要容忍它罷了」的感覺，也從未完全消失過。某種像是班傑明·富蘭克林的那種"倫理生活上的"觀點（"sittliche" Anschauung），根本就是無法想像的。這尤其是參與其中的那些圈子本身的見解：他們的畢生事業在最好的情況下乃是某種在倫理生活上不相干的、被容忍著的東西，然而，畢竟由於經常會有與教會的「高利貸禁令」（Wucherverbot）相衝突的危險，對於至福而言已經是某種令人憂慮的東西了：正如種種史料所顯示的，當富有的人們死亡的時候，一些很大筆的金額會作為"良心錢"而流到各種教會性的機關去，在某些狀況下甚至還會作為「不當地由他們身上取走的利息（usura）」而歸還給先前的債務人。就連那些懷疑的與非教會性的天性，也往往會——因為，為了對付死後的狀態之種種的不

173

---

86 【譯注】Antoninus von Florenz（1389-1459）是道明會神學家、修道院院長、佛羅倫斯總主教。他固然也堅持教會的「高利貸禁令」，但已經認識到：金錢在與經濟上的勞動的關聯中，也有可能會是具有生產性的。

確定性而圖個保障，這樣做總歸是比較好一點的，並且因為：為了要獲得至福（至少根據那種流傳很廣的比較不堅定的見解），基本上「外在地服從教會的種種誡命」也就足夠了——透過這樣的種種「一次付清」（Pauschsummen）去一勞永逸地與教會妥協了事。[87] 恰恰在這一點上，那根據參與其中者**自己的**觀點附著在他們的作為上的「外於倫理生活的」以及部分「**違反倫理生活的**」東西，清楚地暴露了出來。而由這種頂多是在倫理生活上被容忍著的行事作風，是如何變成班傑明‧富蘭克林的意義下的某種 "職業" 的呢？我們在歷史上又應該如何說明：在當時那個世界的 "資本主義式的" 發展的中心、在 14 與 15 世紀的佛羅倫斯、這個所有政治上的大強權之貨幣——與資本市場上被當作是在倫理生活上有疑慮的東西，在 18 世紀賓夕法尼亞——在那裡，由於純然的貨幣短缺，經濟經常有委陷成實物交換（Naturaltausch）之虞，在較大的工商業的企業方面幾乎沒有任何跡象、而在銀行方面則只能看到一些史前式的開端——的種種土頭土腦的—小市民式的情況中，卻可以被當作是某種倫理生活上值得稱讚的、甚至必須要有的生活經營的內容？——想要在這裡談論「諸 "物質上的" 關係在 "觀念上的上層建築" 中的某種 "反映"」，[88] 實在是純粹的胡說。——因此，那種將某種就外在而言純粹著眼於**盈利**的活動安排到 "職業"（在面對它時，個別的人是會

174

175

87　在這種情況下，人們要如何勉強地接受「高利貸禁令」，（例如）佛羅倫斯毛織品商人公會（Arte di Calimala）的章程的第一卷第 65 章（我目前手頭上只有 Emiliani-Giudici 編撰的義大利文版 *Stor[ia] dei Com[uni] Ital[iani]*, III. Bd., S. 246）教導說：「執政官們必須保證：他們是向他們判斷最有可能原諒他們的那些教友招認的，並且：他們是以最適合於所收到的禮物、服務與報酬的方式為之的，藉由那根據習慣而為過去的一年強索所得的利息。」換言之，就是由行會為其成員而由正式途徑與通過招標的方式取得赦罪的一種方式。對於「資本盈利」之「外於倫理生活的性格」，接下來的一些指示，以及同樣的（例如）那條直接先行於此的誡命（63 章）：——去將所有的利息與利潤都登記為 "禮物" ——，都是極為別具特色的。相應於今日的股市對那些提出「差額抗議」（Differenzeinwand）的人而列出的那些黑名單的，往往是加到那些向宗教法庭訴請「免除高利貸禁令」（exceptio usurariae privitatis）之人的壞名聲。

88　【譯注】請參看本文 [152 f.]。

感到自己對之**負有義務**的）這個範疇之下的作法，是來源於哪一個思想圈子的呢？因為，這種思想就連在這裡，也正是那為 " 新風格的 " 企業主的生活經營提供倫理上的下層建築與支撐（den ethischen Unterbau und Halt）的想法。

人們始終都──宋巴特尤其如此地以極為出色且影響深遠的種種論述──將那「現代的經濟之基本動機」稱為 " 經濟上的理性主義 "。這種作法無疑是有道理的，如果人們將 " 經濟上的理性主義 " 理解為那種「勞動的生產率之擴大」的話：這種「勞動的生產率之擴大」，乃是透過對生產歷程的劃分，而在種種**科學性的**觀點下，將生產歷程之受限於人身之種種自然地給定了的 " 器質性的 " 限制（die natürlich gegebenen "organischen" Schranken）的約束給排除掉。這種在「技術與經濟」這個領域上的理性化歷程，也的確毫無疑問地決定了現代的市民社會之種種 " 生活理想 "（Lebensideale）的一個重要的部分：那種為人類的物質性的貨物供應（Güterversorgung）之某種**理性的**形塑（*rationale Gestaltung*）服務的勞動，無疑地總是也作為 " 資本主義的精神 " 的代表者們的「畢生事業」之各種指示著方向的目的之一，而在他們眼前浮現著。為了要清楚地掌握住這種極為理所當然的真理，人們只需要讀一下（例如）富蘭克林對於他為了費城的種種地區性的改進服務的那些努力的描述就可以了。而那種為為數甚多的人 " 提供了工作 "、一起參與創造了家鄉城市之經濟上的 " 繁榮 "（就這個語詞的那種取向於人民─與商業數目的意義而言，而資本主義如今也的確跟這種意義結合起來了）的喜悅與自豪，──所有這一切都理所當然地屬於現代的企業主階層（Unternehmertum）所特有的那種無疑具有 " 理想主義 " 意味的生活樂趣（"idealistisch" gemeinte Lebensfreude）。而同樣的，資本主義式的私有經濟的諸基本特性之一當然是：對比於農人的「掙得僅足餬口的生活」和行會手工業者之享有特權的因循慣例，資本主義式的私有經濟則是在「嚴格地算數上的計算」這個基礎上理性化了，──一如宋巴特所說的：" 精打細算地 "（rechenhaft）形塑出來的，──並且是有計畫且

176

冷靜地著眼於所要追求的經濟上的成功的。

　　因此，"資本主義的精神"的發展似乎可以以最簡單的方式，被理解為在「理性主義」的整個發展中的部分現象，並且必定可以由其對於種種最終的人生問題（letzte Lebensprobleme）之原則性的立場中導出來。而在這種情況下，基督新教之所以會在歷史上納入考察之中，完全是由於它乃是作為種種純理性主義式的人生觀之"前作物"（Vorfrucht）而扮演著一個角色之故。然而，一旦人們認真地做了該嘗試，卻將會顯示出：光是由於「理性主義的歷史**決未**顯示出某種在種種個別的生活領域上**平行地**進步著的發展」這一點，我們就可以知道：這麼簡單的一種提問，是行不通的。例如，私法的理性化——如果人們將它理解為法律題材（Rechtsstoff）之**概念上的**簡化與劃分的話——，乃是在古代較後期的羅馬法中達到其迄今為止最高的形式的，而它在某些在經濟上已經最理性化了的國家中、尤其是在英國——在那裡，當時羅馬法的復興就敗在一些大法律行會的權力的手上，而它在南歐的那些天主教區域中的支配則一直持續了下去——，卻是最落後的。那純粹此岸性的、理性的哲學，在 18 世紀裡，絕非唯有或者甚至只是主要地見諸那些在資本主義上已然高度發展了的國家裡。恰恰在那些羅馬語族的—天主教的國家裡，伏爾泰主義（Voltairianismus）今日仍然還是廣大的上層與——實際上更加重要的乃是：——中間階層的公共財（Gemeingut）。此外，如果人們將**實踐上的**"理性主義"理解為某種種類的生活經營，這種種類的生活經營將世界與**個別的**「我」之種種此岸性的利益關連起來，並由此出發去進行判斷，則這種生活風格（Lebensstil）過去是、並且直到今天都還是那種"自由意志"（liberum arbitrium）的諸民族之相當"典型的"獨特性，一如隱藏在義大利人與法國人的血與肉中一般；並且我們已經可以讓自己確信說：[89]這絕非培養「將人關連到他那作為任務的"職業"上的那種資本主義所需要的關係」的主要土壤。事實上，人是可以

177

89　【譯注】請參看本文 [153 f.]。

在極為不同的種種最終的觀點下並且就種種極為不同的方向將生活 " 理性化 " 的，" 理性主義 " 乃是一個歷史性的概念，它在自身中就包含著一個由種種對立組成的世界（eine Welt von Gegensätzen），而我們將恰恰必須要探究一下：那個 " 職業 " —思想以及那個——一如我們之前所看到的那樣，[90] 從純粹幸福主義式的種種自身利益的觀點出發看來如此非理性的——「對職業勞動的獻身」（Sichhingeben an die Berufsarbeit）由之產生出來的那個具體的形式的 " 理性的 " 思考與生活，是誰的精神的兒子：這種「對職業勞動的獻身」過去是、並且直到今天始終都還是我們的資本主義式的文化之最別具特色的種種組成部分之一。我們在這裡感到興趣的，恰恰是存在於此一以及任何一個 " 職業 " —概念中的那個非理性的元素的來歷（Herkunft）。

3. 路德的「職業」概念。研究的課題

　　而顯而易見的一點是：光是在 "Beruf" 這個德文語詞、乃至以或許 *178*
更加清楚的方式在英文的 "calling" 中，某種宗教性的想法 —— 那對某種由神所提出的任務的想法 —— 至少就已經一起響起了（mitklingt），並且我們越是著重在具體的事例中強調這個語詞，就將會越可以感受到。而如果我們現在在歷史上追蹤這個語詞，並且貫穿過種種文化語言（Kultursprachen），則首先會顯示出來的一點乃是：拉丁語—天主教的諸民族跟那古典的古代 [91] 一樣，都沒有任何具有類似色彩的語詞可以用

90　【譯注】請參看本文 [149 與 169 f.]。

91　在希臘文裡，基本上沒有任何一個在「倫理的色彩」上與該德文語詞相應的名稱。在那路德已經完全相應於我們今日的語言使用（見下文）*[1] 而在〈西拉書〉（XI, 20 u. 21 那裡翻譯為："bleibe in deinem Beruf"（留在你的職業上）的地方，《七十子聖經》有一次是：ἔργον，另一次則是：πόνος。在其他情況下，則在古代 τὰ προσήκοντα 都是在 " 義務 "（Pflichten）這個一般意義下被運用著的。在斯多葛派（Stoa）的語言裡，有時候 ἅματος（我的同事 Dieterich*[2] 先生讓我注意到了這個語詞）會在語言上無足輕重的出處，帶有類似的思想上的色彩。[179]——在拉丁文中，則人們將那我

們用 "Beruf" 加以翻譯的東西——一個人之分工上的持續性的活動：該活動（通常）對他而言同時也是收入來源且因而是持續性的經濟上的存在基礎——，除了那沒有色彩的 "opus" 之外，在帶有某種至少與該德文語詞之倫理上的內涵相關的色彩的情況下，不是透過 officium（來自 opificium，換言之，原先在倫理上是沒有色彩的，後來，尤其是在 Seneca, *de benef[iccis]* IV, 18 = Beruf），就是透過 munus——由古老的公民共同體之種種強制性義務（Frohnden）衍生出來的——，或者最後：透過 professio 而表達出來：最後這個語詞在此一意義中，同樣有可能是以別具特色的方式源於種種**公法上的義務**（*öffentlichrechtliche* Pflichten）、尤其是公民們的古老的**納稅申報**，後來特別用來指現代意義下的種種 " 自由的職業 "（liberale Berufe）（像：professio bene dicendi），並在這個比較窄的領域中採取了某種在每一個方面都跟我們的 "Beruf" 這個語詞很類似的整體意義（Gesamtbedeutung）（就連在這個語詞之偏向於內心世界面的意義也是如此；譬如說，當西塞羅說到某個人：non intelligit quid profiteatur 時，他的意思是說：" 他不知道自己真正的 Beruf"），——只不過：在此，這語詞當然是完全此岸地、毫無任何**宗教上**的色彩地被設想著的。這一點對於那個在皇帝時代用來指 " 手工業 " 的語詞 "ars" 而言，當然不太會有問題。——《**拉丁文通俗譯本**》（*Vulgata*）將前面〈西拉書〉的那些地方，一次是用 "opus"，另一次（v. 21）是用 "locus" 加以翻譯：[180] 後者在此一情況中，或許意味著 " 社會性的地位 "。——在羅馬語族的諸語言中，唯有西班牙語的那個在「對某物之內在的 "Beruf"」這個意義下（由神職上的職位衍生而來）的 "vocacion"，具有某種與該德文的語詞意義部分地相應的色彩，但 "vocacion" 這個語詞卻從未被使用為在外在的意義下的 "Beruf"。在各種羅馬語族的聖經翻譯中，西班牙文的 vocacion、義大利文的 vocazione 與 chiamamento，通常**僅僅**用來翻譯新約的 "κλῆσις"（透過福音而獲得永恆的拯救的召喚）、亦即《拉丁文通俗譯本》的 "vocatio" 時，才具有某種與我們馬上會加以探討的路德宗的與喀爾文宗的語言使用部分地相應的意義。例如說，那部來自 15 世紀、刊登於 *Collezione di opere inedite e rare*（Bologna, 1887）的義大利文聖經翻譯，除了現代的各種義大利文聖經翻譯所使用的 "vocazione" 之外，就是以這種方式運用著 "chiamamento" 的。相反地，在各種羅馬語族的語言裡，那些用來指「經常性的營利活動」的這種在**外在**的意義下的 "Beruf" 的語詞——一如我由辭書的材料以及我的那位可敬的朋友 Baist*[3]（Freiburg）教授的一個很友善的深入闡述所得知的那樣——，卻都不帶有任何宗教性的印記於自身身上，儘管這些語詞要嘛就像那些由 ministerium 或者 officium 衍生出來的語詞那樣，[181] 本來就始終是具有某種倫理上的色彩的，或者就像那些由 ars, professio 以及 implicare（impiego）衍生出來的語詞那樣，也從一開始就完全缺乏這種倫理色彩。開頭提到的那些〈西拉書〉中的地方（路德譯為 "Beruf" 之處），是如此被翻譯著的：法文 20 節：office，21 節：labeur（喀爾文宗的翻譯）；西班牙文 20 節：obra，21 節：lugar（根據《拉丁文通俗譯本》）；義大利文：較古老的一些翻譯：luogo（根據《拉丁文通俗譯本》），種種新的翻譯："posto"（基督新教式來表達那我們名之為 "Beruf"（在「終身職務」這個意義下限定了範圍的 工作領域）的東西，而在**所有**信仰基督新教的民族中則都有。而接著將 *179* 會顯示出來的一點則是：參與到這件事情裡來的，並非種種日耳曼語言 之某種在倫理上受到制約的獨特性（如：某種 "日耳曼式的民族精神"[92] *180* 的表現），而是：就其今日的意義而言的該語詞，乃是來自於種種聖經 *181* 翻譯、並且是來自翻譯者的精神、而非來自於原作的精神。[93] 似乎在路 德的聖經翻譯中，該語詞才首先在〈西拉書〉（Jesus Sirach）的一個地

的）。【譯注】*[1] 參見本文 [183] 註腳 94。*[2] 應該是指 Albrecht Dieterich（1866-1908）：德國古典語文學家、宗教學家，1903 年起在海德堡大學任教，也是 "Eranos" 圈子的發起人之一。*[3] 應該是指 Gottfried Baist（1853-1920）：德國羅馬語族語文學家、西班牙語文學家，1891-1918 任教於弗萊堡大學。

92 【譯注】根據 MWGI/9: 180 註解 8 的說法，韋伯在這裡想到的，很可能是德國歷史法學派的建立者法學家薩維尼（Friedrich Carl von Savigny, 1779-1861）的說法，這種說法將「民族精神」給「實體化」了，並認為：「民族精神」乃是一個民族之法律、語言與其他文化財的創造者。

93 相反地，《奧格斯堡信仰表白》（*Augsburger Konfession*）只是部分發展地與含蓄地包含著該概念。如果說第 XVI 條（見：die Ausg. v[on] Kolde, S. 43）* 教導著：「因為，福音…並不是要在世界上推翻政權（Regiment）、公安機關（Polizei）與婚姻，而是想要人們將這一切當作是神的秩序而加以維持，並在這樣的一些身分等級（Ständen）中，每一個人都各自**根據**其 *Beruf*，證明基督徒的愛與種種正當的與善的事功（rechte und gute Werke）」（拉丁文則只說：[182] »et in talibus ordinationibus exercere caritatem« eod., S. 42），那麼，那由此得出的結論便將顯示說：人們必須服從當權者，並且此處（至少**首先**）所想到的 "Beruf" 乃是作為〈哥林多前書〉7, 20 的 κλῆσις 的意義下的「**客觀的秩序**」而被設想著的。而第 XXVII 條（參見：Kolde, S. 83 下）則僅僅在談及那些由神所安排的身分等級的時候，才會談及 "Beruf"（拉丁文：in vocatione sua）：教士、掌權者、侯爵—與貴族身分等級等等，並且就連這一點在德文裡也僅見於《基督新教宗典全書》（*Konkordienbuch*；或直譯為《協和書》）版，而在德文的第一印刷版中，相關的句子卻付諸闕如。
唯有在第 XXVI 條（Kolde, S. 81）的下述用法中，即：…"清修苦行的目的並非想要藉此獲得恩典，而是要保持肉體的靈巧，使它不致妨礙一個人根據他的 Beruf（拉丁文是：juxta vocationem suam）而被命令必須完成的東西"中，該語詞在某種至少也包含著我們今日的概念的意義下被使用著。
【譯注】指 Theodor Kolde, *Die Augsburgische Konfession lateinisch und deutsch, kurz erläutert. Mit fünf Beilagen,* Gotha: Friedrich Abdreas Perthes 1896.

182 方（XI, 20 u. 21），完全在我們今日的意義下被運用著。[94] 後來，這個

---

94 在路德的種種聖經翻譯之前，一如種種辭書所表明以及我的同事 Braune 先生 *[1] 與 Hoops 先生 *[2] 很親切地跟我確認的："Beruf" 這個語詞（荷蘭文："beroep"，英文："calling"，丹麥文："kald"，瑞典文："kallelse"），從未在所有現在包含著它的語言的**任何一個語言中**，以其今日的這種**以世界的方式**所想到的意義（in seinem heutigen *weltlich* gemeinten Sinn）出現過。那些與 "Beruf" 發音相同的中古高地德語的、中古低地德語的與中古尼德蘭語的語詞，全都**意味著** "Ruf" 之今日的德文上的意義，**特別是**在中古晚期也包括了透過有權授與職務者要一個候選人去擔任某一**教會**的受俸神職的 "Berufung"（＝Vokation）——一種特例：這種特例就連在諸斯堪地那語的種種辭典中，也往往會被加以強調。[183] 路德有時候也會就此一較後面的意義使用著該語詞。然而，就算該語詞的這種特殊運用，後來的確也有利於其轉義（Umdeutung），現代的 "Beruf" 一概念之創造，在語言上也還是得溯源於諸聖經翻譯、並且是那些**基督新教的**聖經翻譯，而唯有在陶勒（Tauler，卒於 1361）*[3] 那裡，我們才看到了稍後將會提到的那些朝此發展的端點。
路德用 "Beruf" 翻譯二個一開始的時候完全不同的概念。一次是保羅的 "κλῆσις"，意思是：透過神而產生的追求永恆的拯救的召喚（Berufung zum ewigen Heil durch Gott）。屬於這種的包括：〈哥林多前書〉1:26；〈以弗所書〉1, 18; 4, 1.4；〈帖撒羅尼迦後書〉1, 11；〈希伯來書〉3, 1；〈彼得後書〉1, 10。在所有這些情況中所涉及的，乃是那種「透過神藉由那透過使徒所宣告的福音而遂行的召喚（Berufung）」之純粹宗教性的概念，並且 κλῆσις 這個概念跟今日的意義下的種種世界性的 "職業" 都毫不相干。路德之前的種種德文聖經，在這個情況下都是寫作："ruffunge"（海德堡大學圖書館的整個 15 世紀印刷術發明初期時代的古版書都是如此），也確乎不用 "von Gott geruffet"（被神所召喚），而是用："von Gott gefordert"（為神所要求）。——但在**第二次**，他卻將（一如稍早已經提到過的那樣）那在前面的註腳中重述過了的〈西拉書〉的那幾句話：——ἐν τῷ ἔργῳ σου παλαιώθητι 與 καὶ ἔμμενε τῷ πόνῳ σου——翻譯為：beharre in deinem *Beruf*«（堅持在你的職業上）與 bleibe in deinem *Beruf*（留在你的職業上），而非：bleibe bei deiner *Arbeit*（留在你的**工作**上），並且後來的種種（被批准的）天主教的聖經翻譯（例如 Fleischütz 的聖經翻譯 *[4]，Fulda 1781），在這裡（乃至在《新約》的許多地方）就都完全跟隨他了。就我所看到的而言，路德在這個〈西拉書〉地方的翻譯，乃是**第一個**事例：在這個事例中，"Beruf" 這個語詞完全就其今日的、**純世界性的**意義被使用著。[184] 正如前面所提及的，該語詞在這種意義下，之前並不存在於德意志語言中，就連——就我所看到的而言——在那些古老的聖經翻譯者或者佈道者的口中也不存在。路德之前的種種德語聖經，在那個〈西拉書〉地方都譯作 "Werk"（事功）。Berthold von Regensburg*[5] 在佈道的那些我們會說 "Beruf" 的地方，用的都是 "Arbeit"（工作）這個語詞。換言之，這裡的語言使用和古代的語言使用，是一樣的。我到目前為止所知道的第一個——固然並非將 "Beruf"、而是——將 "*Ruf*"（作為 κλῆσις

的翻譯）應用到純世界性的勞動上地方，見於陶勒關於〈以弗所書〉第 4 章（Basler Ausg. f[olio] 117 v）的那場優美的佈道：在談到那些要去"施糞肥"的農夫時說：「如果他們老實地遵守他們的 Ruf，那麼，比起那些不注重他們的 Ruf 的教會中人」，他們往往更加有利。但在這個意義下的這個語詞，卻並未滲透進世俗語言中。而儘管路德的語言使用固然在一開始的時候（參見：*Werke*, Erl[anger] Ausg. 51, S. 51）在 "Ruf" 與 "Beruf" 之間搖擺著，[185] 我們還是完全無法確定他曾受到陶勒直接的影響，雖說恰恰就在陶勒的此一佈道上，我們可以在（例如）"一個基督的人的自由"（Freiheit eines Christenmenschen）中，看到許多相似之處。因為，路德首先並未像陶勒前引文一樣，在那種純世界性的意義下運用該語詞（這一點反對 Denifle, *Luther*, S. 163）*[6]。

除了要人「信賴神」的一般提醒之外，在〈西拉書〉那裡的勸告，顯然與對"職業"——勞動之某種宗教上所特有的評價，沒有一丁點的關係，而 πόνος（辛勞）這個語詞則毋寧包含著這樣的一種關係的反面。〈西拉書〉所說的，基本上是和詩篇的作者的提醒相應的（〈詩篇〉37, 3）：留在老家，**正直地養活你自己**，正如那種跟那要人不要拿不信神者追求神的方式作為榜樣的提醒（20 節）合而觀之對照，亦將最清楚地表明出來的那樣。路德那裡的 Beruf 這個語詞的那二種似乎完全異質運用之間的橋樑，〈哥林多前書〉的一個地方及其翻譯將它架設了起來。

在路德那裡（在常見的各種現代版本中），這個地方處於其中的那整個脈絡是這麼說的：（〈哥林多前書〉7, v. 17）：「…每一個人，一如主所召喚他的那樣（wie ihn der Herr berufen hat），他亦將改變…。（18）如果一個人受到召喚時已割過了，他將不會生出任何包皮。如果一個人受到召喚時是留著包皮的，那包皮就不讓人給割了。（19）割禮不算什麼，而包皮也無關緊要；而是要持守神的誡命。（20）每一個人都留在他在其中受到召喚的那個召喚中（ἐν τῇ κλήσει ᾗ ἐκλήθη，——一如樞密顧問 A. Merx*[7] 告訴我的：某種毫無疑問的希伯來語言表達方式，——《拉丁文通俗譯本》：in qua vocatione vocatus est）。（21）如果你在受到召喚時是一個奴僕（Knecht），別擔心這一點；但如果你可以變成是自由的，那麼就請務必好好利用這個機會。（22）因為，誰要是一個奴僕而受到召喚，他將是一個被主解放的人（ein Gefreiter des Herrn）；同樣地，誰要是一個自由人而受到召喚，他將是一個基督的奴僕（ein Knecht Christi）。（23）你們都是被高價買下來的；不要變成了人的奴僕。（24）親愛的兄弟們，每一個人，無論他在哪裡之中受到召喚，他就在那裡之中留在神那裡。」於是乎 v. 29 接著提示說："時間不多了"，之後便接著那些著名的、[186] 受到種種末世論式的期待（v. 31）所引發的指示：去擁有妻子，好像人們沒有妻子似的，去購買，好像人們並未佔有那所購買的東西似的等等。在 v. 20 中，路德（承續著那些較古老的德文翻譯）1523 年還在他對這一章的註解中，用 "Ruf" 去翻譯 κλῆσις（Erl. Ausgabe, 51. Bd., S. 51），並在當時用 "*Stand*" 加以解釋。

事實上，很明顯的一點是：κλῆσις 這個語詞在這個——並且也只在這個——

地方，的確相當地、或者至少趨近地相應於那拉丁文的 "status" 與我們的 "Stand" (Ehestand, Stand des Knechtes 等等)。在希臘文獻中，就某種至少會讓人回想起這一點的意義而言的此一語詞——就詞根而言與 ἐκκλησία，"berufene Versammlung" (被召集的集會) 相關——，在辭書性的材料所及的範圍內，只有在 Dionysius von Halikarnaß 的一個地方出現過一次：在那個地方，這個語詞相應於拉丁文的 classis——一個希臘語的借詞 (Lehnwort) =die "einberufene", aufgebotene Bürgerabteilung ("被徵召的"、招募來的市民分隊)。Theophylaktos (11/12 世紀) 解釋〈哥林多前書〉7, 20 說：ἐν οἷῳ βίῳ καὶ ἐν οἷῳ τάγματι καὶ πολιτεύματι ὢν ἐπίστευσεν ([讓每一個人留在] 他成為一個信仰者時處於其中者：無論他當時處於什麼樣的生活中、有什麼樣的身分等級)——我的同事 **Deißmann***[8] 讓我注意到這個地方。[187]——無論如何，就連在我們的這個地方，κλῆσις 也跟我們今日的 "Beruf" 不相應。但是，由於在那受到末世論式的動機所引發的提醒：——每一個人都應該留在他現在的身分等級中——之下，路德已經用 "Beruf" 翻譯了 κλῆσις，因此，當他後來要翻譯各偽經 (Apokryphen) 時，也就在〈西拉書〉的那種由傳統主義式的並且是反賺錢術式的動機所引發的忠告：——但願每個人都留在他的活上——之下，光是由於這勸告之**實質的相似性** (*sachliche Ähnlichkeit*) 而也同樣用 "Beruf" 翻譯了 πόνος。在這段期間 (或者大約同時)，1530 年在《奧格斯堡信仰表白》裡，基督新教的那條關於「天主教式的那種對內在於世界的倫理生活 (innerweltliche Sittlichkeit) 的超越是沒有用的」的教義，被確定下來了，並且在這樣做的時候使用了 "每個人都根據他的職業" (einem jeglichen nach seinem Beruf) 的說法 (參見前面的註腳)*[9]。這一點以及那種恰恰在 30 年代一開始的時候大幅提升的對於個別的人被置入其中的那個秩序之**神聖性**的重視——這種重視一方面是他對「神就連對生活的種種細節也都做了極為特殊的安排」的信仰愈來愈清晰地精確化所產生的一個結果，但同時也是他的一種不斷增長的傾向：傾向於將種種世界性的秩序 (weltliche Ordnungen) 當作是「不容變更地為神所想要的」而加以接受——，就在這裡顯露於路德的翻譯中。因為，他現在固然是用 "Beruf" 翻譯〈西拉書〉那裡的 πόνος 與 ἔργον，但在幾年前，他在〈所羅門的箴言〉22, 29 中，還將希伯來語的מלאכה——這個語詞無疑是〈西拉書〉的希臘文文本的 "πόνος" 與 "ἔργον" 這二個語詞的基礎，並且是由詞幹 לאך = senden, schicken (寄送、派遣)、亦即由 "Sendung" 這個概念衍生出來的，並且 (完全跟德文的 Beruf 以及那北歐的語詞 kald, kallese 一樣) 尤其是由神職性的 "Beruf" 出發——用 "Geschäft" (**生意**) 加以翻譯 (《七十子聖經》：ἔργον，《拉丁文通俗譯本》：opus，英文《聖經》：business，[188] 種種北歐的以及所有其他的翻譯也都相應著)。當然，就מלאכה而言，它在思想上與其詞幹概念的關連——一如樞密顧問 Merk 先生教我的——，早在古代就已經完全消失了，正如同對於我們的 "Beruf" 而言，在 "Berufsstatistik" (職業統計) 這個語詞中的情況一樣。

接著，"Beruf" 這個概念在 16 世紀就已經在教會外的文獻裡，以今日的意義入籍了。路德之前的聖經翻譯者們，就已經用 "Berufung" 翻譯 κλῆσις 了 (例如：在海德堡的 1462/66, 1485 等古印刷版聖經中就是這樣），埃克 1537 年的 Ingolstadt 版翻譯（die Ecksche Ingolstädter Übersetzung）*[9] 說："in dem Ruf, worin er beruft ist"（在那他在其中受到召喚的召喚中）。後來的種種天主教的翻譯，則大多直接跟隨著路德。在英國，威克利夫的聖經翻譯（1382）在這裡用的是 "cleping" [189]（這是一個古英文語詞，後來被借詞 "calling" 所取代），丁道爾（Tyndale）1534 年的聖經翻譯則以世界性的方式（weltlich）翻轉了該思想："in the same *state* wherein he was called"，1557 年的日內瓦聖經翻譯也同樣是如此。1539 年官方的 **Cranmer***[11] 翻譯用 "calling" 取代了 "state"，而 1582 年（天主教的）杜埃聖經（Rheimser Bibel）*[12]，乃至伊利莎白時代的種種宮廷式安立甘宗的聖經，都再度根據《拉丁文通俗譯本》而以別具特色的方式回歸到 "vocation"。「Cranmer 的聖經翻譯，乃是就 Beruf = trade 這個意義而言的 "calling" 這個基督新教式的概念的源頭」這一點，Murray*[13] 早就已經在 "calling" 這個詞條下，中肯地認識到了。[190] 在 16 世紀中葉，"calling" 已經在該意義下被使用著了：人們在 1588 年已經在談論著 "unlawful callings"，在 1603 年已經在"較高的"職業（"höhere" Berufe）的意義下談論著種種的 "greater callings" 等等（參見 Murray 同前揭書）。

【譯注】*[1] 指 Wilhelm Braune（1850-1926），德國日耳曼學的中世紀研究者，1888 年起為海德堡大學教授。*[2] 指 Johannes Hoops（1865-1949），德國的英國語言語文學研究者，1896 年起在海德堡大學擔任編外教授，1902 年起為教授。*[3]Johannes Tauler（1300-1361）：德國道明會神學家、神秘主義者、佈道者。*[4] 指 Joseph Fleischütz（1735-1785）編輯並於 1778-1781 出版的六冊天主教德文《聖經》。*[5] Berthold von Regensburg（1210-1272）是中世紀最著名的佈道者之一。*[6] 指 Heinrich Denifle（1844-1905），教會史家、道明會教士。這裡所說的 Luther 一書，指的是 Luther und Luthertum in der ersten Entwickelung; quellenmässig dargestellt, 1. Bd., Mainz: Franz Kirchheim 1904。根據 MWGI/9: 185 註解 37 的說法，Denifle 在這本書中引用了上文所說的陶勒的佈道，認為路德的 Beruf 概念不過接受了教會一般的「思想財」而已。*[7] 指 Adalbert Merx（1838-1909）：基督教神學家、東方學學者、聖經語文學家，自 1875 年起在海德堡擔任「舊約」教授。*[8] 指 Adolf Deissmann（1866-1937）：自 1897 年起在海德堡大學擔任「新約」教授，也是 "Eranos" 圈子的共同發起人之一。*[9] 指本文 [181] 的註腳。*[10] 指 Johannes Eck（1486-1543）：天主教神學家，路德的對手，1519 年在萊比錫與路德和一般稱為 Karlstadt 的 Andreas Bodenstein（1486-1541）舉行論辯（史稱「萊比錫辯論」），捍衛"舊教會"的立場。*[11] 指 homas Cranmer (1489–1556)：英國坎特伯雷大主教、宗教改革者。*[12] 這裡的 Rheimser Bibel，指的是英文的 Douay–Rheims Bible，一般簡稱 D-B 或 DRB。這部聖經是由法國杜埃大學附屬神學院「英語學院」（English College）的同仁，為了天主教會而由《拉丁文通俗譯本》譯成英文的；其中《新約》部分於 1582 年在法國的 Reims 出版，《舊約》部分則於 1609 與 1610 年分二冊在杜埃大學出版，因此中文一般譯成《杜埃聖經》。韋伯在這裡顯然因為著重的是《新

183 語詞很快地就在所有基督新教的民族的世俗語言中，染上了其今日的意
184 義，而在此之前，在世俗的文獻中，則我們看不到這些民族中的任何一
185 個民族，有朝向這樣的一種種類的語詞意義（Wortsinn）發展的任何端
187 點，並且就算在佈道文獻裡，就我們所可以看到的而言，也只有見諸於
186 德意志的那些神秘主義者中的一個[95]那裡，而這些神秘主義者對路德的
影響乃是眾所周知的。

188 　　而就像該語詞意義（Wortbedeutung）那樣，同樣的——這一點整
體而言應該是眾所周知的——，該思想也是新的，並且是宗教改革的產
189 物。並非好像說：發展出存在於此一「職業」概念中的那種對於世界性
的日常勞動的推崇（Schätzung）的某些端點，並非早就已經在中世紀中
存在著了——關於這一點，我們稍後還會談到——，但無論如何，首
先有一個東西乃是絕對地新的，那就是：對「內在於世界的職業之義務
履行」的推崇——將它推崇為那「倫理生活上的自我實現」一般（die
sittliche Selbstbetätigung *überhaupt*）所可能採取的最高的內容。這乃是
那種認為「世界性的日常勞動具有宗教上的意義」的想法無可避免地一
定會引起的東西，並且生產出了該「職業概念」（Berufsbegriff）。換
言之，在 "Beruf" 這個概念裡，所有基督新教的宗派的一個核心教義獲
得了表達：此一教義摒棄了天主教的那種將基督宗教的種種「倫理生活
的誡命」（christliche Sittlichkeitsgebote）區分成 "praecepta"（規定）與
"consilia"（勸告）的做法，並且，作為「為神所喜地活著」之唯一的手
190 段所認識到的，並非某種透過僧侶式的禁欲而對「內在於世界的倫理生
活」（innerweltliche Sittlichkeit）之超過（Überbietung），而是完全只知
道要去履行種種內在於世界的義務——就像它們由個別的人的終身職務
裡產生出來、從而使得該終身職務變成了他的 "Beruf" 那樣。

約》，因而稱之為 "Rheimser Bibel"。*[13] 指 James Murray（1837-1915）：
英國語文學家，1879 年開始編撰 *Oxford English Dictionary*。
95　【譯注】指的就是陶勒。

在路德那裡，[96] 此一思想是在他的宗教改革活動的第一個十年的進程中，發展出來的。剛開始的時候，對他而言，完全按照當時佔優勢的中世紀的傳統（一如該傳統之為例如 Thomas von Aquin 所代表的那樣）[97]，世界性的勞動——雖然是神所想要的——乃是屬於「受造物」

191

96　以下的論述請參較 **K. Eger** 那裡（*Die Anschauung Luthers vom Beruf,* Gießen 1900）的那富有教益的陳述：——此一陳述之或許唯一的漏洞，存在於在他那裡（一如在幾乎所有其他神學性的作家那裡）還不夠清晰的對 "lex naturae"（自然法）概念的分析（這方面請參考 E. Troeltsch 對 Seeberg 的 *Dogmengeschichte**[1] 的　評　論，*Gött[ingische] Gel[ehrte] Anz[eigen]* 1902）*[2]。【譯注】*[1] 這裡的 Seeberg 指的是德國路德宗神學家 Reinhold Seeberg（1859-1935），他的 *Lehrbuch der Dogmengeschichte* 於 1895 年出版上半部（探討教義在後使徒時代與舊天主教時代種種開端），1899 年出版下半部（探討中世紀與近代的教義史），後來（1920）分成四冊出版。特洛爾區評論的是 1899 年出版的下半部。*[2] 根據 MWGI/9: 864（韋伯引用文獻目錄），特洛爾區的評論應該是發表於 1901 年的。而根據 MWGI/9: 190 註解 65 的說法，韋伯贊同特洛爾區的評論，也認為："lex naturae" 這個概念固然是源自斯多葛—折衷派的通俗哲學的，但卻必須跟「基督宗教的律法」關連起來才行。也因此他認為應該用 Eger 不夠重視的 "lex naturae" 概念，去補充他自己對「職業」概念在路德那裡的發展的展示。

97　因為，當多瑪斯（Thomas von Aquin, 1225-1274）將人的身分等級上與職業上的安排，說成是神的**天意之事功**（Werk der göttlichen *Vorsehung*）時，那麼，這時候他所想到的，乃是「社會」這個客觀的**宇宙**。但**個別的**人之所以會致力於某一特定的、具體的 "Beruf"（一如我們所會說的，多瑪斯說的是：ministerium 或者 officium），則其理由在於 "causae naturales"（自然的原因）。*Quaest[ions] quodlibetal[es]* VII art. 17c: [191] »Haec autem diversificatio hominum in diversis officiis contingit primo ex divina providentia, quae ita hominum *status distribuit*, ... secundo etiam *ex causis naturalibus*, ex quibus *contingit*, quod in diversis hominibus sunt diversae *inclinationes ad diversa officia...* «（這種將人劃入各種職業中的劃分，首先是源自於神的天意：人所擁有的 *status* 就根據天意而被**分配**著。其次，這種分配乃**源自於種種自然的原因**，因為，**朝向各種職務的不同的性向**，存在於**不同的人**身上）。那與基督新教的（也與一般而言尤其在對「天意注定」的強調上密切相關的、後來的路德宗的）「職業概念」的對立，是如此清楚地顯露了出來，以致於我們暫時指出這段引文也就夠了，因為，我們稍後還可以再回過頭來，對天主教式的觀點（Anschauungsweise）加以評價。*關於多瑪斯請參考：**Maurenbrecher**, *Th[omas] v[on] Aquinos Stellung zum Wirtschaftsleben seiner Zeit,* 1898。至於除此之外，在許多細節上路德與多瑪斯顯得一致之處，則影響到路德的，與其說特別是多瑪斯，不如說確乎較多地是經院哲學的一般學說。因為，根據 Denifle 的種種證明，路德似乎事實上只對多瑪斯有不太足夠

的，它是信仰生活之不可或缺的**自然基礎**，[98] 在倫理生活上就其本身
而言就像是吃與喝那樣無關緊要。然而，隨著 "唯有一信仰" 一思想
（"sola-fide" -Gedanke）[99] 在其種種結果上之更加清楚的貫徹，以及隨著
那由此而產生的、越來越清晰地強調的反對「僧侶修道生活的那些 " 由
魔鬼口授的 "、天主教式的 " 福音上的勸告 "」[100] 的對立，Beruf 的意義

192

的認識。（參見：**Denifle**, *Luther und Luthertum,* 1903, S. 501；此外另請參看：
Köhler, *Ein Wort zu Denifles Luther,* 1904, S. 25 f.）。【譯注】參見本文 [379-
381]。

98　在〈論一個基督的人的自由〉（Von der Freiheit eines Christenmenschen）一文
　　裡，首先是 1. 人的 " 兩種本性 " 被運用來建構在「自然法」（此處 = 世界之
　　自然的秩序）意義下的種種「內在於世界的義務」：[192] 這「建構」乃是產
　　生於下述事實的，亦即：（Erl[anger] Ausg. 27, S. 188）人事實上受制於他的
　　肉體以及社會性的共同體。*—— 2. 在這種情境下，**如果他是一個篤信的基
　　督徒的話**，他將會（S. 196）——這是與此相聯繫的一項**第二個**證成，——做
　　出如下決定：透過鄰人愛去報答神出於純粹的愛所做出的恩典決定。與這種
　　" 信仰 " 和 " 愛 " 之極為鬆散的連結相交會的，乃是 3.（S. 190）那種古老的
　　禁欲式的證成：將勞動當作是賦予「" 內在的 " 人」[193] 以「對肉體的支配
　　權」的一個手段。—— 4. 因此，勞動（das Arbeiten）乃是——於是乎在與此
　　相聯繫起來的情況下繼續說下去，而在此 " 自然法 "（在此 = 自然的倫理生
　　活）的思想又再度以另一種說法出現了——始終都是某種**亞當**（墮落前）老
　　早就已經有了、由神根植在他身上的驅力：他 " 純粹為了使神稱心滿意 " 而
　　跟隨著該驅力。最後，—— 5.（S. 161, 199）在承接〈馬太福音〉7, 18 f. 的情
　　況下出現了一種思想，這種思想認為：在職業上的幹練的勞動，乃是、並且
　　必定是受到信仰所影響的新的生命的結果——但由此卻似乎並未發展出喀爾
　　文宗式的 " 證明 "（Bewährung）思想。——承載著這份著作的那強而有力的
　　心情，說明了對許多異質性的概念上的元素之使用。【譯注】路德於 1520 年
　　發表的〈論一個基督的人的自由〉這篇文章，是其宗教改革的核心著作之一。
　　根據 MWGI/9: 192 註解 71 的說法，路德認為：「基督的人」有二種本性：精
　　神上的與肉體上的本性。整部著作也相應於這二種本性而分成二大部分：第
　　一個部分論「內心世界的、由於信仰而變成了自由的人」：一個「基督的人」
　　是一個支配所有事物之自由的主人，並且不是任何人的臣民；第二個部分論
　　「表面上的人」、亦即在這個世界中生活著、從而也就是在種種社會性的關
　　連中生活著並獲得了證成的人：一個「基督的人」乃是一個願意為所有的事
　　物服務的人，並且是每一個人的奴僕。韋伯以下所說的，乃是路德在第二個
　　部分的思想，但以自己的方式加以系統化。

99　【譯注】"sola fide" 一般譯為：因信稱義。

100　【譯注】根據 MWGI/9: 192 註解 70 的說法，路德認為：作為「完美的身分等
　　級」之「僧侶」與「信徒」的區分、乃至此一區分的基礎：「福音上的勸告」

也跟著上昇了。如今，僧侶式的生活經營不僅對於「在神面前之證成」[101]
（Rechtfertigung vor Gott）而言理所當然地是完全沒有價值的，而是： *193*
對他而言，這種生活經營甚至是某種自私自利的、逃避種種世界義務
（Weltpflichten）的**冷酷無情**（*Lieblosigkeit*）的產物。與此相對照，世界
性的職業勞動倒顯得似乎是鄰人愛之外在的表現，並且這一點將會以某
種無論如何極為世界疏離的（weltfremd）方式、並且在某種與亞當·斯
密的那些著名的命題 [102] 近乎荒誕的對立中，透過指出以下這一點而被加
以奠立，亦即：分工強迫著每一個個別的人去為**其他**人而勞動。然而，
一如人們所看到的那樣，這種本質上經院主義式的奠立，很快就再度消
失了，而始終維持著並越來越受到強調的則是：無論在什麼情況下， *194*
對於內在於世界的種種義務的履行，都是讓神稱心滿意的**唯一途徑**；該
「履行」、並且**唯有它**，才是神的意志；並且：因此，每一種被允許的
職業，在神面前都是完全同樣重要的。[103]

與「規定」的區分（見本文 [189]），都是沒有任何《聖經》上的基礎的。
福音一視同仁地勸誡所有受過洗的人遵守神的誡命。他甚至認為，所謂「完
美」、「勸告」都是撒旦引誘人成為僧侶身分等級的飾詞。

101 【譯注】"Rechtfertigung" 這個語詞，在神學上一般都譯「稱義」，但在本
書裡則依哲學用語慣例譯為「證成」。"Rechtfertigung" 在基督宗教的神學
裡，乃是「恩典學說」的一個核心概念，拉丁文是 *iustificatio*。「證成學說」
問的問題是：那由於人的種種罪而造成負擔的「人與神的關係」，要怎樣才
能回復正當秩序（稱義）？"sola fide"（唯有透過信仰）就是對這個問題的一
種回答。

102 「我們並非由肉舖師傅、麵包師傅或者農人的善意，期待我們的午餐的，而
是由他們對他們自己的好處的考慮，我們求助的並非他們的鄰人愛，而是他
們的自私，並且絕不要跟他們談我們的種種需要，而是總是只跟他們談他們
的好處。」（*W[ealth] of N[ation]* I, 2）。*【譯注】根據 MWGI/9: 194 註解
78 的說法，韋伯引用的亞當·斯密的《國富論》（*An Inquiry into the Nature
and Causes of the Wealth of Nations*）參考了 *Wilhelm Loewenthal* 的翻譯（*Natur
und Ursachen des Volkswohlstandes,* 1. Bd., Berlin: Erwin Staube, 1879），但略
有改動，如：以 "Nächstenliebe"（鄰人愛）取代了 "Menschenliebe"（人的愛；
英文則是 "humanity"）。

103 Omnia enim per te operabitur (Deus), mulgebit per te vaccam et servilissima
quaeque opera faciet, ac maxima pariter et minima ipsi grata erunt.（透過你，
神將犧牲一切。祂將會，透過你，擠一頭牛的奶，祂同樣會，透過所有的

195　　「世界性的職業生活的這種在倫理生活上的獲得資格，乃是宗教改革、並且尤其是路德的種種影響最為深遠的成就之一」這一點，事實上是無可置疑的，並且簡直可以說就是老生常談。然而，我們應該在細節

196　上如何去設想該成就之**實踐上的**意義，這一點一般而言卻似乎大多只是

人，執行最卑屈的工作。此外，最大的和最小的差事，都將變成受歡迎的差事。）（*Exegese der Genesis, Op[era] lat[ina] exeg[etica]*, ed. Elsperger, VIII, 12）。*[1] 此一思想在路德之前見於陶勒：就「價值」而言，他原則上將教會性的與世界性的 "Ruf" 置於同等地位。與多瑪斯主義的對立，乃是德國的神秘主義與路德共通的地方。在種種表述中，此一對立就表現於以下這一點中：多瑪斯——尤其是為了要能夠堅持住冥想之倫理生活上的價值（den sittlichen Wert der Kontemplation），但也從托缽僧侶的觀點出發看來 *[2]——覺得自己被迫，[195] 不得不將保羅的那句話："誰不勞動，就不應該吃" 如此地加以詮釋，說是：那根據自然法不可或缺的勞動，乃是要讓作為「類」（*Gattung*）的人、而不是所有個別的人來承擔的。在對勞動進行評價時的那種「分級」（從農人的那些 "opera servilia" *[3] 往上升），乃是跟那出於種種物質上的理由而不得不住在**城市**裡的托缽僧侶階層所特有的性格相關聯著的東西，*[4] 並且 [196] 無論是對於那些在對各種職業進行**相同的**評估時強調「**身分等級上的劃分**」乃是「神所要的」的德國的神秘主義者，還是對於農人之子的路德而言，*[4] 都是同樣遙遠的。——關於多瑪斯的那些具有決定性的地方，請參見：Maurenbrecher, *Th. v. Aquinos Stellung zum Wirtschaftsleben seiner Zeit*, Leipzig 1898, S. 65 f.。【譯注】*[1] 請參考：Luther, 1831。[2] 根據 MWGI/9: 194 註解 81 的說法，多瑪斯所屬的道明會，乃是一個托缽修會（Bettelorden）。道明會修士基於某種強化了的「清貧誓言」，放棄了個人性的與共同體性的財產與種種固定的收入，並（至少在開始時）依賴種種施捨與贈與維生。然而，「無財產」這目標從未徹底地被加以貫徹，並在 1452 年教宗馬丁五世（Martin V）宣布廢除「財富獲得禁令」（Gütererwerbsverbot）時，依法作廢。連帶地，自「本篤會規」（Benediktsregel）以來，西方僧侶所負有的「體力勞動」的義務，也被放棄了。*[3] opera servilia 是拉丁文，在古代世界中、尤其在亞里斯多德那裡，用來表示「奴隸們的體力勞動」，與自由人（公民）的「精神勞動」相對立。*[4] 根據 MWGI/9: 195 註解 83 的說法，多瑪斯援用亞理斯多德的說法，認為：「精神勞動」乃是「自由的技藝」，較「體力勞動」為高貴。此外，多瑪斯也認為：「城市」乃是最完美的共同體，因為城市可以最佳地確保需要的滿足。也因此，不同於「鄉村生活」，「城市生活」乃是「自然的生活」（das natürliche Leben）。*[3] 路德喜歡強調自己是「農夫兒子」，說他的父親、祖父與男祖先都是「真正的農夫」。事實上，他的家鄉雖在農村（在今日的 Thüringen），但他的父親並非有繼承權的農人，並在他出生不久後就遷居 Mansfeld，在銅礦場工作，後來甚至成為冶金師傅（Hüttenmeister）。

隱約地感覺到，而非清楚地認識了。

首先，有一點幾乎已經不再需要加以申明了，那就是：我們實在不能說，路德在內心世界裡跟"資本主義的精神"——就我們到目前為止與這個語詞連結了起來的那個意義而言，——有什麼親近性。光是那些通常最熱切地讚揚宗教改革的那種"作為"（Tat）的教會圈子，今日大體而言就已經絕非任何意義下的「資本主義」的朋友了。但路德本人更毫無疑問地將會拒斥與那種在富蘭克林那裡顯露了出來的心志[104]有任何的親和性。人們在這裡固然不可以將他對福格家族（die Fugger）[105]之類的那些大商人的種種埋怨拉進來作為徵兆（Symptom）。因為，那在 16 與 17 世紀針對某些個別的大貿易商號之法律上或者事實上**特權化了**的地位的鬥爭，可以最容易地被拿來與現代的那種反托拉斯的運動[106]相比較，並且也跟這後者一樣，並非就其本身而言就已經是傳統主義式的心志的表現了。就連克倫威爾（Cromwell）也在頓巴戰役（Schlacht von Dunbar）[107]之後（1650 年 9 月）寫信給「長期國會」說：「請消除所有

197

---

104 【譯注】參見本文 [142-145]。

105 關於福格家族，路德認為：「如果在一個人的一生裡，竟然有這麼龐大且帝王般的財富被累積了起來」，則有可能事情「並非正當且神聖地進行」的。* 這基本上乃是農人對資本的不信任。同樣的，對他而言（Gr[oßer] Sermon v[om] Wucher, Erl[anger] Ausg. 20, S. 109），「定期金買賣」（Rentenkauf）也是在倫理生活上有疑慮的，因為它「是一種新的、靈巧的被發明出來的事物」，——換言之，因為對他而言，它在經濟上是**看不透的**，有點像諸如期貨交易之於現代的神職人員。【譯注】根據 MWGI/9: 196 註解 88 的說法，這段話引自路德於 1520 年發表的〈致德意志基督教貴族的公開信〉。奧格斯堡商人家族福格，與教宗、教廷、哈布斯堡家族從事金融生意，並在「贖罪卷買賣」上賺了不少錢。"Rentenkauf" 是在歷史上常見的債權人與債務人之間的某種約定：不同於定期定額的「分期付款」，在此債權人有權由債務人的不動產（土地或房子）的支付（租金）中，至少每年得到某一一次支付的較大的給付的回報。

106 【譯注】應該是指自 1873 年起在美國發生的「反托拉斯運動」：希望禁止壟斷與種種競爭限制。此一運動的目標，1890 年透過 Sherman Act 而獲得實現。

107 【譯注】頓巴戰役發生於 1650 年 9 月 3 日；英格蘭軍隊在克倫威爾的領導下，戰勝了蘇格蘭的軍隊。翌日，克倫威爾就寫信給英格蘭國會的發言人威廉·倫索爾（William Lenthal, 1591-1662），報告這場戰役的情況。

職業的種種濫用，而如果有一種職業會讓許多人變窮，以便去讓少數人變得富有：這對一個共同體不利」，——但我們在另一方面卻也將會發現：他身上充滿著極為特有的 "資本主義式的" 思維方式。[108] 事實上，在路德反對高利貸與收取利息一般之為數甚多的表達中，他那種相對於晚期經院哲學直接地（從資本主義式的觀點看來）"落後的" 關於「資本主義式的行業的本質」的想像方式（Vorstellungsweise），就更加明確地顯露出來了。[109] 當然，尤其是那例如在佛羅倫斯的安東尼（Antonin

198

199

---

108 這裡對這一點所理解的，我們可以暫時就一個例子來加以說明：克倫威爾在 1650 年 1 月宣告對愛爾蘭人發動毀滅戰爭時所公布的對愛爾蘭人的聲明，並且這份聲明呈現了對愛爾蘭的 Clonmacnoise 的（天主教的）教士於 1649 年 12 月 4 日與 13 日所公布的聲明的反駁。[198] 核心命題是這麼說的：「英國人擁有許多很好的遺產（亦即：在愛爾蘭），這些都是許多英國人用他們的錢購置的…他們長久以來就從愛爾蘭人那裡擁有了種種良好的租地契約，**在其上有龐大的各種積蓄，自己花錢自費建造各個房屋與農場**…你們破壞了聯合 *[1] …正當愛爾蘭處於完全和平的時候，並且正當透過英國的工業的榜樣、透過商業與交往，使得本國人的手中所擁有的，比設若所有愛爾蘭始終都為他們所佔有，都對他們而言更好的時候…**神會跟你們在一起、神會想要跟你們在一起嗎？我確信，祂將不會跟你們在一起。**」這份讓人想起波爾戰爭（Burenkrieg）*[2] 期間英國的社論的聲明之所以別具特色，並不是因為：在此英國人的資本主義式的 "利益" 被當作戰爭的訴因（Rechtsgrund）而提了出來，——這也同樣很可能會在一個諸如威尼斯與熱內亞之間關於他們在東方的「勢力範圍」的範圍的談判中，被拿來當作論證加以使用。*[3] 而是：這段文字所特有的東西在於以下這一點：克倫威爾——一如每一個知道他的性格的人都知道的：[198] 懷有最深的主觀上的確信（Überzeugtheit）——甚至在面對愛爾蘭人而籲請著神的情況下，將奴役他們的**倫理生活上的證成**，建立在下述狀況上，亦即：英國的資本教育了愛爾蘭人走向勞動。——（該聲明除了在卡萊爾那裡之外，也以摘要的形式在 Gardiner 的 *Hist[ory] of the Commonw[ealth]* I, S. 163 f. 中被刊登並做了分析，而德文翻譯也可以在 Hönig 的 *Cromwell* 中找到。）【譯注】*[1] 根據 MWGI/9: 198 註解 1 的說法，克倫威爾在此指的，可能是愛爾蘭在 1641 年 10 月爆發的反對英格蘭統治的叛亂。在這之前的幾十年，不斷有英格蘭與蘇格蘭的墾殖者，從信仰天主教的愛爾蘭人手中剝奪許多最好的地產，愛爾蘭人害怕會有進一步的侵犯，因而公開叛亂。*[2] 指第二次波爾戰爭（或稱「南非戰爭」）。這是一場發生於 1899 年底到 1902 年 5 月之間的一場戰爭，英國對「波爾共和國」（Burenrepublik）與「南非共和國」發動戰爭，導致戰爭爆發的因素，則是黃金與鑽石存量。*[3] 威尼斯與熱內亞這二個海上強權，自 13 世紀末以來，即因東方貿易而互相競爭，想要取得在東地中海的霸權地位。

109 這裡還不是更進一步論述這一點的地方。請參考下面第二個註腳中所引用的

von Florenz）那裡就已經被克服掉了的關於「金錢之無生產力」[110] 的論證，也屬於此一行列。但我們在這裡畢竟根本就不需要深入到細節中去，——因為，尤其是：在**宗教性的**意義下的那種 " **職業** " 的思想，就其對於內在於世界的生活經營之種種結果而言，是可以有各種不同的型態的。那路德相信自己由之取得「職業」思想的《聖經》的權威，大體而言乃是比較有利於某種**傳統主義式的**說法的。尤其是舊約——它只在一些個別的、禁欲式的端點上，才有對「內在於世界的倫理生活」的某種**超過**（*Überbietung der innerweltlichen Sittlichkeit*）——更以嚴格傳統主義的方式，形塑出了某種類似的宗教性的思想：每一個人都留在他的 " 生計 "（Nahrung）上，而讓不信神的人去追求盈利：這就是所有直接述及世界性的勞作（Hantierung）的地方的意義。在這一點上，只有塔木德（der Talmud）才**部分地**——但也並不徹底地——另闢蹊徑。**耶穌**個人的態度，用 " 我們日常的麵包，今日給予我們 " 這句話，以經典的純度（in klassischer Reinheit）表明了出來，而那種——一如他在 "μαμωνᾶς τῆς ἀδικίας"（不義的錢財）這語詞中所表現出來的——徹底的「拒斥世界」的氣質（der Einschlag von radikaler Welt-Ablehnung），排除了將現代的「職業思想」直接地連結到他個人身上的任何可能性。[111] 那在新約中所記載的基督宗教的 " 使徒的 " 時代，特別也包括保羅，在面對世界性的職業生活時，由於種種充滿在最初幾代的基督徒們身上的末世論式的期待之故，要不是漠不關心，就是同樣基本上還是傳統主義式的：由於一切都期待著「主的降臨」，因此每個人都可以一如迄今為止的那樣，留在身分等級中、留在世界性的勞作——主的 " 召喚 "（Ruf）就是在這勞作中找上他的——中並勞動著：如此他就不會作為窮人而造成弟

200

那個作家。【譯注】指的是本文 [201] 註腳 112。

110　【譯注】教會的「利息禁令」，自 13 世紀以來，就是用「金錢之無生產力」加以奠立的。路德的說法也是如此。

111　參見 **Jülicher** 的那本關於 "Gleichnisreden Jesu" 的出色的書，II. Bd., S. 6.36, S. 108 f. 【譯注】指 Adolf Jülicher (1857–1938) 的 *Die Gleichnisreden Jesu*，共二冊，分別出版於 1886 與 1899。

兄們的負擔，而這畢竟也只不過是一段短暫的片刻而已。路德是透過他
201 各該當時的整體心情（Gesamtstimmung）的眼鏡讀聖經的，而這整體心
情在他介於約 1518 與約 1530 之間的發展的進程中，不僅始終都是傳統
主義式的，而是：**變成了越來越傳統主義式的**。[112]

在路德進行宗教改革活動的最初幾年裡，由於對「職業」之
本質上受造物式的評估之故，在關於「內在於世界的活動」的**種類**
方面，在他那裡佔優勢的，乃是某種與保羅的末世論式的**漠不關心**
（*Indifferenz*）——一如它在〈哥林多前書〉第七章中所表現出來的那
202 樣[113]——相應的觀點：人們在每一個身分等級上都可以變成是至福的，

---

112 以下所說的，請再度比較尤其是在 **Eger** a. a. O. 那裡的陳述。*[1] 就連在這
裡，我們也已經可以參閱 **Schneckenburger** 的那部今日尚未過時的出色著作
（*Vergleichende Darstellung des lutherischen und reformierten Lehrbegriffes,* hg. v.
Güder, Stuttgart 1855）。（我手頭上唯一擁有的 **Luthardt** 的 *Ethik Luthers* 的
第一版頁 84，對於該 **發展** 並無任何的陳述。）此外還請參看：**Seeberg**
的 *Dogmengeschichte*, II. Bd.，頁 262 下面。 ——*Realenzyklopädie f[ür] prot*
[estantische] Theol[ogie] u[nd] Kirche 中的 "Beruf" 這個詞條，則沒有價值：
這個詞條並未對該概念及其發生（Genesis）進行科學上的分析，反倒是包含
著各種各樣相當膚淺的對一切可能的東西（諸如「婦女問題」之類的等等）
的評論。 ——由關於路德的國民經濟學的文獻中，這裡只提到 Schmoller 的
那 些 著 作（"Gesch[ichte] der nationalökon[omischen] Ansichten in Deutschland
während der Reformationszeit," *Z[eitschrift] f[ür] Staatswiss[enschaft]* XVI,
1860），Wiskemann 的 Preisschrift (1861)*[2] 以 及 Frank G. Ward 的 著 作
（"Darstellung und Würdigung von Luthers Ansichten vom Staat und seinen
wirtschaftlichen Aufgaben," *Conrads Abh[andlungen]* XXI, Jena 1898）。【譯注】
*[1] 指 Eger 的 *Anschauungen Luthers vom Beruf*，請參考本文 [190] 註腳 96。
*[2] 指 的 是：Heinrich Wiskemann, *Darstellung der in Deutschland zur Zeit der*
Reformation herrschenden nationalökonomischen Ansichten, Leipzig: S. Hirzel
1861.

113 參見：《對〈哥林多前書〉第七章的詮釋》，1523 Erl[anger] Ausg. 51, S. 1
f.。* 在此，路德還就這個地方的意義，如此地運用著「在神面前，"所有職
業都是自由的"」這個思想，以致於使得 1. **人的規章**（*Menschen-Satzung*）
應該受到譴責（僧侶誓言、混合婚禁令等等），2. 那（在神面前本身無關緊
要的）對於鄰人所負有的種種已經被接受了的內在於世界的義務之履行，被
當作「**鄰人愛**」這個誡命而加以囑咐。事實上，例如在頁 55、56 的那些別具
特色的論述那裡所涉及的，當然是「**自然法相對於神面前的正義**」這種二元
論。【譯注】路德詮釋的主要目標，是要摒棄天主教的倫理中的主要信條。
天主教會根據〈哥林多前書〉第七章，認為「貞潔」相對於「婚姻」（" 人的

而在人生這短暫的朝聖之行裡，重視職業的**種類**是沒有意義的。也因此，那種超過自己的需求、並且因而顯得似乎唯有在損及他人的情況下才有可能的對物質性的盈利的追求，勢必直接就被視為是應予譴責的。[114] 隨著被糾纏進世界的種種爭執的程度的提高，對「職業勞動的意義」的評價也跟著不斷提升。而如此一來，對他而言，個別的人的具體的職業，如今同時也越來越變成了神對他的某種特別的**命令**：去履行神的安排要他進入的**這個**具體的職務。而當經歷過跟種種"宗教狂熱者"（Schwarmgeister）[115] 與各種農民騷動 [116] 所展開的許多鬥爭之後，對路

規章"），在倫理上具有較高的價值。但路德則根據同一聖經文本認為，婚姻乃是「自然的、神所要的身分（Stand）」。儘管路德強調，讓人獲得至福的，並非「身分」、而是唯有信仰。在本章的詮釋的中間部分，路德進一步主張「在神面前，所有職業與身分都是自由的」，並反對修道院（Klösterei）的禁令與「基督徒與非基督徒婚姻」（混合婚）禁令。

114 請比較宋巴特很有道理地加以引用並放到他對"手工業精神"（＝傳統主義）的陳述之前而作為箴言的出自"論買賣與高利貸"(Von Kaufhandlung und Wucher, 1524) 的地方："因此，你必須在這樣的買賣中努力追求的，無非是你的適當的生計，據此計算並概算食物、辛苦、勞動與危險，並因而接著設定、調升或者調降貨品本身的價格，使你由此得到這樣的勞動與辛苦的報酬。"這原則完全是在多瑪斯主義的意義下被表述出來的。【譯注】"論買賣與高利貸"是路德著作。

115 【譯注】"Schwarmgeister" 是 Schwarmgeist 的複數形，指的是狂熱地為某個東西或者某個人感到激勵的人；路德以此一名稱指他在 1521-1525 年間與之進行論辯的一些主張「唯靈論的路線」者，如：拒絕兒童受洗的"茲威考的先知們"（Zwickauer Propheten）、擁護「千禧年主義」的閔采爾（Thomas Müntzer, 1489-1525）以及一般稱之為卡爾史達特（Karlstadt）的 Andreas Bodenstein（1486-1541）等人。茲威考（Zwickau）是德國薩克森邦的一座城市，亦是薩克森邦西南部地區的區域中心。路德以"茲威考的先知們"這個名稱指當時的一個宗教狂熱者圈子，共有 72 個"門徒"，他們在茲威考試圖叛亂，但失敗了，因此必須於 1521 年離開茲威考，1522 年也被威騰堡驅逐。佈道者與後來的「農民戰爭」領袖閔采爾也是這"72 門徒"之一。Spiritualismus 在神學上一般譯為「唯靈論」，相信「聖靈（spiritus sanctus）就現在於人的身體與自然之中，因此，在信仰之事方面，所有「外在的東西」（包括：作為「制度」的可見的教會、聖禮與教義、乃至《聖經》的「文字」，都不具有本質性，甚至完全加以拒絕。「聖靈」的「靈」，德文是 "Geist"，在哲學上一般譯作「精神」。因此，本書將視脈絡需要，將 "Spiritualismus" 譯成「精神主義」或者「唯靈論」。

116 【譯注】「農民叛亂」於 1525 年初肇始於德國南部，後來擴展到中部的圖林根（Thürigen）。路德告誡農民須尋求和平。在爆發暴力衝突後，路德便轉向當局，贊成鎮壓暴民、重建秩序。

203 德而言，那個別的人被神置入了其中的**客觀的**、歷史性的秩序，也越來越變成了神的意志之直接的結果，[117] 而如今越來越強的對「天意注定」（das Providentielle）的強調，就連在人生的種種個別過程中，也越來越造成了某種與 "天命" 的─思想（"Schickungs" -Gedanke）相應的傳統主義式的色彩：個別的人基本上應該**留在**神曾經將他置入其中的那個職業與身分等級中，並將他的世界性的追求限定在他的這種給定了的終
204 身職務的種種界限內。如果說經濟上的傳統主義剛開始的時候是保羅式的「漠不關心」的結果的話，那麼，它後來便是那變得越來越強烈的天意信仰（Vorsehungsglauben）的結果：[118] 此一信仰將「對神之無條件的服從」[119] 與「無條件地安排進給定的境況中」等同了起來。路德基本上並未以這種方式，達到了「職業勞動」與種種「**宗教性的**原則」之某種建基於原則上新的、或者基本上具有原則性的基礎上的連結：[120] 作為教

---

117 在一封寫給 H[ans] v. Sternberg 的信裡——隨著這封信，路德 1530 年將《詩篇》117 章註解贈送給他——，（較低的）貴族（儘管有其倫理生活上的墮落）之 "身分等級"，就已經被視為是由神所促成的了（Erl[anger] Ausg. 40, S. 282 下）。閔采爾騷動（Die Münzerschen Unruhen）對這種觀點的發展所曾經有過的那種決定性的意義，清楚地由該書信（頁 282 上）中表明了出來。也請參考：Eger, a.a.O., S. 150。

118 就連在對《詩篇》111 章 v. 5 與 v. 6 的詮釋（Erl[anger] Ausg. 40, S. 215, 216）中，1530 年也是由反對「世界性的秩序被修道院所超過」等等的論戰出發的。但現在自然法（相對立於諸皇帝與法學家們所製作出來的實定的法律）卻直接就跟 "神的正義" 是同一的：它就是神的創立物，並且特別包括著民族之身分等級上的劃分（S. 215 Abs. 2 結尾處）：只不過在那裡，「種種身分等級在**神面前**都具有相同的價值」這一點，受到了顯著的強調。

119 一如它（＝對神之無條件的服從）尤其是在 "論宗教會議與教會" （*Von Konzilien und Kirchen,* 1539) 與 "對聖禮之簡短的表白" （*Kurzes Bekenntnis vom heiligen Sakrament,* 1545) 這些著作中所被教導的那樣。

120 尤其是那對於我們而言如此重要的、支配著喀爾文宗的「基督徒在其職業勞動與生活經營中的證明」的思想，在路德那裡是多麼地始終都處於背景中，這一點就顯示在 "論宗教會議與教會" （*Von Konzilien und Kirchen*) [205] (1539. Erl[anger] Ausg. 25, S. 376 unten) 一文中的這個地方：「除了這七大主要信條之外」（人們就是在這些信條上認識到正當的教會的）*[1]「還有更多**外在的標記**：人們可以在這些標記那裡，認識到神聖的基督宗教的教會，…如果我們不是淫亂的與酒鬼，不是高傲的、盛氣凌人的、奢華的；而是貞潔的、端莊的、冷靜的…的話。」根據路德的說法，這些標記之所以不像 "上

會之唯一不容置疑的判準的「**學說的純粹性**」（die Reinheit der *Lehre*）
——一如它在 20 年代的種種鬥爭之後，在路德那裡越來越不可動搖地
確定了下來的那樣——，本身就已經抑制了在倫理的領域上的種種新的
觀點的發展。

因此，在路德那裡，職業概念始終都是受制於傳統主義的。[121] 職

面那些 "（純粹的學說、祈禱等等）那麼確定，乃是「因為，就連許多異教
徒也在這些事功（Werken）方面訓練有素，並且確乎有時候顯得比基督徒都
還神聖。」——喀爾文個人的立場，一如後面將會有所說明的那樣，*[2] 並
沒有什麼重大的不同，但清教確乎有。無論如何，在路德那裡，基督徒只是
"*in* vocatione"（**在召喚中**）、而非"*per* vocatione"（**經由召喚**）服侍神（Eger,
S. 117 ff.）。——相反地，在諸德國神祕主義者那裡，恰恰對那「證明」思
想（當然較多地就其虔敬派的、而非喀爾文宗的說法）而言，至少存在著一
些個別的端點（參見例如：在 Seeberg 的 *Dogmengesch[ichte]* 頁 195 上面那
裡引用 Suso*[3] 的地方，同樣的：稍早引用過的那些陶勒的表述 *[4]），儘
管是以純心理學的方式被使用著的。【譯注】*[1] 在宗教改革之前，人們通
常會認為，天主教會（大公教會）有四個標誌：統一性、神聖性、大公性、
使徒性（一般中文用形容詞說是：至一、至聖、至公、使徒所傳）。但路德
在〈論宗教會議與教會〉一文中卻認為，「教會的本質」（相對於教皇制的
教會）或者「屬基督的聖民」可以由七項外在的標記或標誌（即所謂的 notae
ecclesiae）加以界定：它宣講神的話語、施行聖禮（洗禮與聖餐禮）、具有
綑綁與釋放權（鑰匙）、委任其「教會僕人」（主教、神父等等）、可以透
過公開的禱告（做禮拜）與十字架（受苦與被迫害）而為人所識別。*[2] 參
見本文第二章，尤其是 [272-276]。*[3] 這裡的 "Suso" 指的是 Heinrich Seuse
（1297-1366），也寫作 Heinrich Suso，是一位神祕主義者、道明會教士。
根據 MWGI/9: 205 註解 38 的說法，「Suso 的地方」指的是：*Die deutschen
Schriften,* hg. v. Heinrich Denifle, München: Huttler 1880, S. 246。*[4] 參見本文
[184] 註腳 94。
121 如此一來，他的最終立場確乎在 Genesisexegese（〈創世紀〉註解，in:
Op[era] lat[ina] exeget[ica], ed. Elsperger）的一些論述中寫了下來：
Vol. IV p. 109：Neque haec fuit levis *tentatio*, intentum esse suae vocationi et de
aliis non esse curiosum... Paucissimi sunt, qui sua sorte vivant contenti... (p. 111
eod.) Nostrum autem est, ut vocanti *Deo pareamus*.. (p. 112) Regula igitur haec
servanda est, ut unusquisque *maneat in sua vocatione et suo dono contentus vivat*,
de aliis autem non sit curiosus.（第四卷頁 109: 甚至這一點也不是一場簡單的試
煉，亦即：始終取向於自己的召喚，但同時卻也專心去做其他每一件事。…
（同書，頁 111）只有極少數人滿足於他們的命運而活著…；（頁 112）然
而，我們的義務，就是**去服從神**的召喚，因此，下面這條規則應該被遵守：
每個人都留在他的召喚中，並滿足於他的天賦而活著；他不應該為其他事情

業乃是那人必須當作神的安排而**加以接受**、他必須將自己 " 遣送 " （zu schicken）到其中去的東西，——此一色彩**蓋過了**也存在著的另一種思想的**聲音**：職業勞動乃是一項（eine）、或者毋寧說：就是那（die）由神所提出的**任務**（*Aufgabe*）。[122] 而「正統的路德宗」的發展，還更進

207

操心）。這就結果而言，完全相應於多瑪斯的那種傳統主義的表述。（*Summa th[eologica]* V, II-2 qu[estio] 118 art. I c)：Unde necesse est, quod bonum hominis circa ea consistat in quadam mensura, dum scilicet homo.. quaerit habere exteriores divitias, prout sunt *necessariae ad vitam ejus secundum suam conditionem*. Et ideo in excessu hujus mensurae consistit *peccatum*, dum scilicet aliquis supra debitum modum vult eas vel acquirere vel retinere, quod pertinet ad avaritiam. （正如我們已經說過的那樣，外的種種財物，如果用來完成一個有利的目的，便都是證成了的。因此之故，一個人的財富必須跟用處處於某種比例中，… ——也就是說：一個人可以渴望擁有外在的財富到達一個程度，亦即：**根據他的身分等級**，這些財物乃是**生活所必須的**。因此，當財富超過這個標準的時候，罪便發生了；亦即：當有人獲得或者維持著超過此一適當程度的財富時。在這一個點上，我們很容易就可以轉到「貪婪」的概念上：「貪婪」被界定為「過度追求財產的慾望」；因此之故，貪婪是有罪的）。[207] 在營利驅力中，超出那透過自己的、具有身分等級性質的需求而被給定了的範圍的這種「超過」的有罪之處，多瑪斯是由自然法出發加以奠立的：——一如自然法之在種種外在的財貨之**目的**（ratio）中顯露出來那樣，路德則由「神的安排」加以奠立。關於在路德那裡信仰與職業的關係，還請參考：Vol. VII, p. 222：... quando es fidelis, tum placent Deo etiam physica, carnalia, animalia, officia, sive edas, sive bibas, sive vigiles, sive dormias, quae mere corporalia et animalia sunt. *Tanta res est fides*... Verum est quidem, placere *Deo etiam in impiis sedulitatem et industriam in officio*（如果你是一個信仰者，那麼，神就會感到滿意，甚至是藉由生理上的、感覺上的以及性方面的種種功能，也無論一個人是在吃著或者喝著，醒著或者睡著。甚至這些純粹肉體上與生理上的功能，都會讓祂感到滿意。信仰、**偉大的信仰**，甚至可以做到這一點！…有一點的確是真的，那就是：**神甚至會由於不信神者在生意上的勤勉與勤勞而感到滿意**）。（這種在職業生活上的**活動**，乃是某種**就自然法而言的德性**）。Sed obstat incredulitas et vana gloria, ne possint opera sua referre ad gloriam Dei （然而，他們的缺乏信仰以及對自我之空洞的讚揚，使得他們無法將他們的種種成就歸屬於神的榮耀）。（聽起來有一點像喀爾文宗的那些說法）*... Merentur* igitur etiam impiorum bona opera in hac quidem vita praemia sua （因此，雖然不信神者在這個世界性的生活中的種種善功，應該獲得他們的報酬）（相對於奧古斯丁的 " 潤飾邪惡使成德性 "（vitia specie virtutum palliata）），sed non numerantur, non colliguntur in altero （它們似乎不被算進並收集進來世裡）。【譯注】參見本文 [266] 註腳 47 與 [268]。

122 在 *Kirchenpostille* (Erl[anger] A[usgabe] 10, S. 233, 235/6) 中是這麼說的：「**每一**

一步地強調了此一特點。換言之，唯一的倫理上的收穫，首先乃是某種消極性的東西：消除「內在於世界的種種義務被禁欲性的種種義務所超過」這一點，但同時卻宣揚著對當局以及「遣送進給定的生活境況中」的服從。[123]——一如我們稍後[124]還會再加以探討的那樣：[125]對這種具有路德宗的特色的職業思想而言，在德國的神秘主義者們那裡，已經在很大程度上做好了準備工作，尤其是透過在陶勒那裡的對種種教會性的與世界性的職業所做的原則上的**相同評價**（Gleichwertung），以及那種由於認為「唯有靈魂以忘我神迷—冥想的方式（ekstatisch-kontemplativ）接受聖靈，才是具有決定性的意義的」而產生的對種種傳統形式的「禁欲式的事功功績」（asketisches Werkverdienst）[126]之**較小的評價**。在某種特定的意義下，相對於那些神秘主義者，路德宗（das Luthertum）甚至意味著某種「退步」，因為：在路德那裡——而在他的教會那裡則更是如此——，相對於神秘主義者們（他們對於這一點的種種觀點，一再部分令人想起虔敬派的、部分令人想起貴格派的「信仰心理學」），[127]適合

208

209

個人都被召喚進某一個職業中」。此一職業（頁235/6恰恰說成是："命令"）他應該照料，並在這一點之中服侍神。並非在「成就」上，而是在那存在於其中的「服從」上，神有著快樂。

123 與此相應的乃是：如果說——對立於那上面關於「虔敬派對於女工們的經濟性（Wirtschaftlichkeit）的影響」所說過的東西的一幅相反圖像（Gegenbild）*——對於那些現代的企業主，人們有時候會主張說：今日，嚴格路德宗—教會的家庭手工業者，並不是罕見地（例如：在西伐利亞）以特別高的程度，以傳統主義的方式進行著思維的；勞動方式的種種轉型（Umgestaltungen）——就算沒有過渡成為工廠體制——儘管有著行之有效的「額外收入」，還是被拒絕了，而證成的理由則指向著彼岸：畢竟在那裡一切都將得到彌補。這顯示著：對於整體生活經營（Gesamtlebensführung）而言，「恪守教規與篤信」（*Kirchlichkeit* und Gläubigkeit）這純然的事實，尚未具有任何本質上的意義：其影響在資本主義的生成的時代中扮演過、並且——在比較受到限制的程度上——還在扮演著它們的角色的，乃是遠較為具體的一些宗教性的生活內容（Lebnesinhalte）。【譯注】參見本文 [161]。

124 "稍後"在這整個章節中是指：在對清教式的職業概念就其陳述而進行歷史上的回溯時。

125 【譯注】參見本文 [277-279] 與註腳 65。

126 請比較：Tauler, Basler Ausg. Fol[io] 161 f.

127 參見陶勒（同前揭書）那獨特動人的佈道以及 Fol[io] 17. 18v. 20。

某種理性的職業倫理的那些**心理上的**基礎，變成了相當不確定，並且正
如我們還將會指出的那樣：[128] 恰恰是**因為**對他而言，那朝向「**禁欲式的
自我紀律化**」發展的趨勢（der Zug zur *asketischen Selbstdisziplinierung*）
乃是可疑的，也因而勢必在他的教會中越來越退居背景。

　　因此，對**我們**所尋求的東西而言，路德宗的意義下的那種純然的
"職業" 思想——我們在這裡所已經確定了的，應該就只有這一點——
乃是（就我們到目前為止所能夠看到的範圍而言）無論如何都只具有
成問題的效力範圍（von problematischer Tragweite）的。但這一點卻絲
毫並不意味著說：路德宗式的那種形式的「對宗教性的生活之重新安
排」（Neuordnung des religiösen Lebens），對於我們的考察的那些對象
而言，也不存在著某種實踐上的意義。只不過：這種實踐上的意義顯然
並不是**直接地**就可以由**路德**和他的教會對於世界性的職業的態度中導出
來，並且基本上也不是像在基督新教的其他成型（Ausprägungen）那裡
或許會是的那樣，那麼容易就可以理解。因此，我們最好還是先考察一
下某些形式的基督新教：在這些形式的基督新教那裡，我們可以比在路
德宗那裡，更容易找到生活實踐（Lebenspraxis）與宗教性的出發點的某
種關聯。我們先前就已經提到過：在資本主義式的發展的歷史中，**喀爾
文宗**與種種基督新教的**教派**扮演著引人注目的角色。[129] 正如路德在茲文
利（Zwingli）身上發現一種跟在自己本身那裡 "不同的精神" 活生生地
那樣，他的那些精神上的後裔也（尤其）在喀爾文宗中，發現一種跟在
自己本身那裡 "不同的精神" 活生生地。而天主教更是從來都、並且直
到現在都還將喀爾文宗看成是真正的對手。首先，這的確有一些**政治上**
的理由：如果說宗教改革若無路德的那極為個人性的宗教上的發展是無
法想像的，並且在精神上也持續地被他的人格所決定著的話，那麼，若
無喀爾文宗，他的事功（Werk）也就不會具有外在的持續。——但天主
教徒與路德宗信徒所**共同都**有的那種「**厭惡**」的理由，也的確在喀爾文

210

128　【譯注】參見本文 [285] 與 [355]。
129　【譯注】參見本文 [123-140]。

宗的那種**倫理上的**獨特性中有其根據。光是最表面的一瞥就教了我們：在這裡，有一種完全不同種類的「宗教性的生活」與「世界性的行動」之間的關係被製造了出來，既不同於在天主教中、也不同於在路德宗中的關係。甚至在特別運用著各種**宗教上的**動機的文學中，這一點也顯露了出來。人們手裡拿著例如《神曲》（*Divina Commedia*）的結尾處——在那裡，詩人在樂園裡，在對神的種種秘密所做的心滿意足的直觀中說不出話來——並且另一隻手持著那人們習慣於稱之為 "清教的神曲" 的詩篇的結尾處。密爾頓（Milton）在描述了「**逐出樂園**」之後，是如此結束 "失樂園" 最後一首歌的：

211

> 他們回過頭來，看著樂園
> 東邊的部分，——不久前還是他們的至福的住所，——
> 好可怕，已被火焰吞沒
> 門甚至被一些巨大的形象，
> 手裡拿著火的武器，所翻爬。
> 他們慢慢感到淚珠滴了下來，——
> 但他們很快就擦乾了臉頰：
> **橫在他們面前的，是一個碩大寬廣的世界，**
> **在那裡，他們可以選擇休息的地方，**
> **主的天意作為引導者。**
> 他們以緩慢而遲疑的步伐漫遊著，
> 並且手牽著手走出了伊甸他們的道路的。

而在前面一點的地方，米歇爾（Michael）跟亞當說：

> …只要將作為（die Tat）附加到知識（Wissen）上；
> 接著再附加信仰、德性與耐性
> 以及節制於其上，以及那種愛：

> 這種愛曾作為基督的愛而被讚揚，
>
> 而靈魂將具有一切的德性。
>
> 這麼一來，你就不會不喜歡離開這個樂園，
>
> 你將在你的心中有一更加至福得多的樂園。

　　每個人都會立刻就**感覺**到：認真的清教式的「**世界樂趣**」（*Weltfreudigkeit*）的這種最強而有力的表現，亦即：將生活評價為**任務**，在一個中世紀的作家的口中，是不可能的。但就連對路德宗而言——一如它諸如在路德的與保羅·葛哈德（Paul Gerhardt）[130] 的讚美詩中所表現出來的那樣——，這種表現也同樣是完全格格不入的。而如今我們在這裡應該要做的，乃是以某種較為精確些的思想上的**表述**，去取代這種不確定的感覺，並探問這些區別之種種內在的理由。訴諸 " 民族性格 "（Volkscharakter）的做法，不僅根本就只是**無知**（*Nichtwissen*）的表白，而是在我們的情況中：完全的失效。「歸給 17 世紀的英國人某種統一的 " 民族性格 "」這種作法，在歷史上根本就是錯誤的。" 保王黨黨員 "（Kavaliere）與 " 圓顱黨黨員 "（Rundköpfe）並非單純地感覺他們是二個黨，而是二種徹底不同的人種（Menschengattungen），而一個人只要注意觀看，就一定會在這一點上贊同他們。[131] 英國的商人冒險家相對於那些古老的漢撒同盟者的某種性格學上的對立，是不太找得到的，就像在中世紀結束時的英國人與德國人的獨特性之間，不太找得到無法直接

212

213

130　【譯注】保羅·葛哈德（Paul Gerhardt, 1607-1676）是路德宗的神學家、牧師，也是最重要的德語「教會歌」詩人之一。

131　當然，贊同平等派（Leveller）的歷史建構（Geschichtskonstruktion）的人，或許處於一種幸運的處境：就連這一點也再度化約到種種「種族差異」上：他們相信自己是央格魯撒克遜的代表，代表他們去對抗征服者威廉與諾曼人的後裔以捍衛他們的 " 與生俱來的權利 "（birthright）。*【譯注】「平等派」（英文：Levellers）是英國內戰時期出現的一個政治性的運動，主張自然法、民主、宗教寬容等。這些人認為，他們的央格魯薩克遜祖先於 1066 年為諾曼人所征服，被強制接受一套異族的法律與與一套新的支配秩序與社會秩序。因此，英國人必須擺脫諾曼人的桎梏，回到古英格蘭的自由。

透過種種不同的**政治上的**命運加以說明的某種區別一樣。在這裡，我們今日所感覺到的那些區別，乃是種種**宗教性的**運動的力量方始——並非它而已，但卻是它首先——創造出來的。

如果我們據此而在探討「舊的基督新教的倫理」與「資本主義式的精神的發展」之間的種種關係時，由喀爾文的、喀爾文宗的以及各清教式的教派的創造物出發的話，那麼，這一點卻不可以被理解為好像說我們期待著：在這些宗教共同體的建立者或者代表者之一那裡，發現「喚起那我們在此名之為 “資本主義的精神” 的那個東西」，在某一意義下乃是他一生工作的**目標**。「對種種世界性的財物的追求被設想為**自我目的**、對他們之中的某一個人而言簡直就是**倫理性的價值**」這一點，我們將確乎無法設想。但有一件事情尤其是我們應該永遠地加以堅持的，那就是：在沒有任何一個 “宗教改革者” 那裡——對這些人而言，我們為了**我們的**考察，就連像是門諾（Menno）、福克斯（George Fox）、衛斯理（Wesley）這些人 [132] 也都必須算進來——，**倫理上的種種改革計畫曾經是核心的觀點**。他們並非那些「為了 “倫理性的文化” 的協會」（Gesellschaften für "ethische Kultur"）[133] 的建立者，或者種種慈善的社會性的改革計畫或者文化理想的代表者。**靈魂拯救**、並且**唯有**這一點，才是他們的生活與活動的關鍵。他們的倫理上的種種目標以及他們的學說之種種在實踐上的影響，一切都碇泊在這裡，並且是某些純宗教性的動機之**結果**。並且我們因而也將必須想到：宗教改革的文化影響，在很大

---

132 【譯注】分別指賦予溫和的浸禮派信徒以組織上的型態的荷蘭神學家門諾（Menno Simons, 1496-1561）、貴格派的創始人福克斯（George Fox, 1624-1691）以及循道會的創始人約翰・衛斯理（John Wesley, 1703-1791）。

133 【譯注】根據 MWGI/9: 213 註解 65 的說法，1860 年代，在北美、英國與德國興起一股「倫理運動」（ethische Bewegung），試圖推廣種種道德上的價值觀，並將這些價值觀與宗教脫鈎。1876 年，德裔美國哲學家、康乃爾大學希伯來與東方文學教授 Felix Adler（1851-1933）在紐約首創 Societies for ethical cultur。之後，類似社會團體紛紛成立。德國也在天文學教授 Wilhelm Foerster（1869-1966）與哲學教授 Georg Gizycki（1851-1895）的領導下，創立了「德國倫理文化協會」（Deutsche Gesellschaft für ethische Kultur），並自 1893 年起發行刊物 *Ethische Kultur*（《倫理式的文化》）。

214

的部分裡——也許對於我們的這些特殊的觀點而言甚至是壓倒性的——，乃是宗教改革者的勞動的一些未被預期到的、並且恰恰是**不想要的**結果，跟浮現在他們自己眼前的那一切，往往離得遠遠的或者簡直就是處於對立的關係中。

因此，以下的這些研究在它們的這個當然很微小的部分上，或許也可以構成一篇文章，去闡明種種 " 觀念 " 在歷史中變得富有影響的那種方式。恰恰基於此一目的，使得我們可以有權利，將它們納入這份期刊中：這份期刊根據其綱領（Programm），一般而言本身是**不參與純歷史性的研究工作的**。但為了不要讓人們從一開始就已經對此處之所以會主張種種純觀念性的動機的這樣一種「變得富有影響」（Wirksamwerden）的意義，產生種種誤解，我希望我可以作為這些漫長的種種探討的結束，對這方面再做一點點的簡述。

在這些研究中所涉及的——一如我但願人們尤其已經明確地注意到了的那樣——，絕非一種嘗試：在某種意義下，無論是在社會政策上還是在宗教上，去對宗教改革的思想內涵（Gedankengehalt）加以**評價**。為了我們的種種目的，我們經常必須涉及宗教改革的一些側面：這些側面對於**宗教性的**意識而言，勢必顯得是「邊緣的」、甚至簡直就是「外在的」。因為，我們所想要從事的，事實上只不過是：將種種宗教性的動機提供給了「我們的由無數的歷史上的個別動機中生長出來的現代的**物質性的**文化的發展」這個織物 (das Gewebe) 中的那條緯紗（den Einschlag），弄得比較清楚一點。我們僅僅在問：此一文化的某些別具特色的內容中的什麼東西，是可以被**歸因到**作為「歷史上的原因」的宗教改革的影響上的。在這樣做的時候，我們當然必須由下述觀點中解放出來，這種觀點認為：人們可以由經濟上的種種推移（Verschiebungen）中，將宗教改革當作是 " 在發展史上必然的 " 加以演繹出來。無數的歷史上的局勢（Konstellationen）：——這些局勢不僅不適應任何經濟上的 " 法則 "，甚至根本就不適應任何種類的任何經濟上的觀點——、尤其是種種純政治性的過程，一定曾經共同起過作用，才會使得那些新被創

立了出來的教會得以繼續存在下去。但另一方面，我們也完全不想要捍 *215*
衛諸如下述的這樣一種如此愚蠢的—教理性的論點："資本主義的精神"
（總是就這個語詞的那個暫時地在此加以運用的意義而言）或者甚至：
「資本主義」一般，**唯有**作為宗教改革的某些特定的影響的結果，**才有
可能**產生出來。光是「資本主義式的生意經營的某些重要的**形式**，較諸
宗教改革顯著地**老得多**」這個事實，就將會妨礙這樣的一種論點了。而
是，我們所想要確定的只是：在該"精神"之質上的鑄造（qualitative
Prägung）與量上的擴充到這個世界上去的過程中，種種宗教性的影響
在此**事實**上是否、以及在多大程度上**是一起**參與過的，並且，資本主義
式的文化的哪些具體的**側面**是回溯到它們那裡的。而鑑於種種物質性
的基礎、各種社會性的與政治性的組織形式以及宗教改革式的種種文
化時期之精神性的內涵之間的種種交互的影響之非同尋常的一團亂線
（Gewirr），我們在這樣做的時候，如今也只能如此處理：——首先去
探究：是否、以及在哪些點上，宗教性的信仰的**某些**形式與職業倫理之
間的某些特定的**選擇親和性**（*Wahlverwandtschaften*）是可以認識到的。
藉此，我們將可以同時根據可能性而去弄清楚那「方式與一般的**方向**」
（die Art und allgemeine *Richtung*）：在此一方式與一般方向中，由於這
樣的種種選擇親和性之故，宗教性的運動對於物質性的文化的發展產
生了影響。唯有這麼做之後，我們**隨後**才可以嘗試著去估計一下：在哪
個程度裡，現代的種種文化內容，在它們的歷史上的產生過程中，可以
歸因於那些宗教性的動機，而在多大程度上則應該歸因於其他的種種動
機。

基督新教的倫理與資本主義的“精神”

II. 禁欲式的基督新教的職業觀念

內容：1. 內在於世界的禁欲之種種宗教上的基礎。[242-366]——2. 禁欲與資本主義。[366-425]

1. 內在於世界的禁欲之種種宗教上的基礎

　　禁欲式的基督新教（就這語詞之此處所使用的意義而言）之歷史上的承載者，主要有四個：(1) 就其特別是在 17 世紀的進程中，在其支配之主要地區所採取的**那種型態下的**喀爾文宗；(2) 虔敬派；(3) 循道會（Methodismus）；(4) 由再洗禮運動（täuferische Bewegung）產生的種種教派（Sekten）。[1] 在這些運動中，沒有任何一個運動是和另一個運動絕對地分開來而相對而立的，並且就連那種跟種種非禁欲式的「改革

242

1　我們將不會特別將茲文利派（Zwinglianismus）挑出來各別處理，因為，茲文利派在短暫取得重大的權力地位之後，很快就在意義上衰退了。*——其教義上的獨特性存在於對那種截然表述的「預定說教義」之拒斥的“阿明尼烏鳥派”（Arminianismus），則僅僅在荷蘭（以及合眾國），才作為教派而被建構了起來，而在這一章裡我們對它並不感到興趣。其教義學（Dogmatik）當時在安立甘宗式的教會與大多數循道會的派別中，都是行之有效的。【譯注】從蘇黎世開始的宗教改革，在 1831 年第二次卡佩爾戰爭（Kappelerkrieg）之後，由於茲文利戰死而衰退。

教會」（Reformationskirchen）的分離，也並非任何嚴格貫徹了的「分
離」。循道會是在 18 世紀中葉，才由英國的國家教會內部產生出來的，
而根據其創立者[2]當時的意圖，它其實並不想要成為一個新的教會，而
毋寧只是想要在舊教會的內部重新喚醒禁欲式的精神，只是在其發展的
進程中、尤其是在蔓延到了美洲的時候，才由英國國教的教會中被分

243 離了開來。虔敬派首先是在喀爾文宗的基地上，在英國、尤其是在荷
蘭成長起來的，其間雖有一些完全察覺不到的過渡，但始終都與正統
派連結著，後來在 17 世紀結束前不久，才在史賓納（Spener）的影響
下——在教義上部分地重新奠定基礎（umfundamentiert）的情況下——
加入了路德宗。之後，它就始終是該教會內部的一個運動，而只有那個
連接上欽岑多夫（Zinzendorf）的、在摩拉維亞的兄弟教團（mährische
Brüdergemeinde）中受到胡斯派與喀爾文宗的種種影響之回響所共同決
定的方向（" 亨胡特 "（Herrnhuter）[3]），才跟循道會一樣，被迫不得
不違反其意志而走向某種特有種類的「教派建構」（Sektenbildung）過
程。喀爾文宗與再洗禮運動（Täufertum）在它們的發展的開端，乃是截
然分離開來而相對立的，但在 17 世紀晚期的浸禮派（Baptismus）中，
它們卻有著緊密的接觸，而在 17 世紀開始的時候，在英國與荷蘭的那些
獨立派的教派（independentische Sekten）裡，「過渡」就已經是某種逐
步的過渡了。正如虔敬派所顯示的，該邁向路德宗的過渡也是某種逐漸

244 的過渡，而同樣的，在喀爾文宗與那在其「外在的性格」和其最前後一
致的信仰者之「精神」上與天主教相近的安立甘宗的教會（anglikanische

2　【譯注】循道會的主要創立者為衛斯理兄弟 John Wesley（1703-1791）與 Charles
　　Wesley（1707-1788）以及懷特菲爾德（George Whitefield, 1714-1770）。

3　【譯注】"Herrnhuter" 直譯就是「主守護者」。"Herrnhut" 是欽岑多夫伯爵
　　領地的一個城鎮的名字，或可意譯譯為「主護村」。1722 年，由於「反宗
　　教改革」之故，許多信奉基督新教的波希米亞兄弟（Böhmische Brüder）
　　由 Mähren（英文為 Moravia，一般譯作「摩拉維亞」）移居德國虔敬派貴
　　族欽岑多夫伯爵在德國東部的領地，並在 Berthelsdorf 外三公里處建立一個
　　村落，稱之為 Herrnhut。因此，這些「摩拉維亞兄弟會」成員一般也稱之為
　　"Herrnhuter"，在此音譯為「亨胡特」。

Kirche）[4] 之間，情況也是如此。那個禁欲式的運動、那個在這個多義的語詞之最廣的意義下被標示為"清教"（Puritanismus）的運動，[5] 固然在其追隨者的大眾中、尤其是在其前後一致的捍衛者之中，攻擊過安立甘宗（Anglikanismus）的種種基礎，但就連在這裡，種種對立也都是在鬥爭中才逐漸變得尖銳的。而就算我們先將那些這裡尚未感到興趣的有關體制與組織的種種問題（Fragen der Verfassung und Organisation）擺在一邊完全不管——事實上，也唯有這樣做才會使得——，該事態始終是

4　【譯注】安立甘宗（Anglikanismus），直譯就是「央格魯主義」，在初始階段指的就是英國的「國家教會」，由於採取「主教制」，因此也稱為"主教制教会"（Episcopal Church; Episkopalkirche），與路德宗、喀爾文宗並列為基督新教的三個原始宗派之一。安立甘宗將自己定位在天主教與基督新教之間，又可分為採取天主教神學的「安立甘天主教」（High Church = Anglo Catholic），採取福音派神學的「低教會」（Low Church）以及採取自由派神學的「廣教會」（Broad Church）。後來隨著殖民地的開拓，而在北美落地生根，一般稱為「安立甘教會」。安立甘宗於清朝傳入中國，一般通稱為「聖公會」，取義 Holy Catholic Church。

5　關於 "Puritanismus"（清教）這個概念的發展，尤其請參考 Sanford 的 "Studies and Reflections of the Great Rebellion," S. 65 f.* 當我們應用這個語詞的時候，我們在這裡總是都就它在 17 世紀的通俗語言中所採取的那個意義使用它的，亦即：在荷蘭與英國的那些具有禁欲傾向的宗教性的運動，完全不看種種教會體制綱領（Kirchenverfassungsprogramme）與教義的區別，換言之，包括了"獨立派"（Independenten）、公理派（Kongregationalisten）、浸禮派、門諾派（Mennoniten）與貴格派（Quäker）等等。【譯注】指 John Langton Sanford, *Studies and Illustrations of the Great Rebellion*。這本書的第二章（頁 64-102）的標題是：Puritanism: Religious and Social。"Independenten" 一般用來指英國 17 世紀的一場目的在於擺脫主教制的、具有層級體系的「安立甘教會」的宗教運動的支持者，希望英國的教會可以真正獨立於天主教的影響。那些想要由英國的「國家教會」中 "清除"（purify）掉所有天主教的元素者，遂被稱為 "清除者"（Puritan，中譯：清教徒），約 1560 年出現於各種非組織性的團體中；1580 年出現了完全與安立甘教會分離的 "布朗派"（Brownists，因核心人物為 Robert Browne（1550-1663）而得名）、因而也被稱為 "分離派"（Separatisten）。由於他們認為，個別教團都是獨立於國家的，因此，自 1563 年起也被稱為 "獨立派"。"Kongregationalisten" 中文一般譯為「公理會」或者「美部會」，英文是 " Congregational Church"，其中 Congregation 一詞是（宗教）集會的意思，直譯就是「會眾制教會」（相對於「主教制教會」），因此日譯為「會眾派教會」，強調個人信仰自由，在教會組織體制上主張各個教會獨立、各堂會獨立、會眾自治。

相同的事態。種種教義上的差異、甚至是那些最重要的差異，諸如關於「預定—與證成學說」（Prädestinations- und Rechtfertigungslehre）的差異，都在最多樣的結合中，彼此過渡到對方之中了，並且在 17 世紀一開始的時候，就已經——固然經常地、但卻非毫無例外地——妨礙著教會性的共同體的維持。並且尤其是：那些對我們而言很重要的「**倫理生活上的生活經營**」（*sittliche* Lebensführung）的現象，也以相同種類的方式，見諸種種最不同的、由上面所登錄的四個源頭[6]之一或其中的好幾個之某種結合而產生出來的宗派那裡。我們將會看到：[7]相似的種種倫理上的準則（ethische Maximen），是有可能跟許多不同的教義上的基礎相連結起來的。並且，就連各種不同的宗教信仰之種種倫理學上的簡編（Kompendien），也都彼此互相影響著，而儘管在生活經營上存在著顯然很不相同實踐，人們還是可以在這些簡編中，找到許多重大的相似之處。因此，這有可能幾乎顯得就像是在說：我們最好忽視種種教義上的基礎以及倫理上的理論，而只要那倫理生活上的實踐（die sittliche Praxis）是可以確定的，就純粹堅守住它就行了。——然而，實情恐非如此。禁欲式的倫理生活（Sittlichkeit）之種種教義上的根，當然會在一些可怕的鬥爭後逐漸死去。然而，在那些教義上之原始的碇泊，卻不僅在那"不教條的"（undogmatisch）後來的倫理（Ethik）中，留下了種種強大的痕跡，而是：**唯有**對那原始的思想內涵的認識，才教人理解：該倫理生活是如何跟那種絕對地支配著那個時代的最富內心世界的人們（die innerlichsten Menschen）對「**彼岸**」（*Jenseits*）的思想相連結著的——若無這種思想之凌駕一切的力量，當時就**不會有任何**影響生活實踐（Lebenspraxis）重大的倫理生活上的更新（sittliche Erneuerung）被開始從事著。因為，對我們而言，要緊的並非那在當時的種種倫理學上的簡編中在理論上被加以教導的東西——就算這一點非常明確地會由於教會紀律（Kirchenzucht）、靈魂照顧（Seelsorge）與佈道（Predigt）的影

245

6　【譯注】參見本文 [242]。
7　【譯注】參見本文 [244-366]。

響而具有實踐上的意義；而是：首先要去找出那些為生活經營指示方向
並將個體堅持在這方向中的心理上的**動力**（*Antriebe*）。但這些動力，
卻主要都是產生於種種純宗教性的信仰想法（Glaubensvorstellungen）
的。當時的人是如何苦心積慮地思索著種種看似抽象的教義的，這一點
唯有當我們認清了這些教義跟種種實踐性—宗教性的利益的關聯之後，
才會再度變得可以理解。一條行經一些教義上的考察的道路，[8] 是無法

246

8　我幾乎不需要特別去強調說：此一速寫，只要它是在純教義性的領域上運動
　　著的，就到處都是依據教會—與教義史的文獻之種種表述、亦即依據著“二
　　手”，並且就此而言完全不主張任何“原創性”。理所當然地，我已經嘗試
　　過，盡我所能地深入於宗教改革史的種種原始資料中了。但在這樣做的時
　　候，卻想要去忽視數十年來的密集且細膩的神學上的研究工作，而不是讓自
　　己——一如這是完全不可或缺的那樣——被該研究工作**引導**著去理解這些原
　　始資料，容或是一種重大的狂妄。我只能希望：「速寫」所不得不爾的簡
　　短，並未造成種種不正確的表述，並且：我至少在實質上避免了種種顯著的
　　誤解。當然，對每一個熟悉最重要的神學文獻的人而言，此一展示自然唯有
　　就「一切都是按照那些對**我們**而言重要的觀點而加以安排的」這一點而言，
　　包含著“新東西”：在這些觀點中，某些對我們而言決定性地富有意義的觀
　　點——例如：**禁欲之理性的性格**（der *rationale Charakter der Askese*）及其對
　　於現代的“生活風格”（Lebensstil）的意義——，就其本性而言就離種種「神
　　學性的展示」較為遙遠。某些其他觀點——例如：頁 [266-269] 所附帶提及
　　的那些觀點——則我之所以也會在這裡隱隱約約地加以處理，完全是因為：
　　[246] 希望特洛爾區在其收入 Hinneberg 主編的文集的文章，將會就這些事物
　　（如：自然法等等）發表意見：對這些事物，——一如除了諸如其 "Gerhard
　　und Melanchton" 之外，尤其是他的那些為數甚多的發表於 Gött[ingischen]
　　Gel[ehrten] Anzeigen（《哥廷根學術通訊》）上的評論文章也都加以證明的那
　　樣——他從多年前就開始追蹤了，而身為專家，他到時候自然將會比我在懷
　　著最佳的意志的情況下所能夠做到的，更好地解決它們。光是基於種種篇幅
　　理由，就不是所有共同使用到的東西都被加以引用，而是：每個時候都只有
　　文本的相關部分所追隨的或者所連結上的那些著作。這不少恰好是一些較為
　　古老的作者——如果這裡所感到興趣的那些觀點，跟他們較為相近的話。德
　　國圖書館之完全不足的資金配備，使得人們在“外省”（Provinz）只能用借
　　的方式，從柏林或者其他大圖書館，取得最最重要的原始著作與研究著作短
　　短的幾個星期。像是 Voët、Baxter、Tyerman 的 Wesley，所有循道會的、浸禮
　　派的與貴格派的作家，以及許多並未收入 *Corpus Reformatorum**[1] 的第一個
　　時代的作家，就是這種情形。對於許多東西而言，造訪英國或美國的圖書館，
　　都是為了每一個深入**的**研究所絕對必要的。對於下面的這篇速寫而言，當然
　　一般而言必須（也只能）滿足於在德國可以取得的東西。——在美國，很遺
　　憾地，由於受到各大學之別具特色的、但卻故意加以否認的「“教派上的”過

避免的——這條道路對於不是讀神學的讀者而言勢必顯得吃力,而對於在神學上受過教育者而言,則勢必顯得草率與膚淺。在這種情況下,我們當然只能如此地處理,以致於我們得以將那些宗教性的思想,在某

247 種 " 以理想典型的方式 " 匯編了起來的結果中加以展示——一如該「結果」在那歷史性的現實中(in der historischen Realität),只有在極為罕見的情況下才能碰得到的那樣。因為,恰恰是由於「要在歷史性的實在(historische Wirklichkeit)中畫出明確的界限是不可能的」,我們才只能夠在探究其種種最前後一致的形式時,希望能碰到其特有的種種結果。——

[喀爾文宗]⁹

而在那些在資本主義方面高度發展了起來的文化國家: ——16與 17 世紀的尼德蘭各邦、英格蘭、法國——中,為之而引起了種種

248 重大的政治與文化鬥爭的那個信仰,¹⁰ 就是**喀爾文宗**。¹¹ 而無論是在當

去」的影響,導致各圖書館在這一類的文獻上都只購置得很少,或者往往簡直就沒有購置任何新的東西,——這只是源於美國式的生活的那種邁向 " 世俗化 " 的一般傾向的一個個別趨勢罷了:這種傾向將終將在不很長的時間裡,瓦解掉那歷史流傳下來的 " 民族性格 "(Volkscharakter),並完全且最終地改這個變國家的許多基礎性的制度(grundlegende Institutionen des Landes)的意義(Sinn)。[247] 人們必須到鄉下的那些正統的、小的教派—學院去。*[2]
【譯注】*[1] *Corpus Reformatorum*(《宗教改革大全》,一般簡稱 CR)的奠立者是德國基督新教神學家 Karl Gottlieb Bretschneider(1776-1848),這套叢書共 102 冊,由 1834 一直出版到 1964;其中 1-28 冊收錄 Philipp Melanchton 的著作,29-87 冊收錄 Jean Calvin 的著作,88-102 冊則收錄 Ulrich Zwingli 的著作。韋伯寫作本文時,前二者的收錄著作已出齊。*[5] 韋伯在這裡所說的在美國大學「找書」的經驗與觀察,是指 1904 年 11 月在 Brown University 想要找浸禮派歷史文獻的經驗。請參閱 MWG II/4: 380 f., 393。

9   【譯注】原文所無,為方便讀者注意到文章段落之分段而仿英譯附加(以下同)。

10 我們在下面所感到興趣的,**首先絕非諸禁欲上的流派之來歷、過去的狀況與發展史**,而是將它們的思想內涵,就像它完全發展了起來的時候那樣,當作是給定了的東西而加以接受下來。

11 關於喀爾文與一般而言的喀爾文宗,除了 Kampschulte 的那部奠基性的著作

時、還是一般而言就連在今日，要能算是其最別具特色的教義的，始
終都是那關於「**恩典選擇**」（*Gnadenwahl*）的學說。對於「該學說是   *249*

之外，講得最好的，確乎是 Erich Marcks（在他的 *"Coligny"* 中）的展示了。
Campbell 的 *The Puritans in Holland, England and Amerika*（2 冊），則並不是
到處都具有批判性而且沒有特定傾向。Pierson 的 *Studien over Johan Calvijn* 是
一部純粹的反喀爾文宗的黨派著作。就荷蘭的發展而言，除了 Motley 之外，
低地國的經典作家、尤其是 **Fruin** 的 *Tien jaren uit den tachtigjarigen oorlog*
以及現在特別是 **Naber** 的 *Calvinist of Libertijnsch*，[248] 都可以拿來加以比
較，就法國而言，除了 Polenz，現在則有 **Baird** 的 *Rise of the Huguenots*，
就英國而言，除了 Carlyle, Macaulay, Masson 以及——最後、但並非最不重
要——Ranke 之外，現在尤其還有 Gardiner 與 Firth 的許多不同的、稍後將
會加以引用的著作，甚至有例如 **Tayler** 的 *A retrospect of the religious life in
England* (1854) 與 **Weingarten** 關於 *"die englischen Revolutions-Kirchen"*（英
國的革命—教會）的那本傑出的書——在這方面，請參考 E[rnst] **Troeltsch**
在 *Realenzyklopädie für Protest[antische] Theol[ogie] u[nd] Kirche* 3. Aufl. 中的
那篇關於英國的 "道德主義者們" 的文章，以及 Ed[uard] **Bernsteins** 的那篇
發表於 *Geschichte des Sozialismus*（Stuttgart 1895, Bd. I, S. 506 f.）的出色的
隨筆——我們在稍後的一個脈絡裡，還將會深入地再回到這篇隨筆來。最佳
的書目（超過 7000 項）乃是 **Dexter** 的 *Congregationalism of the last 300 years*
（當然主要是——但畢竟不完全是——**教會體制的**問題）。這本書比 Price
（*Hist[ory] of Nonconformism*）、Skeats 以及其他種種展示，都好得太多了。
就美國的各殖民地而言，突出於眾多個別文獻中的作品，乃是 **Doyle** 的 *The
English in America*。就「**學說差異**」（*Lehr*unterschiede）而言，以下的展示，
我特別要感謝 **Schneckenburger** 的那本在第一篇文章中已經引用過了的演
講集。——李契爾（Ritschl）的奠基性作品：[249] *Die christliche Lehre von
der Rechtfertigung und Versöhnung*（3 冊，這裡是根據第三版加以引用的），
在「歷史性的判斷」與「價值判斷」之嚴重的纏混中，顯示了作者鮮明的
獨特性：這種獨特性儘管有著種種「思想上的尖銳」之一切卓越之處，卻
不見得總是可以給予使用者以 "客觀性" 之完整的確定性。例如，當他拒斥
Schneckenburger 的展示時，我便會始終都懷疑他是否有權利這麼做——儘
管我自己也沒有權利去做這自己的判斷。此外，那對他來說由一大堆宗教性
的思想與情緒中、甚至就連在路德自己那裡就已經被當作 "路德宗式的" 學
說的東西，似乎往往都是透過價值判斷加以確定的：而這也就是那對李契爾
而言在路德宗身上**持久地有價值的**東西。這樣的路德宗，乃是（根據李契爾
的說法）路德宗所應該是的，但並非總是一如其所是的。至於「Karl Müller,
Seeberg 以及諸如此類的種種著作**到處都被使用著**」這一點，則似乎不需要再
特別提及了。——如果我在下文中，不僅使讀者、**同樣也使我自己**擔負起對
某種可怕的「註腳腫瘤」的告解的話，那麼，這主要是因為我們有必要、尤
其要讓那些非神學上的讀者，也得以透過對許多進一步與此相連接著的觀點
的暗示，去對此一速寫之種種思想，進行某種至少暫時性的檢驗。

改革宗的教會之“最具本質性的”教義，還是某種的“附屬物”這一點，人們固然曾經爭論過。[12] 但關於一個歷史性的現象之“本質性”（Wesentlichkeit）的判斷，卻要嘛是一些價值—與信仰判斷（Wert- und Glaubensurteile）——因為，如果藉此所想到的，是在該現象身上唯一“讓人感到興趣的”或者唯一持久地“有價值的”東西的話，就是這種情況。要嘛就是：所想到的乃是由於其對其他歷史過程的影響而**在因果上富有意義**的東西：這麼一來，所涉及的便是一些歷史性的歸因判斷（Zurechnungsurteile）了。如果人們就像這裡所必須發生的那樣，從後面的這種觀點出發、換言之就是探問著「我們應該根據其文化史上的**種種影響**而歸給該教義的意義（Bedeutung）」的話，則此一「意義」當然會被評價得非常高。[13] 歐登巴內菲爾德（Oldenbarneveldt）所領導的那場文化鬥爭，[14] 就是在這教義上摔得粉碎的，而英國的教會的分裂，

250

12　【譯注】根據 MWGI/9: 213 註解 65 的說法，此一爭論可參閱 Scheibe, 1897: 1-5, 112-121。當時廣為流傳的觀點是認為：喀爾文的「無條件的預定」的學說，乃是他的神學系統的核心。但李契爾（Albrecht Ritschl）卻認為：該學說只不過是喀爾文的「拯救學說」的一個「極為重要的附屬物」（Scheibe, 1897: 3）。

13　對於以下的速寫，我想從一開始就強調地指出一點，那就是：我們這裡所考察的，並非喀爾文個人的種種觀點，而是**喀爾文宗**的學說：一如喀爾文宗 16 世紀末與在 17 世紀中，在其具有支配性的影響的一些廣大的區域裡——這些區域（如：荷蘭與英格蘭）同時也是資本主義式的文化的承載者——所發展出來的那樣。我們將先**完全撇開德國不談**，因為喀爾文宗在這裡從未在任何一個地方**支配**過一個廣大的區域。

14　【譯注】這裡指的是荷蘭獨立後，在改革宗內部的信仰爭執：在阿明尼烏派信徒（Arminianern）與哥馬羅派信徒（Gomaristen）之間，關於「預定觀」的衝突。阿明尼烏（Jacobus Arminius, 1560-1609）為改革宗神學家，但他拒斥喀爾文的預定學說，並強調由神所解放的人的意志：「原罪」固然是絕對的，但人還是可以在善與惡之間做出區分，並藉助於神的恩典而決定信靠神並跟隨耶穌。這些阿明尼烏派信徒也被稱為「拒斥者」（Remonstranten，來自拉丁文的 remonstrare：拒斥）。另一位改革宗神學家哥馬羅（Franciscus Gomarus, 1563-1641），則堅持正統喀爾文宗路線，其跟隨者稱為「哥馬羅派信徒」，後來相對於「拒斥者」而被稱為「反拒斥者」（Contra-Remonstranten）。歐登巴內菲爾德（Johan van Oldenbarneveldt, 1547-1619）為荷蘭政治家，自 1586 年起即擔任荷蘭邦的邦律師（Landesadvokat），也是這個具有支配性的邦的領導性政治人物，他固然不在這二派信徒的信仰爭執上

也是自從王室與清教就連在教義上——正是關於此一學說——也有了分歧，[15] 並且此一學說基本上首先就被理解為那在喀爾文宗身上對國家有危險的東西而由主管當局出手去加以鬥爭以來，在詹姆士一世治下變得無法彌補的。17 世紀的那些大型的宗教代表會議，尤其是多德雷赫特（Dordrecht）[16] 與威斯敏斯特（Westminster）[17] 這二次，以及為數甚多的較小型的宗教代表會議，都將「提升該學說使之具有宗教法規式的有效性（kanonische Gültigkeit）」，置於其工作的中心點上；“ 戰鬥教會 ”（ecclesia militans）[18] 的無數的英雄，都把它當作是牢靠的支撐。我們

251

表態，但卻拒絕了「反拒斥者」提出的「召開全國宗教代表大會」的要求。他的考量是：一方面「拒斥派」人數較少，一旦召開全國宗教代表大會，勢必被貼上「錯誤學說」的標籤而造成嚴重後果，因此希望二者可以和平相處；但另一方面，此舉將會損及荷蘭邦的領導地位。但威廉・馮・奧蘭治（Moritz von Oranien, 1567-1625）卻基於權力鬥爭的戰略考量，於 1617 公開支持「反拒斥者」，並於 1618 年 8 月 29 日將歐登巴內菲爾德逮捕，並於 1619 年 5 月處決。歐登巴內菲爾德被捕後，在 1618 年 11 月 13 日到 1619 年 5 月 9 日之間，在多德雷赫特舉行的宗教代表會議（Dordrechter Synode），最終還是做出了不利於阿明尼烏派的判決。

15　【譯注】根據 MWGI/9: 250 註解 46 的說法，由於清教代表們支持公民的自由權，因此，當清教在英國國會中的勢力越來越大時，自 1603 年以來即為英格蘭與蘇格蘭國王的詹姆士一世，為了確保其支配，也越來越依靠種種高教會的原則。Sanford（1858）曾將高教會之取向於阿明尼烏派，回溯到其恩典普遍主義（在這一點上，高教會與羅馬天主教會殊無二致）。“ 教理上的清教徒 ” 則主張喀爾文宗的「恩典特殊主義」式的預定學說，但強調的重點則是「個人性的宗教」，而非「宗教的排他性」。

16　【譯注】根據 MWGI/9: 250 f. 註解 47 的說法，多德雷赫特宗教代表會議於 1618 年 11 月 13 日至 1619 年 5 月 9/29 日之間舉辦，試圖調解改革宗教會之間關於「預定」學說方面的爭執。1619 年 4 月 23 日，根據討論過的草稿擬定出來的《多德雷赫特宗教法規》（*Dordrechter Canones*），在關於「揀選與摒棄」學說方面，卻比「拒斥者」所想要的，明顯截然得多。

17　【譯注】「威斯敏斯特宗教代表會議」是由「長國會」召開的，會議由 1643 年 6 月 1 日開始，到 1652 年 3 月結束。此一會議之召開，乃是在國會佔多數並主張教會改革的清教徒與主張「主教制」的王室之間的衝突所引發的。此一宗教會議所擬定的信仰聲明，亦即《威斯敏斯特信仰表白》（*Westminster Confession*），包含著最嚴格的形式的喀爾文宗的預定學說。（參考：MWGI/9: 251 註解 48）

18　【譯注】“ecclesia militans” 是拉丁文，在天主教傳統裡，指那在這個世界上無論在宗教上、還是在歷史上與政治上都對其敵人進行著鬥爭的教會。相對

不能忽視它，並且，我們首先可以由 1647 年的 "威斯敏斯特信仰表白"
（Westminster Confession von 1647）[19] 的一些命題，可靠地認識到它的內
容——因為，這內容今日已不再可以算是每一個受過教育的人都熟悉的
了：在這一個點上，這些命題簡直就是不僅被獨立派的、也被浸禮派的
信仰表白所重複著。[20]

252　　　第 9 章（論自由的意志）第 3 條：人由於墮落到罪的狀態中，
　　　他的意志已經完全喪失了所有去做任何在屬靈上善的、並為自
　　　己帶來至福之事的能力，如此之喪失，以致於一個自然的人，
　　　作為完全避開了善並死於罪中的人，是無法使自己皈依、或甚
　　　至只是準備去使自己皈依的。

　　　　　　第 3 章（論神的永恆的決意）第 3 條：神為了要彰顯祂的榮耀
　　　（Herrlichkeit），透過祂的決定，…預定了（predestinated）
　　　某些人將永生並注定（foreordained）其他人將永死。第 5 條：
　　　人類中的那些被預定將得生命的人，神在世界的基礎被設立之
　　　前，就已經根據其永恆且不變的意圖以及其意志之秘密的決定
　　　與任意，在基督中選定，將得永恆的榮耀，並且這一點是出
　　　自純粹的、自由的恩典與愛，並不是像是說：對信仰或者種種
　　　「善的事功」或者「對二者之一的堅持」之預見，或者在受造

　　　的則是那在天上的、由所有天使與歷代聖徒所組成的「得勝的教會」（Ecclesia
　　　triumphans）。

19　【譯注】《威斯敏斯特信仰表白》定稿於 1647 年 4 月 29 日，共 33 條，其中
　　　記錄了關於「神的絕對主權」以及「雙重預定」的學說，直到 1660 年復辟
　　　為止，一直是英國教會的信仰基礎，蘇格蘭的長老會教會則始終奉為圭臬。
　　　此一「信仰表白」影響深遠：公理派 1658 年的《薩伏伊信仰與修會宣言》
　　　（Savoy Declaration of Faith and Order）以及喀爾文宗的浸禮派 1689 年的《第
　　　二次倫敦浸禮派信仰表白》（Second London Baptist Confession），都以之為
　　　草案，就連美國的長老會也都以之為依據。（參考：MWGI/9: 251 註解 50）

20　此處以及接下來還會引用的喀爾文宗的信條（Symbole）的條文，請參見 Karl
　　　Müller, Die Bekenntnisschriften der reformierten Kirche, Leipzig 1903.

物中的某個別的什麼東西，作為條件或者原因，推動祂去這麼做，而是一切都是為了使神之榮耀的恩典受到讚揚。第7條：神喜歡依照其意志的那種玄妙莫測的主意——祂就是根據這種主意，隨祂高興而給予或者不給恩典的——，為了頌揚祂那凌駕於受造物之上的不受限制的權力，而忽視人類中的其他人，並安排他們為他們的罪而遭受羞辱與憤怒，使祂那榮耀的正義受到讚揚。

253

第10章（論有效的召喚）第1條：神喜歡在那由祂所規定的並且也適當的時間，透過祂的言（Wort）與祂的靈（Geist），有效地去召喚所有那些祂已經預定將得生命的人，並且只有這些人⋯因為祂會拿掉他們的石頭心而給他們一顆肉做的心，因為祂會更新他們的意志，並透過祂那全能的力量，使他們為那善的東西做出決定⋯。

第5章（論天意）第6條：至於身為一位正義的法官的神因以前的罪之故而使之變得喪失理智與冷酷無情的那些邪惡與不信神的人，則祂不但從他們那裡取走了祂的恩典——透過祂的恩典，他們的理智將可以被照明而他們的心也將可以被感動——，有時候甚至會從他們那裡取回他們曾擁有的恩賜（Gaben），並使他們與那些有可能會使得他們的敗壞因而轉變成罪的對象發生關係，並且除此之外，還將他們交付給他們自己的種種慾望、世界的種種誘惑和撒旦的力量，使得他們自己讓自己變硬，甚至是透過跟神用來使得其他人軟化相同的一些手段。

「我或許會下地獄，但這樣的一個神將決無法強求而得到我的尊

敬」——這就是眾所周知的密爾頓（Milton）對該學說的判斷。[21] 但在
這裡，對我們而言，要緊的卻並非某種評價，而是該教義在歷史上的地
位。我們只能簡短地談一下下述這個問題：此一學說是如何產生的，而
它又是跟喀爾文宗的神學中的哪些思想關聯相稱的。當時有二條道路，
都有可能達到此一學說。「宗教上的救贖感」這種現象，恰恰就在那些
偉大的祈禱者——一如基督宗教的歷史自奧古斯丁（Augustin）以來一
再地看到這些人的那樣——當中的那些最積極也最熱情的人們那裡，都
跟一種確定的感覺相連結著，亦即感覺到：一切都必須完全感謝某種客
觀的力量的作用，連一丁點都不必感謝自己的價值：——這是一種強烈
的「快樂的確定感」的心情（Stimmung），而在他們那裡，「罪感受

254

255

21　關於密爾頓的神學，請參考 Eibach 在 *Theol[ogische] Studien und Kritiken*
　　1879 的那篇文章（Macaulay 緣於 Sumner 對 1823 再度被發現的 *Doctrina*
　　Christiana,*[1] Tauchnitz Ed. 185, S. 1 f. 所做的翻譯而寫的隨筆，在這方面則
　　是膚淺的），至於一切進一步的細節，當然得參見 Masson 的那部有點太過
　　死板編排的六冊的英文主要著作，以及 Stern 以此為基礎所寫的德文密爾頓
　　傳記。——密爾頓很早就開始著手克服那種「雙重處分」形式的預定學說
　　（Prädestinationslehre in der Form des doppelten Dekrets），直到老年時終於達
　　到了極為自由的基督宗教信仰（Christlichkeit）。在某種意義下，就他擺脫受
　　到自己的時代的一切約束的過程而言，我們可以將他拿來跟法蘭可（Sebastian
　　Franck）*[2] 加以比較。只不過，密爾頓是一個實際的—積極的、而法蘭可則
　　基本上是一個具有批判性的天性。唯有在「內在於世界的生活理性地取向於
　　神的意志」——這種「取向」展示了喀爾文宗留給後世之持久性的遺產——
　　這種較廣義的意義下，密爾頓才是 "清教徒"。我們也可以在極為類似的意義
　　下，將法蘭可稱為一位 "清教徒"。二者作為 "特立獨行者"（Einspänner）
　　的細節，我們就略而不談了。【譯注】*[1] 指 John Milton, *A Treatise on*
　　Christian Doctrine, complied from the Holy Scriptures alone, translated from the
　　original by Charles R. Summer, Cambridge: Cambridge University Press 1825。密
　　爾頓以拉丁文寫成的 *Doctrina Christiana* 原稿，直到 1823 年始終下落不明。
　　1823 年找到這份手稿時，曾引起很大的轟動；因為，直到當時，密爾頓傳記
　　的作者們都將他說成是「完全正統的」。（參考：MWGI/9: 253 f. 註解 60）
　　*[2] 法蘭可（Sebastian Franck, 1499-1542）是德國神學家、作家、翻譯家。根
　　據 MWGI/9: 254 註解 64 的說法，法蘭可認為：人唯有透過在自己本身之中的
　　追尋，才能獲得「神的知識」（在他看來，聖經的「啟示」，基本上乃是歷
　　史上的見證），為此，人必須離開這個世界，因為，這個世界所帶有的種種
　　不確定性，將會妨礙對神的追尋。

之巨大的痙攣」都將自己發洩到這種心情之中了；這種心情似乎完全未經中介地就突然向他們襲來，並毀滅了下述想法的任何一個可能性——這種想法認為：此一前所未聞的恩典禮物（Gnadengeschenk），應該可以被歸功於某一什麼自己的參與影響（Mitwirkung），或者有可能與自己的信仰和意願之種種成就或品質相連結著。在路德以其最高的宗教上的天才（Genialität）而得以寫出其"一個基督的人的自由"（*Freiheit eines Christenmenschen*）[22] 的那些時間裡，他也最有把握說：「神的"秘密的決意"」就是他那宗教上的恩典狀態之絕對唯一的、深不見底的源頭（grundlose Quelle）。[23] 他後來也並沒有放棄它——但該思想不僅並未在他那裡獲得任何核心的地位，而是：身為負責的教會政治家，他越是被迫不得不變成"現實政治的"，該思想也就越隱身於幕後。梅蘭西頓（Melanchthon）[24] 非常刻意地避免將那個"既危險又晦暗的"學說納入《奧格斯堡信仰表白》（Augsburger Konfession）裡，而對於路德宗的那些教父們而言，在教義上很確定的一點是：恩典是可以喪失的

256

22　【譯注】指路德於 1520 年所發表的〈論一個基督的人的自由〉（*Von der Freiheit eines Christenmenschen*）一文。這篇文章，是路德從事宗教改革活動初期的重要著作之一，也是整個宗教改革時代的最重要著作之一，一般譯作《論基督徒的自由》。

23　*De servo arbitrio* 中的那個著名的地方是這麼說的：»Hic est fidei summus gradus: credere Deum esse clementem, qui tam paucos salvat, - justum, qui sua voluntate nos damnabiles facit«。【譯注】*De servo arbitrio*（直譯是：論被奴役的意志，也可意譯為：論不自由的意志，但中文一般依英譯譯作：論意志的綑綁）一文發表於 1525 年，是路德針對伊拉斯謨斯於 1524 年出版的《論自由的意志》（*De libero arbitrio*）而發的論爭文章，也是路德唯一討論「預定」的著作。這段引文的完整內容是：Hic est fidei summus gradus, credere illum esse clementem qui tam paucos salvat tarn multos damnat; credere justum qui sua voluntate nos necessario damnabiles facit。英文翻譯為：This is the acme of faith, to believe that He is merciful who saves so few and who condemns so many; that He is just who at His own pleasure has made us necessarily doomed to damnation。韋伯引文或可譯為：「去相信那拯救如此少的幾個神是慈愛的，而隨祂的意願讓我們下地獄則是正義的：這就是信仰的極致。」

24　【譯注】指 Philipp Melanchthon（1497-1560），是德國威騰堡宗教改革中與路德密切合作的教會政策行動家與最重要的系統性神學家。

（amissibilis），並且可以透過「願意悔改的謙卑」與「對神的話語之虔誠的信任」以及各種聖禮（Sakramente），被重新獲得。恰恰相反地，在喀爾文[25]那裡，則整個歷程都是在他與教義上的對手們之論戰式的論辯的進程中，以該學說的意義之某種可以感受得到的提高而展開的。該學說是在他的 " 基督教要義 "（Institutio）[26] 的第三版裡，才完全地發揚了起來的，[27] 而在多德雷赫特（Dordrecht）與威斯敏斯特（Westminster）這二次宗教代表會議所試圖結束的那些大規模的文化鬥爭中，才獲得其核心的地位。事實上，在喀爾文那裡，那 " 可怕的處分 "（decretum horribile），[28] 並不是像在路德那裡那樣，是**被體驗著的**，而是**被設想出來的**，並且因而在其意義上，也隨著在他那「只傾注於神（而非人）的宗教上的興趣」的方向上對「思想上的前後一致」之每一次進一步的提

---

25 二者，路德與喀爾文，基本上都知道 —— 參見 Ritschl 在 *Geschichte des Pietismus* 中的一些評註以及 Köstlin 在 »Gott« 這個詞條下（*R[ealencyklopädie] f[ür] Prot[estantische] Theol[ogie] und K[irche]* 3. Aufl.）—— 某種「雙重的神」（einen doppelten Gott）：《新約》的那個被啟示了出來的、仁慈的、親切的父 —— 因為，這個「父」支配著《基督教要義》（*Institutio Christiana*）的前幾卷 —— 以及在這背後的那個作為「任意進行處置的專制者」的 " 隱藏的神 "（Deus absconditus）。在路德那裡，《新約》的神完全保持著優勢，[257] 因為他越來越將「對形上的事物之反省」當作是沒有用且危險的而加以迴避，而在喀爾文那裡，則對「超越的神性」（transzendente Gottheit）的思想獲得了支配生命的力量。當然，在喀爾文宗的通俗發展中，「超越的神性」無法保持下去，—— 但如今取而代之的，卻並非《新約》之「天上的父」，而是《舊約》的耶和華*[1]。【譯注】*[1] 耶和華（Jehova）：在 17 世紀清教的著作中，用來指希伯來語寫作 JHWH（一般唸作 "Jahwe"，中文作「雅威」）的「四字神名」。

26 【譯注】全名是 "*Institutio christianae religionis*"，是喀爾文神學上的主要著作，最早於 1536 年以拉丁文出版，後來由原先的 6 章不斷修改擴充，先是在 1539 年出版 17 章的拉丁文版，並於 1541 年出版法譯本，繼而於 1543 年出版 21 章的拉丁文版、於 1545 年出版法文版，後來還在 1550 年增修出版拉丁文版（1551 年出版法譯本）、最後則大幅擴充而在 1559 年和 1560 年分別以拉丁文和法文形成最終版，其中拉丁文版共 80 章。

27 【譯注】喀爾文的「預定學說」的較完整表述，見於 1559 出版的拉丁文《基督教要義》第三版中的第三卷第 21-24 章。

28 【譯注】此一名稱來自喀爾文的《基督教要義》第三卷第 23 章第 7 節（中譯也譯作「可畏的預旨」）。

高,而跟著提高。[29] 並非神為了人之故而存在,而是人為了神之故而存在,並且所有事變——換言之,就連那對喀爾文而言無可置疑的事實,亦即:只有一小部分的人受到召喚將得至福——都完全只是作為「神的莊嚴之自我讚揚」(Selbstverherrlichung von Gottes Majestät)這個目的的手段,才可能有其意義(Sinn)。將塵世性的 “正義” 之種種標準拿來衡量祂的種種主權式的處分(Verfügungen),是毫無意義的,並且是對祂的威嚴的某種損害,[30] 因為,祂、並且唯有祂是**自由的**,亦即不隸屬於任何律法之下,並且祂的種種決意(Ratschlüsse),也都唯有當祂覺得「將它們傳達給我們是好的」的時候,才有可能對我們而言是可以理解的,並且為我們所知。我們所能夠掌握住的,也就只有這些片段而已,其他的一切:——我們的個體性的命運之**意義**——則為種種晦暗的秘密所圍繞著,而要探索這些秘密,則是既不可能又僭越的。比如說,如果那些被摒棄了的人想要抱怨他們的命運,認為是不應得的,則此舉將會很像是:動物們會埋怨說,沒有將牠們作為人而生下來。因為,所有的受造物都由一道無法跨越的鴻溝而和神分離了開來,並且在祂面前——只要祂並未為了讚揚祂的威嚴而決定了另一個命運——都只應得永恆的死亡。我們所知道的只是:一部分的人將得到至福,另一部分則始終都是該死的。去假定說「人的功勞或者過錯也都參與決定了此一命運」,這是在說:神的那些從永恆以來就定了下來的絕對自由的決定,被看作是可以由於人的影響而轉變的:一種不可能的思想。在這裡,新約中的那個人所可以理解的、那個像一個女人對於失而復得的格魯先(Groschen)[31] 般,對罪人的歸來感到喜悅的 “天上的父”,變成了一個

258

---

29 以下所說的,請參見 **Scheibe** 的 *Calvins Prädestinationslehre,* Halle 1897。關於喀爾文宗的神學一般,請參見:**Heppe** 的 *Dogmatik der evangelisch-reformierten Kirche*, Elberfeld 1861.

30 *Corpus Reformatorum,* Vol. 77, p. 186 ff.

31 【譯注】典出〈路加福音〉15, 8。這裡的 Groschen 希臘文是 drachme,指的是一種希臘銀幣,其幣值一塊約可雇工一日。1975 年出版的一本根據路德翻譯的德文《聖經》就譯成 Silbergroschen(銀格魯先)。

259 　非任何人的理解所可及的、超越性的存有者（transzendentes Wesen）：
這超越性的存有者從永恆以來就根據種種完全無法究詰的決意，分配
給每一個個別的人他的命運（Geschick），並支配著宇宙中一切最微小
的事物。[32] 神的恩典——由於祂的種種決意都是不會轉變地定了下來
的——，對於那些祂使之受到恩典的人而言之無法喪失，正如同對於那
些他不給予恩典的人而言之無法得到。

　　而在其「激昂的非人性」（pathetische Unmenschlichkeit）這一點
上，此一學說對於委身於其宏偉的前後一致（grandiose Konsequenz）
的那一代人的心情（Stimmung）而言，首先勢必會產生一種後果：對
個別的個體之某種前所未聞的內在的**孤獨化**（*Vereinsamung*）的某種感
受。[33] 在那對於宗教改革時代的人而言最為關鍵的人生大事：——永恆
的至福——這件事情上，人被指點著：孤獨地上路，迎向一個從永恆
260 以來就已經確定了的命運（Schicksal）。沒有任何人可以幫助他。沒有
任何一個佈道者（Prediger）：——因為，唯有被揀選者能夠以屬靈的
方式（spiritualiter）加以理解。沒有任何聖禮：——因為，種種聖禮固
然都是神為了增加自己的榮譽而規定的，也因而應該被始終不渝地加以
遵守，但卻非任何獲得神的恩典的手段，而只不過是在主觀上的「信仰

---

32 人們幾乎可以以這裡所給定的形式，在例如 Hoornbeek 的 *Theologia practica*
(Utrecht 1663) L[iber] II c. 2: de praedestinatione（論預定）中——該章以別具
特色的方式，**直接**放在「論神」（De Deo）這個標題之後——，查對前面所
做的對喀爾文宗的學說概念（Lehrbegriff）的展示。在 Hoornbeek 那裡，經
文基礎主要是〈以弗所書〉（Epheserbrief）的第一章。——至於那些想要將
「個體的責任」與「神的預定與天意」給結合起來並拯救意志之經驗上的 "自
由" 等等之種種不同的、前後不一致的嘗試，則我們在這裡並沒有加以分析
的必要。

33 「（與神之）最深刻的同在，並非見之於種種制度、團體或者教會之中，而
是見之於一顆孤獨的心之種種秘密中」——道登（Dowden）在他的那本出
色的書：*Puritan and Anglican* (S. 234) 中，將這具有決定性的一點給表述了
出來。【譯注】韋伯相當重視道登（Edward Dowden, 1843-1913）根據班揚
（John Bunyan, 1628-1688）在《天路歷程》（*The pilgrim's Progress*）中所上
演的朝聖者之 "內心戲劇" 的描述。Dowden, 1900 探討班揚的章節在頁 232-
278，上面引文則出自頁 234。

之 "外在的輔助"（externa subsidia）」而已。沒有任何教會：——因
為，"在教會之外沒有拯救"（extra ecclesiam nulla salus）³⁴ 這個命題，
固然就以下這個意義而言是有效的，亦即：避開那真正的教會的人，
永遠都不可能屬於那些由神所揀選者之列；³⁵ 但就連那些被摒除在外的
人也都是屬於（外在的）教會的：他們的確應該屬於教會並服從教會的
種種紀律手段（Zuchtmitteln），並非為了要藉此去獲得至福，——這
是不可能的，而是因為就連他們也必定被迫不得不為神的榮譽而遵守祂
的種種誡命。³⁶ 最後，也沒有任何的神：——因為，就連基督也是只為
那些被揀選者而死的——神自從永恆以來就已經決定，將基督的「犧
牲死」（Opfertod）歸因於他們了。結合著「一切純粹受造物都是絕對
地遠離神並且是沒有價值的」這個嚴苛的學說，人的這種內在的孤立化
（Isolierung），一方面包含著清教之所以會對「在文化與主觀的宗教
性中的所有感性的—具有**感受**性質的元素」採取絕對否定性的態度的理
由——因為，這些元素對於拯救沒有用，並且是種種感傷式的幻想與
「將受造物加以神化的迷信」的促進者——從而導致對一切感官文
化（Sinnenkultur）之原則性的防止。³⁷ 但另一方面，這種「內在的孤立

261

34　【譯注】這句話一般譯作「教會之外無救恩」（直譯為：在教會之外，不會
　　有任何的拯救），語出迦太基主教居普良（Cyprian von Karthago, 200/210-
　　258），1442 年納入教義。

35　Contra qui hujusmodi coetum (nämlich eine Kirche, in der reine Lehre, Sakramente
　　und Kirchenzucht bestehen) contemnunt... salutis suae certi esse non possunt; et qui
　　in illo contemtu perseverat electus non est. Olevian, *de subst[antia] foed[eris]*, p.
　　222.（茲根據 Kalberg 編譯的 Weber, 2009: 490 譯為：蔑視那支持著純粹的理
　　論、種種聖禮與紀律的教會的人，…是無法確定其拯救的；而頑固地抱持著
　　這種蔑視的人，則將不會屬於被拯救者之列。出自：Olevian, 1585: 222。【譯
　　注】Caspar Olevian（1536-1587）是德國改革宗神學家。

36　【譯注】韋伯提到的這個說法，預設了「可見的教會」（ecclesia visibilis）
　　與「不可見的教會」（ecclesia invisibilis）的分別：前者指經驗上所見到的教
　　會，其中除了被揀選者之外，也包括了偽善者與被摒棄者；後者則是「被揀
　　選者的共同體」，是真正的教會。真正的教會之所以是「不可見的」，是因
　　為：唯有神的眼睛才能確實地區分開「重生者」與偽善者。

37　此一與 "感官文化" 之否定性的關係，正如 Dowden, a.a.O. 所已經論述過的
　　那樣，簡直可以說就是清教的構成性元素。

化」卻也構成了那種毫無幻想的且具有悲觀主義色彩的**個體主義**之許多
根中的一個，[38] 一如這種個體主義在那些具有清教式的過去的民族之 "民
族性格" 與種種制度中，直到今日都還在發生著作用那樣，——跟後來
"啟蒙" 用以看人的那種完全不同種類的眼鏡，形成極為明顯的對照。
我們在我們所探討的時代裡，在生活經營與人生觀的種種基本現象中、
甚至在其作為教義的效力已經在消逝中的地方，再度清楚地發現「恩典
選擇學說」（Gnadenwahllehre）的這種影響之種種痕跡：事實上它也
只不過就是我們這裡所要加以分析的「**信賴神**」之**排他性**（*Exklusivität
des Gott*vertrauens）之**最極端**的形式而已。例如：在那種尤其是在英國
的清教的文獻中引人注目地一再出現的對任何「對人的幫助與人的友誼
的信任」的警告，就是這樣。甚至溫和的巴克斯特（Baxter）也勸人，
對關係最密切的朋友也要有深刻的不信任，而貝利（Bailey）則直接推
薦說：不要信任任何人，也不要讓任何人知道什麼會讓人喪失名譽的事

38　"個體主義" 這個語詞，包含著可以設想到的最異質的東西。至於我們
這裡在此一語詞下所理解的東西，則我希望透過接下來的種種勾畫，將
會變得清楚。人們之所以會在這個字眼的另一個意義下，將路德宗稱
為 "個體主義式的"，乃是因為路德宗並沒有某種禁欲式的「生活管制」
（Lebensreglementierung）。而當（例如）Dietrich Schäfer 在他的著作：
Zur Beurteilung des Wormser Konkordats（*Abh[andlungen] d[er] Berl[iner]
Akad[emie]*, 1905）中，將**中世紀**稱為「"鮮明的個體性" 的時代」時，他又
再度以完全不同的意義使用著這個字眼，因為，對那對於歷史學家而言**相干
的**事變而言，「非理性的環節」在當時具有某種今日已經不再具有了的意義。
他說得有道理，但他的種種觀察所要反駁的那些人，也許也是有道理的，因
為，當二者談及 "個體性" 與 "個體主義" 時，他們所想到的乃是某種完全
不同的東西。——布克哈特（Jakob Burckhardt）的那些具有原創性的表述，
今日已經部分過時了，而某種徹底的、取向於歷史的概念分析，將會恰恰在
現在再度在科學上具有高度的價值。而如果遊戲驅力使得某些歷史學家，純
粹只是為了要將該概念當作標籤貼到一個歷史時期上，而想要以「海報風格」
對該概念加以 "定義" 的話，* 則這種做法當然就恰恰與此相反了。【譯注】
韋伯在此影射的是德國歷史學家 Karl Lamprecht（1856-1915）：他的鉅著《德
意志史》第 7 冊第一分冊的標題就是「近代：個體性的靈魂生命的時代」
（Neuere Zeit. Zeitalter des individuellen Seelenlebens）。（參考：MWGI/9:
262 註解 99）

情：唯有神才應該是值得信任者（Vertrauensmann）。[39] 就連在喀爾文宗 *263*
完全發展了起來的那些地區裡，跟路德宗之最引人注目的對立，也正是
「私下告解」（Privatbeichte）──對這種「私下告解」，喀爾文本人
僅僅因可能會有的聖禮上的詮釋之故而有過疑慮──之悄悄的消逝。
儘管有「歸屬於真正的教會之拯救的必然性」，喀爾文宗信徒跟他的神 *264*

---

39 Bailey, *Praxis pietatis*（德文版，Leipzig 1724）S. 187。*[1] 就連 Ph[ilipp]
J[akob] **Spener** 在他的 *Theologische Bedenken*（此處引用的是第三版，Halle
1712）一書中，[263] 也是站在類似的觀點上：朋友很少會顧慮到神的榮譽
而給出他的建議，而是大多出於種種肉慾上的（不必然是自利的）意圖。
「他──那聰明人──不會看不見別人的原因，但對自己的看得最清楚。他
將自己限制在自己的事務的範圍裡，而不將自己的手指伸進不必要的火中。…
他看到了它（這世界）的虛偽，並因此學著去永遠信任自己，而只在『不
被他人的失望所損害』的範圍內信任其他人」──Th[omas] Adams（*Works
of the Puritan Divines*, p. LI.）如此地進行著哲學思維。──Bailey（*Praxis
pietatis*, a.a.O., S. 176）進一步奉勸人：每天早上出門前，想像一下自己在人
群之中，就像走進一座充滿危險的荒野森林，並向神祈求那 "**謹慎**與正義的
外衣"。──這種感覺完全貫穿於所有禁慾式的教派中，並在許多虔敬派信
徒那裡，直接導致了某種種類的「內在於這個世界中的隱士生活」。甚至
Spangenberg 在那（亨胡特兄弟會教派式的）*Idea fidei fratrum* 一書（p. 382）
中，也強調地提醒人 [264]〈耶利米書〉17: 5：「信賴人的人是該死的」。──
為了要對這種人生觀所特有的那種「對人的敵意」（Menschenfeindlichkeit）
加以估計，人們最好參考一下例如 Hoornbeek 的 *Theol[ogia] pract[ica]* I, p.
882 關於「**愛敵人**的義務」（Pflicht der *Feindesliebe*）所做的種種說明：
Denique hoc magis nos ulciscimur, quo proximum, inultum nobis, *tradimus ultori
Deo*... Quo quis plus se ulciscitur, eo minus id pro ipso agit Deus.（茲根據 Kalberg
編譯的 Weber, 2009: 492 譯為：到頭來，作為我們在一個懲罰的神中所看到的
以及我們歸給祂的那些性質的結果，我們更可能會為自己招來報復。總之，
無論在什麼情況下，當一個人在報復的時候，行動的都不是神，而是那個人
自己。）相對於古猶太人的 "以眼還眼"，這是多麼狡猾的提升，而又是基督
式的 "鄰人愛" 之怎樣的一個樣品啊！關於這種「鄰人愛」，亦請參考下文
的註腳 21 b。【譯注】*[1] 這裡的 Bailey 是指英國神學家 Lewis Bayly（1565-
1631），他是清教式的虔敬派的重要代表之一，於 1613 年出版主要著作 *The
Practice of Piety, directing a Christian, how to walk, that he may please God*。這
本書 1629 年即有德文譯本，但韋伯用的是 Bayli, 1724（Lewis Bayly 的德文
寫法，一般而言應該是 Ludwig Bayli，但韋伯總是將 Bayli 寫成 Bailey）。在
韋伯引用的頁數處，Bayli 警告人要小心「友誼」，因為友誼也有可能會轉變
成敵意。（參考：MWGI/9: 262 f. 註解 1）

的交往，[40] 仍然是在深刻的、內心世界的孤立化中進行的。想要感覺這種特有的空氣之種種特有的影響的人，請在整個清教式的文獻中最廣泛被閱讀的一本書：——班揚（Bunyan）的《天路歷程》（Pilgram's Progress）[41]——中，細看一下對 "基督徒的" 行為的描述：當他意識到自己逗留在 "敗壞之城"（Stadt des Verderbens）中，並有一種召喚向他襲來，要他即刻動身踏上前往「天堂之城」（himmliche Stadt）的朝聖之行時的行為。女人跟小孩們緊跟著他，——但他用手指塞住耳朵，飛快地越過田野，呼喊著："生命、永恆的生命"，而沒有任何精鍊可以比這位在其牢房中進行創作的補鍋匠[42]之素樸的感覺，——這位補鍋匠在這麼做的時候，獲得了一整個世界的喝采——更好地複述了那只關心自己、只想著他自己的拯救的清教式的信徒的心情了，一如這心情在他跟那些追求相同東西的人所進行的那些令人不舒服地想起凱勒（Gottfried Keller）的《正義的製梳匠們》（Gerechte Kammacher）的一本正經的談話中所表現出來的那樣。[43] 直到他自己安全了，他才產生一種想法，覺

265

40　恰恰**此**一結合，對於要對「喀爾文宗的種種社會性的**組織**之種種心理上的基礎」做出判斷而言，是非常重要的。這些組織**全都**建基於一些在內心世界上的 "個體主義式的" 動機上。個體從未——我們稍後還會再對種種結果加以考察＊——以感受的方式進入這些組織之中。"神的榮譽" 與**自己的拯救**，始終都停留在 "意識閾限" 之上。這一點直到今日，都還在那些具有清教上的過去的民族那裡，給社會組織的獨特性留下了某些特定的、別具特色的特點。【譯注】＊ 請參閱本文 [266-270] 以及 [366-425]。

41　關於班揚，請參閱 Froude 的那本收入 Morley 的彙編（English Men of Letters）的傳記，此外也請參閱 Macaulay 的（膚淺的）速寫（Miscellaneous Works II, p. 227）＊[1]——班揚固然對於喀爾文宗內部的種種宗派上的差異漠不關心，但他自己本身卻是嚴格的喀爾文宗的浸禮派信徒。【譯注】＊[1] 指 Macaulay, 1854，但書名應為 The Miscellaneous Writings。關於班揚的描述，見於本書第二冊的 pp. 227-243。（參考：MWGI/9: 264 註解 12）

42　【譯注】班揚的主要著作《天路歷程》（首次出版於 1678 年，1679 年出版增修版，1684 年分二部分出版，韋伯用的是 Bunyan, 1855）的第一個部分，很可能是 1675 年在 Bedford 的監獄中寫出來的。在監禁了 12 年（1660-1672）之後，班揚又因為違反「佈道禁令」而被監禁了 6 個月。（參考：MWGI/9: 265 註解 13）

43　【譯注】凱勒的〈正義的製梳匠們〉指的是 Keller, 1889，原標題是〈三個正義的製梳匠〉，首度出版於 1856 年（收入文集 Die Leute von Seldwyla 中）。

得如果這時候有家人在身旁就好了：這跟我們在朵林格（Döllinger）為我們所描繪的利古歐理（Afons von Liguori）那裡，[44] 到處都如此強烈地感覺到的，乃是同一個折磨人的對於「死亡與之後」的恐懼（Angst vor dem Tode und dem Nachher），[45]——這跟馬基維理（Machiavelli）以那些佛羅倫斯的市民們的榮譽所表達的那種「自負的此岸性」的精神（Geist stolzer Diesseitigkeit），實在相距天壤之遙：對這些市民而言——在對抗教皇與褫奪教權禁令（Interdikt）的鬥爭中——，" 對父城（Vaterstadt）的愛，地位高於對他們的靈魂之拯救的恐懼 "。[46]

　　首先，這裡似乎有一個謎：喀爾文宗在社會性的組織上之無可懷疑的優越性，是如何可能將自己跟個體之「在內心世界裡由那些他拿來擁抱世界之最緊密的繫帶中解放出來」的傾向，連結起來的。[47] 然而，

韋伯在 1886 年就讀過這篇短篇小說，並在 1886 年 2 月 17 日寫給他母親的信中說，「其中所描述的過程，五行就可以了結了，並且部分還令人感到不順暢和滑稽。」（MWGII/1: 587）。（參考：MWGI/9: 265 註解 14）

44　【譯注】參見 Döllinger, 1889: 356-476、尤其 374-37 關於天主教的道德神學家利古歐理（Alphons Maria de' Liguori, 1696-1787；一般也稱亞豐索）的報導。（參考：MWGI/9: 265 註解 16）

45　只不過，當然，此一「恐懼」之種種**影響**，在班揚與利古歐理那裡，卻是非常別具特色地不同的：這同一個恐懼，驅使利古歐理做出任何可以想到的自我折磨，卻鞭策班揚追求具有男子氣慨的、無休止且有系統的畢生事業。

46　【譯注】韋伯在此自由引用的馬基維理名言出自 Machiavelli, 1846: 195。馬基維理在那裡說的是：「那些公民們，將父國的福祉評價得比他們的靈魂拯救要高得多」。馬基維理在該處描述的是 14/15 世紀佛羅倫斯與教皇國之間的種種衝突，在這些衝突的過程中，教皇國多次祭出「褫奪教權禁令」（該處涉及的是 1375-1378），而這在官方上意味著：不能做禮拜、不能施行聖禮、不能舉辦基督教式的葬禮。但禁令並未被嚴格執行，教士還是不得不舉辦禮拜。（參考：MWGI/9: 265 註解 17）

47　關於那種「由於 " 併入基督的身體 " 的要求（Calvin, *Instit[utio]* III, 11, 10）而產生的：要獲得拯救就必須要被接納進某種符合種種神的規定的**共同體**」的喀爾文宗的思想，對於改革宗的基督宗教之「**社會性的性格**」之重大的重要性，一如我所假定的，E[rnst] Troeltsch 將會在他的那篇稍早已經提到過了的文章中加以發展。——但對**我們的**特殊的觀點而言，問題的重點卻是某種不同的東西。該思想，就連在「教會具有某種純機構性質的性格」的情況下，也都有可能會形成，並且也做到這一點了。並且，該建構共同體的傾向，也恰恰就**在**那被神所規定了的教團模式（Gemeindeschemata）之外發生著作

266

用。在此,那種認為「基督徒乃是透過 " 為了神的更大的榮耀 " 所作的**活動**(Wirken " in majorem Dei gloriam"),去證明其恩典狀態(Gnadenstand)」之**一般性的**思想(詳見下文)*[1],乃是具有權威性的(maßgebend),而對「受造物的神化」(Kreaturvergötterung)之明確的斷然拒絕,必定會不知不覺地將此一能量(Energie)引導到「**切事的**(非個人性的)活動(Wirken)的種種軌道上。人與人的每一種純粹感受性質的——亦即:並非**理性地**受到制約的——**個人性的**關係,無論是在清教式的、還是在每一種禁欲式的倫理中,都很容易就蒙受「想要將受造物神化」的嫌疑。就「**友誼**」而言,這一點——除了在註腳 39 所已經說過了的之外 *[2]——就足夠清楚地顯示於(例如)以下這個警告中:去愛任何一個人愛到超過**理性**所會允許我們的程度,乃是一種非理性的行為,並且不適合於一個有理性的受造物。⋯這很常會拿走人們的心,以致於**妨礙他們對神的愛**。(Baxter, *Christian Directory* IV, p. 253)[267] 我們將會一再地碰到這樣的種種論證。——尤其是對清教而言,那種認為「" **公共的** " 好處、或者就連那 " 多數人的利益"(the good *of the many*)——一如 Baxter(*Christian Directory* IV, p. 262,帶有多少有點不得不引用的引文〈羅馬書〉9:3)*[3] 完全在後來的自由主義式的理性主義的意義下所表述的:——也都應該被放到個別的人之所有 " 個人的 " 或者 " 私人的 " 福祉之前」的思想(儘管這種思想本身一點都不新穎),也是由「對受造物之神化的拒斥」中產生出來的。——現代的美國式的對於「個人性的服務績效(*Dienst*leistungen)」之斷然拒絕,當然也是(以間接的方式)與該傳統關聯在一起的。但同樣的,有過清教過去的諸民族對於「凱撒主義」(Cäsarismus)之相對而言比較大的免疫力,以及一般而言,英國人對他們的那些偉大的政治人物——相對於我們在這方面,(例如)從 1878 年以來就在德國(正面地與負面地)體驗到了的那些人 *[4]——的那種在內心世界裡較為自由的、一方面比較傾向於 " 承認 " 該「偉大」、但另一方面卻又對一切歇斯底里式的迷戀他們與那種認為「人可以出於 " 感恩 " 而對政治上的服從負有義務」之天真的思想,抱持著拒斥性的態度,也都是與該傳統關聯在一起的。——關於「對權威的信仰是有罪的」(die Sündhaftigkeit des Autoritätsglaubens),——因為,這種信仰唯有作為非個人性的、針對著經文的內容而發的,才是可容許的,——以及「對甚至是最神聖的與最傑出的人之過度的尊崇是有罪的」——因為這麼一來,「對**神**的服從」有可能會受到危及,——請參考 Baxter, *Christian Directory* (2. Aufl. 1678) I p. 56. ——[268] 至於「拒斥 " 受造物的神化 "」以及「首先在教會裡、但最終則一般而言地在生活中,都唯有神應該 " **支配** "」這原則,在政治上意謂著什麼,則我們稍後將會談及。*[5] 【譯注】*[1] 根據喀爾文的說法,所有的人類的行動都應該為神的榮耀或者名譽服務。參見本文 [268]、[382] 等。*[2] 見本文 [262 f.]。*[3] 這段經文,根據 1892 年版的路德聖經,可翻譯成:我期望,為我的兄弟們而被基督放逐:他們是我的血肉相連的友人。*[4] 韋伯這裡影射的,乃是 1878/79 年在自由主義的執政黨派下台後所發生的「保守的轉向」(konservative Wendung)。(參考:MWGI/9: 267 註解 25)*[5] 參見本文

儘管乍看之下顯得非常奇怪，但這種「優越性」卻恰恰是由基督宗教　*267*
的 "鄰人愛"，在個別的人（由於喀爾文宗的神概念）的「內在的孤立
化」的壓力下，所必須採取的某種特有的色彩中，產生出來的。這世
界被規定著要去服務於**神的**自我讚揚（Selbstverherrschung *Gottes*），
基督徒的存在，則是為了要透過執行神的誡命，而就其本分去增加神在
這個世界上的榮譽。神想要基督徒的社會性功績（soziale Leistung），
因為祂想要「生活之社會性的形塑」將會依照著祂的種種誡命、並如此
地被建立起來，以致於它將與該目的相應。喀爾文宗信徒在這世界上的　*268*
社會性的 [48] 勞動，完全是 "為了以**神**的更大榮耀"（in majorem gloriam
Dei）的勞動。就連那服務於全體（Gesamtheit）之此岸性的生活的**職
業勞動**（*Berufs*arbeit），也都帶有**此**一性格。我們在路德那裡，就已經
發現那種由 "鄰人愛" 去導出「分工式的職業勞動」的說法了。但在路
德那裡始終都是某種不確定的端點的東西，如今在喀爾文宗信徒們這
裡，卻變成了他們的倫理上的系統的一個別具特色的部分。這 "鄰人
愛" [49]——由於它事實上只可以服務於**神的**、而非**受造物**的榮譽 [50]——

[397-399]，但韋伯在該處也只是將「清教徒具有反威權的特點」這一點給顯
題化而已。

48　在此，"社會性的"（sozial）一詞，當然並未跟這個字眼之現代的意義有任
　　何的相似之處，而只是「在政治的、教會的以及其他種種的共同體的—組織
　　（Gemeinschafts-Organisationen）中活動（Betätigung）」的意思。

49　【譯注】參見本文 [193]。

50　至於 "鄰人愛" 的這樣的一種受到「生活與神之唯一的關係」所制約的 "非
　　個人性"（Unpersönlichkeit），在「宗教性的共同體生活」這個固有的領域中
　　意謂著什麼，則人們或許可以就 "中國境內傳教團"（China Inland Mission）
　　與 "國際傳教士聯盟"（International Missionaries' Alliance）的行事作風
　　（Gebahren），相當好地弄清楚（在這方面，請參見：Warneck, *Gesch[ichte]
　　d[er] prot[estantischen] Mission*, 5. Aufl., S. 99, 111）。為了要透過「巡迴佈
　　道」，在 "**提供**"（anbieten）這個語詞之嚴格字面上的意義下，將福音提
　　供給所有的異教徒——因為基督這麼命令著，並使其再度降臨取決於這一
　　點——，一大批的傳教士（例如，光是為了中國就有 1000 位）被以鉅額的
　　花費裝備了起來。至於那些被以這種方式傳教的人是否獲得了基督教信仰並
　　因而分享了至福，甚至就連他們是否哪怕僅僅在文法上**理解**了傳教者的語
　　言，——這都是**原則上完全次要的**，並且是神的事情：在這方面，畢竟只有

269　首先呈現於「履行那些透過種種自然法而給定了的**職業任務**」,而在這樣做的時候,它也就染上了某種獨特的切事的──**非個人性的性格**（einen eigentümlich sachlich-*unpersönlichen* Charakter）:一種服務於「對圍繞著我們的社會性的**宇宙**進行**理性的形塑**」的性格。因為,那令人驚訝的具有目的的「對此一宇宙之形塑與建立」──此一宇宙無論是根據聖經的啟示還是根據自然的洞見,都顯然是為了「服務於人類的"**用處**"」

─────────────

神說了算。Hudson Taylor（參見:Warneck, a.a.O.）*[1] 認為,中國有大約五千萬個家庭。一千個傳教士每天（!）可以"**達到**" 50 個家庭,因此,福音可以在 1000 天或者不到三年的時間裡,"**提供**" 給所有的中國人。──這正是喀爾文宗推行（例如）其教會紀律（Kirchenzucht）所遵循的模式:主要目的**並非**那些被審查者之「靈魂的拯救」──這純然是神的（而在實踐上:他們自己的）事情,──而是「增加神的容譽」。──對那些**現代的**傳教成就,[269] 由於這些成就是建基於跨教派的基礎之上的,喀爾文宗本身是不需要負責的。（喀爾文本身就拒斥那種「向異教徒傳教」的義務,因為,教會之進一步的擴散乃是"唯一的神的工作"（unius Dei opus））。但無論如何,這些成就顯然都是源自於那個受到清教式的倫理所吸引的想法圈子的:根據這種想法圈子的想法,如果人們為了神的榮譽而履行了**神的**誡命,他也就滿足了"鄰人愛"。藉此,鄰人也就得到了他所應得的,而其他事情也就是神自己的事情了。──跟"鄰人"的種種關係之"人性"（Menschlichkeit）,也就所謂的"死了"。這一點呈現於種種極為不同的關係中。比如說,──為了要再舉出該「生活空氣」（Lebensluft）的這樣一點殘餘,──在「在某方面名不虛傳的改革宗慈善團體」這個領域裡:阿姆斯特丹孤兒（die Amsterdamer Waisen）,穿著他們那些直到 20 世紀都還垂直地分成一半黑一半紅或者一半紅一半綠的裙子與褲子──某種的小丑裝 *[2]──列隊走向教會,對於過去的那種感覺而言,一定是某種令人感到極為虔誠的場面（ein höchst erbauliches Schauspiel）,並且,他們必定是相應於感受到「所有個人的──"人性的"感覺（persönlich-"menschliche" Empfimdung）,這時候都是一種侮辱」的程度,而為"神的榮譽"服務。並且就以這種方式──這一點我們還將會看到 *[3]──,直到私人的"職業活動"的所有細節。──當然,這一切都只不過標示著某種的"**傾向**",而我們稍後將甚至必須做出某些特定的限制。*[4] [270] 但是,作為此一禁欲式的宗教性的一個──並且是極為重要的──"傾向",它卻必須在此被加以確定。【譯注】*[1] Hudson Taylor（1832-1905）是英國基督新教循道會的傳教士,中文名字是戴德生,他是「中國境內傳教團」的創立者,在華 51 年,差派了超過 800 名傳教士。韋伯這裡的說法,引用自 Warneck, 1899, S. 99 f.。*[2] 韋伯 1903 年 6 月 14 日從阿姆斯特丹寫給太太瑪莉安娜的信中,就曾提到這種「小丑裝」,（MWGII/4:102）印象極為深刻。*[3] 請參考本文 [366-425]。*[4] 但韋伯在本文中,卻不曾再談及這些「限制」。

這個目的而被加以設置的──，使得那種服務於此一「社會性的用處」的勞動，被當作是「促進著神的榮譽的」、因而也就是「神所想要的」加以認識。我們後面將必須去分析這些觀點對於喀爾文宗的那種政治上與經濟上的理性主義的意義：[51] 喀爾文宗的倫理之「**效益上的性格**」　*270*
的源頭就存在於這裡，而喀爾文宗的「職業」概念之種種重要的特性（Eigentümlichkeiten）也都同樣是由此產生的。──但在這裡，我們還是再一次回過頭來，去特地考察一下「預定學說」（Prädestinationslehre）吧。

因為，對我們而言具有決定性的問題，其實乃是：在那個「彼岸不僅比此岸性的生命之所有的利益[52] 都更加重要、甚至在許多方面還更　*272*
加確定」的時代裡，此一學說是如何被忍受[53] 下來的？對每一個個別的　*271*

51　【譯注】請參考本文 [366-425]。

52　一如這一點再度以如此扣人心弦的方式，還在班揚的《天路歷程》中，構成了那「基本心情」（Grundstimmung）那樣。

53　Hundeshagen（*Beitr[äge] z[ur] Kirchenverfassungsgesch[ichte] u[nd] Kirchenpolitik* I, 1864, S. 37）主張一種──從那時候起就經常被重複的──觀點，認為：「預定」這教義始終都是「神學家學說」，而非「人民的學說」（Volklehre）。但這一點卻畢竟唯有當人們將「人民」（Volk）這個概念與那「沒有受過教育的、較低下階層的民眾」等同起來的時候，才是正確的。不僅克倫威爾──Zeller（*Das theol[ogische] System Zwinglis*, S. 17）就已經以他作為典範，舉例證明了該教義的影響──，甚至就連他的那些"聖徒"們，也全都很清楚地意識到：*[1] 這關係到什麼事，並且多德雷赫特與威斯敏斯特的宗教代表會議關於該學說所制訂的種種宗教法規，乃是「國家大事」（nationale Angelegenheit großen Stils）。*[2] 那種認為「改革宗的虔敬派信徒、英國與荷蘭的宗教集會的參與者，始終都不太清楚這學說」的說法，是完全不可能的；事實上正是**這學說**將他們驅趕在一起，以便尋求「拯救的確定性」（certitudo salutis）的。至於「預定」意謂著、或者不意謂著什麼，**在什麼地方**它是「神學家學說」，[271] 則天主教都可以指得出來，因為，天主教對於作為密傳的學說並具有搖擺不定的形式之「預定」，始終都並不陌生。（當然，具有決定性的一點乃是，那種認為「**個別的**人必須認為自己是被揀選的並加以證明」的觀點，經常受到抵制。請比較（例如）在 Ad[rian] van Wyck, *Tract[atus] de praedestinatione Cöln*, 1708 那裡的天主教學說。）──對「預定」學說並無好感的 H[undeshagen]，顯然主要是由德國的種種情況中汲取他的那些印象的。他之所以會有這種反感，乃是因為他有一種純粹以演繹的方式所獲得的想法，亦即認為：該學說必定會導致倫理信徒而言，有一個問題勢必馬上就會產生，並使得所有其他的利益都退居次要地位，那就是：**我**究竟被揀選了嗎？而**我**又要怎樣才能確定此一「揀選」呢？[54]——對於喀爾文本人而言，這一點不是問題。他覺得自己是 "工具"（Rüstzeug），並對他的恩典狀態感到確定。因此之故，他對於「個別的人要怎樣才能確定他自己的揀選」這個問題，基本上就只有一個回答：我們應該讓自己滿足於「知道神作了決定」以及「由於真正的信仰的影響而堅定不渝地信賴著基督」。他原則上摒棄那種認為「在其他人那裡，人們可以由他們的行為認識到，他們是被揀選了還是被摒棄了」的假定，認為這種假定乃是想要探究神的秘密之狂妄的嘗試。在此一生命中，那些被揀選者和被摒棄者，在表面上並無任

生活上的宿命論（sittlicher Fatalismus）與反律法主義（Antinomismus）。事實上，Zeller（a.a.O.）已經對此一意見加以駁斥了。另一方面，梅蘭西頓與衛斯理固然都談到說：「這樣的一種轉向是**可能的**」這一點是無法否認的：但別具特色的一點是：在這**二個**情況中，都涉及了與「具有感受性質的 "信仰" —宗教性」之某種的結合。對這種缺乏「理性的證明思想」（rationale *Bewährungs*gedanke）的宗教性而言，此一觀點事實上就存在於「事物的本質」中。——實踐（例如：Baxter）所帶來的對此一學說之種種**弱化**，只要尚未觸及「與**具體的個別個體相關的神的揀選決定及其考驗**（Erprobung）」這思想，就無損於該學說的本質。——然而，最後，尤其是清教（就此一字眼之最廣的意義而言）之所有偉大的人物，畢竟都是由此一學說出發的，[272] 而其「幽黯的認真」（finsterer Ernst）則影響著他們的青年時期的發展：無論是密爾頓還是巴克斯特以及富蘭克林都是如此。*[3] 他們後來之由「對該學說之嚴格的解釋」裡解放出來，在細節上完全相應於那「作為整體的宗教性的運動」所經歷的發展。【譯注】*[1]「克倫威爾的 "聖徒" 們」指的是他的那些虔誠的清教徒跟隨者：1645 年成立的新模範軍（New Model Army）的主力，就是由這些人組成的。*[2] 請參考本文 [250 f.]。*[3] 關於密爾頓的「預定學說」，請參考本文 [254] 註腳 21；關於巴克斯特，請參考本文 [366]；關於富蘭克林，請參考本文 [150] 註腳 47。

54 即使撇開「預定」教義不談，這個**問題**對「追隨者時代」（Epigonenzeit）的路德宗信徒而言，就已經比對喀爾文宗信徒而言更為遙遠了，這並不是因為路德宗信徒對其靈魂的拯救比較沒有興趣，而是因為在路德宗教會的發展過程裡，教會之「**拯救機構的性格**」（*Heilsanstalts*charakter）受到了重視，而個別的人則感受到自己乃是教會的活動的客體。直到虔敬派才——以別具特色的方式——也在路德宗之中，喚起了該問題。

何的不同，[55] 並且就連那些被揀選者之所有主觀上的經驗——作為"聖
靈的傀儡"（ludibria spiritus sancti）——，在那些被摒棄者那裡也都是
可能的，唯一的例外乃是那種"**最終地**"（finaliter）堅持著的、篤信的
信任。換句話說，那些被揀選者乃是、並且始終都是神之不可見的教
會。很自然地，那些後繼者——貝札（Beza）[56] 就已經——以及尤其是
廣大的「日常人」（Alltagsmenschen）階層，就不是這麼一回事了。對
他們而言，就「恩典狀態之可**認知**性」這個意義下的"拯救的確定性"
（certitudo salutis），必定會提升達到絕對重要的意義，而就這樣，凡是
「預定學說」被堅持著的地方，也到處都出現一個問題：是否有一些確
定的標誌（Merkmale），可以讓人們就這些標誌去認知那「屬於"選民"
（electi）」之歸屬性。不僅在建基於改革宗的教會的基地上才成長了起
來的虔敬派的發展中，這個問題始終持續地具有某種核心的意義，簡直
可以說：在某個意義下，對虔敬派而言，這個問題始終都是構成性的，
而是：當我們稍後考察改革宗的「聖餐學說」（Abendmalslehre）與「聖
餐的實踐」（Abendmalspraxis）之在政治上與社會上如此深遠的意義
時，我們將會必須再談談：[57] 在整個 17 世紀期間，甚至就連在虔敬派之
外，「個別的人的恩典狀態之可確定性」，例如對於他的「准許參加聖
餐」——亦即：准許參加那核心的、對於「對參與者所做的社會上的評
價」而言具有決定性的禮拜行動——這個問題而言，扮演著什麼樣的角
色。

　　至少，只要「**自己的恩典狀態**」這個問題出現了，就不可能再停留

273

55　這一點在寫給 Bucer 的信中，非常明確（*Corp[us] Ref[ormatorum]* 29, 883
f.，在這方面，請再度比較 Scheibe, a.a.O., S. 30.）。【譯注】根據 MWGI/9:
272 註解 50 的說法，這裡所涉及的，事實上並非喀爾文寫給基督新教神學家
Martin Bucer（1491-1551）的某封信，而是韋伯引用了 CR29, Sp. 883-885 的
說法。

56　【譯注】指法國新教神學家、喀爾文重要門徒 Theodore Beza (1519-1605)，關
於他對「預定學說」的理解，請參考本文 [280 f.] 註腳 67。

57　【譯注】關於這個議題，韋伯在本文 [309 f.] 註腳 129 也只是提及而已，此外
就未再加以探討了。

274 在喀爾文的那至少在原則上從未正式為正統的教理所放棄的[58]指示：對恩典在人之中所造成的堅定不移的信仰之自我見證（Selbstzeugnis）。[59]尤其是「靈魂照顧」（Seelsorge）的實踐，由於到處都必須涉及到種種由該學說所創造出來的折磨，就更不能這麼做了。它滿足於以不同的方式接受這些困難。[60] 只要在這麼做的時候，「恩典選擇」並未被重新解

275 釋（uminterpretiert）、減弱並且基本上放棄掉了，[61] 那麼，尤其就會有二種彼此互相連結著的「靈魂照顧上的建議」的典型，作為「別具特色的」而顯現了出來。一方面，「**認為自己是被揀選的，並將任何懷疑都當作是魔鬼的誘惑而加以拒絕**」[62]這一點，簡直就被說成了是「義務」

---

58 參見（例如）Olevian, *De substantia foederis gratuiti inter Deum et electo*s (1585), p. 257.*——, *Corpus Theologiae* XXIV, p. 87 f. 以 及 Heppe, *Dogmatik der ev [angelisch-]ref[ormierten] Kirche* (1861), p. 425。【譯注】指 Olevian, 1858 II: 257。根據 MWGI/9: 274 註解 54 的說法，在 Caspar Olevian 那裡，「拯救的確定性」乃是「信仰意識」之最具有本質性的特徵之一。

59 真正的喀爾文宗學說所注重的，乃是在種種聖禮中的**信仰**以及「與神同在」的意識，而只附帶地提及"精神的其他果實"。請參見：Heppe, *Dogmatik d[er] ev[angelisch-]ref[ormierten] Kirche* p. 425 那裡的那些地方。儘管喀爾文也像路德宗信徒那樣，認為種種事功（Werke）都是信仰的果實，但他自己卻極為強調地拒絕將事功當作是在神面前的效力（Geltung）之標誌。(*Instit[utio]* III, 2, 37, 38)。那標示著「**禁欲**」的特徵之朝向「在種種事功中證明信仰」之實踐上的轉向，乃是隨著喀爾文的學說之逐漸的改變——根據這種改變，（就像在路德那裡一樣）標示著「真正的教會」之特徵的，**首先**就是純粹的學說與聖禮——，而平行地轉向於將"**紀律**"（disciplina）當作是標誌而與該二者並列的。人們可以在諸如 Heppe, a.a.O., p. 194/195 的那些地方中，追蹤此一發展，同樣的，人們也可以「16 世紀末在荷蘭，教團成員資格（Gemeindemitgliedschaft）就已經是如何被取得的」的方式（明確地以契約的方式使自己臣服於**紀律**下作為核心的條件），去追蹤此一發展。*【譯注】請參考本文 [349] 註腳 222。

60 關於這方面，請參考例如 Schneckenburger 同前揭書頁 48 的一些說明。

61 例如，在巴克斯特那裡，"**大罪**"與"**小罪**"（"mortal" und "venial sin"）之間的那種區分，就這樣——完全以天主教的方式——再度出現了。*前者是缺乏，乃至非現有「恩典狀態」的標記，而唯有整個人之某種"皈依"（conversion），才能提供其「擁有」之保證。後者則與「恩典狀態」並非不相容。【譯注】請參考 Baxter, 1678, chap. VII ("Directions for the Government of the Passions", p. 274-301)。在頁 299 中，巴克斯特談及「大罪」與「小罪」的區別。（參考：MWGI/9: 275 註解 61）

62 Baxter, Bailey, Sedgwick, Hoornbeek 等人都如此，只是深淺層次不同而已。此

（Pflicht），因為，「缺乏自我確定感」畢竟是「不充分的信仰」、亦即：恩典之不充分的影響的結果。換言之，使徒要人「使自己的召喚（Berufung）"固定"下來」的勸勉，在這裡被詮釋成了一種義務：要在日常的鬥爭中，為自己爭取到「自己的被揀選性與證成」（eigene Erwähltheit und Rechtfertigung）之主觀上的確定性。並非那些路德認為如果他們在「悔改的仰信」中（in reuigem Glauben）將自己託付給神就將會得到恩典的「謙卑的罪人」，取而代之的乃是：一些自我確定的"聖徒"（selbstgewisse "Heiligen"）：我們在資本主義的那個英雄式的時代的許多鋼鐵般堅強的清教的商人中，以及在許多個別的榜樣中，直到現在都還找得到的「聖徒」，被培育了出來。而另一方面，為了要**獲得**該「自我確定性」，**孜孜不倦的職業勞動**被當作最傑出的手段而再三囑咐著。[63] 它、並且或許唯有它會消除「宗教上的懷疑」，並給予「恩典狀態」的保證（Sicherheit）。

276

但認為「世界性的勞動能夠達到**此**一成就」的想法，卻在那在改革宗的教會中被培養了出來的宗教性的「感覺」的一些深層的特性中，有其理由——這些特性在其與路德宗的對立中，就在關於「具有證成性的信仰之本性」（Natur des rechtfertigenden Glaubens）的學說中，最清楚地呈現了出來。這些區別在史內肯伯格（Schneckenburger）的那本出色的連續講程（Vorlesungszyklus）[64] 中，是如此細膩地、並且帶有這樣的

外另請參看：Schneckenburger, a.a.O., S. 262 那裡的那些例子。

63　正如我們稍後將會加以說明的那樣，*[1] 在巴克斯特的《基督徒指南》（*Christian Directory*）一書的無數地方以及在其結尾段落中，都是如此。*[2]【譯注】*[1] 見本文 [374 ff.]。*[2] 這裡的「結尾段落」指的是：Baxter, 1678 (IV)。參見本文 [283] 註腳 73。

64　為了要再一次重複該標題：路德宗的與改革宗的學說概念之比較性的展示（hrg. von Güder, Stuttgart 1855）。*——Lobstein 發表於慶祝 H[einrich] Holtzmann 的文集中的那篇寫得非常清楚明白的速寫，也是連結到他的種種觀點上的，我們也可以將該速寫拿來在以下的論述中加以比較。*[2] 人們曾經譴責這篇速寫，說它太過強調「拯救的確定性」。但恰恰在這裡，我們應該區分開「喀爾文的神學」與「喀爾文主義」以及該「神學上的系統」與「靈魂照顧的種種需要」。所有將較廣泛的階層都捲了進來的宗教上的運動，都

一種「對所有的價值判斷之擱置」而純粹就事論事地被加以分析了，以致於以下的這些簡短的評論，基本上可以完全連結到它的展示上。

路德宗式的虔誠——一如它尤其是在 17 世紀的進程中所發展出來了的那樣——所追求的最高的宗教上的體驗，乃是「與神性之 “神秘的合一”」（die “ Unio mystica” mit der Gottheit）。[65] 一如這個名稱——這

277

是由「我要如何才能夠**確定**我的至福？」（wie kann ich meiner Seligkeit *gewiß* werden）這個問題出發的。【譯注】這裡的 Güder 指的是瑞士改革宗神學家 Eduard Güder（1817-1882），曾在伯恩大學讀神學，是伯恩大學福音派神學家 Matthias Schneckenburger（1804-1848）的學生。1855 年，當時在伯恩當牧師的 Güder，將史內肯伯格的一系列演講稿編輯出版，即為 Schneckenburger, 1855 (I, II)。韋伯認為，這本書在比較性地展示路德宗與喀爾文宗的宗教性的差異時，排除了所有的價值判斷，是相當可靠的神學上的歷史原始材料，因此韋伯在寫作 PE 時大量加以引用。

65 無論如何，不可否認的一點是：此一概念之**完全**的發展，是要到晚期路德宗的時代（Praetorius, Nicolai, Meisner）才出現的。（事實上，此一概念甚至在 Johannes Gerhard 那裡就已經**存**在了，並且是完全在此處所說明的這個意義下存在著）。*[1] 因此，[277] 李契爾在他的《虔敬派的歷史》（*Geschichte des Pietismus*, Bd. II, S. 3 f.）第四卷中，*[2] 認為可以將「引進此一概念於路德宗的宗教性中」，說成是「對天主教式的虔誠之復興乃至採納」。他（頁 10）固然並不否認說：在路德和那些天主教的神秘主義者那裡，「個體性的拯救確定性」這個問題，乃是同一個問題，但他卻相信：雙方的「解決」乃是恰恰相反的解決。在這方面，我實在沒有自信可以做出任何自己的判斷。至於「那在《一個基督的人的自由》（*Freiheit eines Christenmenschen*）中吹著的空氣，乃是另一種空氣，一方面不同於後來的文獻中的那種『跟 “ 可愛的小耶穌 ” 之甜蜜的戲耍』，另一方面也不同於陶勒（Tauler）的宗教上的心情」這一點，當然每個人都感覺得到。而同樣的，在路德宗的「聖餐學說」*[3] 中的那種對於神秘主義的—巫術式的元素之堅持，也一定有不同於那種 “ 伯納德式的 ” 虔誠（»bernhardinische« Frömmigkeit）——那種 “ 婚禮—歌—心情 ”（Hohe-Lied-Stimmung）——之其他宗教上的動機：李契爾一再地將「培養與基督進行新娘式的交往」這種想法的源頭，回溯到這種心情上。*[4] 但是，儘管如此，那「聖餐學說」難道不也（連同其他因素）共同促成了「神秘主義式的心情宗教性」（mystische Stimmungsreligiosität）的再度甦醒嗎？——[278] 此外，我在此想要立刻說明一點，那就是：那種認為（見同揭書頁 11）「神秘主義者的自由，完全存在於『由世界**抽離開來**』（*Abgezogenheit von der Welt*）」的說法，絕對不是中肯的。特別是陶勒，他就曾在那些就宗教—心理學而言非常有趣的論述中，當作是那些他也會推薦人們在失眠的時候做的「夜間冥想」之**實踐上的**效果，而將某種「**秩序**」（*Ordnung*）給提了出來——藉此，此一「秩序」亦將被帶進那些轉向世界性

個名稱之此一含義，是改革宗的學說聞所未聞的——所已經暗示了的，
這涉及了一種實質的「神的感受」（ein substantielles Gottesgefühl），對
某種「神性的東西真實地進入了篤信的靈魂之中」的感覺：這種「神的
感受」，在性質上和德國神秘主義者（Mystiker）的冥想之種種影響是相
同種類的，而其特徵則是透過其**被動的**、針對著追求「**安息於神之中**」
的渴望的滿足（die Erfüllung der Sehnsucht nach *Ruhe* in Gott）而發的性
格，以及其「純粹心情性質的內心世界性」（seine rein stimmungsmäßige
Innerlichkeit），而標示出來的。它在路德宗中，是跟那種對於「原罪

的職業勞動（weltliche Berufsarbeit）的思想中：「唯有藉此（透過夜裡在睡
前與神之神秘的統一）**理性才得以變得純淨而頭腦則因而變強**，而人亦將一
整天越來越和平且神聖地被那種他真正與神統一了起來之內心世界的練習所
掌握住：這麼一來，他的所有事功（Werke）亦將變得**有秩序**。也因此，如
果人事先警告了自己（＝預作準備），亦即立基於**德性**去促成他的事功與自
己，——那麼，當他回到現實的時候，[279] 種種事功亦將變得**是有德性的與
神聖的**」。（*Predigten* Fol. 318）無論如何，人們將會看到：「神秘的冥想」
與「理性的職業禁欲」，並非本身就是**互相排斥**的。唯有當宗教性直接採取
了歇斯底里式的性格的時候，相反的情況才會出現——但這一點既不適用於
所有的神秘主義者，也完全不適用於所有的虔敬派信徒。【譯注】*[1] 關於
在 Stephan Praetorius（1536-1603）、Philipp Nicolai（1556-1608）與 Balthasar
Meisner（1587-1626）那裡的"神秘的合一"的概念，請參考 Ritschl, 1880-
1886 II: 12-32。路德宗神學家 Johannes Gerhard（1582-1637）則有 "spiritualis
unio"（靈的合一）、"gratiosa Dei inhabitatio"（神的恩典進駐）等說法。（參
考：MWGI/9: 276 註解 67）*[2] 根據 MWGI/9: 277 註解 68 的說法，《虔敬
派的歷史》第四卷的標題是「17 世紀路德宗教會中的神秘主義」，其中並有
專章探討「與基督之神秘的統一」學說在路德宗神學發展中的來源，並在繼
受中世紀的神秘主義的傳統的過程中，逐漸往"神秘的合一"移動。*[3] 根
據 MWGI/9: 277 註解 71 的說法，在「聖餐禮」方面，路德固然反對羅馬天
主教會的「變體說」（Transubstantiation：麵包與酒這二種實體，轉變成了
基督的肉與血），但也不認為聖餐禮中的麵包與酒只是「象徵」著基督的肉
與血，而堅持基督在聖餐禮中透過「聖餐話語」（Abendmalsworte）之身體
上的真實臨在：基督在麵包與酒的標記下，將自己在十字架上的「犧牲死」
的功績，當作禮物賜給篤信者，使篤信者罪得赦免而獲得拯救。*[4] 伯納德
（Bernhard von Clairvaux, 1090-1153）是中世紀重要的神秘主義者，強調要
親近神，必須愛與理智並重。他花了 18 年的時間，針對舊約中的《雅歌》
（Hohelied，字面意義就是「婚禮歌」），寫了 86 篇的佈道（*Sermones super
Cantica canticorum*），一般中譯為《雅歌講道集》，將基督與教會和個人靈
魂的關係，詮釋為某種神秘的新郎與新娘的關係，對後世有深遠的影響。

278

上的不配得性」之深刻的感受相結合著的：這種感受將會細心地保持著
路德宗信徒們的 " 每日懺悔 "（poenitentia quotidiana）── 這種「每日
懺悔」乃是針對著「維持對罪的赦免而言不可或缺的謙卑與純潔」而發
279 的。而那種改革宗所特有的宗教性，卻從一開始就沒有這種純粹針對內
在而發的「心情的虔誠」（Stimmungsfrömmigkeit）的想法。「神性的
東西真實地進入人的靈魂中」這種事情的可能性，由於神相對於所有受
造物之絕對的超越性，而被排除掉了：" 有限不能包含無限 "（finitum
non est capax infiniti）。毋寧說，「神跟祂的那些受到恩典的人的同
在」，只能如此發生並被意識到，亦即：神在他們之中**作用著**（*wirkt*;
"operatur"），以及：他們意識到了這一點，──換言之：他們的**行動**
是產生於「受到神的恩典所作用的信仰」的，並且此一信仰又再度透
過該行動的品質而正當化為「由神所作用的」（von Gott gewirkt）。改
革宗信徒固然也想要 "sola fide"（唯有透過信仰）而變成是至福的，但
由於根據喀爾文的觀點，所有純然的感受與心情──無論它們顯得有
多麼地崇高──，都是騙人的，[66] 因而信仰勢必得在其種種客觀的**結果**
280 （*Wirkungen*）中證明自己，以便可以拿來作為「拯救的確定性」之確
281 定的證明：信仰必須是一種 " 有效的信仰 "（fides efficax）。[67] 如果人們

---

66 就此一預設而言，喀爾文宗與官方的天主教是相近的。但對天主教徒而
　　言，由此卻產生了「告解」聖禮的必要性，而對改革宗信徒而言，則產
　　生了「透過內在於世界的活動（Wirken）進行實踐上的證明（praktische
　　Bewährung）」的必要性。

67 參見（例如）Beza（*De praedestinat[ionis] doct[rina] ex praelect[uonobus] in
　　Rom[anos] 9. a Raph[aele] Eglino exc[epta]* 1582）頁 133 就已經說：... sicut
　　ex operibus vere bonis ad sanctificationis donum, a sanctificatione ad fidem...
　　ascendimus: ita ex certis illis effectis non quamvis vocationen, sed efficacem illam,
　　et ex hac vocatione electionem et ex electione donum praedestinationis in Christo
　　tam firmam quam immotus est Dei thronus certissima conne xione effectorum et
　　causarum colligimus...（茲根據 Kalberg 編譯的 Weber, 2009: 499 譯為：正如我
　　們是由種種善的事功的完成而被提供「拯救」這個禮物、並且再由「拯救」
　　提升到「信仰」一樣，那麼，由種種行動──只要這些行動具有延續性──
　　中，我們所將獲得的，亦將不僅僅是某種隨機的召喚、而是某種有效的召喚。
　　然後，由此一召喚中，我們將透過基督而得到「預定」這個禮物。「預定」

進一步提出下述問題，問說：改革宗信徒到底能夠在**哪些**果實上，去無可爭辯地認識那「正確的信仰」，則將再度被答覆說是：在基督徒的那種服務於增加**神的榮譽**的生活經營上。至於什麼是有助於此的，則可以由祂那直接在聖經中啟示的、或者間接地可以由世界的那些祂所創造的有目的的秩序（自然法）[68]看出來的意志去得知。特別是透過比較自己的靈魂狀態與那根據聖經為那些被揀選者（例如：猶太民族的那些先祖們）所特有的狀態，人們便可以檢查他自己的恩典狀態了。[69]唯有一個被揀選者，才會真正**擁有**「有效的信仰」，唯有他才有能力，憑藉「重

這禮物，乃是由活動與原則之間的那種猶如神的王冠般堅定不移的有效的連結而來到我們這裡的。）只不過，在關於摒棄（*Verwerfung*）的標記方面，由於這得看「最終狀態」（*Finalzustand*）而定，因此人們必須非常小心才行。（在這一點上，直到清教才有不同的想法。）——此外，在這方面，也請參考 Schneckenburger（同前揭書）的那些深入的探討：*[1] 他當然也只引用了一個相當有限的範疇的文獻。在整個清教的文獻中，此一特點一再地出現。班揚說：「人們不會說：你們相信嗎？——而是：你們是做者（Doers）還是只是說者（Talkers）？」*[2] 根據教導「預定」之最溫和的形式的巴克斯特（*The saints' everlasting rest* Kap. XII）的說法，[281] 信仰乃是打從內心並**藉由**「作為」臣服於基督之下的。他在回答那種認為「意志是不自由的，而神又是唯一保留著拯救的能力者」的異議時說：「先做你能夠做的事情，然後，如果你有原因，再去抱怨神沒給你恩典（*Works of the Puritan Divines* IV. p. 155）。Howe 在我們在其他地方（註腳__）*[4] 已經引用過了的那個地方的說法，也並無不同。隨手翻閱，細讀一下《清教聖徒著作集》（*Works of the Puritan Divines*），到處都可以找到證據。有不少事例顯示，直接導致對清教的"皈依"的，乃是**天主教的**禁慾式的著作，——巴克斯特就是讀了一本耶穌會的宗教小冊子而皈依清教的。*[5]【譯注】*[1] 參閱本文 [276] 註腳__。*[2] 參見 Bunyan, 1855: 85。在此涉及的，乃是末日審判時的判決。*[3] 參見本文 [297]。*[4] 這裡指的是英國耶穌會教士 Robert Parsons（1546-1610）的 *The first Book of Christian Exercise appertaining to Resolution*。這本書出版於1852 年，後來幾經修改擴充。根據 Thomas W. Jenkyn (1794-1858) 的報導，巴克斯特是在 15 歲時讀了清教徒 Edmund Bunny（1540-1619）修改的版本後，決定皈依清教的。（參考：MWGI/9: 281 註解 90）

68 關於**這些秩序**對於「社會性的倫理之實質的內容」的意義，我們在上文（[266-269]）中已略有提及。但在這裡，對我們而言重要的，並非該**內容**，而是推動人去做倫理生活上的行動的**動力**。

69 這種想法必定會如何促進「舊約的—猶太的精神」之滲透進清教信仰裡，實在是再清楚不過了。

生」（regeneratio）以及由此一「重生」所產生的他的整個生命之「神聖化」（sanctificatio），透過種種真正、而非僅僅顯得「善」的事功（Werke），去增加神的榮譽。而當他意識到：他的品行（Wandel）[70]——

282 至少就基本性格與恆常的意圖（propositum oboedientiae）而言——乃是建基於某種活在他之中的「為了增加神的榮譽」的力量[71]的、換言之就是神所想要的、尤其是神**所作用的**，[72] 這時候，他也就獲得了此一宗教

283 性所追求的「最高的善」：恩典的確定性。[73]「恩典的確定性是可以獲得的」這一點，被由〈哥林多後書〉第 13 章第 5 節[74] 加以證實。[75] 因此，儘管種種「善的事功」（gute Werke）都是如此絕對地不適合於用來作為獲得至福的手段的——因為，就連被揀選者也始終都還是受造物，並

---

70 【譯注】Wandel 這個語詞，基本上是「轉變」的意思，但在舊式的用法中，相當於 Lebenswandel，有「生活作風」的意思，跟 Gebarung 或 Gebaren（行事作風）與 Lebensstil（生活風格）有密切關係，因此在此翻譯成「品行」。

71 參見：Charnock 在 *Works of the Pur[itan] Div[ines]*, p. 175 中所說的 " 一項「善的原則」"（a principle of goodness）。

72 " 皈依 " 乃是，正如 Sedgwick 偶爾會說的：某種 " 恩典選擇處分（Gnadenwahldekret）之與原文相符的副本 "。*[1]——並且，貝利教導著：被揀選者，也就是被召喚且被賦予能力去服從者。——而那（浸禮派的）《漢山・諾理斯信仰表白》（*Hanserd Knollys confession*）則教導說：唯有那些被神召喚而（在品行中表現出來的）去信仰的人，才是真正的篤信者，而非純然的 " 臨時信仰者 "。*[2]【譯注】*[1] 參見 Sedgwick , 1689: 877。他是這麼說的：「真正的皈依，乃是神的恩典選擇之某種的結果。皈依雖非揀選的原因，卻畢竟是揀選的某種果實：它乃是恩典選擇之某種真正的、與原文相符的副本。」（參考：MWGI/9: 282 註解 93）*[2] Hanserd Knollys（1599–1691）是英國浸禮派牧師。*Hanserd Knollys confession* 指的是英國改革宗的浸禮派於 1677 草擬、1689 由代表大會批准的信仰表白，一般稱為 *1677/89 London Baptist Confession of Faith*，由於 Hanserd Knollys 是第一個簽字的，因而韋伯稱之為 *Hanserd Knollys confession*。

73 請比較諸如巴克斯特的 *Christian Directory* 的結論。【譯注】指 Baxter, 1678, IV, chap. XXXIV ("Cases and Directions about Selfjudging," p. 274-276)。

74 【譯注】〈哥林多後書〉第 13 章第 5 節（路德譯本，1892 年版）是這麼說的：「你們自己嘗試一下，看看你們是否在信仰中：檢驗一下你們自己吧。還是你們甚至不知道說：耶穌基督就在你們之中？除非你們是不能幹的。」

75 例如，在 Charnock 的 *Self-examination*, p. 163 那裡，就是以這種方式去駁斥天主教關於 " 懷疑 "（dubitatio）的教理的。

且他所做的一切，都落後於神的種種要求無限遙遠的距離，——它們作為「揀選的**標記**」[76] 還是非常不可或缺的。在這個意義下，它們有時候直接就被標示為 " 為了獲得至福所不可或缺的 "，[77] 或者被跟 " 拯救的擁有 "（possessio salutis）連結了起來。[78] 但這一點實際上卻意謂著，基本上：神幫助的，是那自己幫助自己的人，[79] 換言之：喀爾文宗信徒——正如人們有時候會說的那樣：——自己 " **創造** " 了他的至福（正確的說法應該是：他的至福的**確定性**），[80] 但是：此一「創造」卻不像在天主教中那樣，可以存在於種種值得讚揚的個別成就之某種逐漸的積累中，而是存在於某種**隨時**面對著「被揀選還是被摒棄」這二擇一選項之**系統性的**自我**檢查**（systematische Selbstkontrolle）中。這麼一來，我們也就達到了我們的種種考察之非常重要的一個點了。

眾所周知，在諸改革宗教會與教派中以越來越高的清晰性 [81] 凸顯了

284

285

76　此一論證，在例如 Joh. **Hoornbeek** 的 *Theologia practica* 那裡，一再地出現。例如：II, p. 70, 72, 182; I, p. 160。

77　例如，*Conf[essio] Helvet[ica]* 16 就說：" et improprie his (den Werken) *salus adtribuitur* "。【譯注】韋伯這裡引用的，乃是 1562 年的 *Confessio helvetica posterior*（《第二次赫爾維蒂信仰表白》）第 16 條的節略文字，較完整的文句是：「因此，至福僅是在非固有的意義下與那些事功**相**連結著，在完全固有的意義下，則至福將只歸於恩典。」（參考：MWGI/9: 284 註解 9）

78　關於前面所說的一切，都請參考 Schneckenburger, S. 80 f. 【譯注】Schneckenburger, 1855 I，§4 的標題就是：「種種善的事功對於獲得至福的必要性」（S. 74-92），這裡引用的是 S. 80 ff.。（參考：MWGI/9: 284 註解 10）

79　「如果你並非被預定的，那麼就努力成為被預定的吧！」（Si non es praedestinatus fac ut praedestineris），這句話據說奧古斯丁就已經說過了。【譯注】根據 MWGI/9: 284 註解 11 的說法，這句話並未見於奧古斯丁的著作中，但人們往往將這想法歸於奧古斯丁。

80　人們將會回想起歌德的那句就本質而言具有相同意義的名言：「人們要怎樣才能認識自己本身呢？透過考察絕不可能，但透過行動確乎可以。試著去做你的義務，而你則立刻就會知道：你在乎的是什麼（was an dir ist）。——但什麼是你的義務呢？當務之急（die Forderung des Tages）」。【譯注】這句歌德名言，出自《威廉‧邁斯特的漫遊年代》（*Wilhelm Meisters Wanderjahre*）第二卷卷末的格言集（〈在漫遊者們的意義下的種種考察：藝術、倫理、自然〉）的第二與第三句。

81　因為，在喀爾文自己那裡，我們固然可以確定：" 神聖性 " 必定也會進入現

出來的該思路（Gedankengang），一再被路德宗這一邊譴責為 “事功
神聖性”（Werkheiligkeit）。[82] 並且，——無論這些受到攻擊者對於將

286

象中（*Instit[utio]* IV, 1, § 2, 7, 9），但「聖徒」與「非聖徒」之間的界限，
對於人的知識而言，卻始終都是無法究詰的。我們必須相信：凡是神的話語
在某種根據其律法組織了起來並加以管理的教會中純粹地被加以宣告的地
方，那些被揀選者也一定存在於那裡——儘管對我們而言是無法辨認的。

82　喀爾文宗式的虔誠，乃是一個事例，例證了由某些特定的宗教上的思想，為
那實踐上—宗教上的態度（Sichverhalten），而在邏輯上與在心理上所中介
出來的種種結果之間的關係（Verhältnis）。在邏輯上，人們當然有可能會將
宿命論（Fatalismus）當作是「預定」的結果而導出來，但由於 “證明” —
思想的插入，在心理上的影響，卻是恰恰相反的結果。事實上，Hoornbeek
（*Theol[ogia] pract[ica]*, Vol. I, p. 157）已經——以他那個時代的語言——，
對此進行了很出色的論辯：那些被揀選者（electi），正是憑藉著他們的「揀
選」而對宿命論充耳不聞，恰恰在他們對種種宿命論式的結果之拒絕中，
他們為自己證明了「預定選擇本身喚醒了人們，並使他們謹慎從事他們的
種種義務」（*quos ipsa electio* sollicitos reddit et diligentes officiorum）。——
但另一方面，一個宗教之思想內涵（*Gedankengehalt*）——一如恰恰喀爾文
宗所顯示的——所具有的意義，卻也遠較（例如）威廉·詹姆士（William
James）（*The varieties of religious experience,* 1902, p. 444 f.）*[1] 所傾向於
承認的，要大得多。恰恰是在宗教性的形上學中的「理性的東西」的意義
（die Bedeutung des Rationalen in der religiösen Metaphysik），[286] 就在那些
特別是喀爾文宗的「神」概念之思想上的結構對生活所施加的種種宏偉的影
響中，以經典的方式將自己給顯示了出來。如果說，清教徒的神，在歷史中
產生了無論是在祂之前或者在祂之後的任何一個神都無法望其背頂的影響的
話，那麼，祂之所以能夠做到這一點，主要乃是思想的力量（die Macht des
Gedankens）賦予祂的那些屬性（Attribute），使得祂有此能力。此外，詹
姆士根據「宗教上的種種觀念在生活中獲得證明的程度」對這些觀念的意義
所做的 “實用上的” 評價，事實上本身就是這位傑出的學者之清教式的故鄉
的那個思想世界的一個真正的兒子。——「宗教性的體驗」本身，就像每一
個體驗一樣，當然是非理性的。就其最高的、神秘的形式而言，則它簡直就
是那「出類拔萃的體驗」（*das Erlebnis* κατ᾽ ἐξοχὴν），並且——就像詹姆士
（James）非常好地加以論述了的那樣 *[2]——是由於其絕對的無法溝通性
（Inkommunikabilität）而變得突出的：它具有特有的性格並且作為知識而出
現，但卻不讓人用我們的「語言—與概念機器」的種種手段，適當地加以再
生產。並且，此外還有一點也是正確的，那就是：每一個宗教性的體驗，在
嘗試要進行「理性的表述」（*rationale* Formulierung）的時候，就立即會在內
涵上有所喪失，並且概念性的表述（die begriffliche Formulierung）進展得越
遠，也就喪失得越多。正如在 17 世紀裡，那些再洗禮運動的教派所已經意
識到的那樣，導致所有「理性的神學」（rationale Theologie）之種種悲劇
性的衝突的理由，就存在於這一點之中。——但是，這種「非理性」，——

他們的**教義上的**立場跟天主教的學說等同起來的抗議,是多麼地合理的,——的確有其道理,只要藉此所想要說的,乃是對於改革宗的平均基督徒們(Durchschnittschristen)之日常生活而言的種種**實踐上的**後果:[83]——也許從來就沒有過任何一種形式的「對倫理生活上的**行動**所做的宗教上的評估」(religiöse Schätzung des sittlichen *Handelns*),會

287

事實上這種「非理性」**絕非僅僅為宗教性的** "體驗" 所特有,而是(在不同的意義與程度上)**為每一個體驗**所特有——卻並不妨礙:在實踐上具有最高重要性的一件事情,恰恰就是:那如今要為自己而將那在宗教上直接 "體驗到的東西"(所謂的)沒入(konfisziert)並導入其軌道中的「思想系統」(*Gedanken*system),是哪個**種類**的;因為,那些在實踐上如此重要的在種種倫理上的結果上的區別之中的大部分區別——一如它們在地球的種種不同的宗教之間存在著那樣——,都是取決於此的。【譯注】*[1] 請參見 James, 1902: 430-457(第 XVIII 講:哲學)。根據 MWGI/9: 285 註解 15 的說法,詹姆士在此由實用的觀點談及了思想、信仰與行動的關係(尤其請參見頁 444)。在這種觀點下,神的各種形上學上的屬性(如:神的「獨立自存」、其「必然性」等),將顯得與我們的人生沒有什麼關連,倒是神的種種道德上的屬性(如:「神聖」、「全能」、「正義」、「愛」等等)與我們的實踐上的生活有關。然而,教義式的神學,卻由於無法具有這些屬性,因而無法為與之相結合著的宗教上的感受創造確定的基礎,因此,人們勢必會離它而去。*[2] 應該是指 James, 1902: 379-429(第 XVI 與 XVII 講:神秘主義),尤其請參考 p. 380 f., 405。(參考:MWGI/9: 286 註解 16)

83 巴克斯特(*The Saints' Everlasting rest* I, 6)在回答「使拯救成為我們的目的這件事情,是否並非為了報酬的而是合法的?」這個問題時說:[287]「當我們期待它作為我們所完成的事功的**工資**時,它就的確是為了報酬的…。否則的話,這將只不過是就像基督所命令的那樣地為了報酬…而如果尋找基督是為了報酬,則我將會想要這麼為了報酬…。」此外,在許多算是「正統的」的喀爾文宗信徒那裡,也不乏陷入非常明顯的「事功神聖性」的例子。根據貝利(*Praxis pietatis*, p. 262)的說法,施捨乃是避開**有時間性的懲罰**(*zeitlicher* Strafe)的一種手段。另一些神學家向那些**被摒棄者**建議種種善的事功的動機則是認為:這樣一來,詛咒畢竟有可能會變得較為可以忍受一點,但他們向那些**被揀選者**建議善的事功的動機則是認為:因為這麼一來,神將不會只是毫無理由地、而是「因此之故」(*ob causam*)而愛他們——因那終將找到其酬勞的東西之故。但這種辯護,畢竟也對「善的事功對於至福的程度之意義」,做了某些輕微的讓步(Schneckenburger a.a.O., S. 101)。【譯注】在基督宗教的信仰中,「罪」基本上可以區分為二種後果:犯「大罪」(德文是 Todsünde,直譯就是「死罪」,亦譯「宗罪」)者,將受到「永恆的懲罰」(die ewige Strafe,一般中譯為「永罰」),犯小罪者則將受到有時間性的懲罰(一般譯為「暫罰」)。

比喀爾文宗在其跟隨者之中所產生的那種形式更加嚴厲了。但是，對這種種類的"事功神聖性"之實踐上的意義而言，具有決定性的，卻是對某些**品質**（*Qualitäten*）的知識：這些品質刻劃著與它們相應的生活經營的特徵，並將它們與一個中世紀的「平均基督徒」的日常生活給區分了開來。人們確乎可以嘗試著去將這些品質如此表述出來：中世紀的天主教徒，[84] 在倫理的方面，在某種程度上可以說是"勉強餬口"地（"von der Hand in den Mund"）活著的。他首先會認真負責地（gewissenhaft）履行種種傳統的義務。但他的那些超出這一點之外的"善的事功"（gute Werke），一般而言則是一系列沒有計畫的**個別的**行動：他之所以會進行這些行動，要嘛是為了彌補種種具體的罪、要嘛是在「靈魂照顧」的影響下、要嘛就是在生命行將終結之際，在某種程度上作為保險費。相反地，喀爾文宗的神要求於那些「祂的人」並在他們之中造成（bewirkt）的，卻並非一些個別的"善的事功"，而是某種"神聖的生活"（heiliges Leben），亦即：某種提升成了**系統**的「事功神聖性」。[85]「日常人」之

288

---

84 為了要首先突顯出那些別具特色的差異，我們就連在這裡也不得不必須以某種「理想典型式的」概念語言（»idealtypische« Begriffssprache）說話：這種概念語言固然在某種意義下，對那歷史性的現實（historische Realität）施加了暴力，——但如果不這麼做的話，面對嘈雜的「用許多附加條款來加以限定」的情況（vor lauter Verklausulierung），要做出某種清楚的表述，根本就是不可能的事情。至於我們在這裡盡可能明確地加以標示出來的種種對立，在多大程度上只不過是一些相對的對立而已，則我們稍後將會各別加以說明。*【譯注】但韋伯在本文中，並未再對此加以論述。

85 請參考例如：Sedgwick, *Buß- und Gnadenlehre*（Rötcher 德譯本 1689）：願意懺悔者是有"某種固定的規則"的：他嚴格地遵守著該規則，並且他整個的人生都根據該規則而加以安排與轉變（頁 591）。他是——聰明地、清醒地與謹慎地——根據律法而活著的（頁 596）。**唯有某種持續性的「整個人的改變」**，能夠因為恩典選擇的結果而造成這一點（頁 852）。——正如（例如）Hoornbeek, a.a.O. l[iber] IX c. 2 所論述的，「僅僅"在道德上"善的事功」與那「靈的事功」（opera spiritualia）的區分，正是存在於下面這一點之中的，那就是：這些「靈的事功」，乃是一個重生的**生命**的結果，並且：（a.a.O., Vol. I, S. 160）我們可以看到某種**唯有**藉由神的恩典之超自然的作用（a.a.O., S. 150）才有可能達到的持續不斷的進步。神聖性乃是人藉由神的恩典而達成的「整個的人的轉變」（Verwandlung des *ganzen* Menschen）（同前揭書，頁 190 f.），——這些都是整個基督新教共同的思想，但是，唯有在種

倫理上的實踐，褪掉了其「無計畫─與無系統性」，並且被提高成為某種前後一致的「整個生活經營的**方法**」。無論是 18 世紀的那些「清教的思想之最後一次的偉大的再生」的承載者之始終被冠以 "講究方法者"（Methodisten），[86] 還是 "講究精確者"（Präzisisten）這個就意義而言完全等值的標記在 17 世紀之被應用於他們的精神上的祖先上，實在都並非偶然。[87] 因為，唯有在每一個小時與每一個行動 [88] 中的整個生命的意義

289

種禁欲式的流派中，這些思想才將它們的種種結果給顯示了出來。

86　【譯注】在宗教上，Methodist 一詞，指相信 Methodismus 者。Methodismus 的英文是 methodism，直譯就是「方法主義」，而相信「方法主義」者，則應可譯為「講究方法者」。但在中文世界裡則有各種譯法，如：循道宗、衛斯理宗、監理宗、循道會、衛理公會。在我看來，這些名稱都不能說是 Methodismus 或者 methodism 的翻譯，而是對西方人以這個語詞指稱的宗派之「命名」。無論如何，約定俗成，為便於理解，在本書中將統一譯為「循道會」。

87　較後面這個名稱，在荷蘭，當然是特別由那些 "精細者"（Feinen）的那種精確地根據聖經的規定加以經營的生活導出來的（在 Voët 那裡就是如此）*[1]。──此外，在 17 世紀，也個別地出現 "講究方法者"（Methodisten）這個名稱，用來稱呼清教信徒。*[2] 【譯注】*[1] "Präzisismus"（精確主義）這個名稱，來源於 Voet 的辯論文 "de Praecisitate"。參見 Ritschl, 1880-1886 I: 112。這裡的 Voët 或者 Voet，指的是荷蘭的改革宗神學家 Gisbert Voetius（這是拉丁化的寫法，荷蘭文寫作 Gijsbert Voet, 1589-1676）。他在寫於 1643 年的這篇辯論文章中，要求種種行動規則都應該被精確地加以遵守並履行，因而他的主張也被稱為「精確主義」。*[2] 根據 Tyerman, 1870/71 I: 66 f. 的說法，"Methodismus" 這個名稱，在 1639-1693 年間的宗教宣傳小冊子裡已為人所使用。後來人們將這個名稱用來譏諷那些圍繞在衛斯理兄弟（Charles 與 John Wesley）周圍的牛津宗教社團「神聖俱樂部」（holy club）成員的宗教虔誠行為，後來這些成員也主動接受了此一名稱。

88　因為，──正如那些清教的佈道者（例如：班揚在 "The Pharisee and the Publican," W[orks] of [the] Pur[itan] Div[ines], S. 126 中）所強調的：──**每一個個別的罪**（Sünde），都會毀掉在整個一生的進程中，透過種種 "善的事功" 而在 "成就" 上所可能會累積起來的**一切**，如果──以不可思議的方式──人基本上本身就有能力可以去做出神都必須算做是祂的成就的事情或者甚至持久地完美地活下去的話。基本上，在這裡並不會像在天主教那裡那樣，發生某種種類的帶有「結餘─結算」的往來帳，──這樣的一個圖像，在古代就已經很常見了──而是：對**整個一生**而言，都適用一個截然的「非此即彼」（Entweder-Oder），那就是：恩典狀態或者摒棄。當然，另一方面也請參考以下註腳 118。*【譯注】見本文 [301 f.]。

之某種根本的轉變（fundamentale Umwandlung）中，恩典作為某種「人
之免除自然狀態（status naturae）而進入恩典狀態（status gratiae）」的
作用，才能獲得證實。"聖徒"的生活乃是完全針對著某種超越性的目
標：——至福——而發的，但卻也正是因此而在其此岸性的進程中理
性化了，並完全只被一種觀點所支配著，那就是：在這個地球上增加神
的榮譽；——而"一切都為了神的更大的榮耀"（omnia in majorem Dei
gloriam）這觀點，從來就沒有這麼嚴厲地被認真對待過。[89] 但卻唯有
某種透過**恆常的反省**（*konstante Reflexion*）加以引導的生活，才能算作
是對「自然狀態」的克服：笛卡兒的"我思考，我存在"（cogito ergo
sum）在**此一倫理上的重新詮釋**（Umdeutung）中，為那些同時代的清
教徒們所接收了下來。[90] 而此一「理性化」則賦予了改革宗式的虔誠以
它所特有的那種**禁欲的**特點，也說明了它為何一方面與天主教有內在的
親和性（innere Verwandtschaft），同時卻又特別與之相對立。事實上，
基督宗教的禁欲在其種種最高的現象形式（Erscheinungsformen）中，
在中世紀的時候，就已經完全具有這種理性的性格了。西方的僧侶式的
生活經營，就其相對立於東方的僧侶階層而言的世界史上的意義，就建
基於這種性格上。基督宗教的禁欲，原則上在聖本篤的規則（Regel des
heiligen Benedikt）中就已經、在克呂尼修會僧侶（Cluniazensern）與熙
篤會僧侶（Cisterziensern）那裡更加地、而最後則在耶穌會教士那裡最
具決定性地，從沒有計畫的逃離世界（Weltflucht）與技術精湛的自我折
磨中解放了出來。它變成了一種有系統地全面精心建構了起來的「理性
的生活經營的方法」（eine systematisch durchgebildete Methode retionaler
Lebensführung），懷著一項目標：去克服「自然狀態」，去讓人擺脫掉

---

89 那相對於在班揚那裡作為「世故」先生（Mr. "Worldly-Wiseman"）的同志而
　居住在那個名叫「道德」的城市裡的僅僅「合法」（Legality）與「合禮」
　（Civility）的區別，就存在於這一點之中。

90 參見 Charnock, Self-examination (*Works of the Pur[itan] Div[ines]*, S. 172)：反省
　（*Reflection*）與「對自我的知識」，乃是一個**理性的**天性之某種特權。而就
　這一點所做的註腳則說：「我思考，我存在」乃是那新的哲學的第一原理。

種種非理性的驅力的力量以及對世界與自然的依賴，去服從「有計畫的意願」之至高統治權（Suprematie des planvollen Wollens），[91] 去使他的種種行動聽命於「持續不斷的自我**檢查**（Selbst*kontrolle*）」以及「對它們的倫理上的效力範圍（ethische Tragweite）所做的考量」，並以這種方式去將僧侶——在客觀上——教育成為一個服務於神的國度的工人，並因而也——在主觀上——擔保了他的靈魂拯救（Seelenheil）。這種絕對的「自我支配」，不但是聖依納爵（Ignatius）的《修練》（*exercitia*）以及種種最高的形式的「理性的僧侶式的德性」的目標一般，[92] 也同樣是清教之具有決定性的實踐上的生活理想（Lebensideal）。在那種深刻的蔑視中——在關於「對清教的殉道者之種種審訊」的諸多報導中，對於那相對於清教的自白者之「冷靜的、自制的安靜」，而對那些貴族式的高級教士以及官員們之不知所措的叫罵所懷有的蔑視中 [93]——那種對於「自制的自我檢查」（reserverte Selbstkontrolle）之崇尚：——這種「崇尚」之最佳的典型，直到今日都還為英國的與英裔美國人的"紳

291

---

91 例如，天主教的《教會大辭典》（*Kirchenlexikon*）的「禁欲」（Ascese）這個條目，就完全是這樣定義其意義的，完全與其種種最高的歷史上的「現象形式」相一致。Seeberg 在 *R[eal-]E[ncyklopädie] f[ür] Prot[estantische] Th[eologie] u[nd] K[irche]* 中也是如此。＊【譯注】這裡指的是德國天主教神學家 Johann E. von Pruner（1827-1907）所寫的條目 "Ascese" 與基督教神學家 Reinhold Seeberg（1859-1935）所寫的條目 "Askese"。"*Kirchenlexikon*" 的全名是 *Wetzer und Welte's Kirchenlexikon. oder. Encyklopädie der katholischen Theologie und ihrer Hülfswissenschaften*。韋伯強調二者對「禁欲」概念的定義之共同處。（參考：MWGI/9: 290 註解 36）

92 【譯注】這裡的依納爵（Ignatius）指的是耶穌會的創始人依納爵‧羅耀拉（Ignatius von Loyola, 1491-1556）。"*exercitia*" 則是指 "*exercitia spiritualia*"，英譯 *spiritual exercises*，直譯是「靈的練習」，一般中譯為「神操」，日譯則譯為「靈操」，或許也可以譯成「靈的修練」。羅耀拉於 1522-1523 年將他自己的宗教上的祈禱、冥想、觀想等的方法與體驗寫下來（拉丁文版出版於 1548 年，西班牙文版出版於 1615 年），供靈修的練習者與引導者參考。這種「練習」是要透過諸如「精確的自我檢驗」去練會「精神上的禁欲」，目標是要揚棄掉所有不受規制的情緒而達到「自我支配」（Selbstbeherrschung）。

93 在許多於 Neal 的 *History of the Puritans* 以及 Crosby 的 *English Baptists* 中加以複述的關於對那些清教的異端所進行的審訊的報導中，就是這樣。

士"(gentleman)所代表著——,就已經顯現出來了。[94] 用我們熟悉的語言來說就是:[95] 清教的——一如每一種的"理性的"——禁欲,致力於使得人有能力,在面對種種"情緒"(Affekten)時,得以堅守他的種種"**恆常的動機**"(*konstante Motive*),——尤其是這種禁欲甚至教他"**練會了**"(*einübt*)的那些動機——,並使之發生效力,換句話說,就是致力於:將他**教育**成一個"人格"(就這語詞之**此一形式**—心理學上的意義而言)。「能夠經營某種清醒的、自覺的、光明的生活」乃是(跟許多通俗的想法相反)**目標**,——毀滅「受制於驅力的生活享受之不受拘束性(Unbefangenheit)」,是最迫切的**任務**,——將秩序帶

94　Sanford 同前揭書(以及在他之前與在他之後的許多其他人)都將"自制"(reserve)這個理想的產生,由「清教主義」(Puritanismus)中導出來。關於該理想,也請比較諸如 James Bryce 在他的 *American Commonwealth* 第二冊中關於美國獨立學院的那些評論。——"自我支配"這個禁欲式的原則,[292] 也一起使得清教成為「現代的軍事上的紀律」之父。(關於 Moritz von Oranien 作為種種現代的軍隊制度之創造者這方面,請參考:Roloff 在 *Preuß[ische] Jahrb[ücher]* 1903, 111. Bd., S. 255.)*[1] 克倫威爾的"鐵騎隊"(Ironsides)——手上拿著上了膛的手槍,一槍未發,被快騎帶向敵軍——並非由於德爾維希式的激情(Derwisch-artige Leidenschaft)*[2],而是相反地:由於他們的冷靜的自我支配(這種「冷靜的自我支配」使得他們始終都在領袖的掌握中)而勝過那些"騎士黨員"(Cavalieren):這些騎士黨員的騎士般的一風暴式的攻擊,每一次都使得自己的部隊潰散成一些原子。許多這方面的事情,請參閱:Firth, *Cromwell's Army*。*[3]【譯注】*[1] 威廉·馮·奧蘭治(Moritz von Oranien, 1567-1625)長期領導對抗西班牙的獨立戰爭,開創了新的歐洲形式的軍備和演練,他將操練、嚴格的紀律與軍官制度引進了軍隊,後來瑞典與普魯士也都效法這些作法。*[2] 請參考 Firth, 1902 第四章的描述(pp. 110-144)。Ironsides 是指克倫威爾的「新模範軍」的騎士;Cavalieren 則指保皇黨的騎士。*[3] "Derwisch" 一詞波斯文的原意是「站在門檻上的人」(乞食者),指的是回教的托缽僧、尤其是「蘇非」(Sufi),實踐"蘇非主義"(Sufismus),有冥想與禁欲的傾向。

95　關於這方面,尤其請參閱:Windelband, *Ueber Willensfreiheit*, S. 87 f.*【譯注】請參考 Windelband, 1904 第五講關於「選擇的自由」的結尾部分(頁 68-91,尤其是 87 f.)。Windelband 認為,「選擇的自由」除了種種情境性的動機之外,尤其還得考慮到那些來自一個人的「人格」之「恆常性的動機」(「人格的因果性」)。因為,如果各種「情緒」居支配地位,那麼,人便不是自由的,因為,他真正的本質將無法發揮出來。因此,所有的教育的一項課題,就是要教育人,使人成為其情緒的主人。(參考:MWGI/9: 292 註解 43)

292

進那些信仰它的人的生活經營中，則是禁欲之最重要的**手段**。所有這些
具有決定性的觀點，都不但可以在天主教的僧侶階層的種種規則中、也
完全同樣地 [96] 可以在喀爾文宗信徒們的生活經營的那些基本原則中，清
楚地看到。[97] 在二者那裡，它們的那種無與倫比的「克服世界的力量」
（weltüberwindende Macht），尤其是在喀爾文宗那裡──相對於路德
宗──，它的那種作為 "戰鬥教會"（ecclesia militans）去確保基督新
教的存在的能力，就是建基於這種「對整個的人之講究方法的掌握」
（methodische Erfassung des ganzen Menschen）之上的。

　　另一方面，「喀爾文宗的與中世紀的禁欲的**對立**，存在於哪裡」，
則是很明顯的事情，那就是："福音的勸告"（consilia evangelica）[98] 之

293
294

96　只是沒那麼不混在一起。冥想──偶爾會跟「合乎感受性」
　　（Gefühlsmäßigkeit）結合起來──跟這些理性的元素，乃是一再地交會著
　　的。但因此之故，這種冥想也就再度**以究方法的方式**受到管制了。

97　根據巴克斯特（Richard Baxter）的說法，違反那由神作為「立規範的」
　　（normgebend）而為我們所創建的 "理性" 的一切，都是有罪的：並非僅僅
　　那些在內容上有罪的激情（Leidenschaften），而是一切多少有點無意義或無
　　節制的情緒（Affekte）本身，因為它們都毀了 "鎮靜"（countenance），並且
　　作為一些純受造物式的過程，將我們從那「一切行動與感覺跟神的理性的關
　　係（rationale Beziehung）」，給抽離了開來，並侮辱了神。請比較（例如）
　　那關於「憤怒的有罪性」所說的東西（*Christian Directory* I, 2. Aufl., 1678, S.
　　285。為此，頁 287 援引了陶勒）。關於「**恐懼的有罪性**」，請參考同一個
　　地方：頁 287 欄 2。在同一本書 I 頁 310、316 欄 1 那裡非常強調地並且經
　　常地加以論辯的一點乃是：如果我們的胃口（Appetit）就是 "吃的規則與尺
　　度" 的話，那麼，這就是「受造物的神化」（偶像崇拜）了。在進行種種這
　　樣的論述的時候被加以引用的，除了所羅門的那些到處都排在最前面的箴言
　　之外，還包括了普盧塔克（Plutarch）的《論靈魂的寧靜》（*de tranquillitate
　　animi*），但也包括不少中世紀的禁欲方面的著作，請參閱：聖伯納、波拿文
　　德拉（S[ankt] Bernhard, Bonaventura）等等。──那針對著 "誰不愛美酒、
　　女人與歌唱…" *[1] 而發的對立，大概不可能有比透過將「偶像崇拜」這個
　　概念擴充適用到**所有的**感官快樂上──只要這些感官快樂並未透過種種**保健
　　上**的理由證成自己：在哪一種情況中，它們（一如在此一界限內，運動乃至
　　其他的種種 "休閒娛樂"）是被允許的（關於這方面，我們下面還會談到）
　　[2]──的做法，表述得更尖銳的了。【譯注】[1] 這句話的完整說法是：
　　"誰不愛美酒、女人與歌唱，他就一輩子是個笨蛋"，據說出自路德之口。
　　*[2] 參見本文 [397 ff.]。

98　【譯注】參閱本文 [189 f.]。"福音的勸告"（consilia evangelica）：根據羅

廢除，以及隨之而來的「禁欲之轉型成某種純粹**內在於**世界的禁欲」。並不是好像說，在天主教內部，那"講究方法的"生活就始終都限定在修道院小室內一樣。這不僅在理論上絕非如此，就連在實際上也不是這種情況。我們毋寧必須完全承認：儘管天主教有較大的道德上的「知足」（Genügsamkeit），但某種在倫理上沒有系統的生活，卻達不到它——包括也為內在於世界的生活——所已經達到了的那些最高的理想。聖方濟的第三修會（Tertiarierorden），就是在「日常生活之禁欲上的滲透」這個方向上的一次強而有力的嘗試，並且還不是唯一的一次。[99] 當然，諸如《效法基督》（*Nachfolge Christi*）這類的作品，恰恰**透過**其強大的影響方式而顯示出：在這些著作中所宣揚的生活經營的方式，是如何在相對於那作為「最低限度」（Minimum）而讓人感到滿足的「日常的倫理生活」（Alltagssittlichkeit）的情況下，被感覺為某種**較高的東西**的，而這後者其實並未被拿來就那些清教所準備著的標準加以衡量。而某些教會的制度、尤其是「赦罪」制度之**實踐**——這種制度正是因此而在宗教改革時代，並非被當作某種「邊緣性的濫用」，而是根本就被當作「具有決定性的基本損害」而加以感覺著的——，[100] 則

295

馬—天主教的道德神學，對那些覺得自己受到召喚而成為基督之較為徹底的跟隨者而言，會有一些附加的指示：他們藉此而與其他只需要遵守「規定」（praecepa，指種種倫理誡命）的受洗者有別。這種說法的《聖經》根據，是《哥林多前書》第 11 章第 25 節。自從 3 世紀末以來，逐漸形成三個作為「僧侶修道生活之德性」的「福音勸告」：貞潔、清貧、服從。而從 12 世紀以降，這三個「福音勸告」遂作為「修會宣誓」的內容而成為宗教法規。

99　【譯注】請參閱 Ritschl, 1880-1886 I: 13-16。聖方濟（Franz von Assisi, 1181/82-1226）想要恢復原始基督教，而為此目的，他想要用普通信徒的"消極的"基督宗教去平衡僧侶修道生活的那種「圓滿理想」。因此，他也向後者推薦禁欲的理想（也就是下文所說的《效法基督》根據馬可福音第一章第 16-20 節等處所說的那些"事功"，也就是過某種與耶穌對他的門徒們的種種要求相應的、亦即漫遊與清貧的生活）。換言之，他想要讓「禁欲的生活」跨越修道院的圍牆外而感染到世俗人們的社會裡。為了達到此一目的，他在第一修會（男性修會）與第二修會（女性修會）之外，另外設立了由普通信徒所組成的「第三修會」。（參考：MWGI/9: 294 註解 53）

100　【譯注】為此，路德於 1517 年 10 月 31 日，在威騰堡（Wittenberg）的城堡教堂的大門，釘上了他所提出的〈95 條論綱〉。

勢必一再地跟「有系統的、內在於世界的禁欲」之種種端點相交會著。
但具有決定性的一點則是：真正卓越地以講究方法的方式生活著的人，
事實上畢竟都是、並且始終都是**唯有僧侶**，換言之：禁欲將個別的人掌
握得越嚴厲，也就**越**將他逼**出**日常生活**之外**，因為，那特屬神聖性的
生活，就存在於「對內在於世界的倫理生活之**超過**」（*Überbietung der
innerweltlichen Sittlichkeit*）[101] 中。這一點，路德首先——固然並非作為
某一"發展傾向"的執行者，而是由一些完全個人性的經驗出發，然後
再進一步受到**政治上的**處境所迫——將它給排除掉了，而喀爾文宗則單
純地從他那裡接收了這一點。[102] 藉此，一座壩堤被建造了出來，防止
了「禁欲之由世界性日常生活中湧流出去」，而那些在激情方面認真而
富於內心世界的天性——這些天性，到目前為止，為僧侶階層提供了
它的許多最佳的代表人物——，則被指示著，要在世界性的職業生活

---

101 關於這一點，尤其請參考特洛爾區在 *R[eal-] E[ncyklopädie] f[ür] Prot
[estantische] Th[eologie] u[nd] K[irche]*（第三版）中的那篇文章："Moralisten,
englische"。*【譯注】請參考 Troeltsch, 1903，尤其是頁 437-440。特洛爾區
在此展示著：在基督宗教與古代的文化世界之「偉大的融合過程」中，如何
在教會中形成某種「二階段倫理」，導致「僧侶—教士與俗人—市民的道
德」之間的某種無法解除的緊張。基督新教的倫理則透過對「自律—思想」
（Autonomie-Gedanken）的改進而將這種緊張加以「相對化」。這種倫理主
張，正常的世界—與人生觀也可以對宗教上的完美與自然的—受造物的本質
配備有完全的、自然的與本質的滿足。這種倫理放棄了透過特殊的、由超越
受造物式的種種目標導出的宗教上—教會上的「習俗法則」與「福音的勸告」
（consilia evangelica）而對「十誡」與「自然法」所做的任何超過與補充。

102 那些顯得是"歷史的偶然性"的**極為具體的**宗教上的意識內容發生的影響到
底有多大，尤其清楚地顯示於一點上，那就是：那些（例如）在改革宗的基
礎上產生出來的虔敬派的圈子，偶爾會對修道院的缺乏，直接**感到遺憾**，並
且：拉巴迪（Labadie）等人的那些"共產主義式的"實驗，也只不過是「修
道院生活」的某種替代品而已。【譯注】關於拉巴迪（Jean de Labadie, 1610-
1674）請參考 Ritschl, 1880-1886 I:194-268。拉巴迪原為羅馬天主教耶穌會教
士，後來於 1650 年改宗改革宗教會。他認為，人們只能承認「重生者的共同
體」為教會；這些「重生者」必須將自己跟「世界」給分隔開來並遠離那些
具有屬世心志者。然而。如果能夠在精神上疏離於世界，那麼，一個良序的
「家庭教團」（Hausgemeinde）便是一種美好的基督修道院。這是拉巴迪的
理想。拉巴迪在多處建立「家庭教團」，後來也將「家庭教團」（或稱「家
庭教會」）變成某種共產式的共同體。（參考：MWGI/9: 295 f. 註解 56）

296 　之內，去追求種種禁欲式的理想。但喀爾文宗在其發展的進程中，卻也附加了某種積極的東西上來：「在世界性的職業生活中**證明信仰**的必要性」的思想（Gedanke der Notwendigkeit der *Bewährung des Glaubens* im weltlichen Berufsleben）。[103] 它藉此提供了追求禁欲之**積極的**動力，而隨著將其倫理碇泊於「預定學說」而來的，則是「外在並超越於世界的那些僧侶之宗教上的貴族制」，被那些由神從永恆以來就已經預定了的「在世界中的聖徒之宗教上的貴族制」[104] 所取代：某種貴族制，這種貴族制以其「不可磨滅的印記」（character indelebilis），而與其他的、從永恆以來就被摒棄了的人類，透過一道原則上就比中世紀的那種在外在上就跟世界分離了開來的僧侶更加無法跨越、並且就其不可見性而言更

297 　加令人害怕的鴻溝，給分隔了開來，[105] ——一道鴻溝，這道鴻溝以強硬的銳利，切進了**所有**社會性的感覺之中了。因為，對被揀選者、並因而是聖徒們的這個「神的恩典階層」而言，在關於「鄰人的種種罪」的方面，適當的並非：在意識到自己的種種弱點的情況下，準備寬容地予

103　並且，這在宗教改革時期的許多信仰表白（Bekenntnissen）本身中，就已經有了。而就連李契爾 (*Pietismus I* S. 258 f.) ——儘管他將後來的發展看作是種種改革宗思想的敗壞——也都並不否認說（例如：*Conf[essio] Gall[icana]* 25, 26, *Conf[essio] Belg[ica]* 29, *Conf[essio] Helv[etica] post[erior]* 17）：「改革宗的特殊教會（Partikularkirche），都是以完全經驗性的一些標誌加以規定的，並且：信徒們若無倫理生活上的主動性（*sittliche Aktivität*）這個標誌，是**不會被算做是屬於這個真正的教會的**。」（在這方面，請參見上面註腳 59）。【譯注】如：1559 年的 Confessio Gallicana、1561 年的 Confessio Belgica 與 1562 年的 Confessio Gallicana。

104　「讚美神，我們並不屬於多數」（Th[omas] Adams, *W[orks] of the Pur[itan] Div[ines]*, p. 138）。

105　那在歷史上如此重要的 "長子的名分"（birthright）思想，藉此獲得了顯著的支持：「那第一個出生的，都寫在天上了…。正如第一個出生者在其繼承權上無可匹敵、並且那些已登錄了的名字也都永遠不會被抹除掉那樣，他們當然也應該繼承永恆的生命」（Th. Adams, *W. of Pur. Div.*, p. xix）。【譯注】韋伯在此引用的，是 William Henry Stowell 為 Adams, 1847 V 所寫的〈導論〉（p. ix-lxiii）中的文字。在 Adams 那裡，那些第一個被生出來的人，同時也就是那些被揀選者，並且構成了不可見的「教會」。但這種思想與歷史上的「"birthright" 理解」的關連，則是韋伯自己的說法。（參考：MWGI/9: 297 註解 60）

以幫助，而是：將他當作是一個身上帶著「永恆的摒棄」之標記的「神
的敵人」，而對之感到恨與鄙視。[106] 在某些狀況下，這種感覺方式甚 *298*

---

106 那種路德宗式的「悔改式的後悔（*Reue*）」的感受，對於在禁慾上發展了起
來的喀爾文宗而言，儘管並非在理論上，但卻確乎在實踐上，在內心世界裡
是陌生的：對喀爾文宗而言，這種感受在倫理上是沒有價值的：對那些被
摒棄的人而言一點用也沒有，而對那對自己的「揀選」感到確定的人而言，
則不啻是一種他自己都供認了的自己的罪，是「落後的發展與不完備的神聖
化」的徵兆，他不但不應該對之感到後悔，反倒是要想辦法為了神的名聲而
透過作為（Tat）去克服它並且恨它。請比較 Howe（1656-58 擔任克倫威爾的
隨軍牧師）在〈論人對神的敵意與論人與神之間的和解〉（"Of men's enmity
against God and of reconciliation between God and Man," in: *Works of the English
Puritan Divines*, p. 237）中的那些論述：「肉慾的心乃是對神的敵意（*enmity
against God*）。因此，正是這樣的心，並非作為思辯的而已，而是作為實踐
的與積極的心，必須被加以更新」。（eod. p. 246）：「和解…必須始於（1）
對你的先前的敵意…之某種深刻的確信（conviction）…我曾經與神疏遠了
（*alienated*）…（2）（頁 251）對其恐怖的不公與邪惡…有某種清楚的與活
生生的了解」。*[1] 這裡所談到的，只有對「罪」（而非對「罪人」）的恨。
但是，女公爵 Renata von Este（ "Leonoren" 的母親）致喀爾文的那封著名的
信，——她在信中（除了其他）也談及了她對父親與丈夫所或許會懷有的
"恨" ——倘若她必須確信他們都是屬於那些被遺棄者（Reprobierten）的話，
*[2]——卻顯示了「傳染到人身上」的這種轉移，[298] 並且也同時例示了我
們在上面（頁 264）關於那「個體由於恩典選擇學說之故而由種種透過「自然
的 "感受而連結起來的共同體的那些繫帶中擺脫出來的」內在的擺脫（innere
Loslösung）所說的。【譯注】*[1]John Howe（1630-1705）是英國清教神學
家。*[2] Renata von Este（＝ Renée de France, 1510-1574）是法王路易十二的
第二個女兒，1528 嫁給了 Ercole II. d'Este（1508-1559），後者於 1534-1559
年間繼承父親的爵位，為 Ferrara, Moneda 與 Reggio 公爵，因此，Renata von
Este 亦以 Renata von Ferrara 之名聞名於世。在 16 世紀宗教戰爭期間，Renata
拯救了不少喀爾文信徒的性命，Ferrara 公爵宮廷變成了某些基督新教知識份
子的避難所，其中也包括喀爾文。但他的父親與丈夫，卻是反宗教改革的。
她的丈夫從 1545 年起，就在 Ferrara 實行宗教法庭，就連 Renata 也曾被控為
異端並軟禁在家，其喀爾文宗的書籍則被焚。»Leonorens« Mutter（»Leonoren«
的母親）：這裡的 »Leonoren« 指的應該是 Eleonora d'Este（1537-1581），她
是 Renata von Este 的第四個女兒，她和她的姐姐 Lucrezia d'Este 是義大利詩
人 Torquato Tasso（1544-1595）的詩 *O figlie di Renata* (*O daughters of Renata*)
題獻的對象。»Leonoren« 是 Eleonora 的義大利文寫法。歌德曾寫過一齣名為
Torquato Tasso 的五幕劇（產生於 1780-1789 年間，1807.01.16 在威瑪首演），
在德國當時較廣為人知，因此韋伯在談及 Renata von Este 時，才會註明她是
劇中那位 »Leonoren« 的母親。這裡所說的「Renata von Este 致喀爾文的那封
著名的信」，是指公爵夫人於 1564.03.21. 寫給喀爾文的信。

至有可能提升到可以產生**教派**建構（*Sekten*bildung）的程度。而當——
一如在 17 世紀的某些 " 獨立派式的 " 方向那裡那樣——那真正喀爾文
宗的信仰，即相信說「神的榮譽要求著，要透過教會，讓那些被摒棄者
屈服於律法之下」的信仰，被那認為「如果在祂的牧群中，有一個非重
生者，並參與了聖禮，或甚至——作為受任用的佈道者——管理之，
將會給神帶來侮辱」的信念所壓倒的時候，情況就是如此。[107] 而就連
在並未得出「教派建構」這後果的地方——一如我們稍後將會看到的那
樣[108]——，還是有最為多樣的「教會體制的型態」（Ausgestaltungen der
Kirchenverfassung），由那種想要「區分開重生的與非重生的、就參加
聖禮而言並未成熟的基督徒，並且只允許重生的佈道者」的嘗試中，產
生出來。——

　　當然，這種禁欲式的生活經營，乃是透過聖經而得到其明確的規範
的：它可以隨時取向於這規範，而它也顯然需要這規範，並且，對我們
而言，在那經常被講述的「喀爾文宗的 " 聖經制 "（Bibliokratie）」身
上，重要的乃是：**舊約**聖經，因為和新約聖經一樣都是受到神靈啟示的
（inspiriert），在它的種種道德規定上，只要它們不是明顯地僅僅為猶
太教的種種歷史上的情況而訂出來的，或者明確地被基督所廢除了，在
尊嚴（Dignität）上便是和新約完全相同的。恰恰對於**信徒**而言，律法
乃是作為理想的、永遠不可能完全達到的、但卻畢竟行之有效的規範而
給定的，[109] 而相反地，路德——本來——卻將「免於律法奴役的**自由**」

299

---

107 克倫威爾治下牛津大學的獨立派—喀爾文宗副校長歐文（Owen），將該原
　　則表述為：「唯有那些提出證據證明自己是**重生的或者神聖的**人者，才應該
　　被接受或算作是那些可見的教會之適當的成員。這一點付諸闕如之處，一個
　　教會之真正的本質也就喪失掉了」。（Inq[uiry] into the origin of Ev[angelical]
　　Ch[urches]）【譯注】歐文（John Owen, 1616-1683）是英國的激進的清教徒、
　　牧師（擔任過克倫威爾的隨軍牧師）與神學家。此一引文出自 Owen, 1689，
　　但歐文的文章名稱應該是：An Enquiry into the Original, Nature, Institution,
　　Power, Order and Communion of Evangelical Churches。

108 【譯注】但韋伯後來在本文中，僅以暗示的方式回到這一點上，如本文 [349
　　f.] 註腳 222。

109 *Cat[echismus] Genev[ensis]* 149。Bailey, *Praxis pietatis* 頁 125；「在生活中，

（die *Freiheit* von der Gesetzesknechtschaft），頌揚為信徒之神聖的特
權。[110] 那種在清教徒們最常閱讀的聖經篇章：──所羅門的箴言以及許
多的詩篇──中寫了下來的冷靜的希伯來的智慧之影響，人們就在他們
的整個生活心情（Lebensstimmung）中感受著。尤其是那**理性的**性格、
那對宗教性之**感受面**的禁止，已經很有道理地被桑福特（Sanford）[111] 回
溯到舊約聖經的影響上了。無論如何，這種舊約聖經的理性主義本身，
基本上就具有小市民的傳統主義式的性格，並且兩旁不僅站著諸先知與
許多詩篇之強而有力的激情（Pathos），還站著那些對於特有的「感受
宗教性」（Gefühlsreligiosität）的發展而言種種「連結點」都已經在中
世紀給定了的組成部分。[112] 因此，終究而言，畢竟還是喀爾文宗**自己的**

300

我們應該這樣做，彷彿除了摩西之外，沒有人可以支配我們。」【譯注】
韋伯這段文字取自 Schneckenburger, 1855: 115 f.，而 Schneckenburger 在該
處引用的，則是喀爾文 1545 年的著作《日內瓦教義問答》（*Catechismus
Genevensis*）。Schneckenburger 接著又引用了 Ludwig Bayli（他總是寫成
Bailey）的 *Praxis pietatis* 一書。但從韋伯所附的頁數看來，Bayli 所用的
應該是 1703 年 Bern 出版的版本，不是書末所附的 Bayli, 1724。（參考：
MWGI/9: 299 註解 66）

110 律法是作為理想的規範而浮現在改革宗信徒眼前的，但它作為無法達到的
規範，卻將路德宗信徒給打倒了。在路德宗的教義問答手冊裡，為了要喚
起必要的謙卑，律法放在福音前面，而在改革宗的種種教義問答手冊中，
則律法通常放在福音的後面。改革宗信徒指謫路德宗信徒們說：他們「對
『變成神聖』有一種真正的膽怯（Möhler），路德宗信徒們則指謫改革宗
信徒說：他們有「不自由的律法奴役」與高傲。【譯注】韋伯註腳第一句
文字取自 Schneckenburger, 1855: 113-116。路德宗指謫改革宗的虔誠為某種
「奴役式的、律法上的、不是在福音上自由的虔誠」。第二句文字則取自
Schneckenburger, 1855: 171，而 Schneckenburger 在該處則請讀者參閱 Johann
Adam Möhler, *Symbolik oder Darstellung der dogmatischen Gegensätze der
Katholiken und Protestanten nach ihren öffentlichen Bekenntnißschriften*, München,
Regensburg: Nationale Verlagsanstalt 1895, S. 135-145。（參考：MWGI/9: 299
註解 67）

111 *Studies and reflections of the Great Rebellion*, p. 79 f.

112 對於這些組成部分，在這種情況下尤其不能忘記的，乃是那──在大多數情
況下為清教徒們所直接忽視的──《雅歌》（das *Hohe Lied*）：（例如）其
東方式的情慾（Erotik）也共同決定了聖·伯納德的「虔誠典型」的發展。
【譯注】關於這一點，請參考本文 [276 f.] 註腳 65。

禁欲式的基本性格本身，篩選出了那些跟它自己精神氣質相符的（ihm kongenialen）的舊約聖經的元素，並將自己與之同化起來的。——

　　而純就外在而言，倫理上的生活經營的那種「改革宗的基督新教式的禁欲」跟「天主教的修會生活（Ordensleben）之種種理性的形式」所共同都有的系統化，在那"精確的"改革宗的基督徒持續不斷地檢查其「恩典狀態」的方式中，就已經顯露了出來。[113] 那種種罪、種種誘惑以及種種在恩典中被做了出來的進步，都持續不斷地或者至少以列表的方式被記錄了下來的「宗教上的日記」，乃是那主要是由耶穌會教士所創造的、[114] 現代—天主教式的虔誠（尤其是法國的），與那些在教會上最為熱心的改革宗的圈子[115] 的那種虔誠，所共同都有的。但該「宗教上的日記」在天主教裡，卻是服務於「告解的完備性」這個目的的，或者是為"靈魂的導師"（directeur de l'âme）提供其對信徒、乃至（大部分）女信徒進行權威性的領導的基礎，而改革宗的基督徒則是藉由它的幫助，自己"給自己診脈"。所有重要的道德神學家們都提到它，直到今天，班傑明·富蘭克林對他在種種個別的德性上的種種進步所做的表格式—統計式的簿記，都還是這種宗教上的日記的一個經典例子。但另一方面，在班揚（Bunyan）那裡，舊有的中世紀的（乃至古已有之的）「神的簿記」[116] 圖像，則被提升而成了「別具特色的庸俗」（charakteristische Geschmacklosigkeit），以致於竟然將罪人與神的關

301

113　關於這種「自我—檢查」的必要性，請參閱（例如）那已經引用過了的 Charnock 關於《哥林多後書》13: 5 的佈道（*Works of the Pur[itan] Div[ines]*, p. 161 f.）。【譯注】請參見本文 [282] 註腳 71。

114　【譯注】關於耶穌會式的"靈的修練"（exercitia spiritualia）之使用「宗教上的日記」去計算「倫理生活狀態」這方面，請參考 Eberhard Gothein, *Ignatius von Loyola und die Gegenreformation,* Halle: Max Niemeyer 1895: 234。另請參考本文 [291] 註腳 92。（參考：MWGI/9: 300 註解 69）

115　大多數的道德神學家都這麼建議。巴克斯特就是這樣（*Christ[ian] Directory* II, p. 77 ff.），但他並未隱瞞種種"危險"。

116　【譯注】這裡根據的，是《啟示錄》20, 11-15（末日審判）。在最後審判時，將會有一些記載了每一個人的作為的簿冊被打開。這種想法，在古代的與東方的種種宗教中都都可以看到。

係，拿來跟顧客與店老闆的關係加以比較：誰要是一旦欠了錢，將可以用所有他自己的功績收益，逐漸償還那些不斷增長的利息，但卻永遠不可能償還本金。[117] 正如對他自己的行為（Verhalten）那樣，後來的清教徒也檢查（kontrolliert）神的行為，並在生活之所有的個別安排中，都看到神的手指。並且，跟喀爾文的真正的學說相反，他也因此知道：為什麼神要做這項或者那項安排。「生活的神聖化」幾乎有可能會以這種方式，染上了某種「生意經營」（Geschäftsbetrieb）的性格。[118] 整個的生存之某種透入式的基督教化（eine penetrante Christianisierung des ganzen Daseins），乃是「倫理上的生活經營之*方法學*」（*Methodik* der ethischen Lebensführung）的結果：跟路德宗相反，喀爾文宗強求著此一方法學。——

　　到目前為止，我們一直都是在「喀爾文宗的宗教性」這個基地上運動著的，並且根據這一點而預設了：「預定學說」乃是 —— 就「講究方法地理性化了的倫理上的生活經營」這個意義而言的 —— 清教的倫理生活（Sittlichkeit）之教義上的背景。我們之所以會這麼做，

302

117　【譯註】韋伯這裡的說法，取自 Bunyan, 1855: 156。在那裡，"希望" 告訴朝聖者「基督徒」說：「我還這樣想：假定一個人欠店鋪一百磅，而在欠下這筆債以後，每次到店裡買東西，都得付現款；即便是如此，他的舊債卻是依舊未償還，店主還是可以告他一狀，把他送進監牢，未到他付清債款便不能恢復自由。…由於犯了種種的罪，我便在神的帳簿上欠了一大筆債，即使我現在改過了，也不能勾消那筆債…」。（參考：MWGI/9: 301 註解 76）

118　就連巴克斯特（*Saints' everlasting rest*, c. XII）也都透過以下想法說明神的「不可見性」（*Unsichtbarkeit*）：正如人們可以透過通訊的途徑而與某個未曾謀面的陌生人進行帶來獲利的交易那樣，人們也可以透過與那不可見的神之某種 "至福的交易"，而賺取那 "一顆珍貴的珍珠"。——[302] 這些商業上的、而非那些在較古老的道德主義者們那裡以及在路德宗信徒中常見的法庭式的比喻（Gleichnisse），乃是對於清教而言相當別具特色的：清教在效果上正是要讓人自己 "賺到"（erhandeln）自己的至福的。——此外還請比較諸如以下這些佈道的地方：我們斷定一個東西的價值，是藉由一個有智慧的人——：他對該東西既非無知，也並非處於急迫情況下——將會拿來交換的東西。基督、神的智慧，拿他自己、他自己寶貴的血去贖回一些靈魂，並且祂知道這些靈魂是什麼，也對他們沒有任何需要（Matthew Henry, The worth of the soul, *Works of the Pur[itan] Div[ines]*, p. 313）。

乃是因為：該學說事實上遠遠超出那個在每一個方面都嚴格固守著喀爾文的基地的宗教上的黨派（即：長老會信徒們）的種種圈子之外，也作為改革宗的學說之基石而被堅持著：並非僅僅 1658 年的獨立派的《薩伏依宣言》（Savoydeklaration），[119] 而是 1689 年的浸禮派的《漢山‧諾理斯信仰表白》（Hanserd Knollys confession），[120] 也都包含著它，並且就連在循道會內部，固然約翰‧衛斯理（John Wesley）

303

這位其運動之偉大的組織方面的人才也是「恩典之普遍性」的信奉者，但那第一個循道會的世代之偉大的煽動家及其最前後一致的思想家懷特菲爾德（Whitefield），以及諸如那聚集在亨廷頓夫人（Lady Huntingdon）身旁的、有時候畢竟還相當有影響力的圈子，卻都是 "恩典特殊主義"（Gnadenpartikularismus）的信奉者。[121] 在其宏偉的完整性（Geschlossenheit）中，此一學說在 17 世紀這個最決定命運的時期裡，就在 "神聖的生活" 的那些鬥爭著的代表者之中，堅持著一種思想，那就是：去做神的工具以及祂的種種天意上的安排的執行者，[122] 並防止過早地崩潰成某種帶有僅僅此岸性的取向之純效益式的「事功神聖性」：這種「事功神聖性」絕不可能會有能力，竟然為了種種非理性的與理想

119　【譯注】*Savoydeklaration* 的全名是 *Savoy Declaration of Faith and Order*（《薩伏依信仰與秩序宣言》），是公理派信徒於 1658 年所發表的信仰表白，以威斯敏斯特信仰表白為基礎，完全接受其預定說，但在教會體制上有所改變。

120　【譯注】參見本文 [282] 註腳 72。

121　【譯注】約翰‧衛斯理（John Wesley, 1703-1791）拒絕「特殊主義式的預定學說」而主張「為所有人開放的自由的恩典」。在這方面，在 1739-1740 年間，他與循道會的共同創立者懷特菲爾德（George Whitefield, 1714-1770）發生衝突：後者在 1739 年第二次登陸北美洲巡迴佈道時，在其嚴格的特殊主義態度上，受到美洲的公理派信徒支持。於是乎，循道會形成了圍繞在衛斯理周圍的「普遍救贖學說」的跟隨者與圍繞在懷特菲德周圍的「特殊救贖學說」的跟隨者。後來，在 1770 到大約 1777 年之間，又再度發生關於「預定學說」的論辯：一邊是支持衛斯理的循道會信徒，另一邊則是受到懷特菲德影響的、圍繞在亨廷頓夫人周圍的圈子。Lady Huntingdon（1707-1791）原名為 Selina Shirley，後來嫁給 Huntingdon 伯爵 Theophilus Hastings（1696-1746），因而以「亨廷頓伯爵夫人」（Countess of Huntingdon）聞名於世。

122　與此相反的是，路德本人就已經說過：「哭先行於做，而受苦則勝過一切的作為」（Weinen geht vor Wirken und Leiden übertrifft alles Tun）。

的目標之故，而去做出如此前所未聞的犧牲。而此一學說以一種就其方
式而言具有獨創性的形式所提出來的那種將「對種種絕對有效的規範的
信仰」與「絕對的決定論」和「超感性者之完全的超越性」結合起來的
連結，事實上同時也——在原則上——非比尋常地遠較那對感受作了
更多的允諾的較為溫和的學說：——這種學說就連神也使祂隸屬於習俗
法則（Sittengesetz[123]）之下——“ 更現代 ”。但尤其是那——一如將會
一再地自行顯示出來的那樣——對我們的考察而言非常根本的「證明思
想」（Bewährungsgedanke），我們是可以當作「講究方法的倫理生活」
（methodische Sittlichkeit）之心理上的出發點，而就「恩典選擇學說」
及其對於日常生活的意義，而如此地以 “ 純粹培養 ”（in “Reinkultur”）
的方式加以研究的，以致於我們——由於此一思想作為「信仰與倫理生
活的連結」之模式（Schema），在那些下面還會加以考察的宗派那裡，
還會極為經常地一再出現——必須從該學說（作為「最前後一致的形
式」）出發才行。在基督新教的內部，該學說在它的那些認真的信奉者
那裡，對於「生活經營之禁欲式的形塑」而言所勢必會有的種種結果，
構成了路德宗的（相對的）「倫理生活上的無力」（sittliche Ohnmacht）
之原則上的反題（die prinzipielle Antithese）。路德宗式的 “ 可喪失的恩
典 ”（gratia amissibilis）——這種恩典，隨時都可以透過「悔改式的後
悔」而再度被獲得——本身，顯然不包含任何動力，讓我們得以追求那
對我們而言在這裡作為「禁欲式的基督新教的產品」非常重要的東西：
對倫理上的整體生活之某種有系統的、理性的形塑（eine systematische,
rationale Gestaltung des ethischen Gesamtlebens）。[124] 就這一點而言，路

304

123　【譯注】在天主教的道德神學中，Sittengesetz 指的乃是某種自然給定的、對
　　有理性的人而言可以理解並對之負有義務的、倫理性的秩序，也就是在天主
　　教的種種教義問答中所闡述的某種自然法。

124　就連在路德宗的種種倫理的理論的發展中，這一點也極為清楚地將自己給顯
　　示了出來。關於此一發展，請參見 Hoennicke, *Studien zur altprotestantischen
　　Ethik*, Berlin 1902 以及 E[rnst] Troeltsch, *Gött[ingische] Gel[ehrte] Anz[eigen]*,
　　1902, Nr. 8. 對之所做的富有教益的評論。路德宗的教理之（尤其）向著較古
　　老的正統—喀爾文宗的教理的趨近，在這種情況中，在文稿措辭上往往達到

非常大的程度。但那大異其趣的宗教上的取向，卻一再地為自己開闢道路。透過梅蘭西頓（Melanchthon）——為了要找到「將倫理生活（Sittlichkeit）連結到信仰上」的理由——，懺悔概念（Bußbegriff）被凸顯了出來。那受到律法的作用所影響的懺悔，必須先行於信仰，但種種善的事功卻必須跟著信仰而來，否則的話，該信仰就不可能會是——幾乎是以清教的方式加以表述：——真正可以有證成作用的信仰。在他看來，某種程度的「相對的完美性」，是也可以在地球上達到的，梅蘭西頓本來甚至還教導說：「證成」將會出現，以便使人變得能幹去做種種善的事功，而在那不斷提升的完美化中，至少就已經存在著信仰所可以提供的那種程度的此岸性的至福。而就連在那些後來的路德宗的教義學者（Dogmatiker）那裡，那種認為「種種善的事功都是信仰之必要的果實」、「信仰造成某種新的生命」的思想，在外在上也是以跟在改革宗信徒們那裡非常類似的方式被加以論述著的。事實上，對於「何謂善的事功」這個問題，梅蘭西頓就已經——[305] 而那些後來的路德主義者則更加——越來越參考律法，去加以回答了。而如今，路德的思想所僅存下來的殘餘，就只剩下對「聖經制」、尤其是「對於舊約之種種個別規範的取向」之較小程度的認真看待。主要是：十誡始終仍然——作為「**自然的習俗法則**」（*natürliches* Sittengesetz）之種種最重要的原則之法典化，——還是人的行動之規範。——但是：從「十誡」的法規式的效力那裡，卻沒有任何一座安穩的橋，可以通向那再三囑咐的「信仰對於證成之獨有的意義」（ausschließliche Bedeutung des *Glaubens* für die Rechtfertigung）：光是因為「此一信仰（見上文）*[1] 具有一種完全不同於喀爾文宗的信仰之心理上的性格」這一點，就已經如此了。第一個時期的那種真正路德宗式的立場被遺棄了，並且也勢必將會被那將自己看做是「拯救機構」（Heilsanstalt）的教會所遺棄，但另一個立場卻又尚未獲得。尤其是，光是因為害怕喪失教義上的基礎（"唯有信仰"！），人們就不可能做到將「對整個生活進行禁欲式的理性化」，當作是個別的人之倫理生活上的使命（sittliche Aufgabe）。因為，在此缺乏一種動力，使得那「**證明—思想**」（Bewährungs-Gedanke）得以成長到一如這一點在喀爾文宗那裡「恩典選擇學說」所造成的那種意義。就連那——與此一**學說**之消除相一致的——「對種種聖禮所做的巫術式的詮釋」、尤其是將「重生」（regeneratio）——或至少是其開端——置於洗禮中的做法，在接受「恩典普遍主義」（Gnaden*universalismus*）這個假定的情況下，勢必會抵制「講究方法的倫理生活」（methodische Sittlichkeit）的發展，因為，尤其在路德極力強調「原罪」（Erbsünde）的情況下，這假定為感覺減弱了「自然狀態」與「恩典狀態」的距離。而那對「證成行動」（Rechtfertigungsakt）所做的**完全法庭式的**詮釋，更是不遑多讓：這種詮釋預設了「神的種種決定，是可以透過皈依了的罪人之**具體的**懺悔行動（Bußakt）的影響而改變的」。但恰恰是這種詮釋，越來越受到梅蘭西頓的強調。*[2] 他的學說在「越來越重視懺悔」的過程中所出現的那一整個改變，在內心世界裡，乃是跟他對"意志自由"的承認相關連著的。所有這一切，都決定著路德宗式的生活經營之「**非講究方法的性格**」（den *unmethodischen*

德宗式的虔誠使得具有驅力性質的行動以及天真的感受生活之不受拘束 *305*
的生命力（Vitalität）更加牢不可破：缺乏喀爾文宗的那「可怕的學說」 *306*
所包含的那種推動人去追求種種恆常性的自我檢查，並從而去追求對自
己的生活進行按照計畫的管制（planmäßige Reglementierung）的動力。
在這種「自由的世界開放性」（freie Weltoffenheit）的空氣裡，像路德
這樣的宗教上的天才不受拘束地活著，並且，——只要他的雙翼力量

Charakter）。在「平均的路德宗信徒」的想像中，光是由於「告解繼續存在
著」這一點之故，為某些具體的罪所做的那些**具體的**恩典行動，就勢必構成
了「拯救」的內容，[306] ——而不是為自己本身創造出他們的拯救確定性
（Heilsgewißheit）的「聖徒貴族制」（Heiligenaristokratie）的發展。因此，
這樣既不可能產生某種**不受律法約束的**倫理生活（gesetzes*freie* Sittlichkeit），
也無法產生某種取向於律法的理性的禁欲，而是：律法始終都是無機地與那
作為「規章」與「理想的要求」之"信仰"並列著的，除此之外，由於人們
害怕作為「事功神聖性」的「嚴格的聖經制」，因而在其進一步的內容上，
亦將始終都是相當不確定且不精確的、尤其是沒有系統的。——但生活卻始
終都是——一如特落爾區（同前揭書）關於「倫理的理論」所說的那樣——
某種"純然是永遠都無法完全成功的助跑的總和"：這些「助跑」"在種種
個別的、不確定的指示之肢解中堅持著"，"但卻非在某種互相關聯著的生命
整體中，針對著效果（Auswirkung）而發"，而是——依照路德自己就已經
（見上文）*[3] 採取了的那種發展——基本上展現著對給定的生活境況之某
種全面性的順應（Sich-Schicken）。——德國人對於種種異文化的那種常被
抱怨的"順應"、他們之快速的國籍變更（Nationalitätswechsel），——**除了**
國族之種種特定的政治上的命運之外——相當主要的原因，**也**要算到這種直
到今日都還在我們的所有的生活關係中發生著後續影響的「發展」的頭上。
對文化之主觀上的佔有，始終都還很弱，**因為它基本上乃是循著**「對那"以
權威的方式"被提供著的東西之被動的接受」的途徑進行的。【譯注】*[1]
指本文 [242 ff.] 以及這裡的 [303 f.]。*[2] 根據 MWGI/9: 305 註解 90 與 91 的
說法，這裡所說的「對證成行動所做的完全法庭式的詮釋」指的乃是那與信
仰相結合的「證成行動」的客觀面，亦即：罪人之由於神（經由歸因到基督
的正義）而「稱義」（無關乎人本身的任何作為）。梅蘭西頓自 1531 年起，
越來越強調對「證成行動」所做的法庭式的詮釋，並將「證成」理解為為
「福音的佈道在罪人的良心中所喚起的先前的懺悔」所提供的慰藉。這一點
也導致了：根據路德（以及早期的梅蘭西頓）的說法將會與「證成」同時發
生的重生（regeneratio）、亦即：人的更新及其成就善的事功的鍛鍊，越來越
由「證成」脫離開來，以致於後來「重生」與「洗禮」彼此結合了起來。也
因此梅蘭西頓才會將「倫理上的更新」連結到「懺悔概念」上。*[3] 見本文
[201-209]。

所及！——沒有沉迷於"自然狀態"的危險。而裝飾著路德宗之最好的
典型中的許多典型的那種謙遜的、細膩的且獨特地動人的形式的虔誠，
乃至他們的「不受律法約束的倫理生活」（gesetzesfreie Sittlichkeit），
在真正的清教的基地上則很少見，相反地，反倒是可以（例如）在胡克
（Hooker）、[125] 齊林沃思（Chillingworth）[126] 以及其他人之溫和的安立
甘宗內部，看到其類似的情況。但對於路德宗式的日常人——包括幹練
者——而言，卻只有一件事情是最確定的，那就是：他只不過是暫時
地——只要種種個別的告解或者佈道之影響所及——被由「自然狀態」
中提昇出來而已。事實上，對當時代的人而言如此顯眼的諸改革宗的君
王宮廷之相對於那些沉迷於酗酒與野蠻行為的路德宗的君王宮廷[127]的倫
理上的標準的區別，同樣的，相對於再洗禮派之禁欲式的運動，路德宗
的教士們對他們的純粹的「信仰佈道」的無助，都是眾所周知的。人
們在德國人身上所感覺到的那作為"和氣"（Gemütlichkeit）與"樸質"
（Natürlichkeit）的東西，相對立於那——直到人的相貌上——到今天都
還受到「對"自然狀態"的不受拘束性之徹底的毀滅」的後續影響的英
美式的生活空氣（Lebensluft），以及德國人在這後者身上往往經常當作
"狹隘"、"不自由"以及內心世界上的拘束（innerliche Gebundenheit）
而感覺很奇怪的東西，——這些都是源自於路德宗相對立於喀爾文
宗的那種對生活之**較少的**禁欲上的滲透之種種「生活經營的對立」
（Gegensätze der Lebensführung）。未受拘束的"世界之子"（Weltkind）
對那「禁欲性的東西」的反感，就在那些感覺中，將自己給說了出來。

307

---

125 【譯注】指 Richard Hooker (1554-1600)，他是 16 世紀英格蘭最有影響力的神
　　學家之一。

126 【譯注】指 William Chillingworth (1602-1644)，英國神學家。

127 關於這些事物，請參閱諸如 Tholuck 的閒談書：*Vorgeschichte des
　　Rationalismus*。【譯注】指 Tholuck, 1861-1862 II/1:225-231（關於路德宗的
　　宮廷）、301-312（關於改革宗的宮廷）。此外，在第二分冊中則談 17 世紀
　　下半葉的情況：Tholuck, 1861-1862 II/2:190-199（談在國家破產的情況下，
　　宮廷的奢侈生活）；239-256（談德國改革宗君主之倫理的生活）。（參考：
　　MWGI/9: 307 註解 98）

事實上，正是由於其恩典學說之故，使得路德宗缺乏追求「生活經營中的系統性的東西」之心理上的動力：這種動力將會迫使生活經營講究方法地理性化。此一制約著「虔誠」之禁欲式的性格的動力，——一如我們馬上就將會看到的那樣[128]——本身是**有可能**透過種種不同種類的宗教上的動機，而被生產出來的：喀爾文宗的預定學說，只是許多不同的可能性之一而已。但無論如何，我們已經讓自己深信說：它以它的方式，不僅具有極為獨一無二的前後一致，更具有極為顯著的心理上的效用（Wirksamkeit）。就此而言，那些非喀爾文宗的禁欲式的運動，純粹在「它們的禁欲之宗教上的動機」這個觀點下加以考察，對我們而言便顯現為「喀爾文宗之前後一致」的種種**減弱**。

然而，就連在「歷史上的發展」的實在中，情況也——儘管並非完全、但畢竟大部分——就是如此，以致於那改革宗的形式的禁欲，不是被其餘的那些禁欲式的運動所模仿著，就是在發展它們自己的種種與之相偏離的或者超越之的對立時，以比較的方式或者補充的方式拿來加以考慮。

308

[虔敬派]

無論如何，在歷史上，「恩典選擇」的思想，對於那一般稱之為“虔敬派”（Pietismus）的禁欲上的方向而言，始終都是出發點。只要此一運動還維持在改革宗教會的內部，我們就幾乎不可能在「虔敬派的」與「非虔敬派的」喀爾文宗信徒之間，畫出一條特定的界限。[129] 幾

---

128 【譯注】參見本文 [308-366]。

129 Ritschl（*Geschichte des Pietismus* I, S. 192）試圖在下述這一點中，為拉巴迪（Labadie）之前的那個時代（順便一題：僅僅基於荷蘭的樣本），找出這條界限，亦即：在那些虔敬派信徒那裡，I.「（教會組織之外的）宗教集會」（Konventikel）被建構起來了，——II.“受造物式的生存之微不足道”的思想，以某種“與路德宗福音派式的至福利益（evangelisches Seligkeitsinteresse）相矛盾的方式”被促進起來了，——III.“恩典的保證，在與主耶穌之溫柔的交往中”，以非改革宗的方式被尋求著。*[1] 對此一早期時代而言，最後這個標誌，只適用於他所處理到的那些代表人物中的一個，*[2]

"受造物之微不足道"的思想，則本身就是喀爾文宗的精神之真正的兒子，而也唯有在它導致了「實踐上的逃離世界」（praktische Weltflucht）的地方，它才逸出了正常的基督新教之種種軌道之外。*[3] 最後，「多德雷赫特宗教代表會議」自己就在某個特定範圍內（特別是為了種種教義問答上的目的），對「宗教集會」做出了規定。——對那些在李契爾的上述展示中被加以分析的「虔敬派式的虔誠的標誌」中，有幾點或許可以稍加考察：1. 就「在生活之所有的瑣事（Aeußerlichkeiten）上都較強烈地受到聖經文字所奴役」這個意義下的"精確主義"（Präzisismus）：Gisbert Voët 有時候就代表著這種「精確主義」；*[4]——2. 對「證成以及與神的和解」的處理，不是當作自我目的（Selbstzweck），而是僅僅當作藉以達到「在禁欲上神聖的生活」之手段：一如我們可以在 Lodensteyn 那裡找到、但也可以在（例如）梅蘭西頓那裡被加以暗示（註腳 124）*[5] 的那樣；[309]——3. 對那作為「真正的重生」的標誌之"懺悔鬥爭"（Bußkampf）的高度推崇：一如 W[ilhelm] Teellinck 第一個教導人們的那樣；*[6]——4. 在有「未重生者」參與聖餐禮時之禁食聖餐（關於這一點，我們在另一個脈絡中將會再談及）*[7] 以及與此相關聯著的、不堅守於「多德雷赫特宗教法規」的諸多限制中的、帶有「"預言"——亦即：也由非神學家、甚至婦女們（Anna Maria Schürmann）所做出的經文詮釋——之復活」的宗教集會建構（Konventikelbildung）。*[8] 所有這一切，都是展現著與許多宗教改革家的學說與實踐之種種偏離（有一部分甚至是某種相當顯著的偏離）的事物。但是，相對於那些未被李契爾納入他的展示中的流派，尤其是相對於英國的清教徒們，則除了 III 之外，它們的確只展現了存在於這種「虔誠」之整個發展中的那些傾向之某種提升。李契爾的展示的「公正性」的不足之處在於：這位偉大的學者，將他的種種取向於教會政策上、也許更好地說是：宗教政策上的價值判斷，都帶進來了，並且，在他對所有「特屬禁欲式的宗教性」的反感中，凡是出現朝著這種宗教性發展的「轉向」之處，一律都解釋成是「"天主教"的故態復萌」。*[9] 但是，正如天主教一樣，舊基督新教本身同樣也包含了"各種各樣的人"（all sorts and conditions of men），*[10] 並且一如虔敬派之拒絕 17 世紀的那種特屬天主教的「寂靜主義」（Quietismus）那樣，以「楊森主義」（Jansenismus）型態出現的天主教的教會，也的確拒斥著「內在於世界的禁欲」的那種嚴格主義（Rigorismus）。*[11]——無論如何，對我們的種種特有的考察而言，虔敬派唯有在下述情況下，才翻轉成為某種並非在程度上、而是在性質上發揮著不同作用的東西，亦即：當那種對於"世界"之升高了的恐懼（Angst），導致了由「私有經濟上的職業生活」中逃出來的逃離（Flucht），亦即導致「基於修道院式的—共產主義式的基礎」上的宗教集會建構（拉巴迪），*[12] [310] 或者，——一如當時許多個別的極端的虔敬派信徒在這一點上被許多當時代人在背後議論紛紛的那樣——導致為了有利於冥想（Contemplation）而對「世界性的職業勞動」之特意的忽視。*[13] 特別是當「冥想」開始採染上李契爾稱之為"伯納德主義"（Bernhardinismus）的那種特點的時候，此一結果自然而然會經常出現，因為，該特點在那透過聖·伯納德而對《雅歌》所做的詮釋中，首先流露出來的乃是：*[14] 某種神秘的「心情的宗教性」（Stimmungsreligiosität）——這種宗教性追求著帶有隱蔽的一性愛的色彩的 "神秘的合一"（unio mystica）。這種宗教性，光是純就宗教—心理學而言，相對於那種「改革宗式的虔誠」就已經、甚至就連相對於其在諸如 Voët 這類的男人那裡的那種禁欲式的特徵，也毫無疑問地展現了某種的 "不同"（aliud）。*[15] 但李契爾如今卻到處試圖要將這種「寂靜主義」與虔敬派式的禁欲給接合起來，並以這種方式使得後者受到相同的詛咒，並且，他一一指出了他在虔敬派的文獻中所發現的每一個出自天主教的神秘主義或者禁欲主義（Asketik）的引文。然而，就連完全 "沒有嫌疑" 的英國的與荷蘭的道德神學家們，也都引用著 Bernhard, Bonaventura, Thomas a Kempis。*[16]——在所有改革宗教會那裡，與「天主教方面的過去」的關係，都是某種極為複雜的關係，而隨著人們強調的觀點的不同，有時候會顯得某一個、而另一個時候則顯得另一個側面，是跟天主教、乃至跟天主教的某些特定的側面相近。【譯注】*[1] 請參閱 Ritschl, 1880-1888 I: 192。根據 Ritschl 的說法，虔敬主義首先出現在尼德蘭的改革宗教會中。（參考：MWGI/9: 308 註解 1）*[2] 指荷蘭神學家 Jodocus van Lodenstein（1620-1677；Lodenstein 亦作 Lodensteyn）。*[3] 跟據 Ritschl, 1880-1888 I: 168 f. 的說法，分離主義者 Lodenstein 就是主張「自我否認」（Selbstverleugung）這個原則的：人應該自我否認，放棄一切肉欲享受，為神的榮譽而全力以赴。Lodenstein 的名言是：神是一切，受造物什麼都不是。（參考：MWGI/9: 308 註解 3）*[4] Gisbert Voët（1589-1676）是荷蘭喀爾文宗的神學家，一般荷蘭文寫成 Gijsbert Voet，拉丁化則為 Gisbertus Voetius。Voet 不但將種種直接的行動規則，以決疑論的論述方式清楚地表述了出來，還要求信徒必須精確地加以遵守與實行。（參考：MWGI/9: 308 註解 5）。*[5] 參見本文 [304-306]。*[6] Wilhelm Teellinck（1579-1629）是很有影響力的荷蘭基督新教牧師，這裡指的是他死後才於 1653 年出版的著作 "Soliloquium"（《獨白》）。請參閱 Ritschl, 1880-1888 I: 124-128。（參考：MWGI/9: 309 註解 8）*[7] 但韋伯在本文中，並未再談及這一點。*[8] Anna Maria Schürmann（1607-1678）是荷蘭畫家、雕刻家、詩人、學者，精通 14 種語言。她是 Voet 的學生，後來也加入了拉巴迪的「家庭教團」。*[9] 關於韋伯對李契爾的批評，也請參看本文 [248 f.] 註腳 11 與 [276 f.] 註腳 65。*[10] "all sorts and conditions of men" 的表式源遠流長，可以追溯到 1662 年起在英格蘭教會中作為禮拜—與祈禱書使用的《公禱書》（Book of Common Prayer）。但韋伯這裡似乎是影射 1882 年出版的一本 Sir Walter Besant（1836-1901）出版的同名小說。（參考：MWGI/9: 309 註解 12）*[11]「楊森主義」是羅馬天主教內部在十七世紀產生的、主要在法國傳佈的宗教性反對運動，由荷蘭神學家楊森（Cornelius Jansen, 1585-1638）創立，其神學上的主張溯源至奧古斯丁，強調原罪、人類的全然敗壞、恩典的必要和預定論等，後來被判為異端，受到迫害。「寂靜主義」是羅馬天主教於 17 世紀下半葉產生於義大利、法國與西班牙的一個流派。這個流派強調：信仰者應該放棄所有的行動與思考，在禱告與被動的冥想中將自己獻給神，

309　乎所有清教之堅定的代表們，都偶爾會被算做是虔敬派信徒，[130] 並且
310　有一種見解是完全許可的：這種見解已經將所有那些「預定」與種種
「證明思想」之間的關聯，連同作為這些關聯之基礎的那對於獲得主
觀的 "拯救的確定性"（certitudo salutis）——一如它在上面被加以展
示的那樣 [131]——的興趣，看做是對喀爾文的真正的學說之虔敬派式的
後續建構。[132] 因此，在英國，人們通常大多根本就不使用 "虔敬派"

以便達到「靈魂安息」這個最高目標。此一學說，後來同樣被判為異端。關
於「楊森主義」，另請參考本文 [387] 註腳 300。*[12] 請參考本文 [295 f.] 註
腳 102。*[13] 在本文 [317] 註腳 141 中，韋伯舉的例子是荷蘭改革宗神學家
Willem Schortinghuis（1700-1750）及其跟隨者。*[14] 關於伯納德的《雅歌》
佈道以及某種與之相應的「虔誠」，請參閱 Ritschl, 1880-1888 I: 46-61。另
請參考本文 [277] 註腳 65。*[15] 關於 Voet 請參閱 Ritschl, 1880-1888 I: 101-
130，其中頁 122 ff. 談及了 Voet 小心地與「神秘主義式的虔誠」保持距離。
（參考：MWGI/9: 310 註解 19）*[16] Bonaventura 指 Giovanni Fidanza（ca.
1217-1274），為方濟會教士，自 1257 年起，對神秘主義式的生活與體驗
有許多省思，影響了中世紀晚期的虔誠。Thomas a Kempis（這是拉丁文寫
法）即 Thomas Hemerken（1379/80-1471），德文寫作 Thomas von Kempen
（Kempen 是他的出生地）。他是奧古斯丁主教區修道院修士，神秘主義者，
也是一位宗教作家，1418 年匿名出版著名的天主教靈修書《效法基督》（De
Imitatione Christi，德譯作：Die Nachfolge Christ。很可能不是他自己寫的，而
是由他匯編成書的）。這本書有無數版本，影響後世甚大，無論是在天主教
裡、還是在英國、荷蘭與（尤其是）德國的虔敬派裡，都極為受到重視。
130　【譯注】韋伯在這裡可能是援用 Heppe, 1879 的說法。Heppe 認為，虔敬主
義的第一批開端，是在英格蘭與蘇格蘭，因而也將「英格蘭的清教式的虔敬
派」（S. 14-73）納入主要在談荷蘭的虔敬派的展示中。這種作法，與 Ritschl,
1880-1886 大不相同：後者在導論後，就直接由荷蘭的改革宗虔敬派開始。
（參考：MWGI/9: 310 註解 14）
131　【譯注】參見本文 [272 ff.]。
132　因此，就連 Mirbt 在 Realenc[yklopädie] f[ür] Prot[estantische] Theol[ogie]
u[nd] K[irche]（《基督新教的神學與教會之實用百科全書》）第三版中的那
篇相當富有教益的詞條〈虔敬派〉，也將「虔敬派的產生」只當作斯賓納
（Spener）* 的某種個人的宗教上的體驗加以處理，但這種作法實在令人感到
有點奇怪。——作為進入「虔敬主義」的導論，Gustav Freytag 在《來自德意
志的過去的種種圖像》（Bilder aus der deutschen Vergangenheit）一書中的描
繪，始終都還是值得一讀。【譯注】Mirbt, 1904: 775 就說：「虔敬主義的產
生的歷史，佔很大部分就是斯賓納（Philipp Jakob Spener）的生命的歷史」。
（參考：MWGI/9: 311 註解 21）

（Pietismus）這個概念。但至少就重點而言，就連大陸的改革宗的（尼德蘭—下萊茵區的）虔敬派，以及諸如貝利的宗教性，便首先全都一樣：都是改革宗的禁欲之提升。[133] 那具有決定性的強調是如此強烈地放在 " 虔敬的實踐 "（praxis pietatis）上，以致於在這方面，教義上的正統說法（Rechtgläubigkeit）竟退居背景，有時候甚至直接就顯得無足輕重。事實上，教義上的種種錯誤，正如同其他種種罪一般，都偶爾會侵襲著那些預定者，而經驗也教導著：為數甚多的完全並未取向於學院神學的基督徒，得到了信仰之種種最明顯的果實，反倒是另一方面卻顯示著：純然的神學上的知識，絕不會帶來「在品行中的信仰之證明」的保證（die Sicherheit der Bewährung des Glaubens im Wandel）。[134] 換言之，

311

312

133　【 譯注 】請參閱 Lewis Bayly 的 *Practice of Piety* 一書（ 德譯本 = Bayli, 1724）。這本清教徒的修身讀物，為生活提供了種種具體的行動指導，是一本流傳甚廣的書，尤其在德國更是廣受喜愛。（ 參考：MWGI/9: 311 註解 20）

134　眾所周知，此一觀點使得虔敬派能夠成為寬容思想的主要承載者之一。就歷史而言，這種寬容思想，如果我們在此暫且撇開那人文主義式的—啟蒙式的**漢不關心**不談的話：——光就其本身而言，這種「漢不關心」並未在任何地方**產生重大的實踐上的影響**，——乃是產生於下述幾個主要源頭的：1. 純政治上的國家理性（原型：Wilhelm von Oranien) *[1]— 2. 重商主義 [312]（例如，在阿姆斯特丹這個城市那裡，而在那些將教派信徒當作是「經濟上的進步」之值得珍視的承載者而加以接納的許許多多的城市、地主、有權勢者那裡，這種情況尤其明顯）— 3. [喀爾文宗式的虔誠」之激進的轉向。*[2] 事實上，「預定」基本上就排除了「國家透過不寬容而真正促進宗教」的可能性。國家透過「不寬容」，畢竟是無法拯救任何靈魂的，而唯有對於「**神的名譽**」的思想，會促使教會去要求國家幫助壓制異端。然而，越是強調「佈道者與所有聖餐伙伴都屬於被揀選者之列」這一點，國家對於「佈道職位的安排」的每一次干涉，以及將牧師職位作為受俸神職而授與各大學的那些或許未重生的學生們的每一次授與——只因為他們在神學上受過教育——，就變得越是難以忍受。改革宗的虔敬派，透過將「教義上的正確性」加以貶值以及對 " 在教會之外沒有拯救 "（Extra ecclesiam nulla salus）這個命題的逐漸破壞，加強了此一觀點。**喀爾文**認為：「使得就連被摒棄者也**臣服於教會**這神的基金會（Stiftung）之下」，乃是唯一與神的榮譽相一致的作法；在新英格蘭，人們尋求著將教會當作是證明了的聖徒們的貴族制去加以建構起來；但那些激進的獨立派信徒，卻就已經拒絕了無論是市民的、還是隨便哪一種的層級體系的種種權力（Gewalten），對那唯有在**個別教團**（*Einzel*gemeinde）之內才有可能的「對 " 證明 " 之審查」的任何干涉。那種

認為「神的榮譽要求著，將那些被遺棄者（die Reprobierten）也納入教會紀律之下」的思想，受到某種——從一開始就同樣存在著、但卻逐漸越來越激情地被強調著的——思想所排擠，這種思想認為：跟一個為神所摒棄的人共享聖餐，乃是對神的榮譽的傷害。這一點勢必會導致意志論（Voluntarismus），因為它導致了"信仰者的教會"（believers' Church）：那只包括重生者的宗教上的共同體。喀爾文宗式的浸禮派（Baptismus）——例如，"聖徒們的國會"的領導者 Praisegod Barebone 就屬於該浸禮派——，就最堅定地由此一思想系列導出了種種結論。*[3] 克倫威爾的軍隊捍衛著良心自由，而「"聖徒們"的國會」則甚至捍衛著「國家與教會的分離」，因為，它的成員們都是虔誠的虔敬派信徒，換言之是出於種種「實定─宗教上的理由」（aus positiv-religiösen Gründen）。——4. 那些再洗禮運動式的教派從它們的存在的一開始——一如我們還將會看到的那樣——，*[4] [313] 就始終堅持著一項原則，那就是：唯有那些「在個人方面重生者」（persönlich Wiedergeborene），能夠被接納進「教會」這個共同體裡，並因而斷然拒絕教會之任何「"機構"─性格」以及「世界性的權力」（weltliche Macht）之任何干涉。換言之，就連在這裡，那產生出「無條件的寬容」這項要求的，也還是某種「實定─宗教上的理由」。——羅傑・威廉士（Roger Williams）這位第一個出於這些實定宗教上的理由而寬容的、並且拒絕「國家教會」（Staatskirchentum）之任何殘餘的殖民地羅德島的建立者，在該處重新受洗並且接著有一段短時期當過浸禮派信徒佈道者，但我們似乎無法精確地證實，他是從哪裡獲得他的那些在此之前已經發展了出來的「反國家教會的基本原則」的。*[5] 那些天主教的巴爾的摩爵士（Lord Baltimore）所建立的殖民地馬里蘭（Maryland）之所以會宣告寬容——這種寬容是作為「排他性的拯救機構」的天主教教會，不能夠作為原則而加以承認的——，則完全是出於投機，因為，一個「在官方上就是天主教式的」的殖民地，有可能會受到壓制。*[6] 當然，賓州則從一開始就出於種種宗教上的理由而擁有著「寬容以及國家與教會的分離」這基本原則。*[7]——以上的這些評論（我們後面將會繼續更深入地回到這些評論上）*[8] 之所以會在這裡插進來，其中的一個理由乃是因為：國會議員格羅伯（Gröber）最近又再度在帝國議會中，為馬里蘭要求在"寬容"上（相對於羅德島）的優先性。*[9] 但是，「基於種種政治上的（也有可能是：教會政策上的）投機理由的寬容」[314] 與「作為宗教上的原則的寬容」，卻是很不一樣的兩回事。後面這種寬容，天主教會是不能接受的，因為，作為「神的基金會」（Stiftung Gottes），天主教會具有一項義務，那就是要去保護人們，使他們免於永入地獄的詛咒（Verdammnis）：而異教則絕對會將人們引到該詛咒裡去。——「寬容」所處的情況，與「現代的"自由主義式的"觀念」，基本上沒有兩樣：都是在宗教上碇泊於一個原則上，那就是：將所有的「人的權威」（menschliche Autoritäten）都當作是"對受造物之神化"加以摒棄，並將「自己的意志之唯有欠神及其律法之無條件的臣服」加以貶值，——一如此一「碇泊」最清晰地出現在那些貴格派信徒那裡，但卻以較不那麼一致的形式出現在所有禁欲式的教派那裡那樣，*[10]——在那些清教式的國家中，"敵視權威" 的這種由種種「實定─宗教上的動機」
（*positiv*-religiöe Motiven）之「導出」（Ableitung），乃是 "自由" 的那個在
歷史上具有決定性的 "心理學上的" 基礎。無論人們對 "啟蒙" 之歷史上的
意義評價得再怎麼高，它在自由上的種種理想還是缺乏該碇泊：是那在這樣
的種種**積極的**動力（*positive* Antrieben）上的碇泊，才確保了那些理想的繼續
存在──正如這些動力也才賦予了格萊斯頓（Gladstone）的政治工作一般以
那 "構成性的" 特色那樣。*[11] 眾所周知，對於「" 良心自由 " 之產生與政
治上的意義」的歷史而言，耶林內克（Jellinek）的 "人權宣言"（*Erklärung
der Menschenrechte*）乃是奠基性的。就連我個人也很感謝此一著作的刺激，
讓我再度從事於清教的研究。*[12]【譯注】*[1] Wilhelm von Oranien（1533-
1584）即威廉一世，自 1559 起為西班牙治下的 Holland, Seeland 與 Utrecht
諸省的總督。他在政治上的理想目標包括：驅逐外國軍人、將 17 個省結合
成一個在一個世襲首腦與某種一般的地方代理的共同的、自由的組織，某種
自由思想的寬容政治並廢除任何良心強制。威廉一世揭櫫「寬容」此一「偉
大的目標」，完全著眼於「國家理性」，因為當時南方諸省為天主教，北方
諸省則大多為基督新教，要讓它們結合起來，勢必得主張寬容。（參考：
MWGI/9: 311 註解 23）*[2] 如本文 [252 f.] 所談到的《威斯敏斯特信仰表白》
與本文 [250 f.] 註腳 16 中所談到的《多德雷赫特宗教法規》。*[3] "聖徒們
的國會"（das Parlament der Heiligen）也叫做「Barebone 的國會」。Praisegod
Barebone（ca. 1598-1679）一般寫作 Praise-God Barebone，是一個「特殊的」
浸禮派信徒，1653 年成為「長國會」的成員。請參考本文 [270] 註腳 53 與
本文 [346] 註腳 218。*[4] 請參見本文 [348-363]。*[5] 羅傑·威廉士（Roger
Williams, 1603-1683）是英格蘭基督新教神學家，他確信「政治權力對人的種
種宗教上的意見，並無任何支配權」，認為「教會與國家應該完全分開」（宗
教不是立法的對象），1635 年被 Massachusetts 殖民地驅逐，因而於 1636 年
到北美創立羅德島殖民地，成了少數宗教團體的避難所。*[6] Lord Baltimore
指的是 Cecil Calvert, 2nd Baron Baltimore (1605–1675)，儘管皈依祖先的羅馬
天主教信仰，並且由於是殖民地馬里蘭的地主，對英國王室也相對獨立，但
卻允許英格蘭國家教會的種種教會上的權利行之有效。*[7] 賓州直到 1681 年
才由威廉·佩恩（William Penn, 1644-1718）建立殖民地。威廉·佩恩也是一位
虔誠的貴格派信徒和哲學家，1681-1683 年間，他試圖將貴格派的信仰理想，
在賓夕法尼亞殖民地付諸實踐，並稱之為「神聖實驗」，其中很重要的一個
原則就是「支持信仰自由」。* [8] 但韋伯在本文中，並未再談及「寬容」以
及「教會與國家的關係」這些議題。關於「寬容」，另請參閱本書 [585-590]
韋伯與拉賀發爾（Rachfahl）的論辯；至於「教會與國家的關係」這議題，
則請參閱本書 [426-462]。*[9] 這裡的 Gröber 指 Adolf Gröber（1854-1919），
德國法學家、中央黨政治家。格羅伯於 1905. 02. 08. 在帝國議會提出中央黨
關於「宗教練習課的自由」的法律草案，而在提出法律草案時，他也就「歷
史上的發展」提出了相關說明。他認為，第一個將「寬容」這個基本原則給
說了出來的政治體，乃是由一個自由思想的天主教徒（巴爾的摩爾公爵）所

313 在神學性的知識上,「揀選」是根本就不能被加以證明的。[135] 因此,

314 虔敬派在對「神學家教會」之深刻的不信任中——但它(這一點也是

315 它的諸多標誌之一)在形式上卻始終都還是屬於這神學家教會——,
開始去將那些 “虔敬的實踐”(praxis pietatis)[136] 的信奉者,在跟「世
界」隔離開的情況下,在 “宗教集會”(Konventikel)中給集合了起
來。它想要把那「“聖徒們” 的不可見的教會」,可見地拉到地球上
來,並且,——儘管並未得出「教派建構」這結果——藏身於此一
共同體中,過著一種對世界的種種影響死心的、在所有的細節上都取
向於神的意志的生活,並以這種方式,就連在生活經營之日常的、外
在的種種標誌中,也始終對自己的重生感到確定。真正的皈依者的 “小
教會”(ecclesiola)[137] 想要以這種方式——這一點也是所有特屬的 “虔
敬派” 共同都有的——,在提升了的禁欲中,在此岸就已經在其至福
中品嚐「與神同在」(Gemeinschaft mit Gott)的滋味了。這後一個追

建立的政治體馬里蘭(1634),領先 1636 年由羅傑·威廉士所建立的共同體
(羅德島)。韋伯在此加以反駁。(參考:MWGI/9: 313 註解 35)*[10] 參見
本文 [352 f.] 註腳 226 與本文 [398]。*[11] 格萊斯頓(William Ewart Gladstone,
1809-1898)是英國自由黨政治家,一生都是堅定的英國國教信徒。*[12] 耶
林內克(Georg Jellinek, 1851-1911)的《人權宣言》一書,全名是《人權與公
民權宣言》(*Erklärung der Menschen- und Bürgerrechte*),出版於 1895 年,
1904 年出版第二版時,韋伯本來計畫要寫一篇書評——這大概就是文中所說
的「再度從事於清教的研究」——,但後來並未實現。(參考:MWGI/9: 314
註解 38)

135 例如,在克倫威爾的那些「佈道職位—候選人們的 “審查者”」那裡,這種思
想就在其實踐上的應用中出現了。他們所尋求要加以確定的,與其說是專業
上—神學上的教養(Bildung),倒不如說是候選人之主觀的恩典狀態。【譯
注】克倫威爾的那個由 38 個 “審查者” 組成的「調查委員會」,是 1654 年
在改革教會的時候建立起來的。

136 【譯注】praxis pietatis 意味著對某種「內在化了的並且被相應地活過了的信
仰」之重視,這是整個虔敬派運動的標誌。(參考:MWGI/9: 315 註解 39)

137 【譯注】斯賓納的完整措辭是:“ecclesiola in ecclesia”(教會裡的小教會)。
Philipp Jakob Spener(1635–1705)是德國路德宗神學家,虔敬派最著名的代
表之一。他不重視教會之外在的改革,而強調虔誠者的集會與促進,例如在
宗教集會中促進互相的教導、修身與佈道練習等等,以便以這種方式由內而
外地發生作用。(參考:MWGI/9: 315 註解 40)

求，跟路德宗的那種 " 神秘的合一 "（unio mystica），[138] 有著某種在內心世界裡相親和的東西，並極常導致某種比改革宗的平均基督徒一般所特有的對「宗教之感受面」的更加強烈的照料。只要將我們的觀點納入考察中，則這一點我們便可以在改革宗教會的基地上，稱之為 " 虔敬派 " 之具有決定性的標誌。因為，那整體而言原本對喀爾文宗式的虔誠感到陌生的、相反地在內心世界裡卻對某些形式的中世紀的宗教性感到相親和的感受環節（Gefühlsmoment），引導著這實踐上的宗教性（die praktische Religiosität），走向了「對至福之此岸性的享受」、而非「為彼岸性的將來爭取至福的保證之禁欲式的鬥爭」的軌道。並且，在這種情況下，該「感受」有可能會經驗到這樣的一種提升，以致於該宗教性直接就染上了歇斯底里式的性格，然後再透過那種我們由無數的例子知悉的、在心理物理學上獲得證成的「宗教性的狂喜之種種半感性的狀態」——帶有神經上的衰弱的種種週期：這些週期被感覺為 " 遠離神 "（Gottferne）——之交替，在效果上去追求那清教徒之系統化了的 " 神聖生活 " 將人給納入其中的「冷靜的與嚴格的培育」之直接的對立面：支撐著喀爾文宗信徒面對種種 " 情緒 "（Affekten）之理性的人格的那些 " 抑制 "（Hemmungen）之某種弱化。[139] 同樣的，在這種情況下，喀爾

316

---

138 【譯注】參見本文 [276 f.]。

139 在這裡，基於一些很好的理由，我們特地不對這些宗教上的意識內容之種種——在專業科學的字義上—— " 心理學上的 " 關係加以探討，並且，甚至相應的術語之運用也盡可能地加以避免。心理學的那多少獲得確證的概念庫存，目前還遠遠並不足夠，尚不足以在我們的這些問題的這個領域上，對於歷史性的研究的種種目的而言，被弄成是直接可以利用的。對心理學的術語的運用，將只會製造一種誘惑，讓人不禁想要將那些直接就可以理解的、並且往往簡直就是瑣碎的事實情況，披上一層具有學究氣的「外來詞博學」（Fremdwörtergelehrsamkeit）的面紗，並以這種方式去生產出那種「提高了的概念上的精確性」的錯誤印象，一如（例如）很遺憾地，對於蘭佩雷希特（Lamprecht）而言，這就是他典型的做法那樣。* —— 要將心理病理學上的種種概念運用於詮釋某些歷史上的大眾現象的一些可以較為認真地加以對待的端點，請參見 W[illy] Hellpach, *Grundlinien zu einer Psychologie der Hysterie*，第 12 章，以及他的 *Nervosität und Kultur*。我在這裡無法嘗試去加以論辯的一點是：在我看來，那透過蘭佩雷希特的某些理論而產生的影響，

文宗對「受造物之被摒棄性」的思想，如果以感受的方式——例如：以
所謂的"蟲的感受"（Wurmgefühl）[140] 的形式——被加以理解的話，也
有可能導致對於在職業生活中的幹勁（Tatkraft）之某種扼殺。[141] 並且，
就連「預定思想」也都有可能會變成宿命論（Fatalismus），如果它——
跟喀爾文宗的理性的宗教性（rationale Religiosität）之種種真正的傾向
相反——變成了具有心情—與感受性質的佔有之對象的話。[142] 而最後，
聖徒們的那種想要由「世界」中孤離出來的驅力，在強大的、具有感受
性質的提升的情況下，有可能——一如一再地見諸於虔敬派以及改革教
會中的那樣——會導致某種種類的帶有半共產主義式的性格之修道院式
的共同體組織。[143] 但是，只要這種極端的、受到那種「對合乎感受性
的照料」（Pflege der Gefühlsmäßigkeit）所制約的效果並未被達到，換
言之，只要改革宗的虔敬派追求著在「世界性的職業生活」之內，去擔
保其至福的話，虔敬派的種種對立之實際上的效果，便將只是對於在職
業中的生活經營之——相較於一般的改革宗的基督徒的那種被那些"細
膩的"虔敬派信徒看成是「次等基督宗教」的、純然的世界性的"可尊
敬性"（Ehrbarkeit）所能夠發展出來的而言：——某種更加嚴格的禁欲

317

也傷害到了這位非常多面地取向著的作家。——蘭佩雷希特（在《德意志史》
第七冊中）關於虔敬派所做的那些機械式的評論，相對於較早的文獻，是多
麼地完全毫無價值，每一個就算只讀過流通的文獻的人都知道。【譯注】*[1]
關於蘭佩雷希特運用心理學概念的例子，請參見本文 [329] 註腳 176。關於在
種種「歷史科學」中之心理病理學上的概念的運用，則請參閱本書 [485 f.] 註
腳 27。

140 【譯注】"蟲的感受"指的是：人在面對神的全能時，覺得自己有如蠕蟲般什
麼都不是的感受。

141 例如，在 Schortinghuis 的 *Innigen Christendom* 的那些追隨者那裡，情況就是
如此。【譯注】Schortinghuis 指的是 Wilhelm Schortinghuis（1700-1750），
荷蘭改革宗神學家，他最著名的著作，就是 1740 年出版的 *Het innige
Christendom*。

142 這一點在荷蘭的虔敬派信徒那裡，是個別地出現的，而後來則是在**斯賓諾莎
主義**的種種影響下出現的。

143 包括（例如）Labadie、Tersteegen 等人。【譯注】關於拉巴迪的教團，請參
閱本文 [295 f.] 註腳 102。Tersteegen 指 Gerhard Tersteegen（1697–1769），德國
改革宗宗教作家，神秘主義者。

上的檢查，以及「職業的倫理生活」（Berufssittlichkeit）之某種更加穩
固的宗教上的碇泊（Verankerung）。而後來，聖徒們的那種宗教上的 *318*
貴族制——這種貴族制，在所有改革宗的禁欲的發展中，這種禁欲越是
認真地被加以對待，也就更加確定地會出現——便一如在荷蘭的情況那
樣，在教會的內部，意志論式地（voluntaristisch）以「宗教集會建構」
（Konventikelbildung）的形式被組織了起來，而它在英國的清教中——
一如我們稍後將會加以說明的那樣 [144]——則部分往「在教會的**體制**中
主動—與被動基督徒（Aktiv- und Passivchristen）之正式的區分」，部
分——相應於那我們稍早所已經講過了的 [145]——往「教派建構」擠壓。

那跟斯賓納（Spener）、法蘭克（Francke）、[146] 欽岑多夫（Zinzendorf）
這些名字連結了起來、站立在路德宗的基地上的德國的虔敬派的發展，
則將我們從「預定學說」的基地引開。但藉此卻絕非必然就脫離了那些
以預定學說為其前後一致的高峰的思路（Gedankengänge）的領域，因
為，尤其諸如「斯賓納之受到英國—尼德蘭的虔敬派所影響」這件事，
就為他自己所證實著，並且（例如）就在「他在第一批宗教集會中閱讀
貝利著作」這件事情上表現了出來。[147] 無論如何，對於我們的種種特 *319*

---

144 【譯注】也請參閱本文 [348-351]。但韋伯在本文中，並未進一步加以說明。
145 【譯注】請參閱本文 [298]。
146 【譯注】這裡的 Francke，指的是德國福音派神學家、也是哈勒虔敬派的主
　　 要代表者之一的 August Hermann Francke（1663-1727）。下文還會提及的
　　 Sabastian Franck（1499-1542），則是另一位德國神學家與哲學家。為方便區
　　 別，前者譯為「法蘭克」，後者則譯為「法蘭可」。
147 當他——設想一下：是斯賓納！——質疑當局（除了在種種混亂與濫用的情
　　 況下）有控制宗教集會的權限時：因為，這裡涉及的，乃是由「使徒的秩
　　 序」所保障的「基督徒的**基本權利**」，這種影響或許會最清楚地表現出來
　　 （*Theologische Bedenken* II, S. 81 f.）。*[1] 這——原則上——正是清教關於
　　 「個別的人的那些由神法而來（ex jure divino）的、並且也因此無法轉讓的
　　 權利之關係與效力領域」的觀點。李契爾不但注意到了這種（*Pietismus* II,
　　 S. 157）、也注意到了那此外也在文本中提到了的異端（同書頁 115）。尤
　　 其是，無論他對 “基本權利”—思想——我們今日就連 “最反動者” 也都會
　　 當作是他的「個體性的自由範圍」之最小限度而浮現眼前的幾乎一切東西，
　　 終究畢竟都得感謝該思想——所施加的實證主義式的（為了不要說是：庸俗
　　 的）批判是多麼非歷史性的，我們當然還是可以完全同意他一點，那就是：

320 　有的觀點而言，虔敬派僅僅意謂著：「以講究方法的方式被加以照料與
檢查的、換言之就是：禁欲式的生活經營」，也滲透進「非喀爾文宗的
宗教性」的種種領域中了。[148] 但路德宗必定是將這種「理性的禁欲」

在這二個情況中，都缺乏某種與斯賓納的路德宗觀點之有機的接合（eine
organische Einfügung）。

那斯賓納的著名的 *"Pia desideria"*（《虔敬的希望》）在理論上加以奠立、
並由他在實踐上加以始創的「宗教集會」（虔敬的學校：collegia pietatis）
本身，*[2] 在本質上完全相應於那些英國的 "佈道會"（prophesyings）：一
如這些佈道會首先見於 Joh[annes] v[on] Lasco 的「倫敦聖經班」（Londoner
Bibelstunden, 1547：Bibelstunden 直譯就是「聖經小時」），*[3] 並且從那時
候開始，它們就名列那些因「反抗教會的權威」而受到迫害的各種形式的「清
教式的虔誠」的固定清單中了一樣。最後，眾所周知，他之所以拒絕「日內
瓦教規」（Genfer Kirchenzucht）的理由乃是：其所委任的承載者、那 "第
三等級"（status oeconomicus：那些基督宗教的平信徒），*[4] 在路德宗的
教會裡，並未被嵌入教會組織中。另一方面，在討論「開除教籍」的時候，
承認教團監會的那些由君主委派的塵世性的成員為該 "第三等級" 的代表
的做法，則略帶路德宗作風。【譯注】*[1] 指 Spener, 1712-1715 II: 81 ff.。斯
賓納引用《使徒行傳》4, 19 與 5, 29 論證在「宗教集會」中的「集會」乃是
基本權利，認為當局沒有任何權利禁止這種集會。（參考：MWGI/9: 318 註
解 52）*[2] 這涉及了教團成員為了研讀與詮釋聖經而舉行之經常性的集會。
自 1670 年起，斯賓納就在他在法蘭克福的牧師公館中開課，剛開始的時候
也讀貝利的 *Praxis pietatis* 與其他修身著作。斯賓納在他 1675 年出版的 *Pia
desideria* 一書中，對此一「集會」加以描述：此一集會的目的在於透過教團
成員間相互的修身促進內心世界的虔誠，以達到對基督徒生活之某種的改
善。斯賓納在書中也談及了教會的改革，並認為 "第三等級"（也就是路德
所說的 "經濟等級"）才是改革的承載者。（參考：MWGI/9: 319 註解 55）
*[3] 參閱 Ritschl, 1880-1886 I: 120。Johannes von Lasco，一般寫作 Johannes a
Lasco（1499-1560），波蘭語寫作 Jan Łaski，由於大約 1543-1555 年間在英國
有重大影響，因此英語中也常稱之為 John Laski 或者 John a Lasco。他從 1550
年起，就在倫敦配合公開佈道舉辦「讀經班」。韋伯所說的 1547 恐有誤：
Johannes a Lasco 是 1548/49 才第一次來到英國的。（參考：MWGI/9: 319 註
解 56）*[4] 在經歷 1520 年代中的農民戰爭之後，路德越發深信：無論是就聖
經的神學根據而言、還是就政治理由而言，某種清楚的、具有層級體系的秩
序是不可或缺的。他相信，神為了要維持這個世界並建立教會，設立了三個
等級：教導等級（status ecclesiasticus）、統治等級（status politicus）與生產
等級（status oeconomicus）。

148 光是 "虔敬主義"（Pietismus）這個首先在路德宗的那些區域中流行了起
來的名稱，就已經告訴我們說：根據當時代人的觀點，那別具特色的東西
乃是：在這裡，由該 "虔敬"（Pietät）中產生了某種講究方法的經營（ein

感覺為異物的，而德國的虔敬派的教理（Doktrin）之有所不足的前後
一致，就是由此產生的種種困難的結果。在斯賓納那裡，為了要在教義
上奠定「有系統的宗教上的生活經營」的基礎，種種路德宗的思路，都
跟改革宗所特有的那種「善的事功本身」——這些「善的事功」乃是
懷著"為了神的榮譽的意圖"而被加以從事的[149]——這個標誌，也跟同
樣聽起來像是改革宗的對於「重生者有可能可以達到某種相對程度的基
督徒式的完美」這可能性的信仰，結合起來了。[150] 只不過，理論的前
後一致還是付諸闕如：在受到神秘主義者強烈影響的[151]斯賓納那裡，基
督徒式的生活經營之系統性的性格，——這種性格就連對他的虔敬派
而言也是具有本質性的——以相當不確定的、但基本上是路德宗式的
方式，被較多地嘗試著去加以描述、而非加以證成，「拯救的確定性」
不是由「神聖化」（Heiligung）中被導出來，而同樣的，為此一「神聖
化」本身，他也選擇了我們稍早提到過的[152]較鬆散的路德宗式的「跟信
仰的連結」，而非「證明思想」。[153] 但是，只要在虔敬派中，理性的一

321

322

---

methodischer *Betrieb*）。

149 我們當然得承認：此一動機固然是主要、但卻並非只為喀爾文宗所特有。這
　　種動機，恰恰也特別常見之於那些最老的路德宗的教會章程中。

150 在《希伯來書》5, 13. 14. 的意義下。請參閱 Spener, *Theol[ogische] Bedenken* I,
　　306.

151 除了貝利與巴克斯特（請參閱：*Consilia theologica* III, 6, 1, dist. 1, 47, das. dist.
　　3, 7）之外，斯賓納特別重視肯匹斯（Thomas a Kempis）、尤其是陶勒（但
　　他對陶勒並不全然瞭解：*Consilia theologica* III, 6, 1 dist. 1, 1）。關於後者的
　　深入探討，特別請參閱 *Consilia theologica*, I, 1, 1 Nr. 7。對他而言，路德就是
　　由陶勒產生出來的。

152 【譯注】請參閱本文 [204-208]。

153 參見 Ritschl 同前揭書 II, S. 113。斯賓納拒絕將晚期虔敬派信徒們的（以及路
　　德的）"懺悔鬥爭"（Bußkampf）當作是「真正的皈依」之唯一具有決定性
　　的記號。（*Theol[ogische] Bedenken* III, S. 476）。*[1] 關於「神聖化」作為由
　　「和解的信仰」產生的「感恩」的果實：——某種特屬路德宗式的（參見這
　　個《文庫》XX, S. 42 註腳 1）表述 *[2]——參見在 Ritschl, a.a.O., S. 115 Anm.
　　2 那裡所引證的地方。關於「拯救的確定性」（Certitudo salutis）一方面請
　　參閱 *Theol[ogische] Bedenken* I, 324：「真正的信仰」，與其說是將會以感受
　　的方式被感覺到，不如說是將會在其種種果實（對神的愛與服從）上被認識
　　到，——另一方面則請參閱 *Theol[ogische] Bedenken* I, 335 f.：至於那種「您

禁欲的元素對於「感受面」保持著優勢，那些對我們的觀點而言具有決定性的想法，也就一再地為自己取得了它們的權利，這些想法包括：(1) 自己的神聖性之朝向「越來越高的、可以在律法上加以檢查的堅固與完美」的「講究方法的發展」，乃是恩典狀態的記號，[154] 以及（2）在那些如此地完美化了的人之中作用著的，乃是神的天意，因為，祂在耐心的期待與講究方法的考慮的情況下，將祂的種種提示給了他們。[155]

們應該從何確信您們的拯救──與恩典狀態，則由我們的」──那些路德的──「書籍中汲取，將會」──比由那些「英國的三流作家」中汲取──「更加穩當。但關於「神聖化的本質」，他卻是贊同那些英國人的。【譯注】*[1] 參閱 Ritschl, 1880-1886 II: 113。Ritschl 在此請讀者參閱 Spener, 1712-1715 III: 476（但斯賓納在該頁中所論及的，卻是「重生往往並非毫無痛苦就能獲得的」）。（參考：MWGI/9: 318 註解 52）*[2]《文庫》指《社會科學與社會政策文庫》，即本文 [191-193] 註腳 98。

154 在此，甚至就連法蘭克（A. H. Francke）所推薦的那些宗教上的日記，也都是「恩典狀態」之外在的記號。──對「神聖化」之講究方法的練習與習慣，將會產生該神聖化的增長以及「善良者與邪惡者」的分離（Scheidung）：──這一點大致上就是法蘭克《論基督徒的完美》（Von des Christen Vollkommenheit）* 這本書的基本議題。【譯注】法蘭克的 Von des Christen Vollkommenheit 是一篇短文，寫於 1691 年，後來於 1702, 1707 等多次收錄於他的著作中（做為附錄）出版。韋伯在這裡應該是援引 Ritschl, 1880-1886 II:262 的說法，誤將〈論基督徒的完美〉一文當作一本書了。（參考：MWGI/9: 322 註解 73）

155 在發生於哈勒（Halle）的虔敬派信徒們與路德宗的正統的代表洛謝（Löscher）之間的那場著名的爭執那裡，這種理性的、虔敬派式的「天意信仰」（Vorsehungsglauben）之背離其正統的詮釋，以別具特色的方式表現了出來。洛謝在其 Timotheus Verinus 中走得如此之遠，以致於他竟然以那可以透過「人的作為」（menschliches Tun）而達到的一切，去反抗「天意的種種安排」（Fügungen der Vorsehung）。*[1] 相反地，法蘭克的 [323] 始終堅定地堅持著的立場則是：將對於「應該做的事情是什麼」（這是靜靜地等待「決定」的結果）所感到的「清明」（Klarheit）之「閃現」（Aufblitzen），看做是 " 神的提示 "：──完全與貴格派式的心理學相似，並且相應於一般的禁欲式的想法，即認為：「理性的方法學」（rationale Methodik）就是那條去接近神的道路。──那位在種種最具有決定性的決定之一中，讓他的「教團建構」的命運聽任「簽」（Los）決定的欽岑多夫，*[2] 當然是與法蘭克的那種形式的「天意信仰」相疏遠的。──斯賓納（Theol[ogische] Bedenken I, S. 314）為了說明基督徒式的 " 鎮靜 "（Gelassenheit）的特徵，援引了陶勒：在這種「平靜」中，人們應該將自己託付給種種神的影響，不應該透過倉促的擅自的行動橫加涉入──而這基本上也是法蘭克的觀點。虔敬派式的虔誠的那種相對

就連對於法蘭克而言，職業勞動也是卓越的禁欲上的手段；[156] 對他而 *323*
言，「透過勞動的成果祝福祂的人的，乃是神本身」這一點是確鑿不移
的，一如我們將會在清教徒的身上看到這一點的那樣。[157] 而作為 “雙重 *324*
處分”（doppeltes Dekret）的替代品，虔敬派為自己創造了許多想法：
這些想法跟該學說一樣，以基本上相同、只不過較弱的方式，建立某
種建基於神的特別的恩典的「重生者的貴族制」，[158] 連同所有那些上
面我們為喀爾文宗所描述的心理上的結果。其中包括例如：虔敬派的

於清教而言固然大大減弱了的、尋求著（此岸性的）和平的活動，到處都清
楚地表現了出來。與此相反地，在 1904 年，一位居領導地位的浸禮派信徒
（G. White 在一場此後還會加以引用的演講中），將他的宗派的倫理上的綱
領表述為：「首先正當，然後和平」（First righteousness, then peace）（*Baptist
Handbook*, 1904, p. 106）。*[3]【譯注】*[1] Löscher 指 Valentin Ernst Löscher
（1673-1749），是德國正統路德宗神學家。洛謝 1701 年開始發行的第一份
神學期刊《關於古老的與新近的神學上的事情之無辜的消息》（*Unschuldige
Nachrichten von alten und neuen theologischen Sachen*），並在這份期刊中，
以 Timotheus Verinus 的標題發表著作，於 1718-22 集結成二個部分出版。這
裡所說的，就出自其中的一個「消息」（Nachricht von dem Weysen-Hause zu
Glauche an Halle）（Weysen-Haus 今日寫作 Waisenhaus，是「孤兒院」的意
思）。在這則「消息」裡，洛謝藉著報導法蘭克於 1700 年在哈勒建成的孤兒
院，答覆法蘭克的想法。因為，法蘭克認為：哈勒的孤兒院乃是一件「神的
事功」，若無神的特殊的天意，將無法維持並免於毀滅。洛謝認為：人們應
該放棄「一切都是在重大意義下的神的事功」這個假定，因為，人的種種手
段、請求、代禱、對捐贈的種種回憶、種種特權、書店、藥行等等也都必須
計算在內。請參閱 Ritschl, 1880-1886 II: 277 f.。（參考：MWGI/9: 322 註解
74）*[2] 請參閱本文 [329]。*[3] 這裡的 G. White 是指英國自由黨政治家懷特
（George White, 1840–1912）。這裡所說的「演講」，是他在 1903 年 4 月 27
日就任 Baptist Union of Great Britian and Ireland 的主席時所發表的就職演講，
題目是 The Nonconfommist Conscience in its Relation to our National Life。這篇
演講詞 1904 年發表於 *The Baptist Hand Book*，這裡所引用的「表述」（見頁
106），其中 "then" 還被加以強調。另請參閱本文 [389] 註腳 305。（參考：
MWGI/9: 323 註解 78）

156 *Lect[iones] paraenet[icae]* IV, S. 271.
157 【譯注】參見本文 [384-392]（如本文頁 [389] 所說的 “神祝福祂的買賣”）。
158 李契爾的批判，主要就是針對著這種一再重複出現的想法而發的。——請參
閱法蘭克的那部在往前第三個註腳中所引用的著作，該學說就包含在其中。
【譯注】指本文 [322] 註腳 154 所提及的 "Von der Christen Vollkommenheit" 一
文。

反對者一般地（當然並不正當地）加罪於虔敬派身上的所謂的 " 期限
論 "（Terminismus），[159] 亦即假定說：恩典固然普遍地被提供著，但
對每一個人，卻要嘛在人生的某一極為特定的瞬間只有一次，要嘛就
是在某個時候有一最後的一次。[160] 因此，誰要是錯過了此一瞬間，恩
325 典普遍主義便再也無法幫助他了：他處於在喀爾文宗的學說中的被神
所略過者的處境中。在效果上，這種理論也跟（例如）為法蘭克由個
人的種種體驗中所抽離出來的、並且在虔敬派中傳播得非常廣的——
人們確乎可以說：居支配地位的——假定相當接近，這假定是說：恩
典唯有在那些特有的一次性的與獨一無二的現象之下，亦即在前此的
" 懺悔鬥爭 "（Bußkampf）之後，才有可能達到突破。[161] 由於根據虔

---

159 「期限論」也見於那些英國的非預定論式的虔敬派信徒（例如：Goodwin）。
  ＊關於他以及其他人，請參閱 Heppe 的 *Gesch[ichte] des Pietismus in der
  reformierten Kirche*, Leiden 1879：這本書，對於英格蘭以及偶爾也對於荷蘭而
  言，就連在那部李契爾的標準著作之後，也都尚未變得是可以或缺的。【譯
  注】Thomas Goodwin（1600-1680）是英國清教神學家與佈道者。

160 人們尋求著藉此去克服路德宗關於「恩典可以再度獲得」的學說的那種鬆散
  的結論（特別是那常見的「瀕死 " 皈依 "」（"Bekehrung" in extremis））。
  【譯注】這裡所說的，是在 Ritschl, 1880-1886 II: 210-212 那裡所展示的 " 期
  限論的論爭 " ——就連斯賓納也知道某種 " 恩典期限 "（他是針對「輕率的生
  活作風」與「將皈依推遲到死亡的時刻」而發的）。（參考：MWGI/9: 324
  註解 84）

161 針對的是那種與此相連結著的必然性：必須知道 " 皈依 " 的日期與時刻，
  作為該皈依的「真實性」（Echtheit）之無條件的標誌。（請參閱 Spener,
  Theol[ogische] Bed[enken] II, 6, 1, p. 197）斯賓納之不知有 " 懺悔鬥爭 "，
  *[1] 正如梅蘭希頓之不知有路德的「良心的恐怖」（terrores conscientiae）。
  [2]【譯注】[1] " 懺悔鬥爭 "（或譯：懺悔的掙扎）指的是「靈」與「肉」
  之間的一種根據虔敬派與循道會的通俗神學在某一個特定的、可以證實的時
  間進程中襲來的、與種種劇烈的內在的激動相結合著的、並且根據某種計畫
  （Programm）進行的斷裂。法蘭克於 1687 年在 Lüneburg 有過一場宗教性的
  體驗，結束了他之前的一場內在的危機：所有的懷疑都消失了，就像一隻可
  以直視太陽光的老鷹一般。後來，他將這一場「皈依體驗」展示為三個階段：
  （1）罪人之神的觸動（如：透過痛苦或者一句中肯的話）；（2）透過與魔
  鬼和世界進行論辯的「懺悔鬥爭」，人會經歷挫敗、悔改、渴望神的寬恕：
  此一「分娩之病」是無法避免的，甚至會持續很久，使生命陷入危機與低潮；
  （3）突破：罪人抓住了證成並進入信仰，並湧現種種正面的感覺（如：慰
  藉、喜悅）狀態。亦請參閱本文 [321] 註腳 153。*[2]「良心的恐怖」指的是

敬派信徒們自己的洞見，並非每一個人都對該體驗敏感，那儘管遵循
虔敬派的指示，運用可以導出該體驗的禁欲式的方法，卻無法在自己
身上經驗到該體驗的人，在那些重生者的眼中，便始終都是某種種類
的「消極的基督徒」。另一方面，在效果上，為了導出 " 懺悔鬥爭 "
而創造出某種方法的做法，亦將使得「神的恩典之獲得」變成是理性
的人類的活動之目標。就連那些並未為所有 —— 例如：就未為法蘭
克 [162] ——，但畢竟為許多虔敬派信徒、但尤其（一如那些在斯賓納那
裡一再重複出現的質問所顯示的）恰恰為虔敬派的靈魂照顧者所懷有
的對於「私下告解」（Privatbeichte）的疑慮 [163] —— 這些疑慮，使得就
連在路德宗的內部，「私下告解」的根也被挖掉了 ——，也都是由這
種「恩典貴族制」（Gnadenaristokratismus）產生出來的：那透過懺悔
（Buße）達到的「神聖的品行中的恩典」之可見的影響（*Wirkung*），
勢必會對「赦罪的許可性」做出決定，而也因此對其「授與」
（Erteilung）而言，是不可能滿足於純然的 " 不完全後悔 "（attritio）[164]

326

一個人基於對自己的罪與道德上的無能為力的某種知覺而產生的對於神的憤
怒與永遠墮入地獄的種種恐怖。相較於改革宗的正統，這是一個較為典型路
德宗色彩的語詞。

162 【譯注】對斯賓納而言，「私下告解」並非必要的教會制度；但法蘭克卻視
之為「習俗紀律」（Sittenzucht）的手段。請參閱 Ritschl, 1880-1886 II: 267
f.。（參考：MWGI/9: 325 註解 86）

163 【譯注】Beicht 拉丁文是 confessio（認罪），在羅馬天主教與東正教中是「七
聖禮」之一（Bußsakrament 懺悔聖禮，一般中譯為「和好聖禮」或「和好
聖事」）。在福音派—路德宗式的各教會裡，則只有二種聖禮（洗禮與聖餐
禮）。路德在其神學考量的開始時，曾將告解看做「第三聖禮」，但最終則
認為只有一個唯一的聖禮，那就是耶穌基督本身。「告解」通常是私下進行
的，但在安立甘宗與路德宗式的教會裡，也會在「禮拜」中提供某種所謂的
「一般告解」（allgemeine Beichte）。

164 【譯注】attritio 指的是在中世紀經院主義中與在天主教神學中，由於對神及
其懲罰的卑躬屈膝式的恐懼（而非出於後悔之適當的理由、亦即：孝敬之畏
（timor filialis）），而對於「罪」所感到的某種悲傷與深惡痛絕，因而也是
「不完全的後悔」（也譯作「下等痛悔」或「不徹底懺悔」）。根據羅馬天
主教的教理，對於那由「後悔」（Reue, contrivio）、認罪（confessio）（連
同「赦罪」）構成的「懺悔聖禮」之發生作用的前提而言，這種「不完全的
後悔」也就夠了。路德固然也推薦過「私下告解」，但他基本上認為：整個

的。[165]

欽岑多夫的宗教上的**自我評判**（Selbstbeurteilung）——儘管在面對正統派的種種攻擊時動搖過——，一再地流入"工具"—想法（"Rüstzeug"-Vorstellung）中，但除此之外，這個值得注意的"宗教上的半瓶醋"——一如李契爾（Ritschl）稱呼他的那樣——，在那些對我們而言很重要的點上，當然是幾乎無法明確地加以掌握的。[166] 他自己一再地將自己標示為"保羅式的—路德宗式的方式"（paulinisch-lutherischer Tropus）對抗那附著在律法上的"虔敬派式的—雅各式的"（den "pietistisch-jakobischen"）方式的維護者。[167] 但該兄弟教團（Brüdergemeinde）本身及其實踐，——儘管他不斷地強調自己是路德宗，[168] 卻還是允許並促成

327

人生都是懺悔，並且真正的告解，乃是在神面前的告解，並要求著「在信仰中之真正的後悔」。

165 除此之外，對那"普遍的祭司職分"（allgemeines Priestertum）*[1] 所做的那種所有禁慾所特有的反權威式的詮釋，當然也一起發生著作用，在這方面，稍後再談 *[2]。——有時候，牧師也被建議將「赦罪」延期，直到出現真正的"證明"為止：李契爾將這一點標示為「原則上是喀爾文式的」，是很有道理的。【譯注】*[1] 指的是路德所說的「所有信徒都是祭司」的說法。*[2] 請參看例如 [352 f.] 註腳 228 貴格派信徒之拒斥權威的態度。

166 那些對我們而言具有本質性的點，可以最方便地見諸 Plitt 的 *Zinzendorfs Theologie* (3 Bände, Gotha 1869 f.) I. Bd., S. 325, 345, 381, 412, 429, 433 f., 444, 448, II. Bd., S. 372, 381, 385, 409 f., III. Bd., S. 131, 167, 176.——也請參見：Bernh[ard] Becker, *Zinzendorf und sein Christentum* (Leipzig 1900) 3. Buch, Kap. III.

167 【譯注】根據 Plitt, 1869-1874/I: 412 f. 的說法，欽岑多夫之所以使用這二個名稱，乃是為了要刻劃「John Wesley 與其跟隨者的關係」的特徵。"Tropus" 與下面將會提到的（複數）"Tropen" 這二個語詞，基本上取自欽岑多夫在 18 世紀 40 年代發揚起來的關於「教育」的「方式學說」（Tropenlehre），尤其指「神的教育方式」。欽岑多夫認為：每一個宗教信仰，都只是神的種種不同的「教育方式」（tropoi paideiva）之一，因此，「兄弟教團」不應該變成某種新的宗教信仰，而是要在許多不同的宗教信仰中，起到某種「校準於耶穌基督」這個中心的作用。第二種教育方式之所以稱為「雅各式的」，乃是根據〈雅各書〉第二章 14-26「信仰而無事功乃是死的」的說法。（參考：MWGI/9: 327 註解 3）

168 當然，唯有當人們——一如他在其令人感到噁心的術語中所表達出來的那

之 [169]——，在其 1729 年 8 月 12 日的有公證的紀錄中，卻已經站在一種在許多方面都完全相應於喀爾文宗式的「聖徒貴族制」的觀點上了。[170]在 1741 年 11 月 12 日，那受到許多探討的「長老職務之授與基督」（die Übertragung des Ältestenamts auf Christus），就連在外在上也表現出了某種類似的東西。[171] 除此之外，在該兄弟教團的三大 “方式” 中，喀爾文

328

樣：——將某種 “傷口汁液” 倒到《奧格斯堡信仰表白》上了的時候，他才會認為這份《信仰表白》適合用來表明路德宗式的—基督教的信仰生命。閱讀他乃是某種「悔罪」（Pönitenz），因為，他的語言在種種思想的那種柔軟的溶解狀態中，比讓 F. Th. Vischer（當他在與慕尼黑的 “Christoterpe” 進行論戰時）感到非常害怕的 “Christoterpentinöl” 還糟糕。【譯注】“Christoterpe” 是希臘文，意思是 “基督徒的快樂”（Christenfreude），是一本具有宗教性格的年鑑的標題，1833-53 年間由虔敬派牧師 Albert Knapp（1798-1864）擔任主編，但出版地應該是杜賓根（Tübingen）而非慕尼黑。Friedrich Theodor Vischer（1807-1887）於 1838 年寫了一篇文章批評這本年鑑，說：「在其本質的界線與規定性中，沒有任何東西在自身中就分享著神，得先將祭司式的塗油膏的這種鯨脂、這種基督徒的松節油（Christoterpentinöl）淋到它（＝這年鑑）上面才行。」Vischer 在此模仿年鑑標題，將 Christo（基督徒）與 terpentinöl（松節油）結合起來，組成 “Christoterpentinöl” 一詞，藉由模仿達到諷刺的效果。（參考：MWGI/9: 327 註解 6）

169 【譯注】「亨胡特兄弟会」乃是自 1722 年以來，由摩拉維亞的信仰難民、波希米亞兄弟（böhmische Brüder）的後代以及後續被喚醒者，定居於位於 Oberlausitz 的 Berthelsforf 莊園土地上而形成的。這個路德宗的教區的地主兼庇護人，正是帝國伯爵欽岑多夫（Nikolaus Ludwig von Zinzendorf, 1700-1760）。

170 「我們在任何宗教中，都無法將那些並未受到『基督的血之洗灑』所洗過並**徹底改變了**而在『靈的聖化』中**向前行**的人，認作是兄弟。除了神的話語被純粹地且不折不扣地加以教導、並且教團也作為神的兒女而**神聖地據之以生活**之處，我們是不認任何公開的（＝可見的）基督教團的。」*——後面這句話固然是取自路德的宗教論戰小冊子的；但是，——就像李契爾已經加以強調過的那樣——這句話**在那裡**卻是用來回答「神的名要怎樣才能加以神聖化」這個問題的，相反地，這裡卻是用來劃定「聖徒們的教會」的界線。【譯注】這段話出自一份 1729 年的「公證證書」（Notariatsinstrument）：在這份公證文書中，亨胡特兄弟會成員以摩拉維亞傳統方式形成的教團，在路德宗的教區內部的獨立性，正式形諸文字。韋伯這段文字引自 Ritschl, 1880-1886 III: 247。（參考：MWGI/9: 328 註解 9）

171 【譯注】那（象徵性的）「將長老職務託付給基督」（因為，以前的「總長老」並無適當的繼承人）儀式，於 1741 年 9 月 16 日，在「亨胡特兄弟教團會議」上舉辦，而以耶穌基督為「總長老」的第一屆「長老慶」則於同年 11

宗的與摩拉維亞派的方式，都是從一開始就基本上取向於改革宗的職業
倫理的。[172] 就連欽岑多夫也完全根據清教的方式，面對約翰·衛斯理而
說出了下述看法：就算並非總都是「受到證成者」（der Gerechtfertigte）
本人，至少**其他人**可以就他的「品行」的種類（Art seines Wandels），
去認識到他的證成（Rechtfertigung）。[173] 但另一方面，在特屬的「亨胡
特式的虔誠」（Herrnhuterische Frömmigkeit）中，「感受環節」卻非常
強烈地引起注意，而尤其是欽岑多夫個人，簡直就是一再地尋求去粉碎
那在他的教團中就清教式的意義而言的「朝向禁欲式的神聖化」的傾向
（die Tendenz zur asketischen Heiligung），[174] 並以路德宗的方式將「事
功神聖性」加以扭曲。[175] 而在「摒棄宗教集會」與「保留告解實踐」

329

月 12 日（一說：13 日）舉辦。人們相信，藉此可以比其他的「特殊教會」
（Partikularkirchen）更加接近耶穌基督。（參考：MWGI/9: 328 註解 7）

172 【譯注】由於「亨胡特兄弟教團」保留著他們的宗教信仰或「歸屬於他們的
宗教性團體」的歸屬性（Zugehörigkeit），因此也就有三大「方式」：一種
摩拉維亞的、一種路德宗的以及一種改革宗的“方式”（Tropus）。依照欽岑
多夫的說法，人們並未追求「統一」，而是不同的宗教信仰都應該在寬容與
相互的承認與促進中共存。請參閱 Ritschl, 1880-1886 III: 336-343。（參考：
MWGI/9: 328 註解 8）

173 參見 Plitt I 頁 346。——更加具有決定性的，則是在 Plitt I 頁 381 那裡所引
用的對「對於獲得至福而言，種種善的事功是否是必要的？」這個問題的回
答——「對於獲得至福而言是不必要並且有害的，但在獲得了至福之後，卻
是如此地必要，以致於誰要是不做種種善的事功，也就不會是至福的。」

174 例如，透過李契爾在同前揭書 III 頁 318 中所譴責的那些“基督宗教式的自
由”（christliche Freiheit）的漫畫。【譯注】這裡的頁數（318）有可能是誤
植；韋伯引用的應該是 Ritschl, 1880-1886 III: 400 ff.。（參考：MWGI/9: 329
註解 14）

175 尤其是透過對在「拯救學說」中的「懲罰賠罪思想」
（Strafsatisfaktionsgedanken）之加重的強調：他（＝欽岑多夫）在其具有傳
教性質的種種「接近的嘗試」受到各美國的教派所拒斥之後，也將這種「懲
罰賠罪思想」弄成了「神聖化方法」（Heiligungsmethode）的基礎。從那時
候起，「維持童心與恭順的謙卑自持之種種德性」就被他當作是「亨胡特式
的禁欲」之目標而加以重視，而與在教團中完全類似於種種清教式的禁欲
的傾向尖銳地對立著。【譯注】請參閱 Ritschl, 1880-1886 III: 398-400；Plitt,
1869-1874/II: 384 f.。“懲罰賠罪”的意思是說：耶穌基督的受難，乃是用來
向憤怒的神賠罪的懲罰。根據李契爾的說法，欽岑多夫認為：對耶穌基督的
（懲罰—）受難之種種感官上的情況（例如：他的那些“傷口”）——他就是

的影響下，某種基本上以路德宗的方式被設想著的「拯救限於聖禮的中介」（Gebundenheit an die sakramentale Heilsvermittlung）的想法，也發展了起來。於是乎就連特屬的欽岑多夫式的基本命題——：宗教上的感覺之童心（*Kindlichkeit*），乃是其「真實性」的標誌——，同樣地例如將籤（Los）當作是顯示神的意志的手段而加以使用的做法，也都的確非常強烈地對抗著「生活經營的理性主義」，以致於大體而言，只要伯爵的影響所及，[176] 在亨胡特信徒們的虔誠中，反理性的、具有感覺性質的種種元素，就畢竟遠較一般在虔敬派中的為佔優勢。[177] 倫理生活

330

藉此而使得有罪的人與神和解的——的直觀，乃是邁向「神聖化」之唯一的動力。（參考：MWGI/9: 329 註解 15）

176 但伯爵的影響，畢竟是有其界限的。光是基於此一理由，那種想要將欽岑多夫的宗教性記入某種"社會心理上的"發展階段——一如在蘭佩雷希特（Lamprecht）那裡所發生的那樣——的做法，就是錯誤的了。*[1] 除此之外，影響他的整個宗教性最大的，莫過於「他是一個具有種種基本上封建式的本能的公爵」這個情況了。此外，恰恰是該宗教性的那個感受面，在"社會心理上"不但與那「騎士制度之令人傷感的衰頹」的時代相稱，也完全同樣與那"敏感"的時代相稱。正如我們將會看到的那樣：該宗教性乃是與西歐式的理性主義相對立的，這一點如果我們想要在"社會心理上"使之成為「可以理解的」的話，那麼，最好的辦法就是透過「德國東部之落後與家父長式的束縛」。*[2]【譯注】*[1] 韋伯在此所說的，乃是蘭佩雷希特的《德意志史》第七卷第一章（頁 176-185，一整章都是關於欽岑多夫）。蘭佩雷希特擁護某種集體主義式的歷史科學；這種科學想要找出種種社會心理上的因素（他提到的包括：語言、科學、藝術、習俗、道德、法律以及在本章中所顯示的：虔誠或者宗教），以便刻劃一個時代之「總面貌」（Gesamthabitus）。因此，在蘭佩雷希特看來，「文化史」就是「種種社會心理上的因素之比較性的歷史」。（參考：MWGI/9: 329 註解 16）*[2] 韋伯在本文中，並未明確地再談及這一點。

177 欽岑多夫跟狄佩爾（Dippel）的那些爭論，*[1] 也都表明了這一點，就像——在欽岑多夫死後——1764 年的基督教代表大會所發表的那些意見，明確地將「亨胡特教團」的拯救機構—性格給表達了出來的那樣。李契爾對這一點的批判，請參閱同前揭書 III 頁 443 f.。*[2]【譯注】*[1] 這裡的 Dippel，指的是德國神學家 Johann Konrad Dippel（1673-1734）。他是一個極端的虔敬派信徒，拒斥「懲罰賠罪」學說。但欽岑多夫的觀點則迭有改變：他開始的時候重視基督在受苦中與神和解所證明的那種具有救贖性的愛，以及這種愛所喚起的感恩之愛。但對狄佩爾而言，這一點卻是不相干的。而自 1729 年之後，欽岑多夫則傾向於認為：為了要將人從魔鬼的暴力中拯救出來，神必須支付某種贖金。直到晚年，欽岑多夫才確信「懲罰賠罪」學說：信徒就在基督的

（Sittlichkeit）與「罪的赦免」（Sündenvergebung）的連結，在史潘根伯格（Spangenberg）[178] 的《兄弟信任的觀念》（*Idea fidei fratrum*）中，同樣一般而言也比在路德宗中來得鬆散些。[179] 欽岑多夫之拒斥循道會式的「完美之追求」——無論是在這裡還是在任何其他地方——乃是相應於他那基本上幸福主義式的理想的，亦即：去讓人在「現在」（Gegenwart）中，就以感受的方式感覺到那至福[180]（他說的是：“幸福”），而不是去指導人，為了「彼岸」而透過理性的勞動本身，使自己變得確定。[181] 另一方面，那種認為「相對於其他種種教會，兄弟教團之具有決定性的

331

傷口中，認識到了自己的罪與「值得懲罰」，並直觀到「恩典選擇」。（參考：MWGI/9: 330 註解 19）*[2] 根據 1764 年的基督教代表大會的決議，對那些固然毫無教團責任心、但確乎顯示著禮拜儀式上的熱情者，不應該施予種種紀律措施或者開除教籍。對這些人，人們應該要有耐心，並「透過溫和的對待，使這些迷途者回歸神的那使人至福的恩典。」參閱 Ritschl, 1880-1886 III: 443 f.，引文見頁 444。（參考：MWGI/9: 330 註解 20）

178 【譯注】指的是 August Gottlieb Spangenberg（1704-1792），自 1762 年起作為欽岑多夫的繼承人而領導著亨胡特兄弟教團，並以 *Idea fidei fratrum, oder kurzer Begriff der christlichen Lehre in der Brüdergemeine*（Barby, 1779；韋伯用的是 1782 年出版的版本）一書成為該兄弟教團最重要的神學家之一。

179 請比較例如第 151, 153, 160 等節。「儘管有真正的後悔與赦罪，卻還是有可能未見神聖化」這一點，特別是由頁 311 的那些評論產生出來的，這種說法之與路德宗的拯救學說相應，正如它之與喀爾文宗的（以及循道會的）拯救學說相矛盾。

180 請參閱欽岑多夫的那些在 Plitt I 頁 345*[1] 那裡被加以引用的說法。同樣請參閱 Spangenberg, *Idea fidei* 頁 325*[2]。【譯注】*[1]Plitt I 請參見 Plitt, 1869-1874。*[2]Spangenberg, *Idea fidei* 指的是：Spangenberg, 1782。

181 請參閱（例如）欽岑多夫的那在 Plitt III 頁 131 那裡被加以引用的對〈馬太福音〉20: 28 的說法：「如果我看到一個神給予了一份精美的禮物（eine feine Gabe）的人，那麼，我就會很高興，並愉快地使用該禮物。但如果我注意到，他並不滿足於他的禮物，而是想要使它變成某種更好的東西的話，那麼，我會認為，這乃是這樣的一個人之毀滅的開端。」——欽岑多夫事實上是——尤其是在他 1743 年與約翰·衛斯理的那場會談中——拒斥「在神聖化中的進步」的，因為：他將這種「神聖化」與「證成」等同了起來，並且單單在「以感受的方式所獲得的與基督的關係」中找到此一神聖化。請參閱 Plitt I 頁 413。*【譯注】根據 MWGI/9: 331 註解 25 的說法，欽岑多夫與約翰·衛斯理的那場會談是 1741 年 9 月 3 日在倫敦舉行的（Plitt 說成了「1743 年初」，韋伯跟著這麼說）。

價值乃是存在於基督徒的生活的活動中、存在於傳教以及——那被拿來 *332*
與此連結了起來的東西：——職業勞動（Berufsarbeit）[182] 中」的思想，
也在這裡始終都是活生生的。此外，在「用處」（*Nützlichkeit*）這觀點
下對生活在實踐上加以理性化，也確實是欽岑多夫的人生觀的一個非
常主要的組成部分。[183] 對他而言，——一如對虔敬派的其他擁護者而
言——，這種理性化一方面是由「對那對信仰而言很危險的哲學上的
種種思辯之斷然的厭惡」以及與此相應的「對於經驗上的個別知識的偏
好」產生的結果，[184] 另一方面則產生於具有職業性質的傳教士之善於處 *333*

---

182 但這「職業勞動」卻正由於此一推導，而在倫理上並未前後一致地被加以奠
立起來。欽岑多夫拒斥路德的那種將「在職業中 "禮拜 "」（»Gottesdienst«
im Beruf）當作是「對職業忠誠而言具有決定性的觀點」的觀念。這同一個
「職業忠誠」，對於 "救世主的手工業忠誠" 而言，毋寧乃是報酬。（Plitt
II 頁 411）。【譯注】在 Plitt, 1869-1874/II: 411 那裡，緊接著談 "職業勤勞"
（頁 409-411）之後便說：「其原因乃是**救世主的手工業忠誠**」。（參考：
MWGI/9: 332 註解 26）

183 欽岑多夫在他的 *"Sokrates, d.i. Aufrichtige Anzeige verschiedener nicht sowohl
unbekannter als vielmehr in Abfall geratener Hauptwahrheiten"*（1725）中的名
言 "一個理性的人，應該不會是無信仰的，並且，一個篤信的人，應該不
會是不理性的"，此外，他對諸如貝爾（Bayle）* 這類作家的偏愛，都是
眾所周知的。【譯注】這裡的 Bayle 指的是法國哲學家與作家 Pierre Bayle
（1647-1706），他 1694-1697 出版的《歷史的與批判的辭典》（*Dictionnaire
historique et critique*）批判了宗教愚昧，是一部對啟蒙運動有重大影響的著
作。貝爾是胡格諾基督教徒，倡導寬容的原則，也是百科全書派的先驅。關
於欽岑多夫對這部著作的推崇，請參閱 Ritschl, 1880-1886 III: 218-220。（參
考：MWGI/9: 332 註解 27 與 28）

184 基督新教式的禁慾對那種「透過數學上的基礎而被加以理性化了的經驗主
義」之鮮明的偏愛，乃是眾所周知的，並且在此還無法進一步地加以討論。
關於科學之轉向數學式的—理性主義化了的 "精確的" 研究、之所以會如
此轉向的種種哲學上的動機以及這些動機與培根的觀點的對立，請比較：
Windelband, *Gesch[ichte] d[er] Philos[ophie]*, S. 305-307，尤其是頁 305 下面
的那些評論，這些評論很中肯地拒斥了那種認為「我們可以將現代的自然科
學理解為種種物質上的—科技上的興趣（materiell-technologische Interessen）
的產物」的思想。*[1] 種種極為重要的關係，當然都是存在著的，但卻遠較
為複雜得多。[333] 此外也請參見 Windelband, *Neuere Philos[ophie]* I, S. 40.
f.。——那對基督新教的禁慾之「採取立場」而言具有決定性的**觀點**——該觀
點確乎最清楚地顯示於斯賓納的 *Theol[ogische] Bedenken* I, S. 232, III, S. 260
——事實上正是：正如人們是在基督徒的信仰的那些**果實**上認識基督徒的那

樣，對神及其種種意圖的認識，也唯有從對神的種種**事功**的認識出發，才能
夠被加以促進。因此，所有清教式的、再洗禮派式的以及虔敬派式的基督教
所偏愛的學科，乃是**物理學**，然後則是其他以相同種類的方法進行研究工作
的數學式的——自然科學式的學科。因為，人們相信：由對那些在自然中的神
的法則所做的經驗上的掌握，是可以上升到對「世界的"意義"」的認識的，
而這「世界的"意義"」，在「神的啟示具有片段的性格」——一個喀爾文
式的思想——的情況下，循著種種「概念上的思辯」的途徑，畢竟是永遠也
無法被掌握到的。對該禁欲而言，17 世紀的經驗主義乃是"在自然中尋求
神"的手段。這種「經驗主義」似乎將人引向神，而哲學上的思辯則將人引
離神。根據斯賓納的說法，尤其是亞里斯多德的哲學，對基督宗教而言，更
始終都是「基本損害」（Grundschaden）。**每一個其他的哲學，都好一些，**
尤其是那「"柏拉圖式的"哲學」：*Cons[ilia] Theol[ogica]* III, 6, 1, Dist. 2, Nr.
13。此外，請參閱下面這個別具特色的地方：Unde pro Cartesio quid dicam
non habeo (er hat ihn nicht gelesen), semper tamen optavi et opto, ut Deus viros
excitet, qui veram philosophiam vel tandem oculis sisterent, *in qua nullius hominis*
attenderetur auctoritas, sed sana tantum *magistri nescia ratio*（我始終都在為笛
卡兒許願——他從未讀過笛卡兒——，並持續這麼做，但願神可以嚇嚇人，
使人承認：真正的哲學乃是用雙眼、而**不是用人類的認識力**所理解的那種。
一個健康的「知性的力量」，應該取向於這個方向，但**教師們對此卻是如此**
地無知）[334]（Spener, *Cons[ilia] Theol[ogica]* II, 5, Nr. 1.）。——禁欲式的
基督新教的那些見解（Auffassungen），一直以來對於**教育**、尤其是「**實科**
課程」（*Real*unterrichts）具有什麼意義，乃是眾所周知的。*[2] 結合著對
於"隱含的信仰"（fides implicita）的態度，這些見解便產生了基督新教的教
育上的綱領。*[3]【譯注】*[1] 請參閱 Windelband, 1892: 305-307 關於培根
（Francis Bacon, 1561-1626）的評論。培根認為，「自然知識」的課題在於：
不讓「發現」聽憑偶然，而是甚至使之成為某種「自覺地加以從事的技藝」。
而對於這一點，Wundelband 評論道：「在他的手中，哲學有由『宗教性的目
的之支配』，淪落到受『種種技術性的利益的支配』的危險。⋯在『效益』
的這種匆忙中，培根錯失了他的目標，而那些使得自然研究有能力可以成為
我們的外在文化之基礎的『精神性的創作』，則是由一些更高貴的思想家出
發的：這些思想家懷著純粹的感知，想要理解那令他們感到驚奇的自然的秩
序，而毫無想要改善世界的慾望。」（參考：MWGI/9: 332 註解 29）*[2] 根
據 MWGI/9: 334 註解 35 的說法，禁欲式的基督新教重視物理學與數學，認
為物理學有助於促進對神的認識；也因此很早就有人注意到「實科中學」
（Realschule）的產生與（例如）虔敬派的關聯。*[3] "fides implicita" 指的是
那種使自己的「信仰確信」從屬於某種被奉為圭臬的權威的信仰態度，就天
主教而言，就是平信徒的那種樸實的、「包含在教會信仰中的信仰」，可以
譯為「隱含的信仰」，直白一點就是「信就對了」，因此往往有「盲信」的
傾向；與此相對的則是 "fides explicita"，要求對所相信的「神聖的真理」有所
認識，或可譯為「明白的信仰」。路德與喀爾文都尖銳地批判士林哲學所發
展出來的這種天主教學說。

世的感知能力。作為「傳教的中心」，兄弟教團同時也是生意企業，並
如此地領導著它的成員們進入「內在於世界的禁欲」之種種軌道中：這 *334*
種禁欲，就連在生活中也到處首先都探問著種種 “ 任務 ”（Aufgaben），
並著眼於這些「任務」，冷靜且有計畫地形塑著生活。只不過，這時
候，由「使徒們的傳道生活」這榜樣導出的、對於在那些為神透過 “ 恩
典選擇 ” 所揀選出來的 “ 門徒們 ”（Jüngern）[185] 那裡，對於「使徒式的
無佔有狀態」這卡理斯瑪（Charisma der apostolischen *Besitz*losigkeit）
的頌揚，將再度作為障礙而出現：在效果上，這一點實際上不啻意謂著 *335*
“ 福音的勸告 ” 之某種部分的復原（Repristination）。無論如何，這麼一
來，根據喀爾文宗的職業倫理的方式去進行的某種理性的職業倫理的創
造，將會受到阻擋，儘管——一如「再洗禮運動的轉變」這個例子所顯
示的那樣——並非完全不可能。

　　總而言之，如果我們在那些**對我們而言**在這裡納入考察之中的觀點
下，對德國虔敬派加以考察的話，我們就將必定會在其禁欲之宗教上的

185　「這種種類的人，大致上會將他們的幸福（Glückseligkeit）放在四個部分
　　中：1. 成為低微的、被鄙視的、被誹謗的… 2. 忽視所有他們為了要服侍他們
　　的主時用不到的感官… 3. 要嘛不去擁有任何東西，要嘛就是將他們所得到
　　的東西再度給出去… 4. 依照**日薪**的方式去工作，不是為了工資收入之故、
　　而是為了召喚（*Beruf*）以及為了『主的事』之故、為了他們的鄰人…。」
　　（*Ber[liner] Reden* II, S. 180, Plitt I, S. 445.）*[1]並非所有人都能夠並可以成
　　為 “ 門徒 ”（Jünger），而是那些主所召喚的人，——但是，根據欽岑多夫自
　　己的自白（Plitt I, S. 449），這樣一來還是會有一些困難，因為「山上佈道」
　　（Bergpredigt）形式上就是向著所有的人說的。這種 “ 愛之自由的無世界主
　　義 ”（der freie Akosmismus der Liebe）與那些舊式的再洗禮派式的理想的親和
　　性，是顯而易見的。*[2]【譯注】*[1] “*Berliner Reden* II” 請參閱 Zinzendorf,
　　1742 I/III。根據 MWGI/9: 334 註解 37 的說法，此一引文轉引自 Plitt, 1869-
　　1874/I: 445，但所涉及的，卻非欽岑多夫的 “*Berliner Reden* II”，而是
　　Zinzendorf, 1742 I/III: 326 f.。*[2] der “freie Akosmismus der Liebe” 一詞引自
　　Plitt, 1869-1874/I: 451，但該處並未談及再洗禮運動。Akosmismus（無世界主
　　義）是一種否認「世界」的實在性而只知有神與人的學說。這種學說與基督
　　宗教的「愛的倫理學」結合而成為「愛的無世界主義」（Liebesakosmismus）：
　　不僅應該愛鄰人，而是應該愛每一個人（波特萊爾將這種倫理稱為「靈魂之
　　神聖的賣淫」）。

碰泊中,察覺到某種的動搖與某種的不確定性:這種不確定性相對於喀爾文宗之鐵一般的前後一致,顯著地下降著,並且部分是受到路德宗的種種影響,部分則是受到其宗教性之**感受**性格所制約。因為,將這種具有感受性質的元素稱之為虔敬派相對於**路德宗**所特有的東西,固然是一種重大的片面性(Einseitigkeit)。[186] 但無論如何,相較于**喀爾文宗**,該「生活的理性化」的強度,勢必是必然地較小的,因為,對於擔保著永恆的**將來**的那種「必需不斷重新加以證明的恩典狀態」的思想之內在的動力,被以感受的方式轉移到「**現在**」(Gegenwart)上了,而預定者所追求的那種在無休止且成果豐碩的職業勞動中不斷重新去獲得的「自我確定性」,則被某種「存有者的謙卑與破碎」(Demut und Gebrochenheit des Wesens)[187] 所取代了:這種「存有者的謙卑與破碎」部分是純粹著眼於種種內在的體驗的「感受的激動」(Gefühlserregung)的結果,部分則是那固然再三地為虔敬派懷著沉重的疑慮加以考察、但畢竟大多被容忍著的路德宗式的告解制度(Beichtinstitut)的結果。[188] 因為,在所有這一切中將自己給顯示出來的,正是路德宗所特有的那種尋求拯救的方式:對這種方式而言,"罪的赦免"(Vergebung der Sünden)、而非實踐上的"神聖化"(Heiligung),才是具有決定性的東西。在這裡,那種有計畫的、理性的追求:——追求著要去獲得並堅持住關於將來的(彼岸性的)至福的知識——,被一種需要所取代:一種想要

336

---

186 因為,就連「追隨者時代」的路德宗信徒,對「虔誠之具有感受性質的內在化」,也絕非就完全感到陌生。那「禁欲因素」(Das Asketische):那在路德宗信徒的眼中有著"事功神聖性"味道的生活管制,在此毋寧正是構成性的差異。

187 斯賓納在《神學上的種種疑慮》(Theologische Bedenken)一書第一卷頁 324 中認為:某種"衷心的恐懼",乃是一種比那"確定感"更好的「恩典的標記」。我們當然也會在那些虔敬派的作家那裡,看到種種對"假的確定感"之強調的警告,但只要「預定學說」的影響還決定著靈魂照顧,該學說就至少會在相對立的方向上起作用。

188 因為,「告解的存在」之心理學上的效果,到處都是「主體對其品行的自我責任」的免除:——告解正是因此之故而被追求著——並且從而也就免除了種種禁欲式的要求之嚴格主義式的前後一致。

在現在（此岸地）就去**感受**「與神的和解與同在」（die Versöhnung und Gemeinschaft mit Gott）的需要。但正如在外在的、"物質性的"生活中，那「朝向現在的享受之傾向」鬥爭著「"經濟"之理性的形塑」：——這種「理性的形塑」畢竟正是碇泊在「對於未來的關懷」（Fürsorge für die Zukunft）上的——一樣，在某種意義下，在「宗教性的生活」這個領域上，情況也是一樣的。因此，極為明顯地，相對於改革宗的"聖徒們"的那種僅僅著眼於彼岸的「證明需要」，這種「宗教上的需要之著眼於某種現在的、內心世界的感受**情緒**（*Gefühls*affektion）」的傾向，在邁向「內在於世界的行動之理性化」的動力上，包含著某種的「**負數**」（*minus*），而這種傾向相對於正統的路德宗信徒之以傳統主義的方式執著於話語與聖禮上的信仰，當然總還是適合於去發展出某種在「對生活經營進行某種**講究方法的**宗教上的滲透」上的「正數」（plus）。整體而言，虔敬派從法蘭克與斯賓納到欽岑多夫，乃是在對於「感受性格」之**不斷增加的**強調中運動的。但在這其中將自己給呈現出來的，卻不是某種內在於它的"發展傾向"，而是：那些區別乃是它們的那些領導性的代表者出身的宗教上與社會上的環境之種種對立（Gegensätzlichkeiten）的結果。關於這一點，我們將在另一個脈絡中再來談談。[189] 我們也將稍後再來談談：德國的虔敬派的獨特性，是如何在其社會上的與地理上的**擴展**中表現出來的。[190] 在這裡，我們必須再度記住一點，那就是：相對於清教式的聖徒們之宗教上的生活經營，這種「感受的虔敬派」的漸層（Abschattierung），當然是以種種非常逐漸式的過渡的方式發生的。如果非得在這裡就已經至少暫時地對這區別之某

337

---

189 【譯注】但除了這個地方（[336-338]）以及頁 [413 f.] 對於「清教式地拒斥封建的生活方式」所做的一些評論之外，韋伯在本文中並未再談及這一點。

190 在這種情況中，——就連對這種種類的虔敬派式的虔誠而言——種種純**政治性的**環節到底也起了多大的作用，李契爾在（那本在此常加引用的著作第三冊）他對符騰堡的虔敬派的展示中已經略為提及了。【譯注】請參閱 Ritschl, 1880-1886 III: 3-42（談「符騰堡的虔敬派之社會上與政治上的特性」）。但這一點，韋伯在本文中並未繼續加以發展。（參考：MWGI/9: 337 註解 42 與 44）

種實踐上的結果進行特徵上的描述不可的話，那麼，人們便可以將虔敬派所培育出來的那些德性，較多地標示為這樣的一些德性：一如它們一方面是 "忠於職業的" 職員、工人與家庭手工業者，以及另一方面主要是那些具有家父長心態的雇主，在為神所喜的**卑屈**（*Herablassung*）的心態下（根據欽岑多夫的方式），所能夠加以發揚的。相較之下，喀爾文宗則顯得跟市民式的─資本主義式的企業家的那種嚴厲的、合法的與積極的感知（Sinn），更加選擇親和些（wahlverwandter）。[191] 最後，**純粹的**「**感受的虔敬派**」（Gefühlspietismus）則是──一如李契爾[192] 所

---

191 理所當然地，就連喀爾文宗、至少：那真正的喀爾文宗，也都是 "家父長制式的"。而（例如）巴克斯特的活動的成功與在基德明斯特（Kidderminster）的行業之家庭工業式的性格的關聯，也清楚地顯示於他的自傳中。請參閱下面這個在 *Works of the Pur[itan] Divines*, p. XXXVIII 加以引用的地方：「這個城鎮是靠對基德明斯特的原料的織造維生的，而當他們站在他們的織布機前時，他們可以將一本書放在面前，或者彼此請益…。」*[1] 然而，這種立足於改革宗式的、尤其是再洗禮派式的倫理之基地上的家父長制，跟立足於虔敬派的基地上的，卻是不同種類的。這個問題，我們將會在另一個脈絡中才加以處理。*[2]【譯注】*[1] 此一引文見 Thomas W. Jenkyn, *An Essay on Baxter's Life, Ministry, and Theology*, xxxviii, in: Baxter, *Works of the Pur[itan] Divines IV*, pp. i-lviii.（參考：MWGI/9: 337 註解 45）*[2] 韋伯只在本文 [351 f.] 與 [352 f.] 註腳 228 將浸禮派信徒與貴格派信徒的、並在 [398] 將清教徒的「反威權的態度」顯題化。

192 *Lehre von der Rechtfertigung und Versöhnung*, 3. Aufl., I, S. 598. *[1]──如果說菲特烈・威廉一世（Friedrich Wilhelm I.）基本上將虔敬派標示為某種「**適合有年金收入者從事之事**」，則這一點當然更多地是對這位國王而言、而非對斯賓納與法蘭克的虔敬派而言是典型的，*[2] 而這位國王確乎也意識到了：他為什麼會為了虔敬派而透過他的寬容詔書將他的國家對外開放 *[3]。【譯注】*[1] 指 Ritschl, 1880-1886 I: 598. 李契爾在該處是這麼說的：「與救世主的那種冥想式的交往方式，使得唯有那些較高的社會階級得以覺醒。」儘管斯賓納還面向著所有的社會階級，但自 1817 年以來興起的現代虔敬派，卻佔據著貴族與教士，而無法獲得那些「較低的社會階級」。（參考：MWGI/9: 337 註解 47）*[2] 菲特烈・威廉一世曾於 1713 年與 1719 年造訪過斯賓納在哈勒（Halle）的機構並留下深刻的印象。他曾當面對斯賓納說：對於一個世俗人（Weltmann）、尤其是一個攝政者而言，要總是根據良心的種種嚴格的規定而行動，是多麼地困難啊；誰要是靠其年金過活，對他而言，虔誠倒是一件輕易的事。」請參見 Ritschl, 1880-1886 II: 289, 292.（參考：MWGI/9: 338 註解 50）*[3] 不太清楚韋伯這裡所說的「寬容詔書」究何所指，有可能是指 17、18 世紀之交的 "Öffnung des Landes für den Pietismus"（為虔敬派開

已經強調過的那樣——" 有閒階級 " 的某種「宗教上的小玩意兒」罷
了。[193] 儘管此一「特徵描述」——一如我們還將會指出的那樣 [194]——是 *338*
如此地不夠窮盡，但直到今日，某些區別就連在那些受到這二個禁欲方
向中的一個或者另一個影響的民族之經濟上的獨特性上，都畢竟還是跟
它們相應著。——

[循道會]

然而，「具有感受性質但卻仍然不失為『禁欲式的』的宗教性，
越來越跟對喀爾文宗式的禁欲之種種教義上的基礎感到不在乎或者拒
斥相連結著」這一點，卻也刻劃著大陸的虔敬派的那個在英美的相對
物：——循道會（Methodismus）——的特徵。[195] 光是它的名稱就已經
顯示了，是什麼作為其信仰者的獨特性而引起當時代人注目的：為了 *339*
「達到 " 拯救的確定性 " 」這個目的之「生活經營之 " 講究方法的 " 系
統學」（die "methodische" Systematik der Lebensführung）：因為，就

放國土）。1685 年頒佈的「波斯坦詔書」（das Edikt von Postdam）庇護法
國胡格諾信徒難民。1700 年前後，柏林大約有四分之一人口是法國人。（參
考：MWGI/9: 338 註解 51）

193 【譯注】韋伯藉由 " 有閒階級 "（leisure classes）一詞，很可能是在影射
美國經濟學家與社會學家 Thorstein Veblen（1857-1929）的一本書的標
題：*The theory of the leisure classes. An economic study of institutions* (New
York: Macmillan Company 1899)。本書的德譯本標題叫做 *"Theorie der feinen
Leute"*。（參考：MWGI/9: 338 註解 48）

194 【譯注】韋伯在本文中，並未再回來談這一點。

195 對於想要對循道會（Methodismus）有所認識之具有取向性質的導論而言，
Loofs 在 *Real-Encykl[opädie] f[ür] Prot[estantische] Theol[ogie] u[nd] K[ultur]*,
3. Aufl. 中的那篇優秀的辭條 " Methodismus"，實在是特別合適。就連 Jacoby
（尤其是那本《循道會手冊》（*Handbuch des Methodismus*））、Kolde、
Jüngst、Southey 等人的著作，也都是有用的。關於衛斯理：Tyerman, *life and
times of John W[esley]*, London 1870 f.。Watson 的那本書（*Life of W[esley]*，也
有德譯本）則是通俗易懂的。——芝加哥附近的埃文斯頓（Evanston）的西北
大學，則擁有想要研究循道會的歷史之最好的圖書館之一。*【譯注】韋伯於
1904 年 9 月 20 日致母親海倫娜（Helene）的信中，提到造訪西北大學一事，
但並未走進圖書館內。（請參閱：MWGII/4: 290-297）

連在這裡，從一開始就關涉到的，也是**此**一系統學，並且此一系統學始終都是該宗教性的追求的中心點。那儘管有所有的區別、但還是與德國的虔敬派的某些方向所具有的無可置疑的親和性，[196] 首先就顯示於一點上，那就是：此一方法學（Methodik）尤其也被轉用來產生 "皈依"（Bekehrung）這種具有**感受**性質的行為。並且，在這裡，那——在約翰·衛斯理那裡，受到亨胡特派的—路德宗式的種種影響所喚醒的——「合乎感受性」（Gefühlsmäßigkeit），[197]——由於循道會從一開始就是根據「在大眾中傳教」加以安排的——還染上了某種強烈**情緒性**的性格，尤其以在美國的基地上為然。某種在某些狀況下甚至會提升到種種最極度的忘我神迷的「懺悔鬥爭」——在美國，偏好在 "恐懼長凳"（Angstbank）上進行 [198]——導致了對「神之不應給的恩典」（Gottes

340

---

196 這種親和性——如果人們撇開衛斯理兄弟之種種個人性的影響不談的話——在歷史上乃是一方面受到「預定教義的逐漸死去」，以及另一方面受到 "唯有信仰" 在循道會的那些建立者那裡之強而有力的再次醒來所制約的，但尤其是受到循道會所特有的**傳教性格**所推動著：這種性格導致了某些中世紀的「"覺醒"—佈道」的方法之某種（具有改造性質的）復原（Repristination），並將這些方法與種種虔敬派式的形式結合了起來。這種現象——這種現象在這個方面，不僅落後於虔敬派、甚至也落後於中世紀的那種伯納德式的虔誠（bernhardinische Frömmigkeit）——的確並不屬於某種邁向 "主觀主義" 之**普遍的發展路線**。*【譯注】這一點有可能是在影射地批評蘭佩雷希特的說法：蘭佩雷希特在其《德意志史》第七卷第一分冊中，藉由一些「社會心理上的標誌」將歷史劃分成幾個時代，並在虔敬派中看到「由個體主義的時代邁向主觀主義的時代」的過渡。但蘭佩雷希特並未談及循道會。（參考：MWGI/9: 340 註解 63）

197 【譯注】約翰·衛斯理從一開始的時候，就對亨胡特兄弟會教派成員印象深刻。他先是在橫渡大西洋時，接著則在北美（1735/36-1738）遇見他們（如：摩拉維亞兄弟會的主教 August Gottlieb Spangenberg, 1704-1792），後來回到倫敦之後，也跟那裡生活的 "兄弟" 們有相當密集的接觸。1738 年夏天，衛斯理人在德國，當時他拜訪了住在 Marienborn 的欽岑多夫，並前往主護村（Herrnhut）。但自 1740 年起，二者開始分道揚鑣，我們可以在例如他於 1741 年 9 月 3 日與欽岑多夫的會談中，明確看到二人之間儘管互相尊敬，但已有明顯差異。（參考：MWGI/9: 339 註解 53）

198 【譯注】Schneckenburger 如此描述「懺悔鬥爭」：懺悔鬥爭被當作是信仰與重生的前提。在長達數天甚至數星期的聚會中，懺悔鬥爭將會由種種「覺醒佈道」所喚起，並在晚間置於佈道壇前的「下跪長凳」（Kniebänken，也叫

unverdiente Gnade）的信仰，並且從而也就直接導致了「證成與和解」的意識。而如今這種情緒性的宗教性，則在不小的許多內在的困難下，跟透過清教而一勞永逸地蓋上「理性的」的印記的倫理，互相連結了起來。首先，跟認為「一切僅僅是感受性質的東西都有騙人的嫌疑」的喀爾文宗 [199] 相反，受到恩典者的某種純粹**被感受到的**、由「靈的見證」（Geisteszeugnis）之直接性流出來的、絕對的確定性——其產生，至少通常都可以確定到哪一天哪一個鐘頭——，原則上被看成是「拯救的確定性」之唯一無可懷疑的基礎。而根據衛斯理的學說：——該學說固然展示了該「神聖化教理」（Heiligungsdoktrin）之某種前後一致的提升，但卻是與對該教理之正統的理解之某種堅決的偏離——，一個這樣的重生者，在這一個生命中，就已經可以憑藉著恩典在他之中的作用，透過某種第二個、經常各別地出現著的並且也同樣往往突如其來的內在的過程，亦即那"神聖化"，而達到對於就「無罪性」（Sündlosigkeit）這個意義而言的「**完美性**」（*Vollkommenheit*）的意識。儘管此一目標是如此難以被達成——大多是在生命行將終結之際才達成——，還是絕對必須去追求，因為：它最終地擔保著「拯救的確定性」，並且「快樂的確定性」取代了喀爾文宗信徒的那種「"悶悶不樂的"擔憂」，[200] 並且無論如何，真正的皈依者都必須向自己本身和其他人，透過「至少罪"已不再具有支配他的力量了"」[201] 這一點，證實自己是這樣的一個人。儘管「**感受之自我見證**」的這種具有決定性的意義，在這樣做的時候，當然還是會堅持那取向於**律法**的神聖的「品行」。當衛斯理針對著他的時代

341

「罪人恐懼長凳」）上進行。請參閱 Schneckenburger, 1863: 122 f.。（參考：MWGI/9: 340 註解 60）

199 【譯注】請參見本文 [272 f.] 與 [279]。

200 衛斯理有時候自己也會如此地標示「循道會式的信仰」的效果。與欽岑多夫的"幸福"的親和性，是顯而易見的。【譯注】請參閱 Schneckenburger, 1863: 141（該處的說法是「透過聖靈與堅信的快樂」或「歡喜」（Freudigkeit））。關於欽岑多夫的「幸福」概念，請參閱本文 [331] 與 [334] 註腳 185。（參考：MWGI/9: 341 註解 68）

201 【譯注】此一說法，根據的是〈羅馬書〉第六章。

的「事功正義」（Werkgerechtigkeit）進行鬥爭時，他都只不過是使一種舊清教式的思想再度復活而已，這種思想認為：種種事功都並不是恩典狀態之實在根據（Realgrund），而只是「知識根據」（Erkenntnisgrund）而已，[202] 並且這一點也唯有當這些事功完全是為了神的榮譽而被做的才行。光是「正確的品行」還不行——正如他在自己本身身上所經驗過的那樣——：此外還必須出現「恩典狀態」的**感受**。他自己有時候會將事功稱為恩典的 " 條件 "，[203] 並且在 1771 年 8 月 9 日的宣言 [204] 中強調：沒做過任何善的事功者，就不是真正的信徒。儘管所有這一切，還是產生了種種困難。[205] 對那些信奉預定學說的循道會信徒而言，將「拯救的確定性」不放在那由禁欲式的生活經營本身、而在不斷重新的證明中產生的「恩典意識」中，而放在直接的恩典—與完美的**感受**（Gnaden- und Vollkommenheits*gefühl*）[206] 中的這種轉置（Verlegung），——因為，

342

202　【譯注】關於這一點，請參閱本文 [273] 與 [280 ff.]。

203　【譯注】在 1770 年 8 月 7 日的倫敦會議上，就是這種情況：在這場會議上，衛斯理是針對著預定學說及其循道會的跟隨者而發言的。他想要阻止某種太強的趨向喀爾文主義的傾向。衛斯理當時有如下的發言：「我們都將『為了獲得證成，人什麼都不能做』當作是基本原則。但此一主張實在錯得離譜，因為，每一個希望在神那裡找到恩典的人，都應該『遠離惡並學著行善』…並非透過『種種事功』這**功績**，而是透過種種事功作為條件」。請參閱 Watson, 1839: 317 ff.，引文請參閱 322。（參考：MWGI/9: 341 註解 67）

204　同一個宣言請參見（例如）Watson 的 *Leben Wesleys*（德譯本）頁 331。

205　M. Schneckenburger, *Vorlesungen über die Lehrbegriffe der kleinen protestantischen Kirchenparteien*, hg. v. Hundeshagen, Frankfurt 1863, S. 147.

206　懷特菲爾德（Whitefield）這位預定論的團體（這個團體在他死後，因為未組織化而瓦解）的領袖，基本上就拒斥衛斯理的 " 完美 " 一學說。事實上，這同一個學說，只不過是喀爾文信徒們的「證明思想」的一個替代品而已。【譯注】懷特菲爾德指的是 George Whitefield（1714-1770），關於懷特菲爾德之拒斥衛斯理的「完美學說」，請參閱 Loofs, 1903: 762。懷特菲爾德是基督新教「覺醒運動」的重要人物，也是循道會的共同創始人之一，但由於他的神學思想深受喀爾文宗的影響，相信預定說，因而後來無法再與衛斯理兄弟合作，於是組成「喀爾文宗式的循道會」（Calvinistic Methodism）。懷特菲爾德死於 1770 年 9 月 30 日，而在 " 喀爾文主義論爭 "（1770 到約 1777）之後，循道會內部的那些喀爾文主義的圈子也就開始瓦解了。請參閱 Loofs, 1903: 774。（參考：MWGI/9: 342 註解 71）

這麼一來，"堅持"（perseveranntia）的確定性，將自己與唯有一次的「懺悔鬥爭」連結起來了——意謂著二個事物之一：要嘛，在那些軟弱的天性那裡，意謂著對於"基督宗教式的自由"之反律法主義式的詮釋（antinomistische Deutung），換言之就是「講究方法的生活經營」之崩潰，——要嘛就是，當此一結論受到拒斥的時候：意謂著聖徒之某種登峰造極而令人感到暈眩的確定性：[207] 清教式的典型之某種具有感受性質的提升。鑑於反對者們的種種攻擊，人們尋求著：一方面透過對《聖經》之規範上的效力以及「證明」之不可或缺性的提升了的強調，去迎向這些結果，[208] 但另一方面，這些結果卻也成功地導致了衛斯理在這運動內部的那種反喀爾文宗式的、教導著「恩典有可能會喪失」的方向之某種增強。衛斯理在兄弟教團的中介下所曾經受到過的那些強烈的、路德宗式的影響，[209] 強化了此一發展，並使得循道會式的倫理生活

343

---

207 Schneckenburger, a.a.O., S. 145。Loofs, a.a.O. 則有所不同。【譯注】韋伯根據的是 Schneckenburger, 1863: 144 f.。相反地，Loofs（1903: 762）則主張：衛斯理從其活動的一開始，就跟那些「覺醒佈道家」們之在「種種放縱主義的傾向」這個意義下的種種「反律法主義式的激動」（antinomistische Regungen）進行論辯，並始終擁有清楚的立場。這些「覺醒佈道家」在他們的那些圈子裡變得強大，因而想要抗拒衛斯理的獨裁式的領導而維持他們自己的獨立性。但衛斯理最後終究還是佔了上風。（參考：MWGI/9: 342 註解 72）

208 1770 年的會議就是這樣。1744 年的第一屆會議就已經承認說：聖經話語"差不到一髮寬度"就一方面碰到了喀爾文主義、另一方面則碰到了律法主義。* 只要聖經作為**實踐上的**規範的效力，還是被堅持著，則在聖經話語模糊不清的時候，人們便不應該為了教理上的差異的緣故而彼此分離開來。【譯注】請參閱 Skeats, 1868: 374。在那裡，關於 1744 年的第一屆循道會信徒會議是這樣說的：「決議認為：福音的真理不但非常接近喀爾文主義，也非常接近律法主義，甚至"差不到一根頭髮的寬度"。」（參考：MWGI/9: 343 註解 77）

209 循道會信徒們關於「沒有罪的完美的可能性」的學說——對這個學說，尤其是就連欽岑多夫也加以拒斥，而另一方面，則衛斯理也將亨胡特式的宗教性之具有感受性質的東西，感覺為"神秘主義"（Mystik），並將路德關於"律法"的那些觀點標示為"瀆神的"——將這些循道會的信徒與亨胡特兄弟會成員給分離了開來。

（methodistische Sittlichkeit）之宗教上的取向的**不確定性**增加了。[210] 而最後的結果則是：基本上只有 " 重生 "（regeneration）——某種直接作為**信仰**的果實而出現的、具有感受性質的「解救的確定性」——這個概念，作為「神聖化」連同其結果：——（至少有可能地）免於種種罪的力量的自由（作為由該神聖化產生的恩典狀態的證明）——之不可或缺的基礎，而前後一致地被堅持了下來，而外在的恩典手段、特別是種種聖禮的意義，則相應地失去了價值。

344　　據此，對**我們的**考察而言，循道會也一如虔敬派那樣，顯得是某種在其倫理上類似地搖擺不定地被加以奠定基礎的構作物。但無論如何，那種對於 " 較高的生活 "（higher life）、對 " 第二次的祝福 " 的追求，[211] 都只不過是「預定學說」的某種種類的代替品，並且由於是在英國的基地上成長起來的，因而其倫理之實踐，也就完全取向於改革宗的基督宗教之倫理，因為它想要成為其 " 復興 "（revival）。「皈依」（Bekehrung）這情緒性的行為（Akt）將以**講究方法的方式**被引起，並且，在達成了此一目標之後，並未發生欽岑多夫的具有感受性質的虔敬派的那種種類的某種對於「與神同在」之虔誠的**享受**，[212] 而是：那被喚醒了的感受，將馬上就被引導上**理性的**「**完美的追求**」（*rationales Vollkommenheitsstreben*）的軌道上了。因此，此一「宗教性」之情緒性

210　約翰・衛斯理有時候會強調說——人們到處：在貴格派信徒、長老派信徒以及高教會派信徒那裡——都必須相信種種**教義**，唯有在循道會信徒那裡不必。——關於前面所說的，也請參閱在 Skeats, *History of the free churches of England 1688-1851* 那裡的那當然是概括性的說明。

211　【譯注】美國牧師兼教師柏爾德曼（William Boardman, 1810-1886）於 1858 年出版《較高的基督徒生活》（*The Higher Christian Life*），獲得了國際性的成功，並引發了「較高生活運動」（Higher Life movement）。由於此一運動發起於英格蘭的小鎮凱西維克（Keswick），因此也稱為 Keswick movement。他在書中所闡揚的主要觀念是：基督徒應該由他原初的皈依經驗出發，進一步在他的一生中經驗神的某種「第二次事功」。他將神的這種「事功」稱為「完全的滿足」、「第二次祝福」（the second blessing）、「第二次接觸」、「聖靈充滿」等等。

212　【譯注】請參閱本文 [331]。

的性格，並未導致某種像是德國的虔敬派那種種類的「內心世界式的感
受的基督宗教」（innerliches Gefühlschristentum）。事實上，史瑞肯柏
格（Schreckenburger）早就已經指出過：這一點是跟（一部分恰恰是由
於「皈依」之情緒性的進程之故而）**較小的**「罪感受的發展」相關聯著
的，並且這種說法在對循道會的批判中，始終都是一個固定的點。在這
裡，宗教性的感覺之**改革宗式的**基本性格，始終都是決定性的。「感受
的激動」染上了某種固然是偶而才會發生的、但一旦發生就會是"像庫
瑞班特那樣地"（korybantenartig）被激發出來的狂熱：[213] 但這種狂熱此
外卻絕不會妨礙生活經營之理性的性格。[214] 因此，循道會的"重生"所
創造的，只不過是對那純粹的「事功神聖性」的一種**補充**：在「預定」
被放棄之後，禁慾式的生活經營之某種宗教上的碇泊。「品行」的種種
標記，（作為對真正的皈依的檢查、作為其──一如衛斯理有時候會
說的：[215]──條件，是不可或缺的），在這種情況下，事實上是跟在喀
爾文宗中相同的一些標記。作為一個晚出的幼子，[216] 當我們在下文中論

345

---

213 【譯注】請參閱 Schneckenburger, 1863: 122。在此，Schneckenburger 談
　　及循道會式的「覺醒佈道」之敗壞為某種"基督教化了的庫瑞班特風"
　　（christianiertes Corybantenwesen）。「庫瑞班特」在希臘神話中，指的是古
　　代弗里吉亞地區（Phrygia）信仰的地母神希伯利（Kybele）的那些狂熱的、
　　跳著狂野的舞蹈的祭師。（參考：MWGI/9: 344 註解 80）
214 但當然**有可能會**妨礙，正如這種狂熱今日在那些美國的黑人那裡所造成的影
　　響那樣。──此外，循道會式的情感（相對於虔敬派的那種相對溫和的「合
　　乎感受性」）之往往表現得很清楚的病理上的性格，確乎──除了一些純粹
　　歷史上的理由以及該過程之公開性之外──**或許**也跟在循道會的分布區域
　　裡，生活之較為強大的**禁慾上的**滲透，有著密切的關聯。但要決定這一點，
　　或許唯有神經學家做得到。（在那本稍早引用過的 W[illy] Hellpach 的著作
　　中，就有許多關於種種"情緒排擠"（Affektverdrängungen）之高明地貫徹了
　　的假設。【譯注】韋伯指的是本文 [316] 註腳 139 所提到的那本：Hellpach,
　　1904。
215 【譯注】請參閱本文 [341]。
216 Loofs（a.a.O., S. 750）斷然地強調說：循道會之所以會與其他種種禁慾式的
　　運動有所不同，乃是由於它處於英格蘭的啟蒙運動時期之後，並且他還將它
　　（＝循道會）跟我們這裡在這個世紀的前三分之一的時間裡所發生的那虔
　　敬派的（當然還遠為弱些的）復興相提並論。*[1]──但是，承接著李契爾
　　in Lehre von der Rechtfertigung und Versöhnung（I. Bd., 588 f.）的說法，這種

及「職業」觀念時，由於循道會對其發揚並未貢獻任何東西，我們基本上是可以撇開它不談的。對我們的問題而言，唯有當我們考察社會倫理（Sozialethik）並從而考察職業生活之透過種種教會性的組織而進行的管制（Reglementierung）時，它（＝循道會）才會再度變成是重要的。[217]因為，在**組織**的方式中，就存在著其「富有影響性」之獨特的東西的理據。

[再洗禮運動]

346　　歐洲大陸的虔敬派與央格魯薩克遜諸民族的循道會，無論是就它們的思想內涵、還是就它們的歷史上的發展來看，都是一些次要的現象。相反地，除了喀爾文宗之外，基督新教式的禁欲之第二個**獨立的**承載者，則是**再洗禮運動**（*Täufertum*）以及那些由它之中而在 16 與 17 世紀的進程中，直接地或者透過對其種種宗教上的思想形式（Denkformen）的接納而產生的教派，[218] 包括：**浸禮派、門諾派**以及尤其是**貴格**

與虔敬派之欽岑多夫的亞種「相提並論」作法，至少畢竟確乎將也會始終都是被容許的；因為，欽岑多夫的這個亞種——相對於斯賓納與法蘭克——畢竟也已經是對那「啟蒙」的反動了。如今，正如我們所看到的那樣，此一在循道會中的反動，採取了一種與在亨胡特兄弟會（Herrnhutertum）中非常不一樣的方向，至少就其受到欽岑多夫所影響的方面而言是如此。*[2]【譯注】*[1] 循道會本來是想要在英國國家教會內部作為「福音化運動」而克服其「理性的超自然主義」的。Loofs（1903: 570 f.）則將它與德國 19 世紀的「覺醒運動」相提並論。（參考：MWGI/9: 345 註解 84）*[2] 請參閱本文 [330 f.] 與 [339 f.]。某種理性的倫理附加到了循道會的「情感性的性格」上，而反倒是欽岑多夫的那"感受虔敬主義"（Gefühlspietismus）往離開「生活經營之講究方法的滲透」運動著。（參考：MWGI/9: 344 註解 86）

217 【譯注】但韋伯在本文中並未針對這一點進一步加以論述，韋伯有可能是想在本文的續篇加以處理。

218 在浸禮派信徒裡，唯有那些所謂的"普遍浸禮派信徒"（General Baptists）回歸那些古代的施洗者。*[1] "特殊浸禮派信徒"（Particular Baptists）——正如稍早前已經說過的那樣 *[2]——則是一些喀爾文宗信徒：這些喀爾文宗信徒原則上將「教會成員資格」限定在那些「重生者」、或者至少個別地限定在那些「個人式的信仰者」（*persönliche* Bekenner）上，因而原則上始終都是一些意志論者（Voluntaristen）以及所有「國家教會」的反對者，——當然，

派。[219] 隨著它們的出現，我們也就來到了一些宗教性的共同體了：這　　*347*

在克倫威爾的統治下，在實踐上並非總是前後一致。也因此，我們唯有在另一個脈絡中，才對他們感到興趣。*[3] 但對我們而言，就連那些「普遍浸禮派信徒」——儘管他們作為「再洗禮派式的傳統」之承載者，在歷史上有多麼的重要——，在此也並未提供任何誘因，使我們想要對之特別加以考量。對我們而言，要緊的基本上乃是那些門諾派信徒以及——尤其是——那些貴格派信徒。毫無疑問，這些貴格派信徒，儘管在形式上乃是福克斯（George Fox）及其同志們之某種新基金會（Neustiftung），但就他們的種種基本思想而言，則只是再洗禮派式的傳統之後繼者。對這些貴格派信徒的歷史，同時又能夠具體說明他們與浸禮派信徒與門諾派信徒的關係之最好的導論書，乃是 Robert Barclay, *The inner life of the religious societies of the Commonwealth*, 1876。那最好的「浸禮派信徒—圖書館」，似乎就在紐約州的柯蓋德學院（Colgate College）。【譯注】*[1] 普遍的（阿明尼烏派的）浸禮派信徒們主張普遍的、普世性的恩典選擇，而特殊的（喀爾文宗的）浸禮派信徒則主張特殊的恩典選擇。後者 1633 年脫離那自 1611 年以來就在英格蘭落地生根的浸禮派信徒之後，即迅速發展了起來，並很快就在信徒人數上超過了前者。*[2] 請參見本文 [312] 註腳 134。*[3] 但韋伯在本文中，並未再談及這些「特殊的浸禮派信徒」。

219 Karl Müller 的 *Kirchengeschichte* 的許多貢獻之一，乃是在其展示之內，承認了那以其特有的方式顯得偉大的、儘管在表面上並不顯眼的再洗禮運動應有的地位。沒有任何其他運動，像它一樣，[347] 遭受到來自所有 "教會" 的無情迫害之苦，——就因為它想要成為那就該語詞之特有的意義而言的教派（*Sekte*）。由於那由它產生的末世式的流派在敏斯特（Münster）的那場災難 *[1]，使得它在五個世代之後，在整個世界上（例如：英國）都還信用蕩然。*[2] 並且，在一再被壓扁並被驅趕到角落的情況下，它主要是要在其興起的很久之後，才達到了對其宗教上的思想內涵之某種前後連貫著的表述。就這樣，它所生產出來的 "神學"，較之本來可以與它的那些基本原則相容的還要少——這些基本原則本身就敵視著那種將 "對神的信仰" 當作是某種 "科學" 之「具有專業性質的經營」。這一點使得那較古老的專業神學——在它的時代裡就已經——對它沒什麼好感，也不太看重它。但就連在許多晚進者那裡，情況也沒什麼兩樣。例如，在李契爾（*Pietismus* I, S. 22 f.）那裡，那些 "再洗禮論者" 很少受到公正的對待，甚至簡直就是以輕蔑的方式加以對待：人們感到自己受到了誘惑，很想去談論某種神學上的 "布爾喬亞立場"。儘管 Cornelius 的那部美妙的著作《敏斯特叛亂史》（*Geschichte des Münsterschen Aufruhrs*）已經出版幾十年了。*[3] 李契爾就連在這裡也到處都在建構著某種——由他的立場看來——淪落成 "天主教" 的委陷（Kollaps），並嗅到那些「屬靈者與方濟會—嚴守會規者」（Spiritualen und Franziskaner-Observanten）之種種直接的影響。*[4] 就算這樣的種種影響是可以個別地加以證實的，這些線索畢竟也將是極為隱微的。而尤其是：那歷史上的事態，畢竟確乎是：官方的天主教會，對於平信徒們的那種**內在於世界**的禁欲，只要它會導致教會組織以外的宗教集會的建構（Konventikelbildung），便帶著極端的不信任加以對待，並試圖將它引導到「修會建構」（Ordenbildung）——換言之，就是由這個世界中**走出去**——的軌道上，要不就是故意將它當作第二級的禁欲而併入種種托缽修會（Vollorden）而納入教會的控制之下。在並未達到這一點的地方，則教會同樣會喚到「對主觀主義式的、禁欲式的倫理生活的照料，將導致權威之否認與異端」的危險，[348] 一如伊莉莎白的教會在面對種種"預言"（prophesyings）、面對種種半虔敬派式的聖經宗教集會（就算這些宗教集會在涉及到"英國國教"（conformism）時都是完全正確的）——也以相同的道理——做了這件事情那樣，*[5] 而斯圖亞特王室在他們的《運動之書》（*Book of sports*）——關於這一點，稍後將會說明 *[6]——所表現出來的，也是這一點。那為數甚多的「異端運動」、甚至就連謙卑者（Humiliaten）與貝居安（Beghinen）*[7] 的歷史，乃至那位神聖的法蘭茲（Franz）的命運，都是這一點的證明。*[8] ——那些托缽僧、尤其是方濟會修士們的佈道，確乎一再地有助於為改革宗的-再洗禮派式的基督新教之禁欲式的平信徒倫理生活（Laiensittlichkeit）準備好了基地。但是，「西方的僧侶修道生活內部的禁欲」與「基督新教內部的禁欲式的生活經營」之間的親和性之大量的特點，——這些特點就連在我們的關聯中，亦將作為「極為富有教益的」而一再地被加以強調，*[9]——終究還是在下述這一點中有其最終的理由，那就是：**每一個**站立在「聖經式的基督宗教」（das biblische Christentum）這個基地上的禁欲，自然**必定必然**會有某些重要的共同的特點，——並且此外還因為：**每一個**（無論是哪一種信仰表白的）禁欲，基本上都需要有某些特定的有效的手段，以便"殺死"肉身（»Abtötung« des Fleisches）。——對於以下的速寫，還有一點應該說說，那就是：其篇幅之所以簡短，乃是因為：對我們在**這一篇**文章中所要專門加以討論的問題——亦即："市民式的"職業觀念之種種宗教上的基礎的發展——而言，那再洗禮派式的倫理，只具有極為有限的意義。該倫理並未對它附加上任何絕對地新的東西。該運動之遠較為重要的社會性的側面，在此將暫時撇開不談。由於該提問之故，對於較舊的再洗禮運動之歷史上的內涵，我們在此也只能將後來對那些對於我們而言重要的教派——浸禮派、貴格派與（較多順帶的）門諾派——的獨特性有所影響的東西，給展示出來。【譯注】*[1]「再洗禮運動」是宗教改革初期產生於瑞士、德國中北部、低地德語區域與荷蘭的一場宗教性運動，共通點是不承認未成年人（嬰兒）受洗的效力而實踐「成年人受洗或者皈依受洗」，因此被冠上「再洗」（或譯：重洗）的名稱。再洗禮運動往往由於質疑現存的政治與社會秩序（想要在這個世界建立「新耶路撒冷」），而受到流血迫害。敏斯特的再洗禮運動，就是一個著名的例子：這個才建立一年多的再洗禮派王國，於 1535 年遭到慘酷的命運。*[2] 例如：Barclay, 1876: 121 就很懷疑，在 1611 年之前，是否有任何純粹的英國浸禮派信徒的教會或者協會，具有某種顯著的、連續性的存在。1611 年，Thomas Helwys（c.1575-c.1616）回到了英國。他在 1604-1606 年間，與一個圍繞在「普遍的浸禮派」的創始者之一的 John Smith（c.1554-c.1612）周圍的教團些宗教性的共同體的倫理，乃是建基於某種原則上相對於改革宗學說而言異質的基礎上的。以下的速寫：——這份速寫將只突顯出那對**我們**而言暫時重要的東西——，無法對此一運動之多型態給出任何概念。當然，我們將再度將主要份量放在「在那些舊資本主義式的國家中的發展」上。——所有這些共同體之在歷史上以及在原則上最重要的思想：——這思想對於文化發展的效力範圍（Tragweite），自然唯有在另外一個關聯中，才有可能變得非常清楚——，我們事實上已經就一些端點而遇到過了，那就是：那“信仰者的教會”（believers' church）。[220] 這

348

349

逃到了荷蘭，並在該地接觸到門諾派的思想。回到英國後，他建立了第一個英國的浸禮派教團，之後許多教團紛紛成立。請參閱 Barclay, 1876: 68-73, 76 f.。（參考：MWGI/9: 344 註解 86）*[3] 指 Cornelius, 1855-1860，預定出三冊，前二冊分別於 1855 與 1860 出版，但第三冊並未出版。*[4] 根據 Ritschl, 1880-1886, I: 22-36 的說法，再洗禮派信徒大多數出身於城市裡的較低的手工業等級，他們由於受到托鉢修會（Bettelorden）、尤其是方濟會的一些流派的影響，對基督宗教的方濟會式的—禁欲的理想頗有好感。他們先是向路德與茲文利靠近，但沒多久就又再度轉向了，因為他們在那裡覺得自己丟失了某種「基督徒生活之禁欲式的—倫理生活上的改革」。換言之，在此涉及的，乃是「神聖的法蘭茲的改革之某種復甦」（這裡所說的「神聖的法蘭茲」，指的是 Franz von Assisi）。（參考：MWGI/9: 347 註解 6）*[5] 伊莉莎白一世於 1574 年開始鎮壓那些自 1571 年以來就散播了開來的 “預言”，並於 1577 年加強鎮壓的力道，儘管當時的種種 “預言”，為了不要在宮廷那裡激起任何的不滿，在這之前不久已經都被加以管制了。（參考：MWGI/9: 348 註解 7）*[6] 請參閱本文 [398]。*[7] "Humiliaten" 拉丁文為 humilis，有低下、謙卑的意思，指的是中世紀產生於義大利北部的基督教「清貧與懺悔運動」的平信徒跟隨者，1201 年形成修會，1571 年遭到廢止。"Beghinen "（Beginen）指的是 13-16 世紀活躍於今日比利時地區的、以女性為主的教派，生活形式介於教士與平信徒之間，重視清貧、簡單、謙卑與懺悔，但並無共同的會規，13 世紀下半葉，形成許多貝居安教團。*[8] 為了讓「懺悔佈道者」（Bußprediger）不被算作是 “異端”，Franz von Assisi 在 1209 或者 1210 徒步旅行前往羅馬，希望教皇授權自行建構起來的「懺悔者—教團」。但直到多年之後，「兄弟會」（Bruderschaft）才轉變成（托鉢—）修會。這些兄弟們原本的激進性，儘管他們的建立者做了種種努力，在整個運動發展成某種「大眾現象」時，終究還是無法維持住。請參閱 Müller, 1892-1902 II/1: 565-567。（參考：MWGI/9: 348 註解 10）*[9] 請參閱本文 [290 f.] 與 [294-297]，以及 [365 f.]、[373] 與 [375]。

220 見上文註腳 65a。【譯注】請參閱本文 [298] 註腳 106。

就是說：宗教性的共同體、那根據改革教會的語言使用所說的"可見的教會"，[221] 已經不再被理解為達成種種超塵世的目標之某種種類的「信託基金會」（Fideikommißstiftung）、某種必然會包含正義者與不義者的機構（*Anstalt*），——無論是為了要增加神的榮譽（喀爾文宗式的），還是為了要將拯救財（Heilsgüter）中介給人們（天主教式的與路德宗式的），——而是完全作為某種「由**個人式的信仰者與重生者**、並且只由這些人組成的共同體」：換句話說，不是作為某種的"教會"（Kirche），而是作為某種的"教派"（Sekte）。[222] 事實上，就連那本

---

221 關於此一語詞使用的根源與轉變，請參見 A[lbrecht] Ritschl 的《文集》（*Gesammelten Aufsätzen*）頁 69 f.。【譯注】請參閱 Ritschl, 1693。

222 當然，再洗禮派信徒們總是拒斥著"教派"這個名稱。他們乃是那在〈以弗所書〉（5, 27）的意義下的教會。但對**我們**的術語而言，他們卻是"教派"，這只是因為他們缺乏和國家的每一種關係。當然，甚至就連在貴格派信徒們那裡（Barclay），在基督宗教的第一個階段裡的那種教會與國家之間的關係，也是他們的理想，*[1] 因為對他們而言、一如對許多的虔敬派信徒而言（Tersteegen），*[2] **唯有**那些「在十字架下的教會」之純粹性（Reinheit），才是無可懷疑的。但在一個不信神的國家下、或者甚至在十字架下，就連喀爾文宗信徒也必定會由於沒有更好的選擇（faute de mieux）——就像在相同情況下甚至天主教也必定會做的那樣——而贊成「國家與教會的分離」。他們之所以是一個"教派"，也**不是**因為：「納入教會成員」事實上乃是透過教團與新入教者之間的某種「接納契約」而進行的。因為，根據古老的教會體制，**在形式上**（例如）就連在那些尼德蘭的改革宗的教團中（作為原有的政治上的境況的結果），情況也是如此（在這方面請參閱 v. Hoffmann, *Kirchenverfassungsrecht der niederl[ändischen] Reformierten,* Leipzig 1902）[350]——而是，他們之所以是一個"教派"，乃是因為：如果宗教性的共同體不應該將「非重生者」包括進自身之中並從而偏離古代基督教的榜樣的話，它基本上就只**可以**以意志論的方式（voluntaristisch）：作為教派——而不是以機構的方式：作為教會——而組織起來。那在改革宗信徒們那裡作為事實上的狀態而出現的東西，在種種再洗禮派式的共同體那裡則存在於"教會"這個**概念**中。「當然，就連在**這些**改革宗信徒那裡，極為特定的一些宗教上的動機，也都擠向了"信仰者的教會"」這一點，我們已經略提過了，並且稍後還會再處理其種種後果。*[3] 【譯注】*[1] 這是由 Robert Barclay 的「教會」概念得出的結論，請參閱 Barclay, 1701: 271-279。以使徒時代的教會作為理想加以衡量，所有後來的教會都顯得遜色。（參考：MWGI/9: 349 註解 15）*[2] 請參閱 Ritschl, 1880-1886, I: 482 f., 488 ff.。Tersteegen 指的是 Gerhard Tersteegen（1697-1769），是一個德國平信徒牧師與作家，作為教會歌曲詩人與改革宗的虔敬派神秘主義者，對下萊茵（Niederrhein）地區有重要影響。

身純粹外在的原則：——完全只對那些以個人的方式在內心世界裡為自 *350*
己獲得信仰並宣布信奉了的成年人施以洗禮——，也應該只是象徵著這
一點。[223] 而如今，那**透過**此一信仰的"證成"（Rechtfertigung），在那
些再洗禮派信徒那裡——一如他們在所有的宗教談話那裡始終不渝地
重複著的那樣——，乃是徹底地不同於那關於某種對耶穌基督的功績
之"法庭式的"**歸因**（Zurechnung）的思想的：一如這種思想之支配著
舊的基督新教之正統的教義學那樣。[224] 它（＝該「證成」）毋寧存在
於「對祂的救贖事功（Erlösungswerk）之在內心世界上的佔有」中。但
這種「佔有」，卻是透過個體性的啟示（individuelle Offenbarung）、
透過「神的靈」（göttlichen Geist）在個別的人之中的影響、並且**唯有**
透過此一影響而進行的。啟示是提供給每一個人的，並且只要「期盼著 *351*
靈」（auf den Geist zu harren）而不要由於有罪地黏著於世界上而去抗
拒祂的到來，也就足夠了。相對於此，那種就「對教會學說的知識」這
個意義而言的、乃至就連就「神的恩典之在悔改上的侵襲」這個意義而
言的「信仰」的意義，自然完全地退場了，並且發生了一場——當然重
大地改造著的——「原始基督教的屬靈式的—宗教上的思想之復興」。
門諾（Menno Simons）在其《基礎書》（Fondamentboek, 1539）[225] 一書
中首度為之創造了一套還算完整的學說的那個教派，就像其他的再洗禮
派教派一樣，都想要是那真正的、無可指謫的「基督的教會」（Kirche

Ritschl, 1880-1886, I: 488 提到 Tersteegen 的觀點，認為：隨著迫害的終止，原
始基督教的完美也從教會中消失了。為了不必與不信神者一起舉行聖餐禮，
他終身放棄聖餐。（參考：MWGI/9: 349 註解 16）*[3] 請參閱本文 [312] 註
腳 134。關於後果，請參閱本文 [363 f.] 與 [366]（不得參與聖餐），但只略提
到而未加論述。

223 此一象徵在歷史上對於「諸教會的共同體」之保持有多麼重要，——因為此
   一象徵創造了某種明確的且不會認錯的標誌（Merkmal）——Cornelius, a.a.O.
   做了非常清楚的論述。

224 在門諾派的「證成學說」中，在這一點上的種種趨近，我們在這裡是可以不
   加以考察的。

225 【譯注】《基礎書》指的是 Menno Simons 的 Dat fundament des Christelycken
   leers（《基督教學說的基礎》，初版於 1539/40 付梓）。

Christi），一如原始教團一樣，完全只由那些**個人地**為神所喚醒與召喚者（*persönlich* von Gott Erweckten und Berufenen）所組成。重生者、並且唯有他們，才是基督的兄弟，因為，就像基督那樣，他們在靈上也是直接由神所生的。[226] 對 "世界"、亦即：對一切並非絕對必須的與「世

352

---

226 那對於種種關於「基督的化身（Incarnation）和他與處女瑪麗亞（Jungfrau Maria）的關係應該如何思考」的問題之種種討論的宗教上的興趣，或許就是以此一思想為基礎的：*[1] 這些問題往往作為唯一純粹教義性的組成部分而極為罕見地在再洗禮派信徒的那些最古老的文獻（例如：在那些在Cornelius那裡的同前揭書第二冊的附錄中付梓的 "信仰表白"）*[2] 中顯示了出來（關於這一點，請參閱例如：K[arl] Müller, *K[irchen-]G[eschichte]* II, 1, S. 330）。在改革宗信徒與路德宗信徒的基督學（Christologie）——在關於所謂的「屬性交流」（communicatio idiomatum）的學說——中的差異，也有一些類似的宗教上的興趣為基礎。*[4]【譯注】*[1] 根據 Cramer, 1903：591 f. 的說法，「基督之變成人」這個問題，乃是門諾被捲入其中的「唯一的在教義上的繫爭問題」。在這個問題上，門諾同意「霍夫曼兄弟會」（Hoffmannsche Brüder：參見下一個譯注）的說法，認為基督是完全由神所生的，因為：" 任何塵世性的東西都無法對我們的拯救有絲毫的貢獻；而在其塵世上的顯現中，[祂] 無非就是人：在其中（原文如此！）那「道」（das Wort）被轉變了。如果說教會教導說：我們就肉身而言，乃是基督的兄弟，因為祂也具有我們的肉身；那麼，相反地，門諾則教導說：唯有那些重生者才是基督的兄弟，而之所以如此的理由，完全是因為：他們作為這樣的重生者，跟基督一樣，都是由神所生的。"（參考：MWGI/9: 351 註解 22）這段引文中的 das Wort，馮象譯為「言」，但因「道成肉身」已約定俗成，難以改變，故在此亦將 das Wort 譯為「道」。除此之外，本書為求一致，在其他地方，一律將 das Wort 譯為「話語」。*[2] 根據 Cornelius, 1855-1860, II: 279-282 的說法，1527 與 1528 的 "尼可堡信條"（Nikolsburger Artikeln）載明：「處女瑪麗亞並不是一個神的母親，她只是一個基督的母親。基督並不是神，而是一個先知…。」（頁 280）根據 Cornelius 的說法，這些語句此後也常被提及。（頁 281）Melchior Hoffmann（也寫作 Hofmann，1495-1543）是再洗禮運動的一個領袖人物，於 1530 年 4 月重新受洗，並開始在許多地方為人施洗，其跟隨者在史特拉斯堡、Ostfriesland 與荷蘭等地，被稱為 Melchioriten，上一個譯注中所說的「霍夫曼兄弟會」，指的就是這些跟隨者。（參考：MWGI/9: 351 註解 23）*[3] 在 "communicatio idiomatum"（屬性交流）學說中，儘管強調基督的神性與人性的相互交換，但實際上預設著基督的這二種身分的差異。改革宗嚴格區分開基督的神性與人性，而路德宗則藉助於此一學說去談一種「這二種屬性之真實的共同體」，甚至認為：「神完完全全地變成了人。…人的一切作為與承受，也都是神的作為與承受。」（Seeberg, 1895-1898, II: 311）（參考：MWGI/9: 352 註解 26）

俗人」（Weltleuten）的交往之嚴格的**避開**（*Meidung*），連同就「第一個基督徒世代的生活之模範性（Vorbildlichkeit）」這個意義而言的最嚴格的聖經制（Bibliokratie），對那些第一批的「再洗禮派信徒共同體」而言，都是由此產生的，並且，「迴避世界」（Weltmeidung）這個基本原則，——只要那舊有的精神（Geist）始終都還是活生生的——，是不會完全消失的。[227] 作為永久的佔有物，各再洗禮派式的教派就由這些支配著它們的種種開端的動機中，隨手取得了那我們已經在喀爾文宗那裡——只是以不同的方式加以證立而已——認識到了的原則，並且該原則之根本的重要性將會越來越顯現出來，那就是：**對所有的 "受造物神化"**（作為那「我們唯有欠神的敬畏」之貶值）之無條件的**摒棄**」（die unbedingte *Verwerfung aller "Kreaturvergötterung"*）。[228] 聖經式的生活經

---

227 「迴避世界」（Weltmeidung）這個基本原則，就其本來的「嚴格避開那些被開除了教籍的人」的意義而言，也尤其在市民式的交往中將自己給表達了出來 *[1]——在這一點上，甚至是喀爾文宗信徒們也都向那種認為「種種市民式的關係，原則上都將不會被種種宗教上的檢查所觸及」的觀點，做出種種重大的讓步。關於這方面，稍後再談。*[2] 【譯注】*[1] 門諾曾在一份 1550 年的著作（*Klaer bericht van de Excommunicatie*）中教導說：「避開被逐出教會者」也涉及了被逐出教會的配偶，但這並不意味著婚姻關係的解除；關於這一點，良心不應該讓人們加重負擔。請參閱 Cramer, 1903: 593。（參考：MWGI/9: 352 註解 27）*[2] 韋伯在本文中，並未再將這一點顯題化。

228 此一原則在貴格派信徒那裡，在種種表面上看來顯得並不重要的瑣碎小事中，是如何將自己給呈現出來的（拒斥脫帽、下跪、鞠躬乃至複數稱謂（Pluralanrede）），乃是眾所周知的。但該**基本思想**本身，在某個範圍內，卻是**每一個禁欲**所固有的：因此，每一個禁欲在其**真正的**型態中，總是都是 "**敵視權威的**"。在喀爾文宗中，該思想就將自己呈現於「**在教會中，唯有基督應該支配**」這個原則中。至於虔敬派，則人們將會想到斯賓納為了在聖經上證成「**用全部頭銜稱呼**」（*Titulaturen*）所付出的努力。——至於**天主教式的禁欲**，則只要「**教會的當局**」納入了考察之中，便會由於「**服從誓言**」（*Gehorsams*gelübde）而破壞此一特點，因為教會當局就是以禁欲的方式對「**服從**」本身加以詮釋的。那在基督新教式的禁欲中的對此一原則的 "**翻轉**"（Umstülpung），也是「**那些受到清教影響的民族之今日的民主的獨特性**」以及「**此一民主與那些具有 "拉丁精神" 的民主的差異**」之歷史上的基礎。該「**翻轉**」也是美國人的那種 "**毫無敬意**" 的態度（Respektlosigkeit）之歷史上的基礎：* 這種「毫無敬意」的態度——視情況——會令人反感地觸動一個人，而令人耳目一新地觸動著另一個人。【譯注】這裡的 "" 毫無敬意" 的

353 營,在第一個瑞士的—南德的再洗禮派信徒世代那裡,也是像本來在聖方濟那裡那樣,類似地徹底地被設想著的:被設想為某種與所有的「世界樂趣」之截然的決裂,以及某種嚴格根據使徒們的模範的生活。而許多它的第一批的代表的生活,也的確讓人回想起聖艾吉迪斯(der heilige Aegidius)的生活。[229] 但相對於該宗教性的那屬靈式的性格,這種最嚴格的「聖經遵守」(Bibelobservanz)[230] 卻不太站得住腳。神向先知們與使徒們所啟示了的東西,並非祂所能夠與想要啟示的一切。相反的:根據那些原始教團的證言,「話語」的持續(Fortdauer des Wortes)——不是作為某種被寫了下來的證書,而是作為聖靈在信徒們的日常生活

354 中發生作用的某種力量:聖靈直接就向想要聽的個別的人說話——乃是,——正如史文克菲爾德(Schwenckfeld)就已經針對路德,而後來則福克斯(Fox)針對著長老派信徒(Presbyterianer)所教導著的那樣——,真正的教會之唯一的標記。由這種「持續著的啟示」的思想中,便產生了一個著名的、後來在貴格派那裡被前後一致地發展了起來的學說:關於「靈在理性與良心中的在內心世界的證言,究竟而言具有決定性的意義」的學說。[231] 藉此,聖經的效力固然並未被去除掉,但聖經的「唯一支配」(*Allein*herrschaft)卻確乎被去除掉了,並且同時還引進了一種發展:這種發展徹底地消除了教會性的拯救學說之所有外在的與巫術性的殘餘,甚至在貴格派信徒那裡,最後還消除了洗禮與聖餐。[232]

態度」,指的是在當時美國的一種現象:對每一個人的平等尊重,社會上沒有享有特權的等級。

229 【譯注】聖艾吉迪斯(Aegidius von St. Gilles,640 生,歿年不詳,盛年約在 710-724 之間),根據傳說,出身於希臘貴族家庭,原為商人,自 8 世紀初起作為隱士隱居于普羅旺斯,後來建立一個修道院(Saint-Gilles)。後來的 Franz von Assisi 與之有點類似,請參閱本文 [134] 註腳 22。

230 當然,在再洗禮派信徒那裡,這種最嚴格的「聖經遵守」,從一開始就基本上只適用於新約,而非以同樣的方式適用於舊約。尤其是「山上佈道」,在所有的宗派那裡,都作為「社會倫理式的綱領」而享有某種特有的尊崇。

231 【譯注】請參閱本文 [354 f.] 與註腳 233。

232 史文克菲爾德(Schwenckfeld) 就已經認為種種聖禮的外在禮儀作法,乃是某種「可有可無的東西」(Adiaphoron),而那些"普遍的浸禮派信徒"

就連神在聖經中的種種啟示,也唯有那"內在之光"才使得人有能力,去達到真正的理解。[233]另一方面,祂的影響——至少根據那些在這裡將最終的結論給導了出來的貴格派信徒的學說——有可能會擴展到那些從未認識過聖經形式的啟示的人身上。"extra ecclesiam nulla salus"(在教會之外沒有任何拯救)這個命題,只對這種「由靈所照亮的人組成之不可見的教會」而言是有效的。若無這內在之光,自然的、甚至就連那由

與門諾派信徒們,則嚴格地堅持著洗禮與聖餐禮,門諾派信徒除此之外還堅持著洗腳禮。【譯注】Schwenckfeld 指的是 Kaspar Schwenckfeld(1490-1561),德國宗教改革家、神學家、宗教作家。關於史文克菲爾德在這方面的宗教上中立的態度,請參閱 Barclay, 1876: 235 f.(史文克菲爾德並非再洗禮派信徒,但卻是一個唯靈論者)。George Fox(1624-1691)則是英國宗教團體 Religious Society of Friends 的創立者之一,這個團體的成員,一般稱之為 Quakers 或者 Friends,本書統一譯為「貴格派」。(參考:MWGI/9: 354 註解 38)

233 關於這一點,再洗禮派式的各宗派、尤其是貴格派(Barclay, *Apology for the true Christian Divinity*, 4. Aufl. London 1701——由於伯恩斯坦 Ed[uard] Bernstein 的盛情,使我得以使用這本書——),*[1]都訴諸喀爾文在 *Inst[itutio] Christ[ianae] Rel[igionis]* III, 2 中所發表的見解:在那裡,我們的確可以找到對該再洗禮派式的學說之種種非常明顯的趨近。就連那較古老的"神的話語"(作為神對教父、先知、使徒們加以啟示的東西)與"聖典"(Heiligen Schrift)(作為他們從中記錄下來的東西)的尊嚴的區分,儘管確乎並未發生某種歷史上的關聯,但在內心世界上的確與再洗禮派信徒們對「啟示的本質」的觀點相合。*[2]在喀爾文宗信徒那裡,機械式的靈感學說(Inspirationslehre)*[3]乃至從而嚴格的聖經制,乃是在 16 世紀的進程中才出現的某一個流派的發展的產物,正如在建基於再洗禮派式的基礎上的貴格派的學說中,那關於"內在之光"的學說,乃是某種恰恰與之相對立地進展著的發展的結果一樣。在這裡,顯著的分離有一部分確乎也是經常的論辯的後果。【譯注】*[1]伯恩斯坦(Eduard Bernstein, 1850-1932)是德國社會民主黨的理論家與政治家,韋伯相當推崇他對英國革命的研究。*[2]關於「內在之光」,韋伯曾就 Barclay, 1701: 77 f. 寫下如下筆記:「拯救的確定性唯有在內在的聲音中、絕不會透過經文(Schrift)或者自己的「心」去獲得。唯有神給與之。違反經文的事情,固然不可能會是對的,但光是經文還是不夠的。」(參考:MWGI/9: 355 註解 41)*[3]Inspiration 這個神學概念來自希臘文 theopneutos,字面意思是「被神所吹進氣息」(=賦予靈魂)。〈提摩太後書〉3, 16:「聖典的每一書,都是為神的靈所充滿的」。這種想法的一個版本(字句靈感學說)甚至認為:聖經直到每一個字句,都是神所賦靈的,因此不會錯誤、也沒有矛盾。

355 　自然的理性所引導的人，[234] 將始終都是純粹受造物式的存有者：其完全

---

234 這一點在尖銳地反對蘇西尼主義者（Sozinianer）的某些傾向下被強調著。
*[1] 那"自然的"理性對神**根本毫無所知**（Barclay, a.a.O., p. 102）。這麼一
來，"自然法"（lex naturae）一般而言在基督新教中所具有的地位，也就再度
移動了。*[2] 原則上就不可能會有任何"普遍規則"、任何道德**法典**，[356]
因為，那每一個人都有、並且對每一個人而言都是某種「**個體性的**」的"召
喚"（Beruf），神都是透過「**良心**」顯示給他的。我們應該做的，並非——
在那"自然的"理性之通則化的概念下的——"善"（das Gute），而是**神的
意志**，一如神在新的盟約中寫進我們的心中並在良心中將自己給呈現出來的
那樣（Barclay, p. 73 f., 76）。這種——由「神」（das Göttliche）與「受造
物」（das Kreatürliche）之升高了的對立性中產生的——「倫理生活的**非理
性**」（*Irrationalität* des Sittlichen），就在那些對「貴格派—倫理」（Quäker-
Ethik）而言具有奠基性的命題中表達了出來：一個人的所作所為，如果違
反他的信仰，**儘管他的信仰有可能是錯誤的**，也絕不可能為神所接受，…儘
管那件事情對另一個人而言，有可能會是合法的（Barclay p. 487）。*[3] 這
種「倫理生活的非理性」在實踐上當然是無法被加以堅持的。例如，"所有
的基督徒都承認的那些道德的與永久的法規"，在巴克萊那裡，甚至是**寬容**
的界限。實際上，當時代人是將貴格派信徒們的倫理當作是——帶有一些特
色——與那些改革宗的虔敬派信徒們的倫理相同種類的而加以感覺著的。斯
賓納就一再地強調說：「在教會中的一切好東西，都被懷疑是貴格派作風
（Quäkertum）。」*[4] 斯賓納可能因而為此一名聲之故而羨慕著貴格派。
Cons[ilia] Theol[ogica] III, 6, 1, Dist. 2 (N. 64)。——「由於一句聖經話語之故
而拒斥發誓」這件事情就已經顯示了：那真正的「由聖典話語中的解放」是
走得多麼地不遠。*[5] 至於「只對他人做那你們也會想要他人對你們做的事
情」這個被許多貴格派信徒視為**整個基督教式的倫理之縮影**的命題之**社會**—
倫理上的意義，則我們稍後將會加以探討。*[6]【譯注】*[1] 蘇西尼主義
（Sozinianismus）指的是於 16 與 17 世紀在歐洲傳播開來的某種「反三位一
體論運動」，之所以稱為「蘇西尼主義」，是因為此一運動之最重要的代表
者是義大利的反三位一體論者的 Lelio Sozzini（1525-1562）與其姪兒 Fausto
Sozzini（1539-1604）之故。*[2] 關於"自然法"（lex naturae），請參閱本文
[190] 註腳 96。*[3] 這這段引文引自 Barclay, 1701: 487。韋伯的引文有所省
略。在 Barclay 那裡，他是透過〈羅馬書〉14, 23 所提到的「某種肉」的例子
去說明：「無論什麼，凡是不屬於信仰的，都是罪；而懷疑這一點的，如果
他吃的話，就會受到詛咒」（亦即：如果以猶太人的方式生活著的基督徒們，
違反他們的信念而吃了不受推崇的肉的話：這種肉他們會認為是不潔的，但
同桌進食的人卻不這麼認為）。（參考：MWGI/9: 356 註解 45）*[4] 在此，
Quäkertum 一詞指的是貴格派的世界觀、種種組織與習慣的全體。*[5] 這裡的
「聖經話語」指的是〈馬太福音〉5, 33 f. 與〈雅各書〉5, 12。*[6] 關於此一
「黃金規則」（見〈馬太福音〉7, 12 與〈路加福音〉6, 31），韋伯在本文中
並未再談及。

的「遠離神」（Gottferne），再洗禮派信徒與貴格派信徒所感覺到的，　　*356*
比喀爾文宗還要更加截然。另一方面，那靈——如果我們**期待著祂**並在
內心世界裡將自己獻身給祂的話——所造成的「重生」，則**有可能**因為　*357*
神的作用之故，而導致某種如此完全地克服了種種罪的力量的狀態，[235]
以致於種種墮落或甚至「恩典狀態」的喪失，變成是事實上不可能的，
儘管就像後來在循道會中那樣，該狀態的達到並不算是「規則」，個別
的人之「完美」的程度毋寧可以說是屈從於「發展」的：但所有再洗禮
派式的共同體，卻都想要是就「其成員之無可非議的品行」這個意義下
的 “**純粹的**” 教團。內在的「跟世界及其種種利益的分離」，以及使自
己無條件地受那在良心中向我們說話的神的支配所領導，也是真正的重
生之唯一可靠的標誌，而那與此相應的品行也因而乃是至福的要求。至
福是無法被掙得的，而是神的恩典禮物，但卻也唯有根據他的良心活著
的人，才可以將自己看成是「重生的」。在這個意義下，種種 “善的事
功” 都是 “必要的原因”（causa sine qua non）。人們看見：我們所堅守
著的巴克萊（Barclay）的這些較晚期的思想系列，實際上再度又是改
革宗的學說，並且非常明確地是在喀爾文宗式的禁欲的影響之下發展出　*358*
來的：這種喀爾文宗式的禁欲是那些再洗禮派式的教派在英國與尼德蘭
所碰到的，而勸誡信徒要認真地並且在內心世界裡學會這種禁欲，則佔
滿了喬治・福克斯（G[eorge] Fox）[236]的整個第一段時間的傳教活動。

　　但在心理上——由於「預定」受到了摒棄——，再洗禮派式的倫
理生活所特有的那種**講究方法的性格**，主要是建基於那種「“**期盼**” 靈
的影響」的思想（Gedanke des "Harrens" auf die Wirkung des Geistes）：

---

235 之所以有必要假設此一**可能性**，巴克萊乃是藉由下述這一點加以奠立的：因
　　為，若無此一可能性，則「聖徒們再也找不到任何一個地方，可以讓他們擺
　　脫懷疑與絕望了，而這一點…乃是最荒謬的了。」人們看到：拯救的確定性
　　就取決於此。巴克萊，同前揭書頁 269 就是這麼說的。

236 【譯注】喬治・福克斯（1624-1691）在 1684 年經歷了「基督的內在之光」
　　的體驗，之後便到處佈道。根據（例如）Weingarten, 1868: 212 的報導，在他
　　的佈道中有一種「倫理之神聖的認真」。（參考：MWGI/9: 358 註解 52）

這種思想直到今天都還在貴格派的 "聚會"（meeting）上，印壓上它的性格，並且為巴克萊精彩地加以分析過：這種「沉默的期盼」的目的，乃是對 "自然的" 人之具有驅力性質的東西與非理性的東西、激情與種種主觀性的克服：**他應該沉默**，以便以這種方式去創造出那在靈魂中的深刻的寧靜——唯有在這種「寧靜」中，神才有可能會說話。[237] 當然，這種 "期盼" 的結果**有可能**流於種種歇斯底里的狀態、預言，並且——只要種種末世論式的希望存在著——在某些狀況中，甚至流於狂熱的改革熱情之某種爆發——一如這一點在那在敏斯特（Münster）被消滅掉了的流派那裡的情況那樣。但另一方面，隨著再洗禮運動之流入一般的世界性的職業生活中，那種認為「神只有在受造物沉默的時候才會說話」的思想，顯然也就意謂著某種追求「對行動進行平靜的**斟酌**」以及「使行動取向於細心的、個體性的**良心探索**（Gewissenserforschung）」的教育。[238] 事實上，這種平靜的、冷靜的、突出地具有良心的性格，後來的各再洗禮派的共同體的生活實踐都——尤其是貴格派信徒們的生活實踐，更以完全特有的程度——加以佔為己有。與此攜手同行的，則是在職業勞動上的調整（Akkommodation）。最老的再洗禮運動的那些領導者們，在他們的「避開世界」（Weltabgewandtheit）中固然都是毫無顧慮地徹底的，但當然在這第一個世代中，嚴格使徒式的生活經營，就確實已經不一定在**所有的**人那裡，都被認為是對於「重生的證明」而言必要的而加以堅持了。光是這個世代就已經有許多富裕的市民份子（Elemente）了，並且光是在那完全站在「內在於世界的職業德性

359

---

237 【譯注】這裡的 meeting 也可譯做「禮拜會」。韋伯這裡談到的，是貴格派的 "silent meeting"。

238 因此，在喀爾文宗的與貴格派的「生活的理性化」（Rationalisierung des Lebens）之間，在音調（Tonart）上始終存在著某種的差異。但如果說巴克斯特將此一差異表述為：在貴格派信徒那裡，"靈"（Geist）將會對靈魂產生影響，一如它對腐肉（Kadaver）產生影響那樣，而那（以別具特色的方式被表述著的）改革宗的原則則是：「理性與靈（spirit）乃是結合著的原則」（*Christ[ian] Dir[ectory]* II, S. 76）的話，那麼，這種種類的對立，對他的時代而言，實際上已不再適用了。

與私有財產秩序」這個基地上的門諾之前，再洗禮派之認真的「習俗嚴格」（Sittenstrenge），在實踐上就已經轉向這道由改革宗的倫理所沖刷出來的河床了，[239]因為，那種朝向「外在於世界的、僧侶式的形式的禁欲」的發展，自從路德以來——在這一點上，再洗禮派信徒們也是追隨路德的——就已經被認為是不合聖經的並且是「事功神聖的」，而加以排除掉了。無論如何，撇開早期的那些這裡無法加以探討的、半共產主義式的共同體不談，不僅一直到現在，一個再洗禮派式的教派——那些所謂的"浸體派信徒"（"Tunker", dompelears, dunckards）——始終都還堅持著對教育（Bildung）與每一個超出苟延殘喘所不可或缺的佔有的摒棄，[240]而是：就連在（例如）巴克萊那裡，「職業忠誠」（Berufstreue）也不是以喀爾文宗式的、甚至也不是以路德宗式的，反而是以多瑪斯式的方式，[241]作為「信徒被糾纏於世界之中、因而對"自

360

---

239 請參閱 Cramer 在 *R[eal]-E[ncyklopädie] f[ür] Pr[otestantische] Th[eologie] u[nd] K[irche]* 中的那二篇非常仔細的詞條文章 "Menno" 與 "Mennoniten"，尤其是頁 604。*[1] 我們將會在談論基督新教式的禁欲之種種階級關係時，再回到這一點上來。*[2] 儘管剛提到的那二篇文章非常好，但就在那裡，"Baptisten" 這篇詞條文章就很不透徹並且部分還簡直就是不準確的。例如，該詞條文章的作者就不知道有那些對於浸禮派的歷史而言不可或缺的"漢山‧諾理斯學會出版品"（Publications of the Hanserd Knollys Society）。*[3] 【譯注】*[1] Cramer 在該處是這麼描述的：固然，在當局的壓力下，那些在 1538 年以後就欣欣向榮的黑森邦的再洗禮派式的教團都消失了，但人們在 1600 年左右，卻到處、包括在瑞士，甚至在官吏階層與其他種種有聲望的地位上，都遇到轉入再洗禮派的基督新教徒。（參考：MWGI/9: 359 註解 57）*[2] 韋伯在本文中，並未再談及這一點。*[3] Publications of the Hanserd Knollys Society 指的是 1845 年在倫敦成立的 Hanserd Knollys Society 為了出版早期英國與其他地區的再洗禮派作家的著作，而在 1846-1854 所編輯出版的 10 冊書籍。

240 【譯注】Hofmann, 1897: 389 曾提到：18 世紀初在維根斯坦（Wittgenstein）這個伯爵領地產生的那些新浸禮派式的群體（低地德語稱之為 "Tunker" 或者 "dompelears"，又稱 "Dunkards"，也寫作 "duncards"）都摒棄著教育。1719 年，duncards 的一個次級群體的幾個家庭移民美國賓州，直到 19 世紀末都還堅持著種種古老的理想，如：他們拒斥建制的教育制度並偏愛某種樸實的生活方式。（參考：MWGI/9: 360 註解 61）

241 【譯注】請參閱本文 [190 f.]。

然的理性"（naturali ratione）而言無法避免的**結果**」而加以理解。[242] 如果說，在這些觀點中存在著某種類似於在斯賓納與那些德國的虔敬派信徒所發表的許多意見中的對喀爾文宗的職業觀念的減弱的話，[243] 那麼，另一方面，在各再洗禮派式的教派那裡，「經濟上的職業興趣」的強度，便是由於種種不同的環節而大大地**增強**了。首先是由於對「接任國家職務」之某種——本來被理解為由「跟世界的分離」產生的宗教上的義務——的拒斥：[244] 這種拒斥（根據任務也作為原則）至少在門諾派信徒與貴格派信徒那裡，由於嚴格拒斥「武器使用」與「誓言」之故，畢竟實際上繼續存在著，因為，對於種種公共的職務而言，由此都將產生「資格不符」。與此攜手同行的，乃是那在所有的再洗禮派式的派別那裡都無法加以克服的、對任何種類的貴族式的生活風格的敵意，部分是像在那些喀爾文宗信徒那裡那樣，乃是「禁止讚揚受造物」（Verbot der Kreaturverherrlichung）的一個結果，部分則同樣是那些非政治性的或者簡直就是反政治的基本原則的結果。如此一來，再洗禮派的生活經營之

361

---

242 巴克萊（同前揭書頁 404）就是這樣加以論述的：吃、喝與**營生**（*Erwerb*）都是**自然的**（*natural*）、不是靈性的（spiritual）活動：這些活動，就算沒有神的特殊的召喚，也都可以被做。[361]——此一論述乃是對下述這個（別具特色的）異議的答覆，該異議認為：如果就像貴格派所教導的，人們沒有那特殊的"靈的運動"（motion of the spirit）就不可以祈禱的話，那麼，沒有神的這種特殊的動力，人們也將不可以耕作了。——「就連在貴格派宗教會議的那些現代的決議中，也都出現一種建議，建議在掙得足夠的財富之後，便由營利生活中撤回，以便在面對「世界」的熙熙攘攘時，得以安靜地為神的國度而活著」這一點，當然是獨具特色的，儘管這樣的思想有時候的確也可以在其他的宗派、甚至在喀爾文宗中找到。這一點事實上也表現於：在那些承載者方面，對市民式的職業倫理的採納，乃是對某種本來是逃離世界式的禁欲的**調整**（*Akkommodation* einer ursprünglich welt*flüchtigen* Askese）。

243 【譯注】請參閱本文 [335-338]。

244 【譯注】請參閱 Bernstein, 1895: 680-685。伯恩斯坦在（頁 682）討論「貴格派的經濟側面」時說：「由於他們對誓言的立場等等，他們不能夠擔任公職，他們必須放棄所有有利可圖的國家職位、領薪俸的職位，喝酒與運動在他們那裡都是禁忌——他們的整個能量，又怎麼可能不針對著營利生活而發呢？」至於門諾派，則請參閱 Cramer, 1903a: 611。（參考：MWGI/9: 360 f. 註解 65）

整個冷靜的與認真負責的方法學（die ganze nüchterne und gewissenhafte Methodik），便被擠上了「非政治性的職業生活」的軌道上了。於是乎，在這種情況下，再洗禮派式的拯救學說放在「透過（作為神之個體性的啟示之）良心的檢查」上的非比尋常的意義，便在他們的行事作風（Gebahrung）上，烙印下了某種性格：這種性格對於資本主義式的精神之許多重要的側面的發揚而言所具有的重大意義，我們將會在考察「基督新教式的禁欲的社會倫理（Sozialethik）」時，才會對它有更進一步的認識。[245] 到時候我們將會——為了至少先說一下這一點——看到：在再洗禮派信徒、尤其是那些貴格派信徒那裡的「內在於世界的禁欲」所採取的特有的形式，[246] 根據 17 世紀的判斷，已經在資本主義 *362* 式的 " 倫理 " 的一個重要的原則之實際上的證實中，將自己給呈現出來了——這個原則人們往往將之表述為：" 誠實是最好的政策 "（honesty is the best policy），[247] 並且此一原則也在富蘭克林的那份前面引用過的論文（Traktat）中，找到了其經典性的文獻。相反地，我們將較多地就「營利之私有經濟上的能量之激發」這個方向，去猜測喀爾文宗的種種影響：因為，儘管有著 " 聖徒 " 之所有形式上的合法性（Legalität），但 *363* 就結果而論，就連對於喀爾文宗信徒而言，歌德的那個命題也畢竟往往都是有效的，那就是：" 行動者總是沒有良心的，除了考察者之外，沒

---

245 【譯注】韋伯顯然想在本文續篇中談「基督新教式的禁欲的社會倫理」，但在本文中並未就此再加以論述。

246 在此，我們又已經再度強調地提及愛德華‧伯恩斯坦（同前揭書）的那些出色的論述了。對考茲基（在同一本書的第一冊中的）對再洗禮運動所做的極為綱要式的展示，以及他的 " 異端式的共產主義 " 理論，則我們將會在另一個機會加以探討。*【譯注】指的是 Kautsky, 1895。但韋伯在本文中，並未再談及此點。

247 芝加哥大學的威伯倫（Veblen）在他那本激勵人心的書（*Theory of business enterprise*）中認為：這句口號只不過是 " 前資本主義式的 "。只不過，就像今日的那些 " 工業領航人 "（captains of industry）*那樣，那些佇立於超乎善與惡之外的經濟上的 " 超人 "，總是隨時都有的，而在資本主義式的行事作風的那個廣大的、隸屬其下的階層中，該命題今日仍然適用著。【譯注】"captains of industry" 是威伯倫的用詞。

有任何人有良心 "。（Der Handelnde ist immer gewissenlos, es hat niemand Gewissen als der Betrachtende）[248]

　　另一個有利於再洗禮派的諸派別之「內在於世界的禁欲」的強度的重要的元素，我們同樣也只能在另外一個脈絡中，才能就其完全的意義加以探討。[249] 但無論如何，我們或許還是可以先對此做幾點評註，同時證成一下這裡所選擇的「展示的進程」。我們在這裡是完全故意暫時不從舊基督新教式的教會的那些客觀的社會性的制度及其種種倫理上的影響出發的，尤其是不從那如此重要的「**教會紀律**」（*Kirchenzucht*）出發，而是從那些「**對禁欲式的宗教性之主觀上的**佔有，適合於在**個別的人**方面去產生出來的對生活經營的影響」出發。之所以這麼做，並不僅僅是因為：事情的這個側面，到目前為止乃是一個遠較少受到重視的側面。而是也因為：「教會紀律」的影響，絕非總是存在於相同的方向裡。對個別的人的生活之教會警察式的控制，——一如這種控制在喀爾文宗式的國家教會的種種領域裡，被推進到了緊鄰宗教法庭的界限上了那樣——毋寧有可能簡直就對「個體性的種種力量之分娩」：——這種「分娩」是受到那種對「講究方法的拯救佔有」（*methodische Heilsaneignung*）之禁欲式的追求所制約的——的**抵制**（*entgegen*wirken），並且在某些狀況下也事實上這麼做了。完全就像國

364

248　例如，亞當斯（Th[omas] Adams）（*Works of the Pur[itan] Div[ines]* p. 138）就認為：在市民行為上，以從眾（to be *as the many*）為佳，但在宗教行為上，則以最佳（to be *as the best*）為佳。——這一點聽起來當然比一般所認為的要意義深遠得多。它意謂著：清教式的「正派」（Redlichkeit）就是**形式主義式的合法性**（*formalistische* Legalität），正如那具有清教上的過去的民族所樂於自詡為「民族德性」（Nationaltugend）的 "真誠"（Wahrhaftigkeit）或者 "正直"（uprightness），乃是某種特別**不同的東西**、相對於那德國式的 "誠實"（Ehrlichkeit）乃是某種以形式主義的方式並在反省上加以改造過了的東西。在這方面，來自一位教育學家的種種很好的評論，請參閱 *Preuß[ische] Jahrb[ücher]*, 112. Bd. (1903), S. 226。*清教式的倫理之形式主義，本身就是那「受律法約束」（Bindung an das *Gesetz*）之非常適當的結果。【譯注】韋伯這裡想到的，乃是 Schmidt, 1903 一文。

249　【譯注】但韋伯在本文中，並未再就此加以論述。

家之重商主義式的管制，固然有可能培育著各種工業，但是，至少就其
本身而言，是無法培育出資本主義式的 " 精神 " 的，——當它（＝這種
管制）染上了警察的一威權性的性格的時候，它毋寧會直接就再三地癱
瘓了該「精神」——，同樣地，相同的結果也有可能從對禁欲之教會式
的管制中產生出來，如果這種管制太過主要地是以警察的方式將自己給
發展起來的話：如此一來，它（＝該管制）將會強制著某種特定的外在
的行為，但在某些狀況下卻會癱瘓掉種種追求「講究方法的生活經營」
之主觀上的動力。就連對這一點，我們也將會在考察禁欲式的基督新教
之社會政策的時候，再加以談談，[250] 並且，到時候我們將必須考察一下
一項重大的區別：這項區別存在於「諸國家**教會**之威權式的習俗警察」
與「諸**教派**建基於自願的臣服上的習俗警察」的影響之間的區別。無論
如何，「再洗禮派運動在其所有的派別中，所創造的基本上都是 " 教派 "
而非 " 教會 " 」[251] 這一點，同樣是有利於它們的禁欲的強度的，正如這一
點——以不同的強烈程度——也在那些喀爾文宗式的、虔敬派式的、循
道會式的共同體那裡就是這種情況了的那樣：這些共同體**事實**上也都被
擠上那種「意志論式的共同體建構」的軌道上了。

　　如此一來，在前面的速寫嘗試過去將那清教式的職業觀念之宗教
上的基礎給發展了出來之後，我們便有必要去追蹤一下，該職業觀念對
營利生活的影響。儘管在細節上有著所有的偏離，並且，儘管在種種不
同的禁欲式的宗教共同體那裡，在對那些對我們而言具有決定性的觀點
上，強調的地方有著所有的區別，這些觀點畢竟都在它們所有這些共同
體那裡顯示了自己是存在的且發生作用的。但對我們的考察而言，具有
決定性的總是一直都是——為了要扼要地加以重述——：那在所有的宗
派那裡都一再重現著的對「宗教上的 " 恩典狀態 " （Gnadenstand）」的
理解：——理解為某種的狀態（Stand, status），這種狀態將人從受造物

365

250　【譯注】這一點韋伯顯然想在本文之「續篇」中談談，在本文中並未再加以
　　　顯題化。
251　【譯注】關於「教會」與「教派」的定義，請參閱本書 [448]。

之被摒棄性、從這"世界"給分離了開來，[252] 但這種狀態之「佔有」——無論根據相關的宗派之教義，這種「佔有」要怎樣才能被達成——，卻唯有透過在某種特有種類的、明確地跟「"自然的"人」的生活風格有所不同的「品行」（Wandel）中的證明（Bewährung），才有可能被加以保證。對於個別的人而言，由此便產生了一種追求「在生活經營中對其恩典狀態進行講究方法的審查」，並從而產生追求「生活經營之禁欲上的滲透」的動力。但正如我們所看到的那樣，[253] 此一禁欲式的生活風格卻意謂著「對整個生存之某種取向於神的意志的理性的形塑」。並且，這種禁欲不再是某種「份外事功」（opus supererogation），而是每一個想要確定自己的至福的人，都會被加以要求的某種成就（Leistung）。這種著眼於彼岸而在這世界之內所進行的「生活經營的理性化」，就是禁欲式的基督新教的職業觀念。

這基督宗教式的禁欲，剛開始的時候由世界中逃進了孤獨裡，當它棄絕世界的時候，就已經從修道院中出發，以教會的方式支配著世界了。但整體而言，它在這樣做的時候，始終都還讓世界性的日常生活保有其自然的、不受拘束的性格。現在，它踏進了生活的市場，關上了身後的修道院大門，並著手恰恰要用自己的方法學去浸透世界性的日常生活，將這日常生活改造成某種在世界中、但卻並非靠這個世界或者為了這個世界之理性的生活（ein rationales Leben *in* der Welt und doch *nicht von* der Welt oder *für* diese Welt）。至於這種生活帶來什麼樣的結果，則

366

---

252 例如，巴克萊（同前揭書頁 357）也說：「因為，神已將我們集合成了一個民（a people）」，*[1] 而我自己還曾在哈弗福德學院（Haverford College）聽過一場貴格派佈道，那場佈道就將整個重點放到對於 "saints" = sancti=separati 的解釋上。*[2] 【譯注】*[1] 此一引文請參閱 Barclay, 1701: 357：該處談及「為靈所照亮的貴格派信徒」與「被拘限在 "黑暗的力量" 中的人」的區別。（參考：MWGI/9: 365 註解 84）*[2] 韋伯這裡提到的，是他和瑪莉安娜在美國旅行時，於 1904 年 10 月 27 日在費城的哈弗福德學院參加的一場（貴格派）教友聚會。請參閱韋伯當時寫給他母親的信中的報導（MWGII/4: 360-367）。（參考：MWGI/9: 365 註解 85）

253 【譯注】請參閱本文 [242-364]、特別是 [285-298]。

是我們以下的章節所嘗試要指出的。

2. 禁欲與資本主義

　　為了要看穿禁欲式的基督新教之種種宗教上的基本想法與經濟上的日常生活之種種準則之間的那些關聯，我們有必要尤其去將那些我們可以將它們當作是由靈魂照顧上的實踐（seelsorgerische Praxis）中產生出來的神學上的著作給拉進來。因為，在一個「彼岸就是一切」、「基督徒的社會地位就繫乎參加聖餐的許可」、「神職人員在靈魂照顧、教會紀律與佈道中的影響，——一如對那些收集了起來的 “勸告”（consilia）、“良心個案”（casus conscientiae）[254] 等等的任何一瞥，都會表明的那樣——，施加了某種我們這些現代的人**根本就無法再**去做出**任何想像**的影響」的時代裡，那些在**這種實踐**中使自己產生效果的宗教上的力量，乃是 “民族性格” 的一些決定性的形塑者。

　　如今，相對於稍後的那些討論，對於這個段落的種種討論而言，我們是可以將禁欲式的基督新教，當作是一**個總量**（*eine* Gesamtmasse）加以處理的。但由於那由喀爾文宗產生了出來的英國的清教，提供了對職業觀念之最前後一致的奠基（Fundamentierung），因此我們便依照我們的原則，將其代表者之一放到了中心點上。相較於清教式的倫理之許多其他文獻上的代表者，**巴克斯特**（Richard *Baxter*）乃是由於他那非常實際且和平的態度，同時也由於對他的那些一再重新再版且被翻譯著的

367

254　【譯注】Consilia 是拉丁文 consilium（勸告）的複數，連同 casus conscientiae（良心個案）指的是靈魂照顧的簡編一類的書籍，這些書籍收錄了佈道者對於種種急迫—與危機情況、對於種種良心問題以及對於日常的種種取向的指示。韋伯在本文中常引用的斯賓納（Spener）的著作 *Theologische Bedenken* 的全名乃是：*Theologische Bedenken und andere Briefliche Antworten auf geistliche, sonderlich zur Erbauung gerichtete Materien, zu unterschiedlichen Zeiten aufgesetzt*（神學上的疑慮以及在許多不同時間所草擬的對教會的、尤其是針對修身的種種材料之書信式的答覆）。Spener, 1709 以及 Baxter, 1678 都是這類的著作。

著作而知名的。長老派信徒與威斯敏斯特—宗教代表會議的辯護者，但在這種情況下——一如當時非常多的最佳的心靈那樣——在教義上卻逐漸從正統喀爾文宗（Hochcalvinismus）中成長了出來，在內心世界裡反對克倫威爾的篡位，因為厭惡每一個革命、教派、尤其是 “聖徒們” 之狂熱的熱情，但對於種種外在的怪癖（Sonderheiten）卻又具有寬宏大量的胸襟，並客觀地面對著對手，他基本上是想要在「對教會上—倫理生活上的生活有實際上的促進」這個方向上，尋求他的工作領域，並讓自己——歷史上最成功的靈魂照顧者之一——在服務於此一工作時，既供議會政府（Parlamentsregierung）、也同樣供克倫威爾與復辟所驅使，[255]直到他在後者之治下——已經快到 “巴托羅穆日”（Bartholomäustag）了——，才卸下職務。[256] 他的《基督徒指南》（*Christian Directory*）乃是清教徒式的道德神學（Moraltheologie）之最全面的簡編，並且在這

368

---

255 請參閱在 Dowden（同前揭書）那裡的精彩的特徵刻劃（Charakteristik）。——關於巴克斯特在他逐漸放棄了對 “雙重處分” 之堅決的信仰之後的神學，Jenkyn 的那一篇為巴克斯特的許多不同的、在 “*Works of the Puritan Divines*” 中付梓的著作所寫的導論，介紹得還可以。——他那想要將 “普遍的救贖”（universal redemption）與 “個人的揀選”（personal election）給結合起來的嘗試，並未使任何人感到滿意。對於我們而言，具有本質性的就只有一點，那就是：他當時畢竟也堅持著**「個人的揀選」**、亦即堅持著預定學說之在倫理上具有決定性的一點。*另一方面，重要的是他弱化了對「證成」之**法庭式**的見解：弱化為某種向再洗禮派信徒（Täufer）之某種趨近。【譯注】根據 MWGI/9: 368 註解 8 的說法，巴克斯特所嘗試的「和諧化」的方式，是想要將「特殊」（即：個人的揀選）理解為「普遍」（普遍的救贖）之應用。

256 【譯注】巴克斯特拒不接受 1662 年 8 月 24 日生效的《教會統一條例》（Act of Uniformity）。該條例最終地將英國的「國家教會」確定為「主教制教會」（Episkopalkirche），並規定嚴格使用《公禱書》（*Book of Common Prayer*）以及其神職人員之主教式的授與聖職儀式。誰要是違抗該條例，就會被免職。根據 Jenkyn（Essay on Baxter's life, in: Baxter, *Works of the English Puritan Divine*s IV, p. xvi）的說法，巴克斯特在 1662 年 5 月 25 日就已經作了他最後一場的佈道，因為這是他作為「講師」（Lecturer）——牧師的某種助理——可以佈道的最後期限，同時，身為英國國家教會的著名佈道者，他也想要藉此顯示他的不信奉國教的立場。8 月 24 日是「巴拖羅穆日」，紀念 1572 年 8 月 24 日在法國數以千計的胡格諾信徒遭到殘酷的屠殺。（參考：MWGI/9: 367 註解 7）

裡一切都取向於自己的靈魂照顧之種種實際上的經驗。——作為德國的
虔敬派的代表的斯賓納（Spener）的《神學上的疑慮》（*Theologische
Bedenken*）、對於貴格派則巴克萊（Barclay）的《辯護》（*Apology*）以
及除此之外的其他「禁欲式的倫理」的代表者，[257] 都將會以比較的方式
被拉進來，但為節省篇幅起見，盡可能放在註腳裡。[258]

現在，如果人們將巴克斯特的《聖徒們之永恆的休息》（*Ewige*   *369*
Ruhe der Heiligen）和他的《基督徒指南》或者就算是其他人的類似的
著作拿在手上的話，那麼，第一眼看到那些關於財富及其獲得的判斷時
引人注目的，乃是恰恰對於新約聖經的宣示中的那些鄙視財富的元素
（ebionitische Elemente）的強調。[259] 財富本身乃是一種重大的危險，其   *370*

---

257 Th[omas] Adams, John Howe, Matthew Henry, J[ames] Janeway, St[ephen]
Charnock, Baxter, Bunyan 等人的許多宗教論文與佈道，都以某種往往有點
任意選取的方式，收錄到 10 冊的 *Works of the Puritan Divines* (London 1845-
1848) 之中了。Bailey, Sedgwick, Hoornbeck 等人的著作之版本，都已經在前
面初次引用時註明了。Gisbert Voët 的 ,Ασκητικὰ* 本來也是同樣應該加以引用
的，可惜我寫下這些文章的時候，手頭上並沒有這本書。【譯注】* 指 *TA
ASKHTIKA sive Exercitia pietatis,* Gorinchem: Vink 1664.

258 此一選擇建基於一種期望：期望儘管並非完全地、但畢竟盡可能地，讓 17 世
紀下半葉就在轉變成效益主義的前夕的禁欲性的運動，有說話的餘地。遺憾
的是，在此一速寫的框架中，我們將必須暫時放棄一項迷人的課題，那就是：
也由那傳記性的文獻中，去使得「禁欲的基督新教之生活風格」變得栩栩
如生——在這裡，尤其應該加以羅致的，乃是在我們這裡相對較不為人所知
的貴格派的文獻。

259 參見 *Saints' everlasting rest*, cap. X, XII。——請比較：Matthew Henry (The
worth of the soul, *Works of [the] Puritan Div[ines]*, p. 319)：那些熱衷於追求塵
世性的財富的人，輕視他們的靈魂，不只是因為靈魂受到了忽視而肉體先於
靈魂受到偏愛，而是因為靈魂被使用於這些追求中了：詩篇 127, 2。*[1]（但
是，就在同一頁上，卻也存在著我們稍後將會加以引用的關於「所有種類的
浪費時間、尤其是那種由於種種休閒活動而致的浪費時間，都是有罪的」
所做的評論。）在英國與荷蘭的基督新教的整個宗教性的文獻中，情況確
乎也都是如此。請參見例如：Hoornbeck（同前揭書第 X 書第 18 與 19 章）
對貪婪的痛斥（Philippika gegen die avaritia）。*[2] 在這位作家那裡，種種
感傷的—虔敬主義式的影響也都一起發生著作用，參見：讚美那令神感到
滿意的「心靈的和平」（tranquillitas animi）之相對於對這個世界的"掛慮"
（sollicitudo）。就連 Bailey（同前揭書頁 182）也認為：——根據一個著名
的聖經出處——"一個富人是不易變得至福的"。就連種種循道會的教義手冊

種種誘惑接踵而來，追求財富不僅相對於「神的國度之突出的意義」而言是無意義的，更是在倫理生活上有疑慮的。在這裡，較諸在喀爾文那裡，禁欲似乎是更加尖銳地**針對著**任何對於「獲得具有時間性的財物」之追求而發的：喀爾文在神職人員的財富中，並未看到對他們的作用而言的任何障礙，反倒是看到了他們的聲望之某種完全被期望著的提高，他允許他們將他們的財產用於帶來收益的投資，只要能避免惱人的事情就可以了。並且，這些疑慮也是完全認真地被設想著的，——只不過，我們有必要更仔細看一下，才能看出它們的那種具有決定性的「倫理上的意義與關聯」。因為，真正在倫理生活上應予摒棄的，乃是「**休息於佔有**」（*Ausruhen* auf dem Besitz），[260] 乃是對財富的享受以及隨之而來的閒散與肉慾，尤其是對於「追求"神聖的"生活」之偏離。而**僅僅因為**「佔有」將會帶來這種「休息」的危險，它就是令人疑慮的了。

（Katechismen）也都強力勸阻人們，要人們不要"積聚地上的寶藏"。在虔敬派那裡，這一點更加是理所當然的。而在貴格派信徒那裡，情況也沒有兩樣。請參閱 Barclay（同前揭書頁 5171）："…因此，得謹防這樣的誘惑，切勿使用他們的召喚與才能去成為**富人**"。*[3]【譯注】*[1] Henry 在該處所引用的《詩篇》127, 2 的文字是：你們早起並在之後長久坐著、並心懷憂慮地吃著你們的麵包，是徒勞的；因為，他會將麵包給他的那些熟睡著的朋友」。*[2] 貪婪（avaritia）在羅馬天主教的學說中，乃是七大罪之一。Philippika來自古希臘文 Φιλιππικά，指的是一種充滿激情的攻擊性演說。原來指的是Demosthenes 之呼籲雅典人抵抗馬奇頓國王菲利普二世（Philipp II, 359–336 BC），後來變成專指痛斥性的激烈演說。*[3] 這裡所說的「他們」，是指較為富裕的弟兄們。韋伯的引文與原出處略有出入。（參考：MWGI/9: 369 註解 22）

260 在 *Saints' everlasting rest* 第 10 章中深入地加以發展：誰要是想要在神作為佔有而給他的那間"小旅館"（Herberge）中長久地休息（ausruhen）* 下去，神將會就在這一生中打擊他。在那「獲得的財富」上之厭足的休息（Ruhe），幾乎總是崩潰的徵兆。——設若我們擁有了我們在這個世界上所**能夠**擁有的一切，這也將已經是我們希望去擁有的一切了嗎？「心滿意足」（*Wunschlosigkeit*）是不應該在地上被達到的，——因為，根據神的意志，它是不應該**存在著**的。【譯注】"Ausruhen auf dem Besitz" 有「滿足於佔有」的意思。但韋伯在這裡想要強調的，是 "Ausruhen" 的基本含意：休息，因此，為了顧及語意脈絡的一致性，特譯為「休息於佔有上」。

因為，“聖徒們之永恆的休息” 固然是存在於彼岸的，[261] 但在地球上，人為了要確定他的恩典狀態，還是必須 “做那差遣他來者的事功，只要天還亮著”。[262] 不是悠閒與享受，而是唯有行動，——根據神之明確地 *371* 顯示了的意志——才有助於增加祂的榮譽。[263] 因此，「浪費時間」乃是所有的「罪」中的第一個並且是原則上最重的罪。為了要「使自己的召喚 “固定” 下來」，人生的期程（die Zeitspanne des Lebens）乃是無限地短暫與珍貴的。由於社交、“閒聊”（faules Gerede）、[264] 奢侈、 *372*

261 【譯注】Baxter, 1852 的書名 *The Saints' Everlasting Rest* 德文就譯為：Ewige Ruhe der Heiligen（聖徒們之永恆的休息）。此處的「休息」，一般譯作「安息」，但為顧及行文脈絡而譯為「休息」。

262 【譯注】出自〈約翰福音〉9, 4。

263 *Christ[ian] Dir[ectory]* I, S. 375/6：「神之所以維護我們與我們的種種活動，都是為了行動：事功既是力量之道德的、也是力量之自然的目的。…最能服侍並榮耀神的，乃是行動。…我們應該將公共福祉或者多數人的利益評價為高於我們自己的」。在這裡，那由「神的意志」朝向後來的自由主義理論之種種純效益主義式的觀點的轉變的端點，將自己給顯示了出來。關於效益主義之種種宗教上的根源，請參見下文 [381 f.] 以及上面的 [266-268] 註腳 47。

264 事實上，「靜默」這個誡命——由聖經上對 “每一句無用的話” *[1] 所做的懲罰警告出發地——，尤其自克呂尼運動的修士們（Cluniazensern）以來，乃是培養「自我檢查」（Selbstkontrolle）的教育之某種經過驗證明了的「禁慾的手段」。*[2] 連巴克斯特也深入地詳細論述了「無用言談」的罪。*[3] 性格學上的意義，則 Sanford（同前揭書頁 90 f.）就已經加以讚揚了。清教徒的那種被同時代人深深地感覺到了的 “憂鬱”（melancholy）與 “陰鬱”（moroseness），正是「打破 “自然狀態”（status naturalis）之不受拘束性（*Unbefangenheit*）的結果，而就連「禁止心不在焉的言談」，也都是在為這些目的服務的。——如果說 Washington Irving（"Bracebridge Hall" chap. XXX）[373] 是部分在資本主義之 “精打細算的精神”（calculating spirit）、部分在那導致「自我負責」（Selbstverantwortlichkeit）的「政治上的自由」的影響中，尋求之所以會如此的理由的話，那麼，我們便可以對這種見解這麼說：對於羅馬語族的諸民族而言，相同的效果並未出現，而對於英國而言，則情況確乎是這樣的：1. 清教固然使得它的信仰者們有能力去創造出種種自由的制度，但卻又可以成為一個世界強權，並且，2. 它還將「精打細算性」（一如宋巴特稱呼該 “精神” 的那樣）——這「精打細算性」對於「資本主義」而言，的確是構成性的——由某種「經濟的手段」，轉變成了某種「整個生活經營的原則」（ein *Prinzip der ganzen Lebensführung*）。【譯注】*[1] 出自〈馬太福音〉12, 36：在最後審判的法庭上，人們對他們所說過的每一句無用的話，都必須給個交代。*[2]「本篤會規」已有「靜默」誡命，但沒多久就不

265 甚至由於多過健康所需的睡眠 266——6 到至多 8 小時——而浪費時間，乃是在倫理生活上絕對可以加以譴責的（verwerflich）。267 這固然還不是像在富蘭克林那裡那樣在說："時間就是金錢"，但該命題在某種程度上就屬靈上的意義而言（im spirituellen Sinn）是一樣的：時間是無限地有價值的，因為，每一個喪失掉了的小時，都抽走了為神的榮譽服務的勞動。268 也因此，沒有行動的冥想也是沒有價值的與直接可以譴責的，

373

再被遵循了。但大約在西元 910 年左右，克呂尼的本篤修道院再度遵守此一誡命，並由於相互理解的不可避免而由手部與臉部的種種動作，發展出了某種記號語言（signa loquendi），這套語言在 11 世紀已在克呂尼修道院的修士間被使用著。（參考：MWGI/9: 371 註解 31）*[3] Baxter, 1678: 365：「閒談是時間的一個有罪的消費者」。巴克斯特在書中的第 9 章談「舌頭的治理」（362-366）。（參考：MWGI/9: 371 註解 32）

265 A.a.O. I, S. 243 f.
266 A.a.O. I, S. 242 f.
267 類似的關於「時間的珍貴」的說法，請參閱 Barclay 同前揭書頁 14。
268 Baxter 同前揭書頁 79：「保持對時間的某種高度評價，並且每一天都更加地小心，以致於你並未浪費任何你的時間，那麼，你就是那個不會失去任何你的黃金與白銀的你。而如果徒勞的休閒活動、裝扮、宴會、閒談、無益的交際、或者睡覺，它們之中的任何一個，都會是剝奪你任何時間的種種誘惑時，你就應該提高你的警覺（watchfulness）了。」——Matthew Henry (Worth of the soul, W[orks] of [the] Pur[itan] Div[ines], p. 319) 認為：「那些大肆揮霍他們的時間的人，輕視他們自己的靈魂」。就連在這裡，基督新教的禁欲，也是在那些久經考驗的軌道上運動著的。我們已經習慣於將「沒有時間」這一點，看作是「現代的職業人」（der moderne Berufsmensch）所特有的現象，並就下述這一點去衡量（例如）——事實上，歌德在《漫遊年代》中，就已經這麼做了——「資本主義式的發展的程度」，那就是：**時鐘都是每一刻敲打著的**（宋巴特在他的《資本主義》中也是如此）*[1]。——但我們畢竟也不想要忘記：那第一個（在中世紀）以**「安排好了的時間」**生活著的人，乃是**僧侶**，並且：教堂時鐘首先必須為之服務的，就是**他的**「時間安排的需要」。*[2]【譯注】*[1] 見 Sombart, 1902/I: 395。宋巴特在此談的是「公共計時的進步」。隨著公共計時的進步，我們也可以看到「精確感」的增加。後來終於在義大利與倫敦，出現了 24 小時都敲打的公共時鐘。（參考：MWGI/9: 373 註解 43）*[3] 鐘聲作為作「禮拜」與各種「時課」（horae canonicae）的呼叫記號，有史可考的第一次，是由格雷戈里（Gregor von Tours, 538-594）所確定地證明了的。格雷戈里是天主教聖人、歷史寫作者也是 Tour 的主教，他最著名的著作為 10 卷的《法蘭克民族史》（這部著作拉丁文名稱是 *Decem libri historiarum*，直譯是「歷史十書」，一般簡稱為 *Historiae* 或 *Historia Francorum*）。（參考：MWGI/9: 373 註解 44）

至少當它的結果是以職業勞動為代價時是如此。[269] 因為，相較於神的意志之在職業中的主動的作為，它是較不令神滿意的。[270] 除此之外，要冥想還有星期天在，而根據巴克斯特的說法，總都是那些在他們的職業上閒散的人，就連當那為了神而有的小時到了的時候，也沒有任何時間給神。[271]

374

---

269 請參閱 Baxter 同前揭書 I 頁 108 f. 對 Beruf 的那些討論。其中包括下述段落：「問：難道我不可以拋棄這個世界，使得我可以只思考著我的拯救嗎？——答：你可以放棄所有那些會在屬靈的事物上不必要地妨礙你的『塵世掛慮與事務之過度』。但你卻不可以放棄所有那些你在其中**可以服務於共同利益**（*common good*）的身體使用與心理勞動。每一個人，作為教會或者國家的一個成員，都必須為了教會與國家的利益而盡可能地使用他們的才幹。忽視這一點而說：我想要祈禱與冥想，這就好像你的僕人將要拒絕你的**最大的事功**，而專挑某個較容易的部分。並且，**神還命令你多少要為你每天的麵包勞動，而不要像寄生蟲般靠著他人的汗水而活。**」神對亞當的誡命：「你必汗流滿面」…與保羅的指示「誰不勞動，就不應該吃」，* 都將為此而被加以引用。**【譯注】**這二段引文，前者出自〈創世紀〉3, 39；後者出自〈帖撒羅尼迦後書〉3, 10.12。Baxter, 1678/I: 111 中引用了這二個出處。（參考：MWGI/9: 373 註解48）

270 在這裡的一些點上，虔敬派由於其「**感受性格**」（*Gefühls*charakter）之故而有分歧。對斯賓納而言（見 *Theol[ogische] Bedenken* III, p. 445），儘管他完全在路德的意義下強調著「**職業勞動就是做禮拜**（*Gottesdienst*）」，但有一點——就連這一點也是路德式的——畢竟是確定的，那就是：職業業務的不**安**（*Unruhe*）使人離開神，——某種極為別具特色的針對著清教而發的反題。

271 同前揭書 I 頁 242：「沒時間去做那些神聖的義務（holy duties）的，就是那些在他們的職業（callings）上懶惰的人。」因此，有一種觀點認為：種種禁欲式的德性的所在地，最好的就是**城市**——專心致力於理性的營利（Erwerb）的市民階層的所在地。巴克斯特在其自傳中，就是這麼說著他在基德明斯特（Kidderminster）的手工編織者的：「**而他們與倫敦之持續不斷的交往與交易**，確實在商人（tradesmen）之間大大提升了禮節與虔敬（civility and piety）。」（摘錄自 *W[orks] of the Pur[itan] Div[ines]*, p. XXXVIII.）「靠近首都將有助於加強德性」這種說法，今日將會使得——至少德國的——神職人員感到驚訝。但就連虔敬派，也顯示著種種類似的觀點。斯賓納就偶爾會這樣寫信給他的一位年輕的同事：「至少情況將會顯示：在各城市的大多數人之中，固然大部分都是很聲名狼藉的，但畢竟總還是可以一再找到一些善良的靈魂，可以在他們身上發現善；而在各鄉村，有時候恐怕在整個教區裡都找不到什麼很善良的事情。」（*Theol[ogische] Bed[enken]* I, 66 p. 303.）——農人本來就比較不適合於那禁欲式的、理性的生活經營。他的倫**理上的受到頌揚**（Glorifizierung）是非常現代的。對於此一以及種種類似的表

　　據此，有一種一再重複的、有時候幾乎是激情式的要人辛勤地、持續不斷地進行肉體上或者精神上的勞動的佈道，貫穿著巴克斯特的主要著作。[272] 在這裡，有二種動機一起發生著作用。[273] 首先，勞動乃是久經考驗證明為有效的**禁欲上的手段**：作為這樣的手段，它在西方的教會中，從一開始就受到了重視。[274] 它尤其是對付所有那些清教在 " 不潔生活 "（unclean life）這個概念下統稱了起來的誘惑之特有的預防手段，——並且它的角色並非小角色。事實上，在清教中，性方面的禁欲與僧侶式的禁欲的區別，只是程度上的、而非作為基礎的「原則」上的區別，並且——由於連婚姻生活也考慮進去之故——較之後者，所涉及的範圍更大。因為，就連**在婚姻中**，性交也**唯有**作為神所想要的、為了增加祂的榮譽的手段，——相應於 " 要生養眾多 " [275] 這個誡命——，才是被容許的。[276] 一如對付宗教上的懷疑與拘泥細節的自我折磨一樣，對

375

376

述對於「禁欲之**階級制約性**」問題的意義，我們在這裡還不加以探討。*【譯注】韋伯在本文中並未就這一點加以探討。

272 人們或許可以舉出下述幾個地方為例（同前揭書頁 336 f.）：「當你並未實行對神之更加直接的服侍時，就完全從事於你的合法的職業之勤勤懇懇的工作吧。」——「在你的職業上辛勤地勞動」——「要明白：你有一個要你投入所有的時間的職業，唯有直接服侍神時除外。」

273 那種認為「對勞動及其 " 尊嚴 " 所特有的倫理上的尊崇，並不是什麼某種基督宗教**在根源上**所固有的、或甚至所特有的思想」的說法，Harnack 最近還又再度強烈地加以強調（*Mitt[eilungen] des Ev[angelisch]-Soz[ialen] Kongresses* 14. Folge, 1905, Nr. 3/4, S. 48）。

274 在虔敬派中也是如此（Spener 同前揭書 III，頁 429, 430）。別具特色的虔敬派式的說法乃是：那由於墮落而作為「懲罰」強加到我們身上的「職業忠誠」（Berufstreue），是要用來殺死我們的意志的。職業勞動作為「對鄰人之愛的效勞」（Liebesdienst am Nächsten），乃是一項「基於對神的恩典的感激之情的義務」（路德宗式的想法！），而也因此，如果職業勞動是心不甘情不願地且懷著厭煩心理被做著的，乃是不為神所喜的（同前揭書 III，頁 272）。因此，基督徒「在他的勞動中，將顯示出如同一個世俗人（Weltmensch）一般地勤奮」（III, p. 278）。這一點顯然落後於清教式的觀點（Anschauungsweise）。.

275 【譯注】出自〈創世紀〉1, 28。

276 根據巴克斯特的說法，婚姻的目的乃是 " 某種**清醒**的「**子女之繁殖**」"。[376] 斯賓納也有類似的說法，但卻對粗魯的路德宗式的觀點作了種種的讓步：根據這種觀點，避免——在其他情況下無法加以抑制的——放蕩

（Unsittlichkeit），乃是附帶目的。情慾（Concupiszenz）作為「交配」的伴隨現象，就算是在婚姻中，也是罪惡的，並且，根據（例如）斯賓納的見解，乃是因墮落才產生的結果：「墮落」使得這樣的一種自然的、且為神所想要的過程，轉變成了某種不可避免地與種種罪惡的感覺相結合著的東西，並且從而轉變成某種「令人感到羞恥的東西」（pudendum）。甚至根據許多虔敬派的流派的見解，「基督教式的婚姻」之最高的形式，乃是那種帶有「童貞之保留」的形式，*[1] 次高的形式則是那種在其中「性交」完全是為了生育兒女的形式，如此等等直到那些基於純粹性愛上的或者純粹外在上的種種理由而被締結了起來、而在倫理上看來算是「同居」（Konkubinate）的一些婚姻形式。這時候，在這些較低的等級中，基於純粹外在上的種種理由而締結了起來婚姻（因為至少是產生於**理性的**衡量的），將會比在性愛上受到制約的婚姻受到偏愛。亨胡特的理論與實踐，在此可以存而不論。理性主義式的哲學（Chr[ristian] Wolff）則在下述理解下接受了該禁欲式的理論：無論被規定為達到目的的**手段**是什麼：情慾及其平息，都不可以被弄成是「**自我目的**」（*Selbstzweck*）。——那變成純粹的、在衛生保健上取向著的效益主義式的轉變，在富蘭克林那裡就已經完成了：他有點像是站在現代的醫生們的倫理上的立場上，將"貞潔"（Keuschheit）理解為「將性交限定在那**在健康上值得期待的東西上**」，並且眾所周知地，甚至對「怎麼做？」（das Wie?）也在理論上發表了意見。*[2] 一旦這些事物變成了種種純粹**理性的**衡量的對象之後，[377] 此一發展也就會到處都出現了。清教的與衛生保健的「**性理性主義者**」（Sexualrationalist），走的是非常不同的道路，唯有在這裡"他們馬上就相處得很好了"：在一場演說中，一個主張"合乎衛生的賣淫"——這涉及了種種妓院—與管制化設施（Bordell- und Reglementierungseinrichtungen）——的熱心代表，透過提及（被視為**在衛生保健上**有好處的）"婚姻外性交"之**由浮士德與格莉琴**（*Faust und Gretchen*）的富有詩意的美化，去說明其倫理生活上的可容許性（die sittliche Statthaftigkeit）。*[7]「將格莉琴當作是一個妓女加以對待」與「將人的種種激情之強而有力的支配與"為了健康之故"而進行的性交相提並論」，——這二者都是**完全**與清教式的立場相一致的，同樣的，某種（例如）有時候會為非常傑出的醫生們所主張的真正的專家式的見解——該見解認為：像是「性方面的節制的意義」的這樣一個如此深刻地影響著種種最細膩的「人格—與文化問題」的問題，乃是"完全"屬於醫生（作為**專家**）的論壇之前的——也是如此：在那些清教徒那裡，該"專家"固然是道德主義式的理論家、而在這裡則是衛生保健上的理論家，但相反地，那「原則」——當然，具有部分相反的徵兆（Vorzeichen）——卻是同一個原則，那就是：專業人式的庸俗與性方面的庸俗的結合。只不過，清教式的觀點——就算這種觀點的種種假正經行為，在我們看來顯得多麼狹隘、往往相當可笑、甚至有時還令人反感——的那種強而有力的觀念論（Idealismus），就連在種種**保存種族的**觀點下並純粹"在衛生保健上"觀之，也都還是有種種正面的結果必須加以指出，而現代的"性衛生保健"，卻光是由於那如今對它而言已經無法避免的「對"無成見性"的呼籲」，而到處都已經陷入了

377　付所有的性方面的誘惑亦將——除了冷靜的飲食、菜蔬食品與冷水浴之
378　外——被規定說：“在你的職業上辛勤勞動”。[277]

　　但除此之外，勞動還主要地根本就是為神所規定的「生活之**自我目的**」（*Selbstzweck des Lebens*）。[278] 保羅的命題：“誰不勞動，就不應該吃”，乃是無條件地、並且對每一個人而言都有效的。[279]「討厭勞動」

同時也去將它用來取水的桶子的底部給打掉的危險。——最後，就像在那些受到清教影響的民族那裡，在對種種性方面的關係進行那種「理性的詮釋」的時候，對種種婚姻上的關係所做的那種「精緻化」與「精神上—倫理上的滲透」，以及「婚姻上的騎士精神」的種種精美的花朵（feine Blüten），畢竟也都成長了起來那樣——跟那種「農人式的家父長式的煙霧」相反：在我們這裡，這種「煙霧」直到“精神貴族制”的種種圈子裡，都還往往以很容易就可以感受到的殘留物而存在著——[378] 這一點在這裡當然無法加以討論。在這種情況下，再洗禮派式的種種影響也都具有決定性地一起參與作用：對婦女的**良心自由**（*Gewissensfreiheit*）的保護以及“普遍祭師身分”這思想之擴充到婦女身上，就連在這裡也都是在家父長制（Patriarchalismus）中的那些第一批的裂口。【譯注】*[1] 例如：虔敬派的 Ernst Christoph Hochmann von Hohenau (1670-1721) 就將獨身不婚看做是最高的理想，認為基督的靈魂，就是新娘或者新郎。*[2] 請參閱 Franklin, 1876: 286-288。他是這麼說的：「性交要少做，只為了健康與後代之故才做，絕不要做到遲鈍、衰弱，或者為你自己的或者另一個他人的靈魂和平或者好名聲帶來損害」。（參考：MWGI/9: 376 註解 66）*[3] 世紀之交時，由於各種性病（尤其在城市中）的傳播，因此，在德國，賣淫的管制及其種種衛生保健上的條件，乃是一個就連在醫生間也受到熱烈討論的議題。韋伯這裡所提到的「演說」，應該是指德國法學家 Max Fleischer（1880-1941）於 1904 年發表的一篇演說，後來發表於 1905 年出版的《關於賣淫的管制問題》（*Zur Reglementierungsfrage der Prostitution,* München: Seitz & Schauer 1905）。他在這篇演講中，強烈主張妓院管制，除了提出「衛生保健上的預防」之外，還呼籲某種「為了婦女之道德上的預防」。而在此一脈絡中，他提到了瓦倫廷（Valentin）對格莉琴所說的一段話：「你偷偷地始於一個，很快就有多人上門，而如果才有一打擁有你，那麼，整個城市也就都擁有你了。」瓦倫廷是格莉琴的哥哥，這段責備格莉琴的話見《浮士德》詩行 3736-3739。（參考：MWGI/9: 377 註解 67）

277　在巴克斯特那裡一再重複著。聖經上的書面證據通常要嘛是我們從富蘭克林那裡就已經熟悉了的（〈所羅門箴言〉22, 29），要嘛就是在〈所羅門箴言〉31, 10。參見同前揭書 I，頁 382、377 等等。

278　甚至欽岑多夫偶而也會說：「人們並非光是為了活著而勞動；而是：人是為了勞動之故而活著，而如果說人們不再有任何東西必須為之去勞動的話，那麼，人就是在受苦著或者長眠了」（Plitt I, S. 428）。

279　就連摩門教信徒的一個——我手頭上沒有的——信條（Symbol），（根據引

（Arbeitsunlust）乃是缺乏恩典狀態的徵兆。[280]

379

在這裡，跟中世紀的教理之偏離非常清楚地顯示了出來。就連多瑪斯也解釋過該命題。但根據他的說法，[281] 勞動只不過是對「自然的理性」（naturali ratione）而言，為了維持個別的人與全體的生命所必要的而已。當這個目的消失了之後，該規定的效力也就終止了（cessiert）。該規定只適用於「類」（die Gattung），不適用於每一個個別的人。誰要是可以沒有勞動而靠著他的財產生活，該規定就跟他沒有關係，而同樣的，作為在神的國度裡的一種屬靈的「活動的形式」（Form des Wirkens）的冥想，當然也高於該誡命（就其字面上的詮釋而言）。畢竟除此之外，對於通俗神學而言，僧侶式的 "生產力" 之最高的形式，就存在於透過祈禱與「公誦日課」（Chordienst）去增加 "教會的寶庫"（thesaurus ecclesiae）。然而，不僅對倫理上的勞動義務的這些違反，在巴克斯特那裡理所當然地全都消除掉了，他還極力強調地再三屬咐一個基本原則，亦即：就連財富也不能讓人免於該無條件的規定。[282] 就

文）也是以下面這些話作結：「一個懶散的人或懶惰的人不會是基督徒，也將不會變得至福。他注定將會被扎死並丟出蜂箱外。」* 然而，在這裡，那將個別的人置於「勞動或者被淘汰」這選擇之前、並且——當然是與宗教上的熱情相結合著並唯有透過它才成為可能——使得這些教派產生出令人驚訝的種種經濟上的成就的，畢竟主要是那宏偉的、在修道院與工廠之間保持著「中間」的*紀律（Disziplin）*。【譯注】這是在摩門教信徒坦白信仰的信條（亦即：Symbol）中的最後一句，表述者是 Orson Hyde（1805-1878），發表於 1849 年。（參考：MWGI/9: 378 註解 20）

280 因此，「討厭勞動」將在同前揭書 I 頁 380 中，就其種種徵兆被詳細地加以分析。—— "懶散" 與 "懶惰" 之所以是非常嚴重的罪惡，乃是因為它們具有**持續性**的性格。它們簡直就被巴克斯特看成是 "恩典狀態的摧毀者"（同前揭書 I 頁 379/80）。它們正是「**講究方法的生活**」的反命題（die Antithese des *methodischen* Lebens）。

281 見上面卷 XX 頁 41 註腳 2。【譯注】請參考本文 [190 f.] 註腳 97。

282 巴克斯特同前揭書 I，頁 108 ff.。特別引人注目的，乃是下面這些地方：「問：但就連財富也不是使我們免除勞動的理由嗎？答：財富可以藉由使得你更加適合於其他勞動，而使你免除掉某些骯髒的種類的工作，但你並不比最貧窮的人有任何更多的理由免除勞動的服務」。除此之外，同前揭書 I 頁 376：「雖然他們（富人）沒有外在的缺乏去驅迫他們，但他們卻有同樣大的必要去服從神，神嚴屬地將它（勞動）對所有的人都下了命令」。

380 連擁有財產者也是沒有勞動就不應該吃，因為，就算他不必為了他的需要之滿足而勞動，神的誡命畢竟還是如此地存在著的：他跟貧窮者一樣，都必須服從神的誡命。[283] 因為，神的天意無區別地為每一個人都準備好了一個職業（Beruf; calling）：他應該認識該職業並在該職業中勞動，並且這個職業並不是像在路德宗那裡那樣，[284] 是某種人必須去順從之並對之感到滿足的「天命」（Schickung），[285] 而是神對個別的人的一道命令，要人為了祂的名譽（Ehre）而工作。此一看起來很淡的色差（Nuance），具有種種影響深遠的結果，並且跟「對經濟上的宇宙所做的那種──在經院哲學裡已經很常見的──天意上的詮釋（providentielle Deutung）」之某種進一步的建構也關聯了起來。

　　「社會之分工與職業劃分」這現象，固然像其他人一樣，多瑪斯（Thomas von Aquin）──我們再度以他為起點是最方便的──就已經將之理解為神的世界計畫之直接的結果（Ausfluß）了。但人們之「劃分進」（Eingliederung）此一宇宙中，卻是由種種自然的原因（ex causis naturalibus）產生的結果，並且是偶然的（根據經院哲學式的語言使用："contingent"）。[286] 對路德而言，一如我們所看到的那樣，[287] 那由客觀的歷史性的秩序產生的「人們之劃分進種種給定了的等級與職業中」的過程，變成了神的意志之直接的結果（Ausfluß），也因此個別的人在

381 神指派給他的位置以及在種種限制中的**堅持**，乃是宗教上的義務。而由

---

283 斯賓納也如此主張（同前揭書 III，頁 338、425）：他基於此一理由，尤其將那種想要早點退休的傾向當作是「在倫理生活上有疑慮的」加以攻擊，並且──在防衛某種針對「放貸取息的正當性」而發的反對意見：利息的享受導致懶惰時──強調說：可以靠他的利息而活的人，根據神的命令，儘管如此還是**有義務得勞動**。

284 包括虔敬派在內。當事關「職業轉換」的問題時，斯賓納總是這麼說的：一旦某一個特定的職業被採取了之後，留下來並順應於這個職業（das Verbleiben und Sich-schicken in diesem），就是服從神的天意（Vorsehung）的義務。

285 【譯注】請參考本文 [201-208]。

286 【譯注】請參考本文 [190 f.] 註腳 97。

287 【譯注】請參考本文 [201-208]。

於路德宗式的虔誠與 " 世界 " 的種種關係，基本上從一開始就是、並且始終都是較不確定的，這一點也就更加重要了。對於「世界的形塑」而言，我們是無法從路德的那些從未完全擺脫掉那保羅式的「世界—漠不關心」的思想範圍出發，去獲得種種倫理上的原則的，也因此人們必須一如「世界之所是」的樣子接受這世界，並且只能夠將這一點稱為「宗教上的義務」。——在清教的觀點中，「種種私有經濟上的利益之交互影響」的天意上的性格，又再度呈現出不同的色差。「職業劃分之天意上的目的」是什麼，人們乃是——忠於清教式的「" 實用性的 " 詮釋」的模式——就其種種果實加以認識的。而關於這些果實，巴克斯特則在那些在一個以上的點上直接讓人想起亞當‧斯密之著名的「對分工的神化」（Apotheose der Arbeitsteilung）[288] 的論述中談論著。[289] 諸職業的專業化——因為它使得勞動者的練習（技巧）成為可能——導致了勞動績效在量上與質上的提升，也因而有助於一般的福祉（common best）：這福祉跟「最大多數人的福祉」是同一的。如果說在這個時候，動機乃是純粹效益主義式的，並且跟許多在當時的世界性的文獻中已經很常見的觀點是完全地相親和的，[290] 那麼，當巴克斯特在其種種論辯的頂

382

---

288 【譯注】請參考韋伯在本文 [193 f.] 中的引文。亞當‧斯密認為，分工將會提高勞動的生產力並導致福祉。那些參與經濟生活的人所追求的，乃是他們自己的好處；他們都是出於自己的利益、而非對他人的善意而行動著的。

289 巴克斯特同前揭書 I 頁 377。【譯注】巴克斯特認為，我們必須將公共福祉或者大多數人的利益，置於我們自己的之上。勞動首先是服務於個體的好處，也是對他而言有用的：勞動有利於個體的精神—與身體能力的保存，是對生活與健康而言最好的藥品，並且讓人遠離種種誘惑。（參考：MWGI/9: 381 註解 87）

290 但卻並不好像因此就是在歷史上可以由這些觀點導出來的。毋寧說，在其中發生影響的，乃是那種認為「" 世界 " 這個宇宙就服務於神的榮譽、祂的自我頌揚」這完全道地的喀爾文宗的想法。那種認為「經濟上的宇宙應該為所有人的人生期程（Lebensfristung）這個目的（多數人的利益、公共利益等等）服務」之效益上的轉向，乃是那種認為「每一個其他的詮釋都將導致（貴族制式的）受造物神化或者畢竟不是在服務於神的榮譽、而是在服務於種種受造物式的 " 文化目的 "」的思想的結果。但只要在此納入考察的是一些此岸性的目的，神的意志——正如它（s. o. I, Anm. 21）*[1] 在「經濟的宇宙」之有目的的形塑中將自己給表現出來的那樣——就只能是 " 全體 "（Gesamtheit）

峰上提出說："在一個固定的職業之外，一個人的種種勞動績效，都只是不穩定的臨時工，他在懶散中比在勞動中花掉更多的時間"，並且當他以下述的方式結論說："並且他（職業勞動者）將會**按部就班地（*in Ordnung*）**完成他的勞動，而另一個人則將陷入永恆的混亂中，而他的生意也既不知道地點、又不知道時間 [291]…因此，對於每一個人而言，一個固定的職業（'certain calling'，在另一個地方則稱之為 'stated calling'）乃是最好的"的時候，那別具特色的清教式的特點，便馬上就顯露了出來。那一般的日薪勞動者被迫不得不做的不穩定的工作，乃是一種往往不可避免、但卻總是不希望有的「中間狀態」（Zwischenzustand）。

383 "無職業者"的生活，確實缺乏那種有系統的─講究方法的性格：而這性格──一如我們所看到的那樣 [292]──則是「內在於世界的禁欲」所要

的福祉、[382] 那「非個人式的"用處"（Nützlichkeit）」。因此，正如我們在前面已經說過了的那樣，*[2] 效益主義乃是對"鄰人愛"所做的那種「非個人性的形塑」以及由於「清教式的"為了神的更大的榮耀"（in majorem Dei gloriam）的排他性」而造成的「對所有的世界頌揚（Weltverherrlichung）之拒斥」的結果。因為，這種認為「每一個受造物頌揚（*Kreatur*verherrlichung）都會損害神的榮譽，並且因此是絕對應受譴責的」的思想，*[3] 是多麼強烈地支配著整個禁欲式的基督新教的，就清清楚楚地顯示在甚至是那位根本就沒有一絲"民主"氣息的斯賓納，在面對為數不少的質問而想要將「頭銜（*Titel*）的使用」當作是無關緊要的（ἀδιάφορον）*[4] 去加以維持時，所產生的種種疑慮以及所花費的努力上。他最後是藉由「甚至在聖經中，執政官菲都斯（der Prätor Festus）也被使徒以大人（κράτιστος）加以稱呼」，*[4] 而使自己平靜下來的。──這件事情的**政治上的**側面，則屬於稍後的一個脈絡。*[5]【譯注】*[1] 請參考本文 [266-268]。*[2] 請參考本文 [266-270]。*[3] 請參考本文 [266] 註腳 47 與 [268]。ἀδιάφορον 這個希臘文的字面意思是：「沒有差別的東西」。*[4] 請參考本文 [353] 註腳 228。der Prätor 是古羅馬政府所頒佈的一種頭銜，保羅在〈使徒行傳〉26, 25 稱執政官菲都斯為「大人」，是對「頭銜」的肯定。Κράτιστος 這個希臘文的字面意義是：極受尊敬的。*[5] 韋伯只在本文 [398] 中，談到了「清教式的禁欲」之"反威權的"特點。

291 就連 Th[omas] Adams *(Works of the Pur[itan] Div[ines]* p. 77) 也說：「**反覆無常的人，是一個在他自己的家裡的陌生人。**」*【譯注】出自 Thomas Adams, Semper Idem, or the Immutable Mercy of Jesus Christ, in: *Works of the Puritan Divines* V, p. 69-86, p.77：基督徒的生活應該是「對基督的恆定性之某種模仿」（p. 76）。（參考：MWGI/9: 382 註解 95）

292 【譯注】請參考本文 [242-366]。

求的。就連根據貴格派─倫理，人的職業生活也應該是某種前後一致的禁欲式的「德性練習」（Tugendübung）、某種他的「恩典狀態」之在其「有良心性」（*Gewissen*haftigkeit）[293] 上的證明：這種「有良心性」將會在那種他懷抱著去從事他的職業的謹慎（Sorgfalt）[294] 與方法中，發生著作用。不是勞動本身，而是「理性的職業勞動」，才是為神所要求的東西。在清教式的「職業觀念」那裡，強調總是放在職業禁欲的這種講究方法的性格上，而不是像在路德那裡那樣，滿足於由神所分配了的命（Los）。因此，不僅「是否有人可以將多個職業（callings）給結合起來」這個問題將無條件地被加以肯定 —— 如果這對於一般的福祉（das allgemeine Wohl）或者自己的福祉[295] 而言是有益的，又不會對任何其他人不利，並且：如果這也將不會導致人們在那些結合了起來的職業中的一個裡，變成是“不忠實的”（unfaithful）的話。而是：就連職業的**轉換**亦將絕對不會被看成是本身就是應予譴責的，如果這「轉換」並非輕率為之的，而是為了一個更加為神所喜的[296] 職業才這麼做的，而這也就是說，是相應於下述這個一般原則的：去選擇更有用的職業。而尤其是：一個職業的「用處」及其相應的「為神所喜性」，固然首先取

384

---

293 【譯注】德文 gewissenhaft 這個形容詞的意思是：認真負責的、有責任心的，而 das Gewissen 則是「良心」的意思。在此，為了配合文字脈絡，特地譯成「有良心性」。

294 在這個方面，尤其請參考 George Fox 在 *The Friends' Library*（ed. W[illiam] & Th[omas] Evans, Philadelphia 1837 ff.）Vol. I, p. 130 中所發表的種種意見。

295 因為神——一如在清教的文獻中極常被加以強調的那樣——從來沒有命令過說：人們應該比愛自己本身**更加地**、而是：**如同愛自己本身地愛鄰人**。換句話說，人們也有「愛自己」（Selbstliebe）的義務。譬如說，誰要是知道他自己可以比鄰人更加合乎目的地、而這也就是說：更加為了神的榮譽而運用他的佔有物，他就不會由於鄰人愛而負有義務，將該佔有物分給這個鄰人。

296 就連斯賓納也接近這種觀點。但在「關涉到的是由（在倫理生活上特別危險的）商人職業往神學的轉換」這種情況中，他自己畢竟始終都是極為審慎的、並且毋寧說是持勸阻態度的（III, S. 435, 443, I, S. 524）。順便一題：恰恰是**對此一**（探問職業轉變之可容許性的）問題的答覆之在斯賓納的那必然會被詳細加以審閱的諮詢意見書（Gutachten）中之頻繁地重複出現，顯示著：對〈哥林多前書〉第七章之不同種類的詮釋，在日常生活中是多麼顯著地**實際的**。

決於一些倫理生活上的標準，而其次則取決於「在這裡面所生產著的財物對於 " 全體 "（Gesamtheit）的重要性」的種種標準，但接著而來作為第三個、並且當然實際上也最重要的觀點的則是：私有經濟上的 " **盈利能力** "（*Profitlichkeit*）。[297] 因為，如果那個清教徒在人生的所有安排

385 中都看到那在發生著作用的神，向「祂的人」當中的一個顯示了一個獲利機會，那麼，祂在這麼做的時候，一定有其意圖。也因此，篤信的基督徒就必須通過「利用此一獲利機會」的方式去遵循此一召喚。[298] 「如

386 果神向你顯示了一條道路，循著這條道路你**可以**在不傷害你的靈魂或者其他人的情況下，以合法的方式，獲得**比**循著另一條道路**更多**，而你卻拒絕這一點而遵循那條帶來較少獲利的道路，那麼，你就是**違犯了你的職業**（calling）**的諸目的之一，你就拒絕了去當神的管理者**（管家（steward）**）並接受祂的種種賜予**，以便在祂要求的時候，可以為了祂

---

[297] 這樣的說法，至少在那些領導性的大陸的虔敬主義者的著作中，是找不到的。斯賓納對於 " 盈利 " 的態度，固然來回搖擺於路德宗（" 生計 "—立場）*[1] 和關於 " 商業的繁榮 "（Flors der Commerzien）以及諸如此類的東西之「用處」（Nützlichkeit）的種種重商主義式的論證之間（同前揭書 III 頁 330,332，亦請參閱 I 頁 418：煙草種植給國家帶來金錢，**因此是有用的，也就是說**：並不是罪惡的！），但卻並未錯過去提及說：正如「貴格派與門諾派信徒」這個例子所顯示的，人們畢竟可以在賺取利潤的同時，始終都是虔誠的，可以說：特別高的利潤甚至——在這方面，我們稍後將必須再談談 *[2]——有可能就是「虔誠式的正派」（fromme Redlichkeit）之直接的**產物**（同前揭書頁 435）。【譯注】*[1] 路德宗的立場，請參見本文 [199-208]，此外亦請參見 [156 f.]。*[2] 參見本文 [412]：透過禁欲式的節約強制之資本形成。

[298] 在巴克斯特那裡，這些觀點**並非**他生活於其中的「經濟上的環境」之某種反映（Wiederspiegelung）。**相反地**，他的自傳強調說：對於他的「內在的傳教工作」的成果而言，具有決定性的因素之一乃是，那些定居在基德明斯特的商人都**不是**富有的，而是掙得的只是 " 食物與衣服 " 而已，並且：手工業師傅們所擁有用來過活的，也是 " 只能餬口 "，並不比他們的工人們好。「接受使徒的福音的，**乃是窮人**。」——亞當斯（Th. Adams）對「追求盈利」評論說：「他（那精明的人）知道，…金錢固然可以使一個人變得更加富有，但卻不會使他變得更好，因此，寧可選擇心安理得地去睡覺，也不要一個滿滿的錢包，…因此，想要的財富不會比一個誠實的人可以拿走的更多些」——但他畢竟也是想要這麼多（Th[omas] Adams, *Works of [the] Pur[itan] Div[ines]* LI.）。

去使用這些賜予。當然不是為了肉欲與罪的種種目的，**但你確乎可以為了神而勞動，以便成為富有。**」[299] 財富唯有作為讓人產生懶惰的「休息」（Ausruhen）與有罪的生活享受的誘惑時，才會是有疑慮的，而對財富的追求，則唯有當這追求是為了讓自己以後可以無憂無慮且快快樂樂地生活時，才會是有疑慮的。但作為職業義務的執行（Ausübung der Berufspflicht），對財富的追求不僅是在倫理生活上被允許的，而是簡直就是被命令的。[300] 那關於宮廷僕役的譬喻——這僕役被攆了出去，因為

387

299 巴克斯特同前揭書 I 第 X 章 tit. 1 Dir[ection] 9（§ 24）頁 378 欄 2 是這麼說的。〈所羅門箴言〉23, 4：「不要為了變成富有的而勞動」只不過意謂著：為了種種肉體上的目的的財富，必定不是人們所終極地意圖著的東西。那可憎惡的東西，乃是財產之在其封建—領主的形式下的*運用*（請參考同前揭書 I 頁 380 對紳士階級的放蕩部分所做的評論），而非財產*自身*。——密爾頓（*Milton*）在第一版的《為英國人民申辯》（*defensio pro populo Anglicano*）中有一個著名的理論，認為：唯有"中產階級"（Mittelstand）才有可能是**德性**的承載者——當他這麼說的時候，他是將"中產階級"想成與"貴族制"（Aristokratie）相對立的"市民階級"（bürgerliche Klasse）的，正如他所提的理據所顯示的：無論是"奢侈"還是"貧困"，都有礙於「德性練習」（Tugendübung）。

300 這**一點**乃是具有決定性的。——除此之外，再說一次那一般的評論：在這裡，對我們而言要緊的，自然並不是：在概念上將那神學上的、倫理上的理論給發展了出來的是什麼，而是：在篤信者的實踐性的生活中，那行之**有效的道德**（*geltende* Moral）是什麼，也就是說：那宗教上的取向，是**如何**在實踐上對職業倫理（Berufsethik）**產生影響**的。人們至少偶爾可以在天主教的決疑論上的文獻、尤其是耶穌會的文獻中讀到一些討論：這些討論——例如：[387] 關於「放利取息之可允許性」這個我們將在稍後的一章中加以探討的問題 *[1]——與許多基督新教的決疑論者的那些討論，聽起來很像，甚至在那算做是"可允許的"或者"或然的"（probabel）的事情上似乎還有過之而無不及。正如喀爾文主義者們習慣於引用天主教的那些道德神學家、不僅多瑪斯（Thomas von Aquino）、伯納德（Bernhard v. Clairvaux）、波拿文德拉（Bonaventura），而是也引用同時代的道德神學家那樣，那些天主教的決疑論者也經常會——為什麼會這樣，我們在此並不加以詳細討論——參考異端的倫理學。但那巨大的差異，則是下述差異：這廣教主義式的觀點（latitudinarische Ansichten），在天主教中，都是一些特別鬆散的倫理上的理論之種種未經教會權威批准的產物，而對這些產物，教會的那些最認真與最嚴格的追隨者恰恰是敬而遠之的，而相反地，**基督新教式的職業觀念**，則恰恰將「禁欲式的生活」的那些最認真的跟隨者，拿來用於服務資本主義式的營利生活。那在前者那裡有可能會以有條件的方式**被允許**的事

他並未用神託付給他的銀兩（Pfunde）放息[301]——，似乎也將這一點給直接說了出來。[302]「**想要貧窮**」不啻意謂著——一如常常被加以論證的那樣——「**想要生病**」：[303] 作為「事功神聖性」，這是應予摒棄的，也不利於神的榮譽。而一個有能力可以勞動的人之乞討，更是不僅作為懶

388

情，在後者這裡則顯示為某種正面地在倫理生活上善的東西。雙方的倫理之在實踐上極為重要的種種根本的差異，就連對於近代而言，也自楊森主義者論爭（Jansenistenstreit）與 “唯一聖子” 通諭（der Bulle “Unigenitus”）以來，就已經最終地確立了。*[2]【譯注】*[1] 顯然指本文續篇的章節，在本文中，韋伯並未就此一問題加以探討。*[2] 請參閱 Johannes Huber, *Der Jesuiten-Orden nach seiner Verfassung und Doctrin, Wirksamkeit und Geschichte*, Berlin: C. G. Lüderitz'sche Verlagsbuchhandlung Carl Habel 1873, 頁 438-495（ “Der Jansenismus”）。Huber 在這裡描述了這場延續了將近 120 年的激烈論爭：楊森（Cornelius Jansen, 1585-638）1628 年寫成的一本關於奧古斯丁的著作，於他死後出版（*Augustinus, sive doctrina Sti. Augustini de humanae naturae sanitate, aegritudine, medicina adversus pelagianos et massilienses*； 德 譯： Augustinus oder die Lehre Augustins von der Gesundheit, Krankheit und Heilung der menschlichen Natur；中譯：奧古斯丁，或者：奧古斯丁關於人性的健康、生病與治療的學說，1640 年出版）。楊森在書中所主張的「恩典」學說，在其跟隨者與耶穌會教士之間點燃了激烈的論戰。法國國王路易十四為了徹底排除他所厭惡的楊森主義者，請求教皇克理蒙十一世（Clemens XI）頒佈針對楊森主義者而發的通諭 “Unigenitus”（1713），並藉此頒佈同名詔令。但儘管如此，論爭仍然持續下去。（參考：MWGI/9: 387 註解 21）

301 【譯注】此一「僕役」的譬喻，請參見〈馬太福音〉25, 14-30，〈路加福音〉19, 11-27。

302 在上面的文本的那些翻譯出來了的地方之後，是這麼說的：「你可以以那種最有助於你的成功與合法的獲利的方式勞動。你必須去改善所有你的才能…。」*——「在神的國度中對財富的追求」與「在塵世的職業中成功的追求」之直接的對比，見於例如 Janeway 的 Heaven upon earth（in: *Works of the Pur[itan] Div[ines]*）頁 275 下面。【譯注】這裡所說的「上面的文本」，指的應該是本文正文 [385 f.] 韋伯用德文翻譯的巴克斯特的文字；在本註腳則直接引用同一出處（Baxter, 1678/I: 378）英文。（參考：MWGI/9: 387 註解 22）

303 光是在符騰堡公爵克里斯多夫（Christoph）*的那份提交給特倫托會議（Konzil von Trient）的（路德宗式的）信仰表白中，就已經針對「貧窮」這個誓言而提出說：誰要是就其身分等級而言就是貧窮的，固然應該忍耐，但如果他發誓要**一直貧窮下去**，那麼，這不啻宛如是在說：他發誓要持久地生著病或者有著壞名聲。【譯注】指的是 Christoph von Württemberg（1515-1568），1550-1568 為統治符騰堡的第四任公爵。

惰是有罪的，根據使徒的話說，更是違反鄰人愛的。[304]

正如「對固定職業之禁欲上的意義」的再三囑咐，在倫理上美化了 *389*
現代的**專業人**（das moderne *Fachmenschentum*）那樣，「對盈利機會之
天意上的詮釋」則在倫理上美化了**生意人**（*Geschäfts*mensch）。[305] 封建
領主之高貴的寬宏大量與愛炫富者之暴發戶式的誇耀，都是禁欲所同樣
厭惡的。但相反地，一道完整的「倫理上的贊同的光束」，卻投注到那
冷靜的、市民式的白手起家者身上：[306] " 神祝福他的買賣（God blesseth

---

304 在巴克斯特那裡以及（例如）在克里斯多夫（Christoph）公爵的那份信仰表
　　白中，都是如此。此外還請比較諸如「…那些漂流浪蕩的惡棍們，他們的人
　　生只不是過是某種荒唐的過程：泰半在乞討」等等地方（Th[omas] Adams,
　　W[orks] of [the] Pur[itan] Div[ines], p. 259）。

305 「大不列顛與愛爾蘭浸禮派聯合會」主席懷特（G[eorge] White）在他為 1903
　　年在倫敦舉辦的集會而寫的開幕詞（*Baptist Handbook*, 1904, S. 104）中強調
　　說：「在我們清教教會的名錄上的那些最好的人，都是一些實業家（*men of
　　affairs*），他們相信：宗教將會滲透整個的人生。」【譯注】這裡所說的懷特
　　是指 Sir George White（1840-1912），是英國自由黨政治家，1900-1912 年間
　　為 MP（國會議員）。

306 那相對於所有封建式的見解之別具特色的對立，就存在於這**一點**之中。根據
　　這種見解，（政治上或者社會上的）暴發戶的成功以及「血的祝聖」（die
　　Weihe des Blutes），都唯有對他的**子孫們**（*Nachkommen*）才會是有利的。
　　（別具特色地表現於西班牙文的 Hidalgo = hijo d'algo – filius de aliquo：——
　　在這裡，那 »aliquid« 正是某種由祖先們繼承而來的**資產**（*Vermögen*））。*
　　儘管今日，在「美國的 "民族性格" 正快速轉變與歐洲化」的情況下，這些
　　差異都已經慢慢要消失掉了，但那**恰恰相對立的**、市民所特有的觀點——這
　　種觀點固然將生意上的**成功**與收入（*Erfolg und Erwerb*）當作是精神上的成
　　就（geistige *Leistung*）之徵兆加以頌揚，但相反地，卻並未向純然（繼承而
　　來）的**佔有**（*Besitz*）展示任何的敬意——，卻畢竟直到今日在那裡都還偶爾
　　地被主張著，而在歐洲——正如 James Bryce 就已經評論過了的那樣——，
　　反而在效果上幾乎每一個社會上的名譽都是可以用錢買的，——只要佔有者
　　（Besitzer）不是**自己**就站在櫃臺後面、並將他的佔有（Besitz）進行一些必
　　要的變形（信託基金會等等）即可。——關於「**反對血統的名譽**」方面，請
　　參考（例如）Th[omas] Adams, *Works of the Pur[itan] Div[ines]*, p. 216。【譯
　　注】"Hidalgo" 是西班牙的某種源自古老的基督教家庭的較低等級的貴族的
　　名稱。對這個名稱的「語詞形式」有二種說明：（1）一說來自 hijo = 兒子
　　與 algo（=拉丁文的 aliquis），意思是：某個人的兒子（filius alicujus）；
　　（2）來自 algo（根據拉丁文 aliquod，指「某個東西」），意思是：財產的
　　兒子（filius de aliquo 或者 filius alicujus）。韋伯選取了第一種說明。（參考：
　　MWGI/9: 389 註解 30）

his trade），是一句常被拿來說那些成功地遵循著神的種種安排的聖徒

390 們 [307] 的話，而**舊約聖經中**的那個恰恰就在**此一生命中對「祂的人」的虔誠施予報酬的神之整個的力道，**[308] 對於那根據巴克斯特的忠告，透過跟聖經中的英雄們的靈魂狀態（Seelenverfassung）的比較去檢查自己的

391 恩典狀態，[309] 並且在這麼做的時候將聖經的種種格言都 "像是一部法典

---

307 例如，對於種種「家庭主義者教派」（Familistensekte）的奠立者 Hendrik Niklaes（他是一個商人）而言，就已經是如此了。（Barclay, *Inner life of the religious communities of the Commonwealth*, p. 34.）*【譯注】巴克萊之所以會這麼說，是為了要強調荷蘭商人 Hendrik Niklaes（一般也寫作 Heinrich Niclaes (Nikolai), 1501-ca.1580）的「商業企業」的成功。Niklaes 也的確將自己當作是先知，並於 16 世紀中建立許多家庭主義者教派，這些教派的跟隨者很強調在他們的靈魂中對神的愛之神秘的體驗。（參考：MWGI/9: 390 f. 註解 33）

308 這一點對於（例如）Hoornbeek 而言，乃是完全確定的，因為，就連〈馬太福音〉5, 5 與〈提摩太前書〉4, 8 也都為聖徒們做出了種種純塵世性的承諾（同前揭書 I，頁 193）。*[1] 固然一切都是神的意旨（Providenz）的產物，**特別**照顧那些「祂的人」（同前揭書 I，頁 192）：Super alios autem summa cura et modis singularissimis versatur Dei providentia *circa fideles*（茲根據 Kalberg 編譯的 Weber, 2009: 535 中譯為：我們可以發現，神的意旨，以一種不尋常的方式，為信仰者們提供著遠遠超乎其他人之最大的照顧）。接下來則是在討論：人們可以**在什麼上面**認識到說，某一幸運情況（Glücksfall）並非來自於 "共同的意旨"（communis providentia），而是來自該「**特別**照顧」。就連 Bailey（同前揭書，頁 191）為了要說明職業勞動的成功，也指向神的天意。「繁榮興旺 "**往往** " 是篤信宗教的生活之報酬」，在**貴格派信徒**的著作中，乃是完全習以為常的措辭（這樣的一種表示，直到 1848 年都還可以看到；請參閱（例如）："Selection from the Christian Advices"（issued by the general meeting of the S[ociety] of Fr[iends] in London VIth Ed. London 1851, S. 209）。我們將會再回過頭來談談與「貴格派倫理」（Quäkerethik）的這種關聯。*[2]【譯注】*[1]〈馬太福音〉5, 5 的經文是：「溫和的人有福了，因為，他們將會佔有土地」；〈提摩太前書〉4, 8 的經文則是：「因為，那身體的訓練益處不大；但篤信宗教卻是對一切事物都有益的，並且不但對此一生命、也對將來的生命有應許」。* [2] 見本文 [408 f.] 與註腳 348。

309 Thomas Adams 對於雅各（Jacob）與以掃（Esau）之間的爭執所做的分析，可以算是這種取向於猶太民族最早的祖先的一個例子——這個例子對於那清教式的人生觀而言，同樣也是別具特色的（*Works of the Pur[itan] Div[ines]*, p. 235）：「他（以掃）的愚行，或許可以由他對長子的名分（birthright）之低下的評價加以辯解」（這個地方對於「長子繼承權—思想」的發展，也是很重要的，對這方面，我們稍後再談）*、「以致於他竟然會如此輕易地轉讓該

的條款般 " 加以解釋的清教徒而言，勢必也將在相同的方向上發生著作用。——事實上，舊約聖經中的種種格言本身，並非都是很明確的。我們看到，路德首先是在翻譯一個西拉地方時，在語言上運用了「在世界的意義下的 " 職業 " 」這個概念。[310] 但〈西拉書〉（Jesus Sirah），根據其中活著的整個心情，卻毫無疑問地是屬於（擴編的）舊約中的那些最以傳統主義的方式發生著影響的組成部分的。[311] 別具特色的是：在那些路德宗的德國農夫那裡，這一書似乎往往享有特別的「被喜愛性」（Beliebtheit），[312] 一如那在德國的虔敬派中的範圍廣泛的種種潮流之與路德宗緊密連結著的性格，也往往就在對〈西拉書〉的偏愛中表露了出來一樣。[313] 而清教徒們則依照他們在「神的」與「受造物的」之間的

名分，並且是基於像一碗濃湯這樣**如此容易的條件**。」但如果他後來由於誆騙而不想讓該買賣生效，他就是「**不忠實的**」了。是的，他就是一個 " 狡猾的獵人，一個田野之人 "：那非理性地活著的粗野無文（Unkultur），——而雅各則是一個「明白的人，住在帳篷裡」，代表著「恩寵之人」。【譯注】對「長子權」（Erstgeburtsrecht）的重視，和「成為神的選民或其成員」，有可以對比之處。請參見本文 [395 f.]。

310 【譯注】請參見本文 [178] 註腳 38（指：Sir 11, 20 f.）。

311 【譯注】〈西拉書〉並未包含在形成於 1-2 世紀之交的希伯來正典中，但卻包含在希臘文的《七十子譯本》（*Septuaginta*），與《拉丁文通俗譯本》（*Vulgata*，或譯「武加大譯本」）與《敘利亞文通俗譯本》（*Peschitta*，或譯「別西大譯本」）中。路德將〈西拉書〉列入《舊約》的偽經（Apokryphen，或譯「經外書」）之列，其後，其他改革教會（如：安立甘教會）也跟進。但特倫托會議則將〈西拉書〉評價為正典，為《舊約》的一書。（參考：MWGI/9: 391 註解 41）

312 *Zur bäuerlichen Glaubens- und Sittenlehre. Von einem thüringischen Landpfarrer*, 2. Aufl., Gotha 1890, S. 16. * 在這裡被加以描述的那些農人，都在別具特色的方式下是「**路德宗的教會**」的產物。在這位出色的作者猜想是一般的—— " 農人式的 " 宗教性的地方，我一再地在邊緣上寫著 " 路德宗的 "。【譯注】本書作者為德國神學家與牧師的 Hermann Gebhardt（1824-1899）（但本書當時匿名出版），他在書中提到：以前，農人們最愛讀的，就是〈西拉書〉，儘管有時候甚至搞混了 Jesus Sirach 與 Jesus Christus。（參考：MWGI/9: 391 註解 44）

313 請比較（例如）在 Ritschl, *Pietismus* II, S. 158 那裡的引文。*[1] 斯賓納同樣將他對「職業轉換」與「盈利追求」的疑慮，也部分建基於〈西拉書〉的格言。*Theol[ogische] Bed[enken]* III, S. 426。*[2] 【譯注】*[1] 查該處並無〈西拉書〉引文，但 Ritschl 在該處提到了〈西拉書〉對於虔敬派的兒童教育，扮

截然的「非此即比」（Entweder-Oder），而將諸偽經當作是「未受聖靈啟示的」（nicht inspiriert）而加以摒棄。[314] 在正典的諸書中，則《約伯記》一書的影響尤其巨大，這是因為它結合了（一方面）對神的絕對主權性的、擺脫了人的種種標準的莊嚴之某種偉大的頌揚，——這種頌揚事實上在精神風格上是跟喀爾文宗式的種種觀點都高度相合的——與那種在結尾處畢竟再度突然出現的、對喀爾文而言固然是附帶性的、但對清教而言卻很重要的確定性，亦即：神對「祂的人」往往就連在這個生命中、並且就連在物質性的方面，也加以祝福。[315] 那在《詩篇》與《所羅門的箴言》的許多最動人的詩句中所顯露出來的東方式的寂靜主義（Quietismus），就這樣被詮釋掉了，就像巴克斯特對《哥林多前書》中的那個對於職業概念而言具有構成性的地方之傳統主義式的色彩之所為那樣。[316] 為此，人們將強調更加加重地放在舊約聖經中的那些將「**形式上的合法性**」（*formale Rechtlichkeit*）當作是為神所喜的品行之標記而加以讚美的地方。那種認為「摩西的律法由於新的盟約之故，僅僅在它包含著為猶太民族而制訂的那些儀式上的或者在歷史上受到制約的規

393

演著重要的角色。（參考：MWGI/9: 392 註解 46）*[2] 斯賓納在該處以〈西拉書〉27, 1 與 4，引用了二條商人可以視之為「良心之事」的規則：「不要去渴望變成富有」與「讓自己受到對神的畏懼統治」。至於斯賓納對「商人的職業轉換」的疑慮，則在該處主要引用的經文乃是〈哥林多前書〉7, 21。（參考：MWGI/9: 392 註解 47）

314　當然，儘管如此，（例如）Bailey 還是推薦對這些偽經的閱讀，並且至少時不時還會出現來自這些偽經的引文，但當然畢竟很少。我（碰巧）不記得有任何這樣的出自〈西拉書〉的引文。

315　當那些顯然受到摒棄的人取得了外在的成功的時候，喀爾文主義者（例如 Hoornbeeck 就是這樣）便會根據"硬化理論"（Verstockungstheorie），藉由確信說「神之所以讓他們分到該成功，乃是為了要讓他們變硬、並以這種方式更加確定地去敗壞」，而讓自己平靜下來。*【譯注】請參閱 Hoornbeek, 1663-1666/I: 163。"硬化理論"指的是「心的變硬」，變成了「石頭心」，冥頑不靈而不知悔改。這個理論的聖經文本根據包括：〈羅馬書〉2, 4 f. 以及〈以賽亞書〉6, 9 f. 等。（參考：MWGI/9: 393 註解 51）

316　【譯注】關於《哥林多前書》7, 20 以及對「留在你的職業中」之傳統主義式的解釋，請參考本文 [199 f.]；關於巴克斯特的職業觀，請參考本文 [381-386]。

定時，才喪失其效力，但除此之外則作為 " 自然法 " 的表現而自古以來
即具有並因而也保持著其效力」的理論，[317] 一方面使得人們有可能將那
些完全無法適應進現代的生活中的規定給消除掉，但另一方面卻又可以
由於舊約聖經之為數甚多的相親和的特點，而使得此一基督新教之內在
於世界的禁欲所特有的那種自負的與冷靜的合法性，通行無阻地獲得強
而有力的增強。[318] 因此，如果說──一如當時代人就已經多次──新   *394*
近的作家們也將（尤其是）英國的清教之倫理上的基本心情（ethische
Grundstimmung）稱為 " 英國的希伯來主義 "（English Hebraism）的
話，[319] 則這一點在正確的理解下，乃是完全切中的。只不過，在這麼做
的時候，人們不可以設想著產生舊約聖經的那些著作的時代之巴勒斯坦
的猶太人（Judentum），而應該設想著在許多世紀的形式主義式的─律
法式的與塔木德式的（talmudisch）教育的影響下，逐漸變成的猶太人。
因為，古猶太教的那種整體而言轉向於對生活本身進行公正的評估的心
情，離清教所特有的獨特性，確實相當的遙遠。要去在細節上指出那種
藉由舊約聖經的種種規範而對生活加以滲透的過程之種種性格學上的
結果（die charakterologischen Folgen），──一個異常吸引人的課題，
但這個課題到目前為止，卻從來就沒有為了猶太教本身而真正被解決
過，[320]── 在這份速寫的框架裡，將會是不可能的。除了前面所簡述的   *395*

---

317 我們要在另一個脈絡中，才會回過頭來較深入地談談這一點。* 這裡所感到
　　興趣的，只是 " 合法性 "（Rechtlichkeit）之形式主義式的性格。【譯注】但
　　韋伯在本文中，並未就這一點再加以論述。

318 根據巴克斯特（*Christian Directory* III, p. 173 f.）的說法，聖經中的種種倫理
　　上的規範的約束力所達到的程度，就如同它們 1. 都只是「自然法」（Law of
　　nature）的某種 " 改寫 "（transcript），或者 2. 具有 " 普遍性與永久性之明確
　　的性格 "。

319 例如：Dowden（關涉到班揚）同前揭書，頁 39。* 【譯注】Dowden, 1900:
　　34 關於班揚是這麼說的：「或許這也是一個好處：由於沒學過希臘與羅馬
　　的文化，他不會對他的種種希伯來的觀念，披上古希臘文化的外衣。《天路
　　歷程》是完全只由二個「古代」中的一個導出來的；它是英國的希伯來精神
　　（English Hebraism）之散文─敘事詩」。（參考：MWGI/9: 394 註解 54）

320 那尤其是第二誡（「你不應該為自己造任何形像」等）*[1] 對猶太民族之性
　　格學上的發展、對其理性的、疏離於感官文化（Sinnenkultur）的性格所曾

經有過的巨大的影響，我們無法在這裡加以分析。但有一件事情，我至少或許可以當作是「別具特色的」而加以一提，那就是：合眾國的 “教育聯盟” ——這是一個組織，這個組織以令人感到驚奇的成果以及種了不起的手段，推動著猶太移民的美國化——的領導者之一，*[2] 當著我的面，將 “從第二誡解放出來” 說成是那將會透過所有種類的藝術性的與社交性的課程所要追求的「成為文化人」（Kulturmenschwerdung）之首要目標。*[3]——在清教那裡，[395] 相應於以色列人對（請原諒我這麼說！）每一個「神的人化」（Gottvermenschlichung）之禁止的，乃是那儘管略有不同、但畢竟還是在相近的方向上發生作用的對「受造物神化」（Kreaturvergötterung）之禁止。——至於塔木德式的猶太教（das talmudische Judentum），則的確就連清教式的倫理生活之種種原則性的特點，也都是與之近似的。如果（例如）在《塔木德》中（參閱：Wünsche, Babyl[onischer] Talmud II, S. 34）*[4] 再三提醒說：相較於一件人們並非由於律法而負有義務的善行，如果人們出於義務（Pflicht）而做某件好事的話，這是比較好的，並將受到神更豐厚的獎賞，——換句話說：沒有愛的義務履行（lieblose Pflichterfüllung）在倫理上是高於具有感受性性質的博愛（gefühlsmäßige Philanthropie）的，那麼，那清教式的倫理就本質而言將同樣會接受這一點，就像那從「出身」看是蘇格蘭人而在其教育上則深受虔敬派影響的康德，*[5] 在結果上也是接近於這命題的那樣 *[6]（至於康德的某些表述是多麼直接地與禁欲式的基督新教的種種思想相連結著的，則是我們無法在這裡加以探討的）。但塔木德式的倫理，卻曾經深深地沉浸到東方的傳統主義中：「拉比 Tanchum ben Chanilai 曾經說過：人決不要改變某一慣習（Brauch）」（Gemara zu Mischna VII, 1 Fol. 86 b, Nr. 93，[396] 在 Wünsche 那裡：這裡所涉及的，乃是日薪工人的伙食），*[7] 唯有在面對陌生人時，此一約束才不生效。——但如此一來，清教的那種將 “合法性”（Gesetzlichkeit）當作是證明（Bewährung）的見解，相對於猶太教的那種作為全然的「誡命履行」的見解，顯然會產生遠較為強烈的種種動機，讓人想要去做出積極的行動。我在這裡所要做的事情，並非詳細地去談：對世界之內在的態度，由於那對於 “恩典” 與 “救贖” 之總是以特有的方式將種種新的發展可能性的胚胎包含在自己之中的基督教式的理解，所遭受到的巨大轉變。關於那舊約的 “合法性”，也請參閱（例如）Ritschl, Rechtf[ertigung] und Vers[öhnung] II, S. 265。【譯注】*[1] 在猶太傳統中，「圖象禁令」與「異教神禁令」都屬於第二誡，但改革宗、安立甘宗與正統教會都將「圖象禁令」當作獨立的第二誡。至於路德宗的與羅馬天主教教會，在它們的教義問答手冊中，並未特別談及「圖象禁令」，而將之列入第一誡中。（參考：MWGI/9: 394 註解 55）*[2] 指的是 David Blaustein（1866-1922），韋伯是在1904 年去美國時，在紐約碰到他的。*[3] 韋伯曾在一封 1904 年 11 月 16 日寫給他母親與家人的信中，報導 Blaustein 的工作。他是這麼說的：「最強烈的印象，是對猶太人區以及為移民而設的猶太人教育機構的印象。兒童之絕對的自治，有各種俱樂部（Clubs），他們不讓任何人插嘴，也不讓外人向裡看，這就是那最主要的「美國化手段」。青年之絕對的無權威性，在爭生

那些關係之外，對於清教徒之內在的整體習性（Gesamthabitus）而言，
我們尤其也要納入考察的乃是：在他之中，那種相信自己是神的選民的 *396*
信仰，體驗到了某種宏偉壯麗的復興。[321] 正如甚至就連溫和的巴克斯特
都感謝神，讓他在英國、並且在真正的教會中來到世界，而不是其他地 *397*
方那樣，這種為了自己的那種由於神的恩典的作用所產生的「無可挑剔
性」（Tadellosigkeit）的感謝，也滲透進了清教式的市民階層之生活心
情（Lebensstimmung）裡了，[322] 並且也制約著該在形式主義上正確的、

存的鬥爭中，在**這裡**結出了他們的果實。作為一些嚴格堅持宗教的所有儀式
的乞討者的兒女，他們來到了這裡，作為 " 紳士 "，他們離開了這個訓練機
構…」。（MWGII/4: 389）*[4] 那種認為「出自義務的行動，相較於出自愛
好的行動，乃是更有意義的行動」的說法，在《塔木德》文本中，可以回溯
到拉比 Chanina，並為 Rab Joseph 所確認。相反地，拉比 Jehudas 則教導：
人不應該受制於《妥拉》（Tora）的種種規定，並想要以這種方式激勵人，
在期望神之更高的獎賞的心態下，採取自願的行動（參考：MWGI/9: 395 註
解 58）。*[5] 康德曾在一封寫於 1797 年 10 月 13 日的信中提到，他的祖父
是在 18 世紀初，基於某種他並不知道的理由，跟許多人一起由蘇格蘭移民出
來的。康德的父母都是虔敬派信徒，其中學（1732-1740）所讀的學校，也深
受虔敬派影響。*[6] 對康德而言，具有道德價值的行動，乃是「出於義務」
的行動，而「義務」則是：一個行動之出於對法則的尊敬的必然性。一個行
動之發生，若是出於愛好，便沒有任何道德上的價值。*[7] Gemara（革馬
拉）的原意是學習、研究，在猶太教的拉比傳統中，指的是《塔木德》的第
二層，說明並補充 Mischna（米書拿）中猶太口傳律法的內容，二者共同構成
Talmud（《塔木德》）。Mischna 原意是「複述」，是口頭流傳的 Tora（妥
拉：誡命、指示、教導）的集結，構成了希伯來聖經的第一個部分，即所謂
的「摩西五書」。

321 對巴克斯特而言，聖經的**真理**究竟而言都是由 " 「信神的與不信神的」這個
奇妙的差異 "、由「 " 更新了的人 " 與其他人之絕對的差異」以及「神對祂的
人的靈魂拯救之明顯的、完全特別的照顧」（當然，這種「照顧」也可以將
自己呈現於種種 " **檢驗** " 中）導出來的。*Christ[ian] Dir[ectory]* I, p. 165, Sp. 2
marg.* 【譯注】這裡的 marg. 乃是「邊緣文本」的縮寫。

322 為了要掌握此一特徵，人們只需要去讀讀看：甚至就連班揚——無論如何，
在他那裡，我們偶爾還是可以找到對路德的 " 一個基督的人的自由 " 的心情
之某種趨近（例如：在 Of the Law and a Christian, *W[orks] of [the] Pur[itan]
Div[ines]* p. 254 下面）*——也是多麼拐彎抹角地勉強接受「法利賽人與稅
吏」這個譬喻的（參見佈道詞 The Pharisee and the Publican, a.a.O., p. 100 f.）。
為什麼法利賽人會被揚棄呢？——他事實上並未遵守神的誡命，因為——他
顯然是一個**宗派主義者**（Sektierer），所考慮到的只是一些外在的小事與種

強硬的性格：一如這種性格之為資本主義的那個英雄式的時期的諸代表者所具有的那樣。

現在，我們尤其還想要弄清楚的，乃是一些點：在這些點上，清教式的職業觀以及對禁欲式的生活經營的要求，必定**直接**影響了資本主義式的生活風格的發展。正如我們所看到了的，[323] 禁欲尤其竭盡全力地反對一件事情，那就是：對生存以及生存在種種快樂上所必須提供的東西之**不受拘束的享受**（das *unbefangene Genießen*）。此一特點，確乎最別具特色地表現於針對 "運動之書"（Book of sports）[324] 的鬥爭中：「運動之書」是詹姆士一世與查理一世為了那明白地說了出來的「想要

種儀式（p. 107）；但最主要的則是，他將功勞都歸給了自己本身，並且，儘管如此，"就像貴格派信徒之所為那樣"，*[2] 還在濫用神的名義的情況下，為自己的德性而感謝這個神：他以罪惡的方式堅信著他的德性的價值（p. 126），並藉此暗地裡否認**神的恩典選擇**（*Gottes Gnadenwahl*）（p. 139 f.）。因此，他的祈禱乃是「受造物的神化」，而這就是在該祈禱上具有罪惡的東西。——相反地，稅吏，正如他的表白的正直所顯示的，乃是在內心世界裡重生了的，因為——正如清教在以別具特色的方式減輕路德宗式的罪惡感的情況下所會說的：——能對罪有正確與真誠的信念者，一定是對「仁慈的或然性」（*probability* of mercy）有某種信念（p. 209）。【譯注】在這個地方，班揚談到了由於信仰而獲得 "正直" 的篤信者之免於律法的約束。關於路德的 "論一個基督的人的自由"，亦請參閱本文 [191-193]。（參考：MWGI/9: 397 註解 65）

323 【譯注】請參閱本文 [292 f.] 與 [370]。

324 刊登在（例如）Gardiner 的 *Constitutional Documents* 中。*[1] 人們可以將這場對（敵視權威的）禁欲的鬥爭，與諸如路易十四對波爾羅亞爾（Port Royal）與楊森主義者的迫害，*[2] 拿來相對照。【譯注】*[1] "運動之書" 或者更正式地說："運動宣言"（Declaration of Sports），第一次是由英國的詹姆斯一世於 1617/18 所頒佈的，接著則是在 1633 年為查理一世所改版並重新發佈。在 Gardiner, 1889: 31-35 中刊登的，是 1633 年的版本。面對日益增強的由清教徒所推動的「星期日神聖化」運動（效法對象：猶太人的安息日）——此一運動嚴格要求戒絕跳舞與種種休閒活動——"運動宣言" 允許人民在做完禮拜之後，從事跳舞、射箭以及其他在英國傳統上會在星期天或者假日裡從事的種種身體上的鍛鍊。1644 年，國會廢止 "運動之書"。（參考：MWGI/9: 398 註解 71）*[2] Port Royal 指的是位於巴黎西南郊區的 Port Royal des Champs 女修道院，一般簡稱 Port-Royal，在 17 世紀，是楊森派的大本營，奉行「道德嚴格主義」，甚至認為戲劇演出也是不道德的，應該予以譴責。路易十四世非常討厭楊森主義者，於 1710 年加以廢除。

鬥爭清教」這個目的而提升為法律的，而查理一世更傳令所有佈道壇都必須宣讀該書。如果說，清教徒們對於國王的命令：——在星期日，在教會時間之外，某些通俗娛樂應該在法律上被允許——會如此猛烈地加以抗爭，那麼，激怒他們的，並非僅僅對「安息日休息」的擾亂，而是由聖徒之井然有序的生活經營之整個故意的引開。而如果說國王對每一個對那些運動之合法性（Gesetzlichkeit）的攻擊，都會以較重的懲罰加以威脅的話，那麼，其目的便恰恰是要去打破該對於國家而言危險的——因為反威權式的、禁欲上的——特點。君主制的—封建式的社會之保護那些“有享樂意願者”而對抗正在興起的市民式的道德與敵視權威的、禁欲式的宗教集會，正如今日的資本主義式的社會之往往會去保護那些“有勞動意願者”而對抗勞動者的階級道德與敵視權威的工會（Gewerkverein）。而相對於此，清教徒們所護衛的，則是「禁欲式的生活經營」這個**原則**。因為，此外，清教對運動的反感，甚至就連在貴格派信徒那裡，都不是全然原則上的。[325] 只不過，運動必須服務於「對於物理上的績效能力而言必需要有的休息」這個**理性的**目的。對於清教而言，作為種種自由奔放的驅力之純粹未受約束的任意發展的手段，運動當然是令人懷疑的，而一旦它變成了純粹的享受手段，或者激發出競賽式的野心、粗野的本能或者想要比賽的非理性慾望，則它理所當然地是完全應該予以譴責的。那不但會讓人離開職業勞動，同樣也會讓人離開虔誠之帶有**驅力**性質的生活享受，事實上本身就是「理性的禁欲」的敵人，無論它將自己說成是“具有貴族氣派的”（seigneurial）運動還是一般人之上舞廳或酒館。[326]

399

---

325 【譯注】在這方面，請參考：Baxter, 1678/I: 387-391。關於貴格派方面，則請參閱 Barclay, 1701: 536-542：在 Barclay 看來，貴格派信徒之所以會非常拒斥各種運動與賭博，乃是因為它們會讓人忘記神。但他們的拒斥，畢竟不是「原則性的」。（參考：MWGI/9: 399 註解 73）

326 在這一點上，**喀爾文**的立場基本上還是比較溫和些的，至少，只要納入考察的，是那些較精緻的、貴族式的「生活享受的形式」的話，情況就是如此。唯有聖經是界限；誰要是遵守著聖經並維持著一顆好**良心**，便不需要心懷恐懼地對自己心中的**每一個**朝向生活享受發展的激動起疑心。在 *Inst[itutio]*

400　　　據此，對於那些並非直接在宗教上被認為有價值的"文化財"，該態度也是懷疑、甚至往往敵視的。並不是好像說：在清教的生活理想（Lebensideal）中，包含著某種昏暗的輕視文化的庸俗（Banausentum）。至少對於科學而言，那恰恰的對立面——唯一的例外是那令人嫌惡的"經院哲學"（Scholastik）——才是正確的。而除此之外，清教式的運動的那些最偉大的代表者，都是深深地沉潛於文藝復興的教養（Bildung）中的：長老派這一翼的種種佈道充滿著古典文句（Klassizismen），[327] 並且甚至就連那些激進者的種種佈道，——儘管他們誠然恰恰是對之有異議——，在神學上的論爭中，畢竟也並未鄙棄這種種類的博學。也許從來沒有過一個邦國，像那在其成立的第一個世代的新英格蘭那樣，有那麼大量的"大學畢業生"（graduates）。[328] 對手們的諷刺作品（諸如：Butler 的 *"Hudibras"*），[329] 也同樣恰恰是由清教徒們的學究氣與訓練有素

Christ[ianae] Rel[igionis] 第十章中的那些與此相關的論述（例如：nec fugere ea quoque possumus quae videntur oblecttationi magis quam necessitati inservire。茲根據 Kalberg 編譯的 Weber, 2009: 538 中譯為：我們不能夠逃避那些顯然服務於「快樂」多於「必要」的東西），本身就有可能對某種非常寬鬆的實踐打開大門。——正是在這裡，除了在那些追隨者那裡的那種對於"拯救的確定性"（certitudo salutis）之日益增加的恐懼（Angst）之外，有一個狀況——我們將在另一個地方，對此一狀況加以評價*——也發揮了作用，那就是：在"戰鬥教會"（ecclesia militan）的區域裡，那些小市民（*Kleinbürger*）乃是那些變成了「喀爾文宗的倫理上的發展」之承載者的人。【譯注】請參見本文 [415-420]。

327　例如，Th[omas] Adams（*Works of the Pur[itan] Div[unes]*, p. 3）在一場關於"那三位神聖的姊妹"（"但「愛」卻是他們三位姊妹中最大的"）的佈道中，就始於提到說：——就連巴黎也將蘋果遞給了阿芙羅蒂特（Aphrodite）！【譯注】這裡所說的"那三位神聖的姊妹"，是指「信仰、愛、與希望」，保羅在〈哥林多前書〉13, 13 中說：其中愛（Adams 用的是：charity）是最大的。Adams 將他的佈道文本與希臘神話相對照，因而提到特洛伊王子巴黎的判斷：將蘋果遞給了阿芙羅蒂特。（參考：MWGI/9: 400 註解 81）

328　【譯注】請參見本文 [152]。

329　【譯注】Butler 指的是英國反傳統作家 Samuel Butler（1835-1902），他在 1663-1678 年間分三部分出版的諷刺詩中，模仿塞凡提斯（Miguel de Cervantes, 1546-1616）的《唐吉訶德》（*Don Quijote*），讓清教徒以冒險家 Hudibras 的形象出場，聚焦於描述 Hudibras 與他的侍從 Ralph 的冒險故事。

的辯證法開始的：這一點——一如我們稍後將會看到的那樣[330]——乃是部分跟「宗教上對知識的重視」相關聯著的，而這種「重視」，則是由對天主教式的“隱含的信仰”（fides implicita）的態度產生的結果。——但一旦人們進入了不是科學性的文學[331]的領域並進一步進入“感官藝術”的領域時，情況就已經不同了。在這裡，禁欲當然就像降落在快樂的古老的英格蘭的生活上的一層霜，而「在荷蘭，對於某種偉大的、往往粗野地現實主義式的藝術的發展，始終都有餘地」這一點，[332] 只不過證明

401

330 【譯注】韋伯在本文中，並未再談及這一點。

331 小說以及諸如此類的東西，都應該當作“浪費時間”而不被加以閱讀（Baxter, *Christ[ian] Dir[ectory]* I, p. 51 Sp. 2）。——眾所周知，在那伊莉莎白時代之後，不僅戲劇、就連抒情詩與民歌也都變得枯燥了。我們也許沒看到清教對造形藝術有太大的壓制。但引人注目的則是，那由某種似乎非常好的音樂上的天分（英格蘭在音樂史中的角色，並不是無足輕重的）之墜落成「絕對的什麼都沒有」：我們在這方面在央格魯薩克遜諸民族那裡，後來、乃至直到今日都還可以注意到的那種「絕對的什麼都沒有」。在美國，作為除了在那些「黑人教會」（Negerkirchen）中——並且是在那些如今許多教會都會作為“亮點”（attractions）而加以聘用（波士頓的三一教會，1904 年一年就花了 8000 美元）的職業歌手方面——之外，人們所聽到的「教會聖詩合唱」（Gemeindegesang），大多只是某種對德國人的耳朵而言無法忍受的不斷的尖銳刺耳的叫聲。*[1]（在荷蘭也有部分類似的過程）。*[2] 【譯注】*[1] 這很可能是韋伯 1904 年在美國旅行時，親身經歷到的事情。文中提到的波士頓的三一教會是一間美國聖公會教會，韋伯在美國旅行期間，拜訪過不少教會，包括一間在波士頓的非裔美國人的浸禮派教會的禮拜。*[2] 韋伯 1903 年在荷蘭養病旅行時，曾於 6 月 14 日由阿姆斯特丹寫信給他太太，報導他參加一些禮拜的情況，其中提到「教會的聖詩合唱非常強（sehr stark）。（MWGII/4: 102）

332 可想而知，在藝術中的“舊約的復興”，勢必也有利於使得「**醜的東西**」“**更可能**”成為藝術上的對象，並且，就連清教式的「對“受造物的神化”的拒斥」，也曾在這過程中一起發生過作用。但所有的細節，似乎都還不確定。在羅馬的教會裡，完全不同的一些（煽動性的）動機，固然導致了在外在上相近的種種現象，——但在藝術上還是帶來了完全不同的結果。誰要是站在林布蘭的“掃羅與大衛”（Saul und David）（在海牙）面前，就會相信自己直接察覺到了「清教式的感覺之強而有力的影響」。*[1] 在 Carl Neumann 的“林布蘭”（*Rembrandt*）中對於「荷蘭的種種文化影響」之高明的分析，確乎可以說是人們目前關於「那些積極的、有促進藝術的作用的影響能夠被歸功於禁欲式的基督新教到什麼程度」方面，所能**夠**知道的東西的標準。*[2] 【譯注】*[1] 韋伯曾在一封 1903 年 6 月 8 日寫給太太的信中，報導了

402 了：在喀爾文宗式的神權制（Theokratie）之短暫的支配瓦解成某種冷靜的「國家教會」（Staatskirchentum）、而喀爾文宗也因而喪失了其禁欲上的宣傳力（Werbekraft）之後，當地的那種根據這些方向而以權威的方式進行操作的「習俗管制」（Sittenreglementierung），在面對宮廷以及統治者等級（Regentenstand）、甚至包括在生活享樂方面變得豐富了的小市民們的影響時，是多麼無法排他地加以施加作用的。[333] 對清教徒而

他去參觀「毛里茲宅」（Het Mauritshuis，一般中譯為「莫瑞泰斯皇家美術館」）看到一幅自 1898 年以來即收藏於該美術館的林布蘭畫作的感受說：「我到目前為止所發現的最美的一幅，乃是林布蘭的 "掃羅與大衛"（彈著豎琴）。有一點幾乎是無法理解的，那就是：人們竟然可以將二個惹眼猶太人（Knalljuden），國王作為蘇丹，而且還穿著最沒有品味的服裝，大衛作為道地的美食店伙計，如此地加以繪畫，以致於人們竟然只看到人以及聲音之動人的力量。」（MWGII/4: 81 f.）值得一提的是：Knalljude 這個德文語詞，在二戰後的所有德文字典與百科全書中消失了，而人們也不再使用這個語詞了。對這方面有興趣的讀者，可以參閱 Guenther Roth 的一篇文章：Max Weber's Jewish Stereotype of the Knalljude in regard to persons and a Rembrandt painting, in: *Max Weber Studies*, 12.2 (2012), 241-246。*[2] Carl Neumann（1860-1934）是德國藝術史家、歷史家，*Rembrandt* 是其成名之作，出版於 1902 年。

333 對於喀爾文宗的倫理之相對而言較小地滲透進生活實踐（Lebenspraxis）中以及 17 世紀初就已經在總督 Friedrich Heinrich 的治下，在荷蘭發生的「禁欲精神的減弱」（在那些 1608 年逃到荷蘭的英國的公理派信徒們看來，那不充分的荷蘭式的「安息日休息」，乃是有失體統的）而言，以及對於荷蘭式的基督新教之較小的擴充力量而言，種種最多種多樣的、這裡無法加以列舉的原因都是具有決定性的。這些原因部分也存在於政治上的體制（特殊主義式的城市—與邦的聯盟）中，也存在於那遠較為小得多的防衛能力中（自由戰爭基本上很快就被用阿姆斯特丹的金錢與傭兵軍來進行了：英國的佈道者們就曾透過引述荷蘭式的軍隊，去舉例說明那巴比倫式的語言混亂）。*[1] 如此一來，「信仰戰爭」的嚴酷，有好大一部分也就被轉嫁到其他人身上了，而藉此，就連對政治上的權力的參與，也都喪失掉了。相反地，克倫威爾的軍隊——儘管有部分是被強迫的——卻覺得自己是公民軍隊（*Bürger*heer）。*[2]（當然，在這裡更加別具特色的一點乃是：正是這個軍隊在其綱領中採納了「兵役義務之排除」，——因為，為了神的榮譽，人們只可以為某種在良心中廣為人知的事情、[403] 而不可以為君王們的心情而戰鬥。那就種種德國的概念而言 "不合乎倫理生活的"（unsittliche）、英國的軍隊體制，在歷史上，剛開始的時候，是有著種種非常 "合乎倫理生活的" 動機的，並且是一些從未被打敗過的軍人的要求）。那些荷蘭的城市民兵（schutterijen）、那些在那場偉大的戰爭期間裡的喀爾文主義的承載者，光是多德雷赫特宗教代表會議（Dordrechter Synode）之後的半個世代在哈爾斯（Hals）的那些畫

言，劇院是應予摒棄的，而在嚴格地由 " 可能的東西 " 的範圍裡排除掉色情與裸體畫的情況下，那激進的觀點也就不再存在於文學或者藝術中了。" 閒聊 "（idle talk）、" 多餘的東西 "（superfluities）、[334] " 空洞的

403

作上，人們就已經看不太到 " 禁欲式的 " 表情了。*[3] "Deftigkeit"（高貴）這個荷蘭式的概念，乃是市民的—理性的 " 可尊敬性 "（Ehrbarkeit）與城市貴族式的身分等級意識的某種混合物。*[4] 直到今天，在種種荷蘭式的教堂裡的教會位子之階級分等，都還顯示著這種教堂之貴族制的性格。*[5]——關於這方面，我們稍後再談。*[6] 關於荷蘭，請參閱（例如）：Busken-Huët, *Hetland van Rembrandt*（也由 von der Ropp 出版德文譯本）。*[7]【譯注】*[1] Friedrich Heinrich 指的是 Friedrich Heinrich von Oranien（1584-1647），1525-1547 為統一的荷蘭的總督。在政治上，「特殊主義」（Partikularismus）即是「各邦分立主義」；「自由戰爭」（Freiheitskrieg）指的是荷蘭各邦想要擺脫西班牙統治、爭取自由的獨立戰爭。*[2] 據說，克倫威爾的「鐵騎隊」（iraonsides，直譯為：勇敢果斷的人）是根據他們的「對自由的要求」與「信仰的堅定」而挑選出來的。Weingarten, 1868: 117 說：「克倫威爾的部隊引以為傲的是：他們不是軍人，而是一些自由的公民，他們都是出於自己的動力，為了自己的自由與信仰而拿起武器。」（參考：MWGI/9: 402 註解 89）*[3] schutterij 是荷蘭文，來自 schutter（射擊者），在此專指由公民自願加入的「民兵」。在 1568-1648 的 80 年戰爭期間，成為「射擊者基爾特成員」對於城市新貴與其他有聲望的人而言，幾乎一種 " 義務 "。Hals 指的是荷蘭肖像畫家 Frans Hals（1582-1666）。在荷蘭 Haarlem 市的 Frans Hals Museum 收藏有 Hals 於 1616-1639 所畫的五幅荷蘭 Haarlem 市的射擊手畫像。（參考：MWGI/9: 403 註解 91）*[4] "Deftigkeit" 是德文化了的寫法，這個語詞的荷蘭文應該寫作 "deftigheit"，有「威嚴」、「尊嚴」、「體面」、「卓越」等意思。（參考：MWGI/9: 403 註解 92）*[5] 韋伯在 1903 年 6 月 14 日寫給他的太太的信中報導了他參加的幾場禮拜說：「一切都依照官階與身分等級坐定，最清楚地顯示出來的，是在海牙的 Nieuwe Kerk，在那裡，女王有她的包廂座，而部長們則有他們的長椅，但就連在這裡也是：在一張長椅旁站著攝政者，在另一張旁：軍事法庭（krijgsraad），在第三張長椅旁：是行政區官員（wijk-meesters）等等。」（MWGII/4: 101）*[6] 韋伯在本文中，並未再對這方面加以論述。*[7] von der Ropp 指的是德國歷史家 Goswin Freiherr von der Ropp（1850-1939），1887 年翻譯並出版荷蘭作家 Conrad Busken Huet（1826-1886）的 *Hetland van Rembrandt*，書名叫 *Rembrandts Heimat*（《林布蘭的家鄉》）。

334 就連在這裡，具有決定性的一點也是：對於清教徒而言，**只有**「**非此即彼**」（Entweder-oder）：「神的意志」或者「受造物的虛榮」。因此，對他而言，是不可能存在著 " 無關緊要的東西 "（Adiaphora）*[1] 的。但就像我們曾經說過的那樣，*[2] 在此一關係中，**喀爾文**的情況是不一樣的：人們吃什麼、穿什麼以及諸如此類的事情，——只要後果並不是什麼「靈魂在慾望的力量

404 虛飾"（vain ostentation）這些概念，──這一切都是某種非理性的、沒有目標的、因而不是禁欲式的、並且除此之外並不是服務於神的而是人的榮譽的行事作風的名稱──都很快地就上手了，為的是要對抗種種藝術性的母題（Motive）之運用，去堅定地促進那「冷靜的合目的性」。此外，這一點尤其適用於個人之直接的裝飾──例如：服飾[335]──方面。那種朝向「生活風格的齊一化」（Uniformierung des Lebensstils）之強烈的傾向──這種傾向在今日則有助於那種對生產之"標準化"

405 （standardization）的資本主義式的興趣[336]──，就在對"受造物的神化"的拒斥中，有其觀念上的基礎。[337] 的確，我們在這時候不可以忘記：清

下之奴役化」──就都是無關緊要的。那「擺脫這個"世界"的自由」（Die Freiheit von der »Welt«），應該──一如在耶穌會教士們那裡一樣──在「漠不關心」（Indifferenz）中、而這在喀爾文那裡亦即：在對大地所提供的種種財物（Güter）之無分別的、沒有慾望的使用中，將自己給表現出來（請參閱 *Institutio Christianae Relig[ionis]* 的原始版本，頁 509 ff.），──一種立場：這種立場，在效果上，顯然較諸那「跟隨者們的精確主義」（Präzisismus der Epigonen），更加接近路德宗的立場。【譯注】*[1] Adiaphora 是希臘文，為 Adiaphoron 的複數形，意思是「未區分開來的東西」、「無關緊要的東西」。在犬儒學派與斯多葛學派中，指某種介乎善與惡、善德與惡德之間的、在倫理生活上無關緊要、可有可無的東西。*[2] 很可能是指本文 [399] 註腳 326。

335　在這方面，貴格派信徒們的態度，是眾所周知的。* 但 17 世紀初，光是由於一位牧師太太之時髦的帽子與服飾，種種最嚴重的浪潮就席捲了阿姆斯特丹的宗教逃亡者團體長達十餘年之久。（輕鬆有趣地在 Dexter 的 *Congregationalism of the last 300 years* 中描繪著）──光是 Sanford（同前揭書）就已經指出過：今日的男性的"髮型"（Haartour），就是那曾經被嘲笑得很厲害的"圓顱黨"（Roundheads）的髮型，並且：那同樣被嘲笑過的、清教徒們的男性服飾，與今日的服飾，至少在基本的原則上，乃是本質相同的。【譯注】貴格派的標準服飾：頭帶有寬邊帽檐的帽子，身穿沒有領子的連衣裙。根據（例如）Weingarten, 1868:399 的說法，不這麼穿，會讓人產生「背離信仰」的嫌疑。（參考：MWGI/9: 404 註解 4）

336　關於這一點，請再度參閱 Veblen 那本我們引用過的書：*The Theory of business enterprise*。

337　我們將會經常回到此一觀點。* 諸如下述的這些格言，都可以由此一觀點得到說明：花在你自己與兒女和朋友們身上的每一便士，都必須像是由神自己指定般為之，並且去服侍和取悅祂。瞧仔細了，否則的話，這賊似的、肉體的自我，將不會為神留下任何東西（巴克斯特同前揭書 I 頁 108 右下）。具

教在自身之中就包含著一個「由種種對立構成的世界」（eine Welt von Gegensätzen）；在它的領導者們那裡，那種對於在藝術中的無時間性的偉大的東西之本能式的感知力（der instinktive Sinn），的確比在那些“宮廷侍臣”（Kavaliere）的生活空氣中要高些；[338] 並且：一個像是林布蘭（Rembrandt）這樣的獨一無二的天才，儘管他的“品行”在清教的神的眼裡，是如此完全沒有什麼恩典可言的，在他的創造的方向上，畢竟還是受到他的教派性的環境非常具有本質性地共同決定著。[339] 但在整體圖

406

有決定性的一點是：那人們給予種種個人性的目的的東西，都將不再給予那為了神的榮譽之服務。【譯注】請參閱本文 [409]，在此之前：[400 f.]，以及在〈北美的“教會”與“教派”〉一文中的 [450]。

338 例如，人們很有道理地常會回想起一件事情（Dowden 同前揭書就是這麼說的），那就是：克倫威爾搶救了拉菲爾的漫畫與曼特納（Mantegna）的《凱撒的凱旋》（*Triumph Caesars*），使它們免於毀滅，而查理二世卻想要賣掉它們。眾所周知，復辟時期的社會對待英國的民族文學（Nationalliteratur），也同樣是完全冷淡的或者直接地就是拒斥著的。對各宮廷，凡爾賽的影響也到處都是強大無比的。——要對那「由日常生活的種種未經反省的享受之轉移（Ablenkung）」，就其對清教的那些最高的典型以及那些受到清教的教育訓練的人之精神的影響，在細節上加以分析，乃是一項無論如何在此一速寫的框架中無法被加以解決的課題。Washington Irving（Bracebridge Hall 同前揭書）以常見的英文術語如此地表述該影響：「它（他想到的是「政治上的自由」，——而我們所要說的，則是清教）所顯示出來的，比較不是空想的遊戲（play of the *fancy*），而更多是想像的力量（power of *imagination*）。」人們只消想想蘇格蘭人在英國的科學、文學、技術上的種種發明、乃至就連在商業生活中的地位，就可以感覺到：此一表述得有點太狹隘的評論，還真是說對了。——我們稍後將會談談那對於技術與種種經驗性的科學的發展所具有的意義。*[1] 該關係本身，[406] 也在日常生活中，到處都顯露了出來：（根據 Barclay 的說法）對於（例如）貴格派信徒而言，被允許的“休閒活動”（recreations）包括：拜訪朋友、閱讀歷史著作、數學上與物理學上的種種實驗、園藝勞動、評論這個世界上的社會性的以及其他的種種過程以及諸如此類的事情。——理由就是那稍早討論過了的理由。*[2]【譯注】*[1] 韋伯在本文中並未再論及這一點。*[2] 請參閱本文 [399]。

339 在 Carl Neumann 的《林布蘭》一書中有非常精彩的出色分析，我們可以將林布蘭與上面的那些評論加以比較。【譯注】林布蘭應該是很喜歡奢侈與鋪張的。由於為了他的藝術收藏而花費太高，使得債務節節上升，終於導致 1656-1658 年間的破產。請參閱 Neumann, 1902: 574 f., 582-597。對於林布蘭之所以會在許多作品中以聖經為材料，Neumann 的說法是：林布蘭由於周遭的宗教生活，促使他對聖經進行了密集的研究。（參考：MWGI/9: 406 註解 17）

像上，這一點並未改變任何東西，因為，那可能有助於、並且事實上也共同決定了清教的生活空氣之後續的進一步建構的強而有力的「人格的內在化」（Verinnerlichung der Persönlichkeit），主要是有利於文學的，並且就在文學上也只是有利於後來的一些世代。

由於無法在這裡更加深入地根據所有這些流派去探討清教的種種影響，我們只想要具體地設想一下：無論如何，在那些純粹服務於審美上的或者運動上的享受的文化財上的快樂之「可允許性」，總會發現一項別具特色的限制：它們**不可以花費任何東西**。人只不過是那些由於神的恩典而使他得到的財物之管理者而已，他必須就像聖經裡的那個僕人（Schalksknecht）那樣，[340] 對每一分錢都有所交代，[341] 而花費若不是為了神的榮譽，而是為了自己的享受，至少是有疑慮的。[342] 直到現在，又有哪一個張開了眼睛的人，會碰不到這種觀點的代表者們？[343] 那種認為「人對於他所被託付的財產負有義務：他將自己當作服侍著

407

---

340 【譯注】請參閱〈馬太福音〉25, 14-30；〈路加福音〉19, 11-27。韋伯在本文 [386 f.] 中也引用過。

341 Baxter 在上面引用的地方 I 頁 108 下，就是這麼說的。【譯注】「上面引用的地方」指的是本文 [405] 註腳 337。

342 請參考（例如）Colonel Hutchinson*（常常被加以引用，例如在 Sanford 同前揭書，頁 97 那裡）在那部由他的遺孀寫作的傳記中的著名描繪。在陳述了所有他的騎士般的德性以及他那傾向於較為開朗的生活樂趣（Lebensfreude）之後，話是這麼說的：「他在他的習慣上是極為端正、愛乾淨與有禮貌的，並且非常樂在其中；但他很早就戒除了穿著任何昂貴的東西。」…在巴克斯特的〈Mary Hanmer 葬禮演說〉（*Works of the Pur[itan] Div[ines]*, p. 253）中，那向世界開放的並且具有細膩的教養的——但卻各惜於二件事物：（1）時間與（2）為了"奢華"與消遣的花費——女清教信徒的理想，也是極為類似地被描繪著。【譯注】Colonel Hutchinson（1615-1644）是英國的軍事家與政治家，也是清教徒的領袖之一。

343 除了**許多其他例子**之外，我特別回想起一個在他的商業生活中非比尋常地成功，並且在他老年的時候非常富有的工廠主，當醫生因為他長期消化不良而建議他每天享受幾粒牡蠣時，卻費盡唇舌才使他遵從醫囑。但另一方面，許多他在活著的時候就已經為了種種慈善的目的而開始做了的可觀的基金會與某種"大方"（offene Hand）則顯示了：在這個情況中所涉及的，只是那"禁欲式的"知覺的某種殘渣：這種知覺認為，對財產之自己的享受，在倫理生活上是有疑慮的，而非某種與"吝嗇"相關的東西。

的管理者、或者簡直就是 " 營利機器 " 而使自己從屬於它」的思想，
以令人感到寒冷的沉重，降落在生活上：──**如果禁慾式的生活心情**
（Lebensstimmung）通過了考驗的話：──財產變得越大，那種想要為
「為了神的榮譽去不致減少地維持並透過無休止的勞動去增加它」而
負起責任的責任感，也就變得越重。固然就連這種生活風格的產生，在
種種個別的根上，也一如「資本主義式的精神」之如此多的組成部分那
樣，可以追塑到中世紀，[344] 但卻要一直到禁慾式的基督新教的倫理中，
它（＝該生活風格）才找到了其前後一致的倫理上的基礎。它對於資本
主義的發展的意義，是明擺著的事情。[345]

---

344 工廠、帳房間、總的來說：" 生意 " 與私人住宅──商號與姓名──，生意
資本與私人財產的**分離**，那種想要將 " 生意 "（Geschäft）變成某種 " 奧秘之
體 "（corpus mysticum）＊ 的傾向，一切都處於於此一方向之中。關於這方
面，請參閱我的 "Handelsgesellschaften im Mittelalter"（中世紀的商業公司）
一文。【譯注】corpus mysticum 指的是某種具有法律能力的法律上的人格
（法人），如：社團（Korporation）、團體（Körperschaft），亦即某種 " 不
可見的 " 法主體。

345 宋巴特在他的《資本主義》中，有時候已經很準確地指出了此一別具特色的
現象了。要注意的只是：[408] 這同一個現象乃是源自於二個極為不同的心
理學上的源頭的。其中一個源頭的有效性，可以遠遠地向後延伸到最遙遠
的古代，並在種種基金會（Stiftungen）、氏族財產（Stammgütern）、信託
（Fideikommissen）等等之中，一如在那種想要有朝一日身懷很高的物質性
的淨量（Eigengewicht）地去死去，並且尤其是要去確保 " 生意 " 的存在，就
算會損害到多數共同繼承的子女之種種個人上的利益也在所不惜的相同種類
的追求那樣，完全同樣地、或者毋寧說：還更加純粹且清楚得多地表現了出
來。除了那種想要在自己的創造物中經營某種超越於死亡之外的精神性的生
命（ein ideelles Leben）的期望之外，在這些情況中所涉及到的，乃是要去維
持 " 家族的光輝 "（splendor familiae）、換句話說，就是為了某種朝向捐助
者之所謂的「擴大了的人格」（erweiterte Persönlichkeit）的虛榮，無論如何
都是為了基本上自我中心式的種種目標。在**我們**在這裡所涉及到的那種 " 市
民式的 " 動機那裡，則情況並非如此：這裡，那「禁慾的命題」（Satz der
Askese）：" 你應該放棄、應該放棄 "（Entsagen sollst du, sollst entsagen），
＊[1] 翻轉成了那「積極─資本主義式的東西」（das Positiv-kapitalistische）：
" 你應該營利、應該營利 "（Erwerben sollst du, sollst erwerben），樸實且純
粹地以其非理性（Irrationalität）而作為某種種類的斷言令式（kategorische
Imperativ）佇立在我們面前。這裡，在那些清教徒那裡，唯有**神**的榮譽與自
己的義務、而非人的虛榮，才是那「動機」，而在今日：只有「對 " 職業 "

408　　　因此，我們確乎可以將我們到目前為止所說的，如此地加以綜述：
內在於世界的基督新教式的禁欲，以全部的力道對付著那種對財產之不
受約束的享受，它勒緊了消費，尤其是奢侈消費。相反地，它在效果上
使得「財物營利」（Gütererwerb）解除掉「傳統主義式的倫理」的種種
409　抑制，它掙脫了「營利追求」的枷鎖：因為，它不僅將營利追求加以合
法化，甚至（在我們所展示的意義下）直接將之看成是神所想要的。那
對抗著肉欲與對外在的財物的眷戀的鬥爭，——一如除了清教徒們，
貴格派的那位偉大的辯護者巴克萊（Barclay）也明確地加以見證的那
樣：——並非任何對抗財富與營利的鬥爭，而是對抗與此相連結著的
種種誘惑的鬥爭。但這些誘惑，卻主要存在於：重視被當作是「受造
物之神化」[346] 而應予譴責的種種引人注目的「奢侈的形式」（*ostensible
Formen des Luxus*）——一如那封建式的感覺很容易就可以想到這些形
式的那樣——，而不重視那為神所想要的、理性的且合乎效益的、為
了個別的人與全體之種種生活目的（Lebenszwecke）的花費。這種花費
所想要強加於財產擁有者的，並非苦行（*Kasteiung*），[347] 而是去將財產
用於必要的且**實際上有用的**事物上。" 舒適 "（comfort）這個概念，以

的義務」。誰要是在「就一個思想之種種極端的結果去對之加以舉例說明」
的時候樂在其中，他或許會回想起某些美國的億萬富翁的那個理論，該理論
認為：人們應該**不要**將賺來的數十億留給子女們，藉此這些子女才不會不再
做那「倫理生活上的善行」：必須自己去勞動與營利——今日當然是某種確
乎只還是 " 理論上的 " 肥皂泡。*[2]【譯注】*[1] 引自歌德的《浮士德》詩行
1549，原文作：Entbehren sollst du! sollst entbehren! 直譯就是：你應當缺乏！
應當缺乏。連同前一詩行 Was kann die Welt mir wohl gewähren?（這世界確乎
可以給我什麼？）讀下來，有要人安貧樂道的意思。*[2] 根據 Bryce, 1890:
719-734 的說法，美國的億萬富翁基本上就比歐洲的億萬富翁更傾向於將他們
的財產投資到具有公共利益的計畫（而非家庭）上。（參考：MWGI/9: 408
註解 24）

346 這一點乃是——正如我們可以一再地加以強調的那樣——（除了「殺盡肉體」
（Fleischabtötung）之種種純粹禁欲式的觀點之外）最終的、具有決定性的宗
教上的動機：在貴格派信徒那裡，這種動機顯現得特別的清楚。

347 這種苦行，巴克斯特（*Saints' everl[asting] rest* 12）* 乃是完全懷著那些在耶
穌會教士那裡常見的動機加以拒斥的：肉體所需要的，應該被提供，否則人
將會變成它的奴僕。

別具特色的方式，包括了那「倫理上可允許的花費目的」的範圍，而人
們之所以會恰恰就在此一整個的人生觀之最前後一致的代表者那裡，在
貴格派信徒那裡，最早也最清楚地觀察到附著於該概念上的生活風格
的發展，自然不是任何的 “偶然”。面對騎士式的奢華之金光閃閃與假
象：——這種建基於不紮實的經濟基礎上的奢華，偏愛小氣的高雅多於
冷靜的簡約——，他們以「市民式的 “家” 之整潔與紮實的舒適」為理
想對抗之。[348]

在私有經濟式的財富之「**生產**」方面，禁欲不但要對抗「不
合法」（Unrechtlichkeit），同樣也要對抗純粹**驅力**性質的貪得欲
（Habgier）， ——因為，這「貪得欲」正是禁欲當作是 “貪求”
（covetuosness）、當作是 “拜金主義”（Mommonismus）等等而加以摒
棄的東西：為了達到「是富有的」（reich zu *sein*）這個最終目的之「對
財富的追求」。因為，「佔有」本身就是誘惑。但在這裡，「禁欲」卻
是那種力量：這種力量總是想要著善，卻總是創造出惡[349]——那在它的
意義下的「惡」：財產及其種種誘惑。因為，它（＝禁欲）固然不僅——
跟舊約聖經一樣，並且以一種跟「對種種 “善的事功” 之倫理上的評價」
完全類比的方式——在「將財富當作**目的**的追求」中，看到了應予摒

410

---

348 此一理想，尤其是在貴格派中，在其發展的第一個時期裡，就已經存
　　在了，正如這一點在一些重要的點上，Weingarten 在他的 *"Englische*
　　Revolutionskirchen" 就已經發展了出來的那樣。就連 Barclay 的同前揭書，頁
　　517 ff.、533 的那些深入的論辯，也將這一點說得極為清楚。應該要避免的乃
　　是：1. 受造物式的虛榮，亦即所有的誇耀、浮華的小物件以及使用那些沒有
　　任何**實踐上的**目的或者僅僅由於它們的稀有性之故（換言之就是：出於虛榮）
　　而被認為有價值的事物——2. 對財產之不認真負責的使用：一如這種使用就
　　存在於為了較不必要的種種需要之某種相對於種種必要的生活需要與為了未
　　來的操心而言**不成比例的**支出：換言之，貴格派信徒乃是所謂的「活的 “邊
　　際效益法則”」（das wandelnde "Grenznutzgesetz"）。“對創造物之適度的使
　　用” 是完全允許的，但人們尤其可以將重點放在材料的品質與堅固性等等上，
　　只要這一點不會導致 “虛榮”（vanity）就行。

349 【譯注】韋伯在這裡巧妙地（顛倒地）引用了歌德的《浮士德》詩行 1336 魔
　　鬼梅菲斯托回答浮士德問他「你究竟是誰？」時的回答。魔鬼的回答是說：
　　他是「那總是想要著惡、並總是創造著善的力量的一部分」。

棄的東西的顛峰，但卻也在「作為職業勞動之果實的財富的獲得」中，看到了神的祝福。而是，更加重要的一點乃是：那將「無休止的、持續不斷的、有系統的、世界性的職業勞動」當作是根本就是「最高的禁欲上的手段」，同時也是「重生的人及其信仰真實性（Glaubensechtheit）之最確定且最可見的證明」之宗教上的評價，必定是我們在這裡稱之為「資本主義的“精神”」的那種人生觀（Lebensauffassung）的擴充之可以設想的最強而有力的槓桿。[350] 而如果我們現在再將該「消費之勒

411

---

350 我們在稍早的時候就已經說過：我們稍後將會單獨地對「宗教性的種種運動之階級制約性」這個問題加以探討。*[1] 但為了要看出，例如我們在這裡尤其加以利用的巴克斯特，並不是透過什麼「當時代的“布爾喬亞”（Bourgeoisie）的眼鏡」去看的，只要在心中歷歷在目地回想起說：就連在他那裡，在那些為神所喜的職業的順序中，在種種有學識的職業之後，首先接著的是農人（husbandman），然後才是在各色各樣熙來攘往的人群中的海員、布商、書商、裁縫等等。*[2] 就連那（夠別具特色的）他所選擇的“海員”（mariners），也都或許至少可以同樣設想為漁夫乃至船員。在這方面，光是《塔木德》的許多格言就已經情況不同了。請比較（例如）在 Wünsche, babyl[onischer] Talmud II 1, S. 20, 21 那裡，*[3] 拉比 Eleasar 的那些當然並非沒有矛盾的格言，所有格言都帶有一個意思：生意往來是比耕作要好的。（II 2, S. 68 關於那值得推薦的資本投資（Kapitalanlage）則較具調解性：1/3 投資於地產、1/3 投資於商品、1/3 作為手頭現金）。

對於那些其因果上的良心（kausales Gewissen）若無經濟上的（“唯物論上的”，正如人們很遺憾地始終都還在說著的那樣）詮釋便不得安寧的人而言，我想藉這個機會說明一下：我認為經濟上的發展對於宗教上的種種思想建構（Gedankenbildungen）的命運的影響，乃是極為重大的，並且稍後將會試圖去加以說明：*[3] 在我們的情況中，二者的那些相互性的適應過程與種種關係，是如何將自己給形塑出來的。只不過，那些宗教上的思想內容（Gedankeninhalte），無論如何都是**無法**“以經濟的方式”去**演繹出來**的，它們本身正是——沒有任何東西可以改變這一點——種種“民族性格”的那些最強而有力的形塑性的元素（die mächtigsten plastischen Elemente der »Volkscharaktere«），並且也純粹在自身中承載著它們的固有法則性（Eigengesetzlichkeit）與強制性的力量（zwingende Macht）。並且，那些**最重要的**區別——路德宗與喀爾文宗的那些區別——，除此之外，只要種種宗教之外的環節也都影響了進來，則主要也都是**在政治上**受到制約的。【譯注】*[1] 但韋伯在本文中，並未再對這個問題加以論述。*[2] 韋伯在這裡想到的，乃是 Baxter, 1678/I: 378 的說法。這裡的「農人」包括了耕田者、畜養者與牧人。（參考：MWGI/9: 411 註解 34）*[3] 韋伯在本文中，並未再對這個問題加以論述。

緊」與這「營利追求之激發」合在一起來看的話，那麼，我們將很容易
就可以想到那「外在的結果」了：透過**禁欲式的儲蓄強制**（*asketischer*   *412*
Sparzwang）之**資本形成**（*Kapitalbildung*）。[351] 對抗著那將營利所得做
消費性的耗費之種種抑制（Hemmungen），必定會有利於其在生產上的
運用：投資資本（*Anlage*kapital）。此一影響有多大，則根據本性就是
無法以數字的方式加以任何精確地確定的。在新英格蘭，該關聯顯露得
如此地明顯，以致於它已經無法避開像道宜樂（Doyle）這樣一位出色
的歷史家的眼睛了。[352] 但就連在實際上只被嚴格的喀爾文宗支配了 7 年
的荷蘭，[353] 在許多巨大的財富那裡，生活的那種在種種宗教上較為認真
的圈子裡具有支配地位的較大的簡約（Einfachheit），也導致了某種過

---

351 當 Ed[uard] Bernstein 在他的那篇我們稍早引用過了的文章（頁 681 與 525）*
　　中說「禁欲乃是某種市民式的德性」時，他所想到的，就是這一點。他（在
　　同前揭書中）的種種論述，基本上都是提到了這些重要的關聯的**第一批論述**。
　　只不過，該關聯乃是某種比他所猜測的遠較為廣泛得多的關聯。因為，那具
　　有決定性的東西，並不是純然的資本積累，而是對全部的職業生活之禁欲式
　　的理性化。【譯注】另請參見本文 [248] 註腳 11 與 [362] 註腳 246。

352 Doyle, *The English Colonies in America*, Vol. II, ch. 1。*[1] 在新英格蘭建立殖
　　民地後的第一個世代裡，種種鋼鐵廠──公司（Eisenwerks-Gesellschaften）的
　　存在（1643）、為市場而生產的織物紡織廠（Tuchweberei）（1659）以及手
　　工業的高度繁榮，純就經濟上加以考察，都是一些與時代不合的事物，並且
　　無論是與南方的情況、還是與那並非喀爾文宗的、而是享有完全的良心自由
　　的羅德島，都處於最引人注目的對立中：羅德島儘管有優良的港口，但 1868
　　年州長與議會的報告還是說：「在貿易方面的一大障礙，乃是在我們之中
　　缺乏商人與具有可觀的財產的人」（Arnold, *Hist[ory] of the State of R[hode]*
　　I[sland], p. 490）。「那清教式的消費限制所施加的、要人將節省了起來的資
　　本不斷重新加以投入的強制，在這裡也一起發生著作用」這一點，事實上幾
　　乎是無可置疑的。至於教會紀律（Kirchenzucht）在這種情況中所扮演的角
　　色，則我們稍後將會加以討論。*[2]【譯注】*[1] 這裡的 Doyle，指的是英國
　　歷史學家 John Andrew Doyle (1844-1907)，主要著作就是三冊的 *The English*
　　Colonies in America。此處引用的，乃是第三冊（= *The Puritan Colonies* II）
　　第一章：New England in 1650，頁 1-125。（參考：MWGI/9: 412 註解 40）
　　*[2] 韋伯在本文中並未再論及這一點。

353 【譯注】韋伯在這裡所想到的，很可能是 Friedrich Heinrich 擔任總督之前的
　　時代，亦即從多德雷赫特宗教代表會議的 1618/19 到 Moritz von Oranien 於
　　1625 年 4 月死亡的這段時間。（參考：MWGI/9: 412 註解 38）

413　度的「資本積聚癮」（Kapitalaufsammlungssucht）。[354] 此外，「那在所
有的時代並且在所有的地方都存在著的、就連在我們今日也都還相當富
有作用的『市民性的財產之朝向“貴族化”的傾向』，由於清教對於封
建式的生活風格之厭惡，必定受到了可以感受到的抑制」這一點，也是
擺明了的事情。英國 17 世紀的重商主義的作家們，將荷蘭的資本力量
（Kapitalmacht）相對於英國的優越性，追溯到一點上，那就是：在那
414　裡並不像在這裡這樣，新獲得的種種財產往往透過投資於土地以及——
因為，要緊的並非只是「買土地」這件事情——朝向種種封建式的生活
習慣的過渡而尋求貴族化，並因而無法供作資本主義式的利用。[355] 那就
連在清教徒那裡也並不缺乏的對於作為一個特別重要的、也特別有助於
「虔誠」的營利分支的農業（*Landwirtschaft*）的重視，（例如：在巴克
斯特那裡）並不適用於地主（Landlord），而適用於自耕農（Yoeman）
與農場主（Farmer），[356] 而在 18 世紀則不適用於容克貴族（Junker），

354　但 Busken-Huët 的陳述則顯示了：這些圈子在尼德蘭之快速的減少（同前揭
　　　書第二冊第三章與第五章）。【譯注】請參閱 Busken-Huet, 1886。

355　就英國而言，例如蘭克（*Englische Geschichte* IV, S. 127）*所引用的一個貴族
　　　保皇黨人在查理二世遷入倫敦之後所呈上的一份請願書，就請求要立法禁止
　　　「透過市民的資本去購進莊園」，認為應該透過此一禁令迫使市民的資本只
　　　轉向商業。——荷蘭的那些“統治者”（Regenten）的身分等級，就是透過購
　　　置那些古老的「騎士地產」（Rittergüter），而由各城市的那種「市民式的貴
　　　族」（das bürgerliche Patriziat）中，將自己作為“身分等級”給區隔出來的。
　　　*[2] 這些圈子當然從來就不是在內心世界裡認真地懷有喀爾文式的信仰的。
　　　而光是 17 世紀下半葉在荷蘭的市民階層之廣大的各種圈子中的那種聲名狼藉
　　　的「貴族—與頭銜癮」，就已經顯示了：對此一時期而言，人們無論如何只
　　　能非常小心地去接受那種「英國的與荷蘭的情況相對立」的說法。金錢的優
　　　勢在此破壞了禁欲式的精神。【譯注】這裡所說的保皇黨貴族是有「復辟的
　　　助產士」之稱的蒙克將軍（General Monk, 1608-1670），他在請願書中建議國
　　　王透過嚴格的法律約束貴族，讓貴族追求財產保障，並禁止一般市民購進超
　　　過某個價值的地產：他們將會更好地將他們的資本運用於市面（Handel und
　　　Wandel）上。（參考：MWGI/9: 414 註解 48）

356　【譯注】韋伯在這裡所想到的，顯然是本文 [411] 註腳 350 所提到的巴克斯特
　　　所說的「為神所喜的職業的順序」，參見 Baxter, 1678/I: 378，只不過巴克斯
　　　特在這裡所用的語詞是 "husbandmann"，而非 "yeoman" 或者 "farmer"。（參
　　　考：MWGI/9: 414 註解 47）

而適用於 "理性的" 農夫（Landwirt）。[357]

　　只要「清教式的人生觀」的力量影響所及，它在所有的狀況下——而這一點當然是遠較純然的「有利於資本形成」更加重要——，便都有利于朝向市民式的、在經濟上理性的生活經營的傾向；「清教式的人生觀」乃是該「生活經營」之最具有本質性的且唯一前後一致的承載者。它就誕生於現代的 "經濟人"（Wirtschaftsmensch）的搖籃裡。的確：在透過「財富」的那些清教徒本身事實上非常熟悉的 "誘惑" 所進行的某種太過強大的「負荷試驗」（Belastungsprobe）的情況下，這些清教式的生活理想（Lebensideale）亦將失靈。我們非常經常地——這一點我們稍後還會再加以追蹤[358]——在小市民與農場主這些剛**處於上昇狀態中的**階層的種種隊伍裡，發現清教式的精神之最真正的信奉者，而那些 "幸福的佔有者"（beati possidentes）——甚至就連在貴格派信徒那裡——，卻往往準備好要去否認那些古老的理想了。[359] 事實上，這跟中世紀的修道院式的禁欲所一再屈服的，乃是同一個命運：如果說理性的經濟經營（Wirtschaftführung）在這裡、在這個有著受到嚴格規制的生活與被抑制著的消費的地方，將其影響完全地發揚了起來的話，那麼，那獲得的財產要不是直接地——就像在「信仰分裂」（Glaubensspaltung）之前的那段時間裡那樣——沉溺於 "貴族化"，要不就是修道院式的紀律（Zucht）有崩壞之虞，而為數甚多的 "改革" 之一則必須介入。事實上，修會會規的整個歷史，在某個意義下，正是某種不斷更迭出新的與

415

---

357 隨著英國的各莊園之透過市民式的資本的大量購進而來的，乃是英國的農業的偉大時期。

358 【譯注】但韋伯在本文中並未再對這一點加以論述。

359 關於這一點是以什麼樣的方式而在 18 世紀的賓州、尤其是也在獨立戰爭中，將自己給表現出來的，請參見：Sharpless, *A Quaker experiment in Government Philadelphia*, 1902。【譯注】為了要為宗教上的寬容與政治上的自由辯護，賓州的貴格派信徒接受了種種政治上的職務。直到 1756 年，"貴格黨"（Quaker Party）仍然構成下院的大多數。但當「主動或者被動參與戰爭」這個問題散佈開來之後，尤其是隨著美國獨立戰爭（1775-1883）的爆發，這種情況就改變了：貴格派信徒往往由於和平主義的態度（這也是一個古老的貴格派理想）而放棄了政治上的任命。（參考：MWGI/9: 415 註解 51）

「財產之世俗化方面的影響」這個問題的搏鬥。同樣的道理，以宏大的
規模，也適用於清教之內在於世界的禁欲。那發生在 18 世紀行將結束之
際而為英國工業之繁榮先導的循道會之強而有力的 " 復興 "（revival），
確乎可以——有所保留地！（cum grano salis!）——好好拿來跟這樣的
一種「修道院改革」相比較。那些強而有力的宗教性的運動——它們
對於經濟上的發展的意義，事實上主要存在於它們的種種禁欲式的**教
育影響**（*Erziehung*swirkungen）中——，經常是在**純**宗教性的熱情的頂
點已經過了，那尋求神的國度的奮鬥開始逐漸消解成冷靜的職業德性
（Berufstugend），宗教上的根慢慢死去而效益主義式的此岸性則取而代
之的時候，——當（為了要用道登的話說：）在通俗的想像中，" 魯賓
遜·克魯索 "（Robinson Crusoë）、那順便也從事一下傳教工作[360]之**孤離
的經濟人**，取代了那在內心世界裡感到孤獨的追求中匆匆穿過 " 虛榮的
年市 " 的班揚式的 " 朝聖者 " 的時候，它們的完全的**經濟上的影響**，才
發揚了起來。而當接下來 " **兩全其美** "（to make the best of *both* worlds）
這個原則當道的時候，則終究而言，——一如同樣地道登所已經注意到
了的那樣——那「好的良心」（das gute Gewissen）必定會乾脆被歸於
「舒適的市民式的生活」的諸手段之列中，一如這一點那關於 " 柔軟的
睡枕 "（sanftes Ruhekissen）的德國諺語[361]將之相當巧妙地表達了出來
的那樣。但 17 世紀那個在宗教上活生生的時期遺留給它的效益主義式
的繼承人的，卻主要是某種在賺錢（Gelderwerb）的時候之非比尋常地
好的——我們可以有信心地說：某種**法利賽式地**好的——良心，只要
它（＝賺錢）是以種種合法的形式進行的。" 總非神所喜 "（Deo placere
non potest）的每一個殘餘，都消失掉了。[362]某種特有的**市民式的職業**

416

---

360 笛福（Defoe）乃是熱情的不信奉英國國教者（Nonkonformist）。

361 【譯注】這句諺語應該是指：Ein gutes Gewissen ist ein sanftes Ruhekissen，直
　　譯是：一顆好的良心就是一個柔軟的睡枕，意思是：問心無愧，睡得安穩。

362 固然就連斯賓納（*Theol[ogische] Bedenken* 同前揭書頁 426 f.、429、432 ff.）
　　也認為 [417]「商人」這個職業，充滿了種種的誘惑與陷阱，*[1] 但在回答
　　一個質問時，他畢竟還是說明道：「我很高興可以看到，親愛的朋友在從

倫理產生了。懷著那種「在神的完全的恩典中佇立著並可見地為神所祝　　*417*
福著」的意識，市民式的企業家——如果他將自己維持在「形式上的正
確性」的種種限制之內、他的倫理生活上的品行是無可指謫的、而他對
他的財富的使用也不是任何下流的使用的話——是可以去追求他的種種
「營利利益」的，並且也**應該**這麼做。——除此之外，宗教上的禁欲的
力量，還提供了那些冷靜的、有良心的、工作能力不尋常地大的、並且
將勞動當作是神所想要的人生目的而黏著於其上的勞工，供他驅遣。[363]
除此之外，它（＝該「力量」）還為他提供了一項令人安心的保證，亦
即：這個世界的種種財物之不平等的分配，乃是神的天意之極為特殊的
事功：神不但用這些區別，也同樣用那僅僅特殊的恩典，去謀求祂的那　　*418*

商（Kaufmannschaft）本身方面，沒有任何顧忌，而是將從商當作是一種生
活方式，一如它本來就是的那樣：藉此不但可以為人類提供許多好處，也可
以根據神的意志踐行愛。」這一點將會在許多不同的其他地方，透過一些重
商主義式的論證而進一步激發動機。如果說斯賓納偶爾還會以非常路德的方
式，根據〈提摩太前書〉6, 8 與 9 並引證〈西拉書〉——見前！ *[2]——，
將那「想要變成是富有的」的欲望稱為「主要陷阱」、並且絕對要加以擺脫
並接受那 " 餬口立場 "（Nahrungsstandpunkt）（*Theol[ogische] Bd[enken]* III,
S. 435 上）的話，那麼，在另一方面，他也透過指出那些繁榮不已但卻仍篤
信宗教地活著的教派信徒 *[4]，而再度使這一點減弱了。就連對他而言，作
為勤奮的職業勞動的效果（*Effekt*），財富也是沒有疑慮的。這種立場，由
於受到路德的影響之故，較之巴克斯特的立場，是沒那麼前後一致的。【譯
注】*[1] 由於「想要變成是富有的」的慾望之故。*[2] 請參閱本文 [392] 註腳
313。*[3] 請參閱本文 [384] 註腳 297。

[363] 巴克斯特（同前揭書 II，頁 16）告誡人們，不要聘僱「垂頭喪氣的、厚臉皮
的、慢吞吞的、肉欲的、懶散的人」當「僕人」，並推薦人優先聘用 " 敬神
的 "（godly）僕人，不只是因為 " 不敬神的 "（ungodly）僕人將會是純然的
" 眼睛—僕人 "（eye-servants）*，而是尤其是因為：「一個真正敬神的僕人
會在服從**神**的情況下，[418] **宛如神親自命令他去做的那樣**，為你做一切的服
務。」相反地，其他人則傾向於 " 不將這件事情當作是什麼要憑良心來決定
的大問題 "。而相反地，在勞動者那裡，則神聖性的標誌（das Merkmal der
Heiligkeit）並不是「對宗教之外在的皈依」，而是 " 「去做他們的義務」的良
心 "。人們看到：神的利益與雇主的利益，在這裡以令人感到疑慮的方式，逐
漸互相融合了起來；就連一般而言會迫切地勸告人要將**時間**留下來用於考慮
到神的斯賓納（*Theol[ogische] Bed[enken]* III, S. 272），也當作是理所當然的
而預設著：勞動者必須滿足於最低限度的空閒時間（甚至星期日）。【譯注】
eye-servants 指的是：只有在雇主的監視下才會盡職的僕人。

些神秘的、不為我們所知的目標。[364] 光是喀爾文就已經說出了那句經常
被引用的名言：唯有當 " 人民 "（亦即：勞動者與手工業者這些大眾）
被維持在貧窮中的時候，人民才會始終服從神。[365] 尼德蘭人（Pieter de
la Court 以及其他人）[366] 將這一點 " 世俗化 " 成為：群眾唯有當緊迫驅使
著他們去勞動的時候，才會去**勞動**，並且此一對資本主義式的經濟的一

419 個主導動機的表述，接著還繼續匯入那關於「較低工資的 " 生產力 "」
的理論之潮流中。[367] 就連在這裡，隨著該思想之宗教上的根的逐漸死
亡，那效益主義式的說法也就不知不覺地被轉稼給該思想了──完全根
據我們所一再觀察到的那種發展模式。[368] 從**另一個方面**、**勞動者**的方面
看來，例如虔敬派的欽岑多夫式的變種，就讚美不追求營利之忠於職業
的勞動者為「根據使徒們的模範而活著的」，也因而具有門徒的卡理斯
瑪（Charisma der Jüngerschaft）。[369] 類似的種種更加激進的觀點，剛開
始時也在再洗禮派信徒那裡傳播了開來。[370] 如今當然**所有的**宗教信仰的
整個禁欲式的文獻，已經到處都充滿著一種觀點了，亦即認為：忠實的

---

364 那根據人的標準 " 不正義的 "「只有一些人的預定」與那同樣不正義的、但
卻同樣是神所想要的財貨分配（Güterverteilung）之間的類比──這種類比
實在是極為顯而易見的──，請參閱（例如）Hoornbeek 同前揭書 Vol. I, S.
153。此外，貧窮極常就是「有罪的懶惰」之徵兆──巴克斯特同前揭書 I 頁
380 就是這麼說的。

365 就連 Th[omas] Adams（*Works of the Pur[itan] Div[ines]*, p. 158）也認為：神之
所以會尤其讓這麼多的人處於貧窮的狀態，有可能是因為他們根據祂的知識
是無法勝任財富所帶來的種種誘惑的。因為，財富實在太常會將宗教由人之
中驅趕出去了。

366 【譯注】Pieter de la Court（1618-1685）是荷蘭的經濟學家、商人與政治哲學
家，亦請參閱本文 [157]。

367 【譯注】關於這一點，請參閱本文 [158 f.] 註腳 59。

368 【譯注】請參閱本文 [266-270]。

369 類似的說法在英國也並非沒有。其中也包括（例如）那種承續 Law 的 *Serious
call*（1729）而宣揚著貧窮（*Armut*）、貞潔以及──本來也包括的：──與
世界的隔絕。【譯注】請參閱本文 [334] 註腳 185。這裡的 Law 指的是英國國
教會的牧師 William Law（1686-1761），1729 年出版的 *Serious call* 是他最著
名的著作，全名是：*A Serious Call to A Devout and Holy Life*。

370 【譯注】關於這一點，請參閱本文 [353]。

勞動，就連在那些較低的工資那裡、在人生一般而言並沒有任何機會的
人方面，也是某種高度為神所喜的東西。在這一點上，基督新教式的禁
欲本身固然並未帶來任何的更新。但是：它卻最強而有力地深化了此一
觀點，並且透過將此一勞動理解為**職業**（*Beruf*）、理解為「確定恩典狀
態」之唯一的手段，而為該規範創造了產生影響的心理上的**動力**，[371] 而
在另一方面，它也合法化了對這種特有的「勞動意願」的剝削，因為，
它也將企業家的「賺錢」詮釋為＂職業＂了。[372] 很明顯的一件事情是：
那透過將勞動義務當作職業加以履行之對神的國度之唯**一的**追求，以及
那自然而然地恰恰將教會紀律強加到那些沒有財產的階級上的嚴格的禁
欲，必定多麼強烈地促進著那在資本主義式的意義下的「勞動的＂生產
力＂」啊。將勞動當作＂職業＂加以對待之對於現代的勞動者而言乃是
別具特色的，正如同對於企業家而言，那相應的對於營利的觀點也是別
具特色的。

　　資本主義式的精神、並且不僅僅是這種精神、而是現代的文化的一

420

371 巴克斯特在那個當他初來乍到的時候乃是一個絕對地敗壞了的教區的基德明
　　斯特的那個就其成功的程度而言在「靈魂照顧」的歷史上幾乎史無前例的活
　　動，同時也是一個典型的例子，可以用來說明：禁欲是**如何教育著大眾去**
　　勞動、用馬克思主義的話說：去進行＂剩餘價值＂—生產的，並且以這種方
　　式，**才**使得禁欲在資本主義式的勞資關係（Arbeitsverhältnis）（家庭工業、
　　紡織廠）中的運用成為可能的。很一般地說，那「因果關係」的情況就是這
　　樣的。——從巴克斯特的這一個方面出發看來，他是藉由將他的牧養子女
　　（Pfleglinge）嵌進「資本主義」這個驅動裝置中，而為他的種種宗教上—倫
　　理上的利益服務的。從「資本主義的發展」的這一個方面出發看來，則這些
　　宗教上—倫理上的利益都是在為資本主義式的＂精神＂的發展服務的。
372 並且還有一點：人們畢竟可以懷疑，作為心理學上的動因（psychologisches
　　Agens），中世紀的手工業者對那＂為他所創作出來的東西＂的那種＂喜悅＂
　　——有很多都是懷著這種喜悅加以操作的——佔有多大的份量。「多少有一
　　點份量」這一點，至少是無可置疑的。但無論如何，禁欲如今剝奪了勞動的
　　這種——今日透過資本主義而永遠地毀滅了的——此岸性的、世界性的刺激，
　　並將勞動對準著彼岸。那「職業性的勞動」本身，乃是神所想要的。今日的
　　勞動的這種「非個人性」（Unpersönlichkeit）：它的——從個別的人的立場
　　出發看來——沒什麼樂趣的無意義性（freudenarme Sinnlosigkeit），在此還在
　　宗教上被美化了。資本主義在其興起的那個時代裡，需要有那些為了**良心**之
　　故而供經濟上的利用差遣的勞動者。

個構成性的組成部分：以**職業觀念**為基礎的理性的生活經營，乃是——這些陳述所要證明的，就是這一點——由**基督教式的禁欲**的精神中孕育出來的。人們只要現在再重讀一遍富蘭克林的那篇我們在這篇文章的開頭處所引用的論文（Traktat），便可以看到：那我們在那裡稱之為 " 資本主義的精神 " 的心志（Gesinnung）之種種具有本質性的元素，事實上就是那些我們在前面作為「清教式的職業禁欲的內容」所找出來的元素，[373] 只不過**沒有**那在宗教上的根基而已：這根基在富蘭克林那裡已經逐漸死亡了。——就連那種認為「現代的職業勞動帶有某種**禁欲式的印記**」的思想，事實上也都並不是新的。「限定於專業勞動上」的限定，以及此一限定所制約的對於人（Menschentum）之「浮士德式的全面性」的放棄，在這今日的世界中，乃是有價值的行動一般之前提，換言之：" 作為 "（Tat）與 " 放棄 "（Entsagung）在今日乃是無可避免地互相制約著的：就連**歌德**在其人生智慧的高峰上、在 " 漫遊年代 "（*Wanderjahren*）中以及在他給予他的浮士德的「人生收場」（Lebensabschluß）中，所想要教導的，[374] 也是我們市民式的生活風格之此一**禁欲式的基本動機**——

---

373 就連那些在這裡尚未回溯到它們的那些宗教上的根去的組成部分，尤其是「誠實是最好的政策」這個命題 *[1] 以及關於信用（Kredit）的那些討論，都是具有清教式的根源的，這一點我們將會在另一個脈絡中再來看看。*[2] 【譯注】*[1] 請參閱本文 [362]。*[2] 韋伯在〈教會與教派〉一文中，對此有所論述。請參閱本書 [439-445]。

374 在 Bielschowsky 的 *Goethe* 第二冊第 18 章中有非常精彩的分析。*[1]——對於「科學的 " 宇宙 " 的發展」，（例如）溫德爾班（Windelband）在他的《德國哲學的黃金時代》（*Blütezeit der deutschen Philosophie*）（*Gesch[ichte] d[er] neueren Philosophie*，第二冊）的結尾處，也表達了某種類似的思想。*[2] 【譯注】*[1] Albert Bielschowsky（1847-1902）是德國文學科學家，以 1895-1903 年出版的二冊 *Goethe. Sein Leben und seine Werke*（《歌德：生平與著作》）聞名於世。Bielschowsky, 1904: 513-568 認為，（為了要獲得專門知識，而將自己限定在一個很小的領域上之）「**勞動與放棄（*Entsagung*，一般也譯做「斷念」）**」，乃是《威廉 · 麥斯特的漫遊年代》的二個偉大的基本思想。（參考：MWGI/9: 421 註解 79）*[2] 請參閱 Windelband, 1904b: 408 f.。溫德爾班在這裡強調：德國觀念論的那個（普遍主義式的教育的）時代的整體知識，的確遠遠優越於現在的整體知識，但也正因為如此，該整體知識現在已經支離破碎地分散到種種個別的腦袋與活動中了，而個體既然無法將

如果這種生活風格也的確**想要**是風格，而不想要是「沒有風格的」的
話。對他而言，此一知識意謂著與某種「完全且美好的人的時代」（eine
Zeit vollen und schönen Menschentums）之某種放棄式的告別：這個時代
在我們的文化發展的進程中，將會像在古代的雅典的繁榮的時代一樣，
不太會再重複出現。清教徒想要是職業人（Berufsmensch），——我們
則**必須**是職業人。因為，當禁欲由修道小室中走了出來而被轉移進職業
生活裡並開始去支配著內在於世界的倫理生活（Sittlichkeit）的時候，
它也就幫助建造起了那個「現代的、與機械的—機器的生產之種種技術
上與經濟上的前提相連結著的經濟秩序」的強大的宇宙：這個強大的宇
宙今日將以壓倒性的強制決定著、並且或許將會一直決定著所有被生進
此一驅動裝置裡的個別的人——並非僅僅那些直接在經濟上從事營利活
動的人——的生活風格，直到最後一公擔的石化燃料燒盡為止。根據
巴克斯特的見解，對種種外在的財物之操心，應該僅僅像是 " 一件人們
可以隨時脫掉的薄風衣 " 般，披在他的聖徒們的肩上。[375] 但厄運（das
Verhängnis）卻讓這披風變成了一個鋼鐵般堅硬的殼（ein stahlhartes
Gehäuse）。當禁欲著手改造這個世界，並在這個世界中產生其影響的時
候，這個世界的種種外在的財物也就獲得了越來越多的、並且最後終於
無法擺脫的、凌駕於人之上的力量，一如在歷史上從未有過的那樣。今
日，它的精神——是否最終地，誰知道呢？——已經由這殼中逃脫出去
了。無論如何，大獲全勝的資本主義，自從它建基於機械性的基礎之上
以來，已經不再需要此一支撐了。就連它那分享遺產者：——啟蒙——
之玫瑰色的心情也似乎最終地褪色了，而 " 職業義務 " 的思想則作為那
些以前具有宗教性的信仰內容的一個幽靈，而在我們的生活中徘徊著。
凡是 " 職業履行 " 無法直接與種種最高的精神性的文化價值發生關係的

422

他的教育由那「整體」中掙脫出來，便大多只能透過某種虛榮的業餘愛好活
動，去彌補其職業勞動的片面性：什麼都嚐一下，以便不靠任何東西養活自
己。（參考：MWGI/9: 421 註解 80）

375　*Saints' everlasting rest.* cap. XII. 請參見 Baxter, 1852: 203-225, bes. 206。

423 時候，──或者說：凡是它不是相反地必須在主觀上也被感覺為單純地就是經濟上的強制的時候，──這時候，個別的人今日基本上大多會放棄其闡釋（Ausdeutung）。那其形上式的意義已然消失了的營利追求，在其最高的激發的那個區域裡、在合眾國裡，今日則傾向於將自己跟種種純競賽性的激情（rein agonalen Leidenschaften）給結合起來：這些激情簡直就往往在這「營利追求」上印壓上「運動」的性格。[376] 沒有人知道，將來誰將會住在這那個殼裡，並且：是否在此一非比尋常的發展的終點存在著的，將會是一些嶄新的先知，還是古老的種種思想與理想之強而有力的重生，又或者──如果二者都沒有──是："中國式的"石化，[377] 由某種的痙攣狀的「自以為重要」（Sich-wichtig-nehmen）加以裝飾。果真如此，則對此一文化發展的那些"最後的人"（die letzten Menschen）而言，下面這句話自然有可能成真："沒有精神的專業人，沒有心的享受人，這種什麼都不是的東西卻想像著自己已經登上了人（Menschentum）的某種之前從未達到過的階段。"[378]

但這麼一來，我們卻走進了價值─與信仰判斷的領域（Gebiet der Wert- und Glaubensurteile），而我們是不應該用這些判斷使此一純歷史性的展示受到負擔的。──如今，我們的任務毋寧乃是：也為那**社會**經濟上的倫理的內容（Inhalt der *sozial*ökonomischen Ethik），亦即：也

---

376 「這老人有可能以其 75000 美元年收入退休？──不會！百貨商店的門面如今應該擴大到 400 呎寬才行。為什麼？──這勝過一切，他這麼認為。──晚間，當太太和女兒們一起讀書時，他就想著上床睡覺，星期天，他每五分看一次時鐘，看看今天何時才會結束：──這麼一個顛倒的人生！」──來自俄亥俄州的一個城市的一位居領導地位的（德裔）乾貨商的一個（移居進來的）女婿，如此地綜括著對前者的判斷，──一個判斷：這個判斷對那位"老人"本身而言，或許同樣無疑地也是顯得完全無法理解的，並且是德國的「無活力」（Energielosigkeit）的一個徵兆。

377 【譯注】韋伯在 1904 年的〈社會科學的與社會政策的知識之"客觀性"〉一文中，有類似的說法：「精神生活之中國式的僵化」（MWGI/7: 194）。

378 【譯注】關於尼采對「最後的人」（或譯為「末人」）的描述，請參閱尼采的《查拉圖斯特拉》一書的〈查拉圖斯特拉的前言〉。但韋伯在此以引言的方式寫下的內容，似乎是他自己的說法。

為從宗教集會直到國家之種種社會性的共同體之組織的方式以及種種功
能，去將那我們在前面的這個速寫中僅僅談及到了的「禁欲式的理性主
義的意義」，給指明出來。**在這之後**，則這「禁欲式的理性主義」與
「人文主義式的理性主義」及其種種生活理想與文化影響，乃至與哲學
上與科學上的經驗主義的發展、與技術上的發展以及與種種精神性的文
化財的關係，都必須被加以分析。接著，最後則是其歷史上的生成，應
該由某種「在世界之內的禁欲」之種種中世紀式的端點出發，而其解消
成那純粹的效益主義的過程則應該**以歷史的方式**並貫穿著種種「禁欲
式的宗教性之種種個別的傳播領域」，被加以追蹤。唯有由這裡，「禁欲
式的基督新教」對於「現代的文化之其他種種可塑的元素」的文化意
義，才能夠產生出來。但在這麼做的時候，那基督新教式的禁欲本身，
在其「生成」以及其獨特性上，又是如何受到種種社會性的文化條件之
整體、尤其是也受到經濟性的文化條件所影響的方式，也必須要顯露出
來。因為，雖然「現代人」整體而言，就連在最善意的情況下，也往往
沒有能力，對種種宗教性的意識內容對於生活經營、對於"文化"以及
種種"民族性格"所曾經擁有過的意義，一如它事實上曾經所**是**的那樣，
如此大地加以想像，——儘管如此，我們的意圖當然還是不會是：以某
種同樣片面地精神主義式的（spiritualistisch）因果上的文化—與歷史詮
釋，去取代某種片面地"唯物論式的"文化—與歷史詮釋。二者都是**同
樣可能的**，[379] 但如果二者不是主張自己是研究的準備工作，而是結論，

424

425

---

379 因為，為了慎重起見，前面的速寫所採納了的那些關係，都是種種宗教上
的意識內容的確無可置疑地在其中對那"物質性的"文化生活發生了某種影
響的關係。*[1] 要超越這一點而進展成為某種形式性的"建構"（förmliche
"Konstruktion"），去將一切在現代的文化上"別具特色的東西"，都由基督
新教式的理性主義中，以邏輯的方式加以演繹出來，或許是一件輕而易舉的
事情。但這一類的事情，最好還是留給那種典型的業餘愛好者做：這些業餘
愛好者相信著"社會心靈"的"統一性"及其可化約為**一個**公式的可化約性。
*[2]——還應該說的，就只有一點，那就是：那存在於我們所考察的發展之前
的資本主義式的發展的時期，**到處**都受到種種基督宗教的影響所共同制約著：
無論是抑制性的、**還是**促進性的。至於這些影響是哪一種種類的，則屬於稍
後的一章。*[3] 此外，在上面所略述的那些進一步的問題中，這個或者另一

則二者同樣都將無法服務於歷史性的真理。

個問題還將可以在這份期刊的框架中被加以探討，在這份雜誌的職責範圍那裡，還不是很確定。我實在不太喜歡寫這種必須這麼大量地（一如在這裡情況將會就是如此的那樣）倚賴著別人的（神學上的與歷史上的）著作的大部頭書籍。【譯注】*[1] 請參閱本文 [225] 韋伯對其探究之「方向」的說明。*[2] 韋伯在此影射的，顯然是 Karl Lamprecht，相關段落請參閱本文 [262] 註腳 38；[316] 註腳 139 以及 [329] 註腳 176。*[3] 韋伯並未完成此一寫作計畫。

北美的"教會"與"教派"：
一個教會政策與社會政策的速寫

1

　　在合眾國中，教會性的共同體生活的強大發展，乃是這個國家的每
一個並非完全表面的造訪者，都會注意到的一個現象。當然，迅速的歐
洲化，在今日的確到處都會將教會對整個生活的滲透——這種「滲透」
乃是真正的"美國精神"[1]（Amerikanismus）所特有的——給遏制住。
人們可以（例如）由二個芝加哥的大學之一[2]的下述這個章程上的規定
（*statutarische* Bestimmung），認識到這一點在其中將自己給表現了出
來的那些令人感到驚訝的妥協：在面對「開除學籍」這個懲罰的情況
下，學生方面的「出席附屬教堂的責務」可以 1. 透過選修某些特定的講
演課程超過規定的最少時數去加以"抵免"，2. 但每一個在一個學期裡

435

1　【譯注】這裡所提到的「真正的"美國精神"」，很可能是影射羅斯福於
　　1894 年 4 月發表於 *The Forum Magazine* 的演講〈真正的美國精神〉（True
　　Americanism）。根據 MWGI/9: 435 註解 1 的說法，韋伯讀的應該是德譯本：
　　Amerikanismus. Schriften und reden von Theodore Roosevelt, Leipzig: Hermann
　　Seemann Nachfolger 1903, S. 11-25。

2　【譯注】韋伯在這裡談到的，是 1851 年由循道會信徒在芝加哥附近的
　　Evanston 所建立的西北大學（Northwestern University）的章程。另一所在
　　芝加哥的大學則是洛克斐勒於 1890 年創立的芝加哥大學。韋伯在 1904 年 9
　　月 19 與 20 寫給母親的信中，也提到了他對這些規定的意見。（MWGII/4:
　　291）

有據可查地超過了規定的附屬教堂出席記錄（chapel record）（原文如此！）——無論是依原規定還是由於抵免——的人，都可以將那如此地存了起來的「多餘事功」（opera supererogationis）記入下學期帳下。

436　　當談話談到這個國家的宗教上的獨特性時，"現代的" 或者想要是「現代的」的美國人，在與歐洲人的交談中，就會逐漸開始變得尷尬。但對真正的美國佬（Yankeetum）而言，這卻是某種新生現象，並且，只要所涉及的是一些盎格魯美國人的圈子，生活的這種 "世俗化" 就總是尚未滲透進「內心深處」裡。這些圈子的排他性這一方面，以及——一如這裡所將要加以指明的那樣——它們在「爭生存的鬥爭」中的優越性的一個部分，就建基於這些 "殘留物"（Rückständen）上。而事實上，在事關整個生活經營之始終都還是種種最強而有力的成分之一——這成分以一種對我們的感覺而言很奇怪的、往往令人厭惡的方式影響著生活——的情況中談種種的 "殘留物"，幾乎就是某種的「誇張」（Hyperbel）。那些在——相對立於 "紐約市區"（New-York proper）的——被視為虔誠的布魯克林（Brooklyn）[3] 住了超過一代人的德裔美國人家庭，在談及要與那些土生土長的圈子建立起種種親密的關係的種種障礙中，直到今日都還會舉出一項難題，那就是，對那避不開的問題：你屬於那個教會，給出一個令人滿意的、並且不是純然 "形式性的" 回答。[4] 直到今日，一個期待看到他的各建築工地都被佔用了的土地投機者，將會首先在這些工地中建造一座 "教會"、亦即：一個帶有塔樓的穀倉（根據在我們的玩具盒裡的那個相應的構作物的樣子），然後再花

437

3　【譯注】布魯克林自從 1898 年以來，就屬於大紐約的一部分。韋伯所說的 "New-York proper"，有可能是指曼哈頓（Manhattan），因為，在當時代人的意識中，構成「真正的紐約市」的，乃是曼哈頓與布朗克斯區（the Bronx）。由於移入者由許多不同的歐洲國家湧入，布魯克林共有 490 座教會建築，因而有「教堂城市」（city of churches）的別名。（參考：MWGI/9: 436 註解 5）

4　【譯注】韋伯在此提到的，是他與太太瑪莉安娜於 1904 年 11 月 11 日與 17 日，在一個德裔美國人 Lichtenstein 家作客時的一場交談。請參閱 MWGII/4: 405。

500 美元聘用一位剛從神學院逃脫出來的某個宗派的候選人，帶著（無論是明說式的、還是默認式的）允諾：此一職位將會變成終身職務，只要這位關係人能夠成功地、相當快地將這些建築工地給傳教 "傳滿"。並且大多數都是成功的。

我們所能夠使用的那些私人的統計上的調查統計資料顯示，直到現在還是平均遠低於 10 分之 1（約 13 分之 1）的人口是形式上 "無宗教信仰的"，[5] 在一個國家裡：這個國家將那「憲法禁止官方承認任何一個教會」這一點做如此寬的詮釋，以致於我們基於此一理由，就沒有任何官方的宗教信仰統計，因為，光是探問宗教信仰的（官方的）問題，就已經被視為是違憲的了。並且，在 "歸屬"（於某個教會的共同體）這個概念，乃是某種與在我們這裡完全不同的東西的情況下，這一點光是在物質方面就已經還進一步意味著：（例如）在水牛城地方的一個基督教教團的那些未受教育的木工—與碼頭工人，每年都得在「每個成員的固定稅費」上，為他們的教會花費超過 80 馬克的錢，這還不包括那些為數甚多的、並且對於牧師與教會本身的生計而言不可或缺的種種捐款。[6] 一位在辛辛那提（Cincinnati）開業的德裔鼻腔專業醫師，當他詢問他的第一個病人「病痛的性質」時，從病人那裡所得到的先於所有進一步的東西而作為第一個說明的，竟然是下述通告：「我是來自那在 X 街上的第二間浸禮派教會的」，這件事情使得他大出意料之外地獲悉：那個官方禁止的、但私下卻始終都還是如此重要的探問「教會歸屬性」的問題，是如此地與那荷馬式的對家鄉與父母的調查相應的。當然，在病因學上，此一狀況——一如這位被弄糊塗了的醫生後來也搞清楚了的那

438

5　【譯註】根據 1890 年的普查，62,622,250 個美國人中，有 5,630,000 人不屬於任何基督宗教，扣掉猶太人與其他宗教團體，大約有 500 萬人是無宗教信仰的，約佔人口數的 13 分之 1。由於官方人口普查無法問「宗教歸屬」，以上數字乃是來自各教會與宗派的統計結果。（參考：MWGI/9: 437 註解 7）

6　【譯註】這也是韋伯在美國旅行時，由一位水牛城附近小城 North 的牧師（Hans Haupt，是任教於哈勒大學的國民經濟學家 Johannes Conrad 的女婿）那裡得到的訊息。請參見韋伯於 1904 年 9 月 8-11 日寫給母親的信。（MWGII/4: 276 f.）（參考：MWGI/9: 438 註解 9）

439 樣——是和鼻病沒有關連的,相反地,這位病人所想要說的,乃是某種不同的東西、對他而言並非無關緊要的東西,亦即:在**酬金**方面,你就放心吧!

歸屬於某個就美國人的種種想法而言 " 有信譽的 " 教會共同體的這種「歸屬性」,就保證了個體的信譽(Reputierlichkeit):並非僅僅是社會上的信譽,而是也是、並且主要是生意上的信譽。有一位已經比較老了的紳士,為了推銷葬儀五金器具(Undertakers Hardware)(鐵製的墓碑提詞)而做商務旅行,我曾和他在奧克拉荷馬在一起了一段時間,他曾跟我說:「先生,就我而言,固然每一個人都可以相信他所喜歡的,——但如果我對一個顧客弄清楚了:他並未造訪他的教會,那麼,對我而言,他將不值 50 分錢:如果他並不相信任何東西,為什麼會付我錢?」美國是一個具有稀疏的殖民開拓與不穩定的人口的大得不得了的國家,在這個國家裡,除此之外,審判程序當時還停留在盎格魯—諾曼主義式的形式主義(anglo-normannischer Formalismus)[7]之中,執行法很鬆散,並且為了迎合西部的農場主大眾的利益,更由於「家宅—特權」(Homestead-Priviligien)而形同被排除掉了;[8]在這樣的一個國家裡,「**個人信用**」(*Personalkredit*)首先只能立足於「信用等級之某種這樣

440 的教會上的保證」這根枴杖上。眾所周知,在中世紀,那些主教便都是如此這般而成為第一批完全有信用的債務人的,因為教皇的「開除教籍」,在輕率的「欠債不還」的情況下,將會在他們的頭上漂浮著。而

7　【譯注】不同於回到羅馬法與教會法的歐洲大陸的成文法(statute law),英國法是源自於諾曼人(法國北方的維京人)的「案例法」(case law)。在「私法裁決」(Rechtsfindung)上,種種「訴訟方案」(令狀)扮演著核心角色,但有時候為了根據法官的衡量,也會以衡平程序糾正不公。1850-1852 年間,人們在英國已致力於簡化普通法,並於 1875 年致力於與「衡平法」的融合,但在北美的各法院裡,人們還是依照傳統的方式(形式主義)行事。(參考:MWGI/9: 439 註解 12)

8　【譯注】1862 年設立、1891 年修正的「家宅法」(homestead law),是有關公地開墾的法律。根據此一法律,每一個移民可以以很少的花費取得 80-160 英畝的荒蕪的公地,供居住與農牧之用(homestead 有「家園」的意思)。(參考:MWGI/9: 439 註解 13)

在我的學生時代,對於一個海德堡的顏色大學生(Kouleurstudent)[9]之生存而言,幾乎可以將「某種自己的"現金庫存"的必要性」給排除掉的那個龐大的借貸系統(Pumpsystem),——當時,只要狐狸"獲得了帶子",就會撤回(根據當時的法律容許的)對他的學生名冊(Matrikel)的扣押,——或者德國的少尉所享有的那種令人感到疑慮的信用,因為,他的上校很可能會針對他進行干涉:[10]他們同樣都是建基於各種"社會性的擔保"(soziale Bürgschaft)的那種(真正的或者誤以為的)意義:借款人的整個社會性的存在,都建基於「歸屬於該共同體」的歸屬性上,而該共同體也因而保證了他的信用等級。美國的「教會教團成員」的情況也是如此,並且是在最高程度上如此:相應於種種社會性的目的團體之還很小的分化,在種種古老的關係都還生效的合眾國裡,那最根源性的與最全面性的共同體、那宗教上的教團,還包含著幾乎所有的"社會性的"利益:就是這些利益,引導著個體跨出自己家的門檻的。教會教團所提供的,不僅是種種具有教導性質的演說、傍晚的喝茶聚會(Tee-Abend)、星期日學校、所有可以想得到的慈善性的活動,而是也包括種種最不同的體育競技、足球訓練以及諸如此類的事物,有時候還會為此而在禮拜結束的時候敲定時間。一個由於不名譽的行為而為教會教團——一如這在以前所發生的那樣——公開加以排斥或者——一如現在那樣——暗地裡由它的名單中加以剔除的人,將會遭受到某種種類的社會性的抵制;誰要是佇立在它之外,將不會有任何社會性的"聯

441

9　【譯注】韋伯在海德堡讀大學的第二個學期,於 1882 年 11 月 1 日加入大學生的兄弟會團體 Allemannia,形式上直到 1918 年他都是這個團體的成員。大一新生,剛加入的,叫做「狐狸」,通常經過二個學期的「試用期」後,可以成為正式成員(Bursche),因為會背有色彩的帶子(類似軍中的值星帶)或配戴同色徽章,因此也叫做「顏色學生」(Kouleurstudent 通常寫作 Couleurstudent:Couleur 是法文的「顏色」)。(參考:MWGI/9: 440 註解 15)

10　【譯注】軍官的債務算是「事關名譽的債務」(Ehrenschulden)。1872 年 6 月 20 日通過的軍事刑法規定,未清償以名譽擔保的債務者,將由某種「名譽法庭」審判,懲罰可至退職。(參考:MWGI/9: 440 f. 註解 18)

繫"（Anschluß）。儘管——完全撇開現代的發展不看——光是由於各宗派彼此之間的激烈競爭而蔓延開來的"靈魂捕捉"（Seelenfängerei）就已經自然會帶來的減弱，也儘管有「教會」這種權力地位之一般性的瓦解，那種對於種種生意上的品質而言就存在於「教會會員身分」中的保證，仍然是某種重要的保證。

442   大量的"修會"（Orden）與極為不同的種類的俱樂部，今日都已經開始去部分地分擔宗教性共同體的此一功能了：幾乎每一個胸懷抱負的小生意人，都在扣眼配戴著某種徽章（badge）。[11] 但是，**所有這些**旨在保證個體的"榮譽"（Honorigkeit）的構作物的原型，正是教會性的共同體。但此一功能發展得最完美的——而對這一點，我們在此將用幾句話加以指明——，則是在一些共同體那裡：這些共同體都是在我們馬上就會加以討論的[12]特有的意義下的"**教派**"。對我個人而言，當我在一個寒冷的十月週日，在北卡羅來納的藍脊山脈的前麓地帶出席一場浸禮會信徒洗禮時，這一點變得尤其清楚：大約十個兩種性別都有的人，穿著禮服，一個接一個走進山脈溪流冰冷的水中，而在整個程序進行的過程中，身穿黑色衣服的牧師（Reverend）就站在溪中，溪水直淹到身體的一半高，他們在唸完內容包含廣泛的義務禮文（Verpflichtungsformeln）之後，靠在他的手臂上，屈著膝，向後仰倒直到臉部消失於水裡，氣喘吁吁且渾身發抖地朝外爬，並受到一大群騎著馬與坐著車來到這裡的農

443 夫們祝賀，並盡快——但一部分一小時或幾小時路程遠地——趕回家。據說，信仰（Faith）保護他們，使他們免於感冒。我的一個堂兄弟，他

---

11 【譯注】韋伯在美國旅行時觀察到：無論是農場主還是商人，每一個都很喜歡在扣眼上別上其「教團」的徽章，以此「認證」自己是紳士。這種作法的功能，就像是以前的老式教派透過由教團所簽發的「推薦信」（letter of recommendation）去向外面的「兄弟」認證性格與品行一般。請參閱韋伯於1904年10月19日寫給母親的信。這裡談的「修會」，指的自然是平信徒團體。韋伯在北卡羅來納拜訪的一位住在 Mount Airy 的親戚 James Miller 就是一個「修會」的成員。「修會」成員的增補，需有五位成員的推薦，也會因品行不良而被開除。（MWGII/4: 344）

12 【譯注】請參見本文 [446-460]。

一路從他的農場陪我來到這裡,並且——他保存了那「不恪守教規性」(Unkirchlichkeit)作為他的德國出身的標記——在蔑視地將唾沫往肩膀外吐的情況下看著整個過程,而當一個看起來很聰明的年輕人經受了這整個程序時,他顯示著某種興趣:啊,看吧,X先生!——我跟你說過,就是這樣!在受到質問時,他首先只是回答說:X先生打算在蒙特艾里(Mt. Airy)[13] 開一家銀行並需要可觀的信用。進一步的討論則顯示:為此,「被接納進浸禮派教團」這件事情,首先並非為了「浸禮派信徒—顧客」之故,而是毋寧恰恰必定也對那些非浸禮派信徒的顧客而言具有決定性的價值,因為,發生在他們之前的那些對倫理生活上的與生意上的生活經營之**深入的調查**——我不由自主地回想起我們在「預備軍官候補者」(Reserve-Offiziers-Aspiranten)那裡的那些調查——可以說是一些最嚴格也最可靠的調查了:每一個在某一債務的付款上的不準時、種種輕率的支出、造訪酒館,簡言之:所有讓人在關係人之生意上的資格上投下某種懷疑的眼光的東西,都意味著——在那裡的教團那裡:——拒絕。如果說他投票通過了而成為教團的一份子的話,那麼,該教派就會在一生中在他的所有的步伐那裡,陪伴著這個個別的人:如果他將要遷居到另一個地方的話,那麼,該教派就會為他簽發某種「證書」(Attest):沒有這種證書,他就將不會在他的"宗派"之那裡的教團中被接受。[14] 如果他沒有過錯而陷入種種付款困難中,那麼——這一點今日在種種教派中都式微了,但卻可以在為數甚多的"修會"那裡看到——該教派就會試著去使他"恢復支付能力"(sanieren),以使該教派的名聲不受損。

所有建基於再洗禮運動(Täufertum)而產生出來的教派(尤其也包括貴格派)對生活經營、尤其是對其跟隨者們之在生意上的合法性(Rechtlichkeit)所施加的檢查(Kontrolle)之不講情面的嚴厲,我們是可以透過對其歷史之整個進程而加以追蹤的:那清教式的"內在於世

444

13　【譯註】指 Mount Airy,是北卡羅來納州的一個小市鎮。
14　【譯註】這裡所說的「證書」,指的就是前面所提到的「推薦信」。

界的禁欲"，在這些教派那裡，簡直可以說就是尤其在它們的"教會紀律"朝著這個方面轉向時，達到了顛峰。絕對的合法、從而（例如）在零售時的「固定價格制」、[15] 規規矩矩的信用簿記、避免一切"世界性的"開支以及每一種種類的放蕩，簡言之：貫穿整個一生的在"職業"上的冷靜的勤奮，顯示為那特有的、甚至基本上簡直就顯示為唯一的形式：唯有在這種形式中，人們才能夠證明他作為基督徒的資格，並且從而藉此證明他有「歸屬於該教派」之道德上的正當性。[16] 如果說，在美國，在種種佈道中觸及教義性的事物、尤其是那些所謂的"分辨學說"（Unterscheidungslehren）[17] 乃是完全禁止的，「交換講台」（pulpit exchange）（在教派之間的那些受到喜愛的佈道者之暫時的交換）相當頻繁，以及那種為了停止在「獲得成員」上的"不正當競爭"而去組成種種跨宗派的卡特爾（Kartelle）的傾向，[18] 目前是相當可以感覺得到的的話，那麼，這一點在今日固然部分乃是隨著歐洲化而日益增加的冷漠態度（Indifferentismus）的徵兆。但是，就連在過去也可以找到這樣的一些特別"不教條的"時期，而那面對教義時的（相對的）漠不關心（Indifferenz），簡直就是（在最寬廣的意義下的）"虔敬派式的"基督宗教的標誌（Merkmal）。[19] "禁欲式的"基督新教之所有的變種（激進的喀爾文宗、浸禮派、門諾派、貴格派、循道會以及歐洲大陸的虔敬派之種種禁欲式的分支）的基本論點 [20]──：唯有在生活中、但尤其是在職業勞動中的證明（Bewährung），包含著重生與證成的保證──，一再擠向了一個軌道："證明了的"基督徒，就是證明了的"職

445

---

15 【譯注】參見本文 [445] 註腳 22。
16 【譯注】參見韋伯在 PEII 中關於貴格派的論述，如：[362 f.], [383] 與 [409 f.] 註腳 348。
17 【譯注】指的是對於在各種不同的宗教信仰或者宗派之間的教義上的差異所做的種種具有訓誡意義的表述。（參考：MWGI/9: 444 註解 29）
18 【譯注】「卡特爾」一般指的是在獨立的私人企業之間的某種具有契約性質的聯合會，其目的在於壟斷市場以獲得最高可能的資本利益。
19 【譯注】關於這一點，請參看 PEII[311]。
20 【譯注】關於這一點，請參看 PEII[242-425]。

業人"(Berufsmensch),尤其是從資本主義的觀點看來幹練的生意人
(*Geschäftsmann*)。[21] 具有此一特色的基督宗教,乃是「"資本主義式
的"人」的主要教育者之一,並且,在 17 世紀,貴格派作家們就已經對
那顯而易見的「神的保佑」予以喝采了:神的保佑也將那些 "世界的兒
女"(Kinder der Welt)帶到他們(貴格派信徒們)的生意中當顧客,因
為,他們在這裡一定可以找到最可靠的服務、固定的價格等等。[22] 而在
這種 "教育上的" 成效方面,則這些作為在特有的意義下的 "教派" 的
「宗教性的共同體」的體制(Konstitution)固然曾共同起過作用,而正
如我們所說過的,在某種程度內,直到今日都還在共同作用著。

然而,此一意義究竟是什麼呢?換言之,在「歐洲的基督宗教」這
個基地上,某種相對於一個 "教會" 的 "教派",又是什麼呢?

2

那麼,在「歐洲的基督宗教」這個基地上,某種相對於一個 "教會"
的 "教派",又是什麼呢?

無論是純然的「皈依者數量的侷限性」——浸禮派信徒們乃是所有
的基督新教的宗派中最強大的宗派之一 [23] ——還是「沒有受到國家 "承
認"(亦即:特權化)」這個國家教會法上的標誌(在美國,「沒有特
權化」乃是所有的宗派共通的),都不可能自身就是具有決定性的。不
過,我們知道:一個社會性的群體的**規模**,往往會對其內在的結構有最

21　【譯注】關於這一點,請參看 PEII[366-425]。

22　【譯注】關於在貴格派那裡的「固定價格制」(不二價)韋伯是從伯恩斯坦
　　(Eduard Bernstein)那裡得知的(Bernstein, 1895: 682)。「固定價格制」
　　似乎在貴格派創立者 George Fox 那裡就已經發展出來了。(參考:MWGI/9:
　　445 註解 35)

23　【譯注】在 1895 年的美國,天主教徒大約 800 萬,循道會信徒將近 550 萬,
　　而浸禮派信徒則略多於 400 萬,是第三大的宗教性共同體,第二大的基督新
　　教宗派。(參考:MWGI/9: 446 註解 36)

深刻的影響。而將教會法上的單位、教區的大小侷限在一個這樣的規模
上，使得所有的成員都可以**以個人的方式**彼此認識，換言之，可以對他
們的 "證明" 相互地加以判斷與檢查，則自古以來就是浸禮派的種種基
本原則之一，並且，以「組成（所謂的）班會」的形式——在這些「班
會」（class meetings）[24] 中，成員們（剛開始的時候每週一次）施行某
種相互性的告解—檢查（Beicht-Kontrolle）——，也是真正的循道會的
基本原則之一，但同樣的，也是虔敬派的「小教會」（ecclesiolae）[25] 的
447 基本原則之一。人們只需要看一下柏林的大教堂就可以知道：無論如
何，不是在這個政教合一式的豪華大廳中，[26] 而是更可能在貴格派與浸
禮派信徒們的那些小小的、沒有任何裝飾的祈禱大廳（Betsälen）中，那
在其最前後一致的形塑下的基督新教的 "精神" 是活生生的。但另一方
面，那在其種種不同的成型中展現著 "具有教會性質的一" 與 "具有教
派性質的種種原則之獨特的混合的" 循道會之劇烈的擴展，則明顯有利
於前一種的原則之在今日無可置疑的占優勢。[27] 只是，「小的數量」這
個純然的事實，固然與「教派精神」（Sektentum）之內在的 "本質" 處
於某種密切的關聯中，但卻還不是此一「本質」本身。進一步言之，至
於與國家的關係，則 "教會" 當然也有可能跟 "教派" 一樣，都沒有國
家方面的**事實上的** "承認"：——就連在這裡，二者的之真正的區別也
存在於：對 "教會"（無論是路德宗的、改革宗的還是那天主教的教會
都一樣）而言乃是 "偶然"（Zufall）與「就其整個結構而言**違反**原則」

---

24 【譯注】將循道會的信徒分成一些「班」（每一班剛開始的時候包括 12 個、
後來 20 個成員），班長負有「倫理生活上的監督」的責任，此一制度乃是
John Wesley 於 1742 年在 Bristol 建立的。（參考：MWGI/9: 446 註解 38）

25 【譯注】請參閱 PEII[315] 與註腳 137。「小教會」指的是虔敬派信徒在共同
的禮拜之外，為了修身（Erbauung）而舉辦的小型宗教集會。

26 【譯注】柏林的大教堂，是在 1905 年 2 月 27 日舉行落成典禮的。大教堂為
威廉二世皇帝所蓋，具巴洛克風格，象徵著「皇冠與祭壇的綜合」。（參考：
MWGI/9: 447 註解 40）

27 【譯注】根據 Carroll, 1896: 225 的說法，光是在美國就有 17 個循道會的分支
了，其中「循道會主教制教會」（Methodist Episcopal Church）的成員多達
260 萬。（參考：MWGI/9: 447 註解 41）

的東西,對種種"教派"而言,卻相反地乃是某種宗教性的思想之結果
(Ausfluß)。對於所有由浸禮派之偉大的、深入民間的運動產生出來的
教派而言,"國家與教會的分離"乃是「教義上的原則」,[28] 但對於那些 *448*
激進的虔敬派的共同體(喀爾文宗式的獨立派信徒以及激進的循道會信
徒)而言,則至少是「結構原則」(Strukturprinzip)。

　　一個"教會"想要是一個"機構"(Anstalt),某種種類的為了一些
個別的人之靈魂拯救而設的神的信託基金會(Fideikommißstiftung):這
些人被**生**進了這個機構中,並且對這個機構而言,原則上都是其與"職
務"相結合的績效(Leistung)之**客體**。[29] 相反地,一個"教派"——
就這裡特別創造出來的術語而言:這個術語當然不見得會被那些"教
派"本身所運用[30]——則是由「只是在宗教上**合乎資格的個體**」所組成
的某種自由的共同體,個別的人是依據雙方的自由的決議而被**接納進**該
共同體的。宗教性的共同體生活之種種在歷史上給定了的成型,完全不
會——一向如此,這裡也不例外——簡單地作為一些例子而適應於那
「概念上的對立」。人們永遠只能問:在哪些方面,一個具體的宗派
相應於或者接近於某一個或者另一個"典型"。但那「基本思想之原則
上的對立」,卻將一再地讓自己變得是可以感受到的。「完全基於**成
年的**皈依者們之某種自由的決定的洗禮」,固然是浸禮派之特有的"教
派"性格之適當的信條(Symbol),但(例如)堅振禮(Konfirmation)
之「內在的虛偽」(innere Unwahrheit)[31]——眾所周知,就連史托克 *449*

28　【譯注】對門諾派、貴格派、普遍的與特殊的浸禮派信徒而言,就是如此。
　　請參考 PEII[349 f.] 與註腳 222 以及 [359 f.]。

29　【譯注】請參閱 PEII[349]。

30　【譯注】請參閱 PEII[349] 註腳 222。因為,他們基本上都會根據〈以弗所
　　書〉5, 27 而稱之為"教會"(die Kirche)。此外也請參考韋伯在 PEII[348 f.]
　　所使用的"信仰者的教會"(believers' church)這個名稱。

31　【譯注】在 19 世紀與 20 世紀初,人們認為有疑慮而討論著說:14 或者 15
　　歲的青年,畢竟還不是已經成熟的成年人,這時候就將信仰之事的法定年齡
　　判給他們,是否合宜。(參考:MWGI/9: 448 註解 45)

（Stoecker）也贊成將堅振禮由童年延期[32]——就顯示著此一僅僅形式上"自發的"皈依與「我們的種種"教會"的結構」之內在的矛盾：這些教會本身永遠都原則上不可能超越那絕非如此"天真的"鄉巴佬式的想法——根據這種想法，作為「神的信託之管理者」的牧師，必定比教團相信得**更多些**，而憑藉著特殊的恩典賜予（Gnadengabe）也的確做得到這一點。各"教會"的"普遍主義"，讓它們的光照著義人與不義的人：[33]唯有公開地反對它們的權威——一如這種「反對」也在聲名狼藉的與固執的「不知悔改」中將自己給表現了出來的那樣——，才會導致"逐出教會"（Bannung）。"受到揀選的少數人"的共同體，[34]作為"不可見的教會"，其存在唯有神知道。[35]相反地，對於真正的"教派"而言，其全體人員（Personalbestand）之"純淨"（Reinheit）乃是生死攸關的問題：[36]在種種虔敬派式的教派的形成時期裡，那推動性的動機經常就是一種深刻的恐懼：害怕自己與一個"被摒棄者"分享聖餐，或者甚至從一個被摒棄者、一個被任用的"傭工"（Mietling）[37]——其品行（Wandel）並未具有「揀選」的那些標記——的手中接受聖餐。"教派"

450

32　【譯注】指 Adolf Stoecker（1835-1909），他是威廉一世皇帝（Kaiser Wilhelm I）的法庭牧師，也是一位政治家、神學家。他建議將堅振禮的實踐改成三個階段：1. 國民學校結束時（亦即 14-15 歲），在上過之前的課程後，舉辦某種禮拜式的慶祝會，但尚無"聖餐權"；2. 唯有在舉辦過堅振禮者的請求下，教團才會賦予參加聖餐的權利；3. 相反地，各項「教團權利」（教父權、教會性的選舉權）則應該在上過進一步的課程並在皈依與向神宣誓後賦予。（參考：MWGI/9: 449 註解 46）

33　【譯注】請參閱〈馬太福音〉5, 45：「你們都是我們在天上的父的子女；因為，祂讓祂的太陽升起，照著惡人也照著善人，讓雨下在義人身上也下在不義的人身上。」韋伯在此以「教會」取代了「天上的父」。（參考：MWGI/9: 449 註解 47）

34　【譯注】請參閱〈馬太福音〉22, 14：「因為，受邀的雖多，選中的卻少」。

35　【譯注】關於"可見的"與"不可見的"教會在諸改革教會的語言使用中的區分，請參閱韋伯 PE[349] 與註腳 221。

36　【譯注】請參閱韋伯 PEII[298] 與 [357]。

37　【譯注】韋伯在此想到的，是〈約翰福音〉10, 12 f. 的說法：耶穌將自己比作為羊而捨命的好牧人，而單純為金錢而工作的傭工，則看到狼來了，便將拋下羊而逃走。（參考：MWGI/9: 450 註解 52）

想要是宗教上的"菁英",想要看到"不可見的教會"就展現在由"證明了的"成員組成的共同體中。[38] 對這個共同體而言,那並非在宗教上合格的人對其內在的生活的干預、從而尤其是與塵世性的掌權者們的關係,必定是無法忍受的:"人們必須服從神多於服從人"這個命題[39]——其各種不同的詮釋與解說,在某種意義下包含著西歐的基督宗教之整個的文化使命(Kulturmission)——,在此獲得了其特有的反威權式的特點。

完全根據人在其生活經營中證明了的種種宗教上的品質而對人所做的評價,必然會切斷每一個封建性的與王朝性的浪漫主義的根。對每一種種類的"受造物的神化"的厭惡,固然既非限定在那些在我們的技術性的意義下的"教派"上,但這種厭惡也不是所有以教派的方式建構了起來的共同體隨便就有的。[40] 毋寧說,這種厭惡乃是每一個就其本質而言禁欲式的宗教性(asketische Religiosität)的屬性,而在那些喀爾文宗式的清教徒那裡,則是「預定思想」之直接的結果:在這種思想之令人害怕的認真之前,塵世性的主管當局之所有的"君權神授說"(Gottesgnadentum)都必定會作為瀆神的騙局而瓦解得一無所有。[41] 但是,那種心情(Stimmung)誠然是在「教派」之就其本性而言反威權式的基地上,才獲得其最完全的成型的。如果說貴格派為了嚴格拒絕所有宮廷式的或者來自於宮廷生活的「敬畏形式」(Ehrfurchtsformen)之故,不僅將「殉難者王冠」(Märtyrerkrone)、[42] 也將日常生活上的冷嘲熱諷的那種如此遠較為沉重得多的負擔給承擔了下來的話,那麼,這一點的發生,乃是出於一種確信,確信說:唯有神應得那些「敬畏見

451

38　【譯注】關於這一點,請參閱韋伯 PEII[349]。

39　【譯注】請參閱〈使徒行傳〉5, 29。

40　【譯注】關於這一點,請參閱韋伯 PEII[266-268] 註腳 47。

41　【譯注】類似的說法,請參閱韋伯 PEII[297]。

42　【譯注】根據 Weingarten, 1868:272 的說法,在英國,從 1656 到 1658 年,有超過 3000 貴格派信徒被逮捕,1662 年更超過 4000 人。尤其在 17 世紀 50 年代的那些清教徒殖民地裡,人們對待貴格派信徒特別嚴厲:他們被逮捕入獄、刑訊或者驅逐出境。(參考:MWGI/9: 451 註解 57)

證」（Ehrfurchtsbezeugungen），將它們給予一個人，乃是對神的莊嚴（Majestät）的某種侮辱。[43] 那對國家的所有這樣的 "違反良心" 的要求之絕對的拒斥，以及將 "良心自由" 當作是個別的人對國家所擁有的絕對有效的權利的要求，是唯有在教派的基地上，才能前後一致地作為某種「實定宗教式的要求」（eine positiv *religiöse* Forderung）而加以設想的。[44] 這種要求乃是在貴格派—倫理中，最合乎邏輯地被加以奠基的，而在其種種指導原則中就包含著一點，那就是：那對某一個人而言是義務的東西，對另一個人而言有可能是禁止的，如果在前者那裡是「作為」（Tun）、而在後者那裡卻是「不作為」（Unterlassen）相應著他自己的仔細探索過了的良心的聲音（Stimme）的話。個體的自律就以這種方式獲得了某種不是在冷漠態度（Indifferentismus）中、而是在種種宗教立場中停靠著的錨地，而那針對著所有種類的「"權威式的" 任意」的鬥爭，也就成長到某種「宗教性的義務」的高度了。而個體主義在其英雄式的青年時代裡，也以這種方式，同時獲得了某種傑出的建構共同體的力量。[45] 那很容易就將自己與「倫理上的知足」給結合了起來的「"教會" 的普遍主義」，在教派那裡，則出現某種與倫理上的嚴格主義相配對的「宣傳主義」（Propagandismus）而與之相對而立：這種「宣傳主義」又再度以最合乎邏輯的方式在貴格派的倫理中，發展於下述思想中：神也有可能會將他的 "內在之光" 分給那些從未聽過福音的人：被視為那永恆持續著的、永遠不會完成的啟示之承載者的，並非種種客

452

43　【譯注】關於這一點，請參閱韋伯 PEII[352 f.] 與註腳 228。

44　【譯注】關於這一點，請參閱韋伯 PEII[312-314] 與註腳 134。此外，韋伯在 1905 年 1 月 12 日寫給 Adolf Harnack 的信中也提到了這一點：「關於美國式的自由，我的意見大不相同。…我們還不可以忘記，今日我們當中**沒有任何人可以沒有的**許多事物，我們都得感謝那些教派：良心自由以及種種最基本的 "人權"，這些人權今日乃是我們的理所當然的佔有物。**唯有激進的觀念論才有可能將這東西給創造出來。**」（MWGII/4: 422）（參考：MWGI/9: 451 註解 59）

45　【譯注】關於這一點，請參閱韋伯 PEII[261-265]。

觀化了的證書與傳統,而是在宗教上合格的個體。[46] 因此,在這裡," 不可見的 " 教會乃是比 " 可見的 " 教派**更大的**,[47] 而現在要做的事情,就是將它的跟隨者們給聚集起來:就重點而言,基督新教式的**傳教**(*Mission*)並非出自於那些正確的、與其 " 職務 " 之教區上的固定化相結合著的 " 教會 " 之種種圈子,而是由「虔敬派」與「教派」這方面所接受。[48] 在這裡,我們在本文開頭的地方所舉的那些例子,確乎顯示著:那具有教派性質的「共同體建構」的形式,會帶來哪些強大的經濟上的利益。[49] 教派本身固然是某種「就其本性而言 " 特殊主義式的 " 構作物」,——但「教派—宗教性」(Sekten-Religiosität)卻是那活生生的、並非僅僅傳統性的「" 民眾 "—宗教性」(" Volks " -Religiosität)之種種最特有的形式之一。諸教派獨力地就將「實定的宗教性」與「政治上的激進主義」給連結了起來,也唯有這些教派能夠在「基督新教式的宗教性」這個基地上,用某種強度的教會上的利益,去滿足那些廣大的群眾、尤其是:現代的工人們,一如這種強度在他們之外將唯有在落後的農人之某種「偏執的狂熱主義」的形式下才找得到的那樣。而在這一點之中,現代工人們的意義也就突出到宗教性的領域之外了。唯有他們賦予了(例

453

---

46 【譯注】關於這一點,請參閱韋伯 PEII[354 f.] 與註腳 233。韋伯根據的是 Barclay, 1701: 18-67 的說法:真正的信仰,乃是建基於神的內在的、直接的啟示,而非建基於聖經(聖經權威的相對化)。(參考:MWGI/9: 452 註解 62)

47 【譯注】關於這一點,同樣請參閱韋伯 PEII[354] 與註腳 233。根據的是 Barclay, 1701: 273 的說法:那普世性的、包括了過去、現在與未來的教會(" 普世的 " 或者 " 大公的 " 教會),也包括了那些受到 " 內在之光 " 所感染的不信神的人、土耳其人與猶太人。(參考:MWGI/9: 452 註解 63)

48 【譯注】根據 Gustav Warneck(Art. Mission unter den Heiden, protestantische, in: RE3, 13. Bd., 1903, S. 125-171, bes. 134)的說法,鼓舞虔敬派去做「世界傳教」的那些價值乃是:" 個人式的基督宗教 " 以及 " 對「實現信仰」與「活動」的渴望 "。在較早期的種種「大眾洗禮」與「印第安人傳教」之後,在 18 世紀首度在法蘭克的各基金會中,為了丹麥與哈勒地區的傳教而以講究方法的方式培訓了大約 60 個傳教士。就連欽岑多夫的兄弟教團也從事著傳教工作。稍後,在 18 世紀末與 19 世紀期間,由「覺醒運動」發起了許多「傳教協會」的建立。(參考:MWGI/9: 452 註解 64)

49 【譯注】請參閱本文 [435-445]。

如）美國式的民主那種它所固有的有彈性的結構劃分（Gliederung）以及它那個體主義式的特殊標記。一方面，那種認為「唯有那些由神賦予給個體的宗教上的資格，才會對他的靈魂拯救做出決定」、「沒有任何聖禮上的巫術，在這一點上對他有幫助」、[50]「對他而言，唯有他的實踐上的行為、他的 "證明"，才有可能會是在這方面的某種徵兆」、「他就在拯救的路上」[51] 的思想，使得個別的人在對他而言最重要的事情上，絕對地只能靠自己本身；[52] 另一方面，個體的這種「"證明著" 自己的資格」，又完全是教團之社會性的聯合的基礎。[53] 而根據 "教派" 這個模式（Schema），如今一股滲透進美國人的生活之所有角落的巨大的「社會性構作物的洪流」（Flut sozialer Gebilde）也就建構出來了。

　　誰要是將 "民主" ── 一如我們的浪漫主義者們很喜歡做的那樣 ── 設想為某種搗碎成了一堆原子的人群眾，則只要（至少）我們納入考察的是美國式的民主，便是大錯特錯的：不是「民主制」，而是「科層制式的理性主義」（der bureaukratische Rationalismus），往往會有 "原子化" 這種結果：這種結果一旦出現，透過那種人們所喜愛的「由上而下的由種種 "結構劃分" 而來的強令接受」，將無法加以排除。真正的美國式的社會 ── 而我們在這裡也恰恰想要談的，乃是人口中的那些 "中間的" 與 "下面的" 階層 ── 絕非這樣的一個沙堆，也絕非一棟每一個到來的人都找得到一些無區分地開放的大門的建築：美國式的民主，是以一切種類的種種 "排他性" 加以貫徹的，過去如此，現在亦然。[54] 最後，凡是那古老的情況還存在著的地方，個別的人都將無法取

454

50　【譯注】關於這一點，請參閱韋伯 PEII[260]。

51　【譯注】關於這一點，請參閱韋伯 PEII[279-285] 與 [296]。

52　【譯注】關於這一點，請參閱韋伯 PEII[259-265] 與 [272-276]。

53　【譯注】關於這一點，請參閱韋伯 PEII[296-298]、[321 f.]（虔敬派）、[341]（循道會）與 [357]（浸禮派與貴格派）。

54　在這裡存在著那些「意見分歧點」中的幾點，對這些意見分歧點，如果不是由於其他的一些工作而忙得精疲力盡的話，*[1] 我倒是樂意藉著這個機會，與我的朋友兼同事特洛爾區在布累斯勞（Breslau）舉辦的「福音派─社會大會」（Evangelisch-Soziale Kongreß）上所作的那場演講進行論辯。*[2] 在

這個地方,我只想略提一下:在他那裡 *[3] (一如在如此多的其他人那裡那樣),那經常性的對"保守的"與"貴族制的"的等同化,將會導致許多可爭辯的論點。至於「這二個概念完全不是同一的,而是完全由於今日的歷史上的局勢之故而在我們這裡、在德國才往往如此經常地被等同化了起來」這一點,在我看來乃是無可爭議的。在多於一個意義下,恰恰是那前所未有的"最保守的"構作物,乃是一個"完全的"民主制,而與之相對地,社會上的、經濟上的與政治上的分化,則展現著某種具有革命性的發展歷程。此外,在我看來,在特洛爾區那裡 *[4] (以及在許多其他人那裡),關於"貴族制"與"民主制"這二個語詞的語言使用,也太過未加分化了:如果人們簡單地將貴族制設定為=「某一人群體(Menschengruppe)之社會上的排他性」的話,那麼,這麼一來,人們首先就應該區分開:是否「歸屬於該群體」之歸屬性,是與個別的人的種種個人性的品質或者貢獻(預定、在宗教上的、生意上的、運動上的、"人性上的"等等方面的"證明")相連結著的,還是:是否以世襲的方式流傳下來的社會性的階層而應該歸給他的種種資格標誌,或者他的祖先們的那分配給他的社會性的地位等等、等等,簡言之:是否——並非「個人的品質」(die Qualität der Person),而是——其地位(Position)構成了那排他性的群體。當我們談到"貴族制"時,我們往往會想到的,乃是這後一個標誌,——仔細看來:實在有夠奇怪!因為,這裡所談的某種「在個人上最好者們的共同體」(Gemeinschaft persönlicher ἄριστοι)*[5],絕非像是在那另一種的、美國式的"民主"之種種為人所接受了的排他性所固有的形式那裡那樣。在那邊,甚至種種百萬富翁俱樂部都還不一定是某種例外,人們可以很容易就注意到:在我們這裡,人們一直要到"暴發戶"的孫子,才會賦予「血的祝聖」(die Weihe des Blutes),相反地,真正的美國人所重視的,並非「百萬」與那在「百萬富翁地位」的人,而是「懂得去掙得百萬」的人。*[6] 因此,如果人們想要——一如特洛爾區也這麼做了的那樣——探討基督宗教對"民主制"與"貴族制"的態度的話,那麼,除了建立在通常與「民主制」相對立的「貴族制」概念上的"民主制"這個語詞之種種極為不同的意義之外,首先確乎應該將"地位的—"與"品質的—"貴族制給明確地區分開來,但"保守"這個概念則首先應該仔細地與之保持距離。【譯注】*[1] 在 1906 年夏初,韋伯主要忙於〈俄國之過渡到假象憲政主義〉(Rußlands Übergang zum Scheinkonstitutioalismus)一文的寫作與付梓。這篇長篇大作,收入 MWGI/10: 280-684。韋伯當時的詳細情況,請參考該文的編輯者報告(MWGI/10: 282 ff.)。*[2] 這裡所提到的,是特洛爾區(Ernst Troeltsch)於 1904 年 5 月在布累斯勞的「福音派—社會大會」上所做的一個報告:〈基督宗教的倫理學與今日的社會〉(Die christliche Ethik und die heutige Gesellschaft)。(參考:MWGI/9: 454 註解 71)*[3] 特洛爾區認為,"保守主義"乃是一項"倫理上的—政治上的原則":這項原則不同於「民主制的原則」,並不預設「原則上的平等」,而是預設著人與人之間的那種「永遠無法根除的不平等」。在此所涉及的,並非種種給定了的權威之絕對的維持,而是「權威原則」一般。因此,特洛爾區認為:保守主義的原則基

455　得其生存的基礎，無論是在大學、還是在社會生活中，都是如此，如果他不能成功地通過投票而加入某一個**社會性的團體**（Verband）——以前幾乎總是教會性的團體，今日則是某種其他種類的團體——並在其中**維持下去**（*behaupten*）的話。而在這些團體之「內在的獨特性」中，那古老的"教派精神"（Sektengeist）以不講情面的前後一致而支配著。這些團體都是一些"人造物"（Artefakte），用藤尼斯（Ferdinand Tönnies）的術語說：都是"社會"、而非"共同體"。[55] 這就是說：它們既非建基於種種"心的"—需要，也不追求種種"心的價值"（Gemütswerte）；當個別的人使自己加入社會性的群體時，他所尋求的，乃是要維持**自己本身**（*sich selbst* zu behaupten）；沒有那種無差別的、農民的—植物性的"和氣"（Gemütlichkeit）——德國人相信，沒有這種「和氣」是無法維護住任何共同體的。「社會化」之冷靜的**切事性**（*Sachlichkeit*），促進著將個體精確地安排進群體的目的活動中——無論這個群體是足球俱樂部還是政黨——，但對於個別的人而言，這種「切事性」卻絕非意味著那種經常性地擔心自己的自我維持（Selbstbehauptung）的必要性之減

456　少：相反地，恰恰**內在於**該群體中，在伙伴們的圈子中，「去"**證明**"自己」（*sich zu "bewähren"*）這項課題，才會真正向他提出來。也因此，個別的人所歸屬的社會性的團體，對他而言，絕不會是某種"有機的東西"、某種神秘地漂浮在他上面並將他也包括了進去的「全體存有者」（Gesamtwesen），而毋寧總是完全地意識到，它是某種為了他自己的

本上就是貴族制的原則，只不過是就「政治上的—社會上的意義」理解「貴族制」而已，亦即：「貴族制」意味著「個別的人與個別的階層之由差異中以及由鬥爭中成長起來的、持續繼承下來的權力。（參考：MWGI/9: 454 註解 72）*[4] 特洛爾區認為，「貴族制」的根基，基本上是在地產。（參考：MWGI/9: 454 註解 73）*[5] "ἄριστοι" 是希臘文名詞 ἄριστος（áristos）的複數，意思是："最好的人"、"最高貴的人"、"最高尚的人"。*[6] 請參閱韋伯 PEII[408] 註腳 345。

55　【譯注】德國社會學家、經濟學家、哲學家藤尼斯（Ferdinand Tönnies, 1855-1936）於 1887 出版的一部重要著作，書名就叫做「共同體與社會」（*Gemeinschaft und Gesellschaft*）。韋伯在 1909 年 8 月 29 日寫給 Tönnies 的一封信中，表達了他對這本書的批判性意見。（請參閱 MWGII/6: 237-239）

種種物質上的或者觀念上的**目的**而設的機制（Mechanismus）。就連那些最高的社會性的團體（Körper）也都是如此：在與這些團體的關係中，現代的美國人的那種典型的“毫無敬意”（Respektlosigkeit），[56] 是如此強而有力地將自己給表現了出來：匯票貼現 [57] 是一項業務（business），而將種種處分（Verfügungen）寫進種種國家性的卷宗裡也是一項業務，並且後者並未由於任何的“祝聖”（Weihe）而與前者區別了開來。並且：“這樣也行！”——一如那些公正的德國官員，當他們認識到那為美國的官員們所完成的、並且對於我們的眼睛而言是在「大城市式的貪污腐敗」、「政黨的熙熙攘攘」以及「虛張聲勢的隱藏」下進行的 [58] 傑出工作時，非常經常地都會懷著很大的驚訝而加以承認的那樣。

的確：北美的民主式的性格是受到其文化之**殖民地的**性格所制約的，因而顯示著某種隨著這種殖民地性格的減弱而一起減弱的傾向。並且，除此之外：就連在那些我們在這裡所評論的美國所特有的特性中，也有一部分是由對人以及所有的人力所創製之物（Menschenwerk）之冷靜的、悲觀主義式的評斷——這種評斷乃是清教之所有的、包括那些“教會式的”成型所特有的——所決定的。然而，那意味著「個體的對外幹勁（Tatkraft nach außen）的發揚之某種最大限度」的「個體的內心世界上的孤立化」的那種與「個體在建構具有最穩固的團結一致與某種最大限度的衝擊力（Stoßkraft）的能力」的連結，在其最高的潛能（Potenz）上，則首先乃是在「教派建構」的基地上成長起來的。

457

我們這些現代的、在宗教上“沒有音感的”人，實在很難去想像或甚至只是單純地去相信：在那些諸現代的文化民族之種種性格被鑄造成

56　【譯注】關於這一點，請參閱韋伯 PEII[353] 註腳 228。

57　【譯注】在購買尚未到期的匯票（有價證券）時，在「購買日」到「到期日」這段期間的利息以及「貼現手續費」將會被扣除，這叫「貼現」。

58　【譯注】美國的政府體制乃是建基於所有層次（聯邦、各州、鄉市鎮）上的「政黨分肥制」（選戰勝利后，將種種政府職位分與黨員的制度），加上沒有取得專業資格的官僚階層，因此很容易產生貪污腐敗的現象。（參考：MWGI/9: 456 註解 79）

型的時期裡，這些宗教性的環節承擔著哪一種巨大的角色：在當時，那為了 "彼岸" 的憂慮（Sorge），對人們而言乃是世上的一切中最實在的東西，而此一角色則使得一切都黯然失色。[59] 我們的命運乃是、並將始終都是：出於為數甚多的歷史上的原因，那場宗教上的革命，當時對於我們德國人而言，意味著某種的「發展」：這種發展並非對「個體們的幹勁」、而是對「"職位" 的光環」（Nimbus des "Amts"）有好處，並且：與此緊密相聯的，乃是某種處境的產生：這種處境——因為那宗教性的共同體還是跟向來一樣作為 "教會"、作為「機構」而存在著的——**勢必**會將所有對於「將個別的人從 "權威" 中解放出來」的追求、將所有在最廣義的意義下的 "自由主義"，都驅趕上那種對種種宗教性的共同體都懷有**敵意**的軌道上，並同時由自由主義本身中，將「建構共同體的力量」的發展給扣留了下來：這種發展——除了其他種種歷史上的因素之外！——**也**是由那在所有這些關係上如此完全不同種類的盎格魯薩克遜的世界中的 "教派精神"（Sektentum）這個學校所提供的。當然，就算有人想要，這種發展今日在「宗教性的共同體生活」這個領域上，也是無法 "補上" 的。今日的那些 "自由教會"（Freikirchen）[60] 將不會想要、也無法成為任何的 "教派"。此外，某種取向於歌德的 "教養宗教"（Bildungsreligion），同樣也是——一如每一個、並且恰恰是某種自由主義式的神學那樣——與真正的教派絕對地對立著的。的確，就連那些教派也逃脫不掉某種自己的神學的發展。但真正的與前後一致的 "教派" 所抗議的，卻再也沒有比對「重視對宗教性的東西進行深奧的分析」的抗議，更加激情的了。使得「對教團的領導」具有正當性的，

458

59　【譯注】關於這一點，請參閱韋伯 PEII[245] 與 [424]。

60　【譯注】在德國，「自由教會」指的乃是某種建基於「自願原則」上的、獨立於國家與各邦的基督教會的自主的教會。例如，在普魯士，這就是那抗拒「路德宗與改革宗之邦教會上的聯合教會」的 "福音派—路德宗式的教會"（亦即所謂的 "舊路德宗"）：此一教會，是在 19 世紀 30 年代產生出來的。其他地方（如：拿騷、巴登、黑森與漢諾威）也都有類似的「自由教會」。（參考：MWGI/9: 458 註解 84）

乃是「**人格之在宗教上的合格**，而不是某種深奧的知識，——特屬的基督新教式的教派之所有的變種，都曾為此一基本原則而鬥爭過；因此，例如克倫威爾的那些“聖徒們”的鬥爭，最終就直接尖銳化成為一場針對著神學、針對著“職位”、針對著承載著該“職位”的“什一稅”，並且藉此而針對著那些在政治上與精神上有教養的「有閒階級」（leisure classes）以及尤其是各大學的那些經濟上的與觀念上的基礎的戰爭。[61] 而身為“現實政治家”（Realpolitiker）的克倫威爾，在這一個點上卻必須與「他的人」（den Seinen）分離開來，則是在他的畢生事業中的悲劇性的、內在的斷裂。因為，這件事情意味著：他將那些宗教上的公設，拿來在種種**在宗教之外**的政治上的與精神上的**文化價值**上加以衡量。也因此而有了他臨死前的那句名言，說他**曾經**“佇立在恩典中”過。[62] 但對下面這件事情，卻是不容許有任何幻想的，那就是：就連今日針對著教派之“狹隘”與“費解”（Abstrusität）而發的所有論證——我們可以從「普世主義式的福音派的“教會”的理想」的那些最好的與“最現代的”、在教義上最不受約束的代表那裡，聽到這些論證——所意謂的，完全都是同一件事情：對它們而言，那起決定作用的，都是文化價值，而不是種種真正的宗教性的需要。

　　我在這裡，絕對不是在對「“教派”—宗教性」本身做出某種“價值判斷”。那些在文章開頭所用到的例子，一如每個人都會承認的那樣，

459

61　【譯注】1653 年初以來多數由在宗教上與政治上較為激進的獨立派信徒所組成的所謂的 “聖徒們的議會”，1653 年 12 月 2-12 日討論是否廢除主要用來支付薪水給神職人員與各大學的什一稅，想要以這種方式解除那些招人白眼的神職人員的職位。12 月 10 日，議會以 56 票對 54 票決議：神職人員中的那些 “不適任的與令人反感的成員，應加以取代”，但什一稅則加以保留。為了讓這些決議不發生作用，處於劣勢的少數便想辦法要取消國會。這麼一來，權力便落回到克倫威爾的手中了：他在 1653 年 12 月 16 日被宣告為「護國公」（Lord Protector）。（參考：MWGI/9: 458 註解 86）

62　【譯注】根據 Hoenig, 1887-1889/III-4: 366 的說法，克倫威爾在死前曾與他的神職人員說：「請您告訴我，“掉落到恩典狀態之外”是可能的嗎？」牧師回答說：「這是不可能的」。於是克倫威爾說：「在這種情況下，我感到很平靜，因為我知道，我曾經在其中過」。（參考：MWGI/9: 459 註解 87）

都絕非如此地加以選擇的，以致於它們在且為己地就必定會喚起你們的好感（Sympathie）。這些例子毋寧更可能會加強那在德國這裡面對 " 清教 " 時的全國流行的信念，相信清教基本上就一直是、並且今日還是全然的 " 偽善 "。然而，趁這個場合去與這種愚蠢的想法進行鬥爭，並不是我的意圖；我的個人性的觀點倒是：**無論在哪裡，也無論以什麼方式**，只要那些強烈的宗教性的意識內容，已找到了或者將會找到外在的社會性的形塑，並且如今——無論這些意識內容是否知道或者想要——還將自己與種種政治上的、經濟上的與 " 社會上的 " 利益給混雜在一起了，則在那個方面，在完全相同的程度上，到處曾經是、並且也將會是 " 用水煮 " 的（"mit Wasser gekocht" wird）：只不過，人們今日很喜歡忘掉的是：並不是只用水。[63] 如果是視 " 評價 "（Bewertung）而定的話，那麼，我們倒是要好好問一下：對那個並未將種種 " 宗教上的 " 內容與「這樣的種種審美上的黃昏—心情（Dämmer-Stimmungen）之形式性的、心理學上的品質」給混淆了起來——一如人們今日非常喜歡透過音樂上的與視覺上的神秘化（Mystifizierung）去達到這些內容的那樣——

460 的人而言，（例如）那「貴格派信徒之 " 冷靜的 " 聚會——這種聚會至少是將宗教上的「在一起」之 " 所做出來的 " 與 " 所想要的東西 "（das "Gemachte" und "Gewollte" des religiösen Miteinander）降到某種最低限度上了，並且往往就只存在於深刻的靜默與沉思中[64]——，是否必定是 " 禮拜 " 之最適當的形式。必定！——因為，一般而言我們畢竟可以說：就連當 " 現代的 " 人在具體的情況中真的（或者，有時候：只是誤以為的）具有宗教上的 " 聽覺 " 的時候，他無論如何都畢竟絕對不是任何 " 宗教性的共同體存有者 "，並且**因此**往往是為 " 教會 " ——對這「教會」，如果他不想要的話，他將不會注意到任何東西——，而不是為某種種類

63　【譯注】韋伯在此完了一點文字遊戲。Es wird überall mit Wasser gekocht 這句話直譯是：到處都是用水煮的，意思是「到處都一個樣」、「其他地方也沒多好」，因此，如果「不只用水」（如：加了鹽巴），就不太一樣了。

64　【譯注】關於這一點，請參閱韋伯 PEII[358]。

的"教派"而生的。但我們卻不應該真以為：**此一環節**——結合著那絕對的、只探問對於"正確的"國家公民而言常見的與可取的東西的冷漠態度（Indifferentismus）——正是在所有可以預見的將來中都有利於"邦教會"（Landeskirche）、[65] 並且不僅有利於它而是有利於"教會"一般的東西。

在這裡，為了避免種種可能的誤解，我想補充說：我絕非不知道，就連某種高度意識形態性的「邦教會理論」，在種種真正的宗教性的觀點下——恰恰是由個體及其種種體驗之絕對的非理性出發並朝著下述結論前進著，亦即：某種就某些特定的「信仰與行動的標誌」而作為"協會"（教派）而達成協議的聯合，乃是違反「宗教性事物」之固有的本質的——，確乎是非常可行的。該「邦教會」（Landeskirchentum）之內在深處的不正直——一如我們甚至在那些主觀上充滿無可置疑地認真的改革熱情的革新者（如：當時的斐特烈威廉四世[66] 以及現在的史托克（Stoecker）[67]）那裡找到代表的那樣——，的確並非就其自身而言就已

461

---

65 【譯注】這裡指的是各邦的「邦教會」（或者：國家教會）：直到 1918 年，各邦邦主（君主）都同時兼任「最高主教」（Summus episcopus）。「邦教會」在公法上享有許多特權（所謂的「君主式的教會體制」）。（參考：MWGI/9: 460 註解 89）

66 【譯注】菲特烈·威廉四世（1795-1861; 1840-1861 為普魯士國王）站在基督新教的這一邊，贊成進行改革討論，但卻拒斥種種民主式的思想。在 1846 年的聖靈降臨節，普魯士的所有省分的福音派邦教會的全邦宗教代表會議得以舉辦，並試圖限制「教會監理會權力」（Konsistorialgewalt）而推動某種長老式的—宗教代表式的制度。但國王卻讓某種「上宗教監理會」設立了起來。後來的發展結果是：「宗教事務部」的「福音派司」被轉型成了一個直屬君主的獨立的教會部門。（參考：MWGI/9: 461 註解 90）

67 【譯注】德國福音派神學家與政治家史托克（Adolf Stoecker, 1835-1909），屬於社會—保守的基督新教，致力於甚多的教會性與教會政策性的活動，目標是想要透過對「民眾的恪守教規性」（Volkskirchlichkeit）的增強而使社會"再基督教化"。因此，他致力於推動某種獨立於國家的、具有長老式的—宗教代表式的體制的教會，並於 1890 年建立「福音派—社會大會」（Evangelisch-Sozialer Kongress），並在與「社會自由的基督新教」發生許多衝突之後，參與了「自由的教會—社會會議」（Freie Kirchlich-soziale Konferenz）的建立。（參考：MWGI/9: 461 註解 91）

經存在於「邦教會本身」這個 " 概念 " 中了，而是：它存在於那非常天真且強而有力的 " 蛇的聰明 "（Schlangenklugheit）[68] 中：這種「聰明」，為了那設定了的、**排他性的**、" 篤信的 " 教會，如今畢竟就連「對文化預算的壟斷權」以及 —— 這一點更加重要，因為：這些物質性的潛能（Potenzen）恰恰在這裡絕不會做出決定 —— 在國家性的與社會性的生活中之「**世界性的特權化**」（*weltliche Privilegierung*），也都 " 當作必須付出的代價而吞了下來 "，並且在這麼做了之後，畢竟 —— 正因為它（儘管有其 " 排他性 "）乃是、並且想要是 " **教會** " —— 在其對那些在這 " 世界 " 中享有特權的階層之種種宗教性的要求上，維護著那種伊拉司徒主義式的 " 知足 "（erastianische "Genügsamkeit"）：[69] 例如，史托克在對他的時代的毛奇（Moltke）所發表的種種意見中，就以非常經典的方式，將這種「知足」給表現了出來。[70]

462　　但在我看來，以上所說的，儘管如此還是不僅適用於對「客觀上 " 真正的 " 基督宗教的改革熱情」所做的種種這樣的漫畫（Karrikaturen），而是也適用於那些 " 有學識的人 " 今日對**在經驗上給定了的邦教會**（Landeskirchentum）一般的態度。但藉此我卻不想要 —— 而在我看來要緊的，也就是要將此一可能的誤解給排除掉 —— 被如此地加以理解，好像說我相信著：所有那些將他們的畢生事業放在服務於一個 —— 理想的 —— 邦教會的人，都只能夠由某些外在於宗教的文化價值出發，去獲得此一職位：這跟我非常清楚的種種事實，並不相符。但這麼一來，

68　【譯注】典出〈馬太〉10, 16。

69　【譯注】Thomas Erastus（1524-1583）是海德堡的醫學教授與普法爾茲選侯國改革宗的教區委員（kurpfälzisch-reformierter Kirchenrat）。他以 " 知足 " 形容教會受到國家當局管轄的從屬關係。這種想法，因而在英國被稱為 "Erastism"。（參考：MWGI/9: 461 註解 92）

70　【譯注】在 1877 年的 Berlin-Cöllner 專區宗教代表會議（Kreissynode）上，人們爭論著是否要廢除「使徒信經」（das apostolische Glaubensbekenntnis）。史托克強力反對廢除。後來在回顧這件事情時，他說：「我當時就提到這位將軍是一位積極的基督徒，並以完全的確信說：毛奇相信著」。後來，當毛奇的「道德的或者自然神論式的觀點」為人所知時，史托克感到大失所望。（參考：MWGI/9: 461 註解 93）

對某種由「宗教性的人格之非理性」出發的觀點而言，羅特（Rothe）的"在某種最小限度的教會下的最大限度的宗教"[71]（Maximum von Religion bei einem Minimum von Kirche），畢竟確乎將是無法擺脫的結果，——而這一點，與教派的種種思想一起，對於社會性的生活之宗教上的滲透而言，便產生了許多"由下而上"的結果：在我看來，這些結果是再清楚不過的了。

71　【譯注】這個說法見於 Richard Rothe 的 *Theologische Ethik*, 3. Bd., 2. Aufl., Wittenberg: Hermann Koeling 1870, S. 183 f.，但並非逐字引用。韋伯很可能是由特洛爾區那裡得知此一說法的（參見：Ernst Troeltsch, *Richard Rothe. Gedächtnisrede* [...], Freiburg i. B., Leipzig und Tübingen: J. C. B. Mohr (Paul Siebeck) 1899, S. 39）。特洛爾區是這麼說的：「正如社會主義者們在相同的黑格爾式的方法的基礎上，將種種的壟斷與集團當作是市民社會朝向社會主義社會的過渡那樣，羅特也將種種邦教會看成是一些過渡形式：這些過渡形式，將會導致那在內心世界裡具有宗教靈魂的民眾生活，導致將國家當作是完美的共同體而進行宗教上的倫理生活的形塑，只不過，在這種情況下，我們不可以忘記：他認為，直到人類之完全的道德化——而這也就是說：直到基督的再臨——，某種"最小限度的教會"是不可或缺的。」（參考：MWGI/9: 462 註解 94）

對前面的那些 "評論" 的一些批判性的評論 [1]

　　感謝我的二位編輯同仁，同意讓前面的那些論述付梓。[2] 因為，一篇批判（Kritik）就算再怎麼充滿誤解——而我相信，前面的這篇批判就是這樣——，它還是總會顯示出：在那些受到批判性的探討的哪些點上，**有可能**會產生種種誤解，而這些誤解乃是作者——無論他自己有沒有過錯——並未充分地加以預防了的。

　　當然：對於我這位批判者先生所提出來的幾乎所有異議，我都必須拒絕我這方面有什麼過錯，而對於某些異議，則我也必須為一個細心的讀者，拒絕產生某種誤解的每一個可能性。——我（XX. S. 15）[3]

478

1　【譯注】本文是韋伯 PE 發表後，針對費雪（Fischer）於 1907 年投稿到《文庫》的評論文章而發的第一篇反批判文章。費雪的文章的標題是：Kritische Beiträge zu Prof. M. Webers Abhandlung: *"Die Protestantische Ethik und der Geist des Kapitalismus"*。這個標題或可譯成：〈對韋伯教授的論文："基督新教的倫理與資本主義的精神" 的一些評論〉。費雪在文中明白說：「以下這些評論（kritische Beiträge）的目標，是要為那被提了出來的問題之解決，做出一點微薄的貢獻（einen bescheidenen Beitrag zu liefern）。」（MWGI/9: 469）由於 Beitrag 這個德文語詞及其複數形 Beiträge 同時有「文章」與「貢獻」的意思，許多以 Beitrag 或者 Beiträge 開頭的文章往往有想要為某個議題或問題作出貢獻（進一言、論…）的意思，因此，韋伯直接在這篇評論文章後面，附上了自己的評論，並且將 Kritische Beiträge 安上了他慣用的「""」引號，多少有一語雙關的諷刺意謂，想要讓人聯想到「批判性的貢獻」。也因此，我在碰到有此聯想可能的地方，將附上德文。

2　【譯注】《文庫》的「二位編輯同仁」，指的是雅飛（Edgar Jaffé）與宋巴特（Werner Sombart）。這裡所說的「同意」，很可能只是口頭上的。由於韋伯的評論是直接放在費雪的文章之後的，因此「前面的那些論述」指的就是費雪的文章。

3　【譯注】請參考韋伯 PEI[146 f.]。

明明是用「"精神"之間的對立」——該「精神」就在那些我的批判者所引用的一方面是福格（Jakob Fugger）的、另一方面則是富蘭克林（Franklin）的名言中，將自己給表現了出來——加以操作的，他卻讓我在二者中都同樣地發現該"精神"。[4] 我明明將富蘭克林（XX. S. 26）當作是許多不同的例子[5]之一加以使用，藉以說明：那個我特別（ad hoc）將之命名為"資本主義的精神"的東西，並非單純地依附在「經濟**企業**的形式」（Form des Wirtschafts***betriebes***）上，但這位批判者卻讓我將富蘭克林的心志（Gesinnung），時而當作是與資本主義式的"精神"不同的、時而當作是與之同一的加以處理。我明明（XX. S. 36）[6]花了相當大的心力**去證明**說：那**所有**基督新教的民族自從種種聖經翻譯以來就都共同擁有的、但卻為**所有**其他民族所沒有的染上了倫理色彩的"Beruf"概念（並且因此也包括那相應的語詞意義），在對我的探究而言具有決定性的那個點上，乃是宗教改革的某種「**新創造物**」（*Neu*schöpfung），但我的批判者先生卻認為說：路德在此一新創造物那裡，應該是附和著"在民眾中廣為流傳的語詞"的，——當然無法嘗試為此一"廣為流傳"提出任何一項**事實**。當然，語文學上的發現隨時都可以糾正我的種種結果。但在面對當前的「材料的狀況」時，對「對立面」之純然的主張，卻畢竟不是什麼「糾正」。

479

　　我明明甚至進一步地嘗試過了，要以詳細的方式去奠立一點，那就是：在「路德宗式的宗教性」這個形式裡的"職業"－思想（"Berufs"-Gedanke）是、並且為什麼始終都是特別**不同**於該想法在基督新教之種種"禁欲式的"形式內部作為資本主義式的"精神"之整合性的組成部分所採取的那種成型（Ausprägung）的，——我的批判者先生卻將這個

4　並且此外還僅僅在這二句名言中。人們確乎將會向我承認說：在頁 18-35（同前揭書）＊上，我還提供了更多的一點東西，去（當然，儘管一切都只是暫時性的）闡明該概念。【譯注】請參考韋伯 PEI[151-177]。

5　關於那恰恰相反的情況，請參考（例如）XX. S. 28 的那些說明。＊【譯注】請參考韋伯 PEI[166 f.]。

6　【譯注】請參考韋伯 PEI[178-190]。

我自己的結論（這個結論的確構成了我那些文章的一個基本思想），當作異議來反對我的——一如他自己所說的——“觀念論式的歷史詮釋”，說是這種歷史詮釋想要由路德導出資本主義。我明明（XX. S. 54）斷然地拒斥了下述這種“愚蠢的”論點的可能性，說什麼：**單單宗教改革就創造了資本主義式的精神“或確乎甚至”那資本主義本身（作為經濟系統）**，因為，資本主義式的生意經營（Geschäftsbetrieb）之種種重要的**形式**，的確都遠較宗教改革古老，——我仍然還是逃脫不了「親眼看到我的批判者，在引證我的朋友宋巴特的情況下，引用後面的這個完全無可置疑的事實來**反對我**」的命運。並且，我明明以最明確的方式**針對**「利用我所採用的那些歷史性的關聯去建構某種“觀念論式的”（我在 XXI. S. 110 說的是：“精神主義式的”）[7]歷史詮釋」做出了反對，我的批判者先生卻仍然不僅在剛剛提到的那些評論中，將這樣的一種歷史詮釋歸罪給我，而是：他甚至在另一個地方提出了一個問題：我是否將「再洗禮派式的倫理的轉變」，想像成某種“在黑格爾的意義下的邏輯性的歷程”，[8]並再度以我自己在相關的地方（XXI. S. 69）[9]確乎對每一個人而言都足夠清楚地說過了的那些事物，當作他的觀點而對我提出異議。如果說我在那裡（並且更常地）對於「再洗禮派式的生活心情

480

7　【譯注】韋伯用的德文是“spiritualistisch”，請參考韋伯 PEII[424]。

8　不言而喻地，用我自己的話說：再洗禮運動的那根源性的、部分末世論式的、部分狂熱式的、部分反政治式的倫理之轉型（Umgestaltung），乃是“對世界的適應”（Anpassung），完全就像在原始基督教那裡那樣。*[1] 這一點早就是眾所周知的了，而我自己也曾經足夠清楚地談到了這一點。*[2] 但卻畢竟不是：對**資本主義**的適應。再洗禮運動對這個“世界”之具有決定性的首次的“適應”，就重點而言，乃是在那些（例如：Friesland）*[3] 在**資本主義式的發展上深受環境影響**的地區。【譯注】*[1] 韋伯在 PEII[361] 註腳 242 談及“某種本來是**逃離世界式**的禁欲的**調整**（Akkommodation）”；與原始基督教的比較，則請參考 PEII[351]。*[2] 請參考 PEI[159 f.]。*[3] 這裡的 Friesland 有可能是指荷蘭的 Friesland 省，也有可能是指伯爵領地 Ostfriesland。無論如何，在 Friesland，各門諾派教團自 1530 年左右就紛紛建立起來了，而自 1550 年起，許多佛蘭德斯的浸禮派信徒也逃到了 Friesland。（參考：MWGI/9: 481 註解 23）

9　【譯注】指韋伯 PEII[358 f.]。

（Lebensstimmung）之流入於 "世界" 中」所給出的那個說明——眾所周知：這種說明在其他跟那些事物在這一點上相類似的教派（例如：許多一般而言是生活在完全不同的經濟性的條件下的俄國的教派）[10] 那裡的經驗，是完全相應的——，在他看來顯得並不清楚，則我將不會覺得自己有什麼過錯。[11]

481

　　如果我的批判者先生假定說：我寫這些文章，只不過是要說明種種宗教信仰上的情況與種種經濟上與社會上的階層之今日都還可以注意到的那些關聯，則我相信，我也不需要為此負責。我明明（XX. S. 23 並且更常）[12] 非常斷然地強調說：今日的這種建立在機械性的基礎上的資本

10　【譯注】韋伯在這裡想到的，乃是那些 "理性主義式的"、獨立於俄羅斯正教會的教派分裂（Raskol）而產生的教派，而非那真正的「教派分裂」。在這方面，請參考韋伯的 Zur Lage der bürgerlichen Demokratie in Rußland（MWGI/10: 164 f., Fn.42）：「俄國的那些理性主義式的教派之經濟上與政治上的倫理與清教的親和性，…Leroy-Beaulieu 與其他一些人都注意到了。但至少在那在數量上最重要的部分、在真正的 "Raskol" 那裡，種種在 "內在於世界的禁欲" 的獨特性上的深刻的差異，都是與清教相對立的。」Leroy-Beaulieu 指的是 Anatole Leroy-Beaulieu（1842-1912），是法國的政治評論家與歷史家，專長為俄國史。韋伯讀到的，應該是 1890 年出版的德譯版 *Das Reich der Zaren und die Russen*，尤其是 S. 356 f., 366-378。（參考：MWGI/9: 480 註解 16）

11　只有在一個個別的點上，一個——當然很容易就可以作為這樣的東西而辨認出來的——印刷錯誤，確乎至少也起了作用。頁 69 同前揭書 *[1] 對那些再洗禮者是這麼說的：「當然，這種 "期盼" 的結果有可能流於種種歇斯底里的狀態、預言，並且…在某些狀況中，甚至流於狂熱的改革熱情之某種爆發——一如這一點在那在敏斯特（Münster）被消滅掉了的流派那裡的情況那樣。」一個打印錯誤將 "hysterische Zustände"（種種歇斯底里的狀態）印刷成 "hysterischen Zuständen" 了。*[2] 然而，在我看來，「這是一個印刷錯誤」這一點，該語句本身的意義、以及進一步地接著的種種論述，應該一眼就可以看出來了：——人們要怎麼設想某種 "Harren in hysterischen Zuständen"，——這種「期盼」，一如作者向我提出的異議那樣，與那冷靜的職業勞動處於對立關係嗎？【譯注】*[1] 請參考 PEII[358]。*[2] "hysterische Zustände" 與 "hysterischen Zuständen" 是德文中「受格」與「與格」的差別，印刷錯誤的 "Harren in hysterischen Zuständen" 將意謂著：在種種歇斯底里的狀態中期盼著；而正確的表述 "Harren in hysterische Zustände" 則意謂著該「期盼」轉變成了種種歇斯底里的狀態。

12　【譯注】請參考 PEI[159 f.]。

主義——這種資本主義將波蘭勞工進口到西發利亞，[13] 將苦力進口到加
州——與該問題的關係，乃是絕對不同於早期的資本主義的。極為明顯
地（XX. S. 24），[14]「儘管這一切，我們甚至到今日都還可以注意到各
種不同的宗教信仰在經濟性的行為上的種種差異，並往往公開地被討論
著」的這個情況，只不過為我提供了連接點和動機，使我有理由提出下
述問題：宗教信仰與經濟上的行事作風（wirtschaftliches Gebaren），在
資本主義的早期，彼此之間有可能會是處於什麼樣的一種關係中？

　　至於「這二種文化成分，就連在當時也並非彼此處於某種"法則性
的"依賴的關係中，——如此這般，以致於凡是存在著 x（禁欲式的基
督新教）的地方，亦將毫無例外地有 y（資本主義式的"精神"）」，
——這一點對於這種種類的「種種歷史上複雜的現象彼此之間的因果上
的鍊結（ursächliche Verkettung）」而言，乃是先天地就理所當然的。[15]
而光是就主題而言，我的批判者先生關於荷蘭的資本家們的那些評論，
根本就是完全不切合實際的：「某些特定的城市新貴階層收購騎士封地
的過程」，就連在那裡也是典型的（XXI. S. 103），[16] 而關於荷蘭的發
展的那些（在本探究的後續進展中還會夠更進一步去加以談論的）[17] 決

482

483

13　【譯注】韋伯曾在 PE 中、特別是在 PEI[136 f.] 與註腳 27 中，提到少數民
　　族在陌生的環境中的勞動勤奮，但並未舉出這裡的例子。由於勞動力短缺，
　　波蘭人的勞工很受西伐利亞（Westfallen）的礦業歡迎。（例如，1905 年在
　　Recklinghausen 就有 42% - 45% 在礦業中工作的人是來自東方的普魯士各省
　　的，在 Wattenscheid、Gelsenkirchen、Herne 等地區的情況也類似，有時候甚
　　至超過 50%）。（參考：MWGI/9: 481 註解 20）
14　【譯注】請參考 PEI[160 f.]。
15　人們有可能會將下述評論（XX. S. 8）*[1]——："**無論喀爾文宗是在哪裡出
　　現的**"，它都顯示著「強烈的虔誠」與「資本主義式的營利欲」的同時發生
　　（Zusammentreffen）——當作是唯一的一個粗心的表述，向我提出異議。我
　　在那個句子那裡想到的，乃是 Gothein 在那個我馬上就會為此而加以引用的
　　地方也談到了的那種「離散—喀爾文宗」（Diaspora-Calvinismus）。*[2]【譯
　　注】*[1] 請參考 PEI[135]。*[2] 請參考 PEI[136] 與註腳 25。
16　【譯注】請參考 PEII[414] 註腳 355。
17　【譯注】韋伯這裡指的，很可能是當時計畫要寫的 PE 續篇。韋伯甚至為此而
　　於 1907 年夏天尋訪了一些荷蘭的圖書館。（參考：MWGI/9: 683 註解 31）

定因素，我已經（XX. S. 26, XXI. S. 95/96）做了一些（當然只是非常暫時性的）評論，[18]——而我的批判者先生卻同樣也部分地當作異議而向我提了出來。關於某些特定的宗教性群體在早期資本主義的時代[19]裡對於下萊茵地區的發展的意義，我應該還會在我的陳述的續篇中談到。此外，容我提醒："改革宗的"（reformiert）並非徑直就等同於"喀爾文宗的"（calvinistisch），[20]並且：就連"喀爾文宗"也唯有在其——正如我多次強調過的：與**喀爾文**的那真正的學說絕非同一的——「朝向禁欲的清教的發展」中，才以**完整的**範圍顯露出那些我在我所討論的那些關聯中納入考察的特點。此外，我再度強調：請參閱我在 XXI. S. 103, 104 的那些論述。[21]說什麼：「宗教信仰上的歸屬」這**純然的**事實，就可以如

---

18 【譯注】請參考 PEI[165] 與註腳 71 以及 PEII[401-403] 與其中的幾個註腳。

19 因為，對於**現在的**這個時代而言，我關於「**今日的**資本主義」所說過了的東西，*[1] 當然是適用的。對於「**今日的比利時**」而言，情況尤其如此。相反地，那些（剛開始的時候，在 16 世紀，恰恰首先侵入那些比利時的南部地區的、但在那裡卻處於少數的）喀爾文宗信徒之逐漸的向北（荷蘭）的遷移，則——一如我們在每一部「三十年戰爭的歷史」中都可以看出來的那樣 *[2]——無論是在政治上還是在經濟上，都具有重大的意義。*[3]【譯注】*[1] 關於"今日的資本主義"，請參考 PEII[422 f.]。*[2] 作為結束「三十年戰爭」的《西發利亞和約》的一部分的《敏斯特和約》（Friede von Münster），也確認了西班牙與荷蘭之間的 80 年戰爭的終結。七個低地國組成的共和國的主權以及其脫離神聖羅馬帝國，獲得了承認。但自 1585 年以來再度「天主教化」的南部各低地國，則仍然受到西班牙的支配。（參考：MWGI/9: 483 註解 36）*[3] 在後來組成為比利時的那些南部的低地國裡，喀爾文的學生 Guy de Brès（1522-1567）曾在 16 世紀下半葉致力於依照日內瓦的榜樣，推廣基督新教的宗教改革（尤其在一些大城市裡）。在 1585 年西班牙佔領安特衛普（Antwerpen）、反抗西班牙的起義最終失敗之後，為數甚多的基督新教徒遷移到北方的各省，而經濟上的重心也由安特衛普轉移到了阿姆斯特丹。（參考：MWGI/9: 484 註解 43）

20 【譯注】"改革宗的"（reformiert）指的是某種「宗教信仰共同體或家族」（在 1648 年的《西發利亞和約》中是在「國家教會法」上受到承認的），標示著某種特定的、可以回溯到瑞士的宗教改革的典型。這種「典型」的形成與傳播，喀爾文與喀爾文宗固然扮演著重要的角色，但其他許多宗教改革者（如：茲文利與一些蘇黎世人）也功不可沒。請參考 PEII[242] 與註腳 1。（參考：MWGI/9: 483 註解 36）

21 【譯注】請參考 PEII[414-416]。

此純然憑空地變出某種經濟上的特定的發展，以致於浸禮派的西伯利亞人將無可避免地成為大商人、撒哈拉的喀爾文宗居民將無可避免地成為工廠主，——這種意見，人們終究將不會想要歸罪於我。對於一個（例如）具有匈牙利的那些地理與文化條件的國家而言，在它那段持續更迭地受到土耳其宰制、又再度解放出來的時期裡，[22] 說「喀爾文宗一定也會在這裡創造出種種資本主義式的經營形式」的這種假定，與下述假定同樣怪異：喀爾文宗的支配必定可以讓荷蘭的土地裡產生出煤層來。順便提一下：[31] 喀爾文宗以其特有的方式，也在匈牙利**產生影響**，只不過在不同的區域，並且此外我還（XX. S. 4, Anm. 1 und 2）[23] 附帶地提到過一些數字，這些數字顯示：儘管如此，**就連在那裡**，改革宗信徒在職業選擇上似乎也顯示出了那些別具特色的現象，我就是將這些現象當作是一些連接點而由之出發的。關於我的那些關係到種種宗教性的與經濟性的條件之間的種種關係的觀點，我相信，我（XXI. S. 104, Anm. 69）[24] 以最簡短的方式，暫時說得夠清楚了。如果這類的以及許多其他類似的表述、尤其是也包括整篇論文的那些結語（Schlußbemerkungen），[25] 就這樣地沒有被考察到，那我還能怎麼辦呢？

　　因此，我拒絕為那些在我看來乃是前面這篇 " 批判 " 之基礎的誤解負責，但將會在這幾篇文章基於種種出版技術上的理由畢竟無法再迴避的那個單行本版本中，再度嘗試著：將每一個哪怕只是**有可能**會在某種我從未主張過的「由種種宗教動機導出種種經濟形式

484

485

22　【譯注】在 1526 年 8 月 29 日匈牙利敗給向西方挺進的土耳其之後，這個直到當時一直都是獨立的王國的一大部分受到奧斯曼土耳其的支配，一部分則受到哈布斯堡的支配。當時最獨立的，乃是在東部發展出來的侯國「外西凡尼亞」（Siebenbürgen；英文 Transylvania）。匈牙利從土耳其解放出來後，於 1683 年被納入哈布斯堡治下。在 1520 年代初，宗教改革運動已經進入上匈牙利，並在各土耳其地區與外西凡尼亞傳播了開來。一個奧格斯堡信仰表白的福音教會與一個改革宗教會，自從 1608 年起就受到了承認。改革宗信徒構成了基督新教的多數。（參考：MWGI/9: 484 註解 40）

23　【譯注】請參考 PEI[128 f.] 與註腳 14 和 15。

24　【譯注】請參考 PEII[411] 與註腳 350。

25　【譯注】請參考 PEII[423-425]。

（Wirtschafts*formen*）」的這種「導出」的意義下被加以理解的措詞，都加以排除掉，並且，只要有可能，還要**更加**清楚地展示出：那應該由 " 禁欲 " 之基督新教式的轉型（Umbildung）中被 " 導出 " 來的，乃是 " " 講究方法的 " 生活經營之精神」（der Geist "methodischer" *Lebensführung*），並且：這種「精神」與種種經濟形式，僅僅處於一種在我看來畢竟在文化史上極為重要的「" 適當 " －關係」（" Adäquanz" -Verhältnis）中。我很感謝我的批判者先生刺激我去做這件事，儘管在這個由無數互相糾纏的因果關聯組成的領域裡，某種實質上富有成果的批判，唯有在掌握住原始材料的情況下才有可能，而他卻缺乏這種掌握。[26]

　　相反地，我感到很遺憾的是：對他的那些正面的、" 心理學式的 " 討論，我真的是一點辦法也沒有。當我（XXI. S. 45, Anm. 79a）宣稱說：" 心理學 " 的那個在今日已經獲得了確保的概念庫存，並不足以為一個具體的宗教史上的問題：──在昔日的虔敬派中的那些特定的「歇斯底里化過程」的意義──，保證可以被加以使用，則這時候我顯然並不是在談我的批判者先生所利用的那些實驗，而是在談在「歇斯底里」這個領域上的種種**精確的**研究。我只期待這樣的研究會帶來一些新的、對該問題而言有價值的洞見。[27] 相反地，在前面這篇批判中被拿來作為 " 心

486

26　這樣的一種批判，我期待會──這對許多人而言，也許會顯得極為 " 落後 " ──來自作為那最能勝任的神學的方面。

27　從這裡出發，尤其就連種種宗教上的制度與觀點（Anschauungen）對所有人們今日以 " 民族性格 " 這個無意義的概念加以遮蓋住的東西的影響，也都**有可能會**得到澄清。關於這方面，我們也等出單行本的時候再來談。*【譯注】韋伯在 PEII[316] 註腳 139 中談及「要將心理病理學上的種種概念運用於詮釋某些歷史上的大眾現象的一些可以較為認真地加以對待的端點」時，提到的是 Hellpach, 1904 與 Hellpach, 1902。但韋伯在該處卻也拒絕對諸如他在虔敬派中所觀察到的「感受的提升」的現象之種種宗教上的意識內容，藉助於「專業科學式的心理學」的種種概念去加以描述，以免產生任何「提高了的概念上的精確性」的錯誤印象。關於韋伯為了他的知識興趣而提出的對某種「心理病理學」的要求，請參考 R & KIII[87] 註腳 10（MWGI/7: 335；中譯請參考：韋伯，2013: 125 註腳 201）。此外，關於「民族性格」概念，也請參考 PEI[180] 與註腳 92。事實上，韋伯在 R & KI[9 f.]（MWGI/7: 53；中譯請參考：韋伯，2013: 13 f.）已經對 " 民族精神 "（或 " 民族性格 "）這個概念

理學 ” 而向我提出異議的那個東西，對於要對我在這裡所涉及的那些現象進行的歷史性的說明而言，始終是多麼沒有用的，[28] 在我看來，恰恰就顯現在我的批判者先生的種種陳述中。「如果我們」——他說——「將 “賺錢” …，純粹作為『自我目的』，提升為一個心理學式的語詞，則我們便可以將它理解為個體對他的強而有力的活動所感到的快樂」。[29] 光是這踏進這種 “心理學” 領域的第一步，就歷史上觀之，就是一個失足。該 “對強而有力的活動所感到的快樂”，儘管對於「賺錢」的某種伴隨現象而言，在許多「**現代的**生意人」的典型乃至在以前在諸如福格（Jakob Fugger）和類似的經濟上的 “超人”（關於這些人，我自己也談過）[30]——亦即：自從巴比倫的古代以來，只要人們可以以某種形式「賺錢」的地方，都會出現的典型[31]——那裡，或許不失為一個中

487

488

28　【譯注】韋伯 R & K III[87 f.]（MWGI/7: 335）強調，歷史家在進行因果上的歸因時，通常靠的都是 “庸俗心理學上的” 經驗。在絕大多數情況中，對他的種種目的而言，這也就完全足夠了。但這當然並不是在說：對歷史家而言，專業心理學上的知識，不會有時候還是有可能對他而言是有用的，尤其在事關對於 “適當的起因造成之種種規則” 之「精確化」的時候更是如此。（參考：MWGI/9: 487 註解 53）

29　為此，福格的那句名言又再度被加以引用了——那句名言，就像我們已經說過了的那樣，我是將它當作是與我曾稱之為 “資本主義式的精神” 的那個東西相對立的東西而提出來的。*[1] 在我看來，這個名稱當然是比每一個其他名稱都更加適合的。——此外，那在佛羅倫斯等等地方的 “資本主義式的精神” 也繼續被加以援引著，儘管我（XX. S. 32）*[2] 對「中世紀式的態度」與我如今想特別地（ad hoc）稱之為 “資本主義式的精神” 的那個東西的種種**區別**有所闡明了。如果人們忽視了這些特有的區別的話，那麼，這個概念的意義（Sinn）當然也就終止了。【譯注】*[1] 福格的那句名言，指的是「只要還能夠，就想要賺」，參見 PEI[146]；關於富蘭克林的 “倫理” 之 “至善”（**賺錢**、並且…賺越來越多的錢），請參閱 PEI[149]。另請參閱本文 PEII[478]。*[2] 請參閱 PEI[172 f.]。

30　【譯注】關於「經濟上的 “超人”」一詞與福格，請參閱 PEII[362] 註腳 247 與 PEI[153 f.] 以及 [146 f.]。

31　我自己就很常（例如：在 XXI. S. 109）* 對此加以處理。當然，這種典型並非僅僅在這種美國式的純度中存在著，毋寧說：今日，在「企業主」之種種廣大的階層中，都多少有這樣的東西存在著。【譯注】請參見 PEII[423]（與註腳 376）。

肯的字眼，但對於那種「**冷靜的生活方法學**」的精神（Geist *nüchterner Lebensmethodik*）而言，這些典型卻恰恰並非特色之所在 —— 而我所要分析的，正是這種「精神」。這 "個體之強而有力的活動" 以及他對此所感到的 "快樂"，人們或許可以在那些所謂的 "文藝復興－人"（Renaissance-Menschen）那裡加以研究，[32] —— 但如果人們將這相同的語詞應用到那些在禁欲上遵循著僧侶的方式而受到抑制的清教徒身上，[33] 則無論如何，人們在這二種情況中對這個語詞所理解的，乃是根本不同的東西：這對於種種如此不精確的抽象物而言，其實沒什麼好大驚小怪的。至於接著的對於以下問題的種種論辯：該 "快樂" 屬於哪一個「心理現象的模型（Schema von psychologyschen Erscheinungen）」、某種特定種類的 "感受狀態的轉移"（Übertragung von Gefühlszuständen）乃是一種 "一般性的心理性事變"，而理論上由其中又會產生什麼東西，從而：哪些歷史性的過程是 "思想上可能的"（denkmöglich）而哪些則不是、哪時候 "對金錢的高度重視" ——一如我要再度強調的：[34] 眾所周知，這種「對金錢的重視」將許多完全異質的 "心理性的" 現象，都包括進來了：從莫里哀的 "吝嗇鬼"（Avare）[35] 一直到卡內基（Carnegie）[36] 這一方面、直到印度的拉惹（Rajah）[37] 的這另一方面；但這種「對金錢的重視」本身跟那清教徒式的生活方法學（Lebensmethodik），卻根本就**沒有任何關係** [38] ——有可能會產生而哪時候則不會，此外，"義務感"

489

32　【譯注】關於「文藝復興－人」，請參閱 Burckhardt, 1899/I: 147-152。

33　【譯注】請參見 PEII[392 f.]、[365 f.] 與 [422]。

34　【譯注】上一次請參見 PE1907[478 f.]。

35　【譯注】Avare 是莫里哀 1668 年上演的喜劇《吝嗇鬼》（*L'Avare*）的主角，視財如命。

36　【譯注】卡內基（Andrew Carnegie, 1835-1919）是蘇格蘭人，12 歲時因生活太過艱苦，隨家人移民美國，13 歲在紡織廠當童工，後來成為美國最富有的世界「鋼鐵大王」，1901 年退休後建立了非常多的社會性、文化性與科學性的基金會。他有一句名言：「一個人死的時候，如果擁有鉅額財富，那就是一種恥辱。」（參考：MWGI/9: 488 註解 65）

37　【譯注】Rajah 來自梵文、在印度是統治者的頭銜，指「國王」、「君主」。

38　請參閱 XX. S. 19 以及第二篇文章的整個最後的部分。【譯注】請參見 PEI[153 f.] 與 PEII[408 ff.]。

（Pflichtgefühl）乃是一個抽象的概念，而它的「產生」應該如何加以思考，人們尤其對於「職業義務」的產生要如何可以（比我）" 更加不強制地 " 加以說明等等，——在我看來，所有這一切不過顯示了：種種這種種類的通則化的學說（generalisierende Doktrinen），與「歷史性的實在」之種種現象，相距極為遙遠。至於這一點是建立在哪些方法學上的基本錯誤（methodische Grundirrtümer）之上的，則我在其他機會裡已經如此多次討論過了，[39] 以致於我在這裡可以不再重複了。

對於「歷史的、因果上的回溯之發現」這件事情而言，如果我們可以簡單地由某種 " 心理學 " 之種種抽象物中，去演繹出「某些特定的、獨特的生活風格化（Lebensstilisierungen）之產生」，當然是方便得多了的。但是，「歷史性的實在」卻完全不讓人對它發號施令，也完全不管下述事情是否會讓密爾（J. St. Mill）、斯賓塞（H. Spencer）[40] 或者甚至我的這位批判者先生的那些心理學的模型（Schemata）感到難堪：那段過去歲月中的那些人，對於他們期望於死亡之後的東西、對於那些在這方面可以改善他們的機會的手段，擁有著極為具體的種種想法，而他們也就據此安排著他們的行動；並且：有一件事情對於文化發展而言變得重要了，那就是：他們是以哪一種不同的方式安排他們的行動的，乃是視他們對於那些「其履行保證著他們的至福」的預設之種種不同的觀點而定的，——對於我們這些「現代人」而言，要將我們自己放進那些形上學式的想法之折磨人的力量（die qualvolle Macht jener metaphysischen

490

39　【譯注】請參閱 R & KIII[86-89]（MWGI/7: 334-339）。

40　前述的這二位重要學者的那些被加以引用的 " 說明方式 "，*[1] 都是英國所特有的，並且部分甚至還是我們也在富蘭克林那裡找到的那種種類的 " 自然的 " 生活考察之晚熟的果實（Spätlinge）——但這種種類的生活考察所展示的，卻是「歷史性的經驗」（historische Empirie）的對立面。——那在這樣的種種建構上始終都正確的東西，乃是來自於日常經驗的一些老生常談，就算沒有密爾與斯賓塞的知識，每一個經濟史家也都經常運用著這些老生常談。*[2]【譯注】*[1] 費雪將他的對「資本主義式的精神之產生」所做的「心理學式的說明」，建基於密爾（J. S. Mill, 1806-1873）與斯賓塞（H. Spencer, 1820-1903）的心理學上。（參考：MWGI/9: 489 註解 71）*[2] 關於這一點，請參閱本文（PE1907）[485 f.]。

Vorstellungen）中，是極為困難的事情。[41]

　　我的批判者先生在提出了所有他的"心理學的"考量之後，終於還是承認了資本主義式的"精神"在法國的發展與胡格諾精神（Hugenottentum）之明顯的關聯。我是如此不謙虛地相信著：我已經使得這種（根據他的觀點暫時還完全無法加以說明的）"平行現象"（Parallelismus）：1. 對於許多其他領域而言也顯得很有可能，並且 2. 給出了一個勉強還算可靠的嘗試去對之加以說明，並透過一系列無論如何都值得注意的事實去加以支持。至於「某種的"心理學"的那些抽象物是否適合我所提出的那些事實」這一點，——則我公開承認，我是不太在乎的：理論必須取決於事實，而非相反。作為佐助，我高度歡迎每一種心理學：只要它的種種概念，對於我在進行由種種具體的歷史上的現象，追溯它們的種種具體的原因的這種「歸因」（Zurechnung）的工作時，具有某種的用處。但是，對於我的問題而言，我卻無法由那我在"心理學的"文獻中所認識到的東西、包括我的批判者先生所引用的那些著作，[42]取得任何重要的東西，去滿足我的因果上的需要。而那種精確的、科學性的、宗教病理學的研究工作，就在我的情況中令人感到興趣的那些問題而言，則眾所周知，很遺憾地還停留在一些初步的階段。[43]

<hr>

41　【譯注】類似的說法，請參見 PEII[245] 與 [424]。

42　【譯注】指的主要是 Mill, 1869 與 Spencer, 1879。

43　【譯注】韋伯這裡想到的，很可能主要是 Willy Hellpach 的研究成果，但也可能包括德國心理病理學家 Hans Walter Gruhle（1880-1958）與佛洛伊德（Sigmund Freud, 1856-1939）。（參考：MWGI/9: 490 註解 77）

對前面這篇"答辯"的一些評論

一個想要在這場（沒什麼成果的）討論中搞清楚狀況的讀者，勢必不僅是"好深思的"（nachdenklich），還尤其必須是要夠**有耐性的**，以便在每一個點上自行藉由**我的**文章去得知：我說了什麼以及沒說什麼。我猜想，這麼一來，他將會對以下這個主張感到驚訝，這主張竟然說：我沒有"看到"那些前面以教學生的口吻加以說明的、每一個新手都知道的種種"方法學的"原則以及「歷史性的因果考察」之種種問題，並且**因而**在關於那些「我的探究之具有決定性的因果上的問題」的種種考量上，並"沒有提出任何東西"。如果人們將那種「純粹先天主義的方式」（die rein aprioristische Art）——一如我的批判者先生相信自己可以對付這些問題的那樣——拿來與之加以比較的話，則該主張將會更加令人感到驚訝：這位批判者先生對"我們的"那些在此納入考察的材料（Material），全然**毫無**所知，——更不用說種種原始材料（Quellen）的那些最一般的文獻上的特性了。[1] 他在他的那些所謂的"方法論上的"演出中，將這些原始材料稱為"宗教上的修身讀物"（religiöse Erbauungsbücher），然後又再度將它們跟種種"教義系統"（dogmatische Systeme）相混淆。——這裡欠缺的，乃是**專門**知識（*Sach*kunde）。他根本就不知道，那些對於我關於「對**生活經營**的影響」的展示而言具有決定性的原始材料——除了這些原始材料之外，其他的原始材料都唯有當「具體的提問」之本性提供了運用的理由時才會加以運用——，都是

1　【譯注】相同的批判請見 PE1907[485]。

由種種「回應集」（Responsensammlungen）中產生出來的：這些「回應集」直接回到對神職人員（當時絕對是任何歷史上的時期所知的最全面性的顧問！）所提出的種種極為具體的實踐性問題的詢問，而與種種"修身的－"（Erbauungs-）或者"教義的"目的毫不相關，反倒是與「日常的生活形塑」的種種問題息息相關，因此這些「回應集」會向我們說明這些問題，而這是其他種種原始材料不太會做的事情。因此，他的種種關於「某種（他毫無所知的）文獻"最多"可以證明什麼以及不能證明什麼」之"方法論上的"觀點，也許也就不太重要了。而當他宣稱說：我那關於「對現代的人而言，要設身處地設想當時的人對種種實踐性的生活問題的處理，以及他們由於種種宗教上的動機所受到的影響，是很困難的」的說明，[2]由於其"一般性"（Allgemeinheit）之故，乃是不重要的，則我倒是樂於將該說明進一步精確化為：毫無疑問地，**他**是缺乏該能力的。我也不敢奢望，我的種種觀點至少將來還有可能會說服他。因為，他的問題："人們"究竟**為什麼**儘管有許多可靠的理由，還是要拒絕承認這樣的一種影響（一如我所主張的那種影響），——對他個人而言，其實是很容易加以回答的。他所懷有的一項堅定信念認為：**自己手上握有可以用來確定種種歷史上的"心理生成"（Psychogenesen）之某種無限簡單的手段**——以他稱為"心理學"的那個東西的型態——，但很明顯的是：這項信念對於他對「其他人的那些（在他看來）太過複雜與辛苦的嘗試」所做的判斷之公正性（Unbefangenheit），並不會有所助益。要看到這一點，並不需要"心理學"的任何幫助。

然而，一個並非以某一專門知識為基礎的評論，就算有種種最美好的"方法論上的"意圖，也基本上都確乎不能夠懷著想要「去展示對種種歷史性的探究之某種"檢驗"（Nachprüfung）」的狂妄而出現。因為，我們並未看到所謂的"方法論上的"主張，反倒是不斷看到種種**實質的**（*sachliche*）、但卻完全隨便就拋了出來、並且是以「無知」

2　【譯注】請參見 PEII[424]。

（Unkenntnis）為基礎的主張在上演著。某種像是「宗教性的想像世界 *500*
（Vorstellungswelt）對於現有的經濟上的狀態之某種的 "適應" 必須要
被加以 "猜測"」這樣的說法，以及所有類似的說法，其實都是**實質性**
的。因為，所有這些說法當然——在這些問題，恰恰在此一觀點下，已
經在一種並非完全微不足道的文獻（其中包括諸如考茲基（Kautsky）[3]
這一方面與狄爾泰（Dilthey）這另一方面非常不同的種類的作家）中被
加以討論了之後——都太過深受（那我也有可能會由之出發的）今日
的歷史上的提問所影響著，並且除此之外也都是完全內容空洞的。[4] 並

3　【譯注】考茲基（Karl Kautsky, 1854-1938）認為，社會的發展，乃是作為對
　　種種經濟上的關係之種種變化的 "適應" 而進行的，但還是需要思想家與哲
　　學家的種種 "觀念" 作為 "社會進步的中介者"。狄爾泰（Wilhelm Dilthey,
　　1833-1911）則認為，人固然與外在世界處於相互影響中，但當他可以造成
　　「實在對人的需要之 "適應"」時，也會進行選擇。（參考：MWGI/9: 500 註
　　解 16）

4　在歷史性的生活中（im historischen Leben），「對彼此 "適應了" 的」——
　　如果該概念並未精確地被加以說明了的話——，乃是一切，或者：什麼都不
　　是。摩門教（Mormonismus）之 "適應了" 猶它州的那些經濟上的 "條件"，
　　一如其他落磯山脈各州的種種生活形式（Lebensformen）那樣；*[1] 同樣
　　的，在巴拉圭的耶穌會教士國家 *[2] 之適應於當地的原始林，就像在它之前
　　與之後的那些印第安人的生活一樣；在俄國的鞭身派信徒（Skopzen）*[3]、
　　小時派信徒（Stundisten）*[4] 以及其他教派成員之經濟上的生活經營之適
　　應於當地的種種存在條件，就如同那些相毗鄰的東正教的沙皇時代俄國農人
　　（Muschiks）*[5] 的生活方式一般，儘管在所有這三種情況中，存在著種種
　　相當重大的區別。並未適應了日內瓦的種種經濟上的條件的，則是喀爾文的
　　神權制（Theokratie）——當它被創造了出來的時候——，如果人們將它所
　　造成的經濟上的**倒退**（或者那引人注目的、但卻很容易就可以加以說明的停
　　滯）納入考察範圍的話。*[6] 等等、等等。我或許可以將我的那些探究的議
　　題（Thema）直接表述為：在什麼意義下，人們或許可以在這些關聯中說到
　　（種種不同的文化元素對彼此的）"適應"？【譯注】*[1] 自 1847 年以來，
　　1830 年由小約瑟·斯密（Joseph Smith jun., 1805-1844）所建立的摩門教，主
　　要在猶它州的鹽湖城安家落戶，城市與領土也都是在摩門教徒到來之後才建
　　立起來的，並直到 1896 年官方廢止「一夫多妻制」義務後，才被接納進聯
　　邦中。（參考：MWGI/9: 501 註解 19）*[2] 耶穌會教士在巴拉圭河中游建立
　　了許多「複製村」（Reduktionen，也譯成「集合化傳教村」）並將原住民瓜
　　拉尼人（Guarani）加以基督教化。這個在耶穌會教士的自我管理下存在著的
　　（儘管並非形式上具有主權的）「國家」在 17 世紀中葉包括了 30 個「複製
　　村」，約有 10 萬個定居了下來的、有勞動義務的瓜拉尼人。而耶穌會教士在

且——相對於我的批判者先生在文章開頭所提到的那個主張，在此尤其要緊的乃是：——它們（＝所有這些說法）根本就忽視了一點，那就是：根據我的種種明確的說明和我的探究的整個佈局，我自己這方面，絕未將「種種宗教性的運動之受到種種經濟上的歷程所影響」的這個問題，看作是已經由於我的種種迄今為止的、關於那方向**相反**的影響在其中運動著的方向的確定，所已經解決了的。[5] 我的批判者先生相信自己現

501 在當然可以將我的那些說明，當作是根本就毫不相干而置之不理，理由是說：我雖然提出了那些說明，但卻畢竟並未（並且是：從未）相應於

502 這些說明而行動過。當然，他在他的那些 " 評論 "（Kritische Beiträgen）中，從來就沒有嘗試過，並非僅僅將**這個**相當強的主張給提出來，而是更透過對我的種種「證明過程」（Beweisführungen）的分析去強化它。不此之圖，他現在反倒是 " 堅持著 " ——較正確地說應該說是：" 緊抓住 " —— " 話語 "（Worte）。尤其是我用那個（被我特意放入引號中的）**語詞**：" 導出 "（ableiten）（亦即：職業倫理由基督新教式的形式的禁欲中，以及現代的生活風格（Lebensstil）之某些在經濟上相關的成分由這 " 職業倫理 " 中的「導出」）意謂著什麼，——我的文章的每一

1767 年的擴散，也就意味著這個「國家」的終結：印第安人從此四散。（參考：MWGI/9: 501 註解 20）*[3] Skoptzen（複數）有「自殘者」的意思，指的是俄國 18 世紀末產生的一個強調禁欲（尤其性慾）的神秘教派，因信徒往往割去生殖器與乳房而聞名於世。據說，這個教派的信徒往往在商業中並作為貨幣兌換者出現，並由於他們的 " 堅持 "、" 規律性與倔強 " 而致富。（參考：MWGI/9: 501 註解 21）*[4] 小時派（Stundismus）的出發點乃是種種修身上的 " 小時 "（Stunden，德文），根據的是德國在烏克蘭的殖民地 Rohrbach——19 世紀初，符騰堡的殖民主義者到該地安居落戶——中的施瓦本一虔敬派的榜樣。大約從 1860 年開始，也有俄國人造訪這些 " 小時 "。人們形容這些「小時派信徒」為：正直的、有節制的、勤奮的與富裕的。（參考：MWGI/9: 501 註解 22）*[5] Muschiks 是俄文，在此特指屬於東正教會的俄國農人。（參考：MWGI/9: 501 註解 23）*[6] 一般都認為，喀爾文對日內瓦的富裕沒什麼貢獻。反而那加在所有的生活狀況中上的 " 精神上的 " 壓力，往往使得任何新鮮的、令人感到愉快的創造都無法形成，並抑制了行動自由與物質上的發展。（參考：MWGI/9: 501 註解 24）

5　【譯注】關於這方面，請參閱 PEII[424 f.] 以及 PE1907[484]。

位讀者，都可以讀出它的內容。但就連非讀者，也可以光由我的批判者先生自己在三行之後引用的那些話語（種種宗教上的意識內容對文化生活的"影響"）充分地得知：我從未想過要去找出某一時期的"那歷史上的事變之推動著的因素"或者某些"真正推動著的力量"：——因為，對我而言，歷史中根本就沒有這樣的一種「幽靈」（Gespenster）——，而是：完全相應於我說明過了的意圖，我所想要探究的毋寧是：基督新教的各種不同的禁欲的流派之種種受到種種基本的形上學上的預設所決定性地共同決定了的宗教上的獨特性，在那這樣的一種影響一般而言曾經發生過的地方，是在哪一個方向上影響了生活經營的。對於他那有點大膽的假定，說我似乎採取了某種觀念論式的歷史建構，我的批判者先生在面對此一簡單的構成要件（Tatbestand）時，卻始終連一點舉證都沒做。但對於那毫無證據的指責，說我是跟我自己的種種說明相反地行動著的，則我的"充滿激情的"抗議將衝著它而發。——我還有必要在面對下述這項更加大膽的主張——這項主張說：我根本就沒有對其他的、尤其是經濟上的動機之影響的可能性，做出任何的考量——，向我的這些文章的讀者們，明確地將該主張標明為它之所是的東西嗎？我只提醒一點，那就是：那透過宗教性的動機所產生的影響的程度，根據我在此前所提到的同一個地方[6]所建立起來的觀點，往往是一種非常大的程度；但說「到處都曾經有過同樣大的程度」、說「該程度不會被其他情況所減弱或被完全超越過」，則這一點我並未證明過，——但無論如何卻也從未主張過。相反地，我卻提出過證明去證明那對我而言唯一要緊的一點，亦即：該「影響」在其中運動著的那個方向，在許多具有可以設想的種種最不同的政治上、經濟上、地理上與人種上的條件的基督新教國家——新英格蘭、德意志的少數派宗教教徒聚居區（deutsche Diaspora）、法國南部、荷蘭、英國（此外還可以加上：那些愛爾蘭的

503

6　【譯註】有可能是指 PEII[424]。

"Scotch-Irisch"，[7] Friesland[8] 以及為數甚多的其他德意志地區）——中，
在種種具有決定性的點上，乃是**相同的**方向，尤其是：此一方向乃是**獨
立於**作為「**經濟系統**」的資本主義的發展的程度而存在的。[9] 另一方面，
我也表明：就連在宗教改革**之前**資本主義式的經濟最高度發展的那個
504 區域裡：在義大利（同樣的也在佛蘭德 [Flandern]），[10] "資本主義式的
精神"（在這個語詞之**我的**意義下！）是缺乏的，——（正如我現在只
想要簡略地附帶一提那樣）恰恰是這一點，對於 "生活風格" 產生了種
種最深刻的後果。[11] 人們或許會將那由我所提出的證明——證明該 "影

7　【譯注】在 18 世紀的進程中，北愛爾蘭 Ulster 省的基督新教徒由於民間的與
　　宗教上的困境而移居北美，並主要在賓州與維吉尼亞州安家落戶。他們是在
　　17 世紀期間移民到 Ulster 省的蘇格蘭長老會信徒的後代。在北美，這個群體
　　被標示為 "Scotch-Irish" 或者 "Scots-Irish"。（參考：MWGI/9: 503 註解 35）

8　【譯注】請參閱 PE1907[481] 註腳 8。

9　【譯注】關於這一點，請參閱 PEI[163-169] 的論述。

10　【譯注】關於義大利，請參閱 PEI[172-174]。佛蘭德斯地區位於今日比利時
　　的北部，其中的許多城市都因為布料的生產與交易而變得非常富裕，後來布
　　料行業式微，大約自 1500 年起，逐漸為亞麻布一、毛料—與地毯行業所取
　　代。在 1521-1580 年間，安特衛普乃是最重要的國際性商業城市。（參考：
　　MWGI/9: 503 註解 38）

11　例如，對於佛羅倫斯的市民階層的那種以其方式不朽的獨特性而言，那由
　　「缺乏 "職業倫理"（在這個語詞之我的意義下）」而產生的「經濟形式」與
　　「倫理上的生活風格」之間的緊張的後果，就曾被一個感覺靈敏的藝術史家
　　所追蹤著，一直追蹤到種種藝術上的動機之獨特性。*[1] ——人們必須先認
　　識到這些（以及其他還要更多得多的）歷史性的問題與事實情況，才能夠向
　　我的批判者先生一樣，如此順便地著手去將下述這些命題（請注意！又是具
　　有實質上的內容的），像變戲法一般地給變出來，諸如說：講究方法的生活
　　經營，在清教出現之前，"自然地"（！）也已經 "出現在人類中" 了。——
　　請問：哪裡？——並且：是哪一種？因為，不言而喻地，**我**是一勞永逸地在
　　那花了我的那些文章數十篇幅所加以分析的意義下，談論著 "講究方法的
　　生活經營" 的：在這個意義下，這種「講究方法的生活經營」作為「現代的
　　"職業倫理"」的組成部分而影響著生活，而不是在談論諸如日本的武士、或
　　者 "廷臣"（Cortigiano）*[2] [505]、或者中世紀的騎士式的 "名譽概念"、
　　或者斯多葛（Stoa）、或者在文藝復興的那些觀點中的那種對生活之 "客觀
　　的處理"（在一如布克哈特鑄造這個概念時的意義下）*[3]、並且甚至不是
　　那位佇立在文藝復興與宗教改革的種種影響之間的培根的某些（**在這一點上
　　較接近清教的**）思想 *[4]、或者最後：「反宗教改革」（Gegenreformation）
　　的 "方法學"（Methodik）。所有這些都有它們獨特的特有的 "方法學"，

響的傾向 " 具有一種由禁欲式的基督新教之**宗教上的**獨特性產生的**相同性**——，[12] 看成是還很不完備的，或者只進行到某種或然性層級而已，或者，它基本上是可以由**專門**知識的（尤其是神學的）側面被加以攻擊的。[13] 但**無論如何**，人們都將由於 1. 我的論證，2. 我的與此相連結而一再提出的關於我的論點的**意義**（Sinn）之種種提問，3. 我多次關於我未來將會繼續從事的種種關於我的論點之補充、解釋與進一步的檢驗的探究之方向[14]——我說：人們將據此種種而覺得自己可以明白：我的批判

505

506

並且也因此從所有他們那裡，也都有種種組成部分進入了那些領導性的現代的國族（Nationen）的生活風格之中（我將會在適當的時候，談談這些國族中的幾個）。*[5] 但它們卻都是——這一點我已經在我的文章中，為了一個與我的議題相近的情況而**明確地**加以突顯出來了*[6]——在（跟我當時必須加以處理的）完全不同的方向上與不同的意義下的一些「生活的理性化」（Lebensrationalisierungen）。【譯注】*[1] 韋伯這裡所說的「藝術史家」，指的是瓦爾堡（Aby Warbugr, 1866-1929），德國猶太裔藝術史家與文化科學家，他曾將一篇談義大利銀行家 Francesco Sassetti（1421-1490）的遺囑的文章寄給韋伯，韋伯於 1907 年 9 月 10 日回信確認收到該文。請參閱 MWGII/5: 390 f.。（參考：MWGI/9: 504 註解 41）*[2] Cortigiano 是義大利文，在文藝復興時代，「廷臣」乃是「完美的社會人」的身分等級理想：文質彬彬、行止得宜、兼具騎士的與運動的技能、通多種語言、有文藝品味等等。（參考：MWGI/9: 505 註解 44）*[3] 關於文藝復興運動在義大利的形成，布克哈特（1899/I: 141）的確曾說過：「對國家以及這個世界上的全部事物之某種**客觀的**考察與處理成長了起來」，但他卻也接著說：「但除此之外，那**主觀的東西**也以全部的力量將自己給提升了上來，人變成了精神性的**個體**，也將自己當作是這樣的東西加以認識」。（參考：MWGI/9: 505 註解 45）*[4] 有可能是指培根「研究自然，以便讓自然為整個人類的好處服務」的想法，而要研究自然，就必須講究方法（尤其是實驗與歸納法），才能獲得經驗性的知識。請參見：Windelband, 1904a/I: 128-145 與 PEII[332 f.] 註腳 184。（參考：MWGI/9: 505 註解 46）*[5] 韋伯應該是想在當時計畫中的 PE 續篇談這一點。*[6] 請參閱 PEI[176 f.]。

12　【譯注】關於「種種宗教上的意識內容對那物質性的文化生活的影響」，請參閱 PEII[242]。

13　【譯注】請參閱 PE/1907[485] 與註腳 26。

14　我之所以還無法將它們給提交出來，並不是因為有什麼實質上的困難，而是部分因為這裡並不感到興趣的種種個人的狀況，[506] 部分則是因為一些——一如每一個認為 " 文庫 " 值得一瞥的人都知道的那樣——與此相去甚遠的其他研究工作，*[1] 最後：部分因為我的同事與朋友特洛爾區在最近這段期間，以最幸運的方式，由他的思想圈子出發，已著手研究在我的路線

者先生的那個現在**明確地**說了出來的意見，認為說「我並未 " 看見 " 他所談的那些事實上相當簡單的 " 方法學上的 " 原則，並且我的論文讓人看不出有**任何**這種種類的方法學上的 " 考慮 "」，在我看來勢必顯得、也的確顯得有點輕率，並且：這一點讓我可以——一如他所稱的：——" 充滿激情地 "、亦即：毫無特別讓步地，加以回答。15 正是在這裡，我過去和現在都不僅懷念著專門知識，更懷念著那種「批評前先看清楚再說」的 " 善的意志 "。當然，如果我的批判者先生之神聖的（heilig）——

507

上的一整個系列的種種問題，而我則期望避免某種不必要的「平行研究」（Parallelarbeiten）(在這種研究中，他應該會擁有遠較為大得多的能夠自由支配的專門知識）。但我希望，在這一年當中再度回到這個研究工作上來，並且能夠在此期間，至少在春天前，為了某種單行本而將這些文章給通讀一遍。當然：諸多延宕已有並還將有一個缺點，那就是：倉促的讀者們有可能很容易就將這些文章，看成是某種本身已完成了的東西。*[3] 對於我在這裡所從事的那種種類的 " 批判 " 而言，這一點當然並不是**任何的**託詞。我的批判者先生完全有權利去說：那承諾了的交叉檢驗（Gegenprobe）與進一步的解釋，迄今仍付諸闕如。*[4] 但將那種我以前就有根據地加以反對過了的*[5] " 觀念論式的 " 歷史建構歸罪給我，並且現在甚至明確地主張說：我並未看到這些問題，這實在是超過我可以容忍的限度了，何況還外加是由一個在實質上完全沒有資格的人所為。【譯注】*[1] 在 PE 之後，韋伯在《文庫》上發表的文章包括：〈關於俄國的市民式的民主的境況〉（1906, MWGI/10: 70-279）、〈俄國之過渡到假象憲政主義〉（1906, MWGI/10: 280-684）以及〈史坦勒之 " 克服 " 唯物論的歷史觀〉（1907, MWGI/7: 487-571）。*[2] 韋伯終究未完成出版單行本的修改工作。*[3] 請參閱 PEII[424 f.] 與註腳 379。*[4] 請參閱 PE/1907[480] 與本文（PE1908）[502]。

15 我勸編輯同仁們採納那篇 " 批判 "，儘管當時我立刻就認識到了其作者的「原始材料無知」（Quellenunkenntnis），因為，[507] 一大堆個別評論以及表面上的困難都觸及到了這一點：我記得很清楚，我當時就**在內心裡**跟這些評論與困難論辯過了，為的是要利用這個機會對它們加以討論，因為我相信，這樣的一種討論尚未被接納到那些文章本身中。後來，我感到不小的驚訝、但卻很少的高興，因為，在再度通讀我的那些文章的時候，我發現：所有那些事物，都已經相當明確地包含在那些文章中並放進它們的關聯中了，而這位 " 批判者 " 卻因為沒有專門知識（sachunkundig）而毫無批判並誤解著地，將它們由該關聯中扯下來，以便將它們當作一些 " 反對意見 " 而向我提出異議。我感到遺憾的是，沒有為本《文庫》與其讀者們省下此一沒有價值的討論，而一旦接納了，此一討論也就終究儘管如此還是迫使我不得不對所造成的混亂進行某種無聊的澄清。如果該 " 批判 " 是在另一個地方出現的話，那麼，我或許就會認為它不值得某種回答了。

而在這種情況中同時又如此 " 便宜的 " （billig）—— " 方法論上的 " 熱情現在說道：人們必須要求，透過我，某種另外的因果連結之 **" 每一個可能性 "** 就都 " 被排除掉了 "，根本就**不會再有任何**其他的解釋還會被認為是容許的與 " **可以設想的** " 了，唯有我所嘗試過的這種解釋，才是唯一可能的解釋，——那麼，基於一些眾所周知的理由，歷史家將確乎很遺憾地無法為某種消極事實（eine negative Tatsache）承認這樣的一種「舉證責任」（Beweislast）是他的行為之**一般的** " 規範 "。相反地，他通常將會正面地（positiv）對種種其他的、作為種種因果上的成分而納入考察範圍的環節，就其「影響」的方式方面加以探究，並以這種方式去達到某種越來越範圍廣泛的（但幾乎不會有完全結束之時的）因果上的回溯（kausaler Regressus），——這也正是我（我再重複一次：）**明確地**當作是我的意圖而說了出來、並且除此之外也已經在這些迄今所完成的文章中開始執行了的事情。[16]

　　尤其是我的批判者先生隨時為**其他人的**種種論述之「證明力」（Beweiskraft）準備好了的那種理想的標準，與他對**自己的**論證之種種要求的謙遜（Bescheidenheit），恰好構成某種極為強烈的對比。人們可以想想：根據他的說明，他已經試著去 " **指出** " （*zeigen*）（！）了：**什麼**是 " 職業義務 "、" 資本主義的精神 "、" 講究方法的生活經營的精神 " 之 " 心理發生 " （Psychogenesis）。他是如何（在 10 頁的篇幅裡）[17] 成功地完成此一（根據他自己的擔保）如此異常困難而我則完全失敗了的嘗試的呢？這一點人們必須在他的種種 " 評論 " （Kritische Beiträge）中查對一下：當他（頁 [474]）——超越宋巴特 [18] 與我 " 之外 " 而—— " 進

508

509

16　【譯注】請參閱 PEI[141 f.]、[214 f.]、PEII[411] 註腳 350 與 [424 f.] 註腳 379。

17　【譯注】費雪的第一篇刊登在《文庫》中的文章，篇幅為 10 頁又幾行。

18　因為，就連宋巴特的展示也被 " 攻擊到了 "，——證據：戴爾布魯克（Hans Delbrück）往往在《普魯士年鑑》上用來質疑宋巴特的那些無論就內容還是就形式而言都同樣讓人感到疑慮的書評之一的引文。然而，恰恰宋巴特的展示的這個部分——對 " 精打細算性 " （Rechenhaftigkeit）及其技術的意義之闡述 *[1]——，的確是相對而言最沒有爭議的部分，而我自己則認為：這個部分，在宋巴特式的提問：——種種資本主義式的經濟形式之現代的經濟上的

步"到更高的綜合,而這在他那裡是指:達到了對那些過程進行"心理學式的說明"的時候。此一「說明」長什麼樣子,人們且回想起:"如果將(頁238)…純粹作為自我目的的「賺錢」,**用某種心理學式的語詞來說**,則我們可以將它理解為「個體對他的強而有力的活動所感到的快樂」。…這種「對強而有力的活動所感到的快樂」絕不是在宗教上受到制約的,它直接就跟那「強而有力的活動」相連結著"。(他的那些就品質而言完全與之相匹配的關於「義務感」、並且尤其是「職業義務感」——根據他的說法,這種義務感之所以會產生,乃是因為"對「履

意義是來自哪裡的?——那裡,在那些具有決定性的點上,乃是完全切中的。*[2] 當然:完全發展了的手工業,就已經會帶來某種程度的「經營的"理性化"」了,而各種資本主義式的生意的那種可以回溯到我們所知的最遙遠的好幾千年前的種種**古代的**形式,也都已經會帶來某種程度的"精打細算性"了。**為什麼**在古代的那些在量上有時候非常巨大地發展了起來的資本主義式的經濟形式中的那種"精打細算性",會如此落後於近代早期的那些經濟形式,以致於當宋巴特唯有對於「近代」(Neuzeit)才不僅談及「種種個別的——在 4000 年前就可以證實的——資本主義式的企業的存在」,而是也談及作為「經濟階段」的"資本主義"時,他是有道理的,——這方面,我們在另一個地方再來談談。「宋巴特為了**他的**提問而將那**技術上的** [509] "經打細算性"標示為"資本主義的精神"之具有決定性的標誌」這一點,乃是不言而喻的。對於**我的**提問而言——我的提問所要處理的,乃是對"資本主義"這個經濟階段而言在精神上"適當的"(adäquat)、意謂著資本主義在人的"靈魂"中的勝利的那種倫理性的**生活風格**(*ethisches Lebensstil*)的產生過程——,則我的術語(根據我的觀點)乃是合理的術語。因為,對我而言,納入考察範圍的,必然是我們兩個人分別就不同的側面去加以探究的那些現象中的另外一些標誌。因此,在這裡所涉及的,乃是一些術語上的差異,而不是——無論如何就我這方面而言不是——一些實質上的差異。而就我所能看到的範圍而言,特別是在對「歷史唯物論」的態度方面,**完全**不存在任何這樣的差異。但如果是別人對我的種種論述的效力範圍(Tragweite),為了讚揚某些"意識形態上的"因果上的環節而加以高估的話,*[3] ——那麼,這就不是**我**的過錯了。非常可能的是:[510] 如果我的這些探究有朝一日得以完成的話,我將會就像現在由於向該意識形態投降那樣,換成了是向「歷史唯物論」投降,而同樣引起憤怒。【譯注】*[1] 費雪在文中談到的,是宋巴特的《現代資本主義》一書中談「經濟的理性主義的形成」的一章(Sombart, 1902/I: 391-397),其中討論了「雙重簿記或者現代會計的產生」,並在頁 395 中使用了「精打細算性」(Rechenhaftigkeit)這個概念。(參考:MWGI/9: 508 註解 66)*[3] 費雪強加給韋伯某種片面的"觀念論式的"歷史詮釋,並強加給宋巴特某種"經濟史式的"(唯物論式的)歷史詮釋。

行職業」的想法比「不履行職業活動」的想法，擁有更高的效力"，換言之，相當就像在說：貧窮來自"沒錢"（Powerteh）[19]——之"心理生成"的種種發現，人們可以自行查閱頁 240，出處同上）。我的批判者先生說的有道理：這些箴言（Dikta）配不上我賦予它們的那些關於種種"抽象"（Abstraktionen）與"心理學上的模型"（psychologische "Schemata"）的名稱：它們都只是拿種種定義來玩的一場無害的遊戲，然後由這些定義再去加以演繹，而不管這時候如此"被加以定義了的"現象之要點（Pointe）是否不被採納，——正如我在我的回覆中，只要顯得必要的時候，對這一點所指出的那樣。[20] 而當他現在甚至鄭重其事地將這種種類的種種對「不精確地被重述著的日常瑣碎經驗」之通則化（Generalisationen）稱為"歷史式的心理學"（historische *Psychologie*）時，則在今日，所有夠格的心理學家都確乎將會對此一笑置之，正如我們今日的國民經濟學家們對密爾（J. St. Mill）關於「對錢的重視」（來自於對錢的一種想當然爾具有根源性的想法：錢乃是"達到幸福的手段"）之歷史上的產生過程的那些在當時的的確確"很優秀"、但在今日卻確乎有點過時了的論述之引用一笑置之一樣，——對於這些論述，我當然既從未想到過要以懲罰的方式去加以"駁斥"，現在也不想要這麼做。當我在我的回覆文中，特別對於那種精確的宗教**病理學的**研究（exakte religions*pathologische* Forschung）——但卻不是批判者所重述的：**歇斯底里研究**[21]——，說成是「對某些特定的問題，也許在將來會

510

511

19　【譯注】Powerteh 是擬聲字，來自法文的 pauvreté，意思就是貧窮。在 Mecklenburg 地區的方言中，power 有「貧窮的」、「欠缺的」的意思。（參考：MWGI/9: 509 註解 71）

20　【譯注】請參閱 PE1907[485-490]。

21　關於歇斯底里的研究，我是在完全**不同的**脈絡（關於在虔敬派中的某些特定的現象）中談到的！ *[1] 這場針對我而發的相關論戰，真是莫名其妙。[511] 在我已經使得我的批判者先生注意到「他的關於在再洗禮者那裡的那些"歇斯底里式的狀態"的評論，都與某種非常明顯的誤解相符合」之後，*[2]——儘管如此，下述主張現在還是再度出現了，說是：我用一個"很有趣的"問題——：這些研究是否有可能會提供我們輔助手段，去說明"講究方法的生活經營"的產生？——"供認"了：為了再洗禮者的種種現象，由歇斯底里

富有意義」的時候，我藉此想要表明的，其實是每一個行家都知道的一件事情，亦即：那門將宗教性的過程的那種 "具有體驗性質的東西"、非理性的東西當作是 "病理學上的歷程" 加以處理的 "宗教心理學"（Religionspsychologie），儘管還有一大堆不完美與操之過急的地方，但對於闡明我們在此納入考察範圍的「某些特定種類的虔誠之種種 "在性格學上的影響"」（"*charakterologische*" Wirkungen bestimmter Arten von Frömmigkeit）而言，或許將來畢竟還是那可望、或者有時候甚至已經比 "很尋常的" 神學家們的研究工作所可以貢獻的，做出了更多的貢獻的「宗教心理學」。[22] 但對我的種種問題而言，當然恰恰這些問題才是要緊的。不言而喻，我這樣說並無絲毫想要冒犯真正的 "精確的正常心理學"（*exakte* Normalpsychologie）的意思。相反地，對於一門我的批判者先生的那些論述所展示的那種類型的 "心理學" 而言，則在我看來，頂多不過在這個領域裡提供了一個機會，——使他自暴其短。——

我是幾乎不會在所有這些事物上逗留這麼久的，如果不是畢竟就連在這裡也再度顯示出了下述情況的話：那對「"心理學" 對於歷史學而言具有某種非常特有的意義」的迷信（可喜的是，恰恰是那些最傑出的心理學家本身中，有一部分人今日已經不再接受這種迷信了）是多麼適合於：一方面妨礙歷史性的研究的公正性，另一方面則恰恰敗壞「科學性的心理學」（對於它們在它們的種種提問的領域上的種種貢獻，我有著最高的敬意）的名聲，並且使得歷史學家就連在那個他有充分理由（Anlaß）讓自己受其顧問的時候——毫無疑問，這種情況絕非罕見——，也對它的幫助感到不信任。就連我也曾經不得不，只好拿一

512

研究而來的說明是值得加以期待的。（1）我根本就完全沒有 "供認" 任何無法在我的文章中清楚地讀到的東西，（2）我的批判者先生就連花點功夫查閱一下我對於我們究竟可以「特別期望於」（而非「期望於」）歇斯底里研究的東西是什麼所做的說明都沒做。人們看到的是："種種不幸的誤解之鎖鍊" 就連現在也中斷不了，——但就連現在也是出於與先前相同的理由。【譯注】*[1] 請參閱 PE1907[485 f.] 與 PEII[316 f.]。*[2] 請參閱 PE1907[480 f.] 與註腳 11。

22　【譯注】請參閱 PEII[285 f.] 註腳 82。

個像馮德（Wundt）那樣在自己的專業領域上貢獻卓著的人物的那些臆想 " 在心理學上 " 奠定了基礎的 " 歷史性的法則 "（historische Gesetze）尋開心，[23]——一如我所相信的：有理據也有成果。而當一個曾經為我們留下了《中世紀德意志的經濟生活》（*Das deutsche Wirtschaftsleben im Mittelalter*）一書的作家，[24] 嘗試著要將這種所謂的 " 心理學 "（並且在這種心理學之後，還有許多任意的、來歷極為不同的心理學）運用到歷史上的時候，會產生什麼樣的後果，[25]——很遺憾地，這我們是知道的，並且我在另一個地方還會回過頭來談談。[26] 對歷史而言，專業心理學的種種知識，有時候會在完全跟諸如天文學、社會學、化學、法學上的釋義學、神學、機械工程學、人類學等等的知識一樣的意義下，納入考察的範圍。那種相信「因為歷史涉及了種種 " 精神性的過程 "，換言之：——一如人們所相信並以今日流行的通俗語言使用表達的——是 " 由種種心理學上的預設出發 " 的，**因此**它必須在特別唯一無二的程度上，將自己依靠在就某一種專業學科的意義而言的 " 心理學 " 上」的「外行信仰」（Laienglaube），是以跟下述假定完全相同的方式被奠定下來的：因為在今日，種種 " 歷史性的人格 " 之種種偉大的作為，毫無例外地都是與聲波或者墨水這 " 媒介 " 相聯繫著的，因此，聲音學與「可滴的液體之物理學」乃是它的基本科學，或者：因為歷史都是在「地球」這顆行星上上演的，這就必須是天文學，或者，因為它是由人行動的，就是人類學。歷史—— " 我感到很抱歉 " ——只在與一如它（例如）所

513

23　【譯注】韋伯認為，心理學作為一門「經驗性的科學」，必須要排除掉種種「價值判斷」才行，而馮德所提出的某些 " 法則 " 中，則隱藏著價值判斷。在這方面，請參考 R&KII[96-109]（MWGI/7: 253-272；中譯請參考：韋伯，2013: 58-72）。

24　【譯注】韋伯這裡指的是 Lamprecht, 1886。

25　【譯注】請參閱 PEII[316 f.] 註腳 139 以及 R&KI[24 f.] 註腳 63（MWGI/7: 77 註腳 63；中譯請參考：韋伯，2013: 58-72）和 R&KII[98 f.]（MWGI/7: 253-272；中譯請參考：韋伯，2013: 31 註腳 74）。

26　【譯注】韋伯後來只還在 1909 年發表的〈 " 能量學的 " 文化理論〉一文中談及 Lamprecht。請參閱 MWGI/12: 148-182, bes. 166-171（中譯請參考：韋伯，2013: 449-480，尤其是 467-470）。

做的種種「一般的 "天文學上的預設 "」相同的意義下，做出種種 "一般的心理學上的預設 "。誰要是未曾至少一次徹底思考過這一系列虛假的 "弔詭 "（Paradoxien），就沒有正當性自命不凡（sich auf das hohe Pferd setzen，直譯：坐在高大的馬上），想在 "知識理論上 " 與 "方法論上 " 好為人師。而如果我的批判者先生從某種類似的高度（Höhe）往下看，認為自己可以強調他對自己的 "批判 " 所提出的種種 "較高的要求 "（相對於我對我的這些研究之方法學所提出的那些較低的要求）的話，——那麼，我感到很遺憾的是，我必須在提到我稍早的種種評論的情況下答覆他說：他對他自己的那些 "要求 "，就連在方法學的方面，也落後於每一個被批判的作家都必須向一個 "批判 " 所要求的那個水平。如果他想要在他的那本預告的書中，[27] 賜予我們種種的確堅守著他所支配的那個領域的論述，而不是想要在那些他的認識有所不足的領域裡訓斥其他人的話，——如此一來，他一定可以受到最公正的以及（甚至就連在有無論再怎麼大的意見紛歧的情況下）某種更加尊敬的接待，而不像在這次的情況中那樣，讓我感到很遺憾地，只好採取根據他的論證的方式所可能採取的接待方式。形式上的 "客氣 " 並非總是排除實質的狂妄。而這樣的一種狂妄，（順便在此一提：）就連在那些好的審查意見（我的批判者先生覺得將這種審查意見編進他的 "批判" 中是好的）中，也存在著。[28] 就連這種審查，我也不想讓一個沒資格的人做（此外，我在這一點上堅持我們的大師克納伯（G. F. Knapp）[29] 的一句格言，他在

514

27　【譯注】指的是費雪在德國心理學家與哲學家 Gustav Störring（1860-1946）指導下於 1908 年完成的博士論文 *Die objective Methode der Moralphilosophie bei Wundt und Spencer,* Leipzig: Wilhelm Engelmann 1909。

28　順帶一提：「諸如 "徹底的 " 等等這樣的一些述詞，—— "當時！" ——是會給予一篇—— "現在！" 沒有 "看到 " 那些最簡單的因果問題的文章的」這件事實，既未意味著作者有專門知識（Sach*kunde*），遺憾的是：也不意味著作者有「切事性」（Sachlich*keit*）。

29　【譯注】指的是德國國民經濟學家 Georg Friedrich Knapp（1842-1926）。韋伯是在受「社會政策協會」委託進行農業工人問卷調查期間（1892/93）認識 Knapp 教授的，並直到 1906 年中都與之保持通信。

一個類似的機緣裡曾經跟我說:" 我當然不喜歡讀到白紙黑字說:我是一頭驢。但如果有人相信必須被印出來說:我並**不是**一頭驢,我也不會高興 ") 。

對資本主義的 " 精神 " 之反批判

在《 國 際 週 刊 》（*Internationale Wochenschrift*）[1]（3. Jahrgang, 573
1909, No. 39-43, 25. Sept. – 23 Okt. 1909）[2] 中， 拉賀發爾（Rachfahl）
教授發表了一篇對我的那些關於「基督新教的倫理與資本主義的 " 精
神 "」（這份期刊的第 XX, XXI 卷， 此外還有卷 XXV, XXVI 以及那篇
在 "*Christliche Welt*" 1906 Sp. 558 ff., 577 ff.[3] 的文章）[4] 的文章的批判，
而由於這篇批判也（附帶地）針對著我的朋友特洛爾區（E. Troltsch）
而發，[5] 這位朋友將會在同一個地方對之加以回覆。[6] 至於我的方面

1　【譯注】全名是：《科學、藝術與技術國際週刊》（*Internationale Wochenschrift für Wissenschaft, Kunst und Technik*）。

2　【譯注】指的是 Rachfahl, 1909。

3　這篇為特洛爾區所引用的文章，* 拉賀發爾為了方便起見，完全加以漠視。
　　【譯注】這裡的「文章」，指的是 1906 年發表於《基督教的世界》的〈北美的 " 教會 " 與 " 教派 "〉一文。特洛爾區曾在 Troeltsch, 1906（即：〈基督新教式的基督宗教〉一文）的單行本第二版（1909）中，將韋伯的〈北美的 " 教會 " 與 " 教派 "〉一文納入參考文獻中。拉賀發爾在其文章中也提到了這 1909 年的單行本第二版，但卻未加以引用。

4　【譯注】指的是收入本書中的 PE（PEI, PEII）、PE1906（〈北美的 " 教會 " 與 " 教派 "〉）、PE1907 以及 PE1908 等文。

5　【譯注】拉賀發爾的批判，也涉及了 Troeltsch, 1906 以及特洛爾區於 1906 年 4 月在第 9 屆德國歷史學家會議上發表的文章：〈基督新教對於現代世界的產生的意義〉（Die Bedeutung des Protestantismus für die Entstehung der modernen Welt）（Troeltsch, 1906a，這篇文章 1906 出版第一版單行本，1911 出版第二版單行本）。（參考：MWGI/9: 573 註解 3）

6　【譯注】指的是 Troeltsch, 1910（〈喀爾文主義的文化意義〉一文），於 1910 年 4 月 9 日與 16 日發表於《國際週刊》，作為特洛爾區對拉賀發爾的批判的答覆。

同樣——一如這樣或許是最自然的並且對我而言最合乎目的的那樣——也在同一個地方去加以回答，這件事情，很遺憾地，我無論是在過去或是現在，都感受到自己受到了妨礙，儘管我對那位尤其是作為《德意志文獻報》（*Deutsche Literaturzeitung*）的領導者而勞苦功高的主編[7]有高度的敬重。關於「這份由阿特霍夫（F. Althoff）所創立的《國際週刊》具有某些編輯上的習慣，而這些編輯上的習慣我則會傾向於不去加以適應」這方面，在這裡，由於這裡所涉及的乃是純然的論戰，我當然將會同樣一如特洛爾區所為那樣，不加理會。但編輯部在面對這篇幾乎完全針對著我而發的文章時，卻偏好完全只由我的只是附帶地被波及了的同事特洛爾區去決定，一個答覆是否會受到歡迎。[8] 就連這種「失禮」——因為，在那些給定的狀況下，這就是失禮——，我當然也將會置之不理。只是，我的批判者先生也採取了一種慣例（Gepflogenheit），將我們二個當作集體（Kollektivität）加以處理，以便可以使得我們為彼此負責，——這種做法有一個好處，那就是：一個人的那些真正的（或者據稱的）錯誤，顯得也打中了另一個人。並且，在這種情況下，他另一方面卻也畢竟沒讓另一個進一步的好處給逃脫掉，那就是：也視需要而再度利用我們之中的一個去對付另一個，以致於如今那個被說成是既是一個也是另一個的種種觀點的承載者的集體 "韋伯─特洛爾區"，[9] 顯得處於明顯的內在的矛盾中。有鑑於這種（附帶一提：）不太忠實的實踐，在我看來，就連在外在上也去走我自己的道路，並且除

7　【譯注】指的是德國歷史學家與政治評論家 Paul Hinneberg（1862-1934），他自 1892 年起就是當時重要的學術書評雜誌《德意志文獻報》（1880 創立）的主編與編輯，在他的主持下，這份刊物獲得很大的名聲。除此之外，他也是著名的叢書《現在的文化》（*Die Kultur der Gegenwart*）的主編，並於 1907-1910 年間主編由 Friedrich Althoff（1839-1908）所創立的刊物《科學、藝術與技術國際週刊》。（參考：MWGI/9: 573 註解 5）

8　【譯注】關於韋伯與特洛爾區所受到的《科學、藝術與技術國際週刊》的 "不同的" 待遇，請參閱本書〈中譯者導讀〉相關段落。

9　【譯注】拉賀發爾在其文章中，常將韋伯與特洛爾區不加分別地連結起來一起講，如下述表述："Troeltsch-Webersche These", das "Troeltsch-Webersche" Schema, der "Troeltsch-Webersche" Begriff, 或者連著講 "Weber und Troeltsch"。

此之外，明確地，正如特洛爾區他那方面毫無疑問地同樣也將會做的那樣，拒絕去為**我**沒有說過的東西負任何責任，顯得似乎是合乎目的的。容我再補充下述這一點。誰要是真正讀過我們兩方面的那些文章，他就會知道：特洛爾區為了**他的**種種目的與建樹（Aufstellungen），**根本就不需要我的**那些結論（且撇開拉賀發爾根本就完全沒有納入討論的**教派**概念不談——請參閱：《文庫》XXI, S. 63, 64 註腳 1 與那篇被引用過的發表於《基督教的世界》中的文章）。[10] 就算我的種種結論都是錯誤的，他的種種結論還是有可能都是正確的，並且反之亦然。他發展著諸基督宗教的教會的種種**社會學說**（*Soziallehren*）的建造之歷史上的歷程，[11]——而我迄今所做的，則只不過是試著使**生活經營**的某一特定的現象，就其（在根源上）宗教上的制約性變得可以理解而已。如果說，他偶爾會將自己關聯到我的一些說明上的話，[12] 那麼，所涉及的（除了在那個這裡不在討論之列的一個情況：教會與教派中之外）都是一些對於他的問題而言處於邊陲的接觸點。而在我看來，現在正是時候，在這裡也非常明確地確定：根本就沒有任何「集體—研究工作」（Kollektiv-Arbeit），就連任何潛伏的也沒有。我的那些關於這些事物——這些事物，我部分在 12 年前就已經在課堂上講過了[13]——的研究工作，都不

575

---

10 【譯注】請參閱 PEII[346], [347] 與註腳 219 以及〈北美的"教會"與"教派"〉一文（PE1906[435-462]）。特洛爾區在〈基督新教式的基督宗教〉一文的單行本第二版（1909）中，著眼於「教會典型與教派典型」這組對比，對全文進行了補充修改。（參考：MWGI/9: 575 註解 10）

11 【譯注】指的是 Troeltsch, 1908-10/I-III。

12 在這件事情上，特洛爾區確乎在少數的幾個（對於他的議題而言完全不相干的）點上，由於疏忽而出現了一些——一如在這樣的一些對他人的種種觀點之大幅縮短的複述的情況中，幾乎是無法避免的那樣——與我的那些文章並非完全相符的表述。就保留給某種"歷史性的"批判的那些違法的小家子氣，去利用這種狀況吧：拉賀發爾對該事態**沒有任何一點**懷疑。

13 【譯注】韋伯所說的，很可能是他於 1897/98 冬季學期在海德堡大學所開授的講演課 "實踐的國民經濟學" 這門課（請參考：MWGIII/2，尤其是 236-243 談「神權制之種種經濟政策上的理想」的部分）。此外，在 1897 與 1898 的夏季學期的講演課 "一般的（'理論的'）國民經濟學"（MWGIII/1）中，也包含著這方面的端點。

是（如拉賀發爾根據特洛爾區而假定的那樣）由於宋巴特的 "資本主義" 才被促動起來的（關於這方面，請參閱：《文庫》XX, S. 19 註腳

1 我的明確的說明）。[14] 的確有可能的一種情況是：循著那些完全是自己的道路而同樣已經從很早以來就一直追蹤著那他所感到興趣的議題的特洛爾區，就像受到其他作家那樣，也同樣受到我的那些文章的一些個別的評論所激發，而在種種經濟的─社會學的觀點下，對某些他的問題進行深思熟慮，一如他有時候也將這一點給說了出來的那樣。但絕無任何「一個人的某一 "理論" 被另一個人所 "接收"」這種事情，而是純然就是這件事情（die *Sache*）：「每一個一旦見到過這些關聯的人，都勢必會達到某種類似的考察方式」這個狀況，導致了一個結果，那就是：特洛爾區在他那範圍廣泛得多的問題領域上的種種結論，誠然都是這樣的一些結論，以致於我為我的問題而完成了的東西的那些具有本質性的特點，可以作為**補充**而相當好地穿插進去。設若我將我的那些文章延續下去的話，那麼，我也將會有著一項課題，那就是：一併也去處理現在為特洛爾區所探討的那個領域的大部分。身為「非神學家」，我肯定永遠都無法以像是通過特洛爾區而發生的那種方式那樣完成這件事情。但倘若我自己先前的那些研究容許我做一個判斷的話，我就看不出任何以某種方式具有決定性的點，會讓我有理由去反對特洛爾區的展示（Darstellung）。由拉賀發爾向他提出異議的那些陳腔濫調中，我更是最不可能提取出這樣的一個理由。但在面對批判時，特洛爾區當然必須為他所說過的東西，完全地承擔起科學上的責任，就如同我必須為我的種種論述完全地承擔起科學上的責任那樣。我之所以會對特洛爾區的文章做出上述的評論，完全是為了藉此讓具有拉賀發爾的這種獨特性的批判者，如今由此一「責任的分離」中，不會由於我而得出對特洛爾區的種種結論之某種拒斥。就此轉入正題。

拉發賀爾的論戰之種種偏頗之處，從他的文章標題——*Kalvinismus*

14　【譯注】請參閱 PEI[154 f.] 註腳 52。

und Kapitalismus（**喀爾文主義**與資本主義）——的第一個字，就已經開始了。從我第一次提到喀爾文宗（相對照於天主教與路德宗）開始，[15] 我就是將它視為跟那些**教派**（*Sekten*）（或者在教會內部的種種類似教派的建構）具有最完全的平等地位而談論著它的：這些教派，我在文章的第二章的標題中、並且在這一章之內毫無例外地一律總括為"**禁欲式的基督新教**"（*asketischer* Protestantismus）。[16] 如今（為了要預先將這一點給解決掉），拉賀發爾以可以設想的最大篇幅抨擊著——而這一點根本就是**他自己**在他那篇奇怪的"批判"的結尾處，無論如何都要由此一批判加以維持住的唯一東西[17]——"禁欲"這個我用來描述我嘗試著去加以分析的那種種類的生活經營的**名稱**。**他自己**在他的文章的開頭（欄 1217 行 7）[18] 固然確乎也無法不得不用相同的語詞去描述那相同的事物。[19] 然而，我們將會看到：這種在他的"批判"中一再重複的「對自己和對他人的標準」的差異，從來就沒有干擾到他，——

577

578

---

15 請參閱此一《文庫》XX 卷，頁 10, 50 下，52 下。*[1] 在第 10 頁中，我強調說：至少在種種禁欲式的教派（貴格派、門諾派等等）那裡，"禁欲"與市民式的財富形成之間的那種直接的關聯，往往是比在喀爾文宗那裡"更加引人注目"的。此外，為什麼喀爾文宗會首先並特別詳細地（XXI, S. 5-38）*[2] 被加以處理的動機，則（XXI, S. 36）*[3] 有深入的說明：因為，在我看來，它在包含著它的教義的那些「追求**講究方法的生活形塑的動力**」方面，作為與（天主教以及）路德宗之"最前後一致的"反題（Antithese），乃是最適合於此的。但之後跟隨著分析喀爾文宗的那 33 頁的，卻畢竟恰恰有同樣多頁（XXI, S. 39-72）*[4] 關於那些其他的禁欲式的宗派。【譯注】*[1] 請參閱 PEI[137 f.] 與註腳 27, [210] 以及 [213]。*[2] 請參閱 PEII[247-307]。*[3] 請參閱 PEII[304]。*[4] 請參閱 PEII[307-364]。

16 【譯注】這裡所說的文章，指的自然是 PE，而「第二章」則是 1905 年發表的 PE 第二篇文章，標題是：禁欲式的基督新教的職業觀念。

17 【譯注】拉賀發爾在其文章的最後一個（IV）部分，並未再與韋伯或者特洛爾區進行任何的論辯。

18 【譯注】拉賀發爾在其文章的開頭處，用了"'asketischer' Ernst"（"禁欲式的"認真）一詞。

19 那相對於我的偏離，就只存在於附加到"禁欲"這個語詞上的德文引號而已。（這裡關涉到的，並非一段引文）。【譯注】德文引號，一般用" "，但若是引文，則引文內的引號用的是' '。韋伯意思是說，他與拉賀發爾的區別，就只在引號使用" "或者' '的差別而已，而就連這一點，拉賀發爾都用錯了。

而同一件事情，是那歷史的 "專家" 說的，還是一個 "建構著" [20] 歷史
的門外漢說的，這終歸也是某種的差異。根據他的說法，「禁欲」乃
是 "逃離世界"（Weltflucht），[21] 而由於清教徒（就廣義而言，包含了
所有 "禁欲式的" 教派）都不是任何僧侶或者類似的沉思性的存在，
因此，那我稱之為 "**內在於**世界的禁欲" 的東西，[22] 本身就已經是一個
"錯誤的" 概念了：這個概念尤其錯誤地預設著與天主教的禁欲有某種
親和性（Verwandtschaft）。我實在很難設想有比這樣的一場關於**名稱**
（*Name*）的論戰還更加無謂的論戰了。在我看來，該**名稱**是可以為了
任何一個更加適合的名稱而出賣的。但只要我們並不是決定要每一次都
特別地（ad hoc）去鑄造全新的語詞，或者依照化學或阿維納留斯式的
哲學（Avenariussche Philosophie）的方式，[23] 用種種字母稱呼去加以操
作，[24] 我們就必須為一個還沒有任何稱呼（Bezeichnung）的事態，採取

20　【譯注】這是拉賀發爾對韋伯的批判的用語。拉賀發爾認為，韋伯的那些「建
　　構」（Konstruktionen）缺乏一切原始材料奠基，因此不能算是真正的歷史研
　　究。

21　【譯注】拉賀發爾只想承認中世紀的天主教對「禁欲」的理解。

22　【譯注】關於「內在於世界的禁欲」，請參閱 PEII[290-298]，尤其是 [294]。

23　【譯注】阿維納留斯（Richard Avenarius, 1843-1896）是一個德國哲學家，他
　　將自己的知識理論學說稱為「經驗批判主義」，主要著作是 1888-1890 出版
　　的二冊《純粹的經驗之批判》（*Kritik der reinen Erfahrung*）。他為了要描述
　　「我」與其「周遭」的互相依賴性，發展出了一套記號系統：種種 R- 值代表
　　環境；種種 C- 值代表個體的神經系統；種種 E- 值則代表經驗：依賴 C 與 R
　　並劃分成種種 "元素"（感覺內容）與 "性格"（對這些感覺之主觀的反應）。
　　（參考：MWGI/9: 578 註解 29）

24　「會不會至少前者通常是有用的」這一點，尚未確定。我認為 Knapp 有一項
　　貢獻，那就是：他有勇氣全面地做這件事情；*[1] 在 Alfred Weber 的那本關
　　於「工業的所在地」的書中，這一點就以為「明確性」取得引人注目的成功
　　而發生著。*[2] 然而，這種做法在我們的讀者那裡，今日還是太常碰到某種
　　拒斥性的搖頭，而尤其「教授的虛榮」（Professoreneitelkeit）乃是徹底地與
　　「接受某一並非由相關人**自己**鑄造出來的稱呼」相抵觸的。【譯注】*[1] 德
　　國經濟學教授 Georg Friedrich Knapp（1842-1926）曾在他的著作《貨幣的國
　　家性理論》（*Staatliche Theorie des Geldes,* Leipzig: Duncker & Humblot 1905）
　　的〈文前說明〉（頁 VII）中說：「…對我的目的而言，透過某種國家科學式
　　的理論去取代金本位式的理解，使得我不得不去創出某種完善化了的人工
　　語言（ausgebildete Kunstsprache）。」此一「人工語言」，他收集在一起，

在傳統的語言中的那些盡可能接近的最具特色的語詞，而只關注一件事 *579*
情，那就是：對這些語詞——一如我在關於那"內在於世界的禁欲"方
面，在我看來已經做得夠充分了的那樣——明確地去**加以定義**。至於
那「事情」（die Sache）——那與天主教的禁欲之內在的親和——，則
我只是附帶地回想起：一個像李契爾（Ritschl）這樣的人，在將"虔敬
派"（在他那裡，被廣義地加以理解）的那些（在**我的**意義下的）禁欲
上的特點與那些「在基督新教中的"天主教式的"殘餘」給等同起來的
時候，是走得如此之遠，以致於我嘗試著在這方面去對他的展示加以明
確的**限制**。[25] 而如果說，在宗教改革的那些同時代人之中，一個像特洛
爾區很有道理地加以引用的法蘭可（Sebastian Frank）這樣的人，完全
是在下述這件事情——亦即：從今以後，不再僅僅是那些職業僧侶，而
是**每一個人**終其一生都必須是某種種類的僧侶——中，看到了宗教改革
的種種貢獻之一的話，——那麼，他藉此所意味的，在那事情上，乃是
完全跟我一樣的，並且也因此應該得到無論是拉賀發爾還是我的嚴重提
醒說：請想一想一個僧侶是不可以有太太、不可以掙錢的，換言之，是
非常不適合該語詞的。然而，如今畢竟每一個人都知道：當我們今日談
到"禁欲"——無論是在性愛的領域上還是在"生活享受"一般的領域
上，無論是在關於對種種審美的或者其他的、非"倫理上的"價值方面
的態度上——時，我們藉此想要說的，乃是某種就事物的本質而言（dem *580*
Wesen der Sache nach）跟整個清教（並非僅僅是：喀爾文宗，而是：更
重要的是再洗禮運動以及那跟它接近的東西）使之成為義務的那整個這
樣的生活經營一樣的東西。換言之，一種生活理想（ein Lebensideal），
這種生活理想——僅僅帶有一項區別，那就是：該"禁欲"是必須在
「世界」的種種秩序（家庭、營利生活、社會性的共同體）之內運動

編了一個「技術性語詞的索引」。（參考：MWGI/9: 578 註解 30）*[2] Alfred
Weber 在其 1909 年出版的著作《關於工業的所在地》一書中，也列出了他所
使用的許多術語（如：Agglomeration, Isodapanen, Ubiquitäten 等等）的一覽表
（參見：Alfred Weber, 1909: 224）。（參考：MWGI/9: 579 註解 33）

25　【譯注】在這方面，請參閱韋伯 PEII[308-310] 註腳 129。

的，從而也就必須在其種種物質上的要求上相應地加以修正——跟那些帶有種種**理性的**形式的作為「生活的**方法學**」（Lebens*methodik*）而受到規制的僧侶式的禁欲，就"精神"而言，事實上乃是相通的：對這種生活理想，我已經為各種不同的、包括存在於"營利"之外的種種生活領域（Lebenssphären），以速寫式的、但畢竟總是確乎不太會引起誤解的方式加以闡明了，以致於我在此可以無須贅述了。[26] 甚至就連基督新教式的禁欲用來工作的那些**手段**，也正如我（XXI, S. 77 ff.）[27] 所說明過了的那樣，都是完全並行的。另一方面我也提醒說：恰恰是修道院的禁欲，使得它可以在經濟上有如此顯著的種種成就：[28]——我或許還可以附帶說一下：中世紀的那些理性的—禁欲式的教派或者類似教派的構作物，在它們的市民式的行事作風（Gebahrung）的獨特性中，很經常顯示著與（尤其是）後來的種種再洗禮派式的教派乃至與直到最近的俄國的種種教派（並非所有教派都如此！）相應的範疇極為相似的許多

581

26　如果說拉賀發爾（在欄 1249）說：「那位富有的生意人——對這位生意人，韋伯敘述說：他唯有在費盡唇舌的情況下，才遵從醫囑享受牡蠣——確乎每個人都可以找出一個以上的資本家加以反對：對這些資本家之**在通常的意義下**（注意！）的"資本主義式的精神"，…是不能被加以懷疑的，…但卻很可能會…享用那些美味的甲殼類小動物。…我幾乎會想要相信：那些食品商人要是在資本主義式的精神這個領域中，突然將種種禁欲式的生活習慣給邊了進來的話，他們的店鋪有可能會由於缺乏顧客而關門」的話，——那麼，某種"批判"的這種水平，也就確乎不能被估計得太高了。那"資本主義式的精神"之"通常的意義"是什麼，與我無關，就連「是否是那個"動物園區"（Tiergartenviertel）*[1] 還是那些"大地主"或者少尉們、或者其他帶著滿滿的荷包的年輕人消費掉了大多數的牡蠣」，也跟我無關。而是：在那個（完全是附帶地提到的！）*[2] 例子那裡，對我而言，要緊的乃是要去說明對營利與佔有（Erwerb und Besitz）之某種極為特有的關係：在面對自己的資產（Vermögen）時所具有的"責任"（Verantwortung）的感受：這種感受不僅拒斥著"非理性的"支出，更將之視如某種特有種類的"犯罪行為"（Versündigung）（這東西跟拉賀發爾在另一個地方所說的那種常見的吝嗇毫不相干）。它是對享受本身之某種禁欲式的疑慮。【譯注】*[1] 韋伯在這裡想到的，乃是在 19 世紀下半葉所形成的在柏林動物園南邊住著許多有錢人的高級住宅區。*[2] 請參閱 PEII[407] 註腳。

27　【譯注】請參閱 PEII[371 ff.]。

28　【譯注】請參閱 PEII[415]。

特點。[29] 那種認為「" 那舊基督新教 "（der Altprotestantismus）作為整體，乃是從中世紀的天主教中接受了禁慾的」的說法（欄 1263），乃是拉賀發爾強加給我的那些為數甚多的愚蠢的主張之一。我明明非常詳細地說了：那路德宗式的、安立甘宗式的以及其他（在我的意義下）非" 禁慾式的 "「舊—基督新教」這方面，是多麼強烈地與毫無顧忌地，將那些我所分析過了的特點當作是 " 事功神聖性 " ——完全就跟天主教的僧侶（Mönchtum）一樣——而加以抨擊的。[30] 基督新教距離「在對待禁慾（在我的意義下）的態度中去形成某種統一」，還非常的遙遠。就目前而言，要相對於路德宗、安立甘宗以及改革宗的宗教信仰之種種逐漸褪色了的變種，而對那些我所處理的群體進行**共通的**特徵描述（*gemeinsame* Charakterisierung），我暫時還不知道有任何語詞比 " 禁慾的 "（asketisch）這個語詞更好的了。但那些**共通的**區別，卻是**存在著的**。而那些 " 禁慾式的 " 群體所取得的發展，也完全同樣都是那些在" 宗教改革 " 這個名稱下概括了起來的過程的某種產物，正如像是那 " 真路德宗 "（Gnesioluthertum）一樣：[31] 順便提一下，其 " 精神 " 之不同於 1520 年代的路德（天曉得）的精神，不下於——**這一點我自己也明確地強調過了**，並且，幾乎一如過往那樣，儘管如此（或者甚至可以說：正是因此之故）還是被拉賀發爾以教導的口吻所訓斥了——那令我感到興趣的 " 喀爾文宗 " 之不同於喀爾文自己的那些個人性的觀點。但這是怎

582

29　【譯注】並非所有俄國的教派都是由俄羅斯正教的教派分裂（Raskol）中產生出來的，但那些理性主義式的俄國教派（包括 Duchoborzy 與 Molokani）則是（參見韋伯 PE1907[480] 與註腳 10）。在這方面也請參考 MWG I/10: 164 f. 註腳 42。（參考：MWGI/9: 581 註解 40）

30　【譯注】請參閱 PEII[285-288]。

31　【譯注】Gnesioluthertum 的前綴 gnesio 意思是「真正的」。「真路德宗」指的是在路德死後，為了維護路德遺產並保護它以免過多受到外來影響而在由 16 世紀路德宗內部的神學上的學說爭執所產生的一個運動，由於這一派最著名的代表者是乃佛拉休斯（Matthisa Flacius, 1520-1575），因而其成員在當時就被稱為 "Flacianer"，另一派人則以梅蘭西頓（Philipp Melanchthon, 1497-1560）為代表，對外來影響持較開放的態度，其跟隨者一般稱之為 "Philippisten"。（參考：MWGI/9: 582 註解 43）

樣的一種種類的 " 歷史學家 " 啊：這位歷史學家，因為一個無論如何（一
如他自己也承認的那樣）都具有強大的效力範圍（Tragweite）的現象
（清教式的行業倫理（Erwerbsethik）），在他看來，作為「不是 " 倫理
的 "」（欄 1250, 1324）並且是「令人厭惡的」、不適應於那個他自己由
「基督新教式的倫理的發展之進程」中——一如該進程應該所曾是的那
樣（因為，在這裡所關涉到的，事實上也正是這件事情）——所做出來
的——概念上的——模式（Schema），如今卻以 " 扭曲 "（Verzerrung）
以及諸如此類的種種價值判斷，投向該現象（請注意！是那現象本
身，而不是像是我對該現象的展示）？這又是怎樣的一個方法學家
（Methodiker）啊：這位方法學家（欄 1294）提出了一個稀奇的論點，
認為：在英國，那「資本主義式的精神」之存在，" 就算沒有此一 "（宗
教上的）" 環節也可以被加以理解 "，儘管 " 我們絕不是想要否認它的
影響 "。這也就是說：一個 " 環節 " 固然對於某一特定的關聯而言是在
583 因果上重要的，但儘管如此，" 歷史學家 " 也還是可以當作是「不相干
的」而置之不理，如果他想要 " 理解 "（begreifen）該關聯的話。我們在
這裡也許畢竟確乎可以不說 " 理解 "、而說 " 建構 "（konstruieren），
並以這種方式，在帶有其反對種種非本行的 " 歷史建構者 " 的本位主義
式的熱情的拉賀發爾那裡，找到那如此經常出現的程序之某種 " 理想典
型 "：這種程序，當歷史學家們在運用種種未弄清楚的、帶著種種成見
與價值判斷加以貫徹的概念時，往往就會在他們身上發生，而完全沒有
察覺到這一點。

　　某種蓋了章的 " 禁欲 " －概念，是沒有的。[32]「人們可以遠較我
之所為——我將那被我稱為「" 內在於世界的 " 禁欲」的那種生活經
營的方式，與僧侶（Mönchtum）之「" 外在於世界的 " 禁欲」加以比
較[33]——更為寬廣得多地理解這個概念」這一點，在某個程度上乃是理

32　人們只要比較一下欄 1260, 1261 的整個那些論述。

33　【譯注】在這方面請參閱 PEII[290-298]。「" 內在於世界的 " 禁欲」見 [294]，
　　但「" 外在於世界的 " 禁欲」這個概念，卻並未在該處出現。

所當然的,也為我自己所承認著:對於天主教的禁欲,我**明確地**談論著
「**理性化了的禁欲**」(一如它在耶穌會的最高潛能(Potenz)中所顯示
的)——**相對立於**例如:(天主教這一邊的)"毫無計畫的逃離世界"
與(基督新教這一邊的)純然的感受-"禁欲"。[34] 因此,我的概念乃
是(例如)某種與特洛爾區明確地**相偏離**的概念:這一點每一個人只要
有某種的「善的意志」,就一定會看到——就連拉發賀爾也不例外。這
位也"看到了"這一點。他甚至談到了[35]我們雙方的理解之種種"**根本
的**"對立。但**儘管如此**,在恰恰合他意的時候,他也就糾纏于禁欲之某
種"特洛爾區—韋伯式的"概念,並將其他作家的所有彼此不同的"禁
欲"—概念給收集起來,去"駁斥"該概念:這些概念對於**這些作家們
的**種種目的而言,固然有可能會是合適的,但對我的那些目的而言,
卻是不適合的。「人們可以在種種極為不同的觀點下進行生活的"理性
化"、也就是說:也可以將生活的理性化理解為極為不同的東西」這一
點,我在我的那些探討的開頭處(XX, S. 35)就已經詳細地說明過了,
並且偏偏就連後來(XXVI, S. 278)也將之清楚地凸顯了出來。[36]——儘
管如此(或者:毋寧正是因此之故),拉賀發爾(欄 1263)就連這一
點也作為異議而向我提了出來,——雖然在這裡,就像他很清楚地知道
的那樣,我為了**我的**那些目的對之所理解的一切,都已經足夠清楚地說
過了。我承認,我認為這樣的一種種類的討論,是相當沒有價值的,也
覺得:如果一個靠著那透過純然的語詞—"批判"而人為地並且故意地
造成的混亂維生到這樣的一種程度的作家表示說,他擔心我的特定的、
清楚地特別(ad hoc)創造出來的語言使用,有可能會"使得某些基本
的區別變得模糊不清",這實在是有點莫名其妙。人們不妨試看看,去
由那些拉賀發爾式的含糊不清的法庭辯論(Plaidoyers)中剖析出那正面

584

34　【譯注】在這方面請參閱 PEII[290 f.] 與 [315](但在該處,韋伯只是說:"對
　　「宗教之**感受面**」的更加強烈的照料"。
35　欄 1257。但實在有夠愚蠢:所涉及的都是一些術語的、而不是事情的差異。
36　【譯注】請參閱 PEI[176 f.] 以及 PE1908[504 f.] 註腳 11。

的東西（das Positive），並問自己說：這裡究竟哪裡還可以再找到一些
"基本的" 區別？

我們還是回到出發點去吧。拉賀發爾將議題完全任意地限定在 "喀
爾文宗" 上的做法，對於那針對著我的全部論證而言，幾乎始終都是具
有決定性的。[37] 論戰的真正議題，馬上（欄 1217）就被據此加以安排，
並且在這些文章中為數甚多的地方上都一再重複著相同的「討論客體的
扭曲」，一如這種扭曲也才會為那將向我提出異議的唯一認真的論點提
供可能性的那樣。

585   就讓我們首先將這個論點給解決掉吧。拉賀發爾深信著："寬容"
本身對於經濟上的發展而言，具有某種重要的角色。如今，就像我的那
些文章的每一個讀者都知道的那樣，我在這個方面，絕非與他處於對立
關係，而是也提到了這些 —— 就我的展示到目前為止所達到的狀態而
言，在細節上尚未屬於我的展示的 —— 關聯（XXI, S. 42 Anm. 1）。[38] 但
在這裡，對我而言具有決定性的一點卻是存在於：固然，在當時的情況
下，每一種種類的寬容都非常確定地必定會對 "充實人口"（das Land zu
peuplieren）、[39] 引進國外的財富與國外的貿易有所貢獻，—— 但我卻對
事情的這一個方面不感到興趣。對於我（特別地並只為我的那些目的）
命名為 "資本主義式的精神" 的那個習性（*Habitus*）的發展而言，要緊
的顯然是：誰在具體情況中受惠於寬容。如果受惠者是（例如）猶太人
或者種種（就我 —— XXI, 28 f. [40] —— 所使用的語詞意義而言）"禁欲的"
基督教的宗派，那麼，寬容經常會在「傳播此一 "精神"」這個意義下

37　雖然他在我的文章的「內容提要」（欄 1228）那裡以及之後非常偶爾地也會
　　不得不去將我的種種相應的論述給複述出來。

38　【譯注】請參閱 PEII[311-315] 註腳 134。

39　【譯注】韋伯在此想到的，很可能是普魯士的「移民政策」（Peuplierpolitik）：
　　布蘭登堡的菲特烈・威廉（在位期間：1640-1688）鑑於三十年的宗教戰爭使
　　得許多地區人口銳減，因而想要「充實人口」。此外，為了招徠宗教難民（尤
　　其是胡格諾信徒）繁榮地方行業，特別於 1685 年頒佈《波斯坦詔令》。其後
　　繼者也繼續了此一政策。（參考：MWGI/9: 585 註解 66）

40　【譯注】請參閱 PEII[290-292]。

發生影響，——但如此一來，此一「影響」自然就不純然只是那 "寬容"
本身的結果了。並且最後：很一般地說，該 "寬容" 的程度還差得遠，
遠不足以決定 "資本主義式的精神"（總是：就我的意義而言）的發展
的程度。因為，恰恰相反地，眾所周知（請比較：XX, S. 5）：[41] 不完
備的寬容、尤其是：有系統地將那些宗教上的少數排除於國家性與社會
性的平權之外的做法，往往顯示了自己適合於以特別強的程度，將那些
被貶抑者驅趕上「經濟上的營利」這條道路，而與此相應的則是：那些
"十字架下的教會" 似乎最參與其中了。恰恰是拉賀發爾引用過的威廉·
配第男爵（Sir William Petty, *Political Arithemetic*, London 1691, S. 26）也
明確地突顯了此一事實：手上掌握 "生意" 的，到處都是一些異端份子，
尤其是在那些受到羅馬教會支配的國家裡， "四分之三" 的生意都落入
異端者手中。而現在我們面對了——而此一補充也才為該情況帶來了高
潮——一項**事實**，那就是：那些被剝奪了權利或者受到了貶抑的**天主教**
的少數，——一如我立刻就加以強調（XX, S. 6）的那樣 [42]——**卻從未在
任何地方以任何沒有歧義的方式顯示過此一現象，直到今天都沒有，**[43]
此外：該現象就連在那些路德宗的少數那裡，也從未在任何地方以那種
一如在種種 "禁欲式的" 宗派那裡的方式被發現，——而在另一方面，
絕非只在處於少數中的、而是完全同樣就連也**處於支配地位**的那些喀爾
文宗的、貴格派的、浸禮派的階層，也往往顯示著那些對它們在經濟上
的行事作風與生活經營而言一向都是別具特色的那些特徵。而凡是 "禁
欲式的" 基督新教的與其他種種基督教的宗派在平等地位下進行競爭之
處，則在一般情況下，前者都是生意生活（Geschäftsleben）的承載者。
直到最近這個世代，在伍伯塔爾（Wuppertal）的古典的古老的工業樓板
上， "改革宗信徒" 的那種生活經營的方式這一方面，與非改革宗信徒

586

41　【譯注】請參閱 PEI[130 f.]。
42　【譯注】請參閱 PEI[130 f.]。
43　因為，那波蘭人的經濟上的反應（我自己就曾經引用過這反應），＊乃是建
　　基於**理性的**基礎上的。【譯注】關於「在俄國與普魯士的波蘭人」之相對於
　　「在加利西亞的波蘭人」，請參閱 PEI[130]。

的生活經營的方式這另一方面，都還是、並且**恰恰是在那些在這裡具有**
587 **決定性的特點上**，根本不同的。[44] "職業人" 的那種生意上的活動，結
合著我（特別地）稱之為 "禁欲式的節約強制" 的東西，[45] 在那些改革
宗的與虔敬派的圈子那裡，——虔敬派也是具有改革宗來歷的——，
儘管所有拉賀發爾特別地（ad hoc）虛構出來的 "共通於基督教的倫理
生活"（gemeinchristliche Sittlichkeit），還是——一如每一個熟悉當地
的人都一定可以確認的那樣——強烈地與引人注目地形成鮮明對比的。
儘管毫無疑問地，我的嘗試始終都還處於非常不完美的狀態，該生活經
營的整個內容畢竟總還是如此地與我在這方面所說的東西相符合，以致
於我直接地就由那些圈子本身當中——並且並不是只從某個方面——
出發而被保證說：他們直到現在才完備地理解了他們來自這些先例
（Antezedenzien）之種種自己的傳統所特有的獨特性。而如果（例如）
拉賀發爾將那路德宗的漢堡拿來向我提出異議，說：漢堡是這樣一個地
方，在這個地方 "資本主義式的精神" 沒有種種 "禁欲的" —基督新教
式的影響之共同作用，也直到今日一直都很繁榮的話，那麼，對於現在
而言，我是可以滿足於使用那位在漢堡的同事伐爾（Adalbert Wahl）[46] 先
588 生的一份友好的書信的信息的：根據這份信息，改革宗的巴塞爾（Basel）
是帶有其古老的城市新貴節約地保留了下來的財富的，而與這些他從很
早以前就熟知的情況形成最別具特色的對照的則是：在漢堡，**沒有任何**
一個現在很重要的家庭財產、就連那些算是古老地繼承了下來的家庭財
產，回溯到 17 世紀，——只有一**個**唯一的例外：而構成此一例外的，
則是一個著名的**改革宗的**家庭。關於這樣的種種細節，這樣也就夠了：
我可以透過許多類似的個人性的消息，從另外一些方面，對浸禮派信

44　【譯注】伍伯塔爾在 19 世紀直到韋伯當時，由於 Barmen 與 Elberfeld 等重要
工業城市具有許多紡織與配件工業，因而可以說是德國的「曼徹斯特」。（參
考：MWGI/9: 587 註解 73）

45　【譯注】請參閱 PEII[412]。

46　【譯注】伐爾（Adalbert Wahl, 1871-1957）是德國歷史學家，1908-1909 為漢
堡大學教授。

徒等等的地位加以補充。我那關於「 “職業” 的意義」之決定性的 “論
點”，僅僅在——一如我想要明確地加以強調的那樣——貫徹的方式
（Art der Durchführung）上包含著 “新東西”。在事情（Sache）本身上，
我想，情況和拉賀發爾相當熟悉並承認其權威的同樣傑出的同時代人：
佩第男爵（Sir W. Petty）所說的——拉賀發爾相信，他可以運用佩第關
於「寬容」之經濟上的祝福的種種說法（一如人們所看到的，非常顛
倒的方式）來反對我——沒什麼兩樣：佩第就在僅僅 2 頁之前（頁 23,
24），[47] 將種種理由給說了出來——基於這些理由，寬容才會（尤其是
在荷蘭：他在那裡所處理的乃是荷蘭）對 “生意” 產生如此有力的影響：
「現在，我想談一下荷蘭人的第一項政策，亦即：良心的自由，…這種
種類的異議者」——指的是：荷蘭的「自由鬥爭」（Freiheitskampf）的
承載者，基本上是：喀爾文宗信徒——「大部分都是一些深思熟慮的、
冷靜的與能忍耐的人，並且相信諸如：**勞動與勤奮乃是他們對神的義務**
（無論他們的種種意見是多麼地錯誤）」。[48] 在我看來，幾乎可以說：
那個地方實在是非常適合於將我的文章的那些基本論點中的一個，標明
為某種（很遺憾沒有意識到的）對**佩第**的**剽竊**，[49] 並且：我可以聽憑讀
者在佩第的與那些現代的批判者的權威之間作選擇，[50] 而我這方面則退

589

47　【譯注】Petty, 1691: 23 與 24。下面的引文出自頁 23。（參考：MWGI/9: 588
　　註解 80）

48　因此，莎士比亞——一個具有「仇恨之銳利的雙眼」的清教專家——顯然相
　　當清楚地意識到了：為什麼他也讓那些被醜化了的 “中間階級” 也由 “經上
　　寫著：在你的召喚（calling）裡工作” 這個基本原則中，導出它們的被醜化了
　　的綱領。【譯注】參閱〈哥林多前書〉7, 20。韋伯想到的，有可能是《亨利
　　六世》（Henry VI）三部曲的第二個部分（第 4 幕第 2 場）中 John Holland 對
　　George Bevis 所說的一段話：...and yet it is said, labour in thy vocation; which is
　　as much to say as, let the magistrate be labouring men; and therefore should we be
　　migistrates（…而常言道：在你的召喚裡工作；這不啻是在說：讓長官就是工
　　作的人；而也因此我們應該是長官）。（參考：MWGI/9: 589 註解 81）

49　自從從事於商業史的那些時間以來，我手頭上就一直不再有佩第的書了，感
　　謝我的同事 H. Levy 先生，＊讓我注意到這個我已經完全不再想得起來了的地
　　方。【譯注】指的是德國國民經濟學家 Hermann Levy（1881-1949）。

50　我只可以再談到一個次要的點，那就是：不言而喻，當我將嚴格**不寬容**的喀

爾文宗的新英格蘭，與在關於「"資本主義式的精神"的發展」（見下文）方面**顯得較未發展起來的、寬容的羅德島**加以對照的時候，*[1] 我明顯地是在下述意義下執行這件事情的，亦即：[590] **儘管在前者那裡的不寬容以及儘管在後者的這裡的寬容，**根據我的觀點，此一區別之所以顯得有利於（自然條件遠較為不利的）**不寬容的地區**，乃是因為：在該地區中，「基督新教式的禁欲的"精神"」，乃是以更強烈的程度在支配著的。此外，這一點我也是以某種猜測（Vermutung）的形式而完全附帶地加以說出來的：此一「猜測」我或許還可以透過比我所提出的那些提示還更多的一些提示加以支持，但卻畢竟並不能因此就——一如我樂於一再地供認的那樣——可以主張說：已經"證明了"某個東西。——一要趁這個機會去解決拉賀發爾所提出來的那些**事實上的**「異議」中的幾個，拉賀發爾就顯得對「賓州的內在發展」、「貴格派倫理與"世界"之種種悲劇性的衝突」*[2]、以及同樣的：對——就連對於紐約（儘管曼哈頓自長久時間以來作為移民中心，在恪守教規（Kirchlichkeit）上就落後於布魯克林了）而言，也一直達到了「現在」這門檻上了的——在那裡的由禁欲與理性主義混合了起來的生活空氣（Lebensluft）的強度（這種強度，光是那些歐洲的旅行者之**每一個**好的、較古早的描寫，就都可以作證了，並且其殘餘人們甚至今天都還到處可以察覺到）、對生活風格與職業觀的角色，完全毫無所悉，同樣地也對新英格蘭人的歷史以及那直到今天都還以殘餘的形式發生後續影響的獨特性，毫無所知。我請讀者參閱我發表在《基督教的世界》的那篇（當然非常簡略的）文章。*[3] 主教制的南部各州之農業式的"資本主義"，在那些對我的問題而言相干的點上，乃是與古代的那種"資本主義式的"經濟，**沒有任何**不同的。且撇開那著名的、部分很出色的文獻不談，我基於自己在那些住在舊式的莊園宅裡的南部州的親戚們那裡的觀察，也對那與清教式的「美國佬」的"精神"處於最嚴格的對比中的、「莊園式的」在經濟與生活上的「可憐的放蕩（powere Liederlichkeit）與貴族式的誇耀」的混合（這種混合表明了這種特有的**非市民式的**社會的特徵），獲得了某種就連在種種瑣碎小事上也都還過得去的清楚的圖像。[591] 眾所周知，差一點點就連新英格蘭也落入了為數甚多的宮廷寵臣之一的手中：這些宮廷寵臣們都想要獲得並利用各種殖民地的「土地特許」（Landkonzessionen），*[4] ——而當然：如果就連那裡也無法產生任何棉花種植園的話，那麼，將不會有任何人知道，如此一來、亦即：沒有這些朝聖者之父（Pilgerväter）的那些定居點（再往南則是那些浸禮派信徒、荷蘭人、貴格派信徒的各定居點），北美將會是什麼形貌（Physiognomie）。無論如何不會是受到這些階層的"精神"所決定的形貌：這種形貌以直到現在都總還是以種種極為重要的殘餘的形式延續了下來。至於說「在 17 世紀的新英格蘭，某種"資本主義式的"、甚至是某種工商業上的發展，不僅是某種時代錯誤（Anachronismus），而是就連在地理學上也都是無論在當時還是後來，幾乎都是不可能的」這一點，當然是毫無疑問的也從來沒有被我質疑過。我自己就是因為那些在那裡、在清教徒們移民進來之後，**儘管如此還是產生了**的「產業上的發展之端點」是值得注意的，才會加以引用的。*[5] 由於我在我的論文的一開頭，立刻就將**富蘭克林**當作是那“資本主義式的精神”的代表加以引用了，*[6] 此外，由於每一個人都知道，這個小印刷工人與「成為一個像福格那樣的「大資本家」」，實在還差距非常遙遠，並且由於我又偏偏在我這方面最明確地指出了一件對於我的論證而言很重要的事實，那就是：該“精神”在這裡乃是在一個其經濟還處於半自然經濟的發展階段的地區裡發展起來的（XX, S. 33），*[7]——因此，甚至就連一個拉賀發爾的這種種類的批判，也應該都會放棄將這些以及類似的事物當作一些“異議”而向我提出來才對。此外，一個歷史學家竟然沒有區分在像是昔日的新英格蘭那樣的一個**殖民地**中與在歐洲的中世紀中的商業之種種經濟上的生存條件的能力——一如在欄 1294 下面的那個語帶譏諷的、但在我看來卻有點可笑的評論所顯示的那樣——[592] 實在是有夠糟糕的。但更加糟糕的當然是：他對胡格諾精神（Hugenottentum）的意義及其與法國的產業的種種關係，根本就毫無所知。——至於說「喀爾文宗在 17 與 18 世紀的匈牙利的普茲塔（Pußta）並未能創造出任何資本主義式的經濟」這一點，則我如今就已經必須第二度加以“承認”了，*[8] 但我卻也同樣必須再度強調說：喀爾文宗**就連在那裡**，（在那些改革宗信徒們的職業選擇的方式上）也顯示著其種種典型的伴隨現象，就像讀者在我的文章的一開頭就可以讀到的那樣。*[9]——甚至為了那基本上與他相近的、極為錯綜複雜的並且有趣的「荷蘭的資本主義以及居民對之所採取的態度的獨特性」問題，拉賀發爾（他的眼睛總是只盯著那些在**沒有任何**本質性的東西上不同於所有時代與國家的種種現象的大有錢人看）也僅僅發展出了一些非常膚淺的情緒（Sentiments）。基於這些情緒，我懷疑他在這裡知道得——根據他那值得感謝的保證——比我多，而我事實上距離弄清楚這些問題還遠得很。當然，他在關於商人的阿明尼烏主義（Arminianismus）方面向我提出異議的一切，我已經——一如幾乎總是如此的那樣——**自己就說過了**，*[10] 也完全同樣地指向拉賀發爾用來反對我的那些相同的藝術史上的現象。*[11] 但藉此所觸及的，也只不過是**我**根本就不**想要**加以追蹤的問題之種種最外圍的邊緣而已。如果要只提及一個引導得更深刻的環節，則荷蘭式的“精神”的獨特性，當時的確也受到下述事實所共同決定著，那就是：「圍堤開墾新地」乃是最有賺頭的生意之一，並且：在這裡，各城市——稍微誇張地說——都是由自己之中創造出平坦的土地的。*[12] 除了所有的清教都很容易就受到懷疑的「殖民生意」之外，資本利用在很大程度上被引導到這條創造種種「農人的存在」（Bauernexistenzen）的軌道上來了，——這一點對於這個國家的“形貌”（Physiognomie），[593] 就連在內心世界的意義上也勢必曾有過、也的確有過其種種後果，尤其是在下述這個方向上，亦即：“禁慾式的”基督新教的那種完全充分地被證明為存在的「以其方式發生影響」的傾向，在許多重要的——但卻**並非**：在所有的——點上，都再度被中斷了。因為，這些甚至對於藝術市場而言都有其意義的農人——在他們那裡出現了對許多繪畫作品的種種投資總額，這些投資總額在當時展示了一筆小的財產（並且一定往往都是具有投機的性格的）——固然與大陸的「傳統的農人」極為不同，但卻也不同於新英格蘭的農人，而

這一點則是可以理解的。荷蘭的那半被中斷了的清教對荷蘭的藝術的反作用
（Rückwirkung），乃是一個非常錯綜複雜的問題，而我在這方面所匆匆草就
的那些評論，*[13] 則完全不要求任何東西。無論如何：魯本斯（Rubens）與
林布蘭的對立——人們且回想一下波特萊爾（Baudelaire）的那些當然在林布
蘭方面誇張成了諷刺畫的、但對於那基本心情（Grundstimmung）而言卻畢
竟別具特色的詩行 *[14]——，就像他們的生活經營那樣，都不太會純然與二
者的環境的那些差異相等同，但當然也距離「是偶然的」（Zufall zu sein）
非常地遙遠。——一個歷史學家在談及那些多德雷赫特教令（Dordrechter
Dekreten）時，竟然能夠當作是某種在歷史上對於荷蘭而言幾乎不相干的東
西在談，這件事情唯有當他對現代的荷蘭的教會——與政治的歷史毫無概念的
情況下，才是可以理解的。荷蘭的新—喀爾文主義的確是一個具有種種極為
現代的添加物的構作物，*[15] ——但如果人們看到，那對於荷蘭當時的整個
政治上的局勢而言始終還是具有決定性的凱柏式的教會分裂（Kuypersche
Schisma）*[16]（始於一項真正"清教式的"要求，[594] 亦即要求「為了榮
耀神的聖餐教團（Abendmalsgemeinde）必須是可以維持"純粹的"」）*[17]，
在其所有的階段中，都是以那些在多德雷赫特之前、之中與之後被創造出來
的種種法律概念與信仰學說為根據的，則人們將會覺得該主張相當的奇怪。
同樣的，如果人們就算僅僅認識到舊時代的那些白紙黑字攤在那裡的關於荷
蘭的教會紀律史的文件與"神聖的會議"（sacrosancta synodus）*[18] 之非
同尋常的權威（這「神聖的會議」，數百年來其信徒們在說到它時，沒有不
脫冒致敬的），也將會覺得該主張相當的奇怪。「凱柏的新喀爾文主義式的
教會建構恰好就在"無信仰的"阿姆斯特丹開始的」這件事實，固然有可能
會再度又是某種的"偶然"，一如（根據拉賀發爾的說法）阿姆斯特丹之回
轉到對抗著歐登巴內菲爾德（Oldenbarnevelt）的喀爾文宗陣營的一邊那樣，
*[19] ——但這種特有 [595] 的現代的"偶然"卻畢竟或許會為某些人提供誘
因，讓他們去反思一下：是否就連 1618 的過程，也在某種多於「在市政府官
員（Vroedschap）中的各個不同的"小集團"（Cliquen）之純然的日常局勢
的東西中（一如這種「日常局勢」到處都存在著的那樣）有其基礎。（在這
個世界中，「禁欲精神」（das Asketentum）幾乎總是**並且到處**都存在於**少數**
（*Minorität*）中：在荷蘭當時並且在凱柏的治下，在克倫威爾治下的英國、
在賓州就直接在潘恩（Penn）之後，在法國從一開始以及在我們這裡同樣地
在虔敬主義的時代。）清教的持異議者在英國還在柯布登式的「反穀物關稅
宣傳」中所扮演的角色，*[20] 拉賀發爾——我們可以根據他的一些評論去
推斷出來——確乎毫無所悉。——我們可以在各**階級**與宗教性的生活之間的
關係中觀察到的那個令人感到興趣的現象，——幾乎在所有的國家中——乃
是那剛開始的時候（往往甚至包括了浸禮派信徒）**垂直地**穿透社會性的階層
的種種裂縫（Risse）之逐漸地轉變為種種**水平的**裂縫：歷史唯物論式的"詮
釋"，是在這裡才開始的。【譯注】*[1] 請參閱 PEII[313] 註腳 134 與 [412 f.]
註腳 352。*[2] 貴格派主張和平主義並積極參與政治生活，但二者卻顯得越
來越不相容，以致於美國的獨立戰爭（1775-1783）竟意味著貴格派邦國賓州

的終結。在這方面，亦請參閱 PEII[415] 註腳 359。*[3] 請參閱 PE1906[426-462]、尤其是 [436 f.] 中關於布魯克林與曼哈頓的區別的觀察。*[4] 這裡指的，有可能是英國的殖民企業家 Sir Ferdinando Gorges（1565-1647），甚至對今日的緬因州都還擁有特許狀。他利用在土地授與給他和麻州時的意見紛歧，使英國政府採取各種措施對付殖民地的種種追求獨立的活動。查理二世因而於 1635 與 1637 兩度任命他為統治各新英格蘭殖民地的總督（Governor）。但長期居住在英國的 Gorges 卻基於種種理由而從未接任該職務。（參考：MWGI/9: 591 註解 93）*[5] 請參閱 PEII[412 f.] 註腳 352。這裡所說的「朝聖者之父」（Pilgerväter）英文作 Pilgrim Fathers，指的是 1620 年 9 月搭乘「五月花」號橫越大西洋到新英格蘭的麻薩諸塞建立「普利茅斯殖民地」（Plymouth Colony）的第一批英國移民，大約有一百多人。這些人自稱為「聖徒」，「朝聖者」的說法是到 19 世紀中葉才出現的：取自當時任殖民地總督的 William Bradford（1590-1657）的文獻 *Of Plymouth Plantation* 中的一句話：They knew they were pilgrims。後來，這些朝聖者先輩，便被稱為「朝聖者之父」*[6] 請參閱 PEI[142-145]。*[7] 請參閱 PEI[174]。*[8] 第一次請參閱 PE1908[484]。*[9] 請參閱 PEI[128] 註腳 14。*[10] 請參閱 PEII[402 f.] 註腳 333 與 [413 f.]。*[11] 請參閱 PEII[401 f.] 註腳 332。*[12] 韋伯 1907 夏天在荷蘭停留期間，親眼目睹本斯特築堤新地（Beemster Polder）這「來自 17 世紀初的奧登巴內非爾特作品」（請參閱他於 1907 年 8 月 12 日寫給太太的一張卡片，收入：MWGII/5: 357）。1608-1641 年間，光是在 Westfriesland 就有 27 個新地以及許多沼澤地被設置了起來，供農業使用。本斯特築堤新地為六個阿姆斯特丹商人所開發，獲利相當好。（參考：MWGI/9: 592 註解 9）*[13] 請參閱 PEII[401 f.] 註腳 332。*[14] 波特萊爾在收入《惡之華》（韋伯讀的應該是 1901 年出版的、由 Stefan George 譯成德文的版本：*Die Blumen des Bösen*）中的《燈塔》（Die Leuchttürme）這首詩中，分別對魯本斯與林布蘭的特徵有所刻劃。（參考：MWGI/9: 593 註解 12）*[15] 關於多德雷赫特宗教代表會議的決議（包括：雙重預定學說），請參閱 PEII[250 f.] 註腳 16。荷蘭的 "新—喀爾文主義" 將自己與凱柏（Abraham Kuyper, 1837-1920）這位教會政策家、政治家與後來的部長結合了起來；他試圖將喀爾文的神學以及 16 與 17 世紀的種種《信仰表白》，和 19 世紀的時代精神與種種社會性的要求給結合起來。（參考：MWGI/9: 593 註解 14）*[16] 1885 年，阿姆斯特丹的長老會全體教務評議會（其中也包括「外行長老」凱柏）的多數，拒絕「改革教會」（Hervormde Kerk）內部那些持自由主義的、"現代主義式的" 路線的牧師們所簽發的「堅振禮證書」（這是得以參加聖餐禮的必要文件）。當教務評議會違抗宗教會議的一項指示並被認為具有諸多獨立的傾向時，這些長老便於 1886 年初被解除職務。於是這些 "哀傷者"（Dolerenden）便慶祝他們自己的禮拜。1892 年，他們又再與 1834 年分裂的一部分人組成某種自由教會（Gereformeerde Kerken in Nederland）。此一「分裂」所涉及到的，乃是正統的荷蘭的基督新教，並與凱柏於 1878 年建立的反對自由主義者的「反革命黨」平行發展著。（參考：MWGI/9: 593 f. 註解 15）*[17] 關於凱柏

590 出此一討論。──我將會更加樂於這麼做，因為，我除此之外還必須承
591 認：就連普林斯特勒（Groen van Prinsterer）這位作家，──無論拉賀發
592 爾有什麼樣的其他評價，人們畢竟還是會相信：他將會對他的荷蘭故鄉
593 的獨特性，做出某種本質上就更加徹底的且具有原創性的研究──偶爾
594 也會對在那裡的「財富形成」的種種理由（相對於收入之比例上──相
595 對地！──較少的消費），說出那實質上跟我完全沒有兩樣的想法。[51]

　　在佩第那裡的那個地方的後續，接著還闡明了更進一步的一點──
這一點，拉賀發爾將它變成了他與我的那許多的「假象爭論」之一的對
596 象了，而他的文章也幾乎完全靠這些假象爭論維生──，那就是：「這
些相信著神的正義，並看著那些最放蕩的人去享受這個世界的大部分及
其最好的東西人（即：那些清教的持異議者），將絕不會跟那些縱欲者
和具有極端的財富與權力的人──他們認為這些人在這個世界上有他們
的一份──有同一個宗教與職業」。[52]

　　清教式的人生觀（Lebensauffassung）的承載者，並不是那些在**所
有**商業上的或殖民上的擴充的時代中一再重現的那些非常大的特許經

的「聖餐禮觀點」，韋伯很可能是在 1907 年停留於荷蘭其間，才讀到凱柏於
1886 年的出版的一本荷蘭文著作的（該著作在德國的圖書館中並未收藏）。
（參考：MWGI/9: 594 註解 16）*[18] 指的就是 1618/19 的多德雷赫特宗教代
表會議。*[19] 根據拉賀發爾的說法，一小撮的阿姆斯特丹的資本家群體（而
隨著他們：整個阿姆斯特丹），出於「明白說了出來的利潤癮」與其他各方
面的利益，與 Moritz von Orangien 聯合起來對抗奧登巴內非爾特，從而對多
德雷赫特宗教代表會議造成了影響，使得喀爾文主義的正統戰勝了阿明尼烏
主義。換言之，喀爾文黨的勝利，靠的並非自己的力量，而是某種與權力因
素的聯合。*[20] 科布登（Richard Cobden, 1804-1865）於 1839 年在曼徹斯特
建立「反穀物關稅同盟」，希望達到「與外國完全自由貿易」的目標，而廢
除「穀物關稅」則是第一步。同盟到處演說並散發數以百萬計的宣傳小冊子
給全國的選民，並於 1841 年受到國家教會之外的許多宗教群體的七百多位神
職人員的支持，終於在 1846 年，透過引進相應的法律而達到了第一個目標，
而穀物價格也明顯下滑。（參考：MWGI/9: 595 註解 22）

51　【譯注】普林斯特勒（Guillaume Groen van Prinsterer, 1801-1876）是荷蘭的政
治家與歷史家，曾說過「荷蘭人賺得多又花得少」。

52　【譯注】引自 Petty, 1691: 23 f.。括弧內文字為韋伯所加。這段引文接續著
[588 f.] 的引文。（參考：MWGI/9: 596 註解 24）

營者與壟斷者：經濟上的"超人"，而是他們的**對手**：市民式的上昇著
的中間等級的那些比較寬廣得多的階層——就像我在我這方面對這一
點就曾經相當明確地加以強調過了的那樣，並且，儘管拉賀發爾知道這
一點（因為他引用了），從他那裡（一如既往地，只要合他用）又作為
反駁我的"異議"而收到了。[53] 但佩第的那些意見（結合先前引用過的
那些地方）[54] 卻也顯然都適合於用來——完全相應於那我從其他種種原
始材料以及尤其是諸禁欲式的宗派的那些在其餘震上直到現在都還繼續
發生著影響的原則提取出來的東西——舉例說明"清教式的禁欲"（就
這個語詞之我的意義而言）對於財富所抱持的那種（表面上！）如此
弔詭的態度。財富本身，作為享受－與權力欲（Quelle der Genuß- und
Machtgier）的源頭，不僅是某種（eine）危險，而是簡直就是那（die）
「危險」，那對這個世界的種種財物（Güter dieser Welt）的追求——我
是可以隨意地增加那些我所引用的地方的[55]——，本身就是完全應該加
以譴責的：佩第也是這麼說的。但佩第自己卻畢竟剛好就將這些對富有
的人們與財富這麼懷著**有敵意的**元素中的"勤奮"（industry），說成是
「財富形成」（Reichtumsbildung）之某種特別重要的源頭，[56] 並強調它

597

53　順便提一下，如果拉賀發爾（欄 1320）終究也還是問了說：我究竟是從哪裡
　　得知「那被他（從我這裡）引用的福格（Jacob Fugger）的名言，乃是**另一種**
　　（不同於那清教式的）"職業倫理"的表現」的，*[1]——則我將會回答說：
　　因為每一個知道一個清教徒在相同的情況下將會如何表現的人也都知道，他
　　（＝該清教徒）將會——並且是懷著滿滿的主觀上的真誠（Wahrhaftigkeit）
　　地——說出不同的話。因為，就連拉賀發爾自己也在欄 1324 上就已經知道
　　了，——同樣沒說：是從何得知的？——喀爾文主義者們的職業倫理，乃是
　　由於「在他們那裡，盈利與財富——完全就像我所說過的那樣 *[2]——"都
　　只是一些具有附屬意義的因素"」，而與福格式的生活風格區別開來的。【譯
　　注】關於本文的這個段落，請參閱 PEI[127][164 f.] 以及 PEII[414 f.]。*[1] 請
　　參閱 PEI[146 f.]。*[2] 請參閱 PEI[147]。
54　【譯注】包括：Petty, 1691: 23 f., 26 以及在這個段落中所引用的 [588 f.] 與
　　[586]。
55　【譯注】請參閱 PEII[408-412]。
56　【譯注】請參閱 Petty, 1691: 23 以及本文 [586 f.] 的引文。

在企業家群體（Unternehmertum）身上之壓倒性的份量，[57]——又再度一如我所做過了的那樣。每一個真正讀過我的那些文章的人，一定都還記得，這表面上的弔詭，是多麼容易就可以加以解決的。就連拉賀發爾也知道，儘管他在其中就這一點而重述我的展示的那種形式，實在不只是有點奇怪。[58] 因為，他其實很熟悉我的那些畢竟非常詳細的關於那——的確非常特有的、對於我們今日的人而言很難沒有任何「偽善」與「自欺」的嫌疑而加以設想的、但對於那些必須在此岸與彼岸之間找到一條橋的人而言卻絕非這麼特別 "複雜的" ——清教徒們（廣義的）與營利的關係的論述。此外，他也知道我所做的那相對於表現在宋巴特所引用的福格的說法中的習性（Habitus）之明確的**分離**（Scheidung）。[59] 同樣的，他也知道我明確地提到了的一點：那整個**典型**（*Typus*）（一如那些偉大的義大利的、德意志的、英格蘭的、荷蘭的以及海外的銀行家所展示的），乃是一種——一如我不得不再度強調的那樣 [60]——本來就有了的典型，**只要我們基本上知道某個歷史**：這種典型在其獨特性上，**完全不具有任何**「近代的 "早期資本主義"」所擁有的別具特色的東西，這種典型毋寧恰恰在其面貌上，與**我**心中所想要揭露出來的那些特點——因為它們固然很容易就避開了眼睛，但卻畢竟是屬於那些最重要的特點之列——，處於最具有決定性的對立中。但拉賀發爾對我的種種觀點的這種精確的知識，卻阻止不了他，將那（一如他可能也知道的那樣）自從法老王時代以來就已經眾所周知了的資本家典型（這種資本家典型**缺**

598

57　【譯注】請參閱 Petty, 1691: 26 以及 [586]。

58　欄 1231：「誠然（韋伯是這麼供認著的），那喀爾文主義式的倫理終究是將自己顯示為某種固然想要著善、但卻創造出惡的力量的，…那帶有所有它的誘惑的財富」。對一個作家說：他 "供認" 他自己的那些幾乎逐字地被加以引用的基本論點之一，乃是對該事態之某種至少對讀者而言很容易產生誤解的改寫。

59　XX, S. 15。【譯注】請參閱 PEI[14 f.]。

60　請比較《文庫》XXV, S. 247 註腳 10。*[1] 拉賀發爾也知道這篇文章，因為他自己偶爾就會引用它。*[2]【譯注】*[1] 請參閱 PE1908[487 f.] 與註腳 31。*[2] 拉賀發爾在其文章中引用的，乃是 PE1907 而非 PE 1908。

乏那我稱之為“禁欲的”的特點），當作論證用來批評我。儘管人們可以在我這裡以最大的清晰性讀到說：我所從事研究的並非該典型、換言之：例如在荷蘭[61]就**不是**那在我看來可以說每一個人都耳熟能詳的“渴望盈利的商人”這種典型，這種典型的商人們——**請注意，這一點我引用的是我自己**[62]——“為了獲利，將會想要航行穿過地獄，就算在這種情況下他們會讓諸帆燒焦”，還是有人用下述問題向我提出異議：**這難道不就是那“真正的”資本主義的精神嗎？**對於我的這些文章的一個**讀者**而言，我確乎有可能始終都還欠一個回答。如果拉賀發爾的熱情是放在尋求各式各樣具有「資本主義式的經濟之強而有力的發展」的地區，並且在這些地區中“基督新教式的禁欲”（真的或者據稱的）並未扮演某種具有決定性的角色，或者相反地：在這地區中，“基督新教式的禁欲”固然扮演著這樣的一種角色，但作為結果，卻並未出現大資本主義式的經濟，則情形也是類似的。關於此一批判的種種細節，我們在上面已經談過了。[63]在原則上，我在這方面固然也已經、並且一再足夠清楚地說出來了，但我還是樂意再一次地加以探討。因為，這麼一來，我們或許可以達到一個點，在那裡，那想要讓雙方的觀點進行某種對質的嘗試似乎將會變成可能？

我說的是：**似乎**：因為，很遺憾地，某種人們可以拿來論辯的觀點，拉賀發爾事實上**根本就沒有**。讀他的文章，味同嚼沙（man kaut bei ihm auf Sand）。當他自己最後竟然作為結論而宣稱說：對那些我所討論到的宗教上的環節（欄 1349），人們將「必定會承認：對種種經濟情況的發展而言，確實具有某種重大的意義」，則人們尤其將徒勞地問

599

61　我曾經談過在荷蘭的大市民階層（Großbürgertum）的那些領導性的階層中的阿明尼烏主義，此外還提到了 Busken-Huët。* 如果在這方面沒有教給我們任何具有重要性的新東西的拉賀發爾竟然相信他可以主張說：我對這些情況什麼都不“知道”，則這實在是豈有此裡。【譯注】*[1] Busken-Huët 指的是 Conrad Busken Huet（1826–1886），荷蘭的牧師、新聞工作者與文學評論家。請參閱 PEII[413] 與註腳 354。

62　XX, S. 20。【譯注】請參閱 PEI[154 f.]。按：引文差異，為原文所有。

63　【譯注】請參閱本文 [589–595] 與註腳 50。

自己：他對我的這番長達五篇論文之久的奇怪的連續砲擊，究竟有何目的。只不過，他繼續說著：「並非恰恰在同一個方向上」，或者，——但接著卻又畢竟立刻再度供認說：——**如果**是在同一個方向上，那麼在這個方向上至少並非如此唯獨地，一如我所曾經——我懷著最大的善意還是不得而知：在哪裡？——做過的那樣。但除此之外，他卻接著還說：「**毫無疑問地**，宗教改革的職業倫理」，也屬於那些促進著經濟上的發展的元素之列（並且緊接著這段文字直截了當地說：屬於其種種"驅動力"之列），而在這種情況下，他甚至（錯誤地：見上文）[64]主張說：我是第一個就這種職業倫理的此一意義去對之加以分析的人。

600 他的唯一有實質內容的保留所涉及的，乃是他在他的那些文章中大篇幅地加以批判了的、將此一職業倫理標示為"禁欲的"的**稱呼**——對這方面，上面已經談過了。[65] 我或許可以完全滿足於我的審查員先生的這些讓步，因為我自己就已經確乎盡了一切可能地明確地強調過：我所想到的，並未**多於**就是去假定這種"**驅動力**"（*Triebkraft*）的存在。

至於這種驅動力相較於其他種種成分，事實上是在什麼樣的程度上，在那對它而言適當的方向上發生著影響的，則我事實上並未嘗試過，"在細節上"（一如拉賀發爾所期望的那樣）去加以確定，儘管這確實也是一項重要的、但卻唯有各自為那些個別的國家才能分別著手進行的、並且很難輕輕鬆鬆地就可以加以解決的[66]課題。此外拉賀發爾要我在這裡從事某種種類的統計之過份要求（Zumutung），我在我這方面認為、並且每一個基於自己的經驗而知道，今日對於一個還活著的客體，那種想要去**測量**某種特定的、還如此無可置疑地存在著並起著作用的"具有世界觀性質的"動機的效力範圍的嘗試，將會碰到哪些前所未聞的種種困難的人也都一定會認為，是某種相當無關緊要的東

64　【譯注】請參閱本文 [589] 論及佩第之處。

65　【譯注】請參閱本文 [577-583]。

66　因為，在這裡首先關係緊要的，當然絕對不會是「**資本的分佈**」以及諸如此類的東西。

西。[67] **我**所選擇的課題乃是 —— 該課題本身在我的文章中已經盡可能地被說明得非常清楚了 —— 首先要去加以確定:透過哪些靈魂上的動機連結(seelische Motivationsverknüpfungen),基督新教式的信仰的某些特定的形塑(Formungen),—— 不是「**哪裡**」(wo)與「**多強**」、而是:——「**如何**」(wie)達到某種水平,而能夠像它們在這一點上 —— 就連就拉賀發爾的觀點而言也 —— 所為的那樣去發生影響。至於「它們如此地發生著影響」這一點,則首先當然會就一些例子加以**說明**(illustriert),但除此之外 —— 因為這根本就不是什麼 " 新聞 " —— 則當作「眾所周知的」而加以預設。就連拉賀發爾(欄 1265 上面)[68]也完全跟我一樣,明確地當作是「**無可置疑地確定的**」而預設著這一點,——也因此當然(確乎並非僅僅對「非歷史家」而言是如此!)那隨即接著的歸結子句,就顯得實在有夠奇怪了,[69]他在這句話裡說:因此,我們現在得去證明這些關聯的存在 —— 關於這些關聯,我們明明剛聽到他說:" 毫無疑問地 " 是存在著的。於是乎拉賀發爾接著便對**此一** " 課題 " —— 這課題,就像我說過的,我根本就沒向自己提出過 —— 宣稱說:我為了自己而將它弄得 " 簡單 " 了。我倒要看看,其他讀者是否也有一種印象,認為我將那**真實地**浮現在我心頭的成就(Leistung),想得太過 " 簡單 " 了。但是,鑑於這樣的一些至少相當狂妄的意見,人們如今

601

---

67 請比較例如我在這份期刊 XXVIII, S. 263, XXIX, S. 529 中的一些評論。【譯注】" 世界觀 " 這個問題,韋伯曾在其文章系列〈工業勞動的心理物理學〉(於 1908/09 發表於《文庫》第 27-29 卷;收入 MWGI/11: 150-380)中加以處理。根據此一文章系列的說法,那些社會主義式的工會會員與虔敬派式的女工們表明自己是特別有工作能力的。(MWGI/11: 278-281)但在這個段落之後,韋伯明確表示:「虔敬派式的教育對該工作能力之或然的影響,始終都是完全假設性的」。(參考:MWGI/9: 600 註解 49)

68 「對下面這一點,不可能會有任何的懷疑:在喀爾文主義」(關於這一整個的錯誤的限定,請參閱上文)*「與資本主義之間,存在著種種內在的關係」。【譯注】請參閱上面 [576 f.]。

69 當然,就更不用說下面這個他所一再強調主張了,這主張認為:持續存在著的,乃是 " 共同於基督宗教的 " 宗教改革的倫理生活("gemeinchristliche" Reformationssittlichkeit)(換言之,畢竟也是某種非─與反喀爾文主義的倫理生活)。

也會繼續問道：這位要求很高的批判者，他自己究竟又將那個我——根據他的聲明——並未解決的課題，弄得多麼"困難"了？而鑑於下述狀況、亦即：關於那就連僅僅是喀爾文主義（拉賀發爾所談的，就僅此而已）與資本主義之間的關係，他在其全部的五篇文章中，**完全沒有告訴我們任何**不是已經完全同樣也見於我的文章中的東西，——如其不然，那請問：什麼？——我確乎是可以放棄去做某種答覆了。當然，在這方面，我所還能做的，基本上也只不過就是對那些剛好有興趣的人提出一項簡單的、但當然有點苛刻的請求，希望他們在讀了拉賀發爾的"批判"**之後**，重新拿起我的那些文章並——這是最主要的過份之處：——**完整地讀完它們**。如此一來，他們將會發現：不僅（1）我自己在我的文章中，就將那種認為「人們可以將資本主義的**經濟系統**由種種宗教性的動機一般中、或者由我稱之為"禁欲的"基督新教之職業倫理中導出來」的假定，稱為"愚蠢的"，[70] 並且在這樣做的時候，我**甚至**還以最詳細的方式、事實上簡直就是為了想要奠立我的提問而突顯說：**不僅**有過「**沒有資本主義式的經濟之"資本主義的精神"**」（富蘭克林），也有過相反的情形 [71]（這一切拉賀發爾固然自己也引用著，但是，只要合他用，就馬上再度忘掉了，並接著就當作異議**對我**提了出來），[72]——（2）我從來沒有想過，要將那些根據我的觀點在起源上受到宗教制約的具有"禁欲的性格"的動機，與"資本主義式的精神"給**等同起來**（一如在拉賀發爾那裡，從頭到尾——在對我的那些文章的摘要、欄 1219 中就已

600 欄位於左側邊緣：*602*

70　【譯注】請參閱 PEI[215]。

71　【譯注】請參閱 PEI[164] 與 [166 f.]。

72　我恰恰就是由"資本主義式的"精神（在我的意義下！）之在一個地方——在那個地方，種種經濟上的條件在這方面（當時還！）是如此地不利——的出現去推論出：（當時）支配著新英格蘭與賓州的「生活經營的方法學」，自發地（von *sich* aus）就在自身之中包含著朝之發展的動力。*[1] 至於「這樣的一種胚胎，為了要能夠一起起作用（一起起作用！）去產生某種資本主義式的"經濟系統"」——此一理所當然之事，我固然為了安全起見也還（XX, S. 53, 54; XXI, S. 110）*[2] 是說了出來，但當時誠然（一如我所看到的：錯誤地）認為：這樣做根本就是多餘的。【譯注】*[1] 請參閱 PEI[174]; PEII[412]。*[2] 請參閱 PEI[214] 與 [215]; PEII[424]。

經──都在向讀者們偽裝出來的那樣），而是：我主張這些動機（XXI,
S. 107）[73] 僅僅是此一“精神”（而且除此之外，很明確地：也是許多其
他**進一步的**現代的文化獨特性！）的**一個**構成性的組成部分，**與其他**組
成部分**並列著**（這一點，儘管拉賀發爾說來說去說個不停，但到最後，
一如我說過的，還是自己承認是正確的），──（3）關於的“**營利驅
力**”（*Erwerbstrieb*）與“資本主義式的精神”的關係，我是如此之明確
地說了出來了，以致於拉賀發爾關於這一點[74]的種種評論，只不過是某
種進一步的證明，證明了他要不是**沒有**懷著想要在他的對手那裡預設著
他的種種說法具有──我一點都不想說：盡可能理性的意義（Sinn），
而是：──**任何一種理性的意義的「善的意志」**去進行種種論戰式的論
辯，**要不然就是：**他在寫下他的“批判”的瞬間，就已經不再記得他所
批判的著作中說了什麼了。

603

　　人們基本上是否應該將那些有可能是「對金錢與財物追求」之基
礎的極為異質的心理上的事實情況（Tatbestände），用“**營利驅力**”這
個取自某種種類的、一般而言早就已經被超越了的“心理學”的名稱加
以表示，始終未見說明。但此一名稱確乎也不是完全多餘的。我的展示
之最明顯的出發點之一正是：此一所謂的“驅力”，並且**恰恰**以相當固
有地具有**驅力**性質的、亦即：非理性的、未受約束的形式，在文化發展
的所有階段上，並且在所有可能的社會性的階層上：在那不勒斯的船夫
（barcaiuolo）那裡、在那些古代的與現代的東方的小商販那裡、在“老
實的”提洛的客棧老闆那裡、在“貧困的”地主那裡、在非洲的酋長那
裡，都可以在最龐大的規模上看到，──但相反地，以這種天真地具
有驅力性質的形式，卻恰恰不見於「清教徒」這個“典型”，或者一個
如此嚴格“可敬地”思考著的男人（如：我所引用過的 B. Franklin）那
裡，[75]──這一點乃是我的展示的那些最明顯的出發點之一，而我則可

73　【譯注】請參閱 PEII[420]。
74　【譯注】請參閱 PEI[149] 與 [154]。
75　【譯注】請參閱 PEI[142-145]。

以期待，一個想要對該展示加以"批判"的人，至少將不會忘記這一
點。並且，為了要再一次加以重複：無論在哪裡，只要發生了大資本主
義式的發展，無論是在遙遠的古代還是在我們的日子裡，那裡理所當然
地會有那種「毫無顧忌的賺錢者」的典型：這種典型的賺錢者無論是在
對羅馬的各行省的搾取上、還是在義大利各海濱城市的那些掠奪式殖民
604　地以及佛羅倫斯的"出資者"（Geldgeber）的那些遍佈全球的投機中、
無論是在奴隸主們的大農場與全球各洲的金礦區還是在那些美國的鐵路
或者是在遙遠的東方的那些大王式的伎倆或者城市的"帝國主義者們"
之同樣遍佈全球的投機中，都同樣發生著作用。但在這裡，某種區別卻
是存在於種種技術上的可能性與手段中，而非存在於「營利—心理學」
（Erwerbs-*Psychologie*）中。我相信，諸如「對"幸福"、對"用處"、
對"享受"、"榮譽"、"權力"、"子孫的將來"以及諸如此類的東西的
追求，在激發對盈利之最大值的追求上，始終並到處都以種種極為不同
的結合而曾經並且現在還共同參與著」這樣的一些令人驚訝的真理，拉
605　賀發爾誠然可以省了，因為，實在很難找到有人會去質疑這些真理。[76] 我

---

76 那個說我曾經說過清教在英國的經濟生活中有某種"絕對的"支配的地方，
　對我而言是無法理解的。市民式的—資本主義式的中間階級的鬥爭有兩條戰
　線：針對"地主階層"（Squirearchie），*[1] 這場鬥爭始於作為某種非常明
　確的「"禁欲"與那"快樂的古老的英國"」之鬥爭，是一場王權透過《運
　動之書》加以介入的鬥爭；*[2]——另一方面則針對那些（在 17 世紀宮廷
　式的）獨佔者與「大—資金提供者」（Groß-Finanziers）（請比較"長國
　會"在這個方向上所採取的那些著名的步驟），*[3] 這場鬥爭——這一點我
　將會在我的論文的續篇中加以指明——乃是由某種非常特定的、履行著清教
　式的倫理的「公平價格」（justum pretium）理論 *[4] 所支撐著。【譯注】
　*[1] "Squirearchie" 英文是 squirearchy，指的是英國地主階級的鄉紳們，相當
　於德國的土地容克階級。*[2] 請參閱 PEII[397 f.] 與註腳 324。詹姆士一世於
　1617/18 年（接著查理一世於 1633 年），針對清教徒所推動的"守安息日"
　（Sabbatheiligung，字面意思是：安息日神聖化），透過「運動宣言」明確
　宣示允許星期日從事各種傳統的休閒娛樂活動。（參考：MWGI/9: 604 註解
　67）*[3] 即 1641 年的"大抗議書"（Great Remonstrance）中，長國會針對
　無數的弊端而發的對查理一世政府的種種要求。（參考：MWGI/9: 604 註解
　68）*[4] justum pretium 是拉丁文，字面意思是「正當的價格」，為基督教倫
　理的一個組成部分。

則只會在那些動機在其效力範圍裡（in ihrer Tragweite），與我所感到興趣的禁欲式的“職業倫理”處於**緊張關係**中時，才會（但也一定會**明確地**）提到它們。[77] 拉賀發爾的那大篇幅的總結性概述（Plädoyer）所為之辯護的說法，認為：從所有那些種種不同的種類的「與營利之內心世界上的關係」，到我所致力於研究的那種種類的「與營利之內心世界上的關係」，有著種種心理學上的過渡，進而認為：那被我“孤立地”加以**展示**的動機，[78] 實際上是“無法完完全全地加以剝離的”，大多“與其他動機結合了起來”，“甚至今日都並非”[79] 窮盡的等等，也都具有同樣令人感到驚訝的正確性。這一點對於人的行動之所有哪怕只能想得到的動機而言，固然有可能都是正確的，但卻仍然還是從未阻止過任何人，如果關涉到的嘗試乃是想要去找出某一特定的動機之種種**特有的**影響的話，就對此一動機在盡可能“孤立”以及「內在的前後一致」的情況下去加以分析。誰要是對這整個的“心理學”不感興趣，而只對各經濟**系統**之種種外在的形式感到興趣，我會請他不用讀我的這些嘗試，但我同時也希望他最好能讓**我**作主，讓我自己決定自己是否恰恰想要對現代的經濟發展的此一靈魂上的側面（diese seelische Seite der modernen Wirtschaftsentwicklung）感到興趣：這個側面顯示了在清教中、在某一特有的平衡的階段中，介於“職業”、“生命”（一如我們今日喜歡說的那樣）、“倫理”之間的種種重大的、內在的緊張與衝突，而在這種

606

77　請參閱（例如）XXI, S. 98 Anm. 65。【譯注】即 PEII[298 f.] 註腳 106。

78　但是，拜託，不要像欄 1249 所主張的那樣，**說成是在每一個、或者就連僅僅在大部分的（在我的意義下的）“資本主義的式精神”的承載者之中，以絕對的一次性而發生著作用的。**

79　由於可以證實，甚至就連拉賀發爾也很清楚：我想要詳盡地加以說明的，乃是在禁欲式的基督新教的那些全盛時代裡富有作用的動機連結之*消失*（das *Geschwundensein*）——他畢竟抨擊著我的說明方式——，因此，此一“甚至今日”又再度是一個可以用來說明他的那種種類的“批判”的一個例子：任何有可能會令人印象深刻的措辭都不會不屑加以使用。而為了要使圖像完備，可以再提一點：**他自己在欄 1324 就將今日的大資本主義就其生活風格而與喀爾文主義式的生活風格加以對比，——並且完全是在他在我的文章中所讀到的那個意義下，只是用了用了略有不同的話語。**

方式下的這種「平衡」（Ausgleich），則無論是之前或者之後都不曾
存在過。並且是在一個領域上：在這裡，古代的與中世紀的那些傳統指
示著不同的道路，並且：在這裡，我們今日就生活在一些更迭出新了的
緊張中，而這些「緊張」——遠超出我所選取出來的那個領域的範圍
之外——也發展成了種種第一等的文化問題（sich zu Kulturproblemen
ersten Ranges auswachsen），一如這些文化問題，以這種方式，唯有我
們這個 "市民式的" 世界（unsere "bürgerliche" Welt）才認識的那樣。
當拉賀發爾信口開河地——並且除此之外，同樣地就像在他的整個論戰
中，以最顯著的矛盾針對著他自己稍早在他的 "批判" 的結尾處加以引
用的那些讓步——主張說：該 "職業倫理"，一如基督新教的那些（在
我的意義下） "禁欲式的" 流派所認識到的那樣，同樣在中世紀就已經
是具有支配性的了，則這種說法根本就不是正確的。在與中世紀的對比
那裡，諸如「教會上的教理對 "高利貸" 的態度」這種較為表面的點，
對我而言，正如我的文章的每一個讀者都知道的那樣，絕非具有決定性
的東西，[80] 而拉賀發爾的那些恰恰是對這方面所做的評論，則誠然屬於
那些經典性的證詞之列，證明了他對在這些問題那裡所關涉到的東西，
完全地毫無理解。我們且聽他怎麼說：「而如果一個資本家真的會因
此（因為利息禁令）而感到如此之大的不自在，以致於他認為必須透過
種種虔誠的捐助去讓他的良心**平靜下來**的話——這一點豈不恰恰證明
了：他的**基本觀點**乃是某種反傳統主義式的觀點？因為，**營利驅力在他
之中是如此地強大，以致於他根本就不像後來的那些基督新教的 "禁欲
者" 那樣需要某種『宗教性的倫理』的工具，以便讓自己感受到被驅動
著去賺錢…**」（欄 1300）。[81] 所有那些為了要賺幾百萬的錢而 "遊走犯
罪邊緣"（mit dem Ärmel an das Zuchthaus streifen）[82] 的創始人與投機商

80　【譯注】請參閱 PEI[173 f.]。

81　這裡以及——就像事後注意到的那樣——就連稍早在引自拉賀發爾的那些文
　　章的那些引文那裡也一樣，種種粗體強調都是來自於**我**的。

82　【譯注】這是一句諺語，直譯是：穿著帶袖子的衣服（裡面可以藏東西）在
　　監獄旁遊逛。

的那種 “營利**驅力** ”、那種在里維埃拉（Riviera）的那些遊客中心中被 *607*
寵成毫無羞恥心的服務員——他習慣性地會用帳單欺騙客人——的 “營
利驅力” 所需要的，“ “工具” ”（Vehikel）還遠遠多於 “倫理” ，——而如
果要緊的乃是 “營利驅力” 之某種強度—刻度尺的建構的話，那麼，清
教一定不會是走在最前面的，就連我選了富蘭克林為例的那些「賺錢的
理性主義者」（Rationalisten des Gelderwerbes）那個典型也不是。[83] 然
而，這裡所涉及的，並非那種追求金錢、追求幸福、追求「家族的光
輝」（splendor familiae）等等之具有驅力性質的慾望（Gier）——所有
這一切，對那些**認真的**清教徒們而言，都恰恰是比其他人更不放在心上
的事物：**儘管**他們有著「避開世界」的態度（Weltabgewandtheit），他
們還是變得富有了——，而是涉及了：“禁欲式的” 基督新教也為資本
主義創造了那相應的 “靈魂”：那「“職業人” 的靈魂」（die Seele des
“Berufsmenschen”），而這種「職業人」並不像「中世紀的人」那樣，
需要這樣的一些手段，以便使自己覺得自己和他的作為是統一的。——
早期文藝復興的佛羅倫斯的商人，就不是這樣。這裡不是分析那種（儘
管看起來具有充沛的力量與表面上的完整性）貫穿於當日的人之中的那
些最認真的人之間的「深刻的分裂」（die tiefe Zerrissenheit）的地方。
那些「“以高利貸的方式” 獲得的財物」之歸還，都只是某種、並且確
實較多存在於表面的適應於此一圖像的現象。但無論如何，這種現象都
是屬於此一圖像的。我——以及確乎每一個在一定程度上公正客觀的 *608*

---

83 宋巴特（XXIX, S. 701）*[1] 很有道理地掌握到了一個像 Rathenau（在他的
《反省》（*Reflexionen*）中）這樣的大企業家的說法：這位大企業家「還從
未想要說自己認識了一個真正的大生意人與企業家」，「如果對他而言賺錢
就是他的職業的主要事項的話，並且：眷戀於個人的金錢收益的人，基本上
就不會是一個偉大的生意人」。（就連富蘭克林也會在完全無損於他的 “佈
道” *[2] 的情況下將這一點給說出來，而清教徒就更不用說了。對他們所
有人而言，「財富收益」乃是——用拉賀發爾的話說——某種 “附屬性的東
西 ”。）【譯注】*[1] 指的是 Sombart, 1909: 701。下面的引文也見於該處。
取自：Rathenau, 1908: 81。宋巴特引用這些文字想要證明：一個企業家的基
本動機，「並非什麼盈利追求」或者「利潤癖」，而是「對他的生意的興
趣」。（參考：MWGI/9: 607 註解 82）*[2] 請參閱 PEI[142-145]。

人——在那些 " 安撫手段 "（Beschwichtigungsmittel）中，都只能掌握到
表徵著「" 良心 " 與 " 行動 " 之間的**緊張**」、表徵著「那就連路德也未
加以克服的 "Deo placer non potest"（不為神所喜）、[84] 那恰恰是具有**認真**
的天主教心態的人的理想與那 " 商人式的 " 獲利追求之不相容性」、以
及表徵著「無數實踐上與理論上的 " 妥協 " [85]——就是作為 " 妥協 " 的
許多徵兆之一。那種認為「無論在哪一個時代裡，每一種種類的活動都
會——一如拉賀發爾所主張的、並且也顯得似乎是那 " 最先會想到的 "
（das Nächstliegende）——以相同的方式為自己創造出它的 " 職業倫理 "
來」的說法，基本上就不是正確的。但願我的這些文章恰恰可以為下述
知識提供一點貢獻：這種（在本質上 " 歷史唯物論式的 "）觀點——其
淺薄的道理本身，理所當然不會有任何人（我尤其不會）加以質疑——
在歷史性的發展中，有其種種**界限**。[86]

84　【譯注】請參閱 PEI[172] 與 [197-199]。

85　我為此舉了一些比 " 虔誠的捐助 " 遠較為明確的例子：* 這些例子——只不過
　　出於**完全**不同的、以別具特色的方式不同的種種動機！——恰恰在喀爾文宗
　　與改革宗（Reformiertentum）的基地上，基本上至少是在同樣程度上常見的。
　　【譯注】請參閱 PEII[407 f.] 註腳 345。

86　我曾經非常明確地強調過：我如果完成了我的那些文章的話，到時候那相反
　　的因果關係：——「宗教性的東西之受到種種經濟上的狀況制約」的制約
　　性——勢必會突顯出來，而那 " 向歷史唯物論投降 "，*[1] 將會完全同樣地
　　就像（根據前文所說的）那 " 對種種宗教性的環節的影響之誇張 " 那樣引人
　　注目，——在拉賀發爾那裡（欄 1325），我們甚至可以看到他用 " 令人難以
　　置信的 "（ungeheuerlich）這個語詞形容我的那據稱的 " 論點 "，當然並未恰
　　恰與「拉賀發爾**自己就**——一如已經談到過的那樣 *[2]——**掌握到了**該論點
　　的內容」這一點相協調一致。——順便一提：該影響畢竟也會在**政治的**領域
　　上具有完全不同的意義：比在那些只將各 " 強權 " 理解為一些大軍的歷史學
　　家之間根據那 " 無非是政治家 "（Nichts-als-Politiker）的印象更加根本的意
　　義——當然，親愛的神也是跟這些大軍來到**戰場**上的。還是有非常多的這種
　　種類的 " 強權 "，無法使得（例如）「人們應該服從神多於服從人」*[3] 這一
　　個聖經的句子——只要它支配著那些堅定的人（就算他們只是一些少數，就
　　像清教徒們幾乎到處都是的那樣）的信仰，——喪失戰鬥力。無論是 17 還是
　　19 世紀的那些 " 文化鬥爭 "，*[4] 都因為它而遭遇了失敗，而在這兩次，它
　　們的失敗也都產生了具有某種在後來的幾個世代中都無法加以克服的效力範
　　圍的種種後果。不言而喻，它（＝該聖經句子）遠非「政治上的個體主義」
　　（我假定：此一語詞在這種情況中是沒有歧義的）之唯一的基礎。但是，

　　總結一下前面所說的：在我的種種論述那裡所涉及的，乃是要去 *609*
分析那佇立在「現代的資本主義」的誕生地上的**生活風格**之某一特定
的、構成性的組成成分——這個組成成分與為數甚多的其他種種力量
（Mächte）共同建造了現代資本主義——，並追蹤此一組成成分的種
種轉變及其消失的過程。這樣的一種嘗試，是無法為自己提出下述課
題的，亦即：去找出在**所有的**時代並且到處（凡是存在著資本主義的
地方）都存在過的東西，而是：剛好相反，我的課題乃是要去找出在
那獨一無二的發展中的那個**特有的東西**（das *Spezifische* der einmaligen
Entwicklung）。[87] 如果其他人將那些我所**明確地**並以可以設想的最大的 *610*
強調標示為某一**個別**成分的宗教上的環節加以絕對化，並與資本主義一

「今日的政治上的個體主義缺乏並且必定缺乏此一特點，而在德國，多虧路
德宗以及其他因素，自古以來就部分**始終**缺乏、部分只有種種**消極的**後果」
*[5] 這個狀況，則要比那些聰明的人所能夢想得到的，還要負起遠較為多得
多的責任。【譯注】*[1] 請參閱 PEII[424 f.]。*[2] 請參閱 [584] 註腳 37。*[3]
語出〈使徒行傳〉5, 29。*[4]「17 世紀的文化鬥爭」，指的很可能是歐登巴
內菲爾德（Johan van Oldenbarnevelt）所發動的文化鬥爭；「19 世紀的文化
鬥爭」則很可能是指俾斯麥所發動的文化鬥爭。（參考：MWGI/9: 609 註解
93）*[5] 類似的說法，請參閱韋伯於 1906 年 2 月 5 日寫給 Adolf Harnack 的
信（收入 MWGII/5: 32 f.），此外亦請參閱 PEI[206-209] 與 PEII[304-307]。
（參考：MWGI/9: 609 註解 95）

87　簡直是令人難以置信的是：拉賀發爾（欄 1251）竟然將那些"好鬥的驅力"
　　——對這些驅力，我曾經強調過說：它們今日經常取代著已不復存在了的禁
　　欲式的"精神"*[1]——當作是在「資本主義的"精神"」這個概念中被我所
　　忽視了的一個組成部分而向我提出異議。這些"好鬥式的"驅力的本質是什
　　麼——因為，在這裡，人們的確**可以**談論種種"驅力"*[2] ——這一點無論
　　是洛克斐勒在「工業委員會」前所發表的見解（請參閱宋巴特對這方面所做
　　的一些評論：XXIX, S. 710），*[3] 還是那為我（XXI, S. 109 Anm.）*[4] 所引
　　用的例子，都同樣做了很好的闡明。【譯注】*[1] 請參閱 PEII[423]。*[2] 請
　　參閱 PE1907[603]。*[3] 請參閱 Sombart, 1909: 710。宋巴特在結語時引用了
　　洛克斐勒 1900 年在 "Report of the Industrial Commision on Trusts" 上所發表的
　　見解（「…目標都是同一個：藉由供給種種最好的與最便宜的產品，去擴展
　　我們的生意」）。宋巴特認為：洛克斐勒以簡直是經典的形式，將那追求沒
　　有限制的營利之毫無任何理性的理由的傾向給表達了出來…那偏執性（das
　　Monomanische）華麗現身。資本被堆疊到資本上是無意義的：為什麼？因為
　　（！）生意會成長。（參考：MWGI/9: 610 註解 6）*[4] 請參閱 PEII[423]。

般的 "精神" 給等同了起來，或者甚至從中將資本主義給**導出**來，則我
已經再清楚不過地拒絕為此負起責任了，[88]——儘管拉賀發爾並不覺得
自己有義務，將這一點（雖然他是知道這一點的）也考慮進去。我的嘗
試固然有可能是成功了，也有可能是失敗了。但如果一個歷史學家就只
知道列舉一系列的**其他的**成分——這些成分沒有任何人會懷疑在**每一個**
時代都會伴隨著種種資本主義式的擴充而出現[89]——而沒有任何更好的
東西去向它提出異議的話，那麼，他對他的學科之種種課題與利益，也
就用處不大了：如果歷史只不過是指出說：基本上 "一切都曾經存在過
了"，那究竟為了什麼還要對這種 "歷史" 感到興趣呢？——

在這方面，足夠了；接著我們只需要再對「資本主義的 "精神"」
與「資本主義的經濟**系統**」之間的種種關係，做一些說明。

宋巴特曾（在這份《文庫》的前一卷頁 689 ff.）[90]將一篇研究用於這
611 個議題上：這篇研究，由於我們在所有具有本質性的點上所具有的那種
612 重大的、尤其是**方法上的**一致，[91]免除了我必須細談的義務。無論是 "資

88　【譯注】請參閱 PE1907[478-485]。
89　【譯注】請參閱本文 [604]。
90　【譯注】指的是 Sombart, 1909。
91　因為，「宋巴特（頁 709）將那些在企業家們的具有目的意識的行動中由 "事
　　情"（處境）的強制產生出來的、典型的 "傾向"，算做是該企業家階層的
　　"心理學"，*[1] 而我則將所有這種種類的因果上的成分，都稱為 "實用學上
　　的"（pragmatische）或者 "理性的"（因為：可以由要達到目的——：經濟
　　上的自我主張——，所不可避免的手段中導出）這一點，乃是某種純術語
　　上的區別，因為，恰恰在「事情」（Sache）上，宋巴特的展示將種種具有決
　　定性的點，都給凸顯得非常好。至於我在我這方面，為什麼會對用 "心理學"
　　這個語詞去表示那種種類的「對行動的分析」，有某些術語上的疑慮，則已
　　經在這份《文庫》（XXVII, S. 546）*[2] 中加以發展了。人們往往習慣於（例
　　如在談及 "股市心理學" 時）恰恰會想到種種 "非理性的"、由生意的境況無
　　法理性地導出的現象。
　　在事情上，我們當然還可以為宋巴特的種種論述，提供一大堆的註解與例
　　子。例如，對於 "精打細算" 的那些 "在實用學上" 受到制約的界限：我曾
　　經很偶然地熟悉一個最大的、由一個家族企業集團成長起來的商行的內部狀
　　況：這家商行在歐洲的三個很大的商場以及二個海外商場，經營著幾乎所有
　　可以想到的各種形式的批發。*[3] 種種個別的 "所在地" 都必須以**極為**不同
　　的密集程度去工作著 [612]——就「量」與「**密集程度**」而言，幾乎是令人

難以置信地不同的 *[4]——，而它們對「全部收益」（這「全部收益」就像
在中世紀一樣，都會進一個帳房）的貢獻，也都同樣是極為不同的，「資本
需求」也是如此。除此之外，我的親戚之一、一個最天才的商人，對營業處
（Contor）感到厭倦了而住在巴黎：從那裡，如果有什麼重要的事情的話，
他可以視情況前往相關地點進行會議協商。儘管如此，那攀升得很高而達到
種種很大的數字的盈利，還是被弄成了一些「人頭份額」（Kopfteile），並
且唯一的差別只是：雙份還是單份的份額配額（Teilquote）。獲得雙份配額
的是：那最大的、以一個真正的「怪物—營業處」（Monster-Kontor）營運著
的分公司（Filiale）的主管以及另一個必須住在某個特別令人感到反感的海
外地點的主管，*[5] 所有其他人則獲得單份配額，就連住在巴黎的"臨時的"
—工人也是。某種基於更精確的結算的分配固然是完全可能的，但卻光是
由於盈利的「高數額」就被說成是太「麻煩」、"小氣"與"沒必要"。相反
地，為這些主管們的一個相近的、非常受到重視的並且具有親密友誼的、而
同時對於生意而言又幾乎是不可或缺的親戚——他那較小的資金份額（＝股
份），在一場由於虧損而須付額外補助資金（Zubußen）的危機中喪失掉了，
而如今則"充當""職員"（全權代表）*[6]——估算了特別高的（比一般還
高的、而對他而言在別處也可以獲得的）薪水，則可以說是違反著所有的"生
意的基本原則"的，[613] 並且光是因為「其他的職員們也都有可能要求類似
的東西」這一點，就是不可能的了。尤其是因為：他不應該"去期望任何不
同的東西"。他的薪水就是「支出」的一部分，也因此受到種種純經濟上的、
"精打細算的"觀點所支配著。但相反地，那逃脫「資產負債表」門檻的"盈
利"，則不受這些觀點的支配。在他那裡，「精打細算性」（Rechenhaftigkeit）
達到了它的終點，因為它"在實用學上"、對於「生意的存在」而言，並不是
不可或缺的。這樣的種種現象（這樣的現象有很多），我們是可以毫無所有
與任何"心理學"，而由"資本主義"的"本質"中，以理性的方式，藉助於
"手段"與目的這些範疇加以說明的。但對於歷史性的考察而言，光是這種理
性的推導（Ableitung）卻是不夠的，因為，這樣的種種可以由「經濟系統」
本身出發加以說明的組成部分，乃是與具有異質性的來歷的種種其他組成部
分結了婚的，並在那當時賦予該經濟系統以靈魂的"精神"上創造著。——
此外，對於「對"資本主義式的精神"（無論人們如何理解這個概念）之分
析」而言，"營利驅力"、"利潤癖"以及諸如此類的東西，無論如何都不
是——這一點恰恰宋巴特也非常中肯地強調過了 *[7]——任何充分的範疇。
【譯注】*[1] 請參閱 Sombart, 1909。宋巴特在該處區分開了對「資本主義式
的經濟系統」之營利觀念的二種考察方式：一種邏輯上的與一種心理學上的
考察方式。他是這麼說的：「那種（＝邏輯上的考察方式）由此一觀念本身
中發展出該觀念之種種不同的內容，追蹤種種基本觀念到其種種個別的組成
部分；這種（＝心理學上的考察方式）則嘗試著去找出那些行動著的人之種
種由盈利追求的準則產生的目的設立。我們可以循著此一途徑加以確定的，
乃是行動的一些"傾向"：這些傾向之將會具有（心理學上的）必然性地由該
盈利追求中產生出來，正如在前者那裡該觀念之種種個別的表示之將由邏輯

本主義"這個概念,還是"資本主義的精神"這另一個概念,都唯有作
為"理想典型式的"⁹² 思考構作物("idealtypische" Denkgebilde)才是可
613 加以建構的,後者更加如此。並且,二者要嘛是**抽象地**,也就是如此這
般地,以致於那**持存地**相同種類的東西(das *dauernd* Gleichartige)在概
念上的純度上(in begrifflicher Rheinheit)被蒸餾了出來:如此一來,則
這二個概念中的第二個將會變得相當地內容空洞,並且變成幾乎就是第
一個概念之純粹的功能。要嘛是**歷史地**:也就是如此一般,以致於對於

上的必然性產生出來一樣。這二種考察方式,最終都必須導致同一個結果(因
為,那顯得似乎完全自由的邏輯上的演繹,畢竟終究還是得再度在心理學上
有所碇泊)。」(參考:MWGI/9: 611 註解 7)*[2] 指的是韋伯於 1908 年發
表於《文庫》(XXVII, 546-558)的〈邊際效益學說與"心理物理學的法則"
〉一文(收入 MWGI/12: 115-133,請參閱頁 130)。相關段落中譯請參考韋
伯,2013: 445。*[3] 韋伯這裡想到的,很可能是「邦吉企業集團」(Bunge-
Konzern)。這個企業集團在當時是一個全球性的穀物商,1818 年創立於阿姆
斯特丹,直到今日都還存在著。韋伯與這個活躍於安特衛普、阿姆斯特丹與
倫敦的企業集團,有親屬關係。韋伯的外祖父 Georg Friedrich Fallenstein 的第
一段婚姻所生的女兒 Laura,於 1840 年與荷蘭商人 Carl Gustav Bunge 結婚,
後者於 1850 年將父親傳給他的進出口公司的主要所在地由阿姆斯特丹遷移
到安特衛普。在他的一些兒子的手中,公司擴大了:Ernst Bunge 於 1884 年
在布宜諾斯艾利斯(Buenos Aires)建立一間專注經營小麥出口的貿易公司,
他的兄弟 Eduard 則為安特衛普的邦吉公司在剛果自由邦擴展事業,並在世
紀之交後投資馬來西亞與印度的橡膠園。1907 年夏天,韋伯於停留在阿姆
斯特丹期間,拜訪了當時 60 歲在阿姆斯特丹的邦吉營業處工作的表兄 Fritz
Fallenstein,並跟他一起造訪了 Carl Gustav Bunge 的女婿 Julius Bunge(阿姆
斯特丹煙草進口公司主管)及其家庭。(參考:MWGI/9: 611 f. 註解 9)*[4]
根據 Fritz Fallenstein 的描述,1907 年阿姆斯特丹的生意下跌。韋伯在 1907
年 8 月 18 日寫給太太瑪莉安娜的信中,形容煙草販賣的生意實踐的特性為:
舊式的。(參考:MWGI/9: 612 註解 10)*[5] 很可能指的是 Eduard Bunge
(公司的主要所在地在安特衛普)與 Ernst Bunge(在阿根廷)。(參考:
MWGI/9: 612 註解 12)*[6] 指的很可能是 Fritz Fallenstein。關於他,可以參
閱韋伯 1907 年 8 月 18 日寫給太太瑪莉安娜的信(MWGII/5: 362 f.)。據此,
「主管之一」應該是指阿姆斯特丹的煙草公司主管 Julius Bunge。(參考:
MWGI/9: 612 註解 13)*[7] 請參閱 Sombart, 1909: 700 ff.。(參考:MWGI/9:
613 註解 16)

92 關於"理想典型"這個概念,請參閱我在這個《文庫》第 XIX 卷中的文章。
【譯注】指的是韋伯 1904 年發表的〈社會科學的與社會政策的知識之"客觀
性"〉一文。

那些——**相對於**其他時期，對於某個特定時期而言——**特有的**特點之種種 “理想典型式的” 思想上的圖像被建構了出來，而在這樣做的時候，那些**通則性地**（*generell*）存在著的特點，則同樣是作為給定了的與已知了的而被加以預設的。如此一來，要緊的自然也就恰恰是那些在這種方式下在該構作物之不同的生命時期（Lebensepochen）中並**未**存在過、或者在程度上特別**不同地**存在著的特點。對於作為經濟**系統**的「古代的 “ 資本主義 ” 」，我曾以某種無論如何當然還很不完備的方式（在《國家科學簡明辭典》的詞條文章〈古代的農業史〉（Agrargeschichte des Altertums）中），嘗試過要做這件事；[93]——對於那我想要稱之為「**現代的資本主義的 “ 精神 ”** 」的東西而言，我的文章所展示的，其實乃是某一論述的**開端**（den *Anfang* einer Ausführung），[94] 而此一論述首先想要追蹤的，乃是種種新的、由於宗教改革時代而編織了進來的線索。

614

93　就我當時並不傾向於將多於「古代經濟之某些個別的現象」的東西稱為 “ 資本主義式的 ” 、因而對於談及「古代的 “ 資本主義 ” 」也懷有疑慮而言，我在這裡相對於以前，對術語作了某種的改變。在這方面，我現在有了不同的想法，一如這一點可以由我在《國家科學簡明辭典》（第三版）中的一篇詞條文章〈古代的農業史〉得知。【譯注】指的是韋伯 1909 年發表於《國家科學簡明辭典》（*Handwörterbuch der Staatswissenschafte*，頁 52-188）中的詞條文章〈古代的農業狀況〉（Agraverhältnisse im Altertum）。關於韋伯的「古代的資本主義」的概念，可參考 MWGI/6: 36-38, 41 f., 44 f. 以及 50-54。

94　我自己就已經（在這個《文庫》第 XXVI 卷頁 279 註腳 3 中）*[1] 強調過：我由於這「未完成」而處於一種劣勢中，那就是：「倉促的讀者們有可能很容易就將這些文章，看成是某種本身已完成了的東西」。但一個「批判者」卻沒有成為這樣的一個「倉促的讀者」的權利。光是對我在《基督教的世界》的那篇簡短的速寫 *[2] 之純然的「顧及」，就必定會對每個人都顯示出：對我在《文庫》的那些文章中所探討的問題，我是故意首先由那最難以理解並 “ **加以證明的** ” 、涉及到了內在的習性（den inneren Habitus）的側面開始談起的，並且：教育、在種種教派中的紀律等等之強大的影響——還一直影響著，直到現在的門檻——還根本就尚未被探討過，而只是被略提到了。如果說拉賀發爾在他的方面強調著教育的意義的話，那麼，要知道「就連在這裡，在由我所描繪的那個發展的意義下， “ 禁欲式的 ” 基督新教之整個種種特有的影響也都發生著作用」這一點，對「特別是那些虔敬派式的教育基本原則在此一脈絡中所扮演過的角色」的知識，只佔了很小的一部分。*[3]【譯注】*[1] 請參閱 PE1908[505] 註腳 14。*[2] 請參閱 PE1906[435-462]。*[3] 請參閱 PEI[161f.] 以及 [600 f.]。

615

　　而現在的問題則是：與 “資本主義” 本身相比，人們可以將「資本主義的 “精神”」理解為什麼？至於那 “資本主義” 本身，則只能算是某種特定的 “經濟系統”，亦即：某種種類的「對待人與實物商品之 “經濟上的” 行為」（eine Art des “ökonomischen” Verhaltens zu Menschen und Sachgütern）：這種行為乃是「對 “資本” 的 “利用”」，並且，在其簿記中，我們將會 “在實用學上”（pragmatisch）、亦即：透過確定那根據典型地給定了的客觀的實際情況（Sachlage）“無可避免的” 或者 “最好的” 手段，加以分析，——而正如我們說過的，要嘛是：一切這樣的種種經濟系統在所有時代都共同的東西，要嘛就是：這種種類的某一特定的歷史上的系統之特有的東西（die Spezifika）。我們在這裡所關涉到的，是後一種情況。一種在歷史上給定了的「“資本主義” 的形式」，可以具有極為不同種類的 “精神”；但該形式的資本主義也可以——並且在大部分情況下都將會——與資本主義之種種特定的歷史上的典型，處於種種（具有極為不同的種種程度的）“選擇親和性關係”（Wahlverwandtschaftsverhältnissen）中：——對該 “形式” 而言，該 “精神” 有可能或者多些、或者少些（或者：完全不）“適當”（adäquat）。無可置疑的是：此一「適當性」的程度，對「歷史的發展」的進程，是不會始終都是毫無影響的，此外，甚至 “形式” 與 “精神” ——就像我當時已經說過的那樣 [95]——會追求彼此互相適應對方，並且最後：當一個系統與一個與之彼此有特別高的 “適當性程度” 的 “精神” 碰在一起的時候，某種甚至具有在內在上牢不可破的統一性（Einheitlichkeit）的發展便發生了——我所已經開始對之加以分析了的「發展」，就是這種種類的發展。

　　因此，由於在談到「（在我的情況中：近代的）[96] 資本主義的 “精

95　【譯注】請參閱 PEI[163-169]。

96　因為，我所要談的，就只是這種資本主義。當然，我或許應該聰明地也在標題與文本中、到處在「術語彙編」中明確地加以表明，但基於上面註腳 32 所指明的理由，＊我在寫作這些文章時卻並未這麼做。【譯注】請參閱本文 [614]。

神 ”」這個具有決定性的概念時，所涉及到的，乃是某種歷史上的、非
比尋常地複雜的構作物，所以，像是此一概念的某種「**定義**」這樣的
東西，一如在所有在最高的意義下 “歷史性的” 概念的情況一樣，是
不會作為探究的開端、而只會作為探究的結束、作為那必須一步一步
進行下去的綜合之結論，才是有可能的，——一如我自己在我的文章
的開頭就已經明確地強調了的那樣。[97] 在這樣的一種探究的開端處，人 *616*
們只能提出一種盡可能明確的**具體說明**手段（ein möglichst drastisches
*Veranschaulichung*mittel），而為了此一目的，我利用了一個來自半自
然經濟式的、無論如何（相對地！）非常「非資本主義式的」環境的例
子：富蘭克林，[98] 並且明白地說，我的意圖乃是：去顯示出「資本主義
的 “精神”」之相對於對它而言適當的「資本主義式的 “經濟系統”」
之「**自己生命**」（das *Eigenleben* des kapitalistischen “Geistes” gegenüber
dem ihm adäquaten kapitalistischen “Wirtschaftssystem”）。我在之前就已
經對「該 “精神” 對於 “經濟系統” 的發揚而言，並不是毫無影響的」
這個事實，以演示的方式加以提及了，[99] 並且**明確地**將對於「相反的因
果關係」的探討，提交給這些明確地標示為「尚未結束」的文章之續
篇。[100] 那些文章基於一些我清楚地（包括在前面）說過了的、[101] 並且從
那時候以來份量不減反增的理由，目前尚未到達某種 “結束”：而這一
點也正如我所說過的，[102] 始終是我的一個揮之不去的劣勢：在這幾篇文
章裡，我基本上只展示了「“ 職業 ”（Beruf）－觀念及其擴展到營利本
身上」的這段歷史上的發展的一個部分。除此之外，這些文章既不能、
也不想要為自己主張任何進一步的東西。「想要透過某種 “定義”，去
先認識到那所要尋求的綜合的結論」這件事情，就保留給一個 “進行著

97　【譯注】請參閱 PEI[141 f.]。
98　【譯注】請參閱 PEI[142-145]。
99　【譯注】請參閱 PEI[123-140]。
100　【譯注】請參閱 PEII[424 f.] 註腳 379。
101　【譯注】請參閱本文 [576]。
102　【譯注】請參閱本文 [614] 與註腳 94。

批判的 ” 歷史家了。至於這樣做，會產生出什麼東西來，人們不妨查閱一下欄 1236 下面的說法：那 “ 資本主義式的精神 ”（亦即：根據拉賀發爾欄 1238 的說法：那對於某一特定的**資本**之來歷而言具有決定性的驅動力），乃是由 “ 營利驅力 ” 與種種 “ 其他的 ” 動機之某種混合所組成的：對 “ 幸福 ” 與 “ 好處 ”（自己的或者他人的、 “ 尤其是 ” 家庭的）的顧及，對各種享受、名譽、權力、後代的光榮的地位**等等**。不言而喻，在這 “ 等等 ” 中，含藏著**所有可以設想得到的**其他種種動機，特別是例如也含藏著——為了要列舉 “ 資本積聚 ”（Kapitalaufsammlung）

617　的一個相當重要的 “ 目的 ” ——慈善的動機。而由於拉賀發爾除此之外還不懂得分開資本主義之（主觀的） “ 精神 ” 與（客觀的）經濟**系統**，並將二者都與 “ 營利驅力 ” 給混而為一了，因而他當然也就讀不出我所確定的一點：在我的例子（富蘭克林）那裡， “ 貪婪的福音 ” 的核心究竟是**什麼**（XX, S. 17），[103] 同樣也忽視了我（在同一頁上）關於「營利慾（Erwerbsgier）與職業義務（Berufspflicht）」這個**對立**所說的東西，然後又將**另一個**對立： “ 傳統主義式的 ” 與 “ 營利 ” －經濟的對立（Gegensatz von "traditionalistischer" und "Erwerbs" -Wirtschaft）——儘管我明確地表示有所保留——，說成是我的種種論辯的支點。然而：如果要緊的只是營利要多於 “ 需求 ”，**那麼**，那在追求女人與寶藏上的貪得無厭未受到任何理性主義式的考量所擾亂的野蠻人，便是「營利人」（Erwerbsmenschentum）的頂點了，——而在這種情況下，清教徒將相當居於此一系列的另一個終點。一個由 “ 資本主義的精神 ”（在我的意義下）所承擔的經濟活動（Wirtschaften），固然直接與「傳統主義」相對立——而**這一點**則是我首先必須加以確定的——；但這一點卻絕不就是在說：與那種「對盡可能多於**需求**的盈餘的追求」（das Streben nach dem möglichsten Überschuß über den *Bedarf*）是同一的。因此，這種經濟固然構成了一種相對於「 “ 傳統主義式的 ” 經濟」的對立，但卻不是**窮**

103　【譯注】請參閱 PEI[150]。

盡性的對立，——這一點尤其適用於：當這種經濟就連跟某種（就形式
而言）資本主義式的經濟——一如我明確地說過了（XX, 26），[104] 並以
一個例子（XX, 27f.）[105] 加以說明過了的那樣——**並未**同時發生的時候。
最後，我所特別加以分析的**那個**「近代的資本主義式的 “ 精神 ” 」的成
分：——“ 職業義務 ” 這個思想以及一切依附在它上面的東西——在那
種由「資本主義的 “ 精神 ” 」（就這個語詞之**通則性**的意義而言）所承
擔的經濟活動之內，又再度僅僅存在於某一**特定的歷史上的片段**中，並
在另一方面突出而超越「經濟」這個領域之外，並進入了人的行動之種
種完全異質的領域。“ **職業人** ” 在其作為「資本主義的 “ 精神 ” 的成分」
這個意義上的發展，——我的種種論辯，首先就**明確且特意地**將自己限
定在此一議題（Thema）上。如果漫不經心的讀者覺得忽視這一點是好
的，我實在一點辦法也沒有。

618

　　在這裡，以上的這些說明，應該已經足夠了。因為，要在這個
場合裡，對我的那些文章的某些部分或者觀點，例如：關於「教派
精神（Sektentum）的意義」的種種論述——對於那生成中的近代而
言，**教派**（Sekte）在一個重要的意義下，乃是今日形塑著 “ 輿論 ” 、
種種 “ 文化價值 ” 以及種種 “ 個體性 ” 的那些社會性的「群體形成」
（Gruppenbildungen）的原型（Archetypos）——[106] 進一步加以發展，
或者更詳細地深入到由清教式的生活風格導致現在的生活風格的那些廣
泛的分支裡去，[107] 在這個場合是不可能的。令人感到遺憾的是：這篇對

104　【譯注】請參閱 PEI[164]。

105　【譯注】請參閱 PEI[165-169]。

106　【譯注】關於這方面，請參閱 PE1906[446-462]。

107　拉賀發爾對我關於（對照著莊園主式的生活風格的）市民式的 “ 舒適 ”
　　（Comfort）的發展的那些簡短的評論 *[1] 所做的抨擊的方式，乃是——人們
　　幾乎無法不說是：——相當等而下之的。此一對立的存在，每個文化史的新
　　手都知道。至於說「具有再怎麼大的對立性的種種歷史性的現象之間的種種
　　“ 界限 ”，**到處都是流動的**」這一點，則無疑是真的。但「正因為如此，人們
　　必須做概念區分（begriffscheiden）」這一點，某些個別的歷史家似乎完全不
　　能理解。請參閱我在《國家科學簡明辭典》（第三版）頁 183 右邊欄關於這
　　方面所說過了的東西。*[2]　【譯注】*[1] 請參閱 PEII[409]。*[2] 指的是 1909

一篇完全索然乏味的、以它說話時所帶有的那種嘲諷式的腔調以及它的「不想要理解」（Nichtverstehen*wollen*）展示了某種很糟糕的教授的典型的批判的答覆，它自己這方面也勢必會像種種狀況所制約的那樣，落得如此地索然乏味，並且還花費了《文庫》的篇幅。**這裡**所說的一切，都已經見諸我的那幾篇文章中了，——拉賀發爾所說的一切（除了一些完全不相干的例外之外），都取自這些文章，但卻都＂改壞＂了。誰要是在看了前面的種種論述之後還不相信，我將再度請他：在讀了拉賀發爾的批判**之後**，公正地**讀讀**我的種種論述：在面對**此**一批判時，我並**沒**有必要對它們改動**任何一個字**。

619

年的〈古代的農業狀況〉一文。韋伯在該處（＝ MWGI/6: 728 f.）談及了「精確的概念的功能」，而這種功能，許多歷史學家卻由於「歷史現象的複雜性」而加以拒斥：「但種種**事實**（*Fakta*）的這種未經劃分的雜多，畢竟並未證明說：我們應該建構種種清晰的**概念**，而是相反：種種清晰的（＂理想典型式的＂…）概念都必須被正確地加以**應用**，不是作為一些用來強暴歷史上給定了的東西的模式（Schemata），而是：藉由它們的幫助，去就下面這一點確定某一現象之經濟上的性格：**在多大程度上**（*inwieweit*）該現象**趨近於**這一個或另一個＂理想典型＂」。（參考：MWGI/9: 618 註解 41）

對 " 資本主義的精神 " 之反批判的結束語

內容：I. 反批判 [665-707] —— II. 正面總結 [708-740]

　　拉賀發爾教授又在四期的《國際週刊》（第四發行年度第 22-25 期）
上，對我的 " 反批判 "[1] 加以答覆。[2] 他的答覆並未老實地承認自己由於
表面式的閱讀之過所造成的種種粗劣的錯誤，反倒是包含著部分另一種
說法（Wendung）、部分那些錯誤的大部分之某種更加痙攣式的過度提
高，並且此外還以那種我曾不得不加以標示出來的完全相同的方式進行
著討論。在結尾處，人們將會看到那引人注目地令人想起美國式的政黨
機關在選戰中的慣例的保證說：他已經 " 達到 " 他的批判的 " 目的 " 了：
" 那內卡河畔的肥皂泡 "（die Seifenblase am Neckar）已經 " 戳破了 "。[3]
而在另外一個地方，他甚至相信說：他（拉賀發爾）一定會讓我覺得是
" 以吃對手的腐屍為生的禿鷹 "。但如今，就像將會顯示出來的那樣，這
具 " 腐屍 " 卻還相當地活生生，而反倒是拉賀發爾在他看來根本就不是
一隻老鷹，或者某種與老鷹類似的東西。而是：就這樣，就像他在此一
" 批判 " 與 " 答辯 " 中將自己給呈現出來的那樣，一如既往地就是一個
固然很稀疏地裝上了一點羽毛、但在這種情況下卻還是具有太過強烈的

1　【譯注】指的就是 PE1910。
2　【譯注】拉賀發爾的答覆，收錄在 MWGI/9: 625-664。
3　【譯注】內卡河是萊茵河的第四大支流，也流經海德堡。韋伯的家以及海德
　　堡大學，都在河畔，因此，拉賀發爾以「內卡河畔的肥皂泡沫」嘲諷韋伯的
　　PE。

好為人師的氣質的作家，對這樣的一個作家，人們儘管搖頭不已，卻畢竟無法變得很怨恨，因為，他那誠然往往令人完全難以置信的「對文學上的正直的需要」之缺乏，都是由於他所處的尷尬境況所造成的，並且都將被他那顯然——有時候，要去相信這一點，實在是非常的困難——完全使自己確信的「有道理」的天真所超越。[4] 由於我既然應（並未參

666

4　我想非常強調地說明：拉賀發爾的種種"批判上的"成果之絕對的「無價值性」，絲毫未妨礙我非常地欣賞他的其他著作：在這些著作那裡，他並未處在某種對於他的獨特性而言就是有所不利的領域裡。之所以說是"有所不利的"，並非僅僅因為：他在「事情上」（sachlich）本來就是訊息不足的，而是之所以如此也因為：他在那知識份子式的"決鬥"（Mensur）*[1]上所感到的快樂，純粹就其本身而言，就是伴隨著某種持續不斷的危險的，那就是：不由自主地幹下種種"不合乎大學社團的行為準則的"（incommentmäßig）（以前人們用大學生行話說："豬玀"—（Sau-））砍擊，並且就連該「決鬥樂趣」本身也如此毫無節制地蔓延了開來，以致於那關於這方面的"事情"（Sache）必然地被忽略了。拉賀發爾抱怨我對他的答覆的那種毫無顧忌的形式。可是，像特洛爾區對待他時所採取的那種無論在形式上還是在事情上都特意寬宏大量且迎合遷就的方式，卻也只有一個結果，那就是：一如人們很容易就可以使自己確信的那樣，拉賀發爾由這種「迎合遷就」中，以不太忠誠的方式，尋求"在戰術上"獲利，並且：他對特洛爾區的種種污衊，基本上就是通過某種程度的憎恨而突出地表現出來的：這種程度的憎恨，比他施加到我身上的程度還要大。事實上，當他"批判著"的時候，他似乎無可避免地會變成純然的「職業擊劍者」（Klopffechter），*[2]而跟這樣的一位擊劍者，人們如果要說的話，就會用坦率的德文跟他說：我希望，永遠不再必須跟這種種類的一位"批判者"報仇了。某種較為忠誠的種類的論戰（Polemik），就算它在形式上是尖銳的，也將會在這一點之中讓我承擔起完全不同的其他顧慮，並且，就算我必須再怎麼尖銳地與之進行鬥爭，尤其不會引起我這麼多的——明確地說：——蔑視。但是，面對這樣的一個"批判者"——他在並未提供種種最微不足道的貢獻的情況下，相信他可以將他跟我的"論辯"，以下述這個保證開始：說是「我讓我的課題變得"輕鬆"了」，而他則相信現在可以用「勸人小心種種"韋伯式的發現"」的勸告結尾——，我除了這種當然令人感到不愉快的感覺之外，還應該有什麼其他感覺呢？【譯注】*[1] 韋伯之所以在此提到「決鬥」，是因為拉賀發爾在文中用了「鬥劍」的隱喻，說自己遭受到韋伯玩的"鬥劍者小手段"（Fechterstückchen）。（參考：MWGI/9: 666 註解 8）*[2] Klopffechter 指的是中世紀晚期發展出來的一種觀賞用的擊劍藝術職業擊劍者，用的是鈍劍。Fechter 是「擊劍者」，有擊劍、決鬥的意思；但 klopfen 卻有「敲擊、拍打得噹噹作響」的意思。韋伯藉此隱喻嘲諷拉賀發爾的「批判」，實為「表演」：為的是虛榮，而非事情本身。（參考：MWGI/9: 666 註解 12）

與的) 朋友們的期望，[5] 而已經將這件索然無味且令人厭惡的事——：跟
拉賀發爾的那種純粹緊盯著種種**話語**（*Worten*）、但卻遮蔽了顯而易見
的事態的強詞奪理——，給承擔了下來，我也就必須將它貫徹執行。因
此，迫不得已，我將會在下面（1）再一次確定拉賀發爾的「論戰」的
“精神”——遺憾的是，為了要去追蹤拉賀發爾的所有藏匿處，根據情
況，這乃是一場無可避免地相當無聊的論辯：但不是對此特別感到興趣
的每一位讀者，我則聽任他自行決定去加以略過，——並且接著（2）
在我這方面——相對於那由拉賀發爾所造成的、並且現在為了要避免供
認他的「不正當」（Unrecht）而又更增加了的混亂（Konfusion）——
再次以少數幾頁的篇幅，將我的**真正的** “論點” 的若干為拉賀發爾頑固
地加以忽視的特點給總結一下：這麼做，僅僅是為了那些現在並未再次
細讀過我的那些文章的人。對於其他的人而言，這麼做是多餘的，但他
們當然是某種消逝中的少數。

667

I. 反批判

由於我曾將拉賀發爾的論戰稱為 “教授式的”（professoral），因
此他就主張說：我將他的品質貶低為 “教授”，換言之，我確乎在我這
方面主張自己「是某種 “更好的東西”」。[6] 這實在是一個在我們的此外
如此完全索然乏味的討論之中無論如何至少還富有教益的錯誤：對於
拉賀發爾對那受到審理的事情的「無理解力」（Verständnislosigkeit）
而言，這「錯誤」同時也是典型的。因為，在他那裡，固然很巧地：
他同時是一個 “教授”、並且寫了一篇（在我看來）非比尋常地 “教授
式的” 文章。但每一個人都知道：一個教授（感謝神：拉賀發爾本身也

5　【譯注】指的主要是特洛爾區。請參考〈中譯本導讀〉相關段落。

6　【譯注】請參閱 PE1910[618]。韋伯在那裡說，拉賀發爾的「批判」 “展示了
　　某種很糟糕的教授的典型 ”。

668 包括在內）所寫的一切，一點也都不會已經因此之故，就帶有那種大家都很熟悉的某種的小家子氣的、固執己見的「咬文嚼字」與自以為是的「自大」的味道：這種自以為是的自大之構成那 "教授式的東西" 的本質，就像諸如一個編輯的所有的工作成品都帶有 "新聞業的東西"（加上了 ""！）的味道一樣，或者：每一個以種種科層制式的形式運作的國家制度（Staatswesen）光是因此之故就被 "科層制的精神"（Geist des Bureaukratismus）所支配著，或者：每一個再怎麼根據德國的或者法國的樣本組織了起來的軍隊以及這軍隊所服務的國家，就一定會被 "軍國主義式的精神" 賦予靈魂（人們可以想想與德國和法國相對照的義大利的情況），或者：諸如在完全相同的組織那裡，每一個「職工聯合會」（Gewerkverein）（法文："syndicat"，英文："trade union"）被不是 "Tradesunionismus" 或者 "Syndikalismus"（在此，二者之間，選擇聽便）的精神，或者：一個具有殖民式的帝國的國家，就總是被 "帝國主義的精神"，或者最後：每一個以資本主義的方式組織了起來的經濟被 "資本主義的精神"（當然更不會：被此一精神之我當作是相對於古代與中世紀、並且在其早期資本主義式的「英雄年代」的時間裡最為強烈的、適合於「現代的資本主義」的成型而納入考慮範圍的那種特有的成型（Ausprägung））。至於我們如今儘管如此還是以附加了由那些系統借用過來的形容詞的方式談論著這樣的一種精神的理由——為了要加以重複[7]——，則在於：我們如此地加以標示的那個或者那好些個可能的態度（Attitüden），對我們而言誠然顯得乃是在某種方式下對那些組織形式而言特別地 "適當的"、亦即：出於種種內在的理由跟這些組織形式 "選擇親和的"，但這些態度卻畢竟並未因此而就在每一個個別的情況中、甚至就連在種種情況的「多數」或者「平均」中，也都必然會與之相結合。例如，在所有的歷史中都有下述這種典型的過程：某一（國家性的或者其他社會性的）制度，以完全相同的一些形式繼續存在著，但在其

7　【譯注】請參閱 PE1910[615]。另請參閱 PEI[163-169]。

「對歷史性的生活而言的 " 意義 " 」方面、在其「文化史的意義」方面，
卻顯得改變了。如果我們在這樣的種種情況中，談及該制度之 " 精神 "
的某種改變——而我們也往往會這麼做——，那麼，我們當然就有一 *669*
種無條件的義務，就各自情況去說清楚：這麼說是什麼意思，而制約著
此一改變的又是哪些具體的原因。對這一點，就我的情況，透過找出某
一——無論如何在我看來特別重要的——原因系列（Ursachenreihe），
去做出一點貢獻：此一原因系列制約著現代的資本主義式的經濟的 " 精
神 " 之某一（同樣：特別重要的）構成性的**成分**（Komponente），亦
即：該「精神」之某一色彩（Färbung）的形成（Herausbildung），而
此一色彩在一些重要的點上，與古代和中世紀都特別不同，——這就
是我明明白白為自己提出的課題。如果說拉賀發爾在相信他的讀者一
定百分之九十九既未讀過我的那些文章、也未讀過我的「反批判」、
也將不會讀它們的情況下，現在做出如此的舉動，宛如此一對我的課
題之仔細斟酌過了的限定，乃是事後才（當然有可能是：基於他的 " 批
判 " 而）解釋進去的，那麼，為了讀者的判斷，我在這裡將僅僅再度
提醒一點，那就是：我已經說成是我的種種探究的結果（這些地方我
在我的「反批判」中也都**引用過了**！）了：（XXI, S. 107）[8] " 資本主
義的精神 " 之 " 某一（注意！）構成性的 " 組成部分，具有我所主張
的根源：那特有的 " 市民式的職業倫理 "（die spezifisch "bürgerliche
Berufsethik"）（XXI. S. 105）[9] 以及特別是那種附著在該「職業倫理」
上的 " 禁欲的 " 特點，以及它在面對傳統的那些強烈的靈魂上的抵抗時
所保有的意義，直到我們的「現在」的這種建基於純機械性的基礎上的
資本主義可以**無需**此一支撐（XXI, S. 108），[10] 此外：我還將「（並非
僅僅像是：資本主義式的經濟**系統**，而是也是明確地：）「資本主義
式的 " **精神** "（此外明確地就這個語詞之**我的**意義而言：我在下面還會

8　【譯注】請參閱 PEII[420]。另請參閱 PE1910[602]。
9　【譯注】請參閱 PEII[416]。另請參閱 PE1910[596]。
10　【譯注】請參閱 PEII[422]。

670 回到這個「意義」來）[11] 完全只由宗教改革 " 導出 " 」的這種說法，稱為 " 愚蠢的 "（XX, S. 54），[12] 並且除此之外（XXI, S. 4 Anm. 1 und 2, XXV, S. 246），[13] 我也已經將「那些宗教心理學上的條件，唯有在預設了許多其他的、特別是也包括了種種自然的－地理上的 " 條件 " 的情況下，才有可能直接參與造成資本主義的發揚」這一天經地義的道理，給明確地說出來了；——但是最後：我在 1908 年答覆（XXVI, S. 275）[14] 一個與拉賀發爾的批判在精神上相親和的批判的時候（儘管是多餘地為了要避免對我所探討的因果關聯所做的**每一個** " 絕對化 "），就已經再度確定過：在我的那些探究那裡所涉及的，乃是對「某種對那興起於近代的資本主義而言適當的、倫理上的 " 生活風格 "（Lebensstil）之發展」的分析，並且**僅僅**涉及此一分析（die Analyse der Entwicklung eines dem entstehenden Kapitalismus der Neuzeit adäquat ethischen "Lebensstils, und *nur* diese"）；因此，如果說在其他人那裡，" 我的種種論述的效力範圍（Tragweite）…被高估了 "，[15] 則這也並非我的過錯；我還曾附加上一句：甚至確乎相當有可能，在我的這幾篇文章完成之後，我將會被指責說是 " 向歷史的唯物論投降 "。[16] 就連最後的這些評論存在於其中的那篇論戰性的小文章，拉賀發爾在他的 " 批判 "（III, Sp. 1288）中，也加以引用了。但對於我的以前面的一些引文為憑的質問——質問說：儘管所有這一切，雖然他是知道的，他還是沒有感受到要去顧及到這一切的義務 [17]——，他現在卻有著一種令人驚訝的厚顏無恥，去向《國際週刊》

671 的讀者們保證說：他一直對我的那些論述**毫無所悉**，甚至說：他「就連今日也都還無法找到它們」（欄 790）。我聽任每一個人自行決定：如

11　【譯注】指的是本文（PE1910a）[709 f.]。

12　【譯注】請參閱 PEI[215]。另請參閱 PE1910[602]。

13　【譯注】請參閱 PEI[128 f.] 註腳 14 與 15。另請參閱 PE1907[483]、PE1910[592] 註腳 50。

14　【譯注】指的是 PE1908。

15　【譯注】請參閱 PE1908[509] 註腳 18。

16　【譯注】請參閱 PE1908[510] 註腳 18。

17　【譯注】請參閱（PE1910）[609] 註腳 86。

果我想要採取不同於「對一個被不計任何代價（包括「文獻上的正直」
這個代價）都要保留權利的狂熱所侵襲者聳聳肩」這種立場的另一種立
場的話，我就必須使用哪一個語詞去說這種 " 無法 "。只不過，我察覺
到：拉賀發爾除此之外，就連**現在也都還在**──只要在他看來恰恰配合
得上他的論戰的目的──不停地責備著那 " 由韋伯所代表的關於喀爾文
主義式的 "（原文如此，──在他做了所有的保證，說他一定會 " 正確
地 " 複述我的種種觀點之後！）" 對那（für die）"（原文如此）" 資本
主義式的發展 " 的 " 壟斷 "（原文如此）（欄 757 下），儘管他在另一
方面也再度保證說：" 他根本就未曾硬栽給我**過**，說是我曾將資本主義
式的精細系統，由種種宗教上的原因中給導了出來 "（欄 775）。相比
之下，下面這件事情當然是完全無所謂的：拉賀發爾將取自我的那些文
章的一段 " 摘錄 " 放到了他的「批判」的最前頭，並在這些文章在那裡
的內容中，固然絕非到處、但至少主要地將正確的東西給複述出來了。
因為，就連在情況就是如此的地方，他也在下幾欄裡就已經忘記了此一
複述，就像我過去一而再、再而三地證實了、並且也將會加以證實的那
樣。事實上，他過去與現在都處於某種迫不得已的境況中：由於他就是
想要寫一篇關於喀爾文的紀念文章，[18] 而在他看來，「趁這個機會，向
一個 " 門外漢 " 顯示他身為歷史方面的 " 專家 " 之批判上的優勢」，顯
得似乎是很吸引人的：在一個領域上，對這個領域而言，他還必須**特
別地**（ad hoc）設法取得 " 材料 "，因而他的 " 批判 " 也就得出了它如
今呈現出來的結果，──但他現在卻光是出於種種「本位主義式的」
（ressortpatriotisch）理由，就必須 " 有理 "，並且，為了使這一點變成是
可能的，我的 " 論點 "（These）就必須看起來像是它就是與他的 " 批判 "
相配的那樣。以這種 " 精神 " 去從事於某種文獻上的課題，實在不太好。

672

18　【譯注】拉賀發爾在他的第一篇批判曾說，由於 1909 年是喀爾文（1509-
　　1564）逝世四百年冥誕的年份，他應《國際週刊》編輯的要求，將在前四個
　　部分完成對 " 韋伯的理論 " 的批判之後，在第五個部分給出某種 " 對喀爾文
　　及其著作之歷史上的意義所做的一般性特徵刻劃 "。（參考：MWGI/9: 671 註
　　解 34）

　　為了要描述他的論戰之由此產生出來的水平的特徵，我在這裡還想要再提醒讀者注意的，就只有一點，那就是：拉賀發爾多麼好心地向我的（顯然相當值得同情的）"朋友與跟隨者們"指出，我現在（大概是為了要在他的論戰前將我給拯救出來？）正在"粗暴地擺脫他們"。[19] 看

19　此外，為了要消除對「我當初用那些"其他人"──他們對我的種種觀點的利用，在我看來（有些地方）顯得是片面的──所指的是誰」的任何懷疑，我要講說：尤其是戴爾布魯克（Hans Delbrück）在我看來事實上實在是太愛說大話了，說得好像個別的歷史家們始終都還渴望著的，主要是去獲得流傳下來的種種對「唯物論的歷史觀」之種種"反駁"似的。*[1] 就連史密特（Ferdinand Jakob Schmidt）（同樣是在《普魯士年鑑》中）的那些（一般而言很有才智地從事著的）觀念建構物（Ideenkonstruktionen）*[2]──在我看來，這些觀念建構物，同樣顯得由那我到目前為止所唯一能夠進一步加以論述的東西中，將太多了些的東西給推論出來了──我也只能當作是"建構物"而加以承認：但我這麼說，卻無意貶低它們本身的價值。我的朋友 v. Schulze-Gävernitz 的《不列顛的帝國主義》（Der britische Imperialismus）確實完全並非某種簡單的建構物，尤其不是──一如拉賀發爾所主張過的那樣──某種只藉助於我的觀點的那種建構物。*[3] 只要他利用到了此一觀點，他就會除此之外還從他那方面以非常出色的方式對此一觀點加以補充與擴充。他自己當然不會否認說：他是"片面地"、由「精神主義式的方向」去追蹤著種種的因果系列的：這一點同時是他的強處、也是（如果人們想要說的話：）他的弱點；當然，在下述這一點上，我尤其完全贊同 Bonn 的那些評論，那就是：鄉紳（Squirearchie）與那市民式的、一再（就連在「科布登運動」（Cobdensche Bewegung）期間也是）以別具特色的方式仰賴著異議的中產階級的二元論，貫穿著近三百年來的整個的英國的歷史。*[4] [673] 就連 Schulze-Gävernitz 也將不會質疑此一事態。──那些（尤其是 Delbrück 所為的）誇張，對我的、處理著一個明確地勾勒了綱要的議題（Thema）、並且一如我確乎畢竟可以主張的那樣：以樸實的並且毫無非份要求的切事性（Sachlichkeit）加以處理的文章所追蹤著的那個目的而言，事實上是沒有什麼用的。但是，一方面，根據我的那些明確的保留，我是不需要為此負責的，並且除此之外，就像拉賀發爾明確地知道的那樣，──因為，正如所說過了的那樣：他引用了相關的論文 *[5]──在第一個時機時，我已經做了我該做的事情，使得它們（＝那些「誇張」）根本就沒有蔓延開來，以致於確乎完全不需要拉賀發爾的那種「事後的友好」的輔導。如果他儘管如此還是利用這樣的種種誇張來對付我的話，那麼，但願他可以帶著他的文獻上的「得體感」（Anstandsgefühl）去加以結。
當然，我無法在此細談特洛爾區對我的種種觀點的複述──在他那裡，頂多是少數的幾個命題有可能會為一個對這樣的一些引文就「對種種《妥拉》出處（Thorastellen）進行塔木德式的註解的方式」加以盤問到底（並且現在甚至還宣稱說，這一點乃是"歷史性的批判"的本質）* 的"批判者"的勤奮，

提供以拉賀發爾的方式去進行某種利用的誘因，——並且除此之外也無法細談 v. Schubert 的簡短的評論 *[6]。[674] 但甚至於就同樣提到過的 E[berhard] Gothein 這方面說，則拉賀發爾要不是不知道，就是——因為，他有可能會在我那裡的引用中讀到過——又再度就這麼忘記了：他的那些與此相關的評論，在我的文章**出版前**十多年就已經付梓了。*[7] 當然，Gothein 從那時候以來，就沒有改變過他的立場。——在面對那些在他們的種種結論上與我有關的作家時，凡是我相信的確有些意見分歧的時候，我習慣於當然不會對此保持沉默。因此，現在，由於「拉賀發爾的出現」這種厚顏無恥的擔保，使得特洛爾區產生了某種印象，宛如我確乎畢竟是為了要奠立我的那些觀點，才將某個什麼東西給 "補上了" 似的。*[8] 當然，這下可正中拉賀發爾的下懷了：他當然會完全按照他的行事風格，不再訴諸其他種種證據，而傳喚他當污點證人（Kronzeug）。我在我這方面只能夠重新請求：請透過對我的文章的閱讀去確認一點，那就是：在我的「反批判」中所說的**一切**，都已經完全同樣明確地存在於我的那些文章中了。在我的「反批判」中，僅僅針對著關於漢堡與「荷蘭的發展」的異議，以二個細節加以回答，*[9] 並且——由於 Gothein 已經將「尤其是喀爾文主義對德國的意義」這個論點給奠立起來了，因此我認為這並非必要：——引用了伍伯塔爾（Wuppertal）的那些情況（為了虔敬派，我其實可以再將卡爾夫（Calw）給附加上去的）。*[10] 這也就是一切了！但是，相對於在我的那些文章中，為了「禁欲式的基督新教的傳播之所有的大的主要區域（英國、法國、荷蘭、美國）」所說了的東西，這些小小的 "新事物" 又說明了什麼呢？——「特洛爾區只是為了自己而進行答覆的，只不過是順帶地提到我而已，他並不會為了一場關於**他的**那些論點的論戰，而特別再一次地從頭到尾通讀**我的**文章」這件事情，事實上是很容易就可以理解的。[675] 而事實上他也認為拉賀發爾至少是部分地可靠的。但那位主張已經徹底地 "批判了" 這些文章，並且在這麼做的時候——一如我們將會看到的那樣——，還想要以他的 "歷史性的批判" 的 "精確性"（明確地相對於特洛爾區！）誇耀一番的人又如何呢？

接著，欄 792/93 提供了一個尤其別具特色的成就：在這裡，拉賀發爾——以他所喜歡的寬泛的方式，對那些他想要堅持的個別**語詞**，用粗體印刷加以強調——向讀者們講解說，因為我曾經談到過："禁欲式的基督新教為資本主義"——當然，該關聯表明：為「我所談論的那個時代所特有的種類的市民的—資本主義式的發展」——也創造了相應的 "靈魂"："職業人" 的靈魂，*[11]——也因此：根據我的論點，光是、並且是在且為己地（allein und an und für sich），我所分析的 "習性"（Habitus），終究**畢竟**就將**一切**對那些在今日的（！）資本主義中的動機發生影響的東西，包含在自己之中了（只要這「資本主義」不具有猶太的根源，我在這裡就還將會被以最好的方式給強加上這一點，因為：我偶爾在一個完全不同的地方，*[12] 也用唯一的一句話提及過「各國家對待猶太人的態度之意義」，作為一個事例，用來說明「寬容」或者「不寬容」事實上——見下文 *[13]——是有可能會變得在經濟上相干的）。而最美好的一點則是：[676] 拉賀發爾基於這種可悲的咬文嚼字，一方面（欄 793）覺得下述這件事情"至少是可以原諒的"，那就是：其他人基於那些由他所收集起來的話語，達到了對那一個動機之某種的"絕對化"，另一方面（欄 792）則除了特洛爾區之外，還列舉了 Gothein（他，一如已經說過的那樣，在我之前的十幾年就寫了）與 v. Schubert 作為這一點發生在他們身上的那樣的人——而這是發生在他之前（欄 791）先已經保證「他本身並未落入關於我的種種觀點的這種（一如我們所看到的那樣）不僅在他的批判中、也各自根據需要而**直到現在**都還被他所主張著的錯誤中」之後。我覺得這一切事實上都只是"卑躬屈膝的"（subaltern）。*[14]——而對一個談到說是「我最近想要在我的"反批判"中嘗試著去解決一些我之前"不敢"面對的課題」的"批判者"，人們又應該以什麼語氣加以答覆呢？

【譯注】*[1] Hans Delbrück（1848-1929）是德國歷史學家。韋伯這裡想到的，是 Delbrück 所發表的一篇對宋巴特的《現代資本主義》的評論文章（參見：Delbrück, 1903）。他在文章中總評這部著作：是一個重大的失望（頁 334），並認為宋巴特的"不幸"就存在於：很早就被馬克思給俘擄了。韋伯曾在 1907.01.30. 寫給他弟弟 Alfred 的信中，談及 Delbrück 與宋巴特的這一場爭論（MWGII/5: 231-236）。（參考：MWGI/9: 672 註解 36）*[2] 韋伯這裡想到的是 Ferdinand Jakob Schmidt, 1905。*[3] 指的是 Schulze-Gävernitz, 1906。拉賀發爾在文中曾加以引用，並說這部著作「…完全受到韋伯的論點所支配」。（參考：MWGI/9: 672 註解 38）*[4] 這裡的 Bonn，指的是德國國民經濟學家 Moritz Julius Bonn（1873-1965），曾在 1907 年發表一篇評論 Schulze-Gävernitz, 1906 的文章。他在這篇評論中，同意 Schulze-Gävernitz 的說法：現代的工業的英格蘭，乃是清教徒與不信奉英國國教者的作品。但除此之外，他也特別強調說：三百多年來的英國歷史，始終都是「"圓顱黨"與"騎士黨"之間的一場鬥爭」。也請參考：PE1910[595] 註腳 50。（參考：MWGI/9: 673 註解 40）*[5] 指的是 PE1908。*[6] 韋伯這裡提到的 v. Schubert，指的是德國福音派神學家與歷史學家 Hans von Schubert（1859-1931）。*[7] Eberhard Gothein（1853-1923）是德國國民經濟學家與文化─和經濟史家，1904-1923 任教於海德堡大學，接任韋伯教席。拉賀發爾曾在文中引用了 Gothein 於 1908 年發表的〈反宗教改革年代的國家與社會〉（Staat und Gesellschaft des Zeitalters der Gegenreformation）一文，因此韋伯在此提到他在 PEI[136] 註腳 25 中，就已經引用過有「相關評論」的 Gothein, 1892 了。（參考：MWGI/9: 674 註解 47）*[8] 特洛爾區（Troeltsch, 1910:454 f.）曾對拉賀發爾的批判讓步說：他固然有可能對韋伯的一些命題作了不精確的複述，「但無論這些錯誤再怎麼大或小，都不可以使它們成為韋伯的理論的負擔或拿來駁斥他。…他的理論之正確或者不正確，乃是完全獨立於我這裡所提出的這些命題的」。（參考：MWGI/9: 674 註解 48）*[9] 請參閱 PE1910[587 f.]（關於漢堡）與 [592-595]（關於荷蘭的發展）。*[10] 關於 Wuppertal，請參閱 PE1910[586]；關於 Calw 的虔敬派，請參閱 PEI[139]。*[11] 請參閱 PE1910[607]。*[12] 請參閱 PE1910[585]。*[13] 請參閱本文（PE1910a）[684-692]。*[14] 請參閱 PE1910[618] 註腳 107。

來他認為這樣的（在一份認真的著作中畢竟基本上相當可笑的！）種種 *673*
花招——很遺憾地，他的批判與答辯就充滿著這種花招——乃是 “ 風趣 *674*
的惡毒話 ”（geistreiche Bosheiten）？然而：我們還是言歸正傳吧。

　　拉賀發爾的答辯，始於對特洛爾區在《國際週刊》（Jahrgang IV *675*
Nr. 15 und 16）中的反批判之某種較長篇幅的污衊。特洛爾區是否覺得
值得花費心力去對之加以答覆，我不知道。在我這方面，由於我如今既
然已進行答覆了，我也就有興趣想要由此一討論中去指出下面這一點，
那就是：在拉賀發爾的 “ 批判 ”（Jahrg. III Sp. 1329）中，他（在引證了
一些例子之後：在這些例子中，實際上或者據稱地，種種宗教上的事實
情況對種種政治上的事變，**從未發生過任何的影響**）是這麼說的：「由 *676*
這一切中，有一點畢竟得到了解釋，那就是：政治上的、經濟上的與世
界上的發展一般（原文如此！），是多麼不讓自己受到種種宗教上的學
說所約束的——當這些學說超越了純宗教性的領域的時候。」[20] 而**現在**

20　對於一個歷史學家而言，基本上畢竟光是此一表述就已經是太過天真了。某
　　個東西是否 “ 超越了那宗教性的領域 ”，——眾所周知，這一點正是在所有的
　　歷史的所有的文化鬥爭中、並且直到今天都尚未了結的爭點：一切都圍繞著
　　這個爭點轉。拉賀發爾主張說：對他而言，要去劃出那條界線並非難事，——
　　而在我看來，他儘管如此還是放棄了去嘗試做這件事情，對我們而言並非任
　　何的損失。因為，他此外還表示了下述這個令人感到詫異的觀點：對於這一
　　個點而言，「歷史的那些行動著的人往往表現出了某種值得注意的細膩的本
　　能」。如今：此一 “ 細膩的本能 ”（例如）固然為許多胡格諾的統帥形塑著
　　海盜行為（Piraterie），但這同一個本能，卻不僅促使那胡格諾的商人、而是
　　也促使「胡格諾信徒代表會議」（Hugenottensynoden）的那些對經濟不感興
　　趣的參與者（但他們畢竟也都是 “ 行動著的 ” 人）去嘗試著，要因此而對他
　　們追究責任。*[1] 這同一個 “ 本能 ” 促使斯圖亞特王朝去發動對抗「清教徒
　　們之禁欲式的星期日休息（Sonntagsruhe）」的鬥爭，*[2] [677] 也促使著清
　　教徒的那些激進的階層去發動對抗種種「什一稅」的鬥爭——例如：各大學
　　的存在，就是建基在這些什一稅之上的——，而這一點又再度促使克倫威爾
　　與他們決裂。*[3] 正是此一據稱很明確的本能，一方面激勵了俾斯麥的那些
　　「五月法律」（Maigesetze），*[4] 而另一方面則激勵了教皇對那些在義大
　　利與德國的天主教徒之政治上的態度，做出了種種的指示，*[5] 並且最後還
　　激勵了中央黨一方面對那些「五月法律」與另一方面（偶爾地）對教皇的反
　　對。[678] 梵諦岡的教義 *[6] 所已經遭受到並將會遭受到的所有的困難，以
　　及「教會與國家的分離」之所有的困難，都是由存在於事情之中的「去明確

地規定一條『在宗教上相干的事情』的界線」之不可能性中產生出來的。因
此，那種認為「只有"現代的神學家們"才有可能會對該界線產生懷疑」的
說法（Sp. 719），確乎是屬於那「政治上的育嬰房」的。這樣的種種事物，
事實上是人盡皆知的，而我則確實從來沒想到過，像拉賀發爾以惡毒的形式
責備我的那樣，將它們冒充是"原創性的"。而如果說我也因而確實不認為說
「"整個好幾代的歷史家們"都還必須從事於對那些明顯的事物之汲取」的
話，──因為：每一個在事情上認真地進行著討論的歷史家，在為了「有理」
（Rechtbehalten）這個目的的論戰中，也將都不會像拉賀發爾那樣，忘記了
這類的事情，──那麼，我畢竟將會一如既往地相信著：這些事物有時候還
是需要為了拉賀發爾以及那些跟他一樣的人，而明確地喚回到回憶中。──
事實上，正是拉賀發爾將某種「對抗某種誤以為的"海德堡的"專長」的鬥
爭，變成他自己所特有的課題的。在我面前的一本在拉賀發爾那裡獲得博士
學位的博士論文──這篇論文除了其他方面之外，也從事於耶林內克（Georg
Jellinek）關於「諸"人權"之宗教上的共同制約性」的那些著作 *[7]──在
「複述所要反對的那些觀點」以及「追蹤發現種種據稱的"矛盾"」以及諸如
此類的事情時，顯示著（一如我可以說服自己的那樣）與拉賀發爾自己的"批
判性的"成就（"kritische" Leistung）相同的手法。當然，沒有人會傾向於並
負有義務，對存在於他授予博士學位的博士論文中的一切承擔起責任，──
至少我在我的方面將會拒斥這一點。但那"手法"，在目前的這種情況中，
卻幾乎不會是偶然的。──如果說，拉賀發爾在他的方面，在面對特洛爾區
時，將他關於「美國式的民主的發展」的觀點總結為（III Sp. 1358）：[679]
美國式的民主乃是"基本上自行發展出來的"，──那麼，對該問題的這種具
有原創性的解決，將會具有某種對於所有的歷史性的問題而言都值得推薦的
「簡單」這項優點。認真地說：在那在形式上嚴格中立的美國式的國家中，
「生活之宗教上的基礎」的那種完全的理所當然性，恰恰就是將這個國家與
種種歐洲的以及其他的民主制區分開來的最重要的東西，並且，這東西──
正如恰恰是特洛爾區很出色地研究出來的那樣──也為那裡的"國家與教會
的分離"，賦予了某種與在我們這裡如此完全不同的印記（Cachet）。*[8] 人
們可以很嚴肅地問道：如果沒有這種（一如我在《基督教的世界》中也強調
過的那樣）*[9] 到處都預設了的「理所當然性」，就其舊有的獨特性而言的
那種美國式的民主，是否還會是可能的。今日，這一點消失了，並且，（例
如）那無論是最高法院還是每一個政黨會議都拿來當開始儀式的「祈禱」
（Gebet），同樣的，就像許多大學的章程都會當作「學期計算」的要求而
談到的"學院小教堂記錄"（chapel record）（原文如此！）那樣，*[10] 當
然都已經變成了某種「裝模作樣」（Farce）了，就像在我們這裡的帝國會
議開議前的禮拜儀式（Gottesdienst）那樣。但這在以前是很不一樣的！【譯
注】*[1] 在 1559 年於巴黎舉辦的「第一屆法國改革宗教區全國宗教代表會
議」上，在"特殊事項"（faits speciaux）下（第 XIII 條）紀錄著：「在接
納進教會之前曾非法使用過他人的財物的那些海盜和其他人，如果趁機將該
財物還給所有者，並且，設若它們表現出懺悔與後悔的話，就應該讓他們參

則是這麼說的（Sp. 718）：「我（拉賀發爾）將某些特定的具體的事例　*677*
給提了出來：在這些事例中，對『種種宗教性的環節的影響』之種種的　*678*
誇張…都被做了出來；但我卻並未由此就根據那由特洛爾區所主張的方
向，[21] 去得出任何（原文如此！）一般性的結論，而如果他將這樣的一　*679*
種結論強加給我的話（原文如此！），那麼，這乃是一種處理程序：我
最好不要在這裡描述這種程序的特徵，因為，一旦這麼做了，我勢必會
選擇非常辛辣的話語（原文如此！）。」——一如將會顯示出來的那
樣：拉賀發爾的答辯從頭到尾就是這副德性。但如今難道人們自己就應

與聖餐。（參考：MWGI/9: 676 註解 72）*[2] 關於這場藉助於《運動之書》
進行的鬥爭，請參閱 PEII[398]。*[3] 這裡所說的「清教徒的那些激進的階
層」，指的是 1653 年克倫威爾的 " 聖徒們 " 的國會中的多數，他們主張廢除
什一稅。也請參閱 PE1906[458]。（參考：MWGI/9: 677 註解 74）*[4] 俾斯
麥 1873 年頒佈的「五月法律」，乃是普魯士政府一連串 " 文化鬥爭 " 一措施
的累積結果。這些法律涉及到了天主教會的種種內部事務，如規定：神職人
員的教育與任用，需受國家監督（國家拒絕錄用沒有德國文科中學畢業文憑
和沒有通過哲學、歷史與德國文學各領域的「國家文化考試」的神職人員）
等等。（參考：MWGI/9: 677 註解 75）*[5] 1874 年 9 月 10 日，教皇庇護九世
（Pius IX）發表教令，要求義大利的沒有政黨歸屬的天主教徒，不要去參與
議會選舉。接著在 1875 年 2 月 5 日，教皇庇護九世還宣告德國「文化鬥爭」
以來所立的各種「教會法律」為「無效」，並提醒普魯士的主教要堅持住他
們對國家權力的抵抗，否則將開除教籍。（參考：MWGI/9: 677 註解 76）
*[6] 這裡的「梵諦岡的教義」，指的是 1870 年第一次梵諦岡會議所通過的
「教皇在信仰與習俗問題上的教導決定之不會錯誤」（一般簡稱「教皇無誤
論」）這個教義。*[7] 韋伯這裡提到的「博士論文」，應該是指 Hägermann,
1910。Gustav Hägermann 於 1910 年 2 月 10 日，向基爾大學遞交博士論文《人
權與公民權宣言》（Erklärung der Menschen- und Bürgerrechte）。拉賀發爾
是這本論文的評論人（Referent）。（參考：MWGI/9: 678 註解 83）*[8] 韋伯
在這裡所想到的，很可能是特洛爾區於 1906 年 11 月 20 日以海德堡大學副校
長的身分所發表的演說：〈國家與教會的分離、國家的宗教課程以及神學學
院〉（Die Trennung von Staat und Kirche, der staatliche Religionsunterricht und
die theologische Fakultäten）。（參考：MWGI/9: 679 註解 85）*[9] 請參閱
PE1906[454 f.]。*[10] 請參閱 PE1906[435 f.]。
21　特洛爾區說（而拉賀發爾也引用了這一點）：拉賀發爾想要透過他的那些例
　　子，「具體地說明宗教性的環節在面對一般的生活時是不起作用的」。*【譯
　　注】特洛爾區是在答覆拉賀發爾的第一篇批判文章（Troeltsch, 1910: 468）
　　時，引用這句話的；拉賀發爾也在第二篇批判文章（見 MWGI/9: 633）加以
　　引用。

該 "使用辛辣的話語" 嗎？我在我這方面倒是覺得很逗，並相反地真切地感到後悔，後悔一如無論如何都已經發生了的那樣，曾經如此認真地對待過一個雜亂無章的批判者：[22] 這個批判者，如果人們將他自己的種種主張拿到他面前給他看，也會讓他產生這樣的種種苦惱。拉賀發爾顯然無法理解，一場論戰，除了在 "公眾" 面前去顯得「有理」之外，還會有另一個目的。

680

繼續：在我的反批判裡（《文庫》XXX 頁 177 行 23），[23] 在面對拉賀發爾對於宋巴特的一些著作與我的那些著作的種種關係之種種錯誤的說明（Angaben）時，我（在說明了的那個地方、亦即：《文庫》XX 頁19 註解 1）[24] 請讀者參閱我的那些關於這一點的明確的且窮盡的評論：這些評論都已經存在於我的那篇為拉賀發爾所 "批判了" 的文章中了。拉賀發爾對此的答辯則是：「特洛爾區報導說（原文如此！）：宋巴特的《資本主義》對韋伯的論點有過影響，──我又怎麼（原文如此！）會猜得到說，他（特洛爾區！）…竟然錯誤地取向了呢？」

此外，至於特洛爾區與我的那些著作之間的種種關係，則無論是特洛爾區還是我，都聲明過：[25]1. 我們二人中，沒有任何人對另一個人的成果負有責任，以及為何如此；──2. 對於特洛爾區所代表的那些 "論點" 而言，我的 "論點" 並非任何的論據（Beweisgrund），並且相反地：我們之中的每一個人，對他所提出的種種說法而言，都有可能是完全有理的，就算另一個人有可能會在他的種種說法上完全有所差錯；──此外，3. 但我的那些著作的種種結論，卻無論如何都展現了某種與特洛爾區的種種成果協調得非常好的「對它們的補充」，因此，4. 拉賀發爾也以引用的方式注意到了該「補充」，而在這麼做的時候，他 5. 在幾個

22　拉賀發爾本身就為了自己而提到說：他由於我的種種闡明而變得雜亂無章了。正如拉賀發爾的批判與答辯向每一個想要看的人所顯示的那樣，我是可以拒絕為此負起責任的。

23　【譯注】請參閱 PE1910[575 f.]。

24　【譯注】請參閱 PEI[154] 註腳 52。

25　【譯注】韋伯的部分，請參閱 PE1910[575 f.]。

對他而言完全不具有本質性的**個別點**上，並未出現任何的錯誤（這些個別點，就像我所強調過的那樣，²⁶ 拉賀發爾後來卻嘗試著，想要以完全是吹毛求疵的方式加以 "利用"）。²⁷ 我曾將下述這種事情稱為 "不忠實的"（illoyal）：²⁸ 一個據稱的 "批判者"，將特洛爾區與我之間的那些區別——這些區別，對於每一個人而言，明顯地就是一些在**術語**上的區別（與那些區別相結合著的，則是在複述我的種種表述中的少數幾個的時候的一些本身完全無關緊要的錯誤）——加以利用，去向他的讀者冒充說是在**事情**（*Sache*）上根本就不存在的一些差異，而在這麼做的時候，在另一方面竟然還恰恰就在那些點（"禁欲"）上——我們之間的那些他自己為了「"效果顯著的" 論戰」之種種目的而加以利用的、（一如每一個人都必定會看到的那樣：）**純術語上的種種差異**，就存在於這些點上²⁹——談那些 "特洛爾區—韋伯式的概念"。這件事情，拉

681

682

26　【譯注】請參閱本文（PE1910a）[673] 註腳 19。

27　此外，讓我們藉此就連在這裡也不再有任何懷疑了吧：在此所涉及到的，都是這樣的一些無關緊要的事，如：特洛爾區關於我與宋巴特的關係、進一步：關於我在我的文章中對於那些在匈牙利的改革宗信徒所已經說過了 *[1] 的東西以及類似的種種錯誤，換言之也就是涉及了那些拉賀發爾直到現在——在我的反批判中向他指出了他由特洛爾區推斷出來的那些主張的錯誤之後 *[2]——都還在向他的讀者胡扯的事物，——但有趣的是：這一切都無法阻止他向那有道理由衷地認為「這些事物都是無關緊要的」的特洛爾區指出說，歷史性的批判在面對這樣的種種罪過時「將不會有勇氣，將自己提升到此一既崇高又令人感到舒服的立場上」（原文如此！）。【譯注】*[1] 請參閱 PEI[128 f.] 註腳 14 與 15。*[2] 請參閱 PE1910[592] 註腳 50。

28　【譯注】請參閱 PE1910[575] 註腳 12 與 [574]。

29　Jahrgang III, Sp. 1257：「藉此，我們也就達到了（特洛爾區和我之間）…對「舊基督新教式的禁欲」的理解（原文如此！）之**根本上的差異**了」，——此一差異存在於（欄 1258）：「他（我）對在特洛爾區的意義下的某種全部舊基督新教式的倫理（原文如此！）[682] 毫無所知（原文如此！）」。與此加以比較：欄 1260："韋伯—特洛爾區式的" 禁欲概念（同樣的，直到現在都還在他的答辯中明確地："韋伯—特洛爾區式的論點"），此外，欄 1259：那「保證」，說是：我關於 "禁欲式的生活風格" 所說的東西，"結果是一樣的"：不但與特洛爾區式的「禁欲概念」的 "定義" 一樣，更是一般而言地與這整個的針對著我們二人集體而發的關於此一拉賀發爾為了種種論戰上的目的才創造了出來的 "問題" 的論戰一樣。

賀發爾就連在現在也都還是偶爾會以相同的方式繼續進行著。[30] 但如果說他在這種情況下現在竟然（Sp. 731）說：無論是特洛爾區還是我「都承認（原文如此！）他們將一些不同種類的想法與『禁欲』這個語詞給連結起來了」的話，那麼，那種想要「要求將此一 "承認" 當作是他的 "批判" 的成就」的嘗試，將只會蒙蔽既未讀過特洛爾區的、也未讀過我的著作的讀者。因為，由於特洛爾區非常明確地談到「在**路德宗**中的禁欲」，而我則非常明確地將我的完全不同種類的「禁欲概念」標示為「不僅**不**適用於路德宗（並且還有其他一些基督新教式的共同體），而是與之處於最尖銳的對立關係中」了，[31] 因此，對於「確定**此一**術語上的區別」這件事情而言，事實上是不需要去 "由墓穴中" ——毋寧是：由墨水瓶中——將任何 "鬼魂" 給 "升起來" 的。[32] 毋寧說，就連那可以設想得到的最匆忙的讀者，一定都會看到（而拉賀發爾也**已經**看到了）：

683 這裡所涉及的，乃是一些術語上的差異，而非一些實質上的差異。因此，為了不要再浪費筆墨了，我聽憑每一個有時間去將拉賀發爾所使用的那些小技倆——憑藉著這些小伎倆，拉賀發爾儘管這一切，就連現在也都還（換言之也就是：在特洛爾區和我都還明確地聲明了這一點之後）[33] 想要 "更好地知道" 那件事情與——拿來與此一清晰的事實情況加以比較的人自便。[34]

30　請比較：欄 755, 782, 786 註腳以及更多地方。

31　【譯註】請參閱 PEI[206-209] 以及 PEII[304-307]。

32　【譯註】韋伯在此想到的「鬼魂」，很可能是指莫札特的歌劇《唐·喬凡尼》（*Don Giovanni*）中那個被殺死了的騎士長。

33　【譯註】韋伯的部分請參閱 PE1910[575] 與 [583]。

34　下面這個小小的——我只能說：——職業擊劍者的訣竅（Klopffechterkunstgriff），完全相應於此一所謂的 "批判" 之全部水平，那就是：透過 "接受"（Übermnahme）這個語詞的粗體印刷，去讓特洛爾區的評論（亦即：凡是在那些我的種種結論展現為他的那些結論之某種補充的地方，他都簡單地 "接受" 了，亦即，在這種情況中對每一個人而言都是顯而易見的：引用地並且同義地複述我的種種結論）與我的評論（亦即：沒有任何我的那些理論被特洛爾區所 "接受" *[1]（對每一個人而言都是顯而易見的：作為對他自己的、追蹤著完全不同的且進一步的種種目標的種種研究之科學上的奠立）顯得就像是 "矛盾"？——現在（Sp. 698），拉賀發爾甚至尋求要使得他的讀者們

　　而最後，為了要結束此一畢竟的確有點愚蠢的關於術語的爭論：正 *684*
如人們可以想得起來的那樣，我**曾經聲明過了**，而由於拉賀發爾一如往
常地向他的讀者們隱瞞了這一點，並且以他那習以為常的、我別無選擇
而只能稱之為 "惡意的" 的語調，將那在我的（為我深入地出於種種實
質的理由而被激發出來的）**表達**方式（*Ausdrucks*weise）上的 "父親的喜
悅"（Vaterfreude）加到我身上，那麼，我很樂意在此**重新聲明**：對我而
言，" 內在於世界的禁欲 " 這個語詞（Ausdruck），對於**每一個**隨便哪一
個人而言，都是待價而沽的。[35]——當然，**實質上的**事實情況，乃是大

相信說：特洛爾區的種種著作，都是 "那唯一的、相關聯著的嘗試，亦即想
要闡明：對歷史性的進程而言，韋伯式的模式（das Webersche Schema）乃是
基本的"（原文如此！——某種 "化學上純粹的" 胡說八道，對於這種胡說
八道，特洛爾區乃至每一個知道他的種種著作究竟是在從事於什麼的人，確
乎都同樣有可能會被逗樂了，但搞不清楚方向的人——拉賀發爾幾乎到處都
在指望這種人——當然或許就會受到欺騙了）。在另一個地方（在他的第一
篇 "批判" 裡），v. Schultze-Grävernitz 與 v. Schubert 等等這些人，就都處於
相同的境況中：基本上都是我的那些 "學說" 的使徒。而那些 "猶太人"，
則（根據拉賀發爾的說法）我乃是 "眾所周知地" 都 "託付" 給宋巴特了。
[684] 換言之，看起來似乎是：我讓一個由最傑出的學者所組成的真正的封
臣軍（Vasallenheer），隨著我的哨子起舞。也許現在就連 H[ermann] Levy 教
授——在我將自己關聯到他的一個友善的評語之後，*[2] 拉賀發爾以既惡意
又（在我看來）幼稚的形式，將他當作是那在他看來存在著的 "工作小組"
（Arbeitsgemeinschaft）的共謀者加以問候——[685] 以及最後畢竟確乎就連伐
爾（A[dalbert] Wahl）教授——對他而言，我透過複述他的一個評論（根據拉
賀發爾的說法）"幾乎並未證明某種的樂意效勞"——也都屬於該 「封臣軍」
之列。——某種類似的水平，也顯示於：拉賀發爾**明知道**當特洛爾區明確地
贊同我的時候，眼中是（部分以說出來的方式、部分則是理所當然地）有著
那些在我的那些文章中唯一較深入地加以處理的神學上的—宗教心理學上的
論述的：要去對這些論述加以判斷，他身為專家，確實遠較我更能勝任，而
相反地，當他聲明自己是「非專家」時，他眼中所有的，理所當然地就不是
那些歸屬於他的專業領域的資料（Angaben），而是那些由我用來解釋的、為
了說明「禁欲式的基督新教之在經濟上的優勢地位」這個本來就眾所周知的
事實而加以引用的經濟史上的資料，而在這情況下，拉賀發爾卻仍然向他的
讀者冒充說：在這裡面存在著某種矛盾或者甚至：某種「為特洛爾區所明確
地、就連在現在也一再重複對那些我的宗教心理學式的論點的贊同」之 "撤
回"。【譯注】*[1] 請參閱 PE1910[576]。*[2] 請參閱 PE1910[589] 註腳 49。
35　【譯注】另外請參閱 PE1910[578]。

不相同的。關於這一點，我們之後會在我的「正面的總結」（第二個部分）的脈絡中再談。在這裡，我們迫不得已首先還是必須繼續以純負面的方式指出：那相同的、草率的並且總是翻來覆去就是不誠實地承認自己的種種膚淺的論戰方式，貫穿著拉賀發爾的全部答辯中。

　　拉賀發爾保證：不僅未曾將「寬容」說成是「資本主義式的精神」的女承載者，而是也未曾將它說成是「資本主義式的發展」之影響著的原因，——儘管他畢竟（且完全撇開在他的那篇我**完全**正確地加以複述了的「批判」中的種種論述不談）[36]就連在現在也都已經在同一個欄
685　位（756下）再度保證：「它（寬容）乃是資本主義的精神所**需要**的基地，以便得以抓住牢固的根基而又不致於遭受枯萎，並且這並非建構物，而是歷史上的事實。」[37]不是的，這乃是——就算人們在這裡為了遷就拉賀發爾的咬文嚼字而（例如）不用 “原因” 而代之以：“條件”——**既非事實、亦非**（有意義的）建構物，而是某種相當膚淺的主張：這種主張乃是由於對那些真正的問題缺乏透徹思考（Durchdenken）而產生出來的。「資本主義的精神」（就該語詞的**那個**拉賀發爾根據他自己的一些說法而與之連結了起來的意義）曾在中世紀在威尼斯、熱那
686　亞、佛羅倫斯、法國的大多數地區，以及（例如）在第 16/17 世紀也在塞維亞（Sevilla），歡慶真正的狂歡，但那在那裡並且在當時理所當然的不寬容本身，並未對資本主義的精神有過任何傷害。例如，塞維亞的萎縮的那些源頭（請注意：就「天主教的獨特性」一起參與其中的程度而言，——而「天主教的獨特性」無論如何都是以很大的程度一起參與其中的）究竟存在於哪裡，這一點，嚴格天主教的城市與教會和國家的那些每一個「西班牙經濟史」的行家都很熟悉的衝突，都顯示得夠清楚了。就連在這裡，「不寬容」也尤其並未對那些拉賀發爾當作是「資

36　【譯注】請參閱 PE1910[585]。

37　我在關於「寬容的角色」方面，在哪一點上與拉賀發爾是一致的，這一點可以由我的那些我在我的「反批判」中請讀者參考的文章中得知。＊拉賀發爾完全沒有附加上新東西。【譯注】請參閱 PE1910[585] 以及 PEII[311-314]。

本主義的精神之真正的 " 承載者 " 而加以強調的 " 經濟上的超人 "、換
言之就是那些非常大的銀行家與壟斷者（眾所周知，自從歷史的開端以
來，這些人都相當容易就甘心接受之），造成任何的傷害。福格家族以
及同樣的（例如）那些在塞維亞以及其他地方的大資本家，在 16 世紀，
儘管有著所有的不寬容，都還是做了完全同樣耀眼的生意，正如一方面
像是在不寬容的中世紀中的佩魯齊（Peruzzi）與巴第（Bardi）[38] 以及跟
他們類似的家族，以及在另一方面無論是在不寬容的還是在寬容的國家
中的具有類似印記的那些英國的與荷蘭的大資本家。並且：諾曼人國家
（Normannenstaat）的那種長時期實際上極為廣泛的 " 寬容 "，[39] 在它那
方面還是無法將中世紀的「地中海資本主義」的重心，由那些當時徹首
徹尾地是教會性的且 " 不寬容的 " 北義大利城市，轉移到那些西西里式
的城市，就像羅馬帝國的那（在 " 國家理性 " 的種種界線之內）實際上
幾乎可以說是「完全寬容的」的行為，無法防止特屬古代的資本主義式
的 " 精神 " 以及「古代的資本主義」本身的沒落那樣。並且最後，那再
度又被拉賀發爾的熱情給簡單地忘掉了的情況，亦即：基督新教的、無
論是安立甘宗的還是長老會制式的英格蘭（以及同樣的：新英格蘭），
原則上乃是與一個天主教國家同樣地寬容的，[40] 完全並未妨礙那（就拉

687

688

38　【譯注】這裡的 Peruzzi 與 Bardi 指的是中世紀佛羅倫斯的二個大家族：前者
　　從 13 世紀直到 1343 年乃是歐洲最大的私人銀行之一，也是最大的商業公司
　　之一；後者也是起源於 12 世紀的佛羅倫斯富有影響力的私人銀行家族。

39　【譯注】這裡所說的「諾曼人國家」，指的是南義大利與西西里，有許多宗
　　教信仰不同的民族生活在一起，形勢所迫，一直以來都相當「寬容」。（參
　　考：MWGI/9: 687 註解 44）

40　一個 " 歷史建構者 " 確乎很可能會突發奇想，想要由下面這一點之中，將「荷
　　蘭的發展的獨特性」給導出來，亦即：在這裡，喀爾文宗以特別大的程度（順
　　便一題：眾所周知，恰恰（例如）在「荷蘭」這個省程度最小）必須放棄它
　　的「不寬容」。[688] 而一小粒的真理（但當然也僅僅是很小的一粒真理），
　　有可能甚至事實上將會隱藏在這一小粒中。── 由於此外我們在這裡所談的，
　　恰恰就是荷蘭，因此，我想趁這個機會了結拉賀發爾的幾個屬於這方面的 " 批
　　判性的 " 成就：我曾經請讀者注意：跟我完全一樣，普林斯特勒（Groen van
　　Prinsterer）（他在面對普魯士式的保守主義時所採取的在很大部分上受到宗
　　教動機推動的政治上的特殊立場，尤其是在與那跟他站得很近並受到他影響

的史塔爾（Stahl）圈子的種種通信與論辯中，生動地表露了出來）*[1] 也**提到**了作為「荷蘭的經濟上的發展之某種特有的東西（Spezifikum）」的「強大的收入與種種受到限制的支出的結合」。*[2] 拉賀發爾不知道這個地方（為了要深化他的閱讀，他大可找找這個地方！）而懷疑我讀過這個知識份子的種種著作。在每一個具有較不那麼卑微出身的其他作家那裡，我確乎一定會稱這一點為 "無恥"。在拉賀發爾那裡，他（基於他自己的種種習慣）在這麼做的時候當然完全不會感覺到任何東西，就算有也只是很少的東西，我當然也就不會這麼做了。（如果說 Busken-Huet*[3] 偶爾會將伊拉斯謨斯說成是一位「荷蘭文化之父」的話，那麼，這一點對於他在那裡所談到的那些事物而言，並且在這一點在其中發生的那個意義上，是已經可以具有某種很好的意義的。對於「荷蘭之**宗教上的**獨特性」而言，則拉賀發爾在他的方面極為令人感到疑慮地將那句話給 "絕對化" 了。但怎麼會竟然將伊拉斯謨斯說成是「荷蘭在**經濟上的**種種特徵之父」呢？Groen van Prinsterer、甚至就連 Busken-Huet，也都將會跟我一樣哈哈大笑吧。——無論是誰，每一個不帶偏見地從事於 16 世紀以及（尤其是）17 世紀的荷蘭的歷史的人都知道：鑑於那在這裡成問題的進一步的 "文化"——概念，像拉賀發爾那樣跟著 Busken-Huet 說而如此地去談及 "那" 荷蘭式的文化，將會是愚蠢的，並且：毋寧說，在荷蘭的歷史之內、並且基本上直到今日，種種最截然的對立都還彼此並列地存在著並充分發展著。）至於「Groen 僅僅當作事實而加以提及的『荷蘭人的獨特性』，很主要地乃是與他們的種種宗教性的共同體之嚴屬的紀律相關聯著的」這一點，[689] 則每一個專心致志於這些共同體之內的種種內部的論辯的人都知道。那些在荷蘭乃至同樣地（一如在那些胡格諾信徒那裡那樣）在美國以及在那些大陸的虔敬派信徒那裡所出現的、並且被所有這些禁欲式的共同體——固然在細節上偶爾會根據文化環境而極為別具特色地分化著的、但儘管如此在基調上仍然嚴格統一地——解決了的，完全就是一些典型的「生活經營的問題」。儘管拉賀發爾在他的全部論戰中，都表現出「行家」的態度，但我在關於「他在這個領域上的精神上的財產」方面，卻寧可不將任何「公開宣佈財產狀況的宣誓」（Offenbarungseid）記在他的名下。每一個在這方面做過研究工作的人都會看到：他對此**毫無認識**，他甚至絕大部分就連僅僅對我在那篇 "被批判的" 文章中所引用的關於這方面的已付梓的文獻的很小的極小部分之「文獻上的性格」也不知道。也許他至少會補上這一點。當然：為了要維持住某種真正的綜覽（Überblick），他在這裡直到現在所做的事情——：一個小小的散步，穿過別人的著作，手上拿著專科學校師傅的棒子，以便或許可以在某個地方，對那些無資格的「非歷史家」敲打手指——無論如何都會是有所不足的。——我在我的方面是不會放棄希望的：我想要恰恰能夠將我的研究工作的這個部分繼續進行下去（並且在這麼做的時候，大幅度地深入下去），而這件事情當然預設了在美國的某種重新的停留。因為，無論是對於貴格派的歷史、還是對於浸禮派的歷史而言，許多事物都唯有在那裡才能取得。在歐洲大陸、就連在那些荷蘭的圖書館裡，有許多東西都是沒有的：這些東西除了在美國的那些古老的教派—學院之外，應

賀發爾的那種通則性的、非歷史性的意義而言的）資本主義的精神的產
生。相反地，清教徒的（無論是官方所寬容的、還是不寬容而只不過是 *689*
事實上並未被滅絕的）**存在**，完全就像他們的**支配**那樣（無論這種支配
在它的方面是不寬容的、還是寬容的），**恰恰是都普遍地促進著資本主** *690*
義的精神的**那種我放上了決定性的份量的**（用拉賀發爾的話說：）“細
微差別”。相反地，不寬容的天主教的國家，例如：法國，在「南特詔
書」（Edikt von Nantes）的廢除中，在其發展中被折斷了的，——一
如那些同時代人基本上都意識到這一點，而尤其眾所周知的：柯伯特

該就只能（我不是很確定是否完備）在英國取得了。——

另一方面，在荷蘭：相對於那些虔敬派的圈子與種種禁慾式的教派，無疑
存在著許多「暴發戶的炫耀與貪婪」，此外則是那些「沼澤農民」之天真
的、粗俗的生活樂趣——：這種「生活樂趣」乃是各城市的「資本利用」
（Kapitalverwertung）所創造出來的，並且他們整體而言（如果我們以禁慾的
方式加以評價的話）也實在過得“太好”了——，以及同樣的：某種具有部
分類似的心情的小市民階層（kleinbürgertum）的生活樂趣；某種藝術家式的
放蕩不拘的團體（Bohême），以及最後：以人文主義的方式精心地全面培養
出來的那些階層之細膩的審美上的、文學上的、科學上的「品味—與判斷
方向」（Geschmacks- und Urteilsrichtung）。順便一題：這些對立已經以稍有
不同的變化而包含在那由荷蘭南部遷移到北方的移民的「組合」中了：眾所
周知，此一「組合」除了沒有宗教上的激情的那些政治上的難民之外，還包
括了：一方面為數甚多的喀爾文主義者，[690] 另一方面也包括了（例如）一
些這樣的**藝術家**——：這些藝術家由於他們的個人性的或者也包括藝術上的
觀點之「不正確性」，而必須預料會遭到教會的迫害或至少冷落——，但他
們的典型的生活風格，卻是如此地將自己給形塑出來的，以致於人們可以（並
且是認真地）主張說：這種「放蕩」（Liederlichkeit）或許是被他們“基於原
則”而加以有方法地維護著的，——換言之就是作為某種種類的具有（相對
於「內在於世界的禁慾」而言的）「負面標記」的職業倫理。順帶一題：光
是這個主張就已經是別具特色的了——對那些此一主張由之出發的人而言。

【譯注】*[1] 普林斯特勒（Groen van Prinsterer, 1801-1876）是荷蘭政治家與
歷史家，是「反革命者」（反對法國大革命與啟蒙的理念）的領袖人物，堅
持喀爾文主義，想要在他的黨派中將「福音」與「國家利益」結合起來。他
與普魯士的保守政黨的建立者、法哲學家史塔爾（Friedrich Julius Stahl, 1802-
1861）以及 Leopold v. Gerlach（1790-1861）與 Ernst Ludwig v. Gerlach（1795-
1877）兄弟乃至 Moritz August v. Bethmann Hollweg（1795-1877）都常有書信
來往與思想交流。*[2] 請參閱 PE1910[590-595]。（參考：MWGI/9: 688 註解
48）*[3] 指 Conrad Busken Huet（1826-1886），荷蘭作家。

（Colbert）[41] 最好地意識到了這一點的那樣，——恰恰就是**這種**" 細微差別 "，而**不是**那些拉賀發爾所說的大金融家的存在。簡言之：基督新教、並且尤其是那禁欲式的基督新教，**無論是被寬容的、寬容的、還是不寬容的**，都曾經**幫助**了「資本主義式的精神」——**無論是**在其通則性的（拉賀發爾所說的）、還是在其（在我的意義下）特有的成型中——紮下了根。相反地，那被寬容的或者支配著的天主教，則**並未在任何地方**——如果有，請問：在哪裡？而又是如何？——**提升**了資本主義式的精神。根據拉賀發爾自己目前的讓步，「寬容」唯有在它**本身**就有利於「資本主義的精神」之 " 紮根 " 的地方，才會做到這一點。但卻唯有在「各人口群體都是**出於種種宗教上的、受到某種有可能發生的不寬容所波及的理由**」而都是該（**特有的**）精神的**承載者**的地方，這一點才有可能畢竟就是這種情況，——而根據拉賀發爾自己的種種論述，在那些大金融家那裡——這些大金融家事實上畢竟無論是在那些不寬容的、還是寬容的時代裡都有過——，這一點情況剛好就**不是**這樣。為了將這鍊條

691 給終結：——在近代，不寬容的天主教**唯有**在下述二種情況中，才對資本主義式的 " 精神 " 而言，變成是「致命的」：1. 當它滅絕了「市民式的生意精神」的那些異端式的承載者，——並且（為了要再說一遍：），就像當時代的人（Petty）所曾經意識到的那樣，「禁欲式的異端或者至少是：有異端嫌疑者（順便一題，在中世紀就已經如此：請參見那些已經被我引用過了的「謙卑者」（Humiliaten）[42] 以及類似者——在宗教改革的—與反宗教改革的時代更加如此），乃是該精神之出類拔萃的（κατ' εξοχήν）承載者」這一點，事實上並**不是任何的偶然**，此外 2. 當它由於種種「修道院建立」的推進，而將那（**就連在各修道院裡也**一如我的文章所強調的那樣：[43] 受到「禁欲的生活**方法學**」所制約的）「獲得的財產的累積」，由「私有的營利生活」中給排除了出去，並引導進了一

41　【譯注】在這方面，請參閱 PEI[137] 註腳 28。
42　【譯注】請參閱 PEII[348] 註腳 219。
43　【譯注】請參閱 PEII[415]。

條——在**私有**資本主義下看來——“死的渠道”（einen toten Kanal），
並且：當它（這一點對我們而言在這裡尤其相干）藉此而同時也就將那
些人——：這些人就他們的那種受到天資（Anlage）與教育制約的、理
性的—禁欲式的獨特性而言，將會是尤其**容易受到感染**（*prädisponiert*）
而由那“為神所喜的”勞動中造出某種的“職業”的人——給（所謂
的）「由這個世界中吸**出去**」並轉置於修道院的那些小室裡了。換言
之：寬容——純粹就其本身而言，亦即**獨立於**「它有利於哪一種種類
的宗教性」這個問題——對於「資本主義式的經濟的發展」而言，事實
上有可能意味著、並且一再地意味著的東西，剛好就是**我**當時在我的那
些文章中已經說過了的東西，[44] 而這也就是拉賀發爾想要跟著我講、但
卻就連現在也都無法正確地完成的東西，亦即：1. 寬容在某些狀況下，
為國家保住了居民以及（有時候：）「不寬容」有可能會嚇走的資產庫
存（Vermögensbestände），[45]——2. 寬容在下述情況中、但當然也唯有
在下述情況中，才是有利於資本主義式的“精神”（無論人們如何定義
它）的，亦即：當它就是那為國家保住了該精神之特有的承載者的東西
時，換言之，也就是保住了這樣的一些人：這些人，就像已經說過了的
那樣，[46] 因為這種“**精神**”與他們的「**宗教性**」之獨特性關聯起來了，而
將不會被「不寬容」所容忍。對禁欲式的基督新教的那些代表者而言，
情況就是如此。——3. 但相反地，就像拉賀發爾為了要“有理”（Recht
zu behalten）就必須主張的那樣去主張說：宗教上的不寬容**本身**，有可

692

44　【譯注】請參閱 PEII[311-314] 註腳 134。

45　這種種類的「資產—與人口庫存」的種種減少，當然更常是——無論是天
　　主教的、還是基督新教的——「不寬容」的後果 [692]（例如：就像我當時
　　所強調的，就連在日內瓦也是如此）*[1]。但是：資產並不等於；營利資本
　　（Erwerbskapital）*[2]，而人口也並不等於「就其心靈上的傾向（psychische
　　Disposition）而言，對資本主義式的利用而言合格的人口」。具有決定性的
　　東西，始終都是支配著無論是被寬容著的還是不被寬容著的人口、從而也就
　　支配著經濟生活的“精神”。【譯注】*[1] 請參閱 PE1908[501] 註腳 4。*[2]
　　Erwerbskapital ＝今日所說的 Geldkapital（貨幣資本）。

46　【譯注】請參閱本文 [415]。

能會挖掉某種「並非以這種方式在宗教上碇泊的 " 資本主義的精神 " 的基地」，則是在胡說八道。「宗教上的不寬容」在哪裡有做過這件事？它究竟又將如何地做了這件事情呢？而它又為什麼會嘗試這麼做呢？事實上它任何時候都讓那些佛羅倫斯人以及所有後來的大資本家們安心地做他們的生意，**如果**他們向教會表現出所要求的服從的話。甚至，教會也**跟**他們做許多生意，而他們在這些生意上也賺了一大筆的錢。[47]——在這方面，說這些也確乎是足夠了。——

　　由於我打算盡可能不放過拉賀發爾在他的這場完全由某種令人感到尷尬的不誠實的 " 精神 " 所支撐著的論戰的任何重要的細節（因為，儘管這樣的一種程度的輕率顯得再怎麼地不太可能，事實上這些細節中沒有一個不是建基於曲解、表面式的閱讀——或者更糟的東西——上的），——因此，一些這樣的個別點，我請讀者參閱本註腳，[48]並在結

693

47　【譯注】請參閱 PEI[172 f.]。

48　其中包括：1. " 十足路德宗式的漢堡 "。拉賀發爾對我在引用伐爾（Adalbert Wahl）的一項信息（Mitteilung）*[1] 的情況下對這方面所說過的東西提出反對意見說：商人式的種種資產，都是比工業式的種種資產不穩定的（因此而有巴塞爾與漢堡之間的區別）。先預設一下這個論點之通則上的正確性（這個論點是一個 " 受尊敬的外部的同事 " 告訴他的，大概是那同一個我也非常尊敬的歷史學家：他也對我做出了此一評論），*[2] [693] 當然，這麼一來，**下述狀況的證明力**（Beweiskraft *des* Umstandes）只會變得還要更大些（我就是為此而引用了該情況的），亦即：那似乎唯一的、大的**商人式的資產**——這筆資產自從 17 世紀以來就在同一個家族中作為資本而工作著，並且也因此始終是跟那些巴塞爾的**工業式的資產**同樣穩定的——，一直都是屬於**改革宗**的宗教信仰的。因為，對於「種種宗教信仰上的區別之影響」而言，要緊的恰恰就在這一點上。此外，為了保險起見，**再說一次**：對這些個別事實，我個人現在無法就它們的種種原因上的關聯而在細節上加以檢驗，並且，它們理所當然地也都可以歸因於為數甚多的 " 偶然 "，——只不過必須是：就連這些 " 偶然 " 也畢竟是相當強烈地累積了起來，且完全撇開那重大的、由我所提出的「整個各國家的在資本主義與基督新教之間的種種發展關聯」不看。我之所以引用了這些個別事實，完全是因為：那被我自己當作是「完全理所當然的」而加以標示了的事實——：在那個時代裡，也有一些地方具有資本主義式的發展，但卻沒有禁欲式的基督新教——，儘管如此還是被當作 " 異議 " 而向我提了出來。

　　2. 佩第（Petty）——拉賀發爾一開始的時候就引用他了，當然是很不完備地，亦即：完全只就他適合於他的 " 批判 " 地——（根據他的說法）據說在

我所引用的那些評論那裡，*[3]"並未想到"資本家們，儘管他的整個的種種論辯畢竟都是由下述事實出發的，亦即：在所有天主教的國家中，**生意主**要都是掌握在那些「異端的手」中的，並且：儘管在他那裡（一如在當時那個時代的非常多著作中那樣），探究之特殊的對象乃是下述問題：為什麼這一點會是如此，尤其是：荷蘭之國際上的經濟上的權力地位，究竟是從哪裡產生出來的：它的"資本主義式的"繁榮——重商主義的確是想要將這「繁榮」就「資金流入那些個別的國家的量」加以衡量的。而他（佩第）的說明的弔詭之處，**剛好**就存在於跟我當時在沒有注意到這個地方的情況下覺得是「問題」並想去加以說明的那個相同的點上，亦即：上升著的市民式的中間等級之種種廣泛的階層，——儘管、並且恰恰因為他們既是「在有罪的享受中耗盡的財富」的敵人，又是該財富之所有者們的敵人（請參閱我在 XXX,188 那裡引用自佩第的地方）*[4]，並且**也**因而並未與他們維持著任何宗教上的共同體——，由那種種類的他們自己的、在宗教上取向著的職業倫理出發（請參見同一出處），變成了我所處理過的那種不再如同中世紀那樣地建基於倫理上的**鬆懈**（*Laxheit*）上的、現代的「早期—資本主義」之"精神"的承載者。拉賀發爾向我提出異議的說法——這種說法認為：佩第所想到的乃是那些荷蘭的自由鬥士——，事實上（一如往常地）我自己（頁 184）*[5]就已經說過了；而「佩第並非作為一位歷史學家、[694] 而是以他的時代（17 世紀）的眼睛解釋他們的」這件事實（這件事實也給了拉賀發爾一個誘因，變換一下，**現在**對這位他自己所召來的作家的種種說法的意義，再度去加以懷疑）則恰恰顯示著：儘管如此，當時、換言之就是：根據拉賀發爾自己的論點，荷蘭已經**不再**受到那些宗教上的動機所支配了的時候，對於一個在生意上消息非常靈通的人而言，種種事物還是顯得如何。那種說是「我遭受到了一件"不幸"，竟然將那些荷蘭的自由鬥士跟佩第身邊就有了的那些英國的持異議者給等同了起來」的說法，確乎甚至在拉賀發爾的讀者中，也不會每一個人都相信他。但那種（就像拉賀發爾所主張的那樣）認為「與西班牙決裂的時代的荷蘭的異端，和那些後來的英國的持異議者乃是"毫不相干的"」的說法，則唯有對這些事物毫無所知的人才會加以主張。在英國的清教式的持異議者——一如不僅伊莉莎白治下的種種宗教上的歷程就已經證明了、而是基本上所有當時代的原始材料都證明了的那樣——，乃是持續地、以最為強烈的方式由荷蘭出發、並且（一如荷蘭本身）由到荷蘭南部的難民們所供給並在精神上加以支持的。事實上，最終可以溯源到種種荷蘭式的影響的，並非僅僅喀爾文宗之特有的禁欲式的轉向，而是同樣的：對於「獨立派」（Indenpendentum）而言非常重要的浸禮派（Baptismus）*[6] 的發展（浸禮派的文獻自古以來就享有、並且直到今日都還享有著「始終都是特屬現代的種種政治上與經濟上的基本原則的承載者」的聲譽）、門諾派（Mennonitentum）的發展（門諾派的"重商主義式的"可利用性，甚至促使普魯士的「軍人國王」們讓其跟隨者在「免除兵役」的情況下移民了進來），*[7] 此外，間接地，就連再洗禮運動之最後的復興：由英國的一些獨立派圈子之浸禮派式的種種「素質敏感性」（Prädispositionen）中產生了出來的貴格派（Quäkertum）的發展 *[8]（貴格派的傳統，同樣地自從 17 世紀以來穩定地享有 [695]「是現代的生意倫理的承載者、並因而“為神以種種財富所祝福”」的聲譽），*[9] 以及最後：虔敬派的發展。*[10] 正如在新英格蘭與賓夕法尼亞那樣，在荷蘭，「實踐性的職業倫理」的基本模式，首先必定也是在相對而言很少的資本主義式的基地（Ostfriesland）上，將自己給發展起來的，也因而可以說並不是「資本主義式的發展」的一個結果；但接著則是阿姆斯特丹與萊登變成了一些溫床：由這些溫床出發，（例如）種種具有教派所特有的性質的「共同體生活的原則」——當這些原則在那裡達到了它們的完成之後——，也就將它們的一些線向英格蘭擴散了；*[11] 並且最後：「就連啟迪那些朝聖者之父走上旅程的動力，也是由荷蘭出發的」這個事實，*[12] 這位歷史學家有可能同樣也是知道的，就算人們將不會要求他，應該對那蘇格蘭的與英國—貴格派的元素、對英國的持異議者一般直到「現在」的門檻上都還在英格蘭採取的種種立場有所取向。

3.「根據拉賀發爾的說法，喀爾文（欄 730）命令著“在感官方面的”生活享受」（這是對我所引用的話 *[13] 之某種無論如何都相當偏差的解釋，順便一題：我還可以舉出一些其他的相當偏差的解釋與之並列）這個事實，[696] 阻止不了他在另一個地方去主張說：喀爾文本身就已經在捍衛著那些對那在禁欲上轉向了的喀爾文主義而言別具特色的、並且對「資本主義式的精神的發展」而言很重要的原則了。

【譯注】*[1] 請參閱 PE1910[587 f.]。*[2] 指的應該就是前面提到的伐爾。*[3] 指的是：Petty, 1691: 23 f.。韋伯的引用請參閱 PE1910[586] 與 [595 f.]。*[4] 請參閱 PE1910[596]，引用的是：Petty, 1691: 23 f.。*[5] 請參閱 PE1910[588]。*[6] 浸禮派的建立者為 John Smyth（1554-1612），原為安立甘宗牧師，後來接受了分離派的思想，與許多分離主義者移民到阿姆斯特丹，並在那裡接觸到門諾派信徒，並在之後與其跟隨者建立一個自己的教團。1611 年，同伙 Thomas Helwys（1575-1616）返回英國，並在倫敦建立第一個浸禮派教團（後來被稱為「普遍的、或者阿明尼烏派的浸禮派」）。後來，1633 年，喀爾文派式的浸禮派信徒，又由這些教團中產生了出來（後來被稱為「特殊的浸禮派」），這些人在內戰與共和期間，構成了“獨立派”的一個重要部分。（參考：MWGI/9: 694 註解 86）*[7] 門諾派信徒之移居普魯士，主要是在威廉一世（Friedrich Wilhelm I，1713-1740 年間掌政）主政期間。也請參閱 PEI[138]。*[8] 那些由 Thomas Helwys 在英格蘭建立起來的虔敬派教團，一開始的時候，與荷蘭的門諾派走得非常接近。因此，就連貴格派的創始人 George Fox 都受到門諾派思想的影響。（參考：MWGI/9: 694 註解 88）*[9] 請參閱 PEII[390] 與註腳 308。*[10] 關於荷蘭對德國的（路德宗式的）虔敬派的影響，請參閱 PEII[308-311]。*[11] 首先是在 1590 年代，Henry Ainsworth（1571-1622）與 Francis Johnson（1563-1618）在阿姆斯特丹建立了一個英格蘭信仰出逃者教團（在韋伯的文獻中稱為 “ancient church”），後來，在 1908-09 年間，在 John Robinson（1575-1625）的領導下，一個萊登的教團由其中分離了出來。這些信仰出逃者與他們的故鄉一直保持密切

束這篇文章的這個論戰的部分方面，只再提出幾個「他相信他可以允許　*694*
自己做的事情」之特別具有特性的例子。

在那些長篇幅的、既咬文嚼字又（在我看來）瑣碎的論述（欄777　*695*
ff.）中，拉賀發爾嘗試著——**儘管他明確地否認了這個意圖**：就像他自　*696*
己的那些由我的文章中引用的引文那樣，他在下一個欄位裡就再度忘掉
此一意圖了——將下述意見教給他的讀者們，說：我要嘛就是**否定了**
「資本主義的精神」的那些在**所有的**時代裡資本主義的承載者們都曾經
擁有過的特點的意義，要嘛就是畢竟**只有**在那些**我**標示為「**參與了現代
的資本主義式的精神之誕生**」的禁欲式的特點存在著的時候，才談及了
「資本主義式的精神」。[49] 然而，「這一點並不是正確的」、「我在我
的那些文章中，就是像我在"反批判"中所說的那樣地限定著我的課題
的」這二點，[50] 我已經在這篇"反批判"中向拉賀發爾證明了。但拉賀
發爾的讀者們所得到的此一如今甚至對他而言也都不再能夠加以否認的
事實，卻是以下述形式去聽到的（欄779），說是：**我現在**——顯然：
由於拉賀發爾的批判！——承認了：那我所分析的成分"遠不足以去說
明近代的資本主義式的系統（原文如此！）"。但此一貢獻——鑑於引　*697*
自我的那些文章的那些上面已經複述過了的地方，本身就已經是很強大
的一塊了——卻還是會被馬上接著的這個命題給趕過了：說是我"供認

關係，也因而對英格蘭的宗教輿論有相當大的影響。（參考：MWGI/9: 695
註解93）*[12] 想要動身前往「新世界」的衝動，主要來自那自從1609年以
來即定居於萊登的英格蘭信仰出逃者教團。隨著歲月流逝，老的有的死了，
年輕的不會說英文、或者甚至嫁入荷蘭人家，讓這些出逃者擔心教團的存續。
（參考：MWGI/9: 695 註解94）*[13] 請參閱 PEII[399] 註腳326。

49　請比較欄776行10 ff.：對於像拉賀發爾這樣的一個強詞奪理者，人們實在
　　必須按手稿的方式加以引用，否則的話，他有可能會——請見上文——再
　　也找不到他自己的那些主張了。此外也請比較欄777行22：在這裡，人們
　　被教導說：我的觀點乃是某種純然的「修辭格（Redefigur）：這種修辭格人
　　們按照學校教的（schulgemäß）（原文如此！）稱為"以偏蓋全"（pars pro
　　toto）。但相反地，拉賀發爾**在他的方面**卻丟掉了：他**自己**就曾經懷疑過
　　（III, Sp. 1322）說："資本主義式的倫理——**無論人們是在什麼意義下理解
　　它的**——都是在「喀爾文主義式的職業倫理」這個意義下存在著的"。

50　【譯注】請參閱 PE1910[602 f.]。

了”：“我所致力的「資本主義式的精神」，**根本就並未將自己關連到**「大資本主義的發展」上”。那我的確說過了的東西，我的那些文章的**讀者們**——儘管他的“批判”與“答辯”當然並未將他們考慮在內——確乎都可以記得起來：恰恰是某種受到特有的“禁欲式的”生活經營制約的「財富的累積」，總是一再地傾向於——一如在中世紀的那些修道院的那些一再地變得必要的“改革”（我曾作為類似的情況而請讀者注意過這些「改革」）[51] 所顯示的，並且也一如那些清教徒、貴格派信徒、浸禮派信徒、門諾派信徒、虔敬派信徒們相當確乎是基於自己的種種只不過是太可以理解了的經驗所意識到的那樣——去違背那「禁欲的力量」（Macht der Askese）：如果不是那已經上升了的「白手起家者」（Selfmademan）本身，那麼他的兒子們或者孫子們就由自己出發，抗拒著「去為這個“世界”（在這種情況下：為了要對獲得的財富進行**享受之樂上的使用**）而活」的“誘惑”——但較諸中世紀的那些變得富有了的修道院這麼做的情況，[52] 本身**還**更加罕見些。然而，禁欲式的基督新教的種種成就之一正是：它抵抗了此一傾向，並且：它尤其同樣地反抗著種種被它當作是“受造物的神化”而加以拒斥的傾向——種種透過將佔有物「不動產化」為帶來息金的資產去確保“家族的光輝”（splendor familiae）的傾向——以及那“莊園主式的”對“上流生活”（high life）的樂趣、那在審美式的享受與“盡情生活”（Sichausleben）中的沉醉於美的陶醉，乃至那種對於「適於展式的豪華」之愛炫耀的需要。[53] 而這些被禁欲式的基督新教所斷然拒絕的傾向，卻畢竟正是那些在它們的方面一再地招致“資本主義式的鬆懈”（kapitalistische Erschlaffung）之危險——亦即：將資產運用於“營利資本”（Erwerbskapital）之外的**其他**種種目的上的愛好——的傾向，換言之也就是那些抵抗著「資本主義式的“精神”」（在**每一個**人們可以將之與這個語詞連結起來的意義下）

51　【譯注】請參閱 PEII[415]。
52　【譯注】關於這一點，也請參閱 PEII[415]。
53　【譯注】請參閱 PEII[389]、[399] 與 [408 f.]。

的傾向；因為，這些特點中的每一個個別的特點，只要它出現在那些大 *698*
的企業家那裡，就是對他的「完全的發揮」的某種抑制，就會對"資本
形成"（Kapitalbildung）有所損害。並且，這些特點恰恰也是這樣的一
些特點：這些特點往往會附著在**所有**的種類的「大的資產—與收入的佔
有者」們身上：無論是封建式的地租地主（Rentengrundherren）、食利
者（Kuponschneidern）、還是高薪的國家—與宮廷官員，**都**和那些非
常大的資本家們沒有兩樣。或者毋寧說：這些大資本家們，如果他們
想要**始終都是**在精確的、營利經濟上的意義下的"資本家"的話，必然
地比所有其他那些人都要**少些**：——因為，他們的資產將會隨著（一
如人們今日往往會以不清楚的術語去說的那樣）「他的資本主義式的
生殖力（Zeugungskraft）之"非生產性的"消耗」而平行地被**剝奪掉**。
在另一方面：在種種與私有資本主義相關的動機上，一個這樣的**並未**
受制於我所分析的禁欲式的「生活方法學」（Lebemsmethodik）的力量
的大資本家所剩下的東西、換言之尤其是（非常一般地說）：那有意
識的、有計畫的「對擴張其經濟上的成就領域（Leistungssphäre）的追
求、換言之就是追求：用他的種種經濟上的權力手段"在這個世界上完
成某個東西"，——此一受到在「營利經濟」這個領域內部的那不可避
免的手段的本性而在其方向上受到決定的追求，乃是那由所有的宗教
上的決定根據（Bestimmungsgründen）解放了出來的生活風格，與我所
分析過了的那種生活風格所**共同都有**的。只不過，這種「追求」在**個
人性**的生活中，缺乏具有決定性的**根基**（*Fundament*）罷了。因為，那
自啟蒙運動以來就很常見的樂觀主義——一如這種「樂觀主義」後來
在"自由主義"中達到頂峰的那樣——，只是某種轉向了**社會**面的替代
品而已：它替代了"為了神的更大榮耀"（in majoren Dei gloriam）。但
那「"**證明**"（Bewährung）之**個人上的**意義卻不是：這種純粹轉向了
此岸的「證明」，毋寧顯示了一種傾向：不是去翻轉成純然的"好鬥"
（ins lediglich "Agonale" umzuschlagen）、就是去加入「瑣碎—市民式 *699*
的自滿（Selbstzufriedenheit）之各種不同的成分」的隊伍中（請參閱我

的文章）。[54] 一個真正被某種人們可以稱之為「資本主義的"精神"」的東西所完全浸透的生活所具的所有那些特有的特點：冷靜且為人性所陌生的"切事性"（die kühle und menschlichkeitsfremde "Sachlichkeit"）、"精打細算性"（Rechenhaftigkeit）、理性的前後一致性（die rationale Konsequenz）、擺脫了一切「生活的天真」（Lebensnaivität）之「勞動的認真」（Ernst der Arbeit）以及專業人式的窄化（die fachmenschliche Verengung），但所有這些特點——無論是由藝術家式地取向著的觀點出發、還是由倫理的以及尤其是由純人性的觀點出發，這些特點都曾挑起過並將會挑起那充滿激情的「反賺錢術式」的反對意見——在那些認真的人那裡，卻在他們的方面欠缺著某種「倫理上的自我證成之完整的統一性」（eine geschlossene Einheit der ethischen Selbstrechtfertigung），而在這種情況下，這種「倫理上的自我證成」毋寧——這一點我已經略提過了[55]——很容易就（如果有的話）被各式各樣可以辨認為這樣的東西的替代物所取代。在這種情況下，資本主義顯然**有可能**相當舒服地就存在著了，但卻是：要嘛是像今日越來越是如此的那樣，作為某種以宿命論的方式被加以接受的不可避免性，要嘛就是像在啟蒙運動時期（包括現代風格的自由主義）那樣：被正當化為某種**相對地**最佳的手段，讓人們得以由所有世界中的那個（比如說：在萊布尼茲的神證論的意義下）**相對地**最佳的世界中，去做出那「**相對地**最好的東西」（das *relativ* Beste）。[56] 但恰恰對那些最認真的人而言，它（＝資本主義）卻顯得**不容易**再是某種「在人格之某種最終的、完整的與可指明的統一性中奠基了的生活風格」之外在的表現（äußerer Ausdruck eines in einer letzten, geschlossenen und angebbaren, Einheit der Persönlichkeit

---

54　【譯注】請參閱 PEII[423] 以及 [417]。

55　【譯注】請參閱本文（PE1910a）[698]。

56　【譯注】德國哲學家萊布尼茲（Gottfried Wilhelm Leibniz, 1646-1716）在 1710 年出版的《神義論》（*Théodicée*）中認為：在預設神「全知、全能、全善」的情況下，這個世界必定是「所有可能的世界」中最好的那一個。這個現存的世界固然是不完美的，但每一個其他的可能的世界，都將會是更加不完美的。

fundierten Lebensstils）。而去相信說：「這種情況對於資本主義在全體文化（Gesamtkultur）內部的地位而言：——首先是它的種種文化影響（Kultur*wirkungen*）、但也同樣地：它自己的「內在的本質」、乃至最後：它的命運——，一定始終都是無關緊要的」，則將會是一種重大的錯誤。

因此，我關於 “資本主義的精神” 的那些並非由基督新教式的禁欲所參與制約的特點所說過的東西，事實上並非那種拉賀發爾式的胡扯，像是說：「恰恰是那些大的資本家們 “並未被納入「現代的經濟史」之中”」以及諸如此類的話，而是：1. 對那些經濟上的 “超人”（為簡短起見，且保留這個語詞）而言，「資本主義式的職業倫理之種種禁欲式的特點」，就連在宗教改革時期也都是遠較為不那麼**特有的**，因此，較諸（當時）在那些「上昇著的市民式的中間階級」身上，在他們（＝那些「經濟上的 “超人”」）身上是可以遠較為少地被加以研究的。[57] 這一點除了可以由上面已經提到過了的那些特有的 “誘惑” [58]（這些「超人」恰恰就遭受到這些誘惑）獲得說明之外，也可以直接由下述事實（當然還有其他因素）[59] 獲得說明，那就是：人們一旦處於這種權力地位中，擁有這種權力地位所擔保的某種這樣的政治上與審美上的視野之可能性，就有可能會——較諸（根據歷史的所有經驗）當時在種種現代的國家團體（Staatenverbänden）中強而有力地成長著的市民階層

700

57　【譯注】請參閱 PE1910[596-599]。

58　【譯注】請參閱本文（PE1910a）[697]。

59　此外，關於美國的現在情況，我在這裡還可以請讀者參閱（例如）Veblen 的那本出色的書：《商業企業的理論》（*Theory of business enterprise*）：這本書的種種觀察（除了其他）恰恰凸顯了「最現代的百萬富翁階層」之由「對於近代的資本主義而言，迄今為止都始終別具特色的市民式的思考方式：“ 誠實是最好的政策 ”（honesty is the best policy）」逐漸**解放出來**的過程。*[1] 我在我的那些在《文庫》中的文章中以及那篇被拉賀發爾所忽略了的在《基督教的世界》中的文章中，已對此一座右銘的產生有所說明，並將會在下文中回過頭來談談這一點。*[2]【譯注】請參閱請參閱 PEII[362] 註腳__。*[2] 韋伯提到此一格言的地方包括：PEII[362] 註腳__與 [421] 註腳__；PE1906[439-462]、尤其是 [439-445]。

701　（Bürgertum）之所能為的：**如果**它（＝市民階層）在內心世界裡「習慣於」（hineinwachsen）「資本主義的“精神”」，並一如該「精神」強烈要求著它的那樣形塑著其生活風格的話——**遠較為容易忍受**那種“超乎善與惡之外”的「內在的處境」：由種種倫理上與教會上的良心約束中掙脫出來。此外，我還 2. 說過：那純然的“求金欲”、那「對金錢的追求」，不僅在歷史的所有時代都存在著，[60] 它（＝對金錢的追求）甚至不是“資本家階級”所特有的，它在這個階級之外，至少始終都是跟在這個階級之內一樣地散佈廣泛的，並且直到今日都還是散佈廣泛的，事實上，東方式的小商販、義大利的船夫（barcajuolo）、馬車夫、服務員（Kellner）、今日的義大利以及同樣地其他各國（排除：尤其**恰恰**是那些曾經受過清教式的影響的國家）的門房（Portier）、同樣的：“困苦的地主”（notleidende Agrarier）等等，——他們所有人都具有比“資本家”這個典型還遠較為**更多**的「對金錢的追求」：“資本家”這個典型在它**持續地**成功的時候，總是至少常常具有一項特點：1. 獻身於“事”（die Sache）以及 2. 理性的節制（rationale Beherrschtheit）。“內在於世界的禁欲”的成就，就是為了照料**這些**品質而創造了種種具有統一性的**基本動機**（*Grundmotive*）。現在，面對我所指點的「他對種種問題之沒有知識的粗糙化」（這裡所關涉到的，就是這種「粗糙化」），拉賀發爾以他所特有的厚顏無恥的擔保主張說：「他確乎非常熟知對**營利驅力**之心理學上的立場（原文如此！）的種種弱點」。恕我這麼說：他對此**根本一無**所知，因為，否則的話他就不會以這種“驅力”（在不是清教徒的**其他人**那裡）的「強度」，而在他的“批判”中以那種我曾加以拒絕的寬泛的與淺薄的方式，向我提出異議。但當然啦：儘管如此、並且——正是因為如此，“他知道得更好些”。他**現在**固然由那我已經回答了他的東西以及那他只要仔細閱讀就可以在我的文章中找到詳細的討論的東西中，獲得在這方面的一些東西：但當然還不足以讓他現在不會還

60　【譯注】請參閱 PEI[153]、PE1910[603 f.]。

再度地在他的"答辯"的許多不同的地方上，又去表演完全相同的種種
陳腔濫調。但對他而言，要輕鬆愉快（人們或許會說："老練"）地去
編造出下述說法也就足夠了——說是：將此一"驅力"之由「"天真本
能的東西"的領域」中提升到"理性的東西"的水平的這種「提升」，
絕非"只是""**改革宗的職業倫理**"（眾所周知，我絕未將自己限定在這
種職業倫理上！）的功績，——然而，對於「此外那又是誰的功績」這
一點的進一步的說明與略提卻是：——"從缺"（vacat）。[61]

他為此而平行進行著的關於我曾稱之為"禁欲式的儲蓄強制"的東
西——而其在倫理上的諄諄教誨則構成了那「透過內在於世界的禁欲
而邁向對做為職業的盈利追求之理性化與倫理上的美化」之轉向負面的
補充——的種種探討，也都處於類似的水平。現在，拉賀發爾發現了一
項令人驚訝的真理，說是：屬於「資本的累積」的（順帶一題：這種累
積——這是什麼，他顯然搞不清楚，但每一個國民經濟學的初學者卻都
知道——與他所談到的那「巨大的"資產"的積聚」，根本就完全不是
同一回事）、換言之就是：屬於「**節省**」的，乃是"節約的精神"。而
由於為了要累積資本，人們的確在任何時候都必須"節省"，因此，——
完全根據那在任何時候都曾經存在過的"營利驅力"（這種「營利驅
力」，正如記憶猶新的那樣，因此完全不需要受到我所加以分析過了的
那種「職業倫理」的某種"支撐"）的模式——「內在於世界的禁欲」，
就連在它的這種功能上，也顯然根本就不是任何"新的東西"。我不想
要對此一論證之「深刻意義」添加任何東西。當然，相對於："你們不
應該為自己而在世上蓄積財寶"，[62] 換句話說也就是：中世紀的天主教之
"（一個商人）不可能為神所喜"（Deo placere non potest），「禁欲」所
曾經有過的特有的、（如果人們想要的話：）弔詭的成就乃是：一方面

702

703

61　此外，我究竟可以在拉賀發爾的種種論述的哪些論述中，看到他和我在關於
　　「非理性的"驅力"與理性的"精神"之間的關係」的"論辯"（欄779註
　　腳），我實在完全摸不透。我請讀者參閱我的〈反批判〉，也奉勸拉賀發爾，
　　對自己提出一些稍微高一點的要求。

62　【譯注】語出〈馬太福音〉6: 19。

固然宣揚著那針對著「節省」而發的聖經命題，但另一方面卻也**同時**透過那種由它（＝禁欲）所創造出來的「生活經營」的種類，而更加以前所未見的力道與延續性，不斷重新地去創造那被它所斷然拒絕了的 " 財寶 " 並避免享樂上的消耗（只**要**它的 " 精神 " 對該 " 誘惑 " 保持著優勢），[63] 而這也就是說：節省並同樣地對那種「將節省下來的東西運用於不同於種種個人性的享受目的之外的其他目的的方式」加以**理性化**與**美化**，——此一簡單的、（但就像我論述過了的那樣：）[64] 具有奠基性的重要性的事實情況，對此一所謂的 " 歷史性的批判 " 用來操作的那雙有點 " 粗糙的爪子 "（grobe Pfoten）而言，很可能是無法被掌握住的。

人們必須如何看待下面這件事情——人們要根據什麼加以衡量都可以——：當拉賀發爾一方面擔保說，他在他的批判中 " 完全就像我一樣 " 在 " 那些在任何時候都始終在資本主義中富有作用的精神上的驅動力量（Triebkräfte）與那在韋伯式的意義下的「資本主義式的精神」之間 " 做出了劃分，但在另一方面卻又說：近代的那「資本主義式的精

704

63　拉賀發爾抱怨說：我對那在口吻上懷有惡意的、而在事情上則吹毛求疵的方式有反感——以這種方式，為了要喚起一種印象，好像說：諸如此類的東西，在我這裡都作為 " **證據** "（*Beweis*）而扮演著某種具有決定性的角色，他冗長而繁瑣地敘述著那個（請注意：是我在一個註腳中以**少數幾行**用來舉例說明而提到的）「一個非常成功的商人」的例子：這個商人就連在醫囑的情況下，還是對某些奢侈的享受（牡蠣）保持著他的厭惡，因為他獨具那在我看來誠然是對整個幾個世代而言都別具特色的 " 禁欲的 " 特點，亦即：享受與奢侈本身，乃是對佔有物（作為資本）之具有職業—與使命性質的運用（die berufs- und bestimmungsmäßige Verwendung des Besitzes）之某種的 " 不正當 "（Unrecht）。*我注意到：儘管有我的那些相應的評論，這個例子直到現在都還在他的答辯中扮演著相同的角色，甚至：拉賀發爾——雖然他知道我是如此廣泛地、並且在情況允許下以如此多的例子，對那「**全體態度**」（*Gesamt*attitüde）進行過特徵的刻劃：除了為數甚多的其他特點之外，就連那個很小的特點也都屬於這「全體態度」，——**並不感到羞愧**，現在倒將下面這句話給他的讀者們看，說：「我（拉賀發爾）至少並未開始於，為了知識而去將…「牡蠣享受」的種種方式（Modalitäten）加以利用。」這一點的確是極為 " 效果顯著的 "（effektvoll）。【譯注】*[1] 韋伯的「牡蠣」例子見於 PEII[407] 註腳 343。拉賀發爾的批評，韋伯在 PE1910[580] 註腳 26 已有回應。

64　【譯注】請參閱 PEII[412-414]。

神」之種種特點，就是 " 它們在任何時候所曾經是的那些相同的特點 "
（欄 786），或者在一方面說：那些我所強調的特點，都只是該 " 精神 "
之某種 " 細微差別 "，這種「細微差別」 " 也 " （原文如此！）屬於近
代（還屬於哪些時期？），尤其那 " 「生活經營的方法學」之參與作用
（Mitwirkung）是相當微小的 " （欄 762），甚至在許多的 " 資本主義
式的現象 " （原文如此！）那裡，那些我所分析的動機的參與作用乃是
" 不可能的 " （欄 782：——至於究竟在**哪些**現象那裡，情況有可能就是
後者，則當然就連絲毫略提的嘗試也都完全沒有），——另一方面卻又
說：事實上並沒有任何人懷疑——而換句話說，這也就是在說：我藉此
並未說出任何新的東西——某種 " 在喀爾文主義（這，就像我們已經說
過的那樣，再度又是太狹隘了）與資本主義之間的「內在的關係」" 的
存在，並且，一如現在是這麼說的：更加沒有任何人懷疑清教對於美國
式的生活風格而言所具有的決定性的角色，——但這「角色」，拉賀發
爾卻**曾**在他的 " 批判 " 中極盡果斷地加以懷疑**過**，只要納入考量的，是
這種生活風格的「在此一關聯中特有的東西」：「清教式的職業倫理」
對於「生意生活」的意義：事實上，直到**現在**他都**還**在爭辯著此一「影
響」（Einwirkung），——他確乎當然可以藉此而獨自佇立，就算完全
撇開我在那篇已經引用過好多回了的、但卻一如既往地被拉賀發爾故意
加以忽視的在《基督教的世界》中的文章裡的那些特別的證據不談。

當然，完全相同的事情也適用於：當他在連某種「奠立」、甚至是
某種「解說」的影子都沒有的情況下，簡直就一如往常那樣：信口開河
地，以 " 行家 " 的姿態向他的讀者們擔保說：資本家在沒有我所分析的
那些動機的影響下，就已經始終都是 " 職業人 " 了（欄 786），說什麼：
在那喀爾文宗式的倫理中，絕未存在過對「享受」的疑慮（欄 730），
說：" 對「職業」之倫理上的理解 " 並不是 " 改革宗的（原文如此！）
倫理才有的產品 " （欄 783），說：種種對於「享受」的疑慮，都並不
是「對於 " 近代的資本家階級 " 而言」、尤其是（一如將會明確地加以
評論的那樣：）就連在我的意義下，在某種意義下「典型的」（欄 728,

705

748），說是：" 職業倫理 "、" 並且甚至帶有宗教上的色彩的 "，在宗教改革前就已經存在著了，而我則 1. 證實了：就連 " 職業 "（Beruf）這個名稱也都是在「聖經翻譯」之後才有的某種非常特有的產物，並且，即使現在也淪落於「世俗化」（Säkularisation）了，但畢竟是起源於種種純宗教性的意義的，[65]——2. 就連「多瑪斯主義式的以及同樣地路德宗式的對於人們自從宗教改革以來就稱之為 " 職業 " 的東西的態度」之相對於「禁欲式的基督新教」的種種區別，也多次地加以分析過了 [66]——當然，並未使得拉賀發爾有任何一丁點想要試著在這一點上去動搖一下的端倪（Anfang）。反倒是，他擁有一種率直：乾脆地去擔保說：在我的情況下，關涉到的乃是 " 某種純然的主張 "。

706

或者，當（欄 779 並且多次）一種印象被喚起了，好像說我關於「17 世紀的禁欲式的基督新教 [67] 對於那些剛好在當時、並且**恰恰**就在這種禁欲式的基督新教的那些區域中上升著的市民式的中產階級所特有的意義」所說過了的東西，不是都已經完全同樣地、大部分逐字地在我的文章中說過了一樣，[68] 而在這麼做的時候，除此之外現在此一評論還被試圖轉個向，好像說：根據我的觀點，在 " 市民式的中產階級 " 那裡所

65　【譯注】請參閱 PEI[178-190]。

66　【譯注】請參閱 PEII[379-388]。

67　在拉賀發爾那裡，" 要緊的時段 " ——各按需要——一下子是 16 世紀、一下子是 18 世紀。因為，無論是喀爾文主義的那種特有的禁欲式的轉向，還是直到當時為止由於「敏斯特叛亂」（Münstersche Aufruhr）而喪失信譽的再洗禮運動（Täufertum）之發展成為再洗禮派（Anabaptismus）、普遍洗禮派（Generalbaptismus）、特殊洗禮派（Partikularbaptismus），還是貴格派與虔敬派的興起（「循道會」我 [706] 甚至曾經當作是 " 晚生子 "（Nachzügler）與 " 復興 "（revival）而加以描述過），*都恰恰存在於 17 世紀、並且只存在於與這個世紀直接相鄰的那些年中，但同樣地，在另一方面，就連「自覺地市民式的─資本主義式的現代的國家政策（Staatenpolitik）與文學」之首度的大規模的與系統性的發揚，也都是如此，因此，那些在時間上的固定化就已經將自己表明為是很可以理解的窘迫處境的一些產物，那就是：無論如何都要自以為是地堅守某種錯誤的、在爭論時所採取的立場。【譯注】請參閱 PEII[344] 與 [415]。

68　【譯注】請參閱 PEI[127]、[164 f.] 以及 PEII[415] 等等。

關涉到的，乃是一些 "靴鞋修補匠"（Flickschuster）似的。[69] 我想，藉　　*707*
由提到此一貢獻，我們也就可以結束這「分析」了。

69　事實上，最後這一點尤其畢竟確乎更加相應於拉賀發爾自己在他的 "批判"
中所代表的觀點，——如果在那種最終而言事實上只涉及了為其本身之故的
「職業擊劍表演」（Klopffechterei um ihrer selbst willen）的情況下，人們竟然
還可以說什麼 "代表某一觀點" 的話。根據拉賀發爾的說法（III 欄 1329），
喀爾文主義（"偏巧" 恰恰是它），除了別的以外，還有一個傾向，那就是：
（除了那些 "資本家" 之外）不僅去 "服務於"（原文如此！）那些 "較中間
的與較小的商人與手工業者"（原文如此！），而是尤其也去服務於 "員工"
（Angestelltenpersonal）（原文如此！）與 "工人"（Arbeiterschaft）——一
句格言：對這句格言，人們將徒勞地問自己：為什麼甚至某種盲目地在自己
周遭亂打一通的欠缺考慮的舉止，會讓這個格言產生出來。當然，當拉賀發
爾覺得自己 "在鬥劍"（auf der Mensur stehend）時，他的行為作風是多麼欠
缺考慮的（gedankenlos），是可以舉一個事例加以說明的：對該事例，他甚
至發出了一個這樣的「凱旋叫喊」，使得我（在我必須加以指出的為數這麼
多的、不太光榮的弱點之後）差一點真的覺得他或許是對的——如果這一點
經得起就連僅僅是最表面的檢驗的話——而為他感到高興。他向他的讀者們
擔保說：被他 "緊緊纏住" 下述這一點不放，我顯然感到極為 "不舒服"，那
就是：我在提及新英格蘭時——一如他在他的批判中所主張的那樣：——，
將手工業說成是「資本主義式的精神」的證據了。如果他的讀者們真的仔細
看一下這個被他 "緊緊纏住" 的地方的話，那麼，他們就會在那裡找到這句
話："在新英格蘭建立殖民地之後的第一個世代裡，**各冶金工廠**（1643）、
為了市場的織物織造業（1639）的存在以及那「手工業的全盛時期」，純就
經濟上加以考察，都是一些「時代錯誤」（*Anachronismen*），並且與南方處
於…最引人注目的對立中…"。*[1] 對這個評論，[707] 我當然不必改動任何
一個字，同樣地，對那「奠立」（Begründung）也是如此：此一「奠立」將
這些部分資本主義式的、部分（在一個在——一如拉賀發爾在我那裡曾讀到
過並且有時候會當作是他自己的想法而向我提出異議的那樣——經常還處於
自然經濟式的發展階段的殖民地區中）至少引人注目的「某種獨立的、勁頭
十足的小規模實業」的現象，說成是同時也「受到移民們的那種以穿透的方
式在宗教上受到滲透的生活風格」所制約的，——順帶一題：就像這一點由
美國人在我面前所發生的那樣。*[2] 且完全撇開那確乎不成問題的對下述問
題——亦即：在這裡，對這個具體的事例而言，被他 "緊緊纏住" 的，究竟
是誰與什麼——的回答不談，我在我的方面只想要非常通則性地 "緊緊纏住"
下面這個問題：那種不在任何更好的嘗試上、而**完全**只在那（此外甚至還一
再地失敗的）想要在一些個別的語詞和個別命題上去 "緊緊纏住" 那位 "被
批判的" 作家的「嘗試」中，看到它的生意（Geschäft）的 "批判"，有可能
會是誰的精神的 "兒子"。而除此之外，拉賀發爾的 "批判" 與 "答辯"，從
頭到尾就不再包含著任何東西了。【譯注】*[1] 請參閱 PEII[412] 註腳 352。
*[2] 也請參閱 PEII[412] 註腳 352。

　　只還有一點附記，那就是：拉賀發爾認為：如果我寫的是一篇關於“資本主義的精神”的文章、並且在這麼做的時候僅僅處理了該精神的一個特有的“細微差別”的話，那麼，這就像是當一個作家在一部關於“馬”（das Pferd）的著作中聲明說：他只想要處理“白馬”（Schimmel）。我指點這位同樣既高明（一如人們所看到的那樣）又健忘的（一如人們所已經看過了的那樣）“批判者”參閱我的文章的**標題**，叫做：基督新教的倫理**與**資本主義的精神。因此，我所要處理的，自然畢竟不是：二者之**總體性**（否則的話，拉賀發爾就可以也譴責我說，我只談了“白馬”，因為，我在關於**倫理**方面，並未對（例如）路德的「性倫理」（Sexualethik）或諸如此類的東西加以處理過），——而是二者**之間的種種關係**，而由此畢竟不言而喻地會產生出一個結論，那就是：唯有雙方都作為原因而影響著或者被影響著的東西（das, was beiderseits, als causiernd, oder causiert），才會納入考察之中。關於一場論戰，根據我的經驗，當論戰者為了至少在外觀上是「有“理”的」（“Recht” behalten）而被迫不得不採取那種「去**裝作**比他（在前面的這個情況中）所是的**更加愚蠢的樣子**」的手段時，往往會有不好的下場。

II. 正面總結

　　而現在，在這麼多的論戰之後，畢竟也總算是足夠了。我實在是完全忘記了：拉賀發爾很友好地給也我上一堂好課，教我如何可以做得更好些。亦即（欄 780 下，781 上），我應該這麼說：“在「改革宗的職業倫理」的影響下，在近代的進程中，「資本主義式的精神」之某種特定的變種（Abart）將自己給發展出來了；我想要確定它的根源、它的擴張的種種界線，乃至探究「質上的鑄造」（qualitative Prägung）這個問題、亦即力求查明：那創造出了現在的這個資本主義式的經濟系統（原

文如此！）的「資本主義式的精神」，是否由此一源頭中接收到了某些
特定的特點，而這些特點則對其（＝「資本主義式的經濟系統」的）本
質而言，變得具有建構性的意義了 "。——換句話說：我必須 1. 首先做
出一個拉賀發爾在另外的一些地方甚至加以斷然拒絕的預設，亦即：某
種 " 資本主義式的精神 "（無論是如何加以定義的）**獨力**地由自己之中
將那「資本主義式的經濟**系統**」給創造了出來——某種純粹精神主義式
的建構：這種建構，我在我的那些文章中已經明確地加以拒斥了。[70] 此
外，我（如果我理解得正確的話）還必須 2. **預設**我除了其他事情之外事
實上也剛好想要加以**證明**的東西，那就是：改革宗的職業倫理（我們在
這裡就讓拉賀發爾的這種 " 以偏蓋全 " 通過吧）決定性地影響了某種 " 資
本主義式的精神的變種 "（我們也讓這個語詞通過吧）的形成，並且，
接著我應該查明 3. 我在這篇文章中極其明顯地並且按其整個佈局部分根
本就不可能、部分則尚未（亦即：在那些至今只出版的部分中並未）能
夠加以追蹤的東西：其**擴張**的種種界線，而在這之後我接著最後便可以
探討 4. 那（參考 1.）並未完全正確地被提了出來的探問 " 質上的鑄造 "
的問題。藉此我也就 5. 以一種並**不符合**我的種種意圖的方式定向了我
的問題：因為，我**最**主要感到興趣的（was mich *zentral* interessierte），
並非資本主義在其擴張上的促進，而是：被種種在宗教上與經濟上受
到制約的成分之同時發生所創造出來的人的發展（die Entwicklung des
Menschentums, welches durch das Zusammentreffen religiös und ökonomisch
bedingter Komponenten geschaffen wurde）：這一點我在我的那些文章的
結尾處已經清楚說出來了。[71] 但最後，就像可以看得出來的那樣，為了
要能夠執行這個計畫（Programm）（只要這個計畫是有意義的），我除
此之外尤其還必須馬上在探討的最前面，對 " 資本主義的精神 " 這個複
雜的概念有可能包含著的一切，提出某種的**界定**（*Definition*）。因為，
如果沒有這一點，則對「某一 " **變種** " 的存在」的確定，便根本就是不

709

70　【譯注】請參閱 PEI[215]。
71　【譯注】請參閱 PEII[420-425]。

可能的。但我在文章中已經說過了，為什麼這一點並未發生並且——如果我不想要從一開始就強暴歷史的話——也不能夠發生。[72] 一個特屬歷史的構作物（ein spezifisch historisches Gebilde），一如我們在那個名稱下（首先完全未加以說明地）所設想的那個東西，就是唯有——我惦念著每一個想要駁斥這些論述的嘗試——透過對其種種個別的成分（一如「歷史的現實」呈現它們的樣子）之綜合，才能夠被提升到概念上的清晰性（begriffliche Deutlichkeit）上。並且是這樣進行的：我們由「在歷史上被給定了的東西」這現實（Realität）中，將那些我們在那裡以被多次中介了的、被打碎了的、或多或少前後一貫且完備的方式，或多或少與其他的種種異質性的特點相混合著地而自行發揮著作用的個別特點（Einzelzüge），就它們的最清晰、最前後一致的成型（in ihrer schärfsten, konsequentesten Ausprägung）篩選出來，根據它們的「共屬性」（Zusammengehörigkeit）結合起來，並以這種方式製造（herstellen）出一個 "理想－典型式的" 概念（ein "ideal-typischer" Begriff）、一個思想構作物（Gedankengebilde），而歷史性事物之種種**事實上的**平均內容（die *faktischen* Durchschnittsinhalte des Historischen），則將以極為不同的程度**接近**它。事實上，總的來說，每一個歷史學家，當他運用了種種「清晰的 "概念"」（scharfe "Begriffe"）的時候，都是有意識地或者（絕大多數）無意識地持續地運用著**這種種類**的種種概念。[73] 對此，我在到目前為止都沒有碰到反對意見的情況下，也在這幾篇文章之外反覆地說了出來（順帶一題：我並未自以為，透過那些方法論上的嘗試，這個一點都不簡單的問題就最終地 "了結" 了，——我毋寧確實有著迫切的動機，對我到目前為止在這個方向上的那些著作，極為謙虛地去加以設想）。但無論如何，在目前的情況下，在一個極為複雜的歷史性的現象那裡，我們首先只能由**在直觀上被給定了的**東西出發，並逐漸地透過排除掉「對於那個必然是孤立地與抽象地被建構出來的概念而

710

72　【譯注】請參閱 PEI[141 f.]。

73　【譯注】請參閱 PE1910[618] 註腳 107。

言 " 不具有本質性的東西 " ，試著去獲得這個概念。據此，我當時所
採取的程序是：[74] 我首先 1. 透過一些例子，追憶「基督新教與現代的資
本主義之引人注目地強大的一致（Kongruenz）」之到目前為止還沒有
人懷疑過的一項事實，那就是：以資本主義的方式取向著的職業選擇
（Berufswahl）與資本主義的 " 發展高峰 "（Blüte），然後 2. 以舉例說
明的方式（illusttrativ），引進一些我們無疑會判斷為「是由 " 資本主義
式的精神 " 所孕育出來的」的例子，去說明**這樣的**種種倫理上的生活準
則（Lebensmaximen）（富蘭克林），[75] 並提出一個問題：這些倫理上的
生活準則要怎樣才能跟種種偏差的、尤其是跟中世紀的那些生活準則區
分開來，然後接著 3. 嘗試著再度透過一些例子，去**說明**（_illustrieren_）
「這樣的種種靈魂上的態度（seelische Attitüden），是如何在**因果上**與
現代的資本主義這經濟系統發生關係的」的方式，而在這麼做的時候，
我 4. 碰到了 " 職業 " － 思想，此外還想起了那早就已經（特別是透過
Gothein）[76] 被確定了的、極為特有的「喀爾文宗（以及此外：貴格派與
類似的種種教派）和資本主義之「選擇親合性」，並同時 5. 試著去指
出：我們今日的「職業」概念，乃是**以宗教的方式**奠定基礎的。這麼一
來，當時便產生了一個問題——**不是**為了整個的、本來就打算好了的
文章系列（一如明確地在其結尾處所說過了的那樣），[77] 而是為了在那
些那時候在此一《文庫》中發表的研究中的那些首先將隨著而來的論
述——：基督新教在其種種個別的漸層（Abschattierungen）中，與那
種對於個人的那些**倫理上的**品質——這些品質影響著他對資本主義的
才能（Eignung）——之發展而言具有特有的意義的「職業思想」的發
展，有什麼關係。當然，唯有果真有過這樣的一些在宗教上受到制約
的特有的倫理上的品質（solche religiös bedingten spezifischen ethischen

_711_

74　【譯注】從這裡到 [715]，韋伯扼要重述了 PE 的思路結構。
75　【譯注】韋伯引用富蘭克林的文本段落，見於 PEI[142-145]。
76　【譯注】取自 Gothein,1892:674 的引用，見於 PEI[136]。（參考：MWGI/9:
　　710 註解 79）
77　【譯注】請參閱 PEII[420-425]。

Qualitäten），這個問題才會有意義。至於這些品質有可能會是哪一種
種類的，則首先只能就一些例子而一般地加以闡明。因此，在對問題本
身進行探討的同時，我們也必須同時越來越深入地提出證據（去補充在
「發展問題」時所說過了的東西），去證實說：在基督新教式的倫理的
某些特定的組成部分中，的確有這樣的一些品質，這是**哪些品質**，哪些
種類的基督新教有可能會以特別高的程度將這些品質給發展了出來，以
及：**在哪一個點上**（*worin*）這些品質與那些被中世紀的教會以及由基
督新教的其他亞種（Spielarten）所部分養成、部分容忍的品質相區別。
在這種情況下，對這問題本身之真正的處理就必須 1. 在可能的時候（亦
即：只要這一點是一個神學上的外行所做得到的），首先試著在基督
新教的種種個別的深淺層次（Schattierungen）中，找出該「倫理」之理
論上－教義上的碇泊（Verankerung），以便去指出：這裡所涉及的，
並非一些純附屬性的、與「宗教性之思想內涵」（Gedankengehalt der
Religiosität）沒有連結的事物，——2. 但卻（這是與此大不相同的：）
探討：它們之中的每一個的「宗教性」之獨特性，為真實的倫理上的**行
為**（das reale ethische *Verhalten*），包含著哪些**實踐上的－心理上的**動
機。且撇開所有他的其他的不確切的情況與草率的做法不談，拉賀發爾
還甚至不能理解一點，那就是：剛剛列舉的這二個問題，**涉及了彼此完
全不同的事物**。因此，那天主教的、路德的、喀爾文的以及其他人的
「教會性的**教理**」，在其彼此的種種的一致與對立中，在那些「倫理性
的理想」上包含著什麼，某些在實踐上－心理上被禁欲式的基督新教所
培育出來的「行為的種類」，是否被（諸如）教會性的理論，就像拉
賀發爾所說的那樣，" 也向天主教的平信徒 "（並非只向僧侶）" 要求
著 " 或者對他而言 " 生效 "，[78] 固然是一個的確也在實踐上相當重要的

712

---

78 因為這一點："誰沒勞動，就不應該吃"，*[1] 反對著某種的「寄生蟲—傳教
士」（Schmarotzer-Missionartum），一如這種傳教士在每一個時代裡都會出
現的那樣，也一如它今日以經典的形式為布克·華盛頓（Booker Washington）
賞心悅目地加以描繪的神的 " 召喚 "（Call）所代表的那樣：這種「召喚」常
常會侵襲黑人，如果他較諸「作為工人的存在」，更喜歡「作為聖徒的存在」

並且令人感到興趣的問題，──但是：藉由此一確定，我們**根本**就還是**完全不知道**，那相關的「宗教性」的類型，如今是否也在它的那些信仰者之中，創造出了那些**適合去生產出**某種相應於教會上的教理的（或者諸如某種事實上完全不同的、或者諸如某種在某些特定的片面的方向上還超越了該教理的）**典型的行為**的心理上的載體（*psychologisches Vehikel*）。就像我自己就已經論述過了的那樣，（例如）對於立足於這個世界中的平信徒而言，不言而喻地，在任何時候都會有對認真負責的**勞動**的讚揚與推薦，無論是在那些「倫理的理論家」[79]那裡，還是在中

的話。*[2] 其他的那些地方，則部分是種種譬喻的一些組成部分，[713] 部分是受到「末世論」制約的。至於「帶有正面的徵兆的勞動」，見諸於那些犬儒者那裡的，*[3] 遠較在原始基督教中更為強烈，也見諸於來自種種小市民圈子的一些「異教的─屬於希臘文化的墓誌銘」中。*[4] 鑑於那些我在我的那些文章中對於「舊約式的精神對清教式的職業倫理所產生的種種影響」所做的論述，當拉賀發爾──他對這方面，根據那「隨口說出的、空洞無物的評論的內容」的證明，畢竟正是只由這些論述中知道那麼一點東西──現在反倒拿這些相同的事物向我提出異議，實在讓人覺得有點荒誕。*[5] 順帶一題：我也曾經提醒過：眾所周知，《舊約》的此一復興，是以哪種方式跟那些我所討論的特有的「清教式的宗教性之特性」關聯起來的，*[6]──拉賀發爾忘記了這東西。【譯注】*[1] 關於這句經文，也請參閱 PEI[195] 註腳 103。*[2] Booker Washington（1856-1915）是美國政治家、教育家和作家。他是 1890 年到 1915 年之間美國黑人歷史上的重要人物之一。他在他的自傳《超越奴役》（*Up from Slavery,* 1901）中報導說：在 1865 年 12 月 18 日正式廢除奴隸制度之後，那些被解放了的黑人有極為強烈的受教育衝動：只要受過基礎教育，就有可能成為教師或者牧師（這些都是 "較好的" 職業）。但就連才剛會閱讀與寫字的人，都騙取了牧師生計。（參考：MWGI/9: 712 註解 87）*[3] 對犬儒主義而言，「辛苦的勞動」乃是培養「德性」的手段。*[4] 在這方面，韋伯引證的很可能是海德堡大學同事、聖經學教授 Adolf Deismann（1866-1937）於 1908 年出版的 *Licht von Osten, Das Neue Testament und die neuentdeckten Texte der hellenistisch-römischen Welt*。按照 MWGI/9: 713 編者註腳 91 的說法，他曾在 1908 年 5 月 28 日致 Deismann 的一封信上，談到 Deismann 送給他的這本書的內容。（這封信並未收入收錄韋伯 1906-1908 信件的 MWGII/5，而是收入《韋伯全集》書信部分的「補充與全部目錄索引」冊 MWGII/11: 45-49）*[5] 請參閱 PEII[390-394] 與 [300]。*[6] 同樣請參閱 PEII[390-394]。

79 【譯注】韋伯想到的，有可能是多瑪斯（Thomas von Aquin）。可參閱 PEI[190 f.] 與 [194-196] 以及 PEII[380 f.]。

世紀的那些傳教士那裡（Berthold von Regensburg[80] 以及其他人也都完全同樣）都非常經常地（對此，原始基督教——對這一點，Harnack 曾偶爾在一篇很短的文章中指出過[81]——在關於 "勞動" 方面，誠然基本上也分享著古代的立場）。路德就這個方向所說的那些格言，都是眾所周知的。[82] 而在禁欲式的基督新教之外，的確也不乏就連「世俗的勞動」也加以祝福的學說。但是，這樣的學說又有什麼用呢，如果（就像在路德宗中那樣）沒有任何——在這個情況中：心靈上的——**獎賞**（*Prämien*）被投注於「使得這些理論性的學說得以以講究方法的方式前後一致地被再體驗到」？[83] 或者：如果（就像在天主教中一樣）那些遠較為大得多的獎賞，被投注於完全不同的種類的行為上？[84] 並且除此之外還以「告解」（Beichte）的型態提供了一個手段，這個手段使得個別的人得以不斷重新去讓自己在靈魂上減免於簡直就是所有種類的種種違反「教會對生活的種種要求（Postulate）」的過錯？[85]——而相反地，喀爾文主義在

713

714

80　【譯注】關於 Berthold von Regensburg，請參閱 PEI[184] 註腳 94。

81　【譯注】指的是 Harnack, 1905。請參閱 PEII[375] 註腳 273。

82　【譯注】請參閱 PEI[201-207]。

83　【譯注】請參閱 PEII[302-307]。

84　【譯注】請參閱 PEII[287] 與 [300]。

85　關於「告解」之可能的教育上的價值，這一點將完全沒有說出任何一般性的東西。但人們將種種「告解指示」（Beichtanweisungen）拿起來讀，或者以其他方式探聽「在告解時被加以探問的究竟是什麼」：這些無論過去還是現在，都是跟那些在這裡對我們而言要緊的事物完全不同的事物。——順帶一題：「在**實踐**中，天主教的教理是如何與經濟性的生活發生關係的」的一個很美妙的例子，就是由「高利貸禁令」的歷史所提供的。眾所周知，就連在今日，它也並未、並且——根據天主教的「教會統治」（Kirchenregiment）之固定的準則——也不可能會 "被廢止"，因為，它就明確地包含在各種宗教諭令（Dekretalen）中，*[1] [714]——眾所周知，它乃是在（受神靈啟示的！）《拉丁文通俗譯本》（Vulgata）中，由於某種建基於錯假的異文（falsche Lesart）（應作 "μηδένα ἀπελπίζοντες" 的地方，寫成了 "μηδὲν"）上並因而完全不確切的翻譯。*[2] 但它實際上卻已經失效了，明確地說，是自從不到一個世紀以來，才由於「宗教法庭的紅衣主教會議」的如下種種指示而失效的：從此以後，聽取告解的神父們都應該不再就由於「各種利息生意的收入」而來的「高利貸的不當」（usuraria pravita）進行審問，前提是：我們可以擔保，倘若（諸如）教會再度覺得，「去堅持對該禁令的遵守」是適宜

其 16 世紀的最後一段時間的發展中（以及類似的：再洗禮運動），在
「禁欲式的**證明之必要性**」（Notwendigkeit asketischer *Bewährung*）的
思想中，就在生活一般中、並且尤其是也在職業生活中，作為「拯救的 *715*
確定性」（certitudo salutis）之主觀上的擔保（換句話說：不是作為「**實
在根據**」，而是作為「自己走向至福的使命」（eigene Bestimmung zur
Seligkeit）之種種最重要的**知識根據之一**），為它所要求的禁欲式的生
活方法學，創造出了某種極為特有的、並且在其效用（Wirksamkeit）上
在**這個**領域上不容易被超越的、心靈上的獎賞。[86]

的，告解人（Beichtkind）將會順服地服從。（換言之，完全就像某些（就我
所知）迄今為止為教會的檢查毫無爭議地任其自便的在法國的許多天主教圈
子裡的公開的討論，將下面這個期望給說了出來的那樣：希望聽取告解的神
父們在告解中不要再審問那 "夫婦間的自慰"（Onanismus matrimonialis）、
那為了「二個孩子制」這目的之不孕的交配，*[3]──[715] 儘管《聖經》對
這 "性交中斷"（Coitus interruptus）的咒罵）。*[4] 這種行事方式，完全是
天主教的教會所特有的：正如在中世紀它容忍著──在考慮到當時的情況下
（temporum ratione habita）*[5]──天主教會並未以任何形式正面加以贊同
的資本主義式的熙熙攘攘（Getriebe）之事實上的存在（除了懲罰這種熙熙攘
攘所利用的某些形式之外）那樣，它現在也容忍著對這些形式的使用。相反
地，基督新教式的禁欲則為這種熙熙攘攘創造了積極的倫理、該「熙熙攘攘」
所需要的 "靈魂"，而 "精神" 與 "形式" 也就藉此合而為一了。【譯注】
*[1]「高利貸禁令」（Wucherverbot）最早於 1140 年左右收錄於《格拉提安
教令集》（*Decretum Gratiani*），從而也變成了《教會法規大全》（*Corpus
Juris Canonici*）的一部分。直到 1917 年由《教會法規法典》（*Codex Iuris
Canonici*）取代，一直都是教會法。（參考：MWGI/9: 714 註解 1）*[2] 基督
宗教的「利息禁令」，是由「武加大版」（拉丁文通俗版）的《聖經》〈路
加福音〉6, 34（mutuum date nihil inde sperantes）推導出來的。關鍵在於：
nihil inde sperantes（當你們期望從中獲利）這句話乃是基於文本破損（本來
應該翻譯成拉丁文 nihil desperantes 的希臘文 mēdén apelpízontes，被翻譯成
nihil inde sperantes 了）的錯誤翻譯。事實上，〈路加福音〉6, 35 的意思是：
毋寧要愛你的仇人，善待他們並借給他們，而不要切斷他們的希望。（參考：
MWGI/9: 714 註解 2）*[3] 在 1910 年前後以及更早之前，在法國，人們熱烈
地討論著「生育管制」及其種種在教會上被允許與不被允許的方法。照規定，
告解神父應該更嚴格地在這方面多所詢問，但因為怕惹火告解者，大多並未
遵守規定。（參考：MWGI/9: 714 註解 5）*[4] 經文根據，見〈創世紀〉38,
8-10。*[5] temporum ratione habita：這是教會法規的某種固定表述，意味著某
種的讓步與妥協。（參考：MWGI/9: 715 註解 9）

86　【譯注】請參閱 PEII[279-294] 與 [341]。

此一事態（Sachverhalt）乃是我在我的那些文章裡所必須加以說明，而我所必須加以闡述的，則是由此產生出來的生活方法學、並且——與一個這類的分析之目的相應地——首先就其種種**特有的**特點、而這也就是說：以某種內在的前後一致性（innere Konsequenz）加以闡述，一如這種生活方法學在這樣的絕對的堅定不移（Ungebrochenheit）中以及尤其是：在對此一關聯之如此完全的「徹底反省」（Durchreflektiertheit）中，當然不會作為某種**被意識到的**佔有物，而活在每一個在這些宗教上的勢力（Mächte）所生產出來的空氣中長大的**個別的人**之中。

但那些動機此外也在種種教會上的以及被各教會與教派所影響的**社會性的**制度中找到、並且找到哪些強而有力的支撐，我曾試著部分在我的在此一《文庫》的文章中，就簡短地加以略提，部分則在那篇我多次提及的在《基督教的世界》中的速寫（Skizze）中，稍為更加生動地加以說明。[87]這我扼要重述一下。首先：「聖餐」這個核心的「禮拜儀式」（Kulthandlung）恰恰就在"禁欲式的"基督新教中，獲得了某種極為特有的強調（Akzent）。至於那種認為「誰若非屬於神的看不見的教會，但卻仍然參與了此一儀式，便是"在吃和喝自己的罪"（ißt und trinkt ihm selber zum Gericht）」[88]的思想，本身就具有某種充滿激情的內涵，其力道對我們而言，就連對我們之中的大多數"基督徒"而言，也都幾乎完全丟失了，但這種內涵卻畢竟就連對我們而言也還是可以相當不錯地由那行將漸漸死去的世代之種種「年輕時回憶」中、以及由「受到教會約束的『生活的沉重』（Lebensschwere）的那些（對我們的目光而言）所謂的『被趕到了角落的殘餘』」中，活生生地重構出來。而在禁欲式的基督新教中，則沒有（並且絕非什麼偶然如此！）「懺悔」制度：這種制度給予了天主教徒某種對於那樣的向個別的人

716

87　【譯注】請參閱 PEII[242-366] 與 [341] 以及 PE1906。

88　【譯注】這段經文出自〈哥林多前書〉11, 29，完整的句子是：因為，誰要是不配而吃著與喝著，他就由於並未辨別主的身體，而在吃著與喝著自己的罪。但這段經文必須接著 11, 23-25 一起閱讀。

發出的充滿激情的「探問其資格（Qualifikation）的問題」的壓力之某種減輕（*Entlastung*）。[89] 而就連在這裡，就像到處一樣，「他是否屬於那些有資格者」這個問題，對於基督新教徒而言，並不是按照中世紀的—天主教的方式，透過對「過錯與功勞」之某種合計與相抵計算，而以某種「較多於或者較少於趨近式的足夠」的結果——接著，這個結果便可以透過對種種「教會式的恩典手段」的使用而被加以補充——加以回答，而是，並且（就像我曾經闡述過的那樣）[90] 尤其是在禁欲式的基督新教中：透過那整個的、在其倫理上的生活經營的全體中將自己給顯示出來的**人格**之某種僵硬的「非此即彼」（Entweder - Oder）。個別的人唯有在這裡——並且在「禁欲式的基督新教」這個基地上，再度比在路德宗的基地上無限地更加截然（正如同樣進一步地被加以奠立了的那樣）[91]——，才在面對他的神時，完全靠自己本身：靠他的恩典狀態——這種「恩典狀態」唯有在他的全部的生活經營中，才能被察覺到。但在另一方面，他建基於這個基地上的外在的「生活形塑」（Lebensgestaltung），卻也再度遠較為多地受到同一類的人：受到那些教團成員（Gemeideglieder）**的監視**。在天主教中、甚至就連在路德宗中，終究而言畢竟都只有 “職位” 的代表才必須跟自己以及跟個別的受聖餐者協商解決：他是否成熟到可以參與聖餐了。在喀爾文宗中，則對於「 “神的榮譽” ——事實上，整個的社會性的生活，都以某種在**這種**種類上為其他種種大的教會所少見的力道，關連到對神的讚美——不會由於一個顯然身上帶有種種『摒棄的徵兆』者的參與而被褻瀆」的責任，擊中了整個教團的**每一個個別的成員**。恰恰是平信徒們在不到一個世代之前，透過要求「拒絕根據他們的觀點沒有資格的、被外部的牧師們審查通過的那些接受堅信禮者參與聖餐」，[92] 而

717

89　【譯注】請參閱 PEII[362] 與 [366] 註腳 188。
90　【譯注】請參閱 PEII[300-302] 與 [403] 註腳 334 等等。
91　【譯注】請參閱 PEII[259-265] 與 [304-307]。
92　【譯注】關於「凱柏式的教會分裂」，請參閱 PE1910[593 f.] 註腳 50。

造成了「凱柏式的教會分裂」（das Kuypersche Schisma）（凱柏乃是平信徒長老）：——究竟而言，真正的原因乃是對「某種不屬於具體的、自己監視著其正確性的聖餐**教團**的主管機關（無論它是哪一個主管機關），介入了此一直接觸及了每一個個別的教團成員的問題」之原則性的抗議。這些思路（Gedankengänge）之巨大的社會性的意義，在當時確乎是在那些新英格蘭的教會中，最清晰地顯現了出來：在這些教會裡，對於「純粹教會」（ecclesia pura）[93] 以及尤其是「聖餐共同體」的純粹性的要求，直接促成了最真正意義下的種種 "階級區別"（Klassenunterschiede），也引起了對於那些 "也是—基督徒" 的地位、他們是否有權利（例如）帶他們的孩子去受洗並在那裡代表他們，以及諸如此類的事情的種種鬥爭與妥協。如果人們翻閱一下基督新教的種種 "教會規程"（Kirchenordnungen），追蹤一下這些規程的發展，以及（只要這是可能的）它們的實際上的操作，並就其種種結果認真加以思考的話，那麼，首先引人注目的乃是：倫理生活上的生活管制（sittliche Lebensreglementierung）——這種「生活管制」，我們在卡洛林王朝時代（Karolingerzeit）是在「派遣法庭」（Sendgericht）中、在中世紀末期再三地在各城市的手中、在諸「領土國家」（Territorialstaaten）則是在「君主式的警察」（fürstliche Polizei）的手中看到——的一些非常明顯的部分，在這裡是被各教會掌握在手裡的：當然是以極為不同的程度、並且整體而言自然是在那些喀爾文宗的地區（在這些地區裡，在接納進教團的時候，那明確的「屈服於教會紀律之下」的現象——就像我當時就已經略提過了的那樣 [94]——恰恰是在喀爾文之後，才在其意義上被提升了起來），比在那些路德宗的地區要強烈得多。但是——就像我已經強調過了的那樣 [95]——**還**更加強烈得多也更加有效果得多的，則過去是（並

718

93　【譯注】pura 是拉丁文，意思是「純粹」（pure = rein），清教徒（Puritaner）這個名稱就是從這個拉丁文來的。

94　【譯注】只是間接地：請參閱 PEII[363 f.] 以及 PE1906[444]。

95　【譯注】請參閱下一個註腳。

且在種種殘餘中直到現在都是）那些禁欲式的**教派**強令他們的成員們接
受的那種種類的 “ 訓練 ”。在這方面，我當時在合眾國曾經基於今日的
種種觀察，而在那一篇引用過了的在《基督教的世界》中的文章裡，敘
述了一些事物。[96] 美國的生活之現在的世俗化以及種種異質性的份子之
龐大的移民，正快速地將這類的殘餘給沖走，而除此之外，競爭著的各
宗派之肆無忌憚的 “ 靈魂捕捉 ”（Seelenfang），也減弱了它們的教育效
率（Erziehungsleistung）的強度。儘管如此，光是很少量的對這些事物
的注意力，就已經足以讓我們在現在還可以在眼前，就其以前的意義，
活生生地看到那些對它們的效果（Wirksamkeit）而言別具特色的現象之
種種殘餘。我回想起我（同上）[97] 關於「各教派在經濟生活中的功能」
（這功能今日被各式各樣的純世界性的組織，從它們那裡接收了過來）
所曾經說過了的東西。尤其是例如（不是為數甚多的種種類似的體驗，
而是：）想起了一件事情，那就是：有一個年輕人，在我看來，他之所
以想要加入在北卡羅來納的一個浸禮派教團的動機，乃是因為他想要開
設一間銀行，而在進一步的打聽之下卻表明：這樣做所指望的，並不是
（諸如）特別針對著浸禮派信徒客戶，而是恰恰針對著那些在該地區遠
遠佔大多數的不屬於該教派的人，[98]——理由是：一個人在那裡想要被
允許受洗，在其 “ 受洗申請人準備期 ”（Katechumenat）期間，就必須對
教團對其「品行」（Wandel）所進行的某種極為讓人驚訝地有系統的審
問有所準備（上酒館？曾酗酒？曾玩牌？曾有過 “ 不潔的生活 ”？浪費？
未準時支付的支票？或者種種其他債務？某種種類的在生意上的不可靠
的種種跡象？等等、等等），連帶也對他的停留之所有以前的地點進行
種種偵察。如果他後來被接受了，——那麼，這麼一來，他的「信譽
度」（Kreditwürdigkeit）與生意上的資格就受到了如此的保證，以致於
他可以打敗任何一個並未以這種方式被加以正當化的競爭者，而同時某

_719_

96　【譯注】PE1906[446 f.]。

97　【譯注】PE1906[435-462]。

98　【譯注】PE1906[442 f.]。

種可能發生的由於壞的行為的「開除」，也一如自古以來在種種教派那裡那樣，意味著他在社會上的「開除教籍」（Exkommunikation）。[99] 恰恰這一點，我們發現：早在二個世紀之前就已經同樣地發展起來了。此外，例如：貴格派信徒們自古以來就很自豪他們創造了那取代了「按東方的方式討價還價」的、在資本主義上非常重要的"不二價"制度。事實上，歷史性的回溯也顯示著：在 200 年前，貴格派的零售商們之所以會達到全盛時期的理由乃是：顧客對於在他們那裡對此一原則的堅持感到確定，比任何一個中世紀的或者現代的「定價制度」（Preisordnungen）所能夠達到這一點的都更加確定。而如果有人開始一項生意而缺乏經營這生意所需要的資本或者知識等等、等等，則貴格派教團也會採取行動。並且，在所有這些教派的文獻中，人們也——光是在它們興起的時代之後沒多久就已經——可以看到對下面這件事情的歡呼：當那

720

---

99 我當時將如此地創造出來的信譽度（Kreditwürdigkeit），與一個德國的大學生社團的成員的那種特有的"泵送能力"（Pumpfähigkeit）（在我的時代，[720] 當人們"得到帶子"之後，在海德堡幾乎可以"免費地"（gratis）生活著，——在「狐狸」那裡，學生名冊（Matrikel）將由債權人們買單）以及同樣為中世紀的教士所特有的「信用能力」（Kreditfähigkeit）（因為，作為強制手段的「逐出教會」（Kirchenbann）就漂浮在他的頭上）加以比較，並且就連現代的年輕的軍官的那種往往有疑慮的信用能力（「解雇」就漂浮在他的頭上），也都是歸屬於這方面的。*[1] 只是，在社會學上非常具有本質性的區別存在於：在所有這些情況中，被提高了的，都並不是（像在教派那裡那樣）作為**人格之主觀上的品質**的「信譽度」（透過在接納時根據相應的教育所做的篩選），而是僅僅（這在各教派那裡有時候也都還是會這麼做）對那些債權人而言的**客觀的**保證。——「循道會式的青年"訓練"」這個別具特色的制度與「為了經常性地相互地闡述靈魂狀態、換言之，就是為了有限度地公開的告解」這種同樣別具特色的慣習（Usus）——這種告解，由於它（相對於天主教的那種在被裝了柵欄的窗戶後面的告解）意味著某種在心理上完全不同於天主教的那種的另一種的**處境**——當然已經衰敗了，但在以前卻意義重大。*[2]【譯注】*[1] 請參閱 PE1906[440]。*[2] 衛斯理是一個管理天才，他按照「摩拉維亞兄弟會」的榜樣，將他的「公會」（society）分成一些更小的組，稱為「班」（class, 拉丁文 classis 的意思就是「分開」），於是發展出了「班會」（class meeting）的組織形式，「班」的成員可以在「班會」裡彼此鼓勵、作見證、禱告，因而也有「告解」功能。在衛斯理生前，也有過 junior classes（較年幼班），功能上相當於兒童的「主日學校」或者青年與青少年的「宗教課程」。（參考：MWGI/9: 720 註解 33）

些 “ 世界之子 ”（Kinder der Welt）將他們的錢（作為存款（Depot）、作為合資財物（Kommanditgut）或一如既往那樣）帶到他們這裡來，而不是帶到他們自己的信仰—或者沒有信仰的伙伴那裡去，因為他們在他們這裡，對那些必須要有的人格上的、倫理上的保證，感到比較確定的時候，主將會以可見的方式祝福他們。類似的種種個別例子，我請讀者參閱那篇速寫，而僅僅還要再說一點，那就是：[100] 每一個人都知道，直到前幾十年，那多少有點舊式的美國佬、並且**恰恰是生意人**，過去簡直不理解、偶爾直到今日都還不理解，一個人竟然會不屬於任何 “ 宗派 ”（denomination）（至於這個「宗派」則可以是此外的無論哪一個：在這一點上，他是絕對地 “ 寬容的 ”）：對他而言，一個這樣的在宗教上的「不法之徒」（outlaw）無論在社會上還是在生意上都是有嫌疑的，**因為在倫理上並未 “ 正當化了的 ”**。至於「類似的東西就連在蘇格蘭以及在英國的各市民式的圈子中，都還總是會偶爾將自己給呈現出來」這一點，至少直到 15 年前，甚至都還可以被遊客（特別是在星期日）給回想起來。[101] 相反地，在今日，美國的中產階級的生意人——在擺脫了這種以前的巨大的、必須獲得「宗教上的正當性」的強制的這個時候——，則有很多其他的、不斷增加地在形成著的種種組織可供使用，並且也常常為了要正當化「他透過投球表決通過（Hineinballotierung）證實了身為一個 “ 紳士 ” 的那些品質」，而直至今日始終都還在扣眼上配戴著他們的 “ 徽章 ”（badge）（只要人們注意一下，就會看到一大堆這樣的、令人回想起那「法國榮譽軍團勳章的玫瑰花飾」（Ehrenlegionsrosette）的徽章）。[102]

只要真正的「洋基—精神」還在支配著，「美國式的民主」，就

721

100　【譯注】請參閱 PE1906[435-445]，接著舉的例子亦見 [436 f.]。

101　【譯注】韋伯與他太太曾在 1895 年的 8 月與 9 月到英格蘭、蘇格蘭與愛爾蘭旅行。韋伯在此暗指著他當時在那裡所經驗到的強烈的宗派性的生活。在一封於 1895 年 8 月 24 日寫給表兄 Fritz Baumgarten 的信中，提到他們正前往 Skye，想在那裡渡過一個「死的蘇格蘭式的星期天」。（MWGII/3: 113）

102　【譯注】請參閱 PE1906[442]。

連在沒有所有的托拉斯（Trusts）與工會的情況下，也都絕非某種簡單
的「孤立的個體之沙堆」，[103] 而是在很強的程度上是「一團糾纏在一起
的種種**排他性的協會**」（ein Gewirr *exklusiver* Vereine）：這些協會的原
型（Urtypus）就是「**教派**」，並且所有這些協會都會在他們的成員們
那裡，將那些構成資本主義所需要的「生意上的紳士」的品質，當作是
「會員資格」之理所當然的條件而提出來並加以培養起來。的確：一個
處於摩根（Pierpont Morgan）[104] 先生的境況中的人，為了要採取他的經
濟上的立場，是不需要這種「正當化」的。並且，此外，今日的情況
也已經大不相同了。但是，以這些團體所促進的那種特有的"精神"而
對全部的生活所產生的滲透，卻無論如何都是現代的資本主義之所以能
"紮下根"──亦即：在「各市民式的中產階級」這個廣大的階層中、
乃至最後也在那些被現代資本主義嵌入它的機制的群眾中，找到某種對
它而言適當的"生活風格"，並從而可以以這種方式，一如已經發生了
的那樣，控制著生活──的前提。而為了要使這一點成為可能，得做出
多大程度的教育工作（Erziehungsarbeit）才行，拉賀發爾這種類型的歷
史學家們毫無任何概念，是可以理解的。[105] 但是，如果真的有人提出了

722

103　【譯注】請參閱 PE1906[454]。

104　【譯注】Pierpont Morgen 指的是 John Pierpont Morgen（1837-1913），生前是
　　　美國最有影響力的金融家與銀行家。

105　那為了培養對種種"實用學科"（Realien）之具有支配性的興趣而為之的教
　　　育，乃是虔敬派的教育學的一種古老的、以極為特定的方式（一如我已經
　　　略提過了的那樣）碇泊於宗教上的原則；*[1] [723] 在貴格派信徒們與浸禮
　　　派信徒們那裡，也從一開始就有了非常類似的東西；在那些改革宗信徒那
　　　裡，這東西直到今天都還並非罕見地（例如：在那種在實科──與其他的中
　　　學上的分佈的方式上以及在職業選擇上）出現著。*[2]──這些特有的東西
　　　（Spezifika），對於這些「宗教性的形式」（Religiositätsformen）與「現代的
　　　資本主義的發展」之種種關聯而言，無疑是極為重要的。同樣地，宗教改革
　　　一般在「國民學校」（Volksschulwesen）這個領域上的那些眾所周知的成就，
　　　也確實都是重要的。但後面這些非常一般的關聯，卻畢竟有其種種界限：普
　　　魯士國家在「國民學校」這個領域上的那些成就，在那個在資本主義上高度
　　　發展了起來的國家：英國中，卻**付諸闕如**，眾所周知："好的國民學校"本
　　　身，和「資本主義式的發展」，並不是平行進行著的。*[3]──順帶一題：那
　　　種認為「在基督新教中，並未存在著、乃至從未存在過任何對日益增加的國

那個對於拉賀發爾如此大聲地加以誇讚的那種類型的 "健康的人類理智"
（gesunder Menschenverstand ＝常識）而言如此地非常 "顯而易見的"
猜測（Vermutung）的話——這個猜測是在猜測：「去產生生意人」之
「宗教上的訓練」的資格、以及這整個的「關於種種特有的生意上的與
關於種種宗教上的資格標誌（Qualifikationsmerkmalen）」的關聯，是否
基本上才是下述事實的結果，亦即：那些宗教性的共同體，就都正是在
一個已經是「資本主義式的」的 "環境"（Milieu）中將自己給發展出來
的了——，那麼，我就會問說：究竟為什麼天主教的教會確乎並未發展
出這樣的種種結合（Kombinationen）以及某種如此這般地根據資本主義
而被加以安排的教育方向（Erziehungsrichtung）？既不是在中世紀的那
些「大中心」中：難道說這些中心（像是：佛羅倫斯），相較於例如在
西部的北卡羅來納的那個人口稀少的農民區域（我所敘述的，就是來自
這個區域），[106] 或者像美國的各殖民地的那些基本上還處於自然經濟狀
態的地區（在這些地區裡，相同的事情在 200 年前就已經上演過了），
就畢竟（天曉得）都是在完全不同的另一個程度上在資本主義上 "發展
起來了" 嗎？[107] 又為什麼不是路德宗呢？——產生於極為特有的種種倫
理生活上—宗教上的根的一束心靈上的內容，跟種種「資本主義式的發
展的可能性」結婚了。相反地，有一點的確是真的，那就是：在那些在
宗教信仰上混雜的地區裡，種種禁欲式的共同體的那種以如此巨大的能

723

民教育的關切——一如拉賀發爾（III 欄 1331）所說的那樣——，也是一種非
常可疑的誇張，尤其對我們這些道地基督新教式的易北河以東的人而言更是
如此。在我的文章中，我就已經將「某些在宗教信仰上受到制約的學校傾向」
與對於 "隱含的信仰"（fides implicita）的態度的關聯給指出來了。*[4]【譯
注】*[1] 請參閱 PEII[332-334] 註腳 184。*[2] 請參閱 PEI[128-130]。*[3] 國家
設立的國民學校，是 1870 年才引進英格蘭的，全民義務教育，則直到 1880
年才引進。在此之前，學校教育系統基本上都掌握在安立甘教會手裡。教會
就連在「主日學校」中，也會教授工人兒女閱讀與寫字。（參考：MWGI/9:
723 註解 44）*[4] 請參閱 PEII[334] 註腳 184。

106 【譯注】請見本文 [719]；也請參閱 PE1906[442 f.]。

107 【譯注】請參閱 PEI[174]（賓州）。

量所培養出來的生活風格，儘管有著一切強烈的對立，[108] 卻還是從一開
始並隨著「資本主義式的精神對經濟生活之日益增加的浸透，而不斷提
升地也 " 染上了 "（abfärbte）**其他的**那些與它們**競爭著**的宗派之生活風
格：就這樣，很早就染上了荷蘭的與美國的路德宗（Lethertum），並
且也染上了美國的天主教（而眾所周知地，對德國的路德宗而言，較老
的虔敬派就曾經是那相同的東西在其中實現自己的一個形式）。當然，
這一點是如此地發生的，以致於循著這條 " 同化 "（Angleichung）的道
路，種種的區別都只是在程度上減少而已，而從未被完全地抹除掉。[109]
但無論如何：某種同化於「基督新教式的禁欲之種種最前後一致的成型
（尤其是喀爾文宗式的成型）」的現象，事實上，至少在那些跟它們混
合了起來的基督新教徒那裡，就我們今日對此所能夠知道的一切而言，
幾乎總是在發生著，而也因此光憑這一點，對（例如）在種種基督新教
式的移民中間的那些真正的喀爾文宗信徒之某種純然的統計，還不是
反對「那些禁欲式的生活形式的意義」的任何論證。那些今日在天主

724

---

108 在那些在宗教信仰上混雜的西發利亞地區中，直到 30 年前，尤其在那些接受
「堅信禮」的青年之中，那在路德宗信徒們——他們「透過大小（亦即：腸
道的：由於 hoc "est" corpus meum 之故而）" 吸收 " 救主（Heiland）」——
與改革宗的 " 偽善的事功聖徒們 " 之間的「永恆的鬥嘴」，都還時有所
聞。【譯注】韋伯在這裡談到路德宗信徒與改革宗信徒之間的一些別具特
色的差異：據說，路德在 1529 年的一場在馬堡舉辦的宗教談話中，為了要
引起人們注意到基督的「身體」在聖餐的麵包中之「真實的現在」（reale
Gegenwart），用粉筆在桌上寫了出自〈哥林多前書〉11, 24 的 "Hoc est corpus
meum"（這是我的身體）。但對茲文利（Zwingli）而言，「聖餐」乃是教團
為了要紀念基督的「和解死」而舉辦的某種紀念活動：他將 "est"（是）詮釋
為 "significat"（意謂著）。至於路德宗信徒對改革宗信徒之「事功神聖性」
的指謫，則請參閱 PEII[285-288]。（參考：MWGI/9: 723 f. 註解 47）

109 相對於其他的種種宗派，路德宗的「密蘇里教會」的特殊性格（Sonderart），
始終都是某種非常強大的特殊性格。【譯注】1847 年，剛移民到美國的一
些路德宗信徒組成了一個教會（名稱是：Deutsche Evangelisch-Lutherische
Synode von Missouri, Ohio und andere Staaten，自 1947 年起改名為：Lutheran
Church - Missouri Synode），總部就設在密蘇里的聖路易。這個教會，直到
今日都還堅持著以路德 1526 年的 "Deutsche Messe"（德式彌撒）為榜樣的禮
拜。

教之中探討「人們確乎可以如何最好地將基督新教徒們的經濟上的資格
（Qualifikation）之優越性佔為己有」的討論，[110] 在斯賓納對於「貴格派
信徒之很好的進步」[111] 的許多評論中，完全地找到了它們的——就算並
非就形式而言、至少是就實質而言的——相反圖像（Gegenbild），並
且，**未說出口地**，相同的動機當然自古以來並且到處都同樣地（就像現
在在美國還是如此的那樣）起著作用。

　　而如果人們如今終於問道：我們是否——且完全將 "內在於世界的
禁欲" 這個語詞擺在一邊[112]——有權利，去將那我如此稱呼的東西，**在
實質上**與天主教式的「僧侶禁欲」相提並論的話，那麼，我想要完全不
考慮下面這一點，那就是：具有僧侶根源（波拿文德拉（Bonaventura）
以及其他人）的中世紀的修身文獻（Erbauungsliteratur），——當所涉
及的乃是那些我稱之為 "禁欲的" 的要求時——非常經常地被那些與此
有關的基督新教式的倫理學家（尤其是英國的）所引用著。[113] 但人們畢
竟可以比較一下：「僧侶禁欲」要求著：貞潔（Keuschheit）。基督新
教式的禁欲（在這個語詞之我的意義下）**也**在婚姻中要求著在「排除
"慾望"」並將在倫理生活上可以贊同的性交限定在繁殖這個**合理的** "自

110　【譯注】請參閱 PEI[124]。

111　【譯注】請參閱 PEII[356] 註腳 234。

112　這屬於拉賀發爾的獨特性：一方面去做出種種最大的努力，以便不只是去使
　　得此一語詞、而是——一如他自己所主張的——也去使得那相應的 [725] **實
　　質**的論點：那內在的、與「天主教的理性的僧侶禁欲」的親和性 "喪失信
　　譽"（因為，他的那種種類的所謂的 "批判"，事實上到處都導致了**此一結
　　果**），——另一方面則向我指出說：根據一些受尊敬的教會史家的觀點，「禁
　　欲式的─基督新教式的宗教性」的那些特有的東西（Specifika），意味著對天
　　主教之某種 "還沒" 完全的克服。但在這 "還" 中，卻存在著某種藉助於某種
　　（主觀上當然無法攻破的）評價的「發展的**建構**」（Entwicklungs*konstruktion*）：
　　這種評價（例如）會將拒斥著每一個「事功神聖性」（Werkheiligkeit）的路
　　德宗，看作是基督新教之絕對地 "最高的" 成型，並由那裡出發去形成種種
　　按階段的發展。但在歷史上，「內在於世界的禁欲」的發展，卻是「後宗教
　　改革的時代」的某種產物，因此毋寧說是天主教**也**加以照顧著——只不過是
　　以完全不同的方式並且具有不同的結果罷了——的那些宗教上的動機之某種
　　"再度甦醒"（*Wiedererwachen*）。

113　【譯注】請參閱 PEII[293] 註腳 97、[310] 註腳 129 與 [387] 註腳 302。

726

然目的"上"這個意義下的貞潔。[114] 並且這些管制在這裡無論如何都是比**純然的**「理論化」還多些的。某些禁欲式的──基督新教式的（虔敬派式的、亨胡特式的）、對我們而言今日部分將自己展現為「直接違反自然的」的在這個領域上的生活規則（Lebensregeln），事實上乃是眾所周知的。但一般而言，那對待女人的方式 ── 相對於（例如）路德的堅定不移的「農民見解」（Bauernauffassung） ──，乃是最深刻地受到「**排除**將女人主要看做是性的存有者（Geschlechtswesen）」所影響的。──「僧侶禁欲」要求著：清貧（Armut），── 人們知道，帶有哪種事實上弔詭的結果：各修道院之經濟上的繁榮，除了在幾個嚴格精神性的、眾所周知地被一些教皇當做完全「極為嫌疑的」加以對待的宗派之外，到處都被當作是「神的祝福」的結果，並且在最強的程度上，乃是──除了種種基金會（Stiftungen）之外──它們的「理性的經濟」（rationale Wirtschaft）之**結果**。基督新教式的禁欲，則在它的方面不僅摒棄「樂於享受地"休息"（Ausruhen）於佔有」，也同樣摒棄"為其本身之故"而追求它。我已經論述過了：帶有哪一種事實上的、完全同樣地弔詭的結果。[115]「僧侶禁欲」要求著「獨立於這個"世界"」，並且尤其摒棄「天真的享受」。基督新教式的禁欲也做著同樣的事情，並且二者也在那些「"**練習**"（因為，"Askese"這個語詞所意味的，就是這個東西）的**手段**」上聚在一起了：嚴格地加以安排了的時間、勞動、「靜默」作為抑制所有的「驅力生活」（Triebleben）的手段、此外還有：擺脫與「受造物式的東西」（das Kreatürliche）之所有太過強烈的聯系（對濃厚的個人性的友誼感到疑慮，以及諸如此類的東西）、放棄「享受」本身（無論它是在最窄的意義下"感性的"、還是審美上─文學上的種類的）、總的來說：放棄對這一生的種種財物（Güter dieses Lebens）之無法**合理地**（例如在衛生上）去加以證成的使用。我也詳細地提醒過讀者們注意，下述這個狀況是如何（直到種種細節裡）將自己給表現出來

114　【譯注】請參閱 PEII[375-378] 註腳 276。

115　【譯注】請參閱 PEII[406-414]。

的，這「狀況」就是：在中世紀，那特有的以 *"Beruf"* 的名義 " 講究方
法地 " 活著的人，正是僧侶，──而也因此法蘭可（Sebastian Franck）
所發表的意見（拉賀發爾現在懷著習以為常的忠誠讓我的科學上的論
點 " 被奠立 " 在這意見上，儘管我是在我的〈反批判〉中，才作為「**當
時代人**的觀點」的例子而談及該意見的），[116] 畢竟確乎對這些事物有比
我的 " 批判者 " 更多的理解。那將（在我的語詞意義下的）「**理性的基
督新教式的禁欲**」（die *rationale* protestantische Askese）與「僧侶的禁
欲」區分開來的東西，乃是：1. 對所有非理性的禁欲上的手段之拒斥：
這些手段除此之外也完全同樣地被某些恰恰特別重要的天主教的修會、
以特有的方式也被耶穌會所拒斥或者加以限制，[117]──2. 對「冥想」
（kontemplation）的拒斥，──3. 最後並且最主要地：「禁欲」之轉變
成「內在於世界的東西」（Innerweltliches），它在家庭與（以禁欲的方
式所詮釋的）職業中之發生作用（Sich-auswirken）：由這種「轉變」
中，那些已經提到過了的區別[118] 以及所有其他的區別，便自行將自己給
產生出來了。然而，如果說那在雙方的那些「生活方法學的原則」中到
處都顯示了出來的 " 精神 "，不能被判斷為「在最內在的本質中是平行
的並且彼此相親和的」的話，那我就實在不知道：人們在什麼時候還可
以再談及某種的 " 親和性 "（Verwandtschaft）了。至於眾所周知地，那
些虔敬派的圈子偶爾簡直會對各修道院的消失，感到多麼強烈的惋惜，
則我只是順帶地提到一下，同樣的，那些類似修道院的組織──這些組
織也恰恰都是由這些圈子之中出發而一再地被創造出來的──也是如
此，[119] 並且我還曾進一步請讀者參閱我在我的那些文章中（例如）關於
班揚所說過了的東西。[120] 雙方在關於「種種禁欲式的理想在以宗教的方
式取向的生活之整個系統中的地位」這方面之內在的緊張與內在的親合

116 【譯注】請參閱 PE1910[579]。
117 【譯注】請參閱 PEII[290 f.]、[399 f.] 與 [409] 註腳 347。
118 【譯注】請參閱本文 [725 f.]。
119 【譯注】請參閱 PEII[309 f.] 註腳 129 與 [317] 註腳 143。
120 【譯注】請參閱 PEII[264 f.]。

性，最終則是由那已經提到過了的 [121] 理由中萌發出來的，那就是：那曾經在僧侶們那裡作為「取得至福之後補資格」之**實在根據**（*Realgrund*）的東西，在禁欲式的基督新教中，則是作為「取得至福之後補資格」的一個（一個——而非：那絕對唯一的，但無論如何確乎是那最重要的）**知識根據**（*Erkenntnisgrund*）而具有其富有意義性（Bedeutsamkeit）。而由於甚至就連許多現代的"方法論學者"（正如我偶爾曾加以確定過了的那樣：恰恰也在「歷史的方法學」這個領域上）[122] 也都並非總是能夠分清這二個事態了，因此，基督新教式的"事功神聖性"的這種發展，在實踐上顯得就像一顆蛋與另一顆蛋一樣，可以去跟某些天主教式的特性（Eigentümlichkeiten）加以比較，也就完全不足為奇了。[123] 只不過，在這二顆蛋中的每一顆中的那些胚胎，都是來自一個不同的精神上的父親，也因此就連那些果實也發展出了某種極為不同的內在的結構。

728

要在這裡去再一次扼要重述「內在於世界的禁欲」之**教義上的奠定根基**（die *dogmatische* Fundamentierung），實在會將我們帶得離題太遠了：在這方面，我必須請讀者們完全參閱我的文章：在那裡——至少是暫時性地、並且也因而是非常速寫式地——我曾經也略提過說：「是喀爾文宗信徒們的預定學說、還是再洗禮運動之非神學性的教義學（Dogmatik）構成了該基礎（Basis）」這個問題，儘管有著所有的「同化」（Angleichung），對於實踐上的生活取向（Lebensorientierung）而言，當然並不是完全不相干的。[124] 只不過，這些在許多方面非常可以感受到的區別，在我的種種論述的這一個部分（直到目前為止，也只有這個部分出版了）裡，在面對那「共同的東西」時，必然會退居次要地位。在這裡，進一步的說明，將會把我們帶得離題太遠了。但我卻也必須在這裡再一次強調地指出一點，那就是：在我的那些文章中，對於對

121　【譯注】請參閱本文 [713-715]。
122　【譯注】請參閱 PE1907 與 PE1908。
123　【譯注】請參閱 PEII[285-295]。
124　【譯注】請參閱 PEII[242-366]，尤其是 [346 f.] 與 [363 f.]。

我的那個問題——亦即：對於生活經營的**實踐**而言，那些宗教心理學上
的基本情況（Grundverhältnisse），究竟是否真的恰恰在這個它們的、我
所主張的特有的影響方向（Wirkungsrichtung）上發揮了出來——所做
的經驗上的檢驗而言，拿來作為根據的，並不是教義學的種種教科書或
者關於倫理學的種種理論性的論文，而是某種完全不同的原始材料：尤
其是我所強調的那些巴克斯特的與斯賓納的出版物，[125] 都是建基於「靈
魂照顧」上的，並且非常主要地是建基於對「那些靈魂照顧的被託付者
（Seelsorgebefohlenen）關於他們的生活之種種具體的實踐上的問題之種
種詢問」所做的種種回答上的。而這些回答則以「反映**實踐性的生活**」
的程度，展現著一種大約相應於羅馬的法學家們為他們的那些時代的生
意—與法庭實踐所做的種種答覆（responsa）[126] 的典型。的確，這些以
及與他們類似的作品，除此之外也包含著他們的創作者們之種種決疑論
式的思辯，一如這一點就連在那些羅馬的法學家那裡情況也是如此的那
樣，也一如這一點在某種既無法與這些、也無法與那些相比較的、非常
巨大的程度上也適用於《塔木德》（*Talmud*）那樣：但《塔木德》同樣
也與曾經直接在實踐上存在過了的「答覆材料」（Responsenmaterial）
連接上。但光是該「形式」以及該「關聯」，就已經使得我們——當然
並非總是、但卻很幸運地足夠經常地——可以識別出：是從生活的**哪裡**
被汲取出來的。而在情況就是如此的地方，除了種種通信以及或許一些
自傳之外，就**沒有任何**在真實性（Authentizität）與活生生性上與這些相
匹敵的原始資料了。既非種種通俗的論戰性小冊子（Pamphlet）與宣傳
性小冊子（Traktätchen）、亦非種種佈道詞（Predigte），——但人們當

729

---

125 【譯注】主要是：Baxter, 1678 與 Spener, 1712-1715。關於這方面，也請參閱
     PEII[366-368]。

126 【譯注】" responsa" 是拉丁文 " responsum"（答覆）的複數形，指的是羅馬
     法學家們對於諸如政治黨派、政府官員或者法官們所請求的法律諮詢之專家
     意見式的答覆。由此便產生整個的種種《彙編》。韋伯循著羅馬法學與猶太
     拉比的種種對這些 " 答覆 " 的《彙編》的例子，也將巴克斯特、斯賓納等人
     的類似出版品稱為 Responsensammlungen，直譯就是「答覆彙編」，在本書中
     則譯為「回應集」。請參閱 [498 f.]。（參考：MWGI/9: 729 註解 69）

然確乎有很好的理由，附帶地作為補充而盡量利用這些東西——，更加不是當時代人的文學的某些產品（無論它們作為次要的原始資料，也有可能會變得多麼地重要）、或者甚至最後：那整個始終都附著在外表上的「對於個別的資本家群體之宗教信仰的確定」——尤其當人們忽略了「這些群體之受到那被基督新教式的禁欲所創造了出來的"生活空氣"（Lebensluft）所影響」這一點的時候，更是如此。很遺憾的是，我們是相當罕見地處於那種可以如此精確地看到「宗教上的與資本主義上的種種利益之相互咬合」（das Ineinandergreifen religiöser und kapitalistischer Interesse）在——就像（例如）在基德明斯特的那些我曾加以引用的織工那裡那樣——運作著的情況的。[127]——藉此，拉賀發爾所期望的那些著作的重要性，一點都不應該被貶低。但是：那特有的方向——在這個方向中，某一染上了特定色彩的宗教性有可能會發生作用——，在我看來，卻唯有循著我所走上的那個途徑，才有可能去推斷出來，——而很明顯地，對我而言要緊的，正這這一點。但這個「方向」，卻並非對某一本身已然完全同樣地存在了的心靈上的傾向（psychische Disposition）

730 之某種純然的"促進"，而是：它意味著——至少在這個「世界性的領域」（weltliche Sphäre）之內——某種新的"精神"：由他們自己的宗教上的生活、由他們的受到宗教制約的家庭傳統、由他們的環境的那種受到宗教上影響的生活風格出發，在這裡，便在人們之中產生了某種習性（Habitus）：這習性以極為特有的方式，使得他們適合於去滿足現代的早期資本主義的種種特有的要求。概括地加以表達：取代那在其"賺錢術"（Chrematismus）中頂多只能夠感受到被神所"容忍"的、那——就像諸如直到今日本地的印度的雜貨店老闆都還如此的那樣——必須補贖他的"高利貸"（usuraria pravitas）或者加以結清的企業主的，乃是具有堅定不移的良心（mit ungebrochen guten Gewissen）的企業主，充滿著一種意識：「天意」並非毫無任何特定的意圖地向他顯示著那條通

---

127 【譯註】請參閱 PEII[337] 註腳 191、[374] 註腳 271、[385] 註腳 298 與 [419] 註腳 371。

往盈利的道路：為的是要藉此讓他得以踏上通往「神的榮譽」的道路，
並且：神就在「他的盈利與佔有物的增加」上，以可見的方式祝福著
他，並且尤其是：不只是在面對人們的時候，而是也在面對神的時候，
他都可以在「他在職業上的成功」——如果此一成功是用種種合法的手
段達到的——上衡量他的價值，並且：當神恰恰將**他**給挑選出來去達到
經濟上的上升，並用種種達到此一目的的手段加以裝備起來，祂是有其
種種意圖的[128]——相對於其他人：這些人，祂出於種種好的、但當然無
法究詰的理由，決定他們邁向貧窮以及邁向艱苦的勞動，——他以“法
利賽人的”確定感，[129]以嚴格的、形式上的合法性走著他的道路：對他
而言，這種「嚴格的、形式上的合法性」就是最高的、並且——由於
在神的面前，基本上是沒有某種“足夠性”（Zulänglichkeit）的——也
是唯一的、在其意義上可以確定地加以理解的德性。而在另一方面作為
家庭工業式的手工業者或者作為工人而存在著的，則是具有特有的“勞
動意願”（Arbeitswilligkeit）的男人：那「在神所想要的“職業”中的
認真負責（Gewissenhaftigkeit）」，則使得他對自己的宗教上的「恩典
狀態」具有某種的意識。而對那特有的褻瀆——亦即：透過「滿足於
佔有物」、透過「享樂」（Genußfreude）、透過「為了並非職業性的
東西之金錢—與時間的浪費」之「被造物的神化」（Vergötterung des
Kreatürischen）——之斷然拒絕，則迫使對在職業中獲得的佔有物的運
用，一再地進入「資本利用」（在企業主那裡）或者“儲蓄”並從而：
盡可能地上升（在那些“在倫理上”合格的沒有佔有物的人那裡）[130]的
這種“具有職業性質的”（berufsmäßig）軌道。職業與「人格之最內在
的倫理上的核心」——這乃是具有決定性的一點——在此乃是某種堅定
不移的統一體（eine ungebrochene Einheit）。無論在中世紀有再怎麼多
的朝向這種種類的某種實踐性的職業倫理的個別端點——我明確地保留

128　【譯注】請參閱 PEII[416-420]。

129　【譯注】請參閱 PEII[416]。

130　【譯注】請參閱 PEII[411 f.]。

著，還會再回來談談這一點 [131]——，都改變不了一項事實，那就是：這樣的一種"精神性的繫帶"，在當時就是**付諸闕如**。而在這個「這麼將"生命"、"體驗"等等的概念當作某種特有的**價值**加以使用」的現在，該統一體之**內在的瓦解**、"職業人"之「喪失時效」（Verfehmung），是很明顯的。但現代的資本主義——剛剛略提過了的那種現代的感覺方式（Empfindungsweise），不僅出於種種社會政策上的理由，而是：現在由於它跟「職業人的精神」（Geist des Berufsmenschentums）的連結性（Verknüpftheit）而更加反對其熙熙攘攘——早就已經不再需要此一支撐了。固然我們——就像我在我的這些文章之內與之外重複地指出的那樣 [132]——會發現「種種宗教上的生活內容對於資本主義式的發展之先前的富有意義性」的種種殘餘，甚至直到今日都是如此。凡是工業直到現在都還依賴於其員工的那些由該生活風格產生出來的品質的地方，這

732 一點就連在現在也都還常常將自己呈現於宗教信仰上的組合中，例如：它的從基層升了上來的工頭與職員們之相對於那些普通的工人之宗教信仰上的組合，並且同樣地，在企業主階層中也是如此，——當然，這一切在統計上都唯有當人們將那些由於所在地（一如這「所在地」往往會明確地被「不可或缺的原材料的存在」所決定的那樣）以及此外由於那在統計中並未被挑出來的「將種種具有手工業性質的企業也包括在內」而流進來的偶然因素給排除掉，才是可以認識到的。但整體而言，今日的資本主義——就像我重複著的那樣——已經在最大程度上，由

---

131 此外，我在另一個地方（《國家科學簡明辭典》，第三版，詞條：〈古代農業史〉），只要情況允許，就已經略提過了：*[1] 非常特定的一些客觀的條件——相對於由地理上的、政治上的、社會上的以及其他的種種條件產生出來的「古代的文化」，「中世紀的文化」就處在這些條件下，——迎向著"經濟人"（homo oeconomicus）的產生。至於「將現代的科學包括在經濟上的進步之種種"條件"的範圍內」這件事實乃是、以及通過什麼而屬於此一因果系列的這一點，則宋巴特已經深入地加以論述過了 *[2]。【譯注】*[1] 指的是：Weber, 1909a，請參閱 MWGI/6: 692 ff.；關於"經濟人"則請參閱 MWGI/6: 703, 359。*[2] 有可能是指：Sombart, 1902 第二卷第三章（頁 42-67）。（參考：MWGI/9: 731 註解 80）

132 【譯注】請參閱 PE1910[600 f.]。

「這樣的種種環節之富有意義性」中解放出來了。[133] 至於「現代的早期資本主義的時代」，則直到現在為止還沒有任何人想到過要去**懷疑**說：胡格諾主義（Hugenottismus）和法國的市民的—資本主義式的發展，乃是最緊密地連結著的，並且：它——**無論它** 17 世紀末在《南特詔書》（Edikt von Nantes）廢除之後，是**向哪裡**移民的：**並不是**只向那些經濟上較不發達的國家，而是可以證實地**恰恰**也向荷蘭移民，而在荷蘭則「資本利用」（就像我曾經談到的那樣）[134] 部分有不同的去處（anders instradiert）、[135] 部分（即使只在某些特定的階層中）為了「年金享受」（Retengenuß）、社會性的誇耀以及某種與之相應的消費而鬆懈了下來——都將它的那些典型的工商業上的品質給輸出出去了。至於拉賀發爾的"批判"（不同於：他的答辯）則始終有所保留地不去主張說：在合眾國的那些北方各州中，那種種類的市民式的—資本主義式的發展，並非以非常特有的方式建基於它們的那同樣非常特有的、受到清教制約的生活風格。而在英國的相同的現象，則他自己倒是以在他那裡常見的模糊不清的形式供認了。對於蘇格蘭而言，則英國的那些浪漫主義者就已經認識到相同的關聯了。[136] 對於德國而言，則哥特漢（Gothein）已經確定這些事物了，而我則附加上了幾個例子。[137] 對於荷蘭而言，我引用了一些理由去說明：[138] 為什麼在這裡，禁欲式的基督新教的那些（我再說一遍：）在**完全同一個**方向上作用著的力量，會由於一團糾結在一起的、一部分前面已經提到過了的種種原因——順帶一提：對這些原

733

133　【譯注】請參閱 PEII[422 f.]。也請參閱本文 [731]。

134　【譯注】請參閱本文 [687-690] 註腳 40，尤其是 [689]。

135　【譯注】這裡的 "instradiert" 來自義大利文的 "instradare"，意思是引導、確定道路（strada）。（參考：MWGI/9: 732 註解 84）

136　請比較（例如）濟慈（John Keats）致他的兄弟 Thomas 的信（1818 年 7 月 3 日）："這些教會上層人士" 將蘇格蘭 "形塑成了由儲蓄者與獲得者組成的一些縱隊"（相對於愛爾蘭：他是從那裡寫信的）。

137　【譯注】韋伯對哥特漢的引用，請參閱 PEI[136]。韋伯自己舉的例子，則請參閱 PEI[123-140]。

138　【譯注】請參閱本文 [687-690] 註腳 40，尤其是 [732]。

734

因，我絲毫都不自以為自己哪怕是僅僅略提到了那些最主要的原因——
而在某種程度上被中斷了：[139] 這種「程度」大致上相應於荷蘭的資本主
義式的（我談的並非特別地關於殖民地方面的）擴張之相當快就也出現
了的引人注目的停滯的程度。[140] 這一切——相應於某些特定的教派之
在經濟上的資格，在中世紀就已經——都是一些大部分自從 17 世紀以
來就已經眾所周知了的、並且任何從事於這方面的人迄今為止都不會加
以懷疑的事物。並且這些事物事實上也絕**不會**、尤其——出於那些前
面已經提到過了的理由 [141]——不會由於種種本身當然有可能在歷史上極
為有價值的確定（例如：在法國，除了有喀爾文宗的、也有路德宗的荷
蘭移民，以及諸如此類的東西）而被加以動搖。因此，就像我已經說過
了的那樣，我在我的文章中只是**提醒讀者們注意**這些事物。[142] 同樣地，
我再次**提醒讀者們注意**一點，那就是：那些就他們的內在的本質而言就
基本上在自己身上承載著種種禁欲式的——**理性的**特點的俄國的「教會分
立論者」（Schismatiker）與屬於某一教派的人（Sektierer）（但並非**所
有的**俄國的教派都是這樣），只要他們的第一次的、世界疏離的青年期
（erste weltfremde Jugend）被克服了，就會顯示出非常類似的種種經濟

139　但當然並不是由於我在我的文章中提到過了的：某些政治上的上層階層之壓
　　倒性地歸屬于阿明尼烏主義（Arminianismus）或者漠不關心。*[1] 因為，相
　　應的現象完全同樣地也見於其他地方，而就連在荷蘭，也都是這些上層階層
　　最是追求著，透過「他們的資產之 "使他們成為貴族"（Veradligung）」（對
　　種種騎士封地之各種購置，一如在英國那樣）而由資本主義式的熙熙攘攘中
　　（至少部分地）**退出**。順帶一題：拉賀發爾在面對我在我的文章中對阿明尼
　　烏主義所做的明確的評論的情況下，竟然允許自己去主張說：這些眾所周知
　　的事物，我始終都不知道，並且，在我向他指明了這一點之後，*[2] 直到現
　　在都還覺得向他的讀者重複談及類似的東西是適當的，——這件事情只不過
　　相應於所有那我無法一再地關於他所說的那個東西而已。【譯注】*[1] 請參
　　閱 PEII[412-414]。*[2] 請參閱 PE1910[592]。

140　為了不要產生任何誤解：此一「停滯」當然很主要地有著種種政治上的（外
　　在的與內在的）原因。但另一方面，藉此當然也完全並未排除掉「種種禁欲
　　式的特點之斷裂」的參與作用。我目前在我的方面是絕不可能想要決定性地
　　加以回答的，——而其他人也確乎不可能做到這一點。

141　【譯注】請參閱本文 [730 f.]。

142　【譯注】請參閱本文 [728]。

上的特點。「生意上的有資格（Qualifiziertheit）與倫理上的“世界拒斥”
（Weltablehnung）的結合」之最極度的極端則是 —— 那些「閹割者教
派」（Kastratensekte）。[143]

我們勢必得停留在對這些非常熟悉的事物所做的這種**舉例說明式的**
運用（*illustrative* Verwendung）上（並且，就連儘管拉賀發爾的吹毛求
疵，在這裡也非如此不可）。並且，就算對於「對種種個別的區域的發
展之歷史性的特殊研究」而言，對種種「個別的宗教信仰」之力量程度
（Kräftemaß）所做的進一步的個別研究是多麼地有用與必要，就算對
「那些個別的、被禁欲式的基督新教所影響過的國家之發展的獨特性」
所做的比較是多麼地必要（毋寧說：**更加必要**得多）（畢竟唯有這種比
較，才能夠對這些國家的發展之所以會有那顯露出來的區別之種種理
由，提供啟發），——那些真正最迫切的問題，至少對我而言，存在於
別的地方。首先當然是存在於：喀爾文宗式的、再洗禮派式的、虔敬派
式的倫理對「生活風格」所產生的種種影響的那種有待更加深入得多地
追蹤到細節裡去的「**分化**」（*Differenzierung*）。此外則存在於：對在
中世紀與在古代基督宗教中的種種發展的那些端點之深入的探究，只要
特洛爾區的那些著作在這裡還留下空間。但為此卻需要有專業神學家們
之最密集的合作。[144] 接著則是存在於探究：從**經濟**的方面看來，那種

735

---

143 【譯註】請參閱 PE1908[501] 註腳 4。

144 至於「我的那些嘗試被一些有聲望的神學同仁**並非**完全不感興趣地並且原則
上不友善地接受著」這一點，對我而言，本身就已經是在「事情的利益」上
（im Interesse der Sache）的某種很大的滿足了。因為，我當然完全了解：
對他們而言，這種種類的「將某些宗教性的動機系列——這些動機系列事實
上都只是那些真正的宗教上的內容之**在宗教評價上**粗糙的與表面的東西、恰
恰對於那些在內心世界裡具有宗教情調的天性（innerlich religiös gestimmte
Naturen）而言處於邊緣上的東西——與它們為市民式的生活所帶來的種種結
果關連起來」這件事情，還是顯得是某種並不恰當地處理種種相關的「宗教
性的形式」（Religiositätsformen）之最終的**價值**內涵的東西。[736] 事實上情
況就是如此。但這種只是“社會學式的”研究工作（一如在那些神學家本身
之中，尤其是特洛爾區在從事著這種研究工作），卻**也**必須被做出來才行。
當然，最好是由專家們自己來做，我們這些局外人只可能或許循著我們的途
徑並且用我們的考察方式，間或使他們了解種種**提問**（*Problemstellungen*）之

一再地將自己給顯示出來的、以總是不同地轉向著但卻畢竟顯然總是類似地奠定了基礎的方式顯露了出來的「市民階層（Bürgertum）與某些特定的生活風格，其中也（而非：只）與種種宗教性的「生活風格化」（Lebensstillisierungen）之某些個別組成部分 " 的 ——一如禁欲式的基督新教將這些組成部分最前後一致地提供出來的那樣——選擇親和性，可以如何地被加以說明。人們已經從非常多的側面，對那個較為一般的問題，說了非常多的個別的事物，但非常多的、並且——一如我所相信的那樣——恰恰也是具有原則性的東西，仍然有待去說。

736　　為了至少再對一**個**拉賀發爾以最無助的方式不斷對我瞎搞的問題——亦即下述問題：在「現代的資本主義的全體圖像」中，究竟**哪些**形象（Figuren）是絕對不能夠也不應該從 " 內在於世界的禁欲 " 出發去加以了解的——去給出一個簡短的回答，則我注意到：資本主義式的發展的那些 " **冒險家** "（*Abenteurer*），——在這裡，" **冒險家** " 這個概念所採取的意義，跟西美爾（Georg Simmel）最近在一篇很出色的短篇隨筆 [145] 中所呈現出來的意義相同。眾所周知的，他們的經濟史上的意義，恰恰也（但並非：只）在「早期資本主義」的歷史之內，乃是極為重大的，[146]——而儘管如此，人們還是可以在某個意義下並且有所保留地，將「朝向資本主義對全部的經濟生活之日益增加的支配的發展」，趨近式地等同於「**由經濟上的偶得利潤（**Gelegenheitsprofit**）到某種經濟上的系統的發展**」；並將在我的語詞意義下的「資本主義式的 " **精神** "」的發生（Genesis），趨近式地等同於「**從經濟上的冒險家的浪漫主義到理性的經濟上的生活方法學的發展**」。[147]

　　一些就連他們也會感到興趣的可能性。「能做這件事情」乃是我的希望，並且，從那些方面、但卻不是從像拉賀發爾的這樣的有時候學究氣地攪和進來的職業擊劍者們（Klopffechtern），我期待著富有成果的並且可獲教益的批判。

145　【譯注】指的應該是西美爾（Georg Simmel）剛於 1910 年 6 初出版的〈冒險家的哲學〉（"Philosophie des Abenteuers"）一文。

146　【譯注】請參閱 PEI[146 f.]，指的應該是福格。

147　這一點當然需要更進一步的解釋，而我則無法在這裡附帶地給出此一解釋。

737

　　而最後，如果有人還想要從我這裡知道：如果我們將資本主義的
"精神"之種種特有的現代的元素的發揚，**設想為不存在**（*fortdenken*）
的話，資本主義（作為經濟**系統**）的發展之有可能會有的命運，究竟
會是什麼樣的一種命運，——就像我們還記得的那樣：就連拉賀發爾
也對這方面隨口說出了一些在我看來相當輕率的評論——，那麼，人
們當然可以認真負責地一言以蔽之地回答說：這我們不知道。但是，
我們至少可以提醒讀者注意該「發展」之種種重大的特點——至少為
了這樣的一些「非專家」：這些人大多無法完全擺脫一項錯誤，亦即
認為：某些特定的**技術上的**"成就"，就是資本主義式的發展之明確
的原因了：「古代的資本主義」，就是在**沒有**技術上的"進步"的情
況下——人們甚至簡直可以說：隨著「技術上的進步」之終止而同時
地——，將自己給發揚起來的。[148] 歐洲大陸的中世紀之種種技術上的額
外成就（Mehrleistungen），對於「現代的資本主義式的發展之**可能性**」
而言，在意義上固然並不小，但當然並不是任何具有決定性的"發展刺
激"（Entwicklungsreiz）。最後，算在種種「客觀的因素」上的有：某
些特定的氣候上的、影響著生活經營與各種勞動成本（Arbeitskosten）
的環節，而除此之外，還有這樣的一些環節——：這些環節都是通過
在很大程度上受到中世紀式的社會之「中世紀（相對地、相對於「古
代」而言）之**內陸－文化－性格**（*Binnen-Kultur*-Charakter）」所制約的
政治－社會組織，以及由此產生的「中世紀的、尤其是內陸國家式的城
市以及它的**市民階層**（*Bürgertum*）之特有的性格」而生產出來的——
則算是種種歷史性的先決條件中的那些最重要的先決條件（參見**我的**那
篇已經引用過了的在《國家科學簡明辭典》中的詞條）。[149] 除此之外，
還有某些相對於古代而言固然或許並非絕對地、但就結構、擴散與意義

738

　　一個（純客觀地加以考察）再怎麼莽撞的企業主—風險，如果該「風險」乃
　　是某種**「理性地計算了的生意」**之某種由於那"事情"（die "Sache"）而給定
　　了的組成部分的話，就完全不是任何的"冒險"了。

148 【譯注】請參閱 Weber, 1909a 或 MWGI/6: 343 f.。

149 【譯注】指的是：Weber, 1909a 或 MWGI/6: 691 ff.。

而言卻是「新的」的一些在工商業（家庭工業）上的組織形式，作為特有的經濟上的環節而出現了。介於那些中世紀晚期的、仍然非常脆弱的資本主義式的發展過程與對今日的資本主義而言具有決定性的「技術的機械化」（*Mechanisierung* der Technik）之間的那個偉大的發展歷程，乃是透過為此一後者創造出某些重要的客觀的－政治上的與客觀的－經濟上的先決條件（Vorbedingungen）而完成的，但尤其重要的則是透過「理性主義式的與反傳統主義式的 " 精神 " 以及整個在實踐上將該精神給吸收到自己之中的人」之創造與準備（die Schaffung und Vorbereitung des rationalistischen und antitraditionalistischen "Geistes" und des ganzen Menschentums, welches ihn praktisch in sich aufnahm）：「現代的科學（*Wissenschaft*）及其在近代才發展了起來的與經濟的種種實踐上的關係的歷史」的這一方面，「現代的生活經營在其對這同一個經濟之實踐上的意義上的歷史」（die Geschichte der moderne *Lebensführung* in ihrer praktischen Bedeutung für dieselbe）的這另一方面，必須在這方面給出種種主要的啟發。我的文章談所的，就是較後面的這個成分，並且往後還會繼續談下去。那實踐上－理性的「生活經營的方法學」（*praktisch-rationale* Methodik der *Lebens*führung）的發展，理所當然地乃是某種與「科學上的理性主義」（wissenschaftlicher Rationalismus）的發展根本不同的東西、藉由它完全不會簡單地就給定了的東西：現代的自然科學的那些第一批的基礎，乃是發源於一些天主教的區域與腦袋的，[150] 而那「以講究方法的方式將科學與種種實踐性的目的關連起來」（die methodische Inbeziehungsetzung der Wissenschaft zu *praktischen* Zwecken）這件事實，才主要地是 " 基督新教式的 "，正如同樣地：某些特有的、對方法學（*Methodilk*）而言重要的思考原則（Denkprinzipien），也似乎都跟基督

---

150 【譯注】像是哥白尼、布魯諾與伽利略等人都是：哥白尼（Nikolaus Kopernikus, 1473-1543）是 Frauenburg 的主教大教堂教士會成員，布魯諾（Giordino Bruno, 1548-1600）是教士，伽利略（Galileo Galilei, 1564-1642）則是在一間義大利修道院受教育的，終身都很虔誠。（參考：MWGI/9: 738 註解 19）

新教式的思考方式有某種種類的親和性（Verwandtschaft）那樣（那較為
詳細的東西將會讓我們離題太遠）。——尤其是大多數英國的自然科學
英雄們、由 17 世紀直到法拉第（Farady）與麥斯威爾（Maxwell）（眾
所周知，二者中的一個還在 19 世紀在他的教派的教堂中**佈道過**）[151] 都
證明了：無論是在當時的時代還是後來，去將那——再怎麼嚴格的——
" 篤信 " **本身**（"Gläubigkeit" *als solche*）看成是諸**經驗性的**科學之發展的
障礙，乃是完全錯誤的。那**實踐性的**、並且不只是偶而為之的、而是以
講究方法的方式將自然科學吸收進為經濟的服務中的做法，乃是「 " 生
活的方法學 " 一般」（"Lebensmethodik" *überhaupt*）之某種發展的拱頂
石之一：對這種「發展」，文藝復興的、以及宗教改革的（特別是在那
我以片段的方式加以描述過的的「轉向」中）的某些特定的影響，都做
出了決定性的貢獻。而如果人們要我憑良心回答：我究竟將這意義、
尤其是**較後面的**這個環節的意義估算得多**高**（wie *hoch*）的話，那麼，
在經過不斷重新重複的認真負責的考量（gewissenhafte Überlegung）
之後，我將只會這樣回答說：根據我的觀點，**非常高**（*sehr* hoch）。
至於「在歷史性的歸因那裡，並沒有種種 " 用數字計算的 " 分配比例
（"ziffernmäßige" Teilungsschlüssel）」這一點，則責任並不在我身上。

　　夠了並且也過多了。面對 " 讀者 " 這個群眾，——我們實在無法因
為讀者讀了一份全然無理解力的並且就實質而言也不忠實的 " 批判 " 而
苛求他，如今也自己深入地去閱讀那 " 被批判的 " 著作——那種種類的

151　【 譯 注 】 法 拉 第（Michael Farady, 1791-1867） 屬 於「 桑 德 曼 派 」
　　　（Sandemaniern）。桑德曼派原稱格拉斯派，是蘇格蘭長老會牧師格拉斯
　　　（John Glas, 1695-1773）在 1730 年前後創立的教派，主要傳佈於蘇格蘭，但
　　　在英格蘭與美洲也有少數教團。桑德曼派於 1728 年被蘇格蘭教會所排除，因
　　　為他們宣揚「教會—或者教團成員之間的連結，只是精神性的連結」以及「各
　　　教團之間以及教會與國家之間的完全獨立」。法拉第是被選出的「長老」（擔
　　　任長老期間：1840-1844 與 1860-1864，經常佈道）。麥斯威爾（James Clerk
　　　Maxwell, 1831-1897）幼年曾同時參加蘇格蘭長老會（由於其父）和聖公會
　　　（由於其母）。他在 1853 年 4 月徹底轉向長老會，並在晚年成為蘇格蘭長老
　　　會的一位長老。（參考：MWGI/9: 739 註解 20）

「好鬥者—天性」們——拉賀發爾作為"批判者"也屬於這些人之列（我想，至少這一點我已經證實了）——，總是說對了。至於一個歷史學的較席教授、尤其在這種「登場保證」（Sicherheit des Auftreten）的情況下，竟然會由於某種過分表面式的閱讀而出於成見，去對整個所關涉到的**問題**，根本地加以誤解，並且：當人們向他指出了這一點時，他又無法在自己之中籌措那些適當的品質**去承認**這一點，——那些並未清楚地認識到這個題目的人，一定會很難相信這一切。當然，這一點都改變不了下述事實，那就是：很遺憾，情況**就是如此**，並且：我已經能夠證明這一點了[152]，儘管我對於犧牲這份期刊的篇幅感到很抱歉：這份期刊的篇幅無法像《國際週刊》的篇幅似乎就是的那樣，為那些必然——由於"批判者"之完全的罪責而——索然乏味的論戰如此過剩地準備好。

740

---

152 如果人們將他早先的種種意見與他現在的種種意見加以比較，人們將確乎當然會產生一項猜測：較後面的這些意見，比起任何其他的什麼東西，更多地是意味著對我的那當然非常不敬的態度之某種種類的"懲罰"。

附錄：在特洛爾區「自然法演講」上的
討論發言稿

* 譯者說明：1910 年 10 月 19-22 日，甫於 1909 年成立的「德國社會學學會」在法蘭克福舉辦「第一屆德國社會學家會議」。第二個審議日（21 日星期五）下午，韋伯的海德堡大學同事特洛爾區報告，題目是：斯多葛式─基督宗教式的自然法與現代的世俗的自然法（Das stoisch-christliche Naturrecht und das modern profane Naturrecht）。根據 MWGI/9: 743 的說法，特洛爾區在報告中區分開了種種"社會學式的自然法"與"種種不同的觀念力量之種種理想的立法"。「基督宗教的理想法律」，乃是透過整個文化史，而在與種種「自然法律」、但卻也與種種的「理想法律」的論辯中，將自己給形塑出來的。而在整個論述中，他也對「基督宗教式的理想法律」之「建構共同體的力量」作了深入的探討：這種力量產生了教會、教派與神秘主義（＝狂熱主義）這三種「社會形態」（Sozialgestalten）。在會後（1910.10.27）寫給歐倫伯格（Franz Eulenburg1867-1943）的信中，由於歐倫伯格並未與會，韋伯曾簡短評論了每一場報告與討論的情況，其中當然也了談及此一演講：「特洛爾區：演講出色，尤其是：完全地價值中立！討論（Debatte）當天最好。」（MWGII/6: 655）演講後進行討論，最後再由特洛爾區做「結束語」。這裡收錄的，就是進行「討論」時韋伯發言的部分：韋伯發言了二次，也就是這篇發言稿的 1 與 2 兩個部分。由於藤尼斯第一個發言，因此韋伯在第一次發言時，才會先對藤尼斯的評論做出回應，然後再談特洛爾區的論述。韋伯的第二次發言，也主要是由西美爾（Georg Simmel）的發言所引起的。根據 MWGI/9: 743 的說法，西美爾強調：在基督宗教中，具有決定性的一點，乃是「人與神的關係中的直接性」，相形之下，基督宗教所可能採取的那些「社會形態」，則是無關緊要的。但對韋伯而言，就連在這裡，最終所涉及的，還是由特洛爾區所提出來的問題：在什麼意義下，儘管承認此一「直接性」，基督宗教還是在「共同體建構」上發生著影響？而在此一討論脈絡中，韋伯也談及了他自己的宗教史研究的核心問題：那對於「拯救的確定性」的渴望，如何決定著「生活經營」？這二部分的發言稿的原始出處是，*Verhandlungen des Ersten Deutschen Soziologentages vom 19.-22. Oktober 1910 in Frankfurt a. M. Reden und Vorträge von Georg Simmel, Ferdinand Tönnies, Max Weber, Werner Sombart, Alfred Ploetz, Ernst Troeltsch, Eberhard Gothein, Andreas Voigt, Hermann Kantorowicz und Debatten (Schriften der Deutschen Gesellschaft für Soziologie*, I. Serie, I. Bd.). – Tübingen: J. C. B. Mohr (Paul Siebeck) 1911, S. 196-202 [1] und S. 210 f. [2]。曾收錄於 Max Weber, *Gesammelte Aufsätze zur Soziologie und Sozialpolitik,* Tübingen: Mohr 1924, 21988, S. 262-470。韋伯是「德國社會學學會」的發起人兼理事，積極參與第一屆「德國社會學家會議」的籌辦，不但負責物色報告人、安排報告順序，還受理事會之託尋求適當的出版社出版這些報告與討論（書名如上，以下簡稱《審議》）。除此之外，韋伯還接受了編輯此一審議冊的工作（包括刪節速記了下來的討論發言）。根據 MWGI/9: 745 f.（註腳 24）的考證，韋伯甚至對自己的發言作了修改。因此，韋伯這二部分的發言稿的內容，可以確定是經過韋伯自己認可的。由於是發言稿，因此本文並無標題，為了簡便起見，我稱之為〈在特洛爾區「自然法演講」上的討論發言稿〉。此外，這冊《審議》是在 1911 年 6 月 8 日寄給「德國社會學學會」會員的，依此推估，韋伯應該是在 1911 年的前幾個月修改這篇發言稿的，因此，我將這份文獻的完成日期定在 1911 年。

1.

　　尊敬的與會者！我想對藤尼斯（Tönnies）教授先生所論述的內容，　　*747*
說點想法。[1] 在我們所談論的這個領域上，他畢竟在很大的程度上，承
認自己是——正如我們不想要說是「唯物論式的歷史觀」的那樣——
「經濟式的歷史詮釋」的追隨者。人們畢竟確乎將可以整體而言地將
他的見解，用一個現代的、常被使用著、但內心並不完全清楚的語詞
總結為：這裡在這篇我們剛聽到的演講中所談到的那些宗教上的對立
（Gegensätzlichkeiten），都是某些經濟上的對立（Gegensätze）的一些
" 代表 "（Exponenten）。那麼，各位先生，無可置疑的一點是：種種經
濟上的關係，就像到處那樣，在這裡也廣泛地干預著，而我的同事與朋
友特洛爾區，也在他的種種知名的著作中，以最強調的方式，將種種宗
教上的獨特處的發展之種種經濟上的關係與條件給指明了出來。[2] 但人們
實在不可以這麼簡單地設想此一發展。我相信，或許最終與藤尼斯所見
略同；但就他所說出來的而言，在他的種種評論中的一些評論裡，畢竟　　*748*
存在著某種對某種太過直線式的建構的嘗試。

　　藤尼斯教授：暫時地！

　　如果我正確地理解了他的話，他特別強調「教派—宗教性」與城
市的親和性。然而，各位先生，那第一個特有的教派、那所有後來的真
正的教派都在結構上與之相應的所謂的「模範教派」（Mustersekte）、
那古代的多納圖斯主義者（Donatisten）[3] 的教派，就是在純農業式的
基地上產生出來的。此一教派的特徵，跟每一個教派一樣，都顯露
於：它並不滿足於「基督教會乃是某種種類的「恩典之信託—基金

1　【譯注】藤尼斯是自然法專家，因此率先作了相當長的評論（參見《審議》
　　頁 192-196）。韋伯接著發言，首先與藤尼斯進行辯論。

2　【譯注】這裡指的應該是 Troeltsch, 1906 以及 Troeltsch, 1908-1910。後者就發
　　表在韋伯參與主編的《文庫》上。

3　【譯注】多納圖斯主義者指的是西元第四世紀興起於北非的、主張教會分
　　立論的一些教派信徒，由於這些人追隨迦太基總主教多納圖斯（Donatus
　　Magnus, 據信約 355 年死於流放中），因而被稱為「多納圖斯主義者」。

會」（Fideikommiß-Stiftung der Gnade）」這一點，無論是哪個人在聖禮中賜予了此一恩典，亦即：無論教士是否配得上：他正是在賜予著他的機構（*Anstalt*）所佔有的種種魔術性的奇蹟效果（magische Wunderwirkungen）：這些「奇蹟效果」完全獨立於該教士作為個體所具有的價值。多納圖斯主義反對著這一點，並要求著：教士——如果他作為教士將會被他的教團所承認的話——在他的品行（Wandel）上、在他的人格上，也將是「完全的宗教上的資格」之某種的體現。一個 "教派" 乃是——如果人們想要在概念上將它與某一 "教會" 劃分開來的話——恰好不是某種機構（像「教會」那樣），而是由許多在宗教上有資格者組成的某種共同體：這個共同體就是所有獲得了拯救召喚的人、並且**僅僅**包括著這些人的教團，這教團作為「不可見的教會」，就連在路德的與喀爾文的、奧古斯丁的種種思想中也都存在著，但如今在這裡、在「教派」這裡，卻轉變成了可見的了。

後來在種種教派身上所產生出來的一切，在種種具有決定性的點上、在對「純粹性」（純粹教會 [ecclesia pura]）的要求上——：要求此一共同體只由這樣的一些根據他們的品行與他們的種種生活形式的種類，並未在自己身上明顯地帶有「神的摒棄」之記號的人所組成——都繼承了這一點，而相反地，各教會則讓它們的光照著義人，也照著不義之人，無論是根據喀爾文式的與天主教式的、還是根據路德式的學說，都是如此，因為（例如）就連根據喀爾文式的學說（連同其「預定信仰」），教會的任務都是：就連那些無可挽回地從永恆以來就受到詛咒的人，也在外在上去強制他們受到教會的嚴密監控——為了神的榮譽。但「共同體建構」的那「"教派"—形式」，就像我們說過的，第一次卻出現在各城市之外。

然而，在「古代」之外，情況究竟又是如何呢？由於藤尼斯教授認為「農業式的中世紀之種種狀態的單純性」，得為「中世紀的基督宗教的發展的種類」負責，並強調說：在「各城市」這個基地上，教會體制——我簡化了他所說的內容，但確乎是經過他同意的，我相信我並沒有偽造——變得破洞百出，部分是有利於某種純粹世界性的、或者至少是朝向著「純粹的世界性」（reine Weltlichkeit）發展的理性主義，部分則是有利於那「教派原則」。[4] 但與此相對地，我們畢竟可以確定說：教皇的權力地位恰恰是、並且絕非僅僅在政治上，建基於各城市之上的。相對於種種封建權力（Feudalgewalten），義大利的各城市都是站在教皇這一邊的。在那些「大鬥爭」的時代裡，義大利的各行會，都是前所未有地「最天主教的」。那神聖的多瑪斯與種種的「托缽修會」，除了在「各城市」這個基地上之外，在所有其他任何一個基地上，都是根本就不可能的，因為，恰恰因為他們都是靠乞討為生的，他們是無法靠農人生活的：農人會將乞丐感出門外。

藤尼斯教授：他們曾經反抗本篤會。

的確，但卻是從「各城市」這個基地出發的。無論是那最高度緊張的「教會思想」還是「教派思想」，所有這二種最高的形式的「宗教性」，都是在中世紀的「各城市」這個基地上才…

藤尼斯教授（打斷說話者）：方濟會修士們（Franziskaner）與各教派有很重要的種種關係！

毫無懷疑，這完全不是問題；但道明會修士們（Dominikaner）卻沒有，而我在這裡所要申明的，則只是：唯有在有了各城市之後，中世紀的那完整的、就連恰恰是**教會上的**「基督宗教化」，才真正被貫徹了，並且：無論是「教會的及其自然法的形式」，還是「教派的及其自然法的形式」，都是在「各城市」這個基地上才找到其全盛期的。因此，我將不會承認，我們可以在這裡去做出某種原則上的區分。這一點我今後

751

4　【譯注】根據藤尼斯的說法（參見《審議》，頁194 f.），「市民式的學說」將「人的意志」看做是「真正的根」，而這「人的意志」則是與「各教派的自然法」以及「理性主義式的自然法」共通的。因此，各教派與理性主義從一開始就是叛逆的、反抗教會及其對於世界性的權力之神學觀。相對於農人在福音的教導下幾乎變成了天性的「敬畏當權者」，市民則由於中世紀的城市體制而具有一種意識：「此一城市及其權利，這就是我的小屋，我創造了這間小屋。」（參考：MWGI/9: 750 註腳 14）

亦將不會承認。我們很常聽到人們主張一種想法，認為：基督新教基本上乃是「基督宗教式的宗教性」在其中適應了「現代的貨幣經濟」的形式。

752　　完全同樣地，正如人們所想像的那樣：對羅馬法的繼受，也是由於種種現代的貨幣經濟上的關係，才會被加以導致的。相形之下，堅如磐石的一點是：毫無例外地，現代之所有特屬資本主義式的法律形式，都是具有中世紀的、大部分直接地是日耳曼式的起源，並且對羅馬法毫無所知，並且我們還可以進一步地確定：宗教改革乃是首度由那些在經濟上的關係上，無限遠地落後於義大利、落後於佛羅倫斯等等的地區出發，被發動起來的。就連所有的教派、就連（例如）那些再洗禮式的教派，也都恰恰在（例如）弗里斯蘭（Friesland）的基地上、並且在農業式的基地上，發展得特別好。您馬上就會看到：儘管如此，我們二人的看法有多麼一致。唯有一點——而這一點您或許也將完全不會否認我與此相反所說的——、唯有一點是不可以讓步的，這個觀點無論如何間接地與確乎違反您的意圖地，都還是有可能從您的話語中被推論出來的，那就是：好像人們可以將「宗教上的發展」看做是某個另外的什麼東西、某些經濟上的處境的反射似的。這一點，在我看來，情況絕非如此。如果人們想要搞清楚，種種經濟上的與宗教上的事物彼此處於什麼樣的情況中的話，那麼，人們或許將會回想起下面這些東西。

　　正如藤尼斯教授先生所將會回想起來的那樣：在蘇格蘭以及同樣地也在法國，貴族——蘇格蘭完全地、在法國突出地——乃是喀爾文主義式的—胡格諾式的反叛的領導者。並且，到處的情況都是如此。「教會分裂」（Kirchenspaltung）垂垂直直地走過16世紀這個時代的身分

753　等級階層，它從上到下包括了人口中從最上位的直到最低下的階層的人們。蘇格蘭的貴族之所以會回到「主教制教會」的懷裡，而相反地：蘇格蘭的市民階層之所以會流入蘇格蘭的「自由教會」（Freikirche）中，的確完全不是偶然的，並且理所當然地也有種種經濟上的理由。法國的貴族之所以會越久就越離開「胡格諾主義」這面旗幟，而那繼續殘留在

法國的胡格諾主義之中的東西，則日益增加著市民式的性格，並非任何的偶然。但就連這一點，我們也不可以理解為：「市民階層」本身，出於種種經濟上的理由，而由自己之中將那相關的宗教性給發展了出來。相反！那在蘇格蘭被鑄造了出來的市民階層，就將（例如）濟慈（John Keats）稱為「當地的教會人士（Kirchenmänner）的某種產物」。而對法國而言，（例如）伏爾泰對那正確的東西（das Richtige）就知道得相當好。[5] 總而言之，如果人們想要提出某種片面經濟上的詮釋——就連在「經濟乃是主要原因」或者甚至：「這裡所關涉到的，就只是經濟或者這一類的東西的種種反射」這個意義下——的話，那麼，就連在這裡這也是完全錯誤的，而我所反對的，就唯有這一點。

接著，我想要直接對特洛爾區教授的演講，再說一些想法。

首先談一下他向我們講解的那些不同的類型。[6] 對這些類型，人們如今勢必會認為說：其實不用說，它們當然是在很高的程度上互相滲透著的。例如喀爾文主義就是這樣的一個教會：這個教會憑藉其種種教義上的基礎，長期看來，有可能不會始終都是某種教會。因為，如果說透過某種「神的處分」，在世界被創造出來之前，就永遠地決定了某一個人下地獄、而另一個人則上天堂的話，那麼，人們的確最終一定會來到一個喀爾文本身就加以拒斥的問題：人們究竟是否可以看出一個人被怎麼決定了，他是這樣還是那樣地被預定了？並且，有一個想法勢必還會進一步被喚起，那就是：國家權力與教會上的紀律的干涉又有何用？對被判下地獄的人而言，它們根本就絕對地幫不上任何忙。無論他做了什麼事、也無論他是什麼樣的一個人，神都在這麼多的千萬年前，就已經對他做出了決定：他將會下地獄並且被燒掉，做什麼都沒有用。因此，

754

5　【譯注】這裡所說的「正確的東西」，指的應該是：就連厭惡胡格諾信徒的伏爾泰，也認識到「法國之工業勤勉與商業繁榮，首先得感謝胡格諾信徒的投入」。1685 年廢除《南特詔書》之後，大約有 50 萬胡格諾信徒移民國外，也帶走了他們的種種藝術、手工業與財富。（參考 MWGI/9: 753 註腳 26）。

6　【譯注】這裡的「類型」，指的是特洛爾區在此一演講中所提出來的三個類型：教會、教派、神秘主義（Mystik）。

將教會相對於教派所擁有的某些機器動起來，又有什麼用！這件事情事實上——我再度將事情給簡化了——曾再三出現過，對此，英國的那眷戀著預定信仰的浸禮派（「克倫威爾的運動」的一個強大的承擔者）之巨大的擴充，以及「（例如）在新英格蘭，只有那些他們的外在的品行至少包含著一種可能性，那就是：他們不屬於那些被摒棄者之列的人，才支配著教會」的這種狀態，都是證明。這件事情走得如此之遠，以致於另外那些並未帶有此一外在標記的人、以及那些人們之所以不准許他們參加聖餐，乃是因為這就足以羞辱神了的人，他們的兒女也不可以被准許受洗。

此外，我想補充式地附加一點，那就是：「希臘式的教會」[7]也扮演了某種重要的特殊角色。它不讓人如此容易地就編排進來。各位先生，俄國在 30 年前、而更多當然是直到農奴制度（Leibeigenschaft）的廢除，[8] 在國家上與組織之上，一直大致上都處於「戴克里先的帝國」（Reich Diokletians）的狀態中，[9] 儘管文化情況、在許多方面就連種種經濟上的情況也都是基本上不一樣的。俄國的基督宗教，就其特有的那些類型而言，過去是、直到現在也都在很高的程度上還是古代的基督宗教。如果人們如今在眼前看到某種威權式的教會的話，那麼，人們將會首先向它提問說：那最終的、無誤的權力建基於其中、因而可以判決「某個人是否屬於教會」、「某個教會學說在教義上是否正確」等等的那個審級（Instanz）在哪裡？我們都知道：這在天主教的教會中，今日，在漫長的種種鬥爭之後，就只有教皇了，我們都知道：在路德式的教會中，則是 "話語"（das "Wort"）、經文，以及那些依職權（von Amts wegen）就是受到召喚要去詮解「話語」的人，並且只有這些人。

7　【譯注】這裡所說的「希臘式的教會」，指的是希臘—拜占廷式的文化區的教會，其個別的、自主的國家教會，人們今日稱之為「正統的教會」，其中也包括 1448 年就完全獨立了的俄國教會。（參考 MWGI/9: 755 註腳 32）

8　【譯注】沙皇亞歷山大二世於 1861 年 3 月 3 日廢除了農奴制。

9　【譯注】這裡所說的「戴克里先的帝國的狀態」，指的是某種「範圍廣泛的國家改造」的狀態。

如果我們現在向該希臘式的教會提問說：「在你這裡，究竟是誰展 756
示著此一審級？」的話，那麼，官方的回答乃是 —— 就像尤其是霍米
亞科夫（Chomjakoff）[10] 所已經解釋過了的那樣 ——：「教會」這個在
愛之中連結了起來的共同體。並且，這裡顯示著：喀爾文宗式的教會是
以「教派精神」（Sektentum）加以貫徹的，而希臘式的教會，則在很
大程度上乃是透過某種極為特有的、古代的神秘主義（Mystizismus）
加以貫徹的。在該「正統的教會」中，有某種特屬神秘主義的、在東方
的基地上永遠不會丟失的信仰活著，相信說：兄弟愛、鄰人愛、那些
特有的、我們如此模糊地感受到的人與人之間的、各大救贖宗教都加
以神化了的關係，構成了一條道路：不僅諸如像是邁向某些社會性的效
果 ——這些效果都是完全附帶的——的道路，而是邁向「對世界意義
的知識」（Erkenntnis des Weltsinns）、邁向某種「與神之神秘的關係」
的道路。眾所周知，托爾斯泰是如何跟他的神秘主義式的信仰論辯的。
如果您想要理解俄國文學、尤其是那非常偉大的文學的話，那麼，您就
必須總是考慮到一點，那就是：這乃是一切都在其上建造了起來的種種
基礎之一。如果人們讀一下俄國的一些小說，例如杜斯妥也夫斯基的
《卡拉馬助夫兄弟們》（*Die Brüder Karamasow*）或者托爾斯泰的《戰
爭與和平》或者某種類似的東西，那麼，人們首先將會有一種「事變之
最完全的無意義性」的印象、某種由種種激情構成的沒有意義的亂七八 757
糟。此一效果，絕對並不是偶然的，它也並非僅僅由於下述這一點而造
成的，那就是：這些小說都是為了各種報紙而被寫出來的，並且，在這
些小說剛開始被寫作的時候，作者對於「它們將會如何結束」還沒有任
何的預感，——因為，在（例如）大仲馬（Dumas）那裡，情況同樣是
如此——，而是：這一點是在某種秘而不宣的確信中有其根據的，那
就是：此一在政治上、社會上、倫理上、文學上、藝術上、家庭上被形
構了出來的生活，相對於那在其下傳播了開來的、體現在俄國文學所

10　【譯注】指的是 Alexei Stepanowitsch Chomjakow（1804-1860），俄國詩人、
　　政治評論家、神學家與哲學家。

顯示的那些特有的型態中的基礎，乃是事實上毫無意義的，但這種確信之所以對我們而言如此非比尋常地難以理解，乃是因為，它建基於一個簡單的、完全是古代的基督宗教式的思想之上，那就是：那波特萊爾（Baudelaire）稱之為 "靈魂之神聖的賣淫" 的東西：對鄰人、亦即：對隨便哪一個人（無論他是誰）、換言之就是對「次佳者」的愛，正是這種無定形的、未成形的「愛的關係」（Liebesbeziehung），賦予了進入那「永恆的、無時間的、神的東西」的大門的入口。我們往往會對俄國文學的這些產品有所懷念的那「藝術上的統一性」，其種種最偉大的作品的那「形塑性的原則」，就存在於人們所讀到的東西的所謂的「反面」（Reversseite）中：它就根據那些其活動可見地在「世界的舞台」上上演的「行動性的人」之靈魂上的對拓者（seelische Antipoden），而存在於重力中。並且這一點乃是俄國的宗教性的某種產物。但某種特有的**自然法**，卻也建基於所有俄國式的宗教性的這種無世界主義式的基本特點上，——您將會在種種俄國式的教派中、並且也在托爾斯泰那裡，清楚地看到那種自然法，並且，**除此之外**，這種自然法當然也會受到「農業共產主義」的繼續存在——這種「農業共產主義」為了調節農人們的種種社會性利益，還教導農人遵守神的法律——所支持。——這一點我現在無法深入地加以論述。但是，諸如索洛維約夫（Wladimir Solowjew）[11] 這些人的所有的基本理想，卻都歸根於該基礎。因為，就連索洛維約夫所特有的「教會概念」，也都建基於該基礎上：用藤尼斯的話說，就是立足於 "共同體"、而非立足於 "社會" 上。

由於時間有限，我想再簡短地提到一點。同仁特洛爾區的演講，固然理所當然地建設性地處理了、也必須處理「教會、教派、神秘主義之間的種種對立」以及它們與世界、與自然法等等的關係。但此一程序的

11　【譯注】Wladimir Solowjew，或寫作 Wladimir Sergejewitsch Solowjow（1853-1900），是一個俄國的宗教哲學家與詩人。索洛維約夫的宗教哲學建基於「神對人的愛」與「相互的兄弟愛」，而目標則是「人的神化」。此一歷程是在教會中、並且透過教會而實行的：人們可以在教會中以神秘的方式經驗到並實踐著愛。（參考 MWGI/9: 758 註腳 43）

合理性，卻建基於一點之上，那就是：如果人們問一個教派成員「是哪些思路（Gedankengänge）使他成為教派成員的」，他**最終**將會流入——無論他表達得多不清楚——那我們今日由同仁特洛爾區聽到的東西之中，而如果人們最近問問天主教式的教會的一個成員「為什麼他是這個教會的成員，而不是任何教派成員」，他同樣**最後**將會被引導到這些思想上來。並且，您可以親手抓到證據；如果您發現：馮‧赫特林（v. Hertling）[12] 男爵向他的信仰伙伴們保證說：無論《聖經》是怎麼製作出來的、它在歷史上發生了什麼樣的事情，都是無關緊要的，因為：作為神的信託—基金會的教會告訴我們，那存在於《聖經》中的東西，無論是誰把它給寫了下來，也無論它是怎麼走過來的，都是神的規範、神的真理。設若我們沒有教會，基督新教徒們的《聖經》，對我們將會毫無任何幫助。由於在其**最終的**結論中，此一關於教會的觀點與這場演講所告訴我們的觀點乃是相符的，也因此我相信自己應該先在這裡，對這場演講提出幾點可能的反對意見：因為，這些思路並未有意識地活在教會或者教派的每一個追隨者之中。

最後，我只想要再指出一點。如果人們從教會、教派等等的觀點出發，像特洛爾區那樣地分析著「自然法式的學說」的話，那麼，這當然不是在說：如今此一學說或許不會對行為產生種種實踐上的後果：對我們而言，這些後果本身，相對於此一教會式的學說之固有的內容，顯得是完全異質的。「原因與結果之間的非理性性與價值不一致」這個原則（das Prinzip der Irrationalität und Wertdiskongruenz zwischen Ursache und Wirkung）是存在著的，只要像是教派成員式的基督新教、喀爾文宗、虔敬派的學說之某種學說——如果「人們在地上蓄積財寶」的話，這種學說是會最熱切地加以詛咒的——，藉助於此一學說所發動起來的種種心理學上的動機，竟然導致了：剛好這同一批人就是那些屬於現代的資本主義式的發展的那些偉大的承擔者之列的人，——因為：相較於

12　【譯注】指 Georg Friedrich Karl Freiherr von Hertling (1843-1919)，德國政治家 1914 受封為伯爵。

759

「在地上蓄積財寶」，「為了自己的享受的消費」受到了更加強烈的詛咒，因此被喚起了的，無非就是「為了種種資本主義式的目的而對此一財寶之不斷重新的利用」，並且因為：「在這個世界上之禁欲式的**證明**（*Bewährung*）的必要性」，培育了資本主義建基其上的「職業人」（das Berufsmenschentum）。

760

但情況往往就是這樣。如果說（例如）特洛爾區強調「唯有教會才是某種普世性的、普世主義式的、就其觀念而言可以當作是民族教會、當作是民族基督宗教加以設想的形式」的話，那麼，我們當然可以基於實踐而向他提出異議說：直到這個世紀的門檻上，不僅在量上、而是也就質上加以衡量，最具有宗教性的國家，乃是美國：美國早就已經不再知道有什麼「國家教會」了，並且，在美國，就連基督宗教也絕大多數都採取了種種「教派」的形式；如果我沒有搞錯的話，那麼，在 90 年代中，美國人口中大約只有 5% 的人是在官方上不屬於任何宗教共同體的。並且，「歸屬於某一宗教協會（Religionsgesellschaft）」的「歸屬性」，在美國花費比在我們這裡不可置信地遠較為多得多：就連沒有資金的人也得花點錢，就連我偶然間在水牛城附近認識的一些由德國外移到美國的德國工人，也得花上 1800 馬克。年收入大約 100 馬克交付教會的各種稅，且完全撇開各種教會募款與類似的東西不計。請您找找，看看可不可以找到一個德國工人會支付這麼多給某一個教會式的共同體，無論哪一個共同體、想要的是什麼。恰恰因為在美國那裡，「宗教上的典型」事實上就是「教派典型」（Sektentypus），也因此在那裡宗教乃是「人民之事」（Volkssache），並且：**因為**此一「教派典型」並不是普世性的、而是排他性的，並且：因為是排他性的，它的追隨者們在內心世界裡與外在上，都顯示出非常特定的一些優點，也**因而**那裡才是「有效地歸屬於種種宗教性的共同體」這種歸屬性之普世主義的所在地，而不是在德國的這種「名義—基督宗教」（Namens-Christentums）這裡：在這裡，一部分的有錢人為了教會交付了所有的稅金——為了 " 為人民保留宗教 " ——並且此外，如果他們本身與此事毫無關係的話，還會感到

761

很高興，並且，他們之所以沒有退出，乃是因為這對於晉升以及所有可能的其他種種社會性的機會而言，會有種種讓人感到不舒服的後果。

2.

我只還想要對西美爾所論述的東西，講幾句話。那探問「基督宗教的宗教性之真正的意義」的問題，畢竟不是今天所要討論的。[13] 儘管如此，看到這些論述被作了出來，我們一定都感到很幸運。由於這些論述部分是針對著我而發的，所以請容我對此簡單加以答覆。

「根據基督宗教之形上學上的意義，沒有任何東西可以將自己伸進靈魂與它的神之間」這個論點，我完全承認，但事情畢竟就是這樣的：對於社會學所必須處理的種種經驗上的情況而言，我們是可以由一點出發的，那就是：每一個在宗教上篤信的靈魂、大多數就連那些在原始基督宗教以及在「宗教上的激動」的所有時代中在宗教上再怎麼情緒高昂的靈魂，都一定曾經感覺到一種需要，需要：他們也真正地站在神面前，而不是什麼其他東西，以某種方式就連在他們的「日常」中也始終感到**確定**地「擁有"拯救的確定性"」。而此一「確定性」則可以循著許多不同的方式獲得。藉此所觸及到的，首先還不是任何社會學式的、而是某種純粹心理學式的問題，但卻是一個具有在社會學上

762

13　【譯注】西美爾的發言，收錄於同一本《審議》頁 204-206。根據西美爾的說法，基督宗教就只有一個問題，那就是：「靈魂與它的神，並且僅此而已」。"基督宗教的意義" 就在此一「形上學式的層面」中上演。相反地，那「社會性的東西」則始終都是原則上無關緊要的，這也就是為什麼基督宗教可以跟種種最不相同的社會形態相連結的理由。「從靈魂到它的神的那條直接的線」是不能被打斷的，就連「愛」也始終都是「某種種類的繞道」，在絕對的意義下，沒有任何另一個人可以站在人與神之間。因為，就連「愛的原則」（Liebesprinzip）也都是由世界之種種經驗的秩序中，插進基督宗教裡的，就像教會連同它的種種秩序，也都是由那人們在其餘的歷史性的世界中所擁有的東西中，插進這些基督宗教式的思想圈子之中的。（參考 MWGI/9: 761 註腳 54 與 55）

令人感到興趣的種種結果的問題。──在那裡存在著的二個最極端的
對極（Gegenpole），乃是在一個方面那些拒斥著「對世界進行種種形
塑」（die Formungen der Welt）的宗教性，正如我們就連在「現代」這
個時代中也體驗到那些宗教性的那樣：這些宗教性在那些我以前談過
的精神性的運動中，都還繼續維持著，並且的確也是原始基督宗教的
某些部分所曾經特有過的：某種種類的「"無世界主義式的"人的愛」
（"akosmistische" Menschenliebe）──這是一種可能性，──而在另
一個方面，其最極端的相反圖像（Gegenbild）則是喀爾文宗式的宗教
性：這種宗教性在「為了神的更大的榮耀」（ad majorem Dei gloriam）
可以獲得的"證明"中，就在這個給定了且安排好了的世界之內，感
受到自己就是神的兒女的確定性。在一個方面是完全沒有形態的「愛
的無世界主義之無形式性」（Formlosigkeit des Liebes-Akosmismus），
在另一個方面則是特有的、對於「社會政策的歷史」而言在實踐上極
為重要的態度（Verhalten），那就是：個別的人感受到自己之所以被放
置進種種社會性的共同體之中，乃是為了一個目的，那就是：在其中
為了他的靈魂的拯救，去實現"神的榮譽"。喀爾文宗的此一最後一個
特點，在意義上（dem Sinn nach）制約著那些我們看到就在這個基地
上產生了出來的社會性構作物之整個的內在的形塑。總是有某種特有
的、建立在利己的基礎上的「社會建構的環節」，隱藏在這些構作物之
中；當個別的人在服務於全體（無論這個「全體」叫做什麼）時，這
個個別的人總是在尋找著自己：總是──為了要使用那些在我們的現
代的社會─哲學式的考察方式的基本書籍之一、在斐狄南·藤尼斯關
於"共同體與社會"（*Gemeinschaft und Gesellschaft*）這部著作中被加以
使用的對立：──那在此一基地上成長了起來的人與人之間的關係方
式，總是某種"社會"、某種"結社"（Vergesellschaftung），是那「脫
掉"人性的東西"（das Menschliche）的"文明"」、交換、市場、切事
的目的團體（Zweckverband）──而非個人性的親如兄弟（persönliche
Verbrüderung）──的某種產物，總是相反地：那另一個東西、那「愛

763

的─無世界主義」（Liebes-Akosmismus）將 " 共同體 " 建基於 " 兄弟情誼 "（Brüderlichkeit）這純粹人性的基礎上。原始基督宗教的共產主義及種種「衍生物」，在經驗上固然具有最不相同的種種動機，但這些動機總是──在原始基督宗教中就是如此──連接上那古老的「自然成長了起來的兄弟情誼關係」（naturgewachsene Brüderschaftverhältnisse）的傳統：在這些兄弟情誼關係裡，「食與飲的共同體」奠立了家庭式的共同體，正如就連「利息禁令」（Zinsverbot）對基督徒而言，在亞歷山大城的克里門（Clemens von Alexanderien）[14] 的時代都還用那古老的命題去激勵人：人們在兄弟之間，不討價還價，在兄弟之間不使用任何「主人權利」（Herrenrecht）──而「利息」就是主人權利──，在兄弟之間，不講他的好處，只講兄弟情誼。[15] 因此，西美爾對於「宗教性的態度」的**意義**所說的一切，我都承認，但也因此從社會學的立場看來，我們畢竟必須經常提出心理學式的問題，而這問題事實上也被所有的方面、甚至也被那些最極端的、並且因而從宗教的立場出發看來也許是最高的形式的神秘主義所提出來：如何、透過哪種媒介，個別的人將會**確定它與那永恆的東西的關係**？ *764*

　　西美爾教授：理性！（Ratio!）

　　這一點完全正確，的確，這無可置疑地只是某種「知識根據」（Erkenntnisgrund）、而不是至福之某種「實在根據」（Realgrund）。

14　【譯注】Clemens von Alexanderien（150-ca. 215）是基督教神學家與哲學家，任教於亞歷山大城的教理學校，因而一般稱之為亞歷山大城的克里門。

15　【譯注】這裡提到的，是舊約〈申命記〉23, 20 f. 的利息禁令：「你不應該向你的兄弟拿重利，既不用錢、也不用食物、也不用人們可以牟取暴利的一切。你可以向陌生人、但不可以向你的兄弟拿暴利。」。

參考書目

縮寫代號

AfSSp   *Archiv für Sozialwissenschaft und Sozialpolotik.*

CR   *Corpus Reformatorum,* begr. von Karl Gottlieb Bretschneider, Halle: C. A. Schnetschke und Sohn, 1834 ff.

MWG   *Max-Weber-Gesamtausgabe,* Tübingen: Mohr 1984-2020.

PE   泛指《基督新教的倫理與資本主義的精神》一書。

PEI   指 1904-05 年版的 PE 的第一個部分。

PEII   指 1904-05 年版的 PE 的第二個部分。

PE1906   指 1906 年出版的〈北美的 " 教會 " 與 " 教派 "〉。

PE1907   指 1907 年出版的〈對前面的這些 " 評論 " 的一些批判性的評論〉。

PE1908   指 1908 年出版的〈對前面這篇 " 答辯 " 的一些評論〉。

PE1910   指 1910 年出版的〈對資本主義的 " 精神 " 之反批判〉。

PE1910a   指 1910 年出版的〈對 " 資本主義的精神 " 之反批判的結束語〉。

R & K   指 1903, 1905, 1906 分三個部分發表的 Roscher und Knies 一文。

RE   *Realencyklopädie für protestantische Theologie und Kirche,* 24 Bände, 3. Aufl., Leipzig: J. C. Hinrichs 1896-1913.

RSI   *Gesammelte Aufsätze zur Religionssoziologie,* 1. Bd., Tübingen:

Mohr 1986.

中文部分

張旺山

1997:〈韋伯的「文化實在」觀念：一個"方法論"的分析〉,《人文及社會科學集刊》,第 9 冊第 2 期 (86/6),頁 1-38,臺北:中央研究院中山人文社會科學研究所。

2001:〈韋伯《新教倫理與資本主義精神》導讀〉,韋伯,2005: 25-37。

2006:〈真相就是真理:韋伯《新教倫理與資本主義精神》一百年〉,《思想》第 1 期,頁 207-233,臺北:聯經出版。

2013:〈中譯本導讀〉,刊載於 Max Weber 著／張旺山譯注,《韋伯方法論文集》,臺北:聯經出版,頁 (11)-(96)。

2014:〈韋伯方法論研究的意義——兼談《韋伯方法論文集》的翻譯與閱讀〉,《臺灣社會學會通訊》第 80 期,頁 52-69。2014 年 6 月出刊。

2019:〈基督新教的倫理與資本主義的精神〉,劉滄龍（主編）,《世界思潮經典導讀》,頁 55-80,臺北:五南圖書。

韋伯

2005:《新教倫理與資本主義的精神》,Max Weber 著／于曉等譯,臺北:左岸文化。

2007:《基督新教倫理與資本主義的精神》,Max Weber 著／康樂、簡惠美譯,臺北:遠流出版。

2013:《韋伯方法論文集》,Max Weber 著／張旺山譯注,臺北:聯經出版。

外文部分

Adams, Thomas

1847: *The Three Divine Sisters, Faith, Hope, and Charity. – The Leaven; or, a Direction to Heaven. – A Crucifix; or, a Sermon upon the Passion. – Semper Idem; or, the Immutable Mercy of Jesus Christ. – Etc. etc. etc.* With Introduction by W[illiam] H[endry] Stowell (*Works of the English Puritan Divines* [Vol. 5]), London / Edinburgh: Thomas Nelson.

Arnold, Samuel Greene

1859: *History of the State of Rhode Island and Providence Plantations,* Vol. 1: 1636-1700, New York / London: D. Appleton & Company.

Baird, Henry M.

1880: *History of the Rise of the Huguenots.* 2 Vols., London: Hodder and Stoughton.

Barclay, Robert

1701: *An Apology for the True Christian Divinity,* 4. Ed., London: T. Sowle.

1876: *The inner Life of the Religious Societies of the Commonwealth,* London: Hodder and Stoughton.

Baxter, Richard

1678: *A Christian Directory: Or, a Summ of Practical Theology, and Cases of Conscience,* London: Printed by Robert White for Nevil Simmons.

1852: *The Saints' Everlasting Rest, or, a Treatise on the Blessed State of the Saints in their Enjoyment of God in Heaven,* London: William Tegg and Co.

Bayli, Ludwig

1724: *Praxis Pietatis. Das ist: Ubung der Gottseligkeit,* Leipzig: Johann

Friedrich Brauns.

Becker, Bernhard

1900: *Zinzendorf und sein Christentum im Verhältnis zum kirchlichen und religiösen Leben seiner Zeit. Geschichtliche Studien,* 2. Ausg., Leipzig: Friedrich Jansa.

Bernstein, Eduard

1895: "Kommunistische und demokratisch-sozialistische Strömungen während der englischen Revolution des 17, Jahrhunderts," in: *Die Vorläufer des Neueren Sozialismus,* 1. Bd., 2. Theil, Stuttgart: J. H. W. Diet, S. 507-718.

Beza, Theodor von

1582: *De praedestinationis doctrinz et vero usu tractatio absolutussima,* Genf: Eustathius Vigmon.

Bielschowsky, Albert

1904: *Goethe. Sein Leben und seine Werke,* 2. Bd., 1. Bis 3. Aufl., München: C. H. Beck, Oskar Beck.

Bryce, James

1890: *American Commonwealth,* London / New York: Macmillan and Co.

Busken Huet, Conrad

1886: *Het Land van Rembrand, Haarlem.* H. D. Tjeenk Willink.

1886/87: dt.: Busken-Huet, Konrad, *Rembrand's Heimath.* Leipzig: T. O. Weigel.

Bunyan, John

1855: *The Pilgrim's Progress from This World to That Which Is to Come (Collection of British Authors.* Tauchnitz Edition, Vol. 330), Leipzig: Bernhard Yaucunitz.

Burckhardt, Jakob

1899: *Die Cultur der Renaissance in Italien. Ein Versuch* [1860], 7., durchgearb. Aufl. von Ludwig Geiger, 1. Bd., Leipzig: E. A. Seemann.

Campbell, Douglas

1892: *The Puritans in Holland, England und Amerika. An Introduction to American History,* London: James R. Osgood, McIlvaine & Co.

Carlyle, Thomas

1897: *Oliver Cromwell's Letters and Speeches,* 4 Vols., London: Chapman and Hall.

Carroll, H. K. (ed.)

1896: *The Religious Forces of the United States. Emunerated, classified, and described on the basis of the government census of 1890* [···], (*American Cuurch History*, Vol. 1), New York: The Christin Literature Co. 1893, rev. 1896.

Charnock, Stephen

1847: *Works of the Puritan Divines VI*, London / Edinburg: Thomas Nelson.

Cornelius, Carl Adolph

1855-1860: *Geschichte des Münsterschen Aufruhrs in drei Bücher*, Leipzig: T. O. Weigel.

Cramer, Samuel

1903: Art. "Menno Simons," in: RE³, 12. Bd., Leipzig: J. C. Hinrichs, S. 586-594.

1903a: Art. "Mennoniten," in: RE³, 12. Bd., Leipzig: J. C. Hinrichs, S. 594-616.

Crosby, Thomas

1738-1740: *The History of the English Baptists,* London: o.V.

Delbrück, Hans

1903: "Besprechung von Sombart, Der modern Kapitalismus. - Die deutsche Volkswirtschaft im neuzehnten Jahrhundert," in: *Preußische Jahrbücher*, hg. v. Hans Delbrück, 113. Bd., Berlin: Georg Stilke 1903, S. 333-350.

Döllinger, Ignaz von, und Reusch, Franz Heinrich

1889: *Geschichte der Moralstreitigkeiten in der römisch-katholischen Kirche seit dem sechzehnten Jahrhundert mit Beiträgen zur Geschichte und Charakteristik des Jesuitenordens. Auf Grund ungedruckter Aktenstücke,* 2 Bände. Nördlingen: C. H. Beck

Dowden, Edward

1900: *Puritan and Anglican. Studies in Literature,* London: Kegan Paul, Trench, Trubner & Co.

Doyle, John Andrew

1882-1887: *The English in America,* [Vol. 1:] *Virginia, Maryland, and the Carolinas;* [Vol. 2 und 3:] *The Puritan Colonies,* London: Longmans, Green, and Co.

Dexter, Henry Martyn

1880: *The Congregationalism of the Last Three Hundred Years, as Seen in Its Literature,* New York: Harper & Brothers.

Döllinger, Ignaz von, und Reusch, Franz Heinrich

1889: *Geschichte der Moralstreitigkeiten in der römisch-katholischen Kirche seit dem sechzehnten Jahrhundert mit Beiträgen zur Geschichte und Charakteristik des Jesuitenordens. Auf Grund ungedrukter Aktenstücke,* 2 Bände, Nördligen: C. H. Beck.

Dowden, Edward

1900: *Puritan and Anglican. Studies in Literature*, London: Kegan Paul, Trench, Trübner & Co.

Doyle, John Andrew

1882-1887: *The English Colonies in Amerika,* [Vol. 1:] *Virginiz, Maryland, and the Carolinas*; [Vol. 2 und 2:] *The Puritan Colonies*, London: Longmans, Green, and Co.

Eibach, Rudolf

1879: "John Milton als Theologe," in: *Theologosche Studien und Kritiken,* [52.] Jahrgang, 4. Heft, Gotha: Friedrich Andreas Perthes, S. 705-732.

Firth, Charles Harding

1902: *Cromwell's Army,* London: Methuen & Co.

Franklin, Benjamin

1840: *The Works of Benjamin Franklin,* ed. Jared Sparks, Vol. 2, Boston: Hillard, Gray, and Company.

1876: *Benjamin Franklin. Sein Leben, vom ihm selbst beschrieben,* Stuttgart: Aug. Berth. Auerbach.

Freytag, Gustav

1879: *Bilder aus der deutschen Vergangenheit*, 4. Bd.: *Aus meuer Zeit (1700-1848)*, 11. Aufl., Leipzig: S. Hirzel.

Froude, James Antony

1895: *Bunyan (English Men of Letters,* ed. John Morley), London / New York: Macmollan and Co.

Fruin, Robert

1899: *Tien jaren uit den tachtigjarigen oorlog1588-1598,* 5. Aufl., 'S Gravenhage: Martin Nijhoff.

Gardiner, Samuel Rawson (ed.)

1889: *The Constitutional Documents of the Puritan Revolution 1628-1660,* Oxford: Clarendon Press.

Ghosch, Peter

2009: "Max Weber, Werner Sombart and the Archiv für Sozialwissenschaft: The Authorship of the 'Geleitwort' (1904)" , in: *History of European Ideas* 36 (2010), p. 71-100.

2014: *Max Weber and The Protestant Ethic: Twin Histories,* Oxford: Oxford University Press.

Goethe, Johann Wolfgang von

1887: *Faust. Eine Tragödie* [1. Theil], in: Goethes *Werke,* hg. im Auftrage der Großherzogin Sophie von Sachsen, 1. Abth., 14. Bd., Weimar: Hermann Böhlau.

1888: *Noten und Abhandlungen zu besserem Verstandnis des West-ostlichen Divans, in: Goethes Werke,* hg. im Auftrage der Grosherzogin Sophie von Sachsen, 7. Bd., Weimar: Hermann Bohlau.

1895: *Wilhelm Meisters Wandeljahre oder die Entsagenden* [2. Teil], in: Goethes *Werke,* hg. im Auftrage der Großherzogin Sophie von Sachsen, 1. Abth., 25. Bd.: 1. Abth, Weimar: Hermann Böhlaus Nachfolger.

Gothein, Eberhard

1892: *Wirtschaftsgeschichte des Schwarzwaldes und der angrenzenden Landschaften,* hg. v. der Badischen historischen Kommission, 1. Bd.:

Städte - und Gewerbegeschichte [2. Bd. nicht erschienen], Straßburg: Karl J. Trubner.

Hägermann, Gustav

1910: *Die Erklärung der Menschen - und Bürgerrechte in den ersten amerikanischen Staatsverfassungen* (*Historische Studien*, 78. Heft), Berlin: Ebering.

Harnack, Adolf

1905: "Der Wert der Arbeit nach urchristlicher Anschauung," in: *Evangelisch-Sozial. Mitteilungen des Evangelisch-Sozialen Kongresses*, 14. Folge vom 25. März 1905, Nr. 3/4, Berlin: Alexander Duncker, 48-49.

Heidegger, Johann Heinrich

1700: *Corpus Theologiae*, Zürich: Heinrich Bodmer.

Hellpach, Willy

1902: *Nervosität und Kultur* (*Kulturprobleme der Gegenwart*, hg. v. Leo Berg, V. Bd.), Berlin: Johannes Räde.

1904: *Grundlinien einer Psychologie der Hysterie*, Leipzig: Wilhelm Engelmann.

Hennis, Wilhelm

1987: *Max Webers Fragestellung. Studien zur Biographie des Werks*, Tübingen: Mohr.

1996: *Max Webers Wissenschaft vom Menschen*, Tübingen: Mohr.

2003: *Max Weber und Thukydides*, Tübingen: Mohr.

Henry, Matthew

1847: *Works of the English Puritan Divines*, [Vol. 8], London / Edinburgh: Thomas Nelson.

Heppe, Heinrich

1861: *Dogmatik der evangelisch-reformierten Kirche,* Elberfeld: R. L. Friderichs.

1879: *Geschichte des Pietismus und der Mystik in der Reformierten Kirche, namentlich der Niederlande,* Leiden: E. J. Brill.

Hoenig, Fritz

1887-1889: *Oliver Cromwell,* 3 Bände un vier Theilen, Berlin: Friedrich Luckhardt.

Hoennicke, Gustav

1902: *Studien zur altprotestantischen Ethik,* Berlin: C. A. Schwetschke und Sohn.

Hoffmann, Hermann Edler von

1902: *Kirchenverfassungsrecht der niederländischen Reformierten bis zum Beginne der Dortrechter Nationalsynode von 1618/19,* Leipzig: C. L. Hirschfeld.

Hofmann, Rudolf

1897: Art. "Baptisten," in: RE³, 2. Bd., Leipzig: J. C. Hinrichs, S. 385-393.

Hoornbeek, Johannes

1663-1666: *Theologia practica. Pars Prior und Tomus Alter,* Utrecht: Heinrich Versteeg.

Howe, John

1846: *Works of the English Puritan Divines,* [Vol. 3], London / Edinburgh: Thomas Nelson.

Hundeshagen, Karl

1864: *Beiträge zur Kirchenverfassungsgeschichte und Kirchenpolitik,* 1. Bd.,

Wiesbaden: Julius Niedner.

Jacoby, Ludwig S.

1853: *Handbuch des Methodismus*, Bremen: Joh. Georg Heyse.

1870: *Geschichte des Methodusmus, seiner Entstehung und Ausbreitung in den verschiedenen Theilen der Erde,* 2 Theile, Bremen: Verlag des Tractahauses.

Irving, Washington

1868/71: "Bracebridge Hall," in: *The Works of Washington Irving,* Vol. III, London: Bell & Daldy, 170-174.

James, William

1902: *The Varieties of Religious Experience. A Study in Human Nature*, New York / London / Bombay: Longmans, Green and Co.

Jellinek, Georg

1904: *Die Erklärung der Menschen - und Bürgerrechte. Ein Beitrag zur modernen Verfassungsgeschichte,* (1. Aufl., 1895), 2. Aufl., Leipzig: Duncker & Humblot.

Jenkyn, Thomas W.

1846: "An Essay on Baxter's Life, Ministry and Theology," in: Baxter, *Works of the English Puritan Divines IV,* p. i-lviii.

Jüngst, Johannes

1875: *Amerikanischer Methodismus in Deutschland und Robert Pearsell Smith*, Gotha: Friedrich Andreas Perthes.

Keller, Gottfried

1889: Die drei gerechten Kammacher, in: ders., *Gesammelte Werke,* 4. Bd.: *Die Leute von Seldwyla. Erzählungen*, Berlin: Wilhelm Hertz. S. 215-265.

Kaesler, Dirk

2003: *Max Weber. Eine Einführunf in Leben, Werk und Wirkung,* 3. Aufl., Frankfurt / New York: Campus.

Kampschulte, Franz Wilhelm

1869-1899: *John Calvin. Seine Kirche und sein Staat in Genf,* 2 Bde., Leipzig: Duncker & Humblodt.

Kautsky, Karl

1895: "Von Plato bis zu den Wiedertäufer," in: *Die Vorläufer des Neueren Sozialismus,* 1. Bd., 1. Theil, Stuttgart: J. H. W. Diet, S. 507-718.

Keller, Gottfried

1889: "Die drei gerechten Kammacher," in: ders., *Gesammelte Werke,* 4. Bd.: *Die Leute von Seldwyla. Erzählung,* Berlin: Wilhelm Hertz, S. 215-265.

Kolde, Theodor

1886: *Der Methodismus und seine Bekämpfung,* Erlangen: Andreas Deichert.

1896: *Ausburgische Konfession lateinisch und deutsch, kurz erlämtert,* Gotha: Friedrich Andreas Perthes.

Konno, Hajime

2004: *Max Weber und die polnische Frage (1892-1920),* Baden-Baden: Nomos.

Lamprecht, Karl

1886: *Deutsches Wirtschaftsleben im Mittelalter, Untersuchung über die Entwicklung der materiellen Kultur des platen Landes auf Grund der Quellen des Moselandes,* Bände I/1, I/2, II,und III, Leipzig: Dürr.

1891-1905: *Deutsche Geschichte,* 7 Bände mit Ergänzungsbänden I, II/1 und II/2, Berlin: R. Gaerthners Verlagsbuchhandlung Hermann Heyfelder und Freiburg i. Br.: Hermann Heyfelder.

1905: *Deutsche Geschichte, 2.* Abt.: *Neuere Zeit. Zeitalter des individuellen Seelenlebens,* 3. Bd., 1. Hälfte, Freiburg i. Br.: Hermann Heyfelder.

Lobstein, Paul

1902: "Zum evangelischen Lebensideal in seiner lutherischen und reformierten Ausprägung," in: *Theologische Abhandlungen. Eine Festgabe zum 17. Mai 1902 für Heinrich Julius Holtzmann,* Tübingen: J. C. B. Mohr, S. 159-181.

Loofs, Friedrich

1903: Art. "Methodismus," un: RE³, 12. Bd., 1903, S. 747-801.

Macaulay, Thomas Babington

1825: "John Milton," in: ders., *Critical and Historical Essays, contributed to the Edinburgh Review,* Vol. 1, Leipzig: Bernhard Tauchnitz 1850.

1854: "John Bunyan," in: ders., *The Miscellaneous Writings,* 2 Vols., London: Longman, Green, Longman, and Roberts 1860, S. 227-273.

Machiavelli, Niccolò

1846: *Florentinische Geschichte,* Leipzig: F. A. Brockhaus.

Marcks, Erich

1892: *Gaspard von Coligny. Sein Leben und Frankreich seiner Zeit,* 1. Bd., 1. Hälfte, Stuttgart: J. G. Cotta.

Masson, David

1875-1880: *The Life of John Milton,* 6 Vols., London: Macmillan and Co., Vol. 1, 2. Ed. 1875, Vol. 2-6 1871-1880.

Mill, John Stuart

1869: "Das Nützlichkeits-Prinzip," in: *Gesammelte Werke,* 1. Bd., Leipzig: Fues's Verlag, 127-200.

Milton, John

1651: *Pro populo Anglicano defensio*, London: Du Gardianis.

1874: dass. Dt.: "Verteidigung des englischen Volkes," in: *Politische Hauptschriften*, 1. Bd., Berlin: Erich Koschny (L. Heimann's Verlag), S. 163-321.

1883-1886: *Das verlorene Paradies. Ein Gedicht in zwölf Gesänge*, Leipzig: Philipp Reclam jun. o. J. [1. Auflage 1883-1886].

Mirbt, Carl

1904: "Pietismus," in: RE³, 15. Bd., 1904: 774-815.

Müller, Karl

1892-1902: *Kirchengeschichte*, Tübingen und Leipzig: J. C. B. Mohr.

Naber, Jean Charles

1884: *Calvinist of Libertijnsch? (1572-1631)*, Utrecht: J. L. Beijers.

Neal, Daniel

1822: *The History of the Puritans*, London: William Baynes & Son.

Neumann, Carl

1902: *Rembrandt*, Berlin und Stuttgart: W. Spemann.

Nietzsche, Friedrich

1866: *Jenseits von Gut und Böse. Vorspiel einer Philosophie der Zukunft*, Leipzig: C. G. Naumann.

Olevian, Caspar

1585: *De Substantia Foederis Grativi inter Devm et Electos, itemque de Mediis, qvibus ea ipsa svbstantia nobis commvnicatvr*, 2 Bände, Genf: Eustathius Vignon.

Owen, John

1689: *The True Nature of a Gospel Church and Its Government,* London: William Marshall.

Petty, William

1691: *Political Arithemetick, Or A Discourse Concerning The Extent and Value of Lands [...],* London: Robert Clavel.

Pierson, Allard

1881-1891: *Studien over Johannes Kalvijn,* Folge 1: (1527-1536), Folge 2: (1536-1541), Folge 3: (1540-1542), Amsterdam: P. N. van Kampen & Zoon.

Plitt, Hermann

1869-1874: *Zinzendorfs Theologie,* 1. Bd.: *Die ursprüngliche gesunde Lehre Zinzendorfs, 1723-1742*; 2. Bd.: *Die Zeit krankhafter Verbildungen in Zinzendorfs Lehrweise, 1743–1750*; 3. Bd.: *Die wiederhergestellte und abschließende Lehrweise Zinzendorfs, 1750-1760,* Gotha: Friedrich Andreas Perthes.

Polenz, Gottlob von

1864: *Geschichte des französischen Calvinismus bis zur Nationalversammlung i. J. 1789,* Gotha: Perthes.

Price, Thomas

1838: *The History of Protestant Nonconformism in England, from the Reformation under Henry VIII,* 2 Vol., London: William Ball.

Rachfahl, Felix

1909: "Kalvinismus und Kapitalismus," in: *Internationale Wochenschrift für Wissenschaft, Kunst und Technik,* begr. Von Friedrich Althoff, hg. v. Paul Hinneberg, 3. Jg., Nr. 39 vom 25. Sept. 1909, Sp. 1217-1238; Nr. 40 vom

2. Okt. 1909, Sp. 1249-1268; N. 41 vom 9. Okt. 1909, Sp. 1287-1300; Nr. 43 vom 23. Okt. 1909, Sp. 1347-1367. (MWGI/9: 521-572)

1910: "Nochmals Kalvinismus und Kapitalismus," in: *Internationale Wochenschrift für Wissenschaft, Kunst und Technik,* hg. v. Paul Hinneberg, 4. Jg., Nr. 22 vom 28. Mai. 1910, Sp. 689-702; Nr. 23 vom 4. Juni. 1910, Sp. 717-734; N. 24 vom 11. Juni. 1910, Sp. 755-768; Nr. 25 vom 18. Juni. 1910, Sp. 775-796. (MWGI/9: 625-664)

Radkau, Joachim

2005: *Max Weber. Die Leidenschaft des Denkens,* München / Wien: Carl Hanser.

Ranke, Leopold

1859-1868: *Englisch Geschichte vornehmlich im sechzehnten und siebzehnten Jahrhundert,* 7 Bde., Berlin: Duncker & Humblodt.

Rathenau, Walter

1908: *Reflexionen,* Leipzig: S. Hirzel.

Rickert, Heinrich

1902: *Die Grenzen der naturwissenschaftlichen Begriffsbildung, Eine logische Einleitung in die historischen Wissenschaften,* Tübingen: J. B. C. Mohr.

Ritschl, Albrecht

1880-1886: *Geschichte des Pietismus,* 1. Bd.: *Der Pietismus in der reformierten Kirche*; 2. Und 3. Bd.: *Der Pietismus in der lutherischen Kurche des 17. Und 18. Jahrhunderts,* Bonn: Adolph Marcus.

1888-1889: *Die christliche Lehre von der Rechtfertigung und Versöhnung,* 1. Bd.: *Die Geschichte der Lehre*; 2. Bd.: *Der biblische Stoff der Lehre*; 3. Bd.: *Die positive Entwicklung der Lehre,* 3. Aufl., Bonn: Adolph Marcus.

1893: "Ueber die Begriffe: sichtbare und unsichtbare Kirche," (1859), in: ders., *Gesammelte Aufsätze* [1. Bd.], Freiburg i. B. und Leopzig: J. C. B. Mohr, S. 68-99.

Roloff, Gustav

1903: "Moritz von Oranien und die Begründung des modernen Herres," in: *Preußische Jahrbücher*, 1903, S. 255-276.

Scaff, Lawrance A.

2011: *Max Weber in America*, Princeton: Princeton University Press.

Sanford, John Langton

1858: *Studies and Illustrations of the Great Rebellion*, London: John W. Parker and Son.

Schäfer, Dietrich

1905: "Zur Beurteilung des Wormser Konkordats," in: *Philosophische und Historische Abhandlungen der Königlich Preußischen Akademie der Wissenschaften. Aus dem Jahre 1905*, Berlin: Verlag der Königlichen Akademie der Wissenschaften 1905, S. 1-94.

Scheibe, Max

1897: *Calvins Prädestinationslehre. Ein Beitrag zur Würdigung der Eigenart seiner Theologie und Religiosität*, Halle a. S.: Max Niemeyer.

Schmidt, Ferdinand Jakob

1905: "Kapitalismus und Protestantismus," in: *Preusische Jahrbücher*, hg. v. Hans Delbrück, 122. Bd, Berlin: Georg Stilke, S. 189-230.

Schmidt, Walther Eugen

1903: "Nationale Judend," in: *Preußische Jahrbücher*, 112. Bd., Berlin: Georg Stilke S. 226-248.

Schneckenburger, Matthias

1855: *Vergleichende Darstellung des lutherischen und reformierten Lehrbegriffs,* Stuttgart: J. B. Metzler.

1863: *Vorlesungen über die Lehrbegriffe der kleineren protestantischen Kirchenparteien,* Frankfurt a. M.: H. L. Brönner.

Schulze-Gävernitz, Gerhart von

1906: *Britischer Imperialismus und englischer Freihandel zu Beginn des zwanzigsten Jahrhunderts,* Leopzig: Duncker & Humblot.

Sedgwick, Obadiah

1689: *Buß- und Gnaden-Lehre/ Oder Der verlohrene und wiedergefundene Sohn,* Frankfurt und Leipzig: Jeremias Schrey und Heinrich Joh. Meyer.

Seeberg, Reinhold

1897: Art. "Askese," in: RE, 2. Bd., S. 134-142.

1895-1898: *Lehrbuch der Dogmengeschichte,* Erlangen und Leipzig: A. Deichert'sche Verlagsbuchhandlung Nachf.

Simmel, Georg

1900: *Philosophie des Geldes,* Leipzig: Duncker & Humblot.

1910: "Philosophie des Abenteuers," in: *Der Tag. Morgenausgabe,* illustierter Teil, Nr. 130 vom 7. Juni 1910, S. 1-3; Nr. 131 vom 8. Juni 1910, S. 1-3. [dass. in: Georg Simmel Gesamtausgabe, 12. Bd.: *Aufsätze und Abhandlungen 1909-1918,* I. Bd., hg. v. Rüdiger Kramme und Angela Rammstedt, Frankfurt a. M.: Suhrkamp 2001, S. 97-110]

Skeats, Herbert S.

1868: *A History of the Free Churches of England from A. D. 1688 to A. D. 1851,* London: Arthur Miall.

Sombart, Werner

1902: *Der modern Kapitalismus,* 1. Bd.: *Die Genesis des Kapitalismus,* 2. Bd.: *Die Theorie der kapitalistischen Entwicklung,* Leipzig: Duncker & Humblo 1902.

1909: "Der kapitalistische Unternehmer," in: AfSSp, 29. Bd., 3. Heft, 1909, S. 689-758.

Spangenberg, August Gottlieb

1782: *Idea Fidei Fratrum oder kurzer Begriff der Christlichen Lehre in den evangelischen Brüdergemeinen,* Leipzig: Weidmanns Erben und Reich.

Spencer Herbert

1879: *System der synthetischen Philosophie,* X. Bd.: *Die Prinzipien der Ethik,* 1. Abth.: Die *Tatsachen der Ethik,* Stuttgart: E. Schweizerbart'sche Verlagshandlung.

Spener, Philipp Jacob

1709: *Consilia et iudicia theologica latina, I-III,* Frankfurt a. M.: Joh. David Zunner & Joh. Adam Jungen.

1712-1715: *Theologische Bedenken,* 4 Teile, Halle: in Verlegungdes Waysen-Hauses.

Stern, Alfred

1877-1879: *Milton und seine Zeit,* 2 Teile, 4 Bücher, Leipzig: Duncker & Humblodt.

Tayler, John James

1845: *A Retrospect of the Religious Life of England: or the Church, Puritanism, and Free Inquiry,* London: John Chapman.

Tholuck, August

1861-1862: *Vorgeschichte des Rationalismus*, 2. Teil: *Das kirchliche Leben des 17. Jahrhunderts bis in die Anfänge der Aufklärung*, 2 Abt., Berlin: Wiegandt und Grieben.

Troeltsch, Ernst

1891: *Vernunft und Offenbarung bei Hohann Gerhard und Melanchton. Untersuchung zur Geschichte der altprotestantischen Theologie*, Göttingen: Vandenhoeck & Ruprecht.

1903: Art. "Moralisten, englische," in: RE^3, 13. Bd., 1903, S. 436-461.

1904: "Die christliche Ethik und die heutige Gesellschaft," in: *Der Verhandlungen des 15. Evangelisch-sozialen Kongresses abgehalten in Breslau am 25. Und 26. Mai 1904,* Göttingen: Vandenhoeck & Ruprecht 1904, S. 11-40.

1906: "Protestantisches Christentum und Kirche in der Neuzeit," in: *Die Kultur der Gegenwart,* Teil I, Abt. IV [1. Hälfte]: *Die Christliche Religion mit Einschluß der israelitisch-jüdischen Religion,* hg. v. Paul Hinneberg, Berlin und Leipzig: B. G. Tuebner, S. 253-458. [Sonderabdruck 1905; Sonderabdruck 2. Aufl. 1909]

1906a: "Die Bedeutung des Protestantismus für die Entstehung der modernen Welt," in: Ernst Troeltsch, *Kritische Gesamtausgabe,* 8. Bd., New York/ erlin: Walter de Gruyter 2001, S. 199-316.

1908-1910: "Die Soziallehren der christlichen Kirchen, I. Die Grundlagen in der Alten Kirche," in: AfSSp, 26. Bd., 1908, S. 1-55, 292-342, 649-692; "II. Der mittelalterliche Katholizismus," in: AfSSp, 27. Bd., 1908, S. 1-72, 317-348, und AfSSp, 28. Bd., 1909, S. 1-71, 387-416, 621-653;

"III. Der Protestantismus," in: AfSSp, 29. Bd., 1909, S. 1-49, 381-416, und 30. Bd., 1910, S. 30-65, 666-720.

1910: "Die Kulturbedeutung des Calvinismus," in: *Internationale Wochenschrift für Wissenschaft, Kunst und Technik,* hg. v. Paul Hinneberg, 4. Jg., Berlin: August Scherl, Nr. 15 vom 9. April 1910, Sp. 449-468; Nr. 16 vom 16. April 1910, Sp. 501-508.

1910a: "Das stoisch-christliche Naturrecht und das modern profane Naturrecht," in: *Verhandlungen des Ersten Deutschen Soziologentages vom 19.-22. Ojtober 1910 in Frankfurt a. M.,* Tübingen: J. B. C. Mohr 1911, S. 166-192.

Tönnies, Ferdinand

1887: *Gemeinschaft und Gesellschaft. Abhandlung des Communismus und des Sozialismus als empirischer Culturformen,* Leipzig: Fues.

Tyerman, Luke

1870/71: *The Life and Times of the Rev. John Wesley, M. A., Founder of the Methodists,* 3 Vols, London: Hodder and Stoughton.

Veblen, Thorstein

1904: *The Theory of business enterprise,* New York: Charles Scribner's Sons.

Warneck, Gustav

1899: *Abriß einer Geschichte der protestantischen Mission von der Reformation bis auf die Gegenwart,* Berlin: Martin Warneck.

Washington, Booker T.

1901: *Up from Slavery. An Autobiography,* New York: Doubleday, Page & Co.

Watson, Richard

1831: *Life of the Rev. John Wesley. An Biography,* 2. Ed., London: John Mason.

1839: *Das Leben Johann Wesley's,* Frankfurt a. M.: Siegmund Schmerber.

Weber, Alfred

1909: *Ueber den Standort der Industrie,* 1. Teil: *Reine Theorie des Standorts,* Tübingen: J. B. C. Mohr.

Weber, Marianne

1984: *Max Weber. Ein Lebensbild,* Tübingen: Mohr.

Weber, Max

1889: *Zur Geschichte der Handelsgesellschaften im Mittelalter. Nach südeuropäischen Quellen,* Stuttgart: F. Enke (=MWG I/1).

1904: "Die protestantische Ethik und der 'Geist' des Kapitalismus. I. Das Problem," in: AfSSp, 20. Bd., 1. Heft, S. 1-54.

1904a: "Die 'Objektivität' sozialwissenschaftlicher und sozialpolitischer Erkenntnis," in: AfSSp, 19. Bd., 1. Heft, S. 22-87 (=MWG I/12: 142-234).

1905: "Die protestantische Ethik und der 'Geist' des Kapitalismus. II. Die Berufsidee des asketischen Protestantismus," in: AfSSp, 21. Bd., 1. Heft, S. 1-110.

1906: "'Kirchen und Sekten'in Nordamerika. Eine kirchen- und sozialpolitische Skizze 1" in: *Die Christliche Welt,* 20. Jg., Nr. 24 vom 14. Juni 1906, Sp. 558-562, und dass. 2, in: *Die Christliche Welt,* 20. Jg., Nr. 25 vom 21. Juni 1906, Sp. 577-583.

1907: "Kritische Bemerkungen zu den vorstehenden 'kritische Beiträgen'," in: AfSSp, 25. Bd., 1. Heft, S. 243-249.

1908: "Bemerkungen zu der vorstehenden 'Replik'," in: AfSSp, 26. Bd., 1. Heft, S. 275-283.

1908a: "Die Grenznutzlehre und das 'psychophysische Grundgesetz'," in: AfSSp, 27. Bd., 2. Heft, S. 546-558 (=MWG I/12: 115-133).

1909: "Zur Psychophysik der industriellen Arbeit," in: AfSSp, 27. Bd., 3. Heft, 1908, S. 730-770; 28. Bd., 1. Heft, 1909, S. 219-277, 3. Heft, S. 719-761; 29. Bd., 2. Heft, 1909, S. 513-542 (=MWG I/11: 150-380).

1909a: Art. "Agrargeschichte, I. Agrarverhältnisse im Altertum," in: *Handwörterbuch der Staatswissenschaften,* hg. v. Johannes E. Conrad, Ludwig Elster, Wilhelm Lexis, Edgar Loening, I. Bd., 3. Aufl., Jena: Gustav Fischer, S. 52-188 (MWG I/6, 300-747).

1910: "Antikritisches zum 'Geist' des Kapitalismus," in: AfSSp, 30. Bd., 1. Heft, S. 176-202.

1968: *Die protestantische Ethik II: Kritiken und Antikritiken,* hg. v. Johannes Winckelmann, Hamburg: Siebenstern 1968, 3. Aufl., Gütersloh: Siebenstern, 1978,

2001: *The Protestant Ethic Debate. Max Weber's Replies to his Critics, 1907-1910,* eds. David J. Chalcraft & Austin Harrington, Liverpool: Liverpool University Press.

2000: *Die protestantische Ethik und der "Geist" des Kapitalismus*, hg. v. Klaus Lichtblau & Johannes Weiß, 3. Aufl., Weinheim: Belz Athenäum.

2002: *The Protestant Ethic and the Spirit of Capitalism and Other Writings*, ed., trans.& intro. Peter Baehr & Gordon C. Wells, London: Penguin Books.

2004: *Die protestantische Ethik und der Geist des Kapitalismus. Vollständige Ausgabe,* hg. v. Kaesler, Dirk, München: C. H. Beck.

2009: *The Protestant Ethic and the Spirit of Capitalism with Other Writings on the Rise if the West,* 4. Ed., trans. & intro. Stephen Kalberg, New York /

Oxford: Oxford University Press.

Weingarten,Hermann

1868: *Die englischen Revolutions-Kirchen. Ein Beitrag zur inneren Geschichte der englische Kirche und der Reformation,* Leipzig: Breitkopf und Härtel.

Windelband, Wilhelm

1892: *Geschichte der Philosophie,* Freiburg I, B.: J. C. B. Mohr.

1904: *Über Willensfreiheit,* Tübingen und Leipzig: J. B. C. Mohr.

1904a: *Geschichte der neueren Philosophie in ihrem Zusammenhange mit der allgemeinen Cultur und den besonderen Wissenschaften, 1. Band: von der Renaissance bis Kant, 2. Band: von Kant bis Hegel und Herbart, 3. Aufl.,* Leipzig: Breitkopf und Härtel.

1904b: *Blütezeit der deutschen Philosophie, (Geschichte der neueren Philosophie in ihrem Zusammenhange mit der allgemeinen Cultur und den besonderen Wissenschaften, 2. Band: von Kant bis Hegel und Herbart),* 3. Aufl., Leipzig: Breitkopf und Härtel.

Wolff, Christian von

1754: *Grundsätze des Natur- und Völkerrechts,* Halle: Renger.

Wünsche, August

1887-1888: *Der Babylonische Talmud in seinen Haggadischen Bestandtheilen wortgrtreu übersetztund durch Noten erlämtert,* 2. Halbband, 1. Und 2. Abth., Leipzig: Otto Schultze.

Zeller, Eduard

1853: *Das theologische System Zwinglis,* Tübingen: L. Fr. Fues.

Zinzendorf, Nikolaus

Ca. 1726: *Socrates d. i. Aufrichtige Anzeige verschiedener nicht so wohl*

Unbekannter als vielmehr in Abfall gerathener Hauptwahrheiten, 1. Theil, Leipzig: Joh. Sam. Heinsio.

1742: *Büdingische Sammlung. Einiger in die Kirchen-Historie Einschlagender Sonderlich neuerer Schriften*, 1. Bd., III. Stück, Leipzig: Korte.

人名索引[1]

1　本書索引根據 MWGI/9 製作，所列頁數為原書頁碼（即本書邊碼或註腳中以
[ ] 標示之頁碼），但只限韋伯文本。

概念與主題索引

國家圖書館出版品預行編目（CIP）資料

韋伯基督新教研究文集：1904-1911/Max Weber著；張旺山譯注. --
初版. -- 新竹市：國立清華大學出版社, 2022.11
　　560 面；17×23 公分
　　ISBN 978-626-96325-4-1(平裝)

1.CST: 韋伯(Weber, Max, 1864-1920) 2.CST: 學術思想 3.CST:
宗教倫理 4.CST: 資本主義 5.CST: 文集

　　550.1858　　　　　　　　　　　　111019155

韋伯基督新教研究文集：1904-1911

作　　　者：Max Weber
譯 注 者：張旺山
發 行 人：高為元
出 版 者：國立清華大學出版社
社　　　長：巫勇賢
執行編輯：劉立葳
封面設計：陳思辰
地　　　址：300044 新竹市東區光復路二段 101 號
電　　　話：(03)571-4337
傳　　　真：(03)574-4691
網　　　址：http://thup.site.nthu.edu.tw
電子信箱：thup@my.nthu.edu.tw
其他類型版本：無其他類型版本
展 售 處：紅螞蟻圖書有限公司 (02)2795-3656
　　　　　　http://www.e-redant.com
　　　　　　五南文化廣場 (04)2437-8010
　　　　　　http://www.wunanbooks.com.tw
　　　　　　國家書店 (02)2518-0207
　　　　　　http://www.govbooks.com.tw
出版日期：2022 年 11 月初版
定　　　價：平裝本新臺幣 720 元

ISBN 978-626-96325-4-1　　　　　GPN 1011101950

國科會經典譯注計畫